De Gruyter Studium

Wolfgang Achnitz

Deutschsprachige Artusdichtung des Mittelalters

Wolfgang Achnitz

Deutschsprachige Artusdichtung des Mittelalters

Eine Einführung

De Gruyter

MIX
Papier aus verantwortungsvollen Quellen
FSC® C016439
FSC
www.fsc.org

ISBN 978-3-022090-2
e-ISBN 978-3-022091-9

Library of Congress Cataloging-in-Publication Data
A CIP catalogue record for this book is available from the Library of Congress.

Bibliografische Information der Deutschen Nationalbibliothek
Die Deutsche Nationalbibliothek verzeichnet diese Publikation in der Deutschen Nationalbibliografie; detaillierte bibliografische Daten sind im Internet über http://dnb.d-nb.de abrufbar.

Gesamtherstellung: Hubert & Co. GmbH & Co. KG, Göttingen
∞ Gedruckt auf säurefreiem Papier

Printed in Germany

www.degruyter.com

„Auf das, was wir selbst hervorzubringen vermögen,
legen wir geringen Werth: aber alles Große und Schöne,
was die Verwahrlosung der letzten Geschlechter
in Vergeßenheit begraben hat, aus welchem Jahrhundert
und Himmelstrich es auch herstammen,
wie fremd seine Gestalt zuerst erscheinen möge,
ans Licht zu ziehen,
es unsern Zeitgenoßen in frischer Lebendigkeit vorzuführen,
ihnen dessen Sinn aufzuschließen: das achten wir für unsern Beruf,
dem wir gern jede Anstrengung widmen."

A. W. Schlegel, 1811

Für meine Prinzessin
und meine beiden Helden

Vorwort

Das Erzählen von Geschichten zeichnet den Menschen aus. Von König Artus, seinem Hof, und von den Taten der dort versammelten Männer und Frauen erzählten sich Menschen in Europa schon vor fast 1500 Jahren. Seit dem frühen Mittelalter zeichneten sie das in ihren jeweiligen Sprachen Erzählte mithilfe von Bildern und Schrift auf, und diese medialen Transformationen ermöglichen uns heute, die schon vor Jahrhunderten erzählten Geschichten lesen, weitererzählen und in ihrer Bedeutung für die jeweiligen Kulturen hinterfragen zu können.

In der Erzählung vom Ritter mit dem Löwen heißt es, dass diejenigen Recht haben, die glauben, König Artus lebe noch immer; zwar seien die Zeiten, in denen er auf ritterliche Weise höchstes Ansehen erwarb, längst vorbei, doch sei der Klang seines Namens so gewaltig, dass er niemals vergehen werde. Und wahrhaftig sind die Erzählungen von der sagenumwobenen Tafelrunde noch immer so lebendig, so beliebt und verbreitet, dass es nützlich scheint, in Form eines Studienbuchs in die deutschsprachige Artusdichtung des Mittelalters einzuführen.

Dieses Buch erzählt viele der Geschichten um König Artus, seine Ritter und deren Damen, von den Pfingstfesten am Hof, von Tugendproben, von Lanzenstechen, von Drachenkämpfen oder Hochzeitsfeiern. Es ersetzt seinen Leserinnen und Lesern aber nicht die eigene Lektüre – weder die der Romane, noch die der zu ihnen vorhandenen Forschungsliteratur –, sondern es will neugierig machen und stellt lediglich das Grundwissen bereit, dessen man bedarf, um durch irgendeine der zahlreichen Türen die Erzählräume rings um die Tafelrunde zu betreten.

Für den Anstoß, dieses Buch zu schreiben, danke ich gern Heiko Hartmann, für dessen kritische Lektüre Claudia Kanz, darüber hinaus den Studierenden in Münster, Oldenburg, Hamburg, Kiel, Dresden und Trier, mit denen ich die meisten der hier ausgebreiteten Einsichten bereits in Vorlesungen und Seminaren diskutieren durfte.

Münster, im Mai 2012 — Wolfgang Achnitz

Inhalt

I. Einführung und Übersicht

Neben Minnesang und Heldenepik prägte vor allem der Artusstoff die romantisch verklärende Wiederentdeckung der deutschen Literatur des Mittelalters seit der zweiten Hälfte des 18. Jahrhunderts. Dies findet unter anderem darin einen Widerhall, dass König Artus und seine Ritter noch immer einen festen Platz im Kanon der lesenswerten mittelalterlichen Literatur und damit in den Lehrplänen von Schulen und Universitäten beanspruchen.

Dieses Buch führt in den Artusstoff und in den literaturwissenschaftlichen Forschungsstand zu den deutschsprachigen Dichtungen des Mittelalters ein, die ihn aufgreifen: die so genannten ‚Artusromane'. Bei ihnen handelt es sich um längere volkssprachliche Erzählungen, zumeist in vierhebigen Reimpaarversen, zuweilen auch in Strophen oder in Prosa verfasst, in denen vor der Kulisse des Artushofs und der Tafelrunde meist ausschnitthaft der Aufstieg eines jungen Adligen zum Herrscher eines Landes dargestellt wird. Die Handlung der zunächst nach französischen Vorlagen, später in freier Erfindung erzählten Geschichten beginnt und endet in der Regel am Hof des Königs Artus, auf den sie auch bezogen bleibt, selbst wenn sie sich am Weg des Protagonisten orientiert. Von anderen höfischen Romanen des 12. bis 14. Jahrhunderts unterscheiden sich die Artusromane durch ihren spezifischen, märchenhaft-fiktiven Stoff (*matière de Bretagne*) und das darin auftretende Personal des Artushofs, ihren prinzipiell optimistischen Ausgang sowie durch eine besondere Intertextualität der Erzählwelt, in die sich jeder Autor eines Artusromans mit seinem Werk einschreibt (vgl. dazu Kap. III.1.2). Als ‚Erfinder' dieser speziellen Form des mittelalterlich-höfischen Romans gilt der Nordfranzose Chrétien de Troyes (s. zu ihm Kap. I.3).[1]

Der älteste Artusroman in deutscher Sprache ist Hartmanns von Aue ›Erec‹ – der in der Forschung übliche Titel orientiert sich, wie fast immer, am Namen des Protagonisten. Seine Entstehung

1 Zur Einführung vgl. die Arbeiten von Mertens, Grubmüller, Brogsitter (alle 4.1.1), Ruh, Cormeau, Mertens (4.1.3) sowie Haug, Rossnagel und Wennerhold (alle 4.2.3). Die hier und im Folgenden abgekürzt zitierte Forschungsliteratur lässt sich über den jeweils angegebenen Ort in der systematischen Bibliographie (S. 381–437) auflösen.

ist wie die der meisten anderen Werke nicht auf das Jahr genau festzulegen. Nach dem derzeitigen Forschungsstand, den zu allen hier behandelten Autoren und Texten in der Regel die zweite Auflage des Verfasserlexikons dokumentiert,[2] kommt für ihn das Jahrzehnt zwischen 1180 und 1190 als Zeitraum der Abfassung in Frage. Der in vierhebigen Reimpaarversen abgefasste Roman um Erec und seine Ehefrau Enite gilt in der Geschichte der deutschen Literatur als Prototyp einer literarischen Reihe, die sich über etwa 120 Jahre erstreckt und deren Ende nahezu mit dem des höfischen Versromans in den ersten Jahrzehnten des 14. Jahrhunderts zusammenfällt. Hartmanns zweiter Artusroman ›Iwein‹ ist zugleich dessen letztes Erzählwerk und dürfte vor 1200 abgeschlossen worden sein, da in Wolframs von Eschenbach ›Parzival‹ bereits auf ihn angespielt wird. Der ›Parzival‹ wiederum liefert das einzig feststehende Datum innerhalb eines Systems der ‚relativen Chronologie', durch das sich die weiteren Artusromane wegen ihrer häufigen Bezugnahme auf andere Werke in eine ungefähre Reihenfolge bringen lassen: Im ›Parzival‹ wird erwähnt, dass die Zerstörung der Weingärten in Erfurt durch Reitertruppen Philipps von Schwaben, die während der kriegerischen Auseinandersetzung mit dem Landgrafen Hermann von Thüringen im Jahr 1203 dort einfielen, ‚noch heute' sichtbar sei (Vv. 379,18–20). Zumindest etwas mehr als die Hälfte des umfangreichen Romans dürfte also erst nach diesem Ereignis entstanden sein.

Den ›Parzival‹ setzen zeitlich voraus Wirnts von Grafenberg ›Wigalois‹, ›Diu Crône‹ Heinrichs von dem Türlin und des Strickers ›Daniel von dem Blühenden Tal‹, die alle etwa zwischen 1210 und 1230/1240 entstanden sein dürften, sowie alle nachfolgend angeführten Texte. Dies gilt auch für den ›Lanzelet‹ des Ulrich von Zatzikhoven. Seine Datierung ist in der Forschung umstritten, was sich in der relativ breiten Zeitspanne von etwa 1194 bis um 1215/1220 ausdrückt, innerhalb derer seine Entstehung vermutet wird. Dabei geht es in diesem Fall nicht um Zahlenspielereien, sondern um die an ihm zu diskutierenden Entwicklungstendenzen innerhalb der Gattung.

2 Die deutsche Literatur des Mittelalters. Verfasserlexikon. Begründet von Wolfgang Stammler, fortgeführt von Karl Langosch. 2., völlig neu bearb. Aufl., unter Mitarbeit zahlreicher Fachgelehrter hg. von Kurt Ruh zusammen mit Gundolf Keil, Werner Schröder, Burghart Wachinger u. Franz Josef Worstbrock. Bde. 1–11, Berlin, New York 1978–2001 [= ²VL]. Die Schreibungen aller Autornamen und Werktitel erfolgen nach den Artikeln in diesem zentralen Nachschlagewerk (vgl. auch Kapitel 2 der Bibliographie).

Noch weniger genau zu datieren sind die anonym und fragmentarisch erhaltenen Werke, die in den Zeitraum zwischen etwa 1215 und 1280 gehören. Von ›Der Mantel‹, ›Manuel und Amande‹, ›Segremors‹, ›Edolanz‹ und ›Abor und das Meerweib‹ kennen wir nur wenige hundert Verse. Diesen Werken fehlen Pro- und Epiloge, in denen sonst häufig Namen von Verfassern oder Auftraggebern genannt werden, aus denen sich zumeist eine grobe Datierung ergibt; ähnliches gilt für den ›Wigamur‹ ohne Prolog. Die spärliche Überlieferung weist darüber hinaus auf eine relativ geringe Rezeption dieser Werke hin, weshalb uns die Namen ihrer Verfasser auch nicht aus anderen Kontexten bekannt sind, sodass sie sich nur sehr vage in das Koordinatensystem der relativen Chronologie einfügen lassen. ›Der Mantel‹, den man früher für ein Werk Heinrichs von dem Türlin hielt, ist allein im berühmten Ambraser Heldenbuch vom Beginn des 16. Jahrhunderts überliefert. Man kann nur vermuten, dass er in zeitlicher Nähe zu Heinrichs Roman ›Diu Crône‹, mit der er sein zentrales Erzählmotiv der Tugendprobe teilt, etwa um 1215/1250 entstand. Mindestens ebenso früh dürfte ›Manuel und Amande‹ entstanden sein, während ›Segremors‹, ›Edolanz‹ und ›Wigamur‹ ohne stichhaltige Argumentation in die Jahrhundertmitte, die Zeit zwischen 1230 und 1270, datiert werden. Dasselbe lässt sich für weitere nur fragmentarisch überlieferte Texte sagen: die ›Kliges‹-Bruchstücke des Ulrich von Türheim, ›Abor und das Meerweib‹, das nach seinem Aufbewahrungsort benannte Fragment aus Loccum oder die nieder- bzw. mitteldeutschen Bearbeitungen des Erec- und des Parzivalstoffs.

Die drei umfangreichen Artusromane eines Autors, der sich der Pleier nennt, konnte Peter Kern aufgrund ihrer intertextuellen Verflechtungen dem Zeitraum zwischen etwa 1260 und 1280 zuschreiben, wobei ihre Reihenfolge zwar nicht als gesichert, aber aufgrund inhaltlicher Eigenheiten als allgemein akzeptiert gelten kann. Demnach entstand zuerst der ›Garel von dem Blühenden Tal‹, dessen Titel einen Zusammenhang mit des Strickers ›Daniel von dem Blühenden Tal‹ signalisiert. Als des Pleiers zweiter Artusroman gilt die Geschichte von Tandarios und Flordibel, und zuletzt schrieb er wohl den ›Meleranz‹.[3] Als der letzte vollständig erhaltene mittelhochdeutsche Artusroman in Reimpaarversen darf der ›Gauriel von Muntabel‹ des Konrad von Stoffeln gelten, der vermutlich zwischen 1280 und

3 Vgl. Kern 1981 (4.2.3).

etwa 1300 entstand und in dem sämtliche anderen Artusromane rezipiert sind.

Neben diesen Verstexten des 12. und 13. Jahrhunderts, die als ‚Artusromane' bezeichnet werden, gehören weitere Werke zum Stoffkreis der Artusdichtungen. Die ebenfalls nach dem ›Parzival‹ verfassten ›Titurel‹-Strophen Wolframs von Eschenbach beispielsweise stellen vielleicht so etwas wie einen Entwurf oder ein konzeptuelles Kernstück zu einem größeren Roman dar, der von Wolfram nie realisiert wurde. Um sie herum hat ein nicht näher identifizierbarer Dichter namens Albrecht ein vollständiges Werk in der Nachfolge des ›Parzival‹ gestaltet: ›Der jüngere Titurel‹ ist wohl erst nach 1260 und mit einiger Sicherheit vor 1288 beendet worden, galt dem späteren Mittelalter und der Frühen Neuzeit aber als das Hauptwerk Wolframs. Er besteht aus über 6100 vierzeiligen Strophen, die fast 45.000 Reimpaarversen entsprechen.

Der gewaltige Umfang dieser Dichtung macht auf eine weitere Schwierigkeit aller Datierungsversuche aufmerksam: Wir besitzen kaum eine Vorstellung davon, wie lange es dauerte, ein solch monumentales Werk zu verfassen – ob der Dichter kontinuierlich daran arbeiten konnte, ob er nebenher anderen Beschäftigungen nachging, wie viele Fassungen es von seiner Hand gegeben hat usw. Auch deshalb scheint es sinnvoll, statt von konkreten Zeitpunkten der Fertigstellung nicht zu knapp bemessene Zeitspannen anzusetzen, innerhalb derer die Werke entstanden sein können. Es gibt einige wenige Zeugnisse über Gönnerwechsel oder Vorlagenverluste während der Arbeit, die die Fertigstellung eines Romans über Jahre hinweg verzögern konnten. Hinzu kommt, dass größere Werke wie Wolframs ›Parzival‹ vermutlich schon durch mündlichen Vortrag (oder auch durch Teilabschriften) öffentlich wurden, bevor sie abgeschlossen waren. Diese Praxis ist möglicherweise auch einer der Gründe dafür, dass eine ganze Reihe von höfischen Romanen nur fragmentarisch existiert.

Die Rezeption des Lancelotstoffs stellt insofern etwas Besonderes dar, als sie sich in Form des ersten Prosaromans in deutscher Sprache vollzieht. Als Artusroman steht dieser in einer anderen Stoff- und Formtradition als die übrigen Gattungsvertreter, auf die er offensichtlich auch keinen Einfluss ausgeübt hat. Die äußere Form, Prosa statt Reimpaarversen, setzt sich in der deutschen Literatur jedenfalls erst rund 200 Jahre später durch – gerade dies aber macht das Werk als Außenseiter innerhalb der Artusdichtung interessant. Während man zunächst glaubte, der ›Lancelot‹ sei wie die anderen frühneuhochdeutschen Prosaromane im 15. Jahrhundert entstanden, führten neu gefundene Handschriftenfragmente in Amorbach und München zu dem spektakulären Ergebnis, dass zumindest der erste von drei Teilen bereits aus der ersten Hälfte des 13. Jahrhunderts überliefert ist.

Weitere der hier behandelten Werke gehören tatsächlich erst dem 14. und 15. Jahrhundert an. Dies gilt etwa für den *niuwen*, den so genannten ›Rappoltsteiner Parzifal‹, eine Abschrift von Wolframs Werk, zugleich eine Bearbeitung von ›Der jüngere Titurel‹, die mit umfangreichen Einschüben nach französischen ›Perceval‹-Fortsetzungen versehen wurde und so auf mehr als den doppelten Umfang von über 60.000 Versen anwuchs. Die Kompilation entstand zwischen 1331 und 1336 im Auftrag des Grafen Ulrich von Rappoltstein, dem sie ihren heutigen Namen verdankt. Durchaus vergleichbar ist das Verfahren, welches der Münchener Hofdichter Ulrich Fuetrer (Füetrer) im letzten Viertel des 15. Jahrhunderts anwendet: Auch er fasst in groß angelegten Werken mehrere Artusromanstoffe zusammen und schreibt unter anderem das aus 5600 Strophen bestehende ›Buch der Abenteuer‹, das in zwei Teilen Bearbeitungen der folgenden Werke enthält: Wolframs ›Parzival‹, Albrechts ›Der jüngere Titurel‹, ›Diu Crône‹, den ›Lohengrin‹, die Geschichten vom Zauberer Merlin und vom Untergang Trojas, Hartmanns ›Iwein‹, Wirnts ›Wigalois‹, den ›Meleranz‹ des Pleier sowie vier weitere Erzählungen, deren Herkunft nicht bekannt ist: Die ältere Forschung nahm an, dass es sich bei ihnen um nicht erhaltene Artusromane des 13. Jahrhunderts handelt, die nach ihren Protagonisten ›Persibein‹, ›Poytislier‹, ›Flordimar‹ und ›Seifrid‹ genannt werden. Im ›Seifried‹ gibt der Erzähler an, dass der Stoff (ebenso wie die Geschichte Merlins) von einem heute nicht mehr bekannten Albrecht von Scharfenberg stamme (der nicht mit Albrecht, dem Dichter von ›Der jüngere Titurel‹, verwechselt werden darf). Künftige Forschung wird der Frage nachgehen müssen, ob es sich dabei nicht um fingierte Quellenberufungen handelt und diese selbstständigen Erzählungen im ›Buch der Abenteuer‹, das nun auch vollständig ediert ist, nicht doch von Fuetrer selbst verfasst wurden.

Schließlich ist der Tristanstoff zu behandeln, weil er ebenfalls zur *matière de Bretagne* gehört, auch wenn er im deutschsprachigen Raum weitgehend in eigenen Traditionen verhaftet bleibt, die sich nur gelegentlich mit dem Artusstoff berühren. In der bekanntesten Tristan-Bearbeitung der deutschsprachigen Literatur, in Gottfrieds von Straßburg Roman ›Tristan und Isolde‹, wird der Artushof überhaupt nicht erwähnt. Ebenso fehlt das zur Gattung gehörige Figureninventar: Artus selbst, Ginover, Gawein, Keie, Erec, Iwein, Parzival usw. – sie alle treten dort nicht auf und es hat den Anschein, als habe Gottfried ganz bewusst die Anknüpfung an die Erzählwelt des Artusromans vermieden. Das ändert sich in den Fortsetzungen zu Gottfrieds Fragment gebliebenem Werk (durch Heinrich von Freiberg und Ulrich von Türheim) ebenso wie in dem Episodengedicht ›Tristan als Mönch‹, das wie ein typischer Artusroman beginnt und sich vollständig am Artushof abspielt. Dies hat sein Vorbild in der um 1180 entstandenen Fassung des Eilhart von Oberg, in welcher sich Tristan nach seiner Trennung von Isolde an den Artushof begibt, wo er sich mit Walwan anfreundet und Unterstützung von den Rittern der Tafelrunde bei einem heimlichen Treffen mit Isolde erfährt. Aber auch dort bleibt der Artushof im wahrsten Sinne des Wortes ‚Episode', denn gerade die herbeigeführte Überlagerung beider Stoffkomplexe bei Eilhart macht ihre grundsätzliche Trennung deutlich. Und während Sir Thomas Malory den Artus-, den Tristan- und den Lancelotstoff in seinem monumentalen Werk aus dem Spätmittelalter ineinander schiebt, ist es bezeichnend, dass Tristan und Isolde in Ulrich Fuetrers vergleichbarer Summenbildung eben keine Rolle spielen. Dennoch gehört Tristan als Ritter in einigen Artusromanen und auch in anderen Werken, in denen Artusritter erwähnt werden, wie selbstverständlich zum Figureninventar des Artushofs: Er wird in ›Erec‹ (V. 1650), ›Lanzelet‹ (V. 6234), ›Diu Crône‹ (V. 11562), ›Garel‹ (V. 2456), ›Der jüngere Titurel‹ (Str. 1993,1), im ›Gauriel von Muntabel‹ (Vv. 1341, 1345 u. 5263) und in anderen Werken als Ritter der Tafelrunde genannt.

Die angesprochenen Artusromane stehen im Zentrum dieser Einführung und werden, soweit die ungefähren Datierungen dies erlauben, in Kapitel III in grob chronologischer Reihenfolge behandelt. Daneben sind sie in den Kapiteln III.2 bis III.5 aber zu Gruppen zusammengefasst, um thematische Zusammenhänge und Entwicklungen innerhalb des Stoffkreises besser aufzeigen zu können. Der Schwerpunkt der Darstellung liegt dabei nicht, wie in anderen Einführungen zur Artusdichtung, auf Hartmanns und Wolframs Werken der Zeit vor und um 1200, die daher im vorliegenden Buch einen vergleichsweise geringen Raum einnehmen, sondern auf den neben und nach ihnen feststellbaren Entwicklungen der Gattung und des Stoffs: „Literarische Schemata sollten nicht zu normativer Gültigkeit hypostasiert werden. Es wird nötig sein, die Gattungsgeschichte des Artusromans wieder vor der Vielfalt der Einzelfälle zu diskutieren."[4] Dies trägt auch dem vergrößerten Interesse der Forschung Rechnung, das den späteren Artusromanen seit etwa vier Jahrzehnten zuteil wird. Besondere Aufmerksamkeit gilt dabei der Reihenbildung innerhalb der fast 150-jährigen Geschichte der Gattung. Daneben werden die Präsenz des Stoffs in anderen Textsorten des 12. und 13. Jahrhunderts, seine weitere Verbreitung im späten Mittelalter bis hin zu Ulrich Fuetrers ›Buch der Abenteuer‹ sowie die weitere Rezeption bis in die Gegenwart hinein beleuchtet.

Einer der ersten, der sich einen Überblick über die deutschsprachige Artusdichtung verschaffte, war Ludwig Tieck (1773–1853). Nach seinem Aufenthalt in der Bibliothek des Vatikans in den Jahren 1805/1806 kannte er neben Wolframs ›Parzival‹, Albrechts ›Der jüngere Titurel‹, Gottfrieds ›Tristan‹ und Hartmanns ›Iwein‹ auch schon des Strickers ›Daniel von dem Blühenden Tal‹, wahrscheinlich durch die Dresdener Handschrift, die einst Johann Christoph Gottsched gehörte. An anderen Stellen ist erkennbar, dass Tieck durch ausgedehnte Bibliotheksreisen außerdem ›Das Buch der Abenteuer‹, insbesondere daraus den ›Seifrid‹ und den ›Persibein‹, Eilharts ›Tristrant‹ sowie Ulrichs ›Lanzelet‹ und anderes gelesen hatte.[5] Bereits in ›Franz Sternbalds Wanderungen‹ von 1797/98 erwähnt Tieck Isalde, Sigune und vor allem Enite, deren Namen er dem Ambraser Heldenbuch vom Beginn des 16. Jahrhunderts entnommen haben mag.[6] Diese Sammelhandschrift wurde 1806 von Schloss Ambras bei Innsbruck in die Wiener Hofbibliothek (heute die Österreichische Nationalbibliothek) verbracht und dürfte vor 1800 (wie der ›Erec‹ selbst) nur wenigen Eingeweihten bekannt gewesen sein, denn zu diesem frühen Zeitpunkt waren die allermeisten Artusromane noch ungedruckt. Die Erstausgabe (*editio princeps*) des Romans durch Moriz Haupt erschien 1839; Auszüge aus dem Werk teilte zuvor nur Alois Primisser im Druck mit (1821).[7]

4 Grubmüller 1985 (5.5), S. 239.
5 Damit beschäftigt sich Brinker-Gabler (6.6), S. 217–221.
6 Franz Sternbald's Wanderungen. Eine Altdeutsche Geschichte, in: Ludwig Tieck, Schriften. Bd. 16, Berlin 1843, S. 270.
7 Vgl. dazu Albert Leitzmann, Die Ambraser Erecüberlieferung, in PBB 59 (1935), S. 143–234.

Nach einer ersten Phase des neugierigen Suchens und Sammelns in den Kindertagen der Germanistischen Literaturwissenschaft, in denen Dichter wie Ludwig Tieck und Gelehrte wie Johann Jakob Bodmer oder Joseph Freiherr von Lassberg durch das Land reisten, um mittelalterliche Bücher aufzustöbern, zu studieren und zu erwerben, bemühte man sich zunächst um die Publikation dieser Neufunde. In Fachzeitschriften mit Titeln wie ‚Altdeutsche Wälder', seit 1814 von den Brüdern Grimm herausgegeben, oder der ‚Zeitschrift für deutsches Altertum und deutsche Literatur', 1841 als ältestes germanistisches Periodikum durch Moriz Haupt gegründet, teilte man sich die Entdeckung neuer Manuskripte und Werke mit und druckte kürzere Texte und Fragmente ab. Daneben erschienen in Anthologien schon 100 Jahre früher Abschriften ganzer Codices, wie beispielsweise Johann Schilters ‚Thesaurus antiquitatum teutonicarum' (1728 in drei Bänden hg. von Johann G. Frick und Johann G. Scherz) oder die ‚Proben der alten schwäbischen Poesie des dreyzehnten Jahrhunderts. Aus der Manessischen Sammlung', herausgegeben 1748 von den Schweizern Johann Jakob Bodmer und Johann Jakob Breitinger.[8]

Der erste Artusroman, der vollständig abgedruckt wurde, erschien ebenfalls in einem solchen Kontext: Es handelt sich um den anonym überlieferten ›Wigamur‹, der 1808 im ersten von zwei Bänden mit dem Titel ‚Deutsche Gedichte des Mittelalters' veröffentlicht wurde, die Johann Gustav Büsching und Friedrich Heinrich von der Hagen gemeinsam herausgaben.[9] Erst mit einigem Abstand folgten der ›Parzival‹ und der ›Iwein‹ (1826/1827 hg. von Karl Lachmann), dann der ›Erec‹ (Moriz Haupt 1839), ›Der jüngere Titurel‹ und der ›Lanzelet‹ (Karl August Hahn 1842 und 1845) sowie ›Diu Crône‹ (Gottlob Heinrich Friedrich Scholl 1852); die übrigen Artusromane wurden meist in der zweiten Hälfte des 19. Jahrhunderts ediert, der ›Wigalois‹ sogar erst 1926 durch Johannes Marie Neele Kapteyn, und viele von ihnen waren vor ihrer Publikation nur wenigen Spezialisten überhaupt bekannt.

8 Dazu Wolfgang Bender, Johann Jakob Bodmer und Johann Jakob Breitinger. Stuttgart 1973 (Sammlung Metzler 113).

9 Friedrich Heinrich von der Hagen (1780–1856) erhielt an der neu gegründeten Universität Berlin 1810 die erste Professur für ‚Deutsche Sprache und Literatur des Mittelalters', während Ludwig Tieck eine ähnliche Professur für ‚Schöne Litteratur' in München 1826 wegen zu schlechter Bezahlung ablehnte. Inzwischen liegt eine moderne Neuausgabe des ›Wigamur‹ durch Nathanael Busch vor (1.1).

Da der ›Wigamur‹ im einzig erhaltenen Textzeugen sehr verderbt überliefert ist, ist er von der sich zeitgleich an den Universitäten etablierenden Germanistik nicht weiter beachtet worden. Stattdessen konzentrierte man sich auf die Moral der Symbolstruktur in den Werken Hartmanns und auf die Ethik der Gralromane, in denen die älteste Forschung die Grundsätze der Weimarer Klassik Goethes und Schillers zu entdecken glaubte. „Nach dem literaturgeschichtlichen Überblick von Ludwig Uhland (Vorlesung 1830, gedruckt 1866) gab erst Gustav Ehrismann (1935) eine umfassende Darstellung von Rang. Die geistesgeschichtliche [...] Methode konzentrierte sich vornehmlich auf den ›Parzival‹. Erst mit Hugo Kuhns ›Erec‹-Aufsatz von 1948 wird [...] die Frage nach der grundlegenden Struktur ins Zentrum gerückt, die in der Folgezeit zu wichtigen Erkenntnissen geführt hat (Kurt Ruh, Walter Haug, dezidiert strukturalistisch Simon). Die sozialgeschichtliche Interpretation, die mit Erich Köhlers Chrétien-Buch 1956 einsetzte, wurde vor allem von Gert Kaiser in seinen Untersuchungen zu Hartmann aufgegriffen und weitergeführt“.[10]

Die später entstandenen Artusromane schienen im Vergleich dazu minderer Qualität zu sein, denn zahlreiche Studien stellten fest, dass diese sich aus denselben Stoffen und Motiven zusammensetzen und zum Teil sogar dieselben sprachlichen Wendungen und Formulierungen benutzen wie die zeitlich vorangegangenen Romane, und dass jüngere Autoren sich immer wieder auf die älteren beziehen. So wurden fast 200 Jahre lang alle nach Wolframs ›Parzival‹ entstandenen Vertreter der Gattung als epigonale Nachahmungen abqualifiziert und kaum beachtet. Die Gattung zerfiel auf diese Weise in zwei Textreihen: Die eine umfasste ausgehend von Hartmanns Romanen den ›Tristan‹, den ›Parzival‹ und die ›Titurel‹-Fragmente, die andere Reihe alle nachfolgenden Werke. Den so genannten ‚klassischen‘ Texten war das Interesse der Literaturwissenschaft von ihren Anfängen an sicher, obwohl es sich bei ihnen immerhin sämtlich um Übersetzungen aus dem Französischen handelt (*adaptation courtoise*).

10 MERTENS 1997 (4.1.1), S. 155. Vgl. LUDWIG UHLAND, Schriften zur Geschichte der Dichtung und Sage, hg. von WILHELM LUDWIG HOLLAND u. a. 3 Bde., Stuttgart 1865, 1866 u. 1870; GUSTAV EHRISMANN, Geschichte der deutschen Literatur bis zum Ausgang des Mittelalters. 2. Teil: Die mittelhochdeutsche Literatur. Schlussband. München 1935 (Handbuch des deutschen Unterrichts an höheren Schulen 6) sowie die unter 4.1.3, 4.2.3, 5.1 u. 5.5 genannte Literatur.

Den Werken des 13. Jahrhunderts hat sich die germanistische Mediävistik hingegen erst in den letzten vierzig Jahren vorurteilsfrei genähert und sich darum bemüht, der Eigenart auch dieser Erzählungen gerecht zu werden. Die in der Forschungsliteratur noch immer vielfach gebrauchten Begriffe ‚klassisch' und ‚nachklassisch' sollten, als Bezeichnungen für Texte unterschiedlicher Qualität, heute längst ausgedient haben und werden daher in dieser Einführung auch konsequent vermieden.[11]

In den siebziger Jahren des 20. Jahrhunderts zeigten mehrere wegweisende Arbeiten, dass gerade das, was die ältere Forschung als Mangel empfunden hat, auch als Kunstfertigkeit gelten konnte, die von den mittelalterlichen Zeitgenossen geschätzt wurde, nämlich die Neukombination, Variierung und Steigerung von Bekanntem zu einem spannenden und kohärenten neuen Werk mit eigenständiger Intention. Die Bandbreite der Entlehnungen aus den Vorgängern der Gattung, aus der mittelhochdeutschen höfischen Epik und der europäischen Literatur überhaupt reicht von einzelnen Versen und Sätzen über Figuren, Gegenstände und Motive bis hin zur Strukturierung der Aventiuren und des gesamten Romans. Neben den Topoi und Allgemeinplätzen des Artusromans, für die es müßig ist, konkrete Vorlagen nachzuweisen, lässt sich vor allem die gezielte Übernahme und Variation signifikanter Szenen in Form von intertextuellen Verweisen belegen.

Dies unterstrich Bernd Schirok bereits 1977 in seiner unveröffentlicht gebliebenen Habilitationsschrift (4.2.3) und nachdem sich vor allem in den Studien von Christoph Cormeau und Peter Kern (4.2.3) zu Wirnts von Grafenberg ›Wigalois‹, Heinrichs von dem Türlin ›Diu Crône‹ und den Texten des Pleier gezeigt hat, dass die Anbindung an die Gattung durch literarische Anspielungen geradezu ein gattungskonstituierendes Merkmal darstellt, erhält die Forschung zum späteren deutschen Artusroman durch die Arbeiten Walter Haugs zur Gattungsentwicklung (vgl. 4.1.3 und 4.2.3) sowie durch die seit 1984 in regelmäßigen Abständen erscheinenden Tagungsbände der deutschen Sektion der Internationalen Artusgesellschaft, die zumeist bestimmten Themen wie Intertextualität, Fiktionalität, Erzählstrukturen

11 Vgl. Wolfgang Achnitz/Valeska Lembke, Frühling, Sommer, Herbst und Winter. Herkommen und Nachwirken der ‚Wellentheorie' Wilhelm Scherers, in: *Vorschen, denken, wizzen.* Vom Wert des Genauen in den ‚ungenauen Wissenschaften'. Festschrift für Uwe Meves zum 14. Juni 2009, hg. von Matthias Janssen, Cord Meyer u. Ralf G. Päsler. Stuttgart 2009, S. 287–308.

usw. gewidmet sind, beständig neue Impulse. Mit dem Jahrtausendwechsel ist die Anzahl solcher interpretierenden Veröffentlichungen zur Gattung zwar leicht zurückgegangen, doch ist zugleich eine neue Phase der philologischen Grundlagenarbeit festzustellen, eingeleitet durch die Neuausgabe des ›Gauriel von Muntabel‹ (1997). Ihr folgen Editionen von ›Diu Crône‹ (2000 u. 2005), des ›Wigalois‹ (2005, zweisprachig), des ›Lanzelet‹ (2006), des ›Wigamur‹ (2009), des ›Meleranz‹ (2011) und des ›Tandarios‹ (in Vorbereitung). Erfahrungsgemäß regen solche Neuausgaben mit einigem zeitlichen Verzug weitere Schübe der literaturwissenschaftlichen Erschließung und Interpretation an.

Diese Einführung in die deutschsprachige Artusdichtung fasst den Forschungsstand demnach zu einem Zeitpunkt zusammen, zu dem die Erschließung und Interpretation der prominentesten Romangattung des Mittelalters zu einem gewissen Stillstand gekommen ist und nach dem auf neuen Textgrundlagen mutmaßlich neue Wege beschritten werden. Im Anschluss an diese kurze Übersicht stehen in Kapitel II zunächst die Historizität des sagenumwobenen Königs Arthur sowie die Genese des Stoffs und seine rasche Verbreitung in der europäischen Literatur im Mittelpunkt. Das III. Kapitel widmet sich der ersten Welle seiner Rezeption im deutschsprachigen Gebiet unter dem Stichwort der *adaptation courtoise* und behandelt neben den Werken Hartmanns und Wolframs den Tristan- und den Lancelotstoff sowie den ›Wigalois‹ und ›Diu Crône‹. Auf verlorene, bislang viel zu wenig beachtete Werke macht das IV. Kapitel aufmerksam, das sich erstmals umfassend den nur fragmentarisch überlieferten Artusromanen zuwendet. Die Romane des Strickers und des Pleiers sowie der ›Wigamur‹ und der ›Gauriel‹ Konrads von Stoffeln kommen schließlich fast vollständig ohne französische Vorlagen aus und nehmen statt dessen Bezug auf die bereits reichlich vorhandene Artusromantradition in deutscher Sprache. Für diese letzte Phase der Gattungsentwicklung darf daher von einer Autonomisierung des Stoffs in der deutschsprachigen Dichtung gesprochen werden (Kapitel V). Kapitel VI gibt einen knappen Einblick in verschiedene Rezeptionsformen des Artusstoffs im späteren Mittelalter und seine weitere Rezeption bis in die Gegenwartsliteratur und in anderen Medien.

Chronologische Übersicht

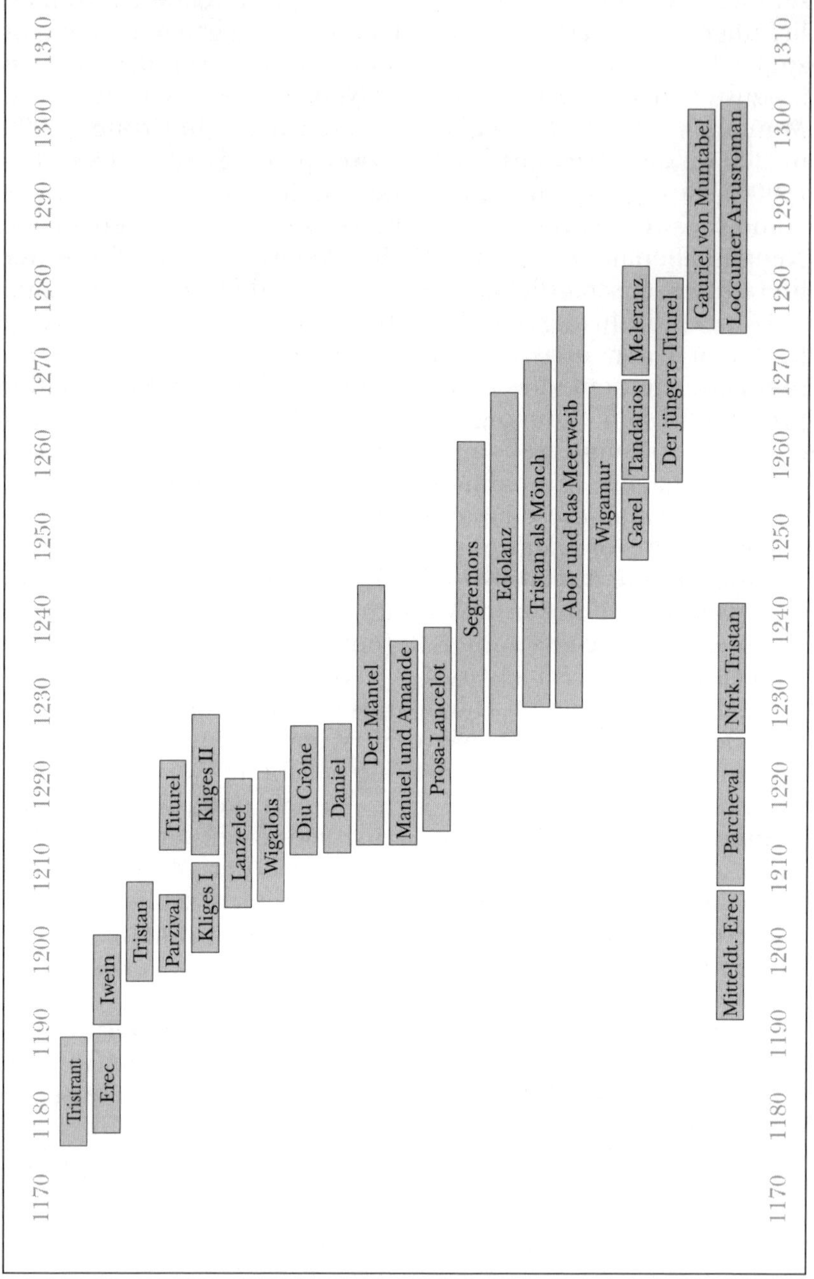

II. Der Artusstoff und seine Entfaltung in Europa

Rex quidam fuit, qui Artus vocabatur ... – ‚Es war einmal ein König, der Artus genannt wurde': Mit diesem Satz weckte ein Abt um 1200 angehende Mönche aus dem Predigtschlaf. So jedenfalls berichtet es Caearius von Heisterbach in seinem zu Beginn des 13. Jahrhunderts entstandenen ›Dialogus miraculorum‹: ‚Als Abt Gevardus uns während einer Feierlichkeit im Kapitel eine Predigt hielt, merkte er, dass die meisten Mönche, besonders die Konvertiten, eingeschlafen waren und dass manche sogar laut schnarchten. Und so rief er plötzlich: ‚Hört, Brüder, hört! Ich erzähle euch eine neue und großartige Geschichte. Es war einmal ein König, der hieß Artus.' Anschließend fuhr er aber nicht fort, sondern sagte: ‚Seht, Brüder, welch großes Unglück! Als ich von Gott geredet habe, seid ihr eingeschlafen, sobald ich aber unbedeutende Worte (*verba levitatis*) gebrauche, seid ihr alle hellwach, spitzt die Ohren und hört zu.' Ich selbst war bei dieser Predigt anwesend. Nicht allein Geistliche, sondern auch Laien ergreift und bezwingt der Teufel während des Schlafes.'[1]

Mit dieser Anekdote hätte der Abt noch hundert Jahre zuvor „niemanden wecken können: außerhalb der Bretagne und vielleicht von Wales war König Artus so gut wie unbekannt."[2] Die folgenden Kapitel gehen der Frage nach, wie es zu einer Zeit, in der es noch kein modernes Kommunikationsnetz gab, dazu kommen konnte, dass die Geschichten um einen bis dahin vorwiegend regional bekannten Herrscher innerhalb nur weniger Jahrzehnte so weit verbreitet wurden, dass sie sich selbst unter Klerikern größter Beliebtheit erfreuten, und warum sie dort als abschreckendes Beispiel für die Weltzugewandtheit von Mönchen in der Predigt eingesetzt werden konnten.

1 Caesarius von Heisterbach, Dialogus miraculorum, hg. von Joseph Strange. Bd. 1, Köln, Bonn, Brüssel 1851, S. 205 (Capitulum xxxvi: *De domino Gevardo Abbate, qui monachos in sermone dormitantes per fabulam Arcturi excitavit*).

2 Mertens 1984 (4.1.1), S. 290. Zur Literarisierung der Figur vgl. Haug 2004 (4.1.3).

Zeittafel

um 455/485 Ambrosius Aurelianus
um 468 Riothamus
485 Schlacht von Badon (lt. ›Annales Cambriae‹ 517)
539 Schlacht bei Camlann (?)
547 Gildas, ›De excidio et conquestu Britanniae‹
688 Stiftung des Klosters Glastonbury
692/697 Adamnanus, ›Vita Sancti Columbae‹
731 Beda Venerabilis, ›Historia ecclesiastica gentis anglorum‹
um 830 (Nennius), ›Historia Brittonum‹
um 950 ›Annales Cambriae‹
um 1019 Legende des Heiligen Goeznorius
um 1050 (?) Mabinogion
nach 1056 ›Chronik von Mont St. Michel‹ (?)
1066 Wilhelm der Eroberer (Schlacht bei Hastings)
1120/1140 Relief an der Kathedrale von Modena in Italien
1125 William von Malmesbury, ›Gesta regum anglorum‹
1139 Geoffrey of Monmouth (1100–1155), ›Historia Regum Britanniae‹
um 1150 *Estoire (afrz. Tristanroman, nicht erhalten)
1154 Krönung Heinrichs II. Plantagenet zum englischen König
1155 Robert Wace (1105–1176), ›Le Roman de Brut‹
1155/1160 Robert Biket, ›Lai du Cor‹
1165 Fußbodenmosaik von Otranto in Italien
um 1170 Chrétien de Troyes, ›Érec et Énide‹
um 1170/80 Marie de France, Lais
um 1175 Thomas von Britannien, ›Tristan‹
1176/1181 Chrétien de Troyes, ›Cligès‹, ›Lancelot‹, ›Yvain‹
um 1180/1190 Eilhart von Oberg, ›Tristrant‹
1184 Brand in der Abtei Glastonbury
um 1185 Hartmann von Aue, ›Erec‹
1181/1190 Chrétien de Troyes, ›Perceval‹ (›Le Conte du Graal‹)
1190 Layamon, Brut
nach 1190 Renaut de Beaujeu, ›Le Bel Inconnu‹
1191 Béroul, ›Tristan‹
1191 Entdeckung von ‚Arthurs Grab' (mit Bleikreuz) in Glastonbury
um 1193/1199 Giraldus Cambrensis, ›De Principis Instructione‹
um 1200 Hartmann von Aue, ›Iwein‹
um 1200/1210 Gottfried von Straßburg, ›Tristan‹
nach 1203 Wolfram von Eschenbach, ›Parzival‹
nach 1194 bis um 1210 Ulrich von Zatzikhoven, ›Lanzelet‹
um 1210 Wirnt von Grafenberg, ›Wigalois‹
um 1215 Caesarius von Heisterbach, ›Dialogus miraculorum‹
um 1216 Giraldus Cambrensis, ›Speculum Ecclesiae‹

1. Die Suche nach dem historischen Arthur

König Artus ist keine historische Person. Seine Existenz ist weder in Britannien noch sonst irgendwo durch schriftliche oder archäologische Zeugnisse nachzuweisen. Auch kann keiner der zahlreich gemachten Vorschläge, historische Personen als konkrete Vorbilder für die sagenhafte Gestalt zu benennen, überzeugen. Allerdings erwähnen verschiedene chronikalische und auch literarische Quellen den Namen Arthur und versehen die zu ihm tradierten Informationen zunehmend mit narrativen Elementen verschiedener Herkunft.[3] Die wichtigsten dieser Quellen werden im Folgenden vorgestellt.

Wahrscheinlich sind die Erzählungen, die sich schon im frühesten Mittelalter um einen vorbildlichen Herrscher dieses Namens ranken, auf verschiedene Ursprünge und Personen zurückzuführen, und es fällt bisweilen schwer, Erfundenes von Beweisbarem zu scheiden – was leider auch für zahlreiche moderne Veröffentlichungen zu diesem Thema gilt. Da der Name Artorius vermutlich lateinischen Ursprungs und im spätantiken Rom mehrfach belegt ist (anderen Thesen zufolge ist er von bretonisch **Arto-uiros* ‚Bärenmann' abgeleitet), wird meist angenommen, dass es sich bei den als Vorbilder in Frage kommenden Personen um herausragende Krieger oder Heerführer handelt, die entweder im Rahmen der Eroberungsfeldzüge der römischen Armee seit dem 1. Jahrhundert oder in denen der Angeln und Sachsen im 5. Jahrhundert nach Christus im heutigen Großbritannien agierten.[4]

Um die Erwähnungen des Namens Arthur in historischen Zeugnissen einordnen zu können, muss man sich daher mit der Frühgeschichte Großbritanniens beschäftigen. Nachdem die Römer unter Julius Caesar im Jahr 55 vor Christus die Insel

3 Solange vom historischen Arthur die Rede ist bzw. von solchen Personen, deren Taten als Vorbild für die Geschichten um den sagenhaften König in Frage kommen, verwende ich die Namensform ‚Arthur', die auch in den lateinischen und frühmittelalterlich-britischen Quellen sowie in der angloamerikanischen Artus-Forschung üblich ist. Erstmals tritt die Form ‚Artus', die sich nachher in den altfranzösischen und mittelhochdeutschen Texten durchsetzt, 1155 bei Wace auf. Im Zusammenhang mit den dichterisch-fiktionalen Werken verwende ich daher diese modernere Form des Namens.

4 Zusammenfassend dazu Green (4.2.1).

erobert und Konstantin der Große im dritten Jahrhundert das Christentum auch in Britannien durchgesetzt hatten, hinterließ der allmähliche Zusammenbruch des römischen Reichs ein Machtvakuum, in das während der Völkerwanderungszeit die germanischen Angeln und Sachsen vorstießen. Einer der zahlreichen regionalen Stammesfürsten, der als Vortigern bekannt war, obwohl dies nicht sein Name, sondern nur die Bezeichnung für sein Amt eines Hochkönigs gewesen ist, schloss einen Pakt mit den Sachsenführern Hengist und Horsa, um sich gegen die aus dem heutigen Schottland angreifenden Pikten und die aus Wales angreifenden Skoten verteidigen zu können. Weil die Sachsen jedoch mit den ihnen als Belohnung zugeteilten Ländereien nicht zufrieden waren, lehnten sie sich gegen Vortigern auf.

In dieser Situation stellte der römische Heerführer Ambrosius Aurelianus in der zweiten Hälfte des 5. Jahrhunderts Truppen zusammen, die aus nach Nordfrankreich übergesiedelten oder geflüchteten Briten bestanden, und kämpfte mit ihnen sowohl gegen Vortigern als auch gegen die Sachsen. Vortigern kam dabei ums Leben, Hengist starb im Kampf gegen Ambrosius, und die Sachsen wurden stark zurückgedrängt, aber nicht endgültig besiegt. Die entscheidende Schlacht gegen die Angelsachsen soll Ambrosius Aurelianus, den die frühmittelalterlichen Chroniken ›Historia Brittonum‹ und ›Historia Regum Britanniae‹ auch mit dem Zauberer Merlin in Verbindung bringen, im 5. Jahrhundert am Mons Badonicus gewonnen haben. Bis in das 9. Jahrhundert hinein übernahmen die Angeln und Sachsen nach und nach die Herrschaft in den britischen Stammesgebieten, vertrieben die Ureinwohner nach Wales und gründeten die Königreiche Südsachsen (Sussex), Westsachsen (Wessex), Ostsachsen (Essex), Kent (Cantorum), Ostanglien (East-Anglia), Mercien (Mercia) und Northumberland (Northumbria), welche erst der westsächsische König Egbert (802–839) durch einen Sieg über die mercischen Herrscher im Südosten im Jahre 825 zu einem Staatengebilde vereinte.[5]

Vor dieser historischen Kulisse begegnet der Name Arthur zu verschiedenen Zeiten und an verschiedenen Orten. Bereits um 180 nach Christus soll sich ein römischer Soldat namens Lucius Artorius Castus, der laut der Inschriften auf seinem im heutigen Kroatien gelegenen Grab als Präfekt in Britannien stationiert war,

5 Vgl. Peter H. Sawyer, Robin L. Storey u. a., Art. England, in: Lexikon des Mittelalters Bd. 3 (1986), Sp. 1924–1994.

dort als Anführer (*dux*) der von ihm befehligten Legion VI Victrix hervorgetan haben. Erzählungen über seine Erfolge könnten sich später mit solchen über Bräuche und Riten seiner sarmatischen Hilfstruppen (gepanzerte Lanzenreiter aus Vorderasien) vermischt haben, welche unter anderem die Verehrung eines im Boden steckenden Schwertes betreffen.

Abgesehen vom Grabstein dieses römischen Präfekten lassen sich die ältesten schriftlichen Zeugnisse zu einem Herrscher namens Arthur aber nur selten mit historischen Personen in Verbindung bringen. Seit Jahrzehnten bemüht sich der britische Historiker Geoffrey Ashe um den Nachweis, dass als Vorbild für die Sagengestalt des König Arthur vor allem ein römischer Soldatenführer in Frage kommt. Seiner Meinung nach handelt es sich, wie es in der ›Geschichte der Goten‹ eines gewissen Jordanus heißt (um 551), um einen britischen Hochkönig (Riothamus), der auf ein römisches Hilfeersuchen des Kaisers Anthemius mit 12.000 Kriegern auf das Festland gezogen sei, um die Westgoten aus Burgund zu vertreiben. Er kämpfte tapfer, aber glücklos, wurde von einem engen Vertrauten verraten und wird nach 470 nicht mehr erwähnt. Die Rückzugs-Route des geschlagenen Heeres sei, so Ashe weiter, über die burgundische Stadt Avallon verlaufen (etwa 85 km südlich von Troyes), und er zieht daraus den Schluss, dass Riothamus der historische Arthur sein müsse, der vielleicht sogar tatsächlich Artorius geheißen haben könnte, denn – ähnlich wie im Fall des Vortigern – handele es sich bei ‚Riothamus' nicht um einen Eigennamen, sondern um einen Titel: Es sei die Bezeichnung für den obersten Hochkönig der Briten. Durch die vielen Konjunktive, die zur Beschreibung dieser These nötig sind, ist sie eigentlich hinreichend bewertet; dass der Krieger Riothamus tatsächlich Ausgangspunkt einer Sagenbildung gewesen ist, lässt sich nicht beweisen.[6]

Dies gilt erst recht für die schlichte Nennung des Namens Arthur in anderen Annalen und Chroniken, auch wenn die damit verbundenen Ereignisse ebenfalls im Zusammenhang mit dem Widerstand der Briten gegen die Sachsenüberfälle zwischen etwa 450 und 460 n. Chr. stehen. So heißt es in dem kymrischen Gedicht ›Gododdin‹ vom Protagonisten, dass er zwar recht kampfstark, aber kein ‚Arthur' sei. Das Gedicht soll im 7. Jahrhundert entstanden sein, demnach müsste Arthur damals schon „als ein

6 Vgl. Ashe 1985, dt. 1986 (4.2.1).

besonders hervorragender Kriegsheld bekannt gewesen sein.“[7] Die älteste Handschrift des Werks stammt jedoch erst aus dem 13. Jahrhundert, sodass der Vergleich mit Arthur in dem Verdacht steht, ein überlieferungsbedingter, späterer Einschub zu sein, zumal der Text auch sonst mehrfach solche Interpolationen aufweist. Auch in der ›Vita Sancti Columbae‹ des irischen Mönches Adamnanus (um 692/697) wird wie nebenbei erwähnt, dass in einer bestimmten Schlacht neben anderen ein Mann namens Arturius gefallen sei; ob damit der sagenhafte König gemeint ist, bleibt unsicher, aber immerhin stammt die Handschrift mit diesem Bericht bereits aus dem 7. Jahrhundert.[8]

Im letzten Jahrzehnt des 12. Jahrhunderts soll König Heinrich II. von England (1154–1189) schließlich die Benediktinermönche von Glastonbury aufgefordert haben, nach Arthurs Grab zu suchen, weil er dem weit verbreiteten Glauben, dass der legendäre König von Britannien eines Tages zurückkehren werde, ein Ende bereiten wollte. Vermutlich 1191 präsentierten die Benediktiner in Anwesenheit von König Richard I. Löwenherz dann tatsächlich die angeblichen Gebeine Arthurs. Man habe sie, so berichtet Giraldus Cambrensis unter Berufung auf einen Augenzeugenbericht des Abtes Heinrich de Sully (1189–1193) in seinem kurz darauf entstandenen Werk ›De Principis Instructione‹ (um 1193/1199),[9] nahe der neu errichteten Kirche ausgegraben. Sie seien bedeckt gewesen von einem bleiernen Kreuz, das eine Inschrift trug: *Hic iacet sepultus inclitus rex Arturius cum Wennevaria uxore secunda in insula Avalonia* – ‚hier liegt begraben der berühmte König Arthur mit seiner zweiten Frau Guinevere auf der Insel Avalon‘.[10]

Dieses Kreuz, von dem mehrere Personen im Spätmittelalter und in der Frühen Neuzeit behaupten, es gesehen zu haben, ist nicht erhalten, sodass seine Authentizität heute nicht mehr überprüft werden kann. Es soll zuletzt, im frühen 18. Jahrhundert, einem nicht näher identifizierten Mr. William Hughes ge-

7 Brogsitter ²1971 (4.1.1), S. 23.

8 Adamnani vita S. Columbae. Edited from Dr. Reeves's text with an introduction on early irish church history, notes and glossary by Joseph T. Fowler. Oxford 1920. Zur Erwähnung Arthurs in weiteren walisischen Heiligenlegenden, die vermutlich im späten 11. oder frühen 12. Jahrhundert entstanden, häufig aber nur in Handschriften aus späterer Zeit überliefert sind, vgl. Gottzmann (4.1.1), S. 22–25.

9 Vgl. Giraldi Cambrensis Opera, hg. von J. S. Brewer, J. F. Dimock u. G. F. Warner. 8 Bde., London 1861–1891.

10 Vgl. Jenkins (4.2.1), S. 86f.; Ashe 1992 (4.2.1).

hört haben. Und auch wenn manche Forscher glauben, dass es in irgendeinem Museumskeller verborgen liegt und eines Tages wieder zum Vorschein kommt, ist die Möglichkeit nicht auszuschließen, dass es dieses Kreuz nie gegeben hat. Für diesen Verdacht lassen sich verschiedene Indizien anführen: So entspricht die Form der Buchstaben auf dem Kreuz nicht Schrifttypen des 6. Jahrhunderts, in dem Arthur begraben worden sein soll, sondern stimmt eher mit solchen des 10. Jahrhunderts überein. Es könnte daher sein, dass sich jemand in dem Bemühen, eine alt wirkende Schrift zu verwenden, im 12. Jahrhundert der Buchstabenformen des 10. Jahrhunderts bedient hat.

Ein weiteres Indiz liefert die Überlieferungsgeschichte der Inschrift. Die erste Erwähnung findet sich in einem anderen Werk des Giraldus Cambrensis: Um 1216 erscheint sie in seinem ›Speculum Ecclesiae‹ in etwas umgestellter Form: *Hic iacet sepultus inclitus rex Arturius in insula Avalonia cum Wennevaria uxore secunda.* Nach dieser Vorlage wird sie in den Berichten über das Kreuz zwischen dem 13. und dem frühen 17. Jahrhundert meist wiedergegeben, häufig allerdings ohne ihren letzten Teil. In den meisten Darstellungen fehlt der nur angehängte Passus *cum Wennevaria uxore secunda,*[11] und so lassen sich innerhalb der Überlieferung der Inschrift drei Traditionsstränge erkennen: Entweder man übernahm die Fassung des Giraldus oder man verkürzte sie um den expliziten Hinweis darauf, dass es sich um Arthurs zweite Frau gehandelt habe, oder man unterließ überhaupt jeden Hinweis auf eine mitbestattete Frau. Ohne diesen Appendix ließ sich nämlich viel überzeugender behaupten, die ehemalige Halbinsel Glastonbury sei das legendäre Avalon.

Schließlich hat Karl Heinz Göller gezeigt, dass der Bericht des Giraldus Cambrensis über die Exhumierung Arthurs zum Teil wörtliche Anklänge an Darstellungen über die Ausgrabung Karls des Großen aufweist, die Kaiser Otto III. (983–1002) um das Jahr 1000 herum vornehmen ließ.[12] Und so spricht einiges dafür, dass den vermeintlichen Augenzeugen die Inschrift vor allem aus den lateinischen Werken des Giraldus Cambrensis bekannt gewesen

11 Vgl. z. B. Ralph of Coggeshall, ›Cronicon Anglicanum‹, 36 (1225); Albericus Trium Fontium, ›Chronica Albrici Monachi‹, 871 (1236); Matthaeus Parisiensis, ›Chronica Maior‹ II,27 (2. Hälfte 13. Jh.); Adam of Domerham, ›Historia de Rebus Gestis Glastoniensibus‹, 303ff. (1291); Margam Abbey of Wales (14. Jh.); John Leland, ›Itinerarium‹ (1542), ›Assertio Inclytissimi Arturii Regis Britanniae‹ (1544): abgedruckt bei CHAMBERS (4.2.1), S. 268ff.

12 GÖLLER (4.2.1), S. 170–193.

ist bzw. dass man sie im Lauf der Jahrhunderte immer wieder voneinander statt von einem existierenden Bleikreuz abgeschrieben hat. Einer dieser angeblichen Augenzeugen, William Camden, fertigte 1607 schließlich für sein Werk ›Britannia‹ die einzige erhaltene Zeichnung an, auf der der Hinweis auf Guinevere ebenfalls fehlt.

Wenn es sich bei diesem Kreuz, das allein die Beweislast dafür trägt, dass die 1191 exhumierten Gebeine tatsächlich von Arthur stammen – und damit die Beweislast dafür, dass es den legendären König tatsächlich gegeben hat –, um eine Erfindung oder um eine Fälschung handelt, dann stellt sich die Frage, was Giraldus Cambrensis und die Mönche von Glastonbury dazu veranlasst haben könnte, diese Legende um das aufgefundene Grab Arthurs zu verbreiten? Eine mögliche Antwort darauf ist schnell gefunden: Die alte Abteikirche von Glastonbury, die seit dem 7. Jahrhundert das Ziel zahlreicher Pilger war, ist 1184 abgebrannt, sodass die Mönche erstens eine wichtige Einnahmequelle verloren und zweitens dringend finanzielle Mittel zum Wiederaufbau der Kirche und des gesamten Klosters benötigten. In dieser Situation unterstützte sie König Heinrich II. sowohl finanziell als auch mit dem Auftrag zur Suche nach dem Grab. Dabei kam ihm „der Umstand zugute, daß das Kloster von 1178 bis 1189 ohne Abt war und während dieser Zeit direkt der Krone (und das heißt: ihm selbst) unterstand."[13] Der anschließend zum Abt gewählte Heinrich von Sully war ein Blutsverwandter und enger Vertrauter des Königs, dem daran gelegen sein musste, durch die Auffindung der Gebeine den alten Volksglauben von der Wiederkehr des legendären Arthur zu besiegen, wollte er jemals vollends als Herrscher von Britannien anerkannt werden. Die Existenz des sagenumwobenen Arthur sollte nicht geleugnet, sondern – im Gegenteil – bewiesen werden, allerdings wollte man ihm zugleich den Zauber des Übernatürlichen nehmen. Als Ahnherr gefragt war eine historische Gestalt, die auf eine Stufe zu stellen war mit Alexander oder mit Karl dem Großen. Darüber hinaus versuchte Heinrich II. seit etwa Mitte der achtziger Jahre, sich von seiner Frau Eleanore von Aquitanien und Poitou scheiden zu lassen, um eine zweite Ehefrau zu heiraten: Da kam es sicher ganz gelegen, dass laut Grabungsbericht des Giraldus auch der legendäre König Arthur zweimal verheiratet gewesen ist – ein Fakt, über den vor

13 Göller (4.2.1), S. 183.

Auffindung des Kreuzes keine andere Quelle berichtet: „Die zu erwartende zweite Ehe Heinrichs sollte durch die Parallele im Artusmythos legitimiert werden."[14] Und auch für die Mönche von Glastonbury, bei denen nach dem Brand von 1184 große Not herrschte, hat es sich gelohnt, die Legende von König Arthur auferstehen zu lassen: Noch heute gehört Glastonbury, das sich später als das legendäre Avalon ausgab, als feste Station zu jeder touristischen Rundreise durch Südwestengland.

Die Ereignisse um das ausgegrabene Bleikreuz zeigen, ebenso wie die Anekdote des Caesarius von Heisterbach, dass die Figur des König Arthur von Anfang an instrumentalisiert und zu ganz verschiedenen Zwecken eingesetzt werden konnte. Ähnliches gilt möglicherweise für einige inselkeltische Erzählungen über Arthur. Keltische Stämme bevölkerten zur Zeit Alexanders des Großen fast halb Europa, wurden aber von Römern und Germanen zurückgedrängt und überlebten nur in Randgebieten. Das Keltische zerfällt in zwei große Gruppen: das Gälische, zu dem zum Beispiel das Irische zählt, und das Britische, das aus dem Walisischen oder Kymrischen, dem Bretonischen und dem Kornischen besteht, welches früh ausgestorben ist. Die Verschriftlichung des Altirischen und Altkymrischen erfolgte erst zwischen dem 14. und dem 16. Jahrhundert, sodass sich nur schwer feststellen lässt, wie alt eine keltische Sage wirklich ist. Vor allem sprachliche Gründe werden dafür angeführt, dass manche Texte zum Teil bereits lange vor dem hohen Mittelalter entstanden sein könnten und damit eine sehr alte Verbindung des Artusstoffs mit der keltischen Mythologie darstellen. Dies gilt insbesondere für die elf Prosaerzählungen des so genannten Mabinogion. Das Wort ‚Mabinogion' – der Singular lautet ‚Mabinogi' – ist als Äquivalent zu lat. *infantia* zu deuten; der Wortstamm **mabin-og* bedeutet ‚zur Jugend gehörig' und entsprechend handelt es beim Mabinogion um ‚Erzählungen von der Jugend (eines Helden)'.[15] Diese mittelkymrischen Texte, von denen zum Teil angenommen wird, dass sie bereits im 12. oder gar 11. Jahrhundert entstanden, stammen aus zwei späten Handschriften: Es handelt sich um das etwa 1325/1350 abgeschlossene ›Weiße Buch von Rhydderch‹ und das zwischen 1375 und 1425 aufgezeichnete ›Rote Buch von Hergest‹.

14 GÖLLER (4.2.1), S. 190.
15 LÜHR (4.2.2), S. 220, Anm. 5.

Dem Wortsinn nach trifft die Bezeichnung ‚Mabinogion' nur auf die ersten vier Erzählungen zu, die daher auch als ‚die vier Zweige des Mabinogion' bezeichnet werden. Nur sie erzählen mythische Jugendgeschichten antiker Helden. In einigen der anderen Erzählungen klingen die Stoffe späterer höfischer Versromane an, etwa in der Geschichte von der Herrin des Brunnens. Desweiteren ist die Erzählung von Owein mit dem ›Yvain‹ in Verbindung zu bringen, die von Peredur mit dem ›Perceval‹, und insbesondere ist das Mabinogi von ›Gereint‹ sehr prominent, weil es eine dem ersten Handlungszyklus des ›Erec‹ entsprechende Handlung erzählt. In ›Culhwch und Olwen‹ wird Artus vom Riesen Ysbaddaden herausgefordert. Nachdem Culhwch, der Neffe des Königs, den Riesen getötet und dessen Tochter Olwen geheiratet hat, findet am Ende eine Jagd auf den mythischen Eber Twrch Trwyth statt.[16]

Möglicherweise haben sowohl die Verfasser dieses Mabinogion als auch spätere Autoren auf dieselben Quellen zurückgegriffen, doch ist auch in keinem der Fälle auszuschließen, dass die Übereinstimmungen erst im Zuge der Verschriftlichung des Mabinogion zustande gekommen sind und dass die Übereinstimmungen auf eine Rezeption der höfischen Romane zurückzuführen sind. Unabhängig von der Quellenfrage lässt sich aber zweifelsfrei festhalten, dass Arthur und seine Ritter das Figureninventar einiger Erzählungen aus dem Mabinogion darstellen. Die keltischen Stoffe sowie die anderen hier angeführten, ältesten schriftlichen Hinweise zeugen somit von einer umfangreichen mündlichen Tradition, die sich seit dem frühesten Mittelalter auch in der Historiographie niederschlägt.

16 Vgl. dazu Ruh ^{2}1977 (4.1.3), S. 119–124; Thomas (4.2.1); Ó Riain-Raedel (4.1.3); Die vier Zweige des Mabinogi, hg. von Zimmer (1.2); eine deutsche Übersetzung in: Keltische Erzählungen (1.2). Das Motiv vom Sperberpreisturnier findet sich als Erzählkern einer arthurischen Episode auch im Ende des 12. Jahrhunderts entstandenen Traktat ›De Amore‹ (Kap. II,8): Andreas aulae regiae capellanus, De amore, Libri tres./Andreas königlicher Hofkapellan, Von der Liebe, Drei Bücher. Text nach der Ausgabe von E. Trojel, übers. und mit Anmerkungen und einem Nachwort versehen von Fritz Peter Knapp. Berlin, New York 2006, S. 247–249.

2. Geoffrey of Monmouth und die historiographische Tradition

Die ältesten historiographischen Quellen, die über die Schlachten des fünften Jahrhunderts berichten, kennen den Namen Arthur nicht. Bei ihnen ist der hervorragende Krieger auf Seiten der Briten der bereits erwähnte Ambrosius Aurelianus, so um 540 in Gildas' ›De excidio et conquestu Britanniae‹ (Kap. 26 ‚Vom Untergang und Fall Britanniens') und um 730 in der ›Historia ecclesiastica gentis anglorum‹ des Beda Venerabilis.[17] Das ändert sich mit der ›Historia Brittonum‹, die um 830 vielleicht zumindest in Teilen von einem walisischen Priester namens Nennius verfasst worden ist – diese Autorzuschreibung ist allerdings umstritten. In dieser Geschichte Britanniens wird für die Zeit vor 600 n. Chr. von den Kämpfen der britischen Ureinwohner gegen die Sachsen berichtet:

‚Zu jener Zeit nahmen die Sachsen in Britannien zahlenmäßig zu. Nach dem Tod von Hengist kam aber dessen Sohn Octha aus dem nördlichen Teil Britanniens in das Gebiet von Kent, und von ihm stammen die Könige von Kent ab. In jenen Tagen kämpfte dann Arthur zusammen mit den Königen der Britannier gegen die Einwohner von Kent, doch er selbst war der Feldherr. Die erste Schlacht fand an der Mündung des Flusses statt, der Glein heißt. Die zweite, dritte, vierte und fünfte an einem anderen Fluss, der Dubglas heißt und im Distrikt Linnuis liegt. Die sechste Schlacht an dem Fluss, der Bassas heißt. Die siebte war im Kaledonischen Wald, das heißt in Cad Coit Celidon, die achte war im Kastell Guinnion, wo Arthur das Bildnis der heiligen Maria, der ewigen Jungfrau, auf seinen Schultern trug und die Heiden an jenem Tag in die Flucht schlug; und ein großes Blutbad kam auf sie hernieder durch unsere Herrn Jesus Christus und durch die Heilige Jungfrau Maria, seine Mutter. Die neunte Schlacht wütete in der Stadt der Legion, die zehnte führte er an den Ufern des Flusses, der Tribruit heißt, die elfte fand auf dem Hügel statt, der Agned heißt. Die zwölfte Schlacht war auf dem Mount Badon, wo an einem einzigen Tag neunhundertsechzig Männer bei einem einzigen Angriff durch Arthur starben, und kein anderer bezwang sie als er allein. Und aus allen Schlachten ging er als Sieger hervor'.[18]

17 Vgl. dazu die bei Chambers (4.2.1), S. 237f. abgedruckten Stellen.

18 Historia Brittonum (1.2), S. 111–222; Übersetzung nach Ashe 1986 (4.2.1), S. 90f.

Im 56. Kapitel der ›Historia‹ wird Arthur als Feldherr (*dux bellorum*) erwähnt, der gemeinsam mit den Königen der Briten in insgesamt zwölf Schlachten gekämpft habe (*tunc Arthur pugnabat contra illos in illis diebus cum regibus Brittonum, sed ipse erat dux bellorum*). In der achten Schlacht beim Kastell Guinnion (bei Durham) soll Arthur der ›Historia‹ zufolge ein Standbild der heiligen Jungfrau Maria auf dem Rücken getragen haben (*octavum fuit bellum in castello Guinnion, in quo Arthur portavit imaginem sanctae Mariae perpetuae virginis super humeros suos*). Bei dieser Angabe handelt es sich wohl um einen Übersetzungsfehler des Kompilators der ›Historia Brittonum‹, der die kymrischen Wörter für Schulter (*ysgwydd*, lat. *umerus*) und für Schild (*ysgwyd*, lat. *scutum*) verwechselt haben dürfte, die sich nur durch einen einzigen Buchstaben voneinander unterscheiden.[19] Demnach hat Arthur das Bildnis Mariens nicht auf der Schulter, sondern auf dem Schild geführt. In der zwölften Schlacht am Mons Badonis, die vermutlich um 485 stattfand, soll er so an einzigen Tag 960 Feinde erschlagen haben (*duodecimum fuit bellum in monte Badonis, in quo corruerunt in uno die nongenti sexaginta viri de uno impetu Arthur*), sodass die Briten insgesamt als Sieger aus den zwölf Schlachten hervorgehen konnten. Die Zwölfzahl verstärkt noch den legendenhaften Charakter dieser Episode aus der ›Historia Brittonum‹, die vielleicht auf ein früheres kymrisches Gedicht zurückgeht.

Der ›Historia Brittonum‹ sind eine Reihe von Wundergeschichten (*mirabilia*) beigefügt, von denen zwei ebenfalls den Namen Arthur nennen. In Kap. 73 wird ein Steinhügelgrab in Breconshire erwähnt, dessen oberster Stein einen Abdruck der Pfote von Arthurs Hund Cabal erhalten habe, als dieser den Eber Troyt jagte; dann wird der wundersame Grabhügel von Arthurs Sohn Amr (oder Anir) in Herefordshire geschildert:

‚In dieser Gegend, die als Buelt bezeichnet wird, befindet sich eine weitere Sehenswürdigkeit. Es ist eine Ansammlung von Felsbrocken, deren oberster den Fußabdruck eines Hundes trägt. Als sie den Eber Trwyth jagten, stellte Cabal, der Hund von Arthur, dem Soldaten, seinen Fuß auf diesen Stein und hinterließ einen Abdruck; und Arthur häufte danach Felsbrocken aufeinander und legte den Stein zu oberst, auf dem sich der Fußabdruck des Hundes befand, und nannte das Gebilde Carn Cabal. Es kommen Menschen und tragen den Stein einen Tag und eine

19 Vgl. Karl Heinz Göller, Arthurs Aufstieg zum Heiligen. Eine weniger beachtete Entwicklungslinie des Herrscherbildes, in: Artusrittertum im späten Mittelalter (4.1.2), S. 87–103, hier S. 90 u. Anm. 15.

Nacht lang fort, und am nächsten Morgen liegt der Stein wieder zu oberst auf dem Haufen. Es gibt noch ein weiteres Wunder in der Gegend, die Ercing heißt. Da ist ein Grabhügel, in der Nähe einer Quelle, der Licat Amr heißt, und der Name des Mannes, der in dem Hügel begraben liegt, ist Amr. Er war der Sohn von Arthur, dem Soldaten, und Arthur selbst tötete ihn da und begrub ihn. Es kommen Menschen, um die Länge des Hügels zu messen, und dieser ist manchmal sechs Fuß, manchmal neun, manchmal zwölf und manchmal fünfzehn Fuß lang. Welche Länge man auch das eine Mal vorfindet, es wird das nächste Mal eine andere sein, und ich selbst habe das bewiesen gesehen.'[20]

Solche *mirabilia* werden von britischen Historikern und Literaturwissenschaftlern als Zeugnisse einer lokalen Legendenbildung um Arthur angesehen: Buelt ist ein Ort in Südwales, Ercing liegt in der Grafschaft Herefordshire. Die Jagd auf den Eber Trwyth (Troith) stammt vermutlich aus einer keltischen Erzählung; der Name von Arthurs Hund ist von lat. *caballus* (,Pferd') abgeleitet und könnte wiederum Hinweis auf einen Übersetzungsfehler sein. Ähnlich sagenhafte Anekdoten finden sich auch andernorts, zum Beispiel um 1146 bei Hermann von Tournai (›De Miraculis Sanctae Mariae Laudunensis‹), der hinzu setzt, dass Arthur nach den unter Briten erzählten Geschichten sehr berühmt ist.

Im Anschluss an die ›Historia Brittonum‹ wird derselbe Arthur, um den es dort geht, eher beiläufig in den ›Annales Cambriae‹ erwähnt, einer Geschichte von Wales aus der Mitte des 10. Jahrhunderts. Dort wird für das Jahr 517 vom *bellum badonis*, der Schlacht von Badon, berichtet, in der Arthur drei Tage und drei Nächte das Kreuz des Herrn Jesus Christus auf seinen Schultern getragen haben soll: *bellum badonis in quo arthur portauit crucem domini nostri iesu christi, tribus diebus et tribus noctibus, in humeros suos, et brittones victores fuerunt.* Diese fromme Überhöhung der Angaben bei Nennius ist der Ausgangspunkt eines spätmittelalterlichen Heiligenkultes, der sich um die Person Arthurs entfaltete.[21] In einem zweiten Eintrag auf derselben Seite ist in den ›Annales Cambriae‹ für das Jahr 539 noch die Schlacht bei Camlann notiert, in der Arthur und Medraut gefallen sein sollen: *Gueith Camlann in qua arthur et medraut corruerunt et mortalitas in brittania et in hibernia fuit.* Anfang des 12. Jahrhunderts schildert William von Malmesbury in seinen ›Gesta regum anglorum‹ (1125) noch einmal die zwölf Schlachten der ›Historia Brittonum‹ und fügt hinzu, dass viel

20 Übersetzung nach Ashe 1986 (4.2.1), S. 162f.
21 Vgl. dazu Göller (4.2.1); Gottzmann (4.1.1), S. 21–37.

‚dummes Gerede' über Arthur ‚unter den Bretonen' (Festlandkelten) im Umlauf sei. So sagt er zum Beispiel: ‚Da das Grab von Artus nicht bekannt ist, glauben die Leute, dass er noch zurückkommen wird'. Bei ihm findet sich auch die erste Erwähnung eines Kriegers mit dem Namen Walwan (das ist der spätere Musterritter Gawein) im Gefolge Arthurs.

Der entscheidende Anteil an der weltweiten Verbreitung des Artusstoffs kommt indes Geoffrey of Monmouth zu, denn erst seine ›Geschichte der Könige Britanniens‹ macht aus dem bei Nennius auftretenden, „keltischen Lokalhelden den Nationalheros, in dem sich die angeblich glanzvollste Epoche der englischen Geschichte verkörpert."[22] Geoffrey (oder Galfrid) wurde um 1090/1100 in der südwalisischen Stadt Monmouth geboren; zwischen 1129 und 1151 ist sein Aufenthalt in Oxford urkundlich belegt, wo er vielleicht am St. George-College unterrichtete. Er stand in enger Verbindung zu Walter, dem Erzdiakon von Oxford, und zu Robert de Chesney, dem späteren Bischof von London. Im Februar 1152 wurde er zum Priester geweiht und zum Bischof von Asaph ernannt. Walisische Quellen nennen 1155 als das Jahr seines Todes.[23]

In seiner um 1136 bis 1139 entstandenen ›Historia Regum Britanniae‹ fasst Geoffrey das bis dahin schriftlich und mündlich umlaufende Wissen um den vermeintlich historischen Arthur zusammen und reichert es mit neuem, zum Teil legendenhaften Erzählmaterial an, das seinem Zweck dient, die vorgebliche Größe des britischen Reichs seinen Zeitgenossen plausibel zu machen. Quellen für seine Geschichte der Frühzeit Englands in zwölf Büchern sind neben Gildas' ›De excidio et conquestu Britanniae‹ die ›Historia Brittonum‹ und die ›Annales Cambriae‹ sowie andere Chroniken, Legenden und Gedichte aus Wales und Cornwall, darüber hinaus Vergil, der Alexanderroman und die Bibel. In der Widmung an den Grafen Robert von Gloucester heißt es, er übersetze mit seinem Werk ein altes, in britannischer Sprache abgefasstes Buch über die frühe Königszeit Englands, das ihm Walter, der Erzdiakon von Oxford geschenkt, und über das er zu seiner größten Verwunderung bei Gildas und Beda nichts gefun-

22 Köhler (4.1.3), S. 8.

23 Neben der ›Historia Regum Britanniae‹ (HRB) haben sich von ihm zwei Werke erhalten, die ausschließlich den sagenhaften Propheten Merlin betreffen, von dem auch ein umfangreicher Abschnitt der ›Historia‹ erzählt: Es handelt sich um die dem Oxforder Bischof Alexander of Lincoln gewidmeten ›Prophetiae Merlini‹ (um 1135) sowie die dem Londoner Bischof Robert de Chesney zugeeignete ›Vita Merlini‹ (nach 1148).

den habe. Wenn auch ernsthafte Chronisten seiner Zeit (wie Giraldus Cambrensis) auf die Lügenhaftigkeit des Geschichtswerks hinwiesen, tat dies seiner raschen Verbreitung und nachhaltigen Wirkung keinen Abbruch: Von den verschiedenen Redaktionen sind noch heute weit über 200 Handschriften erhalten, nicht wenige davon bereits aus dem 12. Jahrhundert, und es ist wohl davon auszugehen, dass auch den Autoren der deutschsprachigen Artusromane das Werk bekannt war.

Um die ausführliche Darstellung der Regierungszeit des vermeintlichen Königs Arthur einordnen zu können, ist auch in diesem Fall ein Blick auf den historisch-politischen Kontext, das heißt auf die weitere Geschichte Britanniens seit dem 9. Jahrhundert, hilfreich. Parallel dazu ist der Familienstammbaum der englischen Könige zu verfolgen: Im Jahre 1066 kam es in der Schlacht von Hastings zur Eroberung Britanniens durch die Normannen unter Wilhelm dem Eroberer. Da es sich bei ihnen in der Hauptsache um in der Bretagne und der Normandie ansässige Bretonen handelte, erhob Wilhelm Anspruch auf den britischen Königsthron, zumal ihm der kinderlose Edward I. versprochen hatte, dass Wilhelm als sein Nachfolger König von England sein werde.[24] Im Gefolge dieser Eroberung setzten sich im frühmittelalterlichen Britannien für die nächsten drei Jahrhunderte französische Sprache und Kultur durch. Diese Union mit der Normandie, die eigentlich Lehen der französischen Krone war, bestand bis 1259. Nach Wilhelm dem Eroberer regierten als Könige von England zunächst Wilhelm II. (der Rote) und dann Heinrich I., der sich in seiner Machtausübung gegen den Adel stärker auf das Volk stützte. Da er keinen männlichen Thronerben hinterließ und seine einzige Tochter Mathilde in Frankreich verheiratet war, entbrannten nach seinem Tod heftige Thronstreitigkeiten, in deren Folge es dem Hochadel unter Führung von Stephan von Blois (1135–1154) möglich wurde, die Macht weitgehend an sich zu reißen. 1139 landete Mathilde mit einem französischen Heer in Britannien und trat ihre Erbrechte an Heinrich II. ab, den Sohn aus der zweiten Ehe Mathildes mit Geoffrey V. aus dem Haus Anjou-Plantagenet.[25]

24 Diese Ereignisse sind dargestellt auf dem Wandteppich von Bayeux, der noch aus dem 11. Jahrhundert stammt.

25 Johanek (4.2.1), S. 346–389. ‚Plantagenet' ist die Bezeichnung für die Grafen von Anjou nach dem Wappenzeichen des Ginsterstrauchs (*planta genista*). Die Plantagenets hatten seit Heinrich II. von 1154 bis 1399 den englischen Thron inne.

Heinrich II., der später die Suche nach Arthurs Grab in Glastonbury veranlasste, konnte zwar erst 1154 den Thron besteigen, herrschte dann aber über ein Gebiet, das dem des damaligen deutschen Kaiserreichs an Größe kaum nachstand. Neben England zählten dazu in Frankreich als väterliches Erbe Anjou, Maine und die Touraine, als mütterliches Erbe Aquitanien, Gascogne, Guyenne und Poitou. Der Festlandsbesitz ging unter seinen Söhnen Richard I. (Löwenherz) und Johann ohne Land jedoch wieder verloren. Diese Schwächung nutzte der englische Adel, um dem König 1215 die Magna Charta aufzuzwingen, in der erstmalig die ständischen Rechte schriftlich festgehalten wurden.[26] Durch Heinrichs Heirat mit Eleanor fiel der englischen Krone ein riesiges kontinentales Reich zu. Nur ein Bruchteil wurde überhaupt noch vom König von Frankreich regiert. Trotz seiner Überlegenheit haftete Heinrich der Ruf des Emporkömmlings an. „Hinter dem französischen König stand dagegen ein Mythos, da er der Erbe des mächtigen Karl des Großen war, dessen Taten im französischen Sagenkreis als lebendige Tradition fortlebte. Für Heinrich und seine Nachfolger stellte daher der bretonische Sagenkreis ein willkommenes Gegengewicht dar. Es machte sie zu Erben eines noch größeren Herrschers – wenn auch nicht genealogisch, so doch spirituell."[27] Bevor der Großteil des Kontinentalbesitzes der englischen Krone verloren ging, wurde 1187 Heinrichs Enkel, von dem man erwartete, dass er eines Tages den Thron besteigen würde, auf den Namen Arthur getauft. König wurde er jedoch nie.

Diese Ereignisse des 11./12. Jahrhunderts spiegeln sich in der ›Historia Regum Britanniae‹, auch wenn das Werk von sehr viel früheren Zeiten berichtet. Das erste Buch schildert die Abkunft der Briten von den Trojanern. Die Hauptgestalt in diesem Teil ist Brutus, der Urenkel des Aeneas und angebliche Begründer der Stadt Trinovantum an der Themse (‚Neu-Troja' = London) und damit Begründer des gesamten britischen Königreichs. Die Regierungszeiten der vorchristlichen Könige (darunter König Lear), die römische Besetzung und die durch die Einfälle von Pikten, Scoten und Sachsen besonders schweren Zeiten nach dem Abzug der römischen Legionen sind die Themen der folgenden Bücher. In diese Ausführungen ist im siebten Buch eine Über-

26 Vgl. Peter H. Sawyer, Robin L. Storey u. a., Art. England, in: Lexikon des Mittelalters Bd. 3 (1986), Sp. 1934f.

27 Ashe 1986 (4.2.1), S. 183f.

arbeitung der Weissagungen Merlins (›Prophetiae Merlini‹) bis zum Weltuntergang eingefügt.

In den Büchern 8 bis 11 beschreibt Geoffrey dann die Zeit König Arthurs und seiner Nachfolger.[28] Den Schluss bilden die Ereignisse bis zum Tod des Königs Cadwalladr im Jahr 689, von denen auch Gildas, Beda und Nennius berichten, und die Übernahme der Herrschaft durch die Sachsen. Insgesamt handelt es sich um ein buntes Gemisch aus Sage und Geschichte, aus Überliefertem und Erfundenem, Mythen, Anekdoten und Fabeln. In den ‚Artus-Büchern' wird zunächst im Anschluss an die Prophezeiungen Merlins darüber berichtet, dass Aurelius Ambrosius mit seinem Heer an der britischen Küste landet, um Vortigern, den britischen Hochkönig, und seinen Verbündeten, den Sachsenführer Hengist, zu vertreiben. Nachfolger des heimtückisch ermordeten Aurelius wird Uther Pendragon, der mit Merlins Hilfe Igerna, die Gemahlin eines seiner Vasallen, auf der Festung Tintagol verführt. Als Sohn dieser beiden wird der nachmals so berühmte Arthur geboren. Die ›Historia‹ berichtet, wie er fünfzehnjährig in goldener Rüstung gekrönt wird, später das magische Schwert Caliburn (das spätere Excalibur), den Schild Priwen und die Lanze Ron erhält, die Prinzessin Guanhumara (Ginover) aus vornehmer römischer Familie heiratet, die Sachsen besiegt, Irland und Island unterwirft, wobei er sowohl in großen Massenschlachten als auch in ritterlichen Zweikämpfen auftritt. Arthur erscheint dort erstmals als Kriegsheld, der (auf zum Teil grausame Weise) wie vormals Alexander der Große die halbe Welt erobert. Es folgt eine zwölfjährige Friedenszeit, in der Arthur als Zentrum einer höfischen Gesellschaft des 12. Jahrhunderts und als Sammelpunkt der ausgezeichnetsten Ritter dargestellt wird. Im Hintergrund agieren auch bereits die späteren Tafelrundenritter Gawein (als der zwölfjährige *Walwanus*), Keie (als der Truchsess *Cai Anjou*) und Iwein (*als Iwenus filius Uriani*, der Schottland zum Erbe erhält).

Danach folgen neue Kriegszüge nach Norwegen, wo Arthur seinen Schwager Lot, den Vater Walwans, als Regenten einsetzt. Von dort zieht er nach Gallien, besiegt den Statthalter des römischen Kaisers und erobert zusammen mit seinen Heerführern Aquitanien und die Gascogne. Nach der Rückkehr lässt er sich in Carleon im Rahmen eines großen Pfingstfestes feierlich ein

28 Eine moderne Ausgabe bieten Wright u. Crick (1.2); Inhaltsnacherzählungen und Teilübersetzungen in: König Artus und seine Tafelrunde (1.2).

zweites Mal krönen. Die Festlichkeiten, zu denen auch ein dreitägiges Turnier gehört, werden von zwölf römischen Legaten unterbrochen, die von den Briten Tributzahlungen verlangen. Nach Beratung mit seinen Vertrauten entscheidet sich Arthur zu einem Heereszug nach Italien, um den römischen Kaiser zu unterwerfen. Nachdem die Römer in mehreren Schlachten unter ihrem Feldherrn Lucius Tiberius entscheidend geschlagen worden sind, aber noch vor Arthurs triumphalen Einmarsch in der römischen Hauptstadt, erreicht ihn die Nachricht, dass sich sein Neffe Modred, den er als Statthalter in Britannien zurückgelassen hatte, sowohl seiner Gemahlin als auch des Thrones bemächtigt hat. Ohne dass Arthur die Herrschaft im römischen Reich antreten kann, eilt er zurück in die Heimat, um Modred zu stellen. Es kommt zur Entscheidungsschlacht bei Camlan, bei der Modred stirbt und Arthur tödlich verwundet wird. Der Anfang des 11. Buchs schildert Arthurs Überführung zur Insel Avalon, wo ihn seine Halbschwester Morgane von den Verwundungen heilt, um anschließend – dies sei, so berichtet die ›Historia‹, im Jahr 542 gewesen – die Herrschaft im britischen Reich Konstantin, dem Sohn Cadors, zu überlassen.

Schon anhand dieser kurzen Inhaltsangabe erkennt man die zentralen Erzählelemente und -motive wieder, die noch heute den Stoffkreis um König Artus ausmachen. Sie gelangten später über das umfassende Werk Malorys in die Bücher und Filme der Gegenwart, finden sich in dieser Anordnung aber erstmals in Geoffreys ›Historia Regum Brittaniae‹. Das anglo-normannische Rittertum konnte Arthur im 12. Jahrhundert als Vorbild eines ritterlichen Fürsten verstehen und das regierende Haus Plantagenet konnte sich als Nachfolger eines der größten Könige der europäischen Geschichte fühlen. Nun stammte nicht länger nur Karl der Große über die Römer von den vornehmsten aller möglichen Vorfahren, den Trojanern, ab, sondern auch das englische Königshaus, das auf dem Kontinent in starker Rivalität zu dem französischen stand.[29] Die Abfassung der ›Historia‹ in lateinischer Sprache machte die Arthur-Figur zu einem Teil ‚geglaubter Geschichte', auf die man sich berufen konnte. So wurde einerseits der Mythos einer Herrschaftsnachfolge aufgebaut (*translatio imperii*), die von Aeneas über Brutus und Arthur zu den englischen Königen führt, und andererseits vor dem Zerfall des Imperiums gewarnt, wofür die Regierungszeit Arthurs als Negativbeispiel diente.

29 Brogsitter ²1971 (4.1.1), S. 31.

Nach dem Tod Heinrichs I. im Jahr 1135 sollte die Krone an dessen Tochter Mathilde übergehen, fiel aber, wie erwähnt, an Stephan von Blois, einen der führenden normannischen Adligen. Mit Graf Robert von Gloucester ist die ›Historia Regum Britanniae‹ einem unehelichen Sohn König Heinrichs I. gewidmet, der natürlich ein Befürworter Mathildes war. In einigen Überlieferungszweigen ist diese Widmung jedoch entfernt und durch andere ersetzt worden, zum Teil an Stephans Vertrauten Waleran de Beaumont, zum Teil an Stephan selbst. Diese verschiedenen Zuschreibungen verweisen auf das Anliegen, das die ›Historia‹ verfolgt: Die Erfindung und Darstellung einer ruhmreichen Vergangenheit ist Bestandteil der Bemühungen um Unabhängigkeit von den französischen Herrschern. Das Ziel der ›Historia‹ ist nach Volker Mertens „die Schaffung einer englischen Geschichtsmythologie im Dienst und im Interesse der normannischen Eroberer, die nicht in heimischen Traditionen verwurzelt waren – es galt, eine Geschichtskonzeption zu entwickeln, die auf die Normannenherrscher als Erfüller der britischen Geschichte zulief und gleichzeitig in Konkurrenz mit den französischen Königen und ihrer Literatur der Chansons de geste (Karls- und Wilhelmsmythos) ein nationales Identifikationsmuster bot. Arthur ist [bei Geoffrey] Vertreter eines modernen Herrscherideals: er liebt die prachtvolle Repräsentation, das großartige Hoffest, veranstaltet Ritterspiele, fördert Sänger und Wissenschaftler. Das ist Reflex des aufwendigen Hoflebens der Normannenherrscher und zugleich Idealbild einer neuen säkularen Kultur.“[30] Nicht zuletzt deshalb war Geoffreys Werk so erfolgreich: Es ist nicht nur in über 200 Handschriften erhalten, sondern wurde auch mehrfach bearbeitet (Alfred of Beverly, Geoffrey Gaimar, ›Estoire de Bretons‹, William of Newburgh) und in andere Sprachen (wie das Walisische, Altnordische und Altfranzösische) übersetzt.

Die erste und wirkungsmächtigste Übersetzung großer Teile der ›Historia Regum Britanniae‹ ins Altfranzösische stammt von Robert Wace. Sein ›Roman de Brut‹ präsentiert den Artusstoff erstmals nicht mehr als Prosatext, sondern in 15.000 paargereimten, achtsilbigen Versen und steht nicht nur wegen dieser äußeren Form im Grenzbereich zwischen Geschichtsschreibung und Dichtung. Die in der Quelle vorhandenen Artus-Elemente wurden um zusätzliche aus vermutlich mündlicher Überlieferung erweitert, dazu Kampf- und Festschilderungen oder die

30 MERTENS 1984 (4.1.1), S. 292.

Darstellung einer Liebesbeziehung zwischen Uther und Igerna – darin macht sich offensichtlich ein Einfluss der ‚Minnedoktrin' südfranzösischer Troubadorlyrik geltend. Wace tilgt weitgehend den rhetorischen Schmuck des Lateinischen und ersetzt ihn durch volkssprachige Stilfiguren nach den Regeln der antiken Rhetorik. Beschreibungen (*descriptiones*) beispielsweise werden durch das Mittel der Wiederholung so breit ausgestaltet, dass die Handlung dahinter zurücktritt (dieses Stilmittel der *amplificatio* verwendet auch Hartmann von Aue bei der Bearbeitung des ›Erec‹). Descriptiones tragen ebenso zur Höfisierung des Stoffs bei wie die Darstellung Arthurs als perfekter und friedvoller König – im Unterschied zur ›Historia Regum Britanniae‹ existieren bei Wace auch Frauen an seinem Hof.

Als Waces originäre Zutat gilt darüber hinaus das Motiv von der Tafelrunde, das erstmals bei ihm in Verbindung mit dem Artusstoff gebraucht wird:

‚Nach seiner Heimkehr regierte Artus zwölf Jahre in Frieden, ohne dass jemand gewagt hätte, gegen ihn Krieg zu führen, und ohne dass er seinerseits einen Kriegszug unternommen hätte. Aus sich selbst heraus, ohne andere Unterweisung nahm er eine so edle und gesittete Haltung an und gab sich so adlig, zuchtvoll und höfisch, dass man von keinem anderen Hof mehr sprach als von seinem, nicht einmal von dem des Kaisers zu Rom. Sobald er hörte, dass ein Ritter etwas Rühmenswertes getan hatte, rief er ihn an seinen Hof; denn er konnte ihn ohne weiteres dorthin holen. Wenn einer etwa für Gewinn hätte dienen wollen – um Gewinn zu suchen, hätte er nicht von Artus' Hof fortziehen müssen. Für die adligen Ritter, die er an seinem Hof hatte und von denen jeder meinte, er sei besser als die anderen – jeder hielt sich für den vortrefflichsten, und keiner hätte sagen können, wer der geringste unter ihnen war –, schuf Artus die Tafelrunde, von der die Briten viele Geschichten erzählen. Dort saßen seine Vasallen alle in demselben ritterlichen Rang und ohne Abstufung voneinander; ganz gleich saßen sie bei Tisch, und alle wurden in gleicher Weise bedient; niemand unter ihnen konnte sich rühmen, einen besseren Platz innezuhaben als ein ihm Ebenbürtiger, alle saßen in dem Kreis, und keiner abseits. Niemand wurde für wahrhaft höfisch angesehen, kein Schotte, Brite oder Franzose, kein Normanne, Angeviner oder Flame, und kein Burgunder oder Lothringer, von wem er auch sein Lehen erhalten haben mochte, vom äußersten Westen bis zum Sankt Bernhard, wenn er nicht an Artus' Hof ging und sich eine Zeit bei ihm aufhielt. Nur der galt als höfisch, der Kleidung, Wappen und Waffen trug, wie sie unter den Rittern an Artus' Hof üblich waren.'[31]

31 Übersetzung aus: König Artus und seine Tafelrunde (1.2), S. 94f.

Die runde Tafel ist Herrschaftszeichen und dient der Vermeidung von Rangstreitigkeiten. „Ihr Ursprung ist bis heute umstritten, und die Frage, ob sie keltischer Herkunft sei oder ausschließlich eine Analogie zu den zwölf Aposteln und den zwölf Pairs der Karlsgeste darstelle, ist mit völliger Sicherheit wohl nicht zu entscheiden. Letztere Erklärung scheint [...] jedoch wahrscheinlicher, da sie die Entstehung der Tafelrunde ohne Schwierigkeiten verstehen läßt [...]; jedenfalls erscheint die Einrichtung der Tafelrunde, die den König als *primus inter pares* [‚Erster unter Gleichen'] hinstellt und eine ständige Mahnung an die Grenzen seiner Macht und an seine rein feudalrechtliche Stellung einbegreift", eine gelungene Erfindung der frühmittelalterlichen französischen Dichtung.[32]

Wace lebte von etwa 1105 bis nach 1176, hat in Paris studiert und war vor 1169 Domherr in Bayeux. Gearbeitet hat er, ebenso wie Thomas von Britannien, der um 1175 einen nur fragmentarisch erhaltenen ›Tristan‹-Roman schrieb, oder wie Marie de France (s. Kap. I.3), am Hof Heinrichs II. in London. In der Übersetzung des ›Roman de Brut‹ in das Mittelenglische durch einen Geistlichen namens Layamon oder Lazamon (1190) „wird berichtet, Wace habe sein Werk Eleonore [von Aquitanien und Poitou], der Gemahlin König Heinrichs II. übergeben. Das muß bald nach der Krönung am 19.12.1154 gewesen sein: nach eigenem Zeugnis vollendete Wace sein Werk 1155. Die in ihm weiter geführte Höfisierung des Herrscherbildes ist von großem Einfluß auf die frühen Artusromane geworden: adlig-aristokratisches Selbstverständnis äußert sich nicht mehr nur in kämpferischer Tüchtigkeit (wie in den Chansons de geste), sondern besonders in höfischen Repräsentationsformen."[33] Allerdings ist Waces Dichtung weniger politisch ambitioniert als Geoffreys; seine Absicht ist es vor allem, die Lücke zwischen der Sachsenherrschaft im 7. Jahrhundert und der Regierungszeit Heinrichs II. zu schließen. Entsprechend ändert er gegenüber Geoffrey den Schluss seines Berichts und hebt hervor, dass der legendäre König Englands eines Tages von Avalon zurückkehren werde.

Der ›Roman de Brut‹ schlägt die Brücke zwischen der Geschichtsschreibung auf der britischen Insel und den höfischen Erzählformen, die auf dem Kontinent entstehen, denn zwischen der chronikalischen Aufzeichnung Geoffreys und der roman-

32 Köhler (4.1.3), S. 18f.
33 Mertens 1984 (4.1.1), S. 293.

haften Darstellung Chrétiens bestehen grundlegende stoffliche, stilistische und formale Unterschiede, die nicht zuletzt mit den Merkmalen ‚historisch‘ und ‚fiktional‘ beschrieben werden können. Man ist versucht, die späteren Episodengedichte und Versromane, die von den Rittern der Tafelrunde statt von König Artus selbst erzählen, sämtlich der zwölfjährigen Friedenszeit zuzuordnen, die Wace in die überlieferte Chronologie der Ereignisse einschiebt, denn nur in diesem Zeitabschnitt mit seiner symbolbeladenen Zwölfzahl an Jahren lassen sich die fiktiven Geschehnisse unterbringen, ohne die bei Nennius und Geoffrey etablierte Chronologie der Regierungszeit des Königs Arthur zu beeinträchtigen. Und schließlich erhebt der ›Roman de Brut‹ selbst den Unterschied zwischen beiden Aufzeichnungsformen explizit zum Thema, wenn es im Anschluss an die Beschreibung der Tafelrunde heißt:

> ‚Aus Liebe zu seinem freigebigen Wesen und aus furchtsamer Verehrung seiner Tapferkeit wurden in dieser Friedenszeit wundersame Dinge als wahr verbreitet und die Abenteuer erdichtet, die man von Artus so oft erzählt hat, dass sie bis ins Fabelhafte übersteigert sind – ich weiß nicht, ob ihr davon gehört habt. Das alles ist nicht ganz gelogen und nicht ganz die Wahrheit, nicht alles Unsinn, aber auch nicht alles mit Sicherheit verbürgt. Die Erzähler haben so viel erzählt und die Fabulisten so viel gefabelt, um ihre Geschichten damit auszuschmücken, dass sich jetzt alles wie eine erfundene Fabel ausnimmt.‘[34]

Waces Konstrukt einer bei ihm ereignislosen Friedenszeit schafft den Freiraum für solche Erzählungen aller Art und integriert diese zugleich in die historiographische Tradition, wodurch Wace selbst für sein Werk bereits partiell den Anspruch auf historische Wahrheit aufgibt.

Betrachtete man das für beide Traditionen in Frage kommende Publikum, nämlich das adlige Umfeld des französisch-englischen Königshauses, so überbrücken auch die Erzählungen der Marie de France die Distanz zwischen chronikalischer Aufzeichnung und romanhafter Großdichtung – die Übergänge sind fließend. Während Waces erweiternde Übersetzung der ›Historia‹ hier zu Geoffrey gestellt wurde, sollen die Texte Maries, die in mehrfacher Hinsicht eine Ausnahme darstellen, im nächsten Kapitel gemeinsam mit dem Oeuvre Chrétiens behandelt werden.

34 Übersetzung aus: König Artus und seine Tafelrunde (1.2), S. 95f.

3. Rezeption in Nordfrankreich: Chrétien de Troyes

Schon den literarisch gebildeten Zeitgenossen im 12. Jahrhundert war eine Aufgliederung der erzählenden Dichtung in verschiedene Stoffkreise bewusst. Jean Bodel spricht in seinem ›Sachsenlied‹ aus dieser Zeit von den *trois matières* der altfranzösischen Literatur. Es sind dies an erster Stelle die *matière de France*, die französische Nationalgeschichte in den Chanson de geste, dann die *matière de Bretagne*, der keltisch-bretonische Sagenkreis um König Artus und die Tafelrunde, und schließlich die *matière de Rome*, die antike Stoffe umfasst. Ausführlich und besonders anschaulich schildert diese Differenzierung der um 1240/50 entstandene, okzitanische ›Flamenca‹-Roman im Rahmen der Beschreibung eines Hochzeitsfestes:

‚Wer Geschichten über Könige oder Grafen hören wollte, konnte auf seine Kosten kommen, jeder spitzte die Ohren. Denn einer erzählte von Priamos, der andere über Pyramos. Einer erzählte über die schöne Helena, die von Paris [...] entführt wurde; ein anderer über Odysseus, Hektor, Achilles; über Äneas und Dido, wie Letztere unglücklich um ihren Freund trauernd zurückblieb, und über Lavine, wie sie den am Pfeil angebundenen Brief [...] herabschießen ließ [...]. Ein anderer erzählte über Apollonius, wie er über Tyrus und Sidon regierte, ein anderer über König Alexander, ein anderer über Hero und Leander, einer über Kadmos [...]. Einer erzählte, wie der schöne Narkissos im Brunnen ertrank, in dem er sich spiegelte, andere erzählten über Pluton, wie Orpheus seine schöne Frau entführte, und über den Philister Goliath, wie ihn David durch dreimaligen Steinwurf tötete. Einer erzählte über Samson, dessen Haare, während er schlief, von Delila abgeschoren wurden, der andere über Judas Makkabäus, wie er für seinen Gott kämpfte. Ein anderer erzählte, wie Julius Cäsar ganz allein das Meer überquerte, ohne die Hilfe des Herrn zu erflehen und, glaubt mir, ohne Angst zu haben!

Einer erzählte von der Tafelrunde, [...] wo immer Tapferkeit galt; der andere erzählte über Gawein und über den Löwen, der den Ritter begleitete, der Lunete befreite. Einer erzählte über die bretonische Jungfrau, die Lanzelot gefangenhielt, als er ihr seine Liebe versagt hatte, ein anderer über Parzival, wie er zu Pferd zu Hof kam. Der eine erzählte über Erec und Enite, der andere über [...] Gurvenal, der durch Tristan viel auszustehen hatte [...]. Einer erzählte über den Bel Inconnu, ein anderer über den roten Schild, den der Herold [...] fand, ein anderer über Guiflet und wieder ein anderer über Kalogrenant. [...] Einer berichtete, wie der Graf Diver [...] ins Exil geschickt und vom Fischerkönig aufgenommen wurde, und ein anderer [...] vom Stern des Merlin.

Der eine sagte, wie [...] Karl der Große Deutschland in seiner Macht hielt, bis er es verteilte. Einer erzählte die ganze Geschichte von Chlodwig und Pippin, der andere, wie Luzifer wegen seines Hochmuts aus dem Himmel vertrieben wurde. Der eine erzählte [...] über Oliver von Verdun, der eine trug die Dichtung des Marcabru vor, der andere erzählte, wie gut Daidalos fliegen konnte, und, was Ikaros betraf, wie der durch seinen Leichtsinn ertrank. Jeder bot seine ganze Kunst auf. Durch das Gefiedel der Spielleute und durch das Stimmengewirr der Vortragenden herrschte ein großer Trubel im Saal.'[35]

Die *matière de Bretagne* hatte sich demnach ausgangs des 12. Jahrhunderts bereits einen gleichberechtigten Platz neben der antiken und der orginär französischsprachigen Erzählliteratur errungen. Dass ihr dies gelang, dürfte wesentlich zwei altfranzösischen Autoren zu verdanken sein: Marie de France und Chrétien de Troyes.

Marie werden drei Werke zugeschrieben. Zum einen eine Verslegende über die Jenseitsvisionen des Heiligen Patrick, dann eine Fabelsammlung nach Art des Äsop, die mit mittelalterlichen Stoffen angereichert und an die christliche Morallehre angepasst wurde. Im Epilog zu den Fabeln nennt sie ihren Namen:

Al finement de cest escrit
qu'en romanz ai traitié e dit,
Me numerai pur remembrance:
Marie ai nun, si sui de France.

‚Am Ende dieser Schrift,
die ich auf Französisch verfasst habe,
will ich mich nennen, damit man sich an mich erinnert:
Maria heiße ich, und ich bin aus Frankreich.'[36]

Marie stammt zwar aus Frankreich, hat aber, wie bereits erwähnt, am englischen Hof Heinrichs II. gelebt und gearbeitet. Bei ihrem dritten Werk handelt es sich um eine Sammlung von zwölf kürzeren Erzählungen, so genannten Lais, die in einigen Handschriften vollständig überliefert sind, häufiger aber als Einzelstücke abgeschrieben wurden. Diese Texte in achtsilbigen Versen umfassen nie mehr als fünfhundert Reimpaare. Sie sind in der Romanistik auch als ‚Problemmärchen' oder als ‚Versnovellen' charakterisiert worden. Der von Marie selbst gebrauch-

35 Flamenca. Roman occitan du XIIIe siècle. Texte établi, traduit et présenté par J.-Ch. HUCHET, Paris 1988, Vv. 621–705; Übersetzung nach HAUSMANN (4.2.2), S. 192f.

36 Aus HAUSMANN (4.2.2), S. 202f.

te Terminus ‚Lais' stammt aus dem Keltischen und bezeichnet ursprünglich ‚Vogelgesang', später einfach ‚Lied': Das Wort ist verwandt mit lat. *laus* (‚Lob') und mhd. *leich* (‚Lied'). In den altfranzösischen Lais, die einst von Spielleuten vorgetragen worden sein sollen, geht es zumeist darum, dass die handelnden Figuren – oftmals eine Frau zwischen zwei Männern oder auch ein Mann zwischen zwei Frauen – versuchen, ihr Liebesglück zu finden. Sie sind eine Fundgrube für die Motiv- und Sagenforschung, denn es gibt dort beispielsweise schon das Werwolf-Motiv, eine sprechende Hirschkuh, einen Ritter in Habichtsgestalt, die Wiederbelebung eines Toten durch eine Pflanze usw. .Der ›Geißblattlai‹ (›Chievrefoil‹) behandelt eine sonst nicht bekannte Episode des Tristanstoffs. Zur Artusepik gehört von diesen Texten nur der ›Lai de Lanval‹:

Lanval ist ein mutiger und gut aussehender Vasall, der am Artushof seinen gesamten Besitz an Bedürftige verteilt hat und seither dort in Armut lebt. Bei einem Ausritt gelangt er eines Tages zu einem Zelt auf einer Waldlichtung, in dem ihn eine wunderschöne Frau erwartet. Diese sagt, dass sie seinetwegen ihr Reich verlassen habe, weil sie ihn liebe. Auch Lanval ist gleich verliebt und die beiden verbringen eine gemeinsame Nacht. Zum Abschied erhält er Gold und Silber gegen das Versprechen, niemandem von ihrer Existenz zu erzählen – dafür sei sie jederzeit zur Stelle, wenn er Sehnsucht nach ihr habe. Er kehrt zurück an den Hof, genießt dort ein Leben in Wohlstand und immer wieder die Liebe seiner Freundin. Eines Tages bemerkt Königin Ginover, dass Lanval bei einem Turnier im Baumgarten, an dem unter anderem Walwein und Iwein teilnehmen, abseits am Rand des Turnierplatzes steht. Sie nähert sich unbemerkt von der Öffentlichkeit und gesteht ihm ihre Liebe. Lanval weist ihr Anliegen entschieden zurück, handelt sich dafür den Vorwurf der Homosexualität ein, und erwähnt schließlich zur Rechtfertigung seine Geliebte, die weitaus schöner sei als die Königin. Durch die Übertretung des Schweigegebots hat er sein Freundin nun verloren.

Ginover rächt sich für diese Beleidigung, indem sie Artus gegenüber behauptet, Lanval habe sie bedrängt und schließlich beleidigt, als er mit der Schönheit seiner Geliebten prahlte. Artus will den Ritter töten lassen, wenn er seine Behauptung nicht zu einem anberaumten Gerichtstag beweisen kann. Erst unmittelbar vor der Urteilsverkündung erscheint Lanvals Dame auf einem weißen Pferd, belegt damit den Wahrheitsgehalt seiner Aussagen und reitet wieder davon. Lanval wird freigesprochen und unter den Augen der am Artushof Versammelten von der Dame auf ihrem Pferd zur Insel Avalon entführt.[37]

37 Hg. von RIEGER (1.2), vgl. König Artus und seine Tafelrunde (1.2), S. 285–297.

Neben den zwölf zusammenhängenden Texten der Marie de France gibt es weitere, zum Teil anonyme, wie den ›Lai de Graelent‹, den dem Dichter Rambout de Vaqueiras zugeschriebenen ›Lai del Désiré‹[38] oder den ›Lai du Cor‹ des Robert Biket:

Während des Pfingstfestes erscheint am Artushof ein Bote, der dem König ein prachtvolles Trinkhorn als Geschenk seines Herrn Mangon von Moraine überreicht. Aus diesem Horn vermag niemand zu trinken, ohne etwas zu verschütten, der von seiner Frau betrogen wurde oder eifersüchtig ist. Artus ist zuversichtlich, doch als er sich die Kleidung befleckt, können Keu, Gauvain und Yvain ihn nur mühsam davon abhalten, der Königin seinen Dolch ins Herz zu stoßen. Diese Schande kann nur dadurch beseitigt werden, dass es auch allen anderen Rittern am Hof nicht gelingt, aus dem Horn zu trinken, ohne den Wein zu vergießen, sodass sich der Zorn des Königs allmählich in Gelächter auflöst. Am Ende ist es einzig der von einer Frau ohne Fehl und Tadel geliebte Ritter Garadoc, dem das Kunststück gelingt, und ihm wird daher das Horn geschenkt.[39]

Von einer ganz ähnlichen Keuschheitsprobe erzählt der Lais (oder das Fabliau) ›Le Mantel Mautaillé‹ (vgl. dazu Kap. IV.1). Die Nähe dieser bretonischen Lais, die vor und nach 1200 in das Altfranzösische übersetzt wurden, zu den Mabinogion ist unübersehbar. Doch es ist schwer abzuschätzen, in welcher Form und Menge mündliche Erzählungen aus dem Stoffkreis der *matière de Bretagne* auf der britischen Insel und auf dem Festland in Umlauf gewesen sind. König Artus und seine Ritter waren in der ersten Hälfte des 12. Jahrhunderts jedenfalls so bekannt, dass sie schon zwischen etwa 1120 und 1140 an der Porta della Pescheria der Kathedrale von Modena als Relief erscheinen. Auch das Fußbodenmosaik von Otranto in Italien, das König Artus zeigt, stammt bereits aus der Zeit um 1165. Schon „vor 1160 vergleicht der Troubadour Rigaut de Barbezieux aus der Grafschaft Angoulême sein Verstummen vor der Schönheit der Geliebten mit der Sprachlosigkeit Percevals vor der blutenden Lanze und dem Gral. Zwischen 1135 und 1145 preist der Provenzale Cercamon Tristan in einem seiner Gedichte als Beispiel der Treue, und um 1154 beschreibt der südfranzösische Dichter Bernart de Ventadorn seine Trauer über den Fortgang der Eleonore von

38 Rambout (Raimbaut) de Vaqueiras stand um 1200 in engem Kontakt zum staufischen Kaiserhof in Italien, vgl. Joachim Bumke, Mäzene im Mittelalter. Die Gönner und Auftraggeber der höfischen Literatur in Deutschland. 1150–1300. München 1979, S. 149–150 u. S. 373 mit weiterer Literatur.

39 König Artus und seine Tafelrunde (1.2), S. 298–306.

Aquitanien hyperbolisch mit den Worten: ‚Ich erdulde mehr Liebesleid als der Liebhaber Tristan, der wegen der blonden Isolde manchen Schmerz ertrug.‘ Die Spielleute, die, wie wir aus vielen literarischen und nichtliterarischen Quellen wissen, auf keiner der größeren höfischen Festlichkeiten fehlten, fanden für den Vortrag der bretonischen Erzählungen ein nur zu empfängliches Publikum“[40] und verfügten offenbar lange vor der Niederschrift der hier zu behandelnden Werke über diese Stoffe.

Aus denselben Quellen wie Marie und die anderen Autoren schöpfte offensichtlich auch Chrétien de Troyes. Einige der Lais weisen wie der ›Lai de Lanval‹ nicht nur dasselbe Personal, sondern auch Motiv- und Strukturparallelen zu seinen Artusromanen auf, denn auch in den kürzeren Erzählungen ergeben sich häufig zwei Handlungsabschnitte mit dem Erwerb einer Dame, die bereits dem Typus der hochmittelalterlichen Minneherrin entspricht, und einem dazwischen liegenden krisenhaften Ereignis.[41] Zahlreiche mythische sowie märchen- und sagenhafte Motive und Erzählelemente sind jedoch erstmals in den Werken des Chrétien de Troyes mit dem Artusstoff verknüpft worden. Karl Otto Brogsitter stellt dazu fest: „Man kommt wohl der Wahrheit am nächsten, wenn man annimmt, daß Chrétien den Hintergrund seiner Geschichten und manche Fabel keltischer Überlieferung entlehnt hat, daß er aber darüber hinaus reiches Material aus der ganzen ihm bekannten literarischen Welt eingearbeitet hat, soweit es für ihn brauchbar war; vor allem aber gilt, daß er innerhalb der künstlerischen Umbildung das Ganze doch erst neu geschaffen hat. Er ist es gewesen, der dank seiner dichterischen Genialität die Artusdichtung in ihrer charakteristischen Eigenart erst begründet hat und der auch für die Nachfolger das allein bestimmende Vorbild abgab.“[42]

Obwohl Chrétien de Troyes einer der einflussreichsten Dichter des europäischen Mittelalters war, gibt es keine Informationen über seine Lebensumstände außer denen, die seinen Werken zu entnehmen sind. Der Beginn des literarischen Schaffens dürfte frühestens kurz nach 1165 anzusetzen sein, denn in diesem Jahr

40 König Artus und seine Tafelrunde (1.2), S. 710f. (Nachwort).

41 Auf Strukturparallelen hat Haug 1971 am Beispiel von Wolframs ›Parzival‹ und der Geschichte Graelents hingewiesen (4.2.3, S. 671–675); vgl. auch Ruh ²1977 (4.1.3), S. 101–105; Ó Riain-Raedel (4.1.3). Zum ›Lai de Guiron‹ sowie zum ›Lai de Graelent‹ vgl. den Vortrag Tristans bei Gottfried von Straßburg (Tristan, Vv. 3505–3756).

42 Brogsitter ²1971 (4.1.1), S. 44.

fand die Heirat des Grafen Heinrich mit Marie de Champagne (1145–1198) statt, der Chrétien einen seiner Romane widmet. Im Prolog zum ›Lancelot‹ heißt es: ‚Da meine Herrin von Champagne wünscht, dass ich beginne, einen Roman zu schreiben, will ich das gerne tun als jemand, der ihr ganz ergeben ist in bezug auf alles, was er im Leben tun kann, ohne dabei Schmeicheleien hervorzubringen' (Vv. 1–6). Im näheren Umfeld der Marie de Champagne, an deren Hof in Troyes Chrétien längere Zeit tätig gewesen sein könnte, treten als weitere Mäzene der frühmittelalterlich-französischen Literatur in Erscheinung ihre Schwester Aelis von Blois (1151 bis nach 1195) sowie ihre Mutter Eleonore von Aquitanien (1122–1204) und ihr Stiefvater Heinrich II. Plantagenet (1133–1189) als die Königin und der König von England – mithin derselbe Personenkreis, der seit Geoffreys ›Historia‹ ein beständiges Interesse am Artusstoff bekundet. Schließlich ist Graf Philippe d'Alsac von Flandern (†1191) zu erwähnen, der nach 1181, als Maries Ehemann Heinrich verstarb, um die Hand der verwitweten Gräfin anhielt. Offenbar in diesem Zusammenhang – diese Vermutung darf man anstellen – erhält Chrétien von Philippe den Auftrag zur Abfassung des ›Perceval‹. Im Prolog wird mitgeteilt, dass das Werk für den ‚ehrenhaftesten Mann, den es im römischen Reich gibt', verfasst worden sei, und ‚dies ist der Graf Philippe von Flandern, der besser ist als Alexander' (Vv. 11–15). Der unvollendete Gralroman war vermutlich sein letztes Werk, für ein Wirken Chrétiens noch nach 1190 gibt es keine Anhaltspunkte. Seine soziale Stellung und seine genaue Beziehung zum Königshof sind vollkommen unklar; manche wollen in ihm einen Kleriker oder Juristen, andere einen Wappenherold sehen. In jedem Fall verfügt er über eine umfangreiche lateinisch-klerikale Bildung und kannte sowohl die antike als auch die frühmittelalterliche Literatur seiner Zeit. Neben zwei Minnekanzonen, die ihm zugeschrieben werden, verfasste er mehrere höfische Versromane, die alle drei Stoffkreise der altfranzösischen Erzählliteratur abdecken:

(?)	›Philomena‹ (aus Ovids ›Metamorphosen‹, 1468 Vv.)
um 1170	›Érec et Énide‹ (6878 Vv.)
vor 1175 (?)	›Guillaume de Angleterre‹ (3366 Vv.) (?)
um 1176	›Cligès‹ (6784 Vv.)
1177/1181	›Lancelot‹ (›Le Chevalier de la Charrette‹, 7112 Vv.)
1177/1181	›Yvain‹ (6818 Vv.)
1181/1190	›Perceval‹ (›Le Conte du Graal‹, 9234 Vv.)

Im Prolog zum ›Cligès‹ werden weitere Werke genannt, von denen keines erhalten ist.[43] Chrétien macht aus dem (pseudo-)historischen Artusstoff höfische Versromane. Zu Beginn des ersten, von Érec und Énide, reflektiert der Erzähler das vom Autor angewendete Verfahren, mündlich umlaufendes Erzählgut über König Artus einer größeren, künstlerisch gestalteten und sinntragenden Form zu unterwerfen. Diese Großform nennt Chrétien *romanz*, was zu seiner Zeit ‚Erzählung in der Volkssprache' bedeutet:

‚Ein volksläufiges Sprichwort sagt, dass manches verachtet wird, was mehr Wert hat, als man denkt. Deshalb handelt derjenige gut, der sein Bemühen um Verständnis seinem Vermögen gemäß zu einem guten Ende bringt. Denn wer in seinem Bemühen um Verständnis vorzeitig aufgibt, der übergeht vielleicht etwas mit Schweigen, was sehr wohl noch hätte Gefallen finden können. Deshalb sagt Chrétien de Troyes, es sei richtig, dass jeder daran denke und darauf achte, gut zu erzählen und gut zu belehren, und so stellt er aus einer Abenteuergeschichte (*conte d'aventure*) eine sehr schön geordnete Erzählung (*bele conjointure*) zusammen, wodurch zu beweisen und zu erkennen ist, dass der nicht klug handelt, der sein Wissen nicht weitergibt, solange Gott es ihm in seiner Gnade gewährt. Von Erec, dem Sohn Lacs, handelt diese Erzählung, die jene vor einem Publikum von Königen und Grafen zusammenhangslos zu erzählen und zu verderben pflegen, die mit Erzählen ihren Lebensunterhalt verdienen wollen. Nun beginne ich diese Geschichte, die man niemals vergessen wird, solange die Christenheit besteht. Dessen hat sich Chrétien gerühmt' (Vv. 1–26).[44]

Auch wenn in der Forschung umstritten ist, was genau Chrétien mit *bele conjointure* meint, liegt es nahe, darunter das Zusammenfügen der als Mabinogion oder Lais mündlich verbreiteten Ge-

43 Es handelt sich um eine Teilübersetzung der ›Ars amatoria‹ des Ovid (*comandemanz Ovide et l'art d'amors*), eine Bearbeitung der antiken Tantalus-Sage (*le mors de l'espaule* – Tantalus will die Allwissenheit der Götter testen und setzt ihnen seinen Sohn als Speise vor, von dem Ceres die Schulter verzehrt, daher: ‚Schulterbiss'), eine ›Tristan‹-Dichtung (*del roi Marc et d'Iseut la blonde*) sowie die Tereus-Sage aus Ovids ›Metamorphosen‹ (*de la hupe et de l'aronde et del rossignol la muance* – das ist die Erzählung der Nachtigall Philomena, die nur als Fragment erhalten ist und nicht genau datiert werden kann). Zu Chrétien vgl. die unter 4.2.2 genannte Forschungsliteratur, insbesondere BRAND, BROGSITTER 1979, BUSBY, HOFER, JONES/WISBEY, WARNING und KELLY 2002 mit einer Bibliographie, sowie RUH ²1977 (4.1.3), S. 95–105, MERTENS 1998 (4.1.1), S. 25–49 u. 63–87, JOHNSON (4.1.1), S. 245–289.

44 Zweisprachig hg. von GIER (1.2); die Übersetzung nach HAUG (4.1.3), S. 91–106.

schichten über König Artus unter Verwendung einer systematisch konstruierten Sinnstruktur zu verstehen. Walter Haug hat den im Prolog zu ›Érec et Énide‹ angesprochenen Unterschied zwischen *conte d'aventure* und *conjointure*, bei dem es sich auch um ein Wortspiel handelt, als den Moment bezeichnet, in dem sich volkssprachiges Erzählen von traditionellen Zwängen befreit und die vollkommene Gestaltungsfreiheit für sich in Anspruch nimmt: „Die Entdeckung der Fiktionalität, die mit der Wende zur ‚Matière de Bretagne' erfolgte, bedeutet literarhistorisch gesehen einen epochalen innovativen Schritt."[45] Die Abwendung von historiographischen oder heilsgeschichtlichen Legitimationsmustern für volkssprachiges Erzählen verlangt jedoch nach neuartigen Sinngebungsverfahren, und in seinen fünf Artusromanen scheint Chrétien geradezu mit solchen Verfahren zu experimentieren. Vor allem macht er sich dazu das Strukturmittel der variierenden Wiederholung (Doppelung mit Steigerung) zu eigen.

Sein erster Artusroman verläuft nach dem folgenden Schema: Ausgelöst durch eine Provokation geht die Handlung vom Artushof aus, der selbst als ruhender Mittelpunkt dargestellt ist. Ein bis dahin unbedeutender Ritter der Tafelrunde – niemals Artus selbst – zieht aus, um die Provokation zu ‚rächen' und besteht diese Herausforderung (mhd. *âventiure*) auch.[46] Das dadurch errungene Ansehen (mhd. *êre*) und die unterwegs ebenfalls erworbene Ehefrau (mhd. *minne*) geraten jedoch in Gefahr durch eine plötzlich aufscheinende Diskrepanz zwischen Rittertum und Minneverhalten (Erec vernachlässigt seine Pflichten als Landesherr, weil er sich nur noch um seine Ehefrau kümmert). Der durch die so genannte ‚Krise' aus dem Artuskreis ausgeschlossene Ritter ist in seiner Existenz bedroht und begibt sich ein weiteres Mal auf Aventiurefahrt (Wiederholung). Auf diesem Weg hat er in der zweiten Romanhälfte eine Kette von Einzelaventiuren zu bestehen, die nun jedoch nicht mehr von persönlichem Ehrgeiz (Rache), sondern von sozialem Verhalten bestimmt sind. Das

45 Haug ²1992 (4.1.3), S. 105; vgl. zuletzt dazu Glauch (5.2).

46 Das afrz. Femininum *aventure* leitet sich her von lat. *advenire* ‚herankommen, sich nähern, eintreten (von Ereignissen)' und meint Begebenheiten und Herausforderungen, die einem zufällig, ungeplant und ohne eigenen Einfluss, begegnen. Das mhd. Wort *âventiure* bezeichnet darüber hinaus den ‚Bericht' oder die ‚Erzählung' von einem solchen ‚Abenteuer'. Vgl. dazu Otfrid Ehrismann, Ehre und Mut, Âventiure und Minne. Höfische Wortgeschichten aus dem Mittelalter. München 1995, S. 22–27; Dicke/Eikelmann/Hasebrink (4.1.3), S. 311–384.

hierbei erworbene Ansehen ist insofern anderer Qualität als das zuvor errungene und auch die Liebesbeziehung bzw. Ehe genügt anderen Maßstäben als zuvor. Nach erfolgreichem Abschluss und der Rückkehr an den Artushof muss der Ritter noch eine abschließende Herausforderung bewältigen, zum Beispiel einen Kampf gegen Gawein, den Musterritter der Tafelrunde, bestehen, bevor er endgültig in den Kreis der Tafelrundenritter aufgenommen wird. Die abschließend erreichte Synthese aller an den Ritter herangetragenen Anforderungen ist dann von Dauer.

Durch den zweimaligen Auszug vom Artushof absolviert der Protagonist einen Doppelweg (man spricht vom doppelten Kursus), der den Roman in zwei Hälften (Handlungszyklen) teilt. Die Wiederholung macht den Rezipienten auf Unterschiede aufmerksam und regt Deutungsprozesse an. Transportiert werden auf diese Weise weder heilsgeschichtliche Wahrheiten noch geschichtliche Fakten, sondern zentrale Bestandteile einer höfischen Tugend- und Morallehre, wie sie die adlige Dichtung des 12. und 13. Jahrhunderts prägt.

Bemerkenswert ist auch die völlige Veränderung der Grundkonzeption des Artusstoffs gegenüber den chronikalischen Quellen: Dem Eroberer und Heerführer Arthur steht ein Friedensfürst gegenüber, der die eigentlichen Protagonisten der Texte zu heldenhaften Taten animiert. Das heroische, im Nationalen wurzelnde Element ist zugunsten einer kunstvollen Märchenwelt aufgegeben; der Reichs- und Königsgedanke wird durch die Vorstellung und das Bild einer idealen Gesellschaft an der Tafelrunde ersetzt. An die Stelle gewaltiger Schlachten treten Aventiuren einzelner Ritter, die nicht für König und Vaterland, Geschlecht und Familie, sondern wegen ihres Ansehens in dieser Gesellschaft, wegen einer Frau oder wegen eines Brauchs stattfinden. „Dies letztere ist von besonderer Bedeutung. Artus tritt völlig aus der Geschichte heraus, und *geste* wird zur *aventiure* einsam reitender Tafelrunder. Wer aber sind diese Artusritter? Gauvain, Keu, Yvain, Erec, Lancelot, Perceval und viele andere. Davon gehören nur die beiden Erstgenannten in die oben skizzierte pseudogeschichtliche Tradition; alle anderen erscheinen erstmals bei Chrétien.“[47]

Wie Chrétien den arthurischen Stoff benutzt, um jenseits von Geschichte und Heilsgeschichte höfische Tugendlehre zu transportieren, zeigt Volker Mertens am Beispiel des Mantels, den Erec anlässlich seiner Krönung am Ende des Romans erhält. Ob-

47 Ruh ²1977 (4.1.3), S. 101.

wohl dieses Detail für den Gang der Handlung entbehrlich ist, wird der Mantel durch den Erzähler ausführlich beschrieben (Vv. 6675–6747). Er stattet diesen erfundenen Gegenstand mit einem anspruchsvollen ‚Bildprogramm' aus: Dargestellt sind auf ihm Personifikationen des Quadriviums, die das mittelalterliche Universitätsstudium repräsentieren. Dies hat mit Erec und der Tafelrunde wenig zu tun, sondern sagt etwas über den Autor und seinen Bildungsanspruch aus, und somit ist der aus kostbaren Materialien zusammengefügte Mantel Symbol des Werks selbst (vgl. lat. *textum* ‚Gewebe, Tuch'), das ein solch perfektes Herrscherbild entfaltet: „Inhalt ist der Weg zum idealen König, Gelehrtheit ist für die poetische Einkleidung nötig."[48] Die Beschreibung (*descriptio*) des Krönungsmantels nutzt Chrétien so zur Darlegung seines poetologischen Programms. Und als vermeintliche Quelle für diese Beschreibung beruft er sich ausgerechnet auf den antiken Autor Macrobius (Vv. 6730ff.): Dieser hatte sich um 400 n. Chr. in der Einleitung seines im Mittelalter viel gelesenen Kommentars zu Ciceros ›Somnium Scipionis‹ mit der Frage beschäftigt, welchen Nutzen erfundene Geschichten haben: Er rechtfertigt sie mit ihrer Funktion, höhere Wahrheiten zu verhüllen (zu lat. *integumentum*, ‚Decke, Hülle'),[49] wie im ›Erec‹ die Gelehrtheit am Ende den idealen Herrscher umgibt. Das Verfahren, dem Artusstoff durch die formende Hand des Dichters eine ‚höhere Wahrheit' (oder einen ‚tieferen', moral-didaktischen Sinn) zu unterlegen, hatte Chrétien bereits im Prolog thematisiert.

Die sinnstiftende Erzählstruktur des ›Erec‹ liegt, bei spiegelbildlicher Verkehrung des zum Konflikt führenden Fehlverhaltens, auch Chrétiens ›Yvain‹ zugrunde: Dort versäumt der auf Turnieren kämpfende Held den von seiner Gemahlin gesetzten Termin zur Rückkehr. Chrétien variiert dieses Schema auch in den anderen von ihm geschaffenen Artusromanen: Im ›Perceval‹ ergibt sich eine Doppelung dadurch, dass der Musterritter Gauvain einen partiell vergleichbaren Weg durchläuft wie der Protagonist, aber eben außerhalb der neu eingeführten Welt des Grals, in der Per-

48 Mertens 1998 (4.1.1), S. 41.

49 Vgl. dazu u. a. Rolf-Peter Lacher, Die integumentale Methode in mittelhochdeutscher Epik. Frankfurt a. M. u. a. 1988 (EHS I,1078); Christoph Huber, Höfischer Roman als Integumentum? Das Votum Thomasins von Zerklaere, in: ZfdA 115 (1986), S. 79–100; Ders., Integumentum, in: Reallexikon der deutschen Literaturwissenschaft. Neubearbeitung des Reallexikons der deutschen Literaturgeschichte. Unter Mitarbeit zahlreicher Fachgelehrter hg. von Harald Fricke. Bd. 2, Berlin, New York 2000, S. 156–160.

ceval agiert. Im ›Cligès‹, der wie der ›Tristan‹ mit einer Elternvorgeschichte beginnt und sich an realistischen Schauplätzen in Griechenland, Britannien und Deutschland abspielt, ergibt sich eine der sinnstiftenden Doppelungen generationenübergreifend, durch den Aufenthalt zunächst des Vaters, dann des Sohnes am Artushof in Britannien. Und schließlich sprengt die im ›Lancelot‹ erzählte Ehebruchsgeschichte (ebenfalls wie im ›Tristan‹) den Normen- und Wertehorizont der höfischen Gesellschaft und führt in der Konsequenz zum Untergang des Artushofs.

Abgesehen davon, dass sich in dem um 1176 entstandenen ›Cligès‹ Sinnstiftungsverfahren verschiedener Gattungen (etwa des spätantiken Liebes- und Abenteuerromans) mischen, stellt der Text auch sonst eine Ausnahme im Gesamtwerk Chrétiens dar: Dem Artushof kommt gegenüber den anderen Vertretern der Gattung eine weniger bedeutende Rolle zu und im Prolog zu seinem zweiten Artusroman lässt der Dichter sein gelehrtes Selbstverständnis erkennen:

‚Derjenige, der ›Érec und Énide‹ schrieb und die ›Ars amatoria‹ des Ovid in die Volkssprache übersetzte und den ›Schulterbiss‹ verfasste, desgleichen die ›Geschichte von König Marc und der blonden Isolde‹ sowie die Metamorphosen von Wiedehopf, Schwalbe und Nachtigall, beginnt jetzt eine neue Erzählung von einem Knappen, der in Griechenland lebte und zur Tafelrunde des Königs Artus gehörte. Aber bevor ich euch überhaupt von ihm erzähle, sollt ihr erst die Lebensbeschreibung seines Vaters hören, wessen Sohn er war und zu welcher Sippe er gehörte. Er war so tapfer und stolzen Mutes, dass er, um Ruhm und Ehre zu erwerben, von Griechenland nach England zog, das damals Britannien hieß. Diese Geschichte, die ich euch erzählen und berichten will, finden wir beschrieben in einem der Bücher der Bibliothek der Kirche St. Pierre in Beauvais. Ihm wurde die Erzählung entnommen, aus der Chrétien diesen Roman machte. Das Buch ist sehr alt, was die Wahrhaftigkeit der Geschichte beweist, und deshalb ist sie glaubwürdiger. Aus den Büchern, die wir besitzen, kennen wir die Taten der Alten und der früheren Zeit. Unsere Bücher haben uns gelehrt, dass Griechenland den Primat im Rittertum und in der Gelehrsamkeit hatte. Danach wanderte das Rittertum nach Rom wie auch die Blüte der Gelehrsamkeit, die jetzt in Frankreich angekommen ist. Gott gebe, dass sie dort bleibe und dass ihr der Ort gefalle, sodass nie wieder die Ehre, die sich dort jetzt aufhält, Frankreich verlässt. Gott hatte sie den anderen geschenkt, aber von den Griechen und Römern spricht man jetzt überhaupt nicht mehr. Ihr Wort wird jetzt nicht mehr erwähnt und die lebendige Glut ist erloschen.‘[50]

50 Übersetzung nach Hausmann (4.2.2), S. 16.

Was der Prolog mit einigem Selbstbewusstsein ausführt, wird als *translatio studii* bezeichnet, die (analog zur *translatio imperii*) die Wanderung von Bildung und Gelehrsamkeit von Osten nach Westen begründet. Der französische Text reklamiert, gegen die Deutschen, die den Kaiser stellen, eine höhere Gelehrsamkeit (*clergie*), eine entwickeltere Kultur und insbesondere eine ausgereiftere Literatur, was für Chrétiens Gegenwart gewiss zutrifft. „Seit dem 12. J[ahrhundert] vollzieht sich, angeführt von den humanistischen Kreisen Frankreichs, gleichzeitig mit einer neuen Rezeption der Antike der Aufbruch der Wissenschaften und der Literatur. Paris wird bald zur *curia philosophorum*, zum Zentrum der Philosophie und Bildung [...]. Dies legitimiert eine eigene Translationstheorie, die das *studium* von Griechenland über Rom nach Frankreich wandern läßt."[51] Eine derartige Anschauung dürfte spätestens seit etwa 1160 an der Pariser Universität gelehrt worden sein und ist unter anderem bei Vinzenz von Beauvais, Hugo von St. Viktor, Giraldus Cambrensis und Alexander Neckham belegt. Dieser Prozess der *translatio studii* oder *translatio sapientiae* wird schon in der Antike unter anderem durch Herodot beschrieben und auch Otto von Freising dürfte sie während seiner Ausbildung in Frankreich kennengelernt haben. In seiner für den Stauferhof entstandenen ›Chronik der zwei Staaten‹ stellt er die Ost-West-Bewegung von Herrschaftsgewalt (*potentia*), Wissenschaft (*sapientia*) und Frömmigkeit (*religio*) im Verlauf der christlichen Heilsgeschichte ausführlich dar. Vor diesem Hintergrund ist es besonders bemerkenswert, dass Chrétien in seinem zweiten Artusroman einen aus Griechenland stammenden Helden einführt, der nach Britannien kommt, um den Artushof aufzusuchen:

Alexander, der ältere von zwei Söhnen des Kaisers von Griechenland und Konstantinopel, zieht mit zwölf adligen Jünglingen über das Meer nach Großbritannien, um am Artushof Ruhm und Ritterschlag zu erwerben. Als er König Artus auf einer Reise in die Bretagne begleitet, verliebt er sich dort in Soredamors mit dem goldenen Haar, die Schwester Gauvains. Bei Kämpfen gegen den Grafen Angres, der sich gegen Artus erhoben hatte, verdient er sich deren Hand, indem er in der Rüstung eines gefallenen Gegners in die feindliche Burg eindringt. Beide heiraten und bekommen rasch einen Sohn, der auf den Namen Cligès getauft wird. In Konstantinopel, wo der legitime Thronerbe als verschollen gilt,

51 Hausmann (4.2.2), S. 17. Ein Forschungsüberblick findet sich im Vorwort zur Textausgabe von Kasten (1.2).

ist inzwischen Alis, der jüngere Sohn, nach dem Tod seines Vaters zum Kaiser gekrönt worden. Als Alexander in die Heimat zurückkehrt und alles aufklärt, verpflichtet sich Alis, unverheiratet zu bleiben, damit der Thron später an seinen Neffen Cligès fallen und die reguläre Erbfolge wiederhergestellt werden kann.

Nach dem überraschenden Tod Alexanders bricht Alis jedoch sein Versprechen und heiratet Fenice, die Tochter des deutschen Kaisers, die eigentlich bereits dem Herzog von Sachsen versprochen war. Auf einer Fahrt nach Köln steht ihm Cligès als Brautwerber zur Seite und Fenice ist sich sofort sicher, dass dieser der für sie bestimmte Mann ist. Sie besorgt sich von ihrer Erzieherin Thessala einen Zaubertrank, mit dem sie ihren Ehemann nachts von sich fernhält. Der Trank bewirkt, dass Alis glaubt, Fenice in seinen Armen zu halten, während er in Wahrheit bewegungsunfähig neben ihr liegt. Auf der Rückreise rettet Cligès die junge Frau aus der Gewalt des Herzogs von Sachsen, indem er (wie einst sein Vater) zur Täuschung die Rüstung eines besiegten Gegners anlegt und den Herzog im Zweikampf besiegt.

Bevor Cligès Konstantinopel verlässt, um am bzw. mit dem Artushof diverse Abenteuer zu erleben, gesteht er Fenice in verschlüsselter Form seine Liebe. In England beteiligt er sich unerkannt an einem viertägigen Turnier in Oxford, wobei der Kampf gegen seinen Onkel Gauvain unentschieden bleibt, weil Artus ihn abbricht. Schließlich kehrt Cligès von Sehnsucht geplagt zu Fenice zurück. Diese setzt sich lange gegen seine Bemühungen zur Wehr, weil sie nicht das Schicksal Isoldes erleiden will, willigt aber dann ein, mit ihm zu fliehen. Sie verständigen sich heimlich darüber, dass Fenice durch einen von der Amme zubereiteten Trank in einen scheintoten Zustand versetzt wird. Sie wird für tot gehalten, beweint und in einem Mausoleum beigesetzt, aus dem Cligès sie befreit. Gemeinsam fliehen beide an einen geheimen Ort, an dem sie einige Monate in großer Liebe zusammenleben. An diesen Wunderturm, in dem sie sich aufhalten, grenzt ein herrlicher Baumgarten, der ihre Minne noch vergrößert, bis sie ein Ritter zufällig dort entdeckt und dem Kaiser darüber berichtet. Sie entziehen sich der Verfolgung durch den zornigen Alis und fliehen an den Artushof, von dem sie sich Unterstützung erhoffen. In England erfahren sie aber, dass Alis inzwischen vor Zorn und Schmerz starb, sodass der Thron frei ist. Cligès wird nach Konstantinopel zurückgerufen und dort gekrönt. Einer Heirat mit Fenice steht nun ebenfalls nichts mehr im Weg.

Wie in keinem anderen seiner Werke betreibt Chrétien in diesem Roman, der in sieben vollständigen Handschriften und fünf Fragmenten breit überliefert ist, ein virtuoses Spiel mit intertextuellen Verweisen und Anspielungen auf die volkssprachige und lateinische Dichtung seiner Zeit und der Antike, so als wolle er auch auf diese Weise belegen, dass Dichtkunst aus dem Osten nach Nordfrankreich gelangt ist. Und Cligès, „der Halbengländer, bringt sozusagen die am Artushof erworbene Ritterschaft nach Byzanz, in den Osten zurück. Aus der *translatio* ist eine *retranslatio* geworden“.[52]

Alle fünf Artusromane Chrétiens sind innerhalb weniger Jahrzehnte in das Deutsche übertragen worden, von verschiedenen Autoren mit unterschiedlichen Mitteln und zum Teil sogar mehrfach. Ihre Inhalte werden im nächsten Kapitel noch ausführlicher zu besprechen sein, denn alle fünf Romane, und auch ihre altfranzösischen Nachfolger, stellen die Muster bereit, nach denen sich die Gattung ‚Artusroman‘ in der deutschen Literatur weiter entfaltet. Gründliche Untersuchungen darüber, ob das deutschsprachige Publikum Chrétiens Werke bereits kannte, bevor sie von einheimischen Autoren in das Deutsche übersetzt wurden, stehen noch aus.[53] Nicht zuletzt wegen der zum Teil engen verwandtschaftlichen Verbindungen nach Frankreich war das adlige Publikum der höfischen Romane sicher in vielen Fällen zweisprachig. Für uns ist daher auch nicht letztgültig einzuschätzen, ob das Publikum Chrétiens Versromane und die einheimischen, deutschsprachigen Nachfolger als Erzählungen über einen historischen King Arthur oder, wie sehr wahrscheinlich spätestens im 13. Jahrhundert, schon von Anfang an als fiktionale,[54] zugleich moralisierend-belehrende und unterhaltende Literatur vom Hof des Königs Artus rezipierte.

52 Hausmann (4.2.2), S. 18; vgl. auch Mertens 1998 (4.1.1), S. 44–49.

53 Zur Überlieferung der Werke Chrétiens vgl. den Sammelband von Busby (4.2.2).

54 Zur Diskussion um die Fiktionalität der gewiss vorwiegend im Vortrag rezipierten *matière de Bretagne* vgl. im Anschluss an Haug ²1992 (4.1.3) den Tagungsband ‚Fiktionalität im Artusroman‘ (4.1.2) sowie Grünkorn, Meyer (beide 4.1.3), Burrichter (4.2.2), Glauch (5.2 u. 5.14) u. Raumann (5.9). Zuletzt hat Martin Przybilski das sich stets überbietende Weiterschreiben innerhalb der Gattung Artusroman mit einem aus der Philosophie entlehnten Epitheton als „possibilitäre Fiktionalität“ bezeichnet (4.1.3).

III. Adaptation courtoise

Mit der französischen Adels- und Hofkultur, von den Tischsitten über die Kleidung, Musik, Architektur, Rüstungs- und Kriegstechnik sowie das Turnierwesen mit der Heraldik, bis hin zum Bildungs-, Normen- und Wertesystem, wurde zu Beginn des Hochmittelalters neben der Minnelyrik auch der höfische Roman in Versen an die Höfe östlich des Rheins importiert: Diesen Prozess bezeichnet die Literaturgeschichtsschreibung im Anschluss an die Studien von Michel Huby (1968) als *adaptation courtoise* (‚höfische Bearbeitung').[1] Die Artusromane in der Nachfolge des Chrétien stellen dabei keineswegs den Beginn volkssprachiger Dichtung im deutschsprachigen Raum dar. Vereinzelte Werke waren schon in althochdeutscher Sprache verfasst worden, und seit der ersten Hälfte des 12. Jahrhunderts bildet sich allmählich ein institutionalisierter Literaturbetrieb aus.[2] Die Dichtung dieser Zeit ist (wie noch im späteren Mittelalter) weit überwiegend in lateinischer Sprache verfasst, neben der volkssprachiges Schrifttum bis in das 16. Jahrhundert hinein nur einen geringen Stellenwert einnimmt. Wie im Lateinischen dominieren auch innerhalb der Volkssprache die geistlichen Texte – weltliche Literatur, die häufig auch geistliche Komponenten enthält, entsteht in dieser frühmittelalterlichen Zeit erst nach und nach.

Die *trois matière*, die drei Stoffbereiche, die zeitgenössische Dichter innerhalb der altfranzösischen Erzählliteratur unterscheiden, sind sämtlich auch in der deutschsprachigen Dich-

1 Huby (4.1.1); grundlegend dazu Wolf (4.1.1), Jones/Wisbey (4.2.2) und Worstbrock (5.1) sowie Ricarda Bauschke, *Adaptation courtoise* als ‚Schreibweise'. Rekonstruktion einer Bearbeitungstechnik am Beispiel von Hartmanns ›Iwein‹, in: Texttyp und Textproduktion in der deutschen Literatur des Mittelalters, hg. von Elizabeth Andersen, Manfred Eikelmann u. Anne Simon. Berlin, New York 2005 (Trends in medieval philology 7), S. 65–84; Silvia Schmitz, Die Poetik der Adaptation. Literarische *inventio* im ›Eneas‹ Heinrichs von Veldeke. Tübingen 2007 (Hermaea N. F. 113).

2 Darüber informieren ausführlich Literaturgeschichten oder thematische Einführungen (vgl. 4.1.1) wie die von Joachim Bumke über höfische Kultur. Hier soll lediglich stichwortartig der literarhistorische Kontext skizziert werden, in dem die deutschsprachigen Artusromane seit der zweiten Hälfte des 12. Jahrhunderts entstehen.

tung des späten 12. Jahrhunderts vorhanden. Bei vielen Werken handelt es sich entsprechend um Übersetzungen aus der altfranzösischen oder aus der lateinischen Literatur. Die antiken Stoffe sind vertreten durch mehrere Alexanderromane in lateinischer und deutscher Sprache, etwa dem des Pfaffen Lamprecht, der zwischen 1140 und 1170 nach einer französischen Vorlage des Alberich von Besançon entstand, oder dem ›Straßburger Alexander‹, der Lamprechts unvollendetes Werk nach lateinischen Quellen fortsetzt. Sie erzählen die Lebensgeschichte Alexanders des Großen unter Betonung des *translatio regii*-Gedankens, der die (aus dem biblischen Daniel-Traum abgeleitete) Vorstellung einer Abfolge der Weltreiche bis hin zum römischen Reich deutscher Nation propagiert (wie schon das im 11. Jahrhundert entstandene ›Annolied‹). Ebenfalls nach französischer Vorlage, dem ›Roman d'Eneas‹, der seinerseits auf Vergils ›Aeneis‹ basiert, fertigt Heinrich von Veldeke zwischen 1170 und 1185 (mit längerer Arbeitspause?) und im Auftrag der Gräfin Margarete von Kleve einen Eneasroman an, in dem erstmals ein antiker Stoff aus der Perspektive eines höfisch-ritterlichen Protagonisten dargestellt ist. Nicht nur inhaltlich – der Text diskutiert wie die Artusromane das Verhältnis von *minne* und *êre* –, sondern auch formal setzt Heinrich dem höfischen Versroman Maßstäbe. Er legt großen Wert auf eine alternierende Versfüllung sowie auf ‚reine' Reime, die auch außerhalb des eigenen Dialektgebiets ihre Funktion erfüllten. Den Bereich der *chanson de geste* adaptiert unter anderem das ›Rolandslied‹ des Pfaffen Konrad, das um 1170 im Auftrag Heinrichs des Löwen entstand und von den Kämpfen Rolands, einem Neffen Karls des Großen, gegen heidnische Mauren berichtet. Die *matière de Bretagne* vertritt neben ›Erec‹ und ›Iwein‹ auch der ›Tristrant‹ Eilharts von Oberg, als dessen Mäzene entweder die Herzogin Mathilde von England am welfischen Hof in Braunschweig oder der Hof des Landgrafen von Thüringen in Frage kommen.

Neben diese drei Stoffbereiche treten genuin deutschsprachige Genera, wie sie die früher als ‚Spielmannsepen' bezeichneten Versromane repräsentieren, etwa der ›König Rother‹ (um 1150) oder wenig später der (auch in lateinischen Fassungen verbreitete) ›Herzog Ernst‹. Daneben gab es vermutlich mündlich tradierte, heldenepische Erzählungen, die aber erst seit dem Beginn des 13. Jahrhunderts verschriftlicht worden sind, wie im Fall des Nibelungenliedes. Und schließlich ist die chronikalische Dichtung zu erwähnen, vor allem die ›Kaiserchronik‹, die zwischen

1126 und 1147 im Regensburger Raum entstand. Sie berichtet im Rahmen der christlichen Heilsgeschichte über historische Ereignisse von Julius Caesar bis zum staufischen König Konrad III. (†1152). Parallel dazu entfaltet sich die Minnelyrik, die in ihren Anfängen (im donauländischen und rheinischen Minnesang) ebenfalls aus Frankreich importiert wurde.

Auch wenn sich die genannten Versromane ganz unterschiedlicher Stoffkreise bedienen und über sehr verschiedene Ereignisse und Personen berichten, sind sie in ihrer Pragmatik als eine eng zusammengehörige Gruppe zu betrachten: In allen Texten geht es letztlich um das deutsche Königreich in seinem Selbstverständnis als Machtzentrum Europas. Zur Legitimation und zur Sicherung von Macht berufen sich die Texte auf die christliche Heilsgeschichte. Der Übergang vom römischen Reich zum deutschen Kaiserreich wird unter Berufung auf den alttestamentlichen Danieltraum als *translatio imperii* verstanden. Das ›Rolandslied‹, der ›König Rother‹ oder der Alexanderroman repräsentieren nach Walter Haug „drei Möglichkeiten, sich im Sinne der neuen Öffnung zur Welt auf Geschichte und Natur einzulassen, sie aber zugleich auf einen höheren Sinn zu verwandeln. Das ›Rolandslied‹ macht ein heroisches Geschehen auf das universale heilsgeschichtliche Drama hin transparent. [...] Der ›König Rother‹ macht ebenfalls von der Möglichkeit einer zweistufigen Denk- und Darstellungsform Gebrauch", indem die zweite Texthälfte „das Geschehen in kontrastiver Analogie auf höherer Ebene ein zweites Mal durchspielt und dadurch das Nur-Irdische in einer geistlichen Umakzentuierung auffängt. Der ›Alexanderroman‹ schließlich bewältigt das Irdische sinnhaft, indem er auf den Typus der exemplarischen Deutung der Wirklichkeit zurückgreift. Dies jedoch nicht [...] in der Weise, daß man die Alexandervita in eine Reihe von Beispielepisoden aufgelöst hätte, sondern man läßt nun die profane Biographie auf eine Szene zulaufen, in der sich eine exemplarische Wahrheit so darstellt, daß das vorausgehende Leben unter ihr Verdikt fällt und das weitere Leben von ihr geleitet wird."[3] Gemeint ist die als Allegorie auslegbare Paradiesstein-Episode, in der Alexander nach seinem vergeblichen Versuch, auch noch das Paradies zu erobern, einen radikalen Wandel seines Lebens einleitet.

Gemeinsames Thema der frühmittelhochdeutschen erzählenden Literatur ist unter anderem die Idee eines durch Traditio-

3 Haug ²1992 (4.1.3), S. 89.

nen fundierten, idealen, gerechten und friedliebenden Herrschertums. Den Rezipienten im deutschsprachigen Gebiet wird auch König Artus als ein solcher *rex iustus et pacificus* vorgeführt. Anders als am britisch-französischen Königshof, an dem man Arthur als Feldherrn und mythischen Vorfahren britischer Herrscher kennenlernte, präsentieren Hartmann und seine Kollegen den Artushof wie Chrétien als zeit- und geschichtslosen Ort idealer Herrschaft. Zwar ist er weiterhin Ausgangs- und Endpunkt sowie das Wertezentrum der Romanhandlungen, Artus selbst wird aber zum ruhenden Mittelpunkt, der nur selten in das Geschehen eingreift und statt dessen andere dazu motiviert, durch vorbildliches Rittertum ihr eigenes Ansehen sowie das der Tafelrunde zu erhöhen. Träger der Romanhandlungen ist daher nicht der König, sondern es sind wie bei Chrétien einzelne Ritter und deren Ehefrauen, die dem adligen Publikum differenzierte Identifikationsangebote unterbreiten.

1. Hartmann von Aue: Übersetzer oder Bearbeiter?

Die Werke Hartmanns von Aue zählen zu den am meisten gelesenen mittelalterlichen Texten, weil sie bereits seit den Anfängen der Germanistik zu Beginn des 19. Jahrhunderts im Unterricht eingesetzt werden. Ihr Inhalt spiegelt viel von der adligen Welt um 1200 wider, und die Sprache, der Aufbau und die Form der Texte entsprechen dem, was höfische Literatur im 12. und 13. Jahrhundert wesentlich ausmacht. Hartmann war in dieser Beziehung Vorbild für zahlreiche Autoren des hohen und späteren Mittelalters, gerade auch innerhalb der Gattung des Artusromans.

Gelebt haben dürfte er zwischen etwa 1160 und 1205, seiner Reimsprache und den Angaben bei Heinrich von dem Türlin zufolge in Südwestdeutschland (*von der Swaben lande ... Meister Hartman*, ›Diu Crône‹, Vv. 2353–2360), vermutlich an einem der Adelshöfe zwischen dem Bodensee und der Schwäbischen Alb. Seine genaue Herkunft ist trotz mancher Hypothesen bis heute ungeklärt, weil sich weder über die Ortsangabe *ze Ouwe*, die sich mehrfach zu seinem Namen findet, noch über das Wappen mit drei Adlerköpfen, wie es die Große Heidelberger Liederhandschrift überliefert, ein bestimmtes Geschlecht oder ein Ort identifizieren lassen.[4] Von anderen Epikern des 12. Jahrhunderts, bei denen es sich zumeist um Kleriker handelt, unterscheidet sich Hartmann dadurch, dass er sich selbst wiederholt als *dienestman* und *ritter* bezeichnet.[5] Es ist durchaus vorstellbar, dass er als Ministeriale im Dienst der Herzöge von Zähringen stand, die ihren Stammsitz bei Freiburg im Breisgau hatten, wo nach 1112 mehrfach ein *Heinricus de Owen* urkundlich bezeugt ist. Seine Dienstherren waren dann vielleicht Berthold IV. (1152–1185), verheiratet mit Ida von Boulogne, einer Nichte Philipps von Flandern (der Chrétien den Auftrag zur Abfassung des ›Perceval‹ erteilte), und/oder Berthold V. (1186–1218), der letzte Herzog in der Stammlinie der Zähringer.

Hartmanns Schaffenszeit ist jedenfalls in den beiden letzten Jahrzehnten des 12. Jahrhunderts zu vermuten. Erhalten sind

4 Zu den Details vgl. Bumke, Cormeau/Störmer und Wolf (5.1).

5 Vgl. Timo Reuvekamp-Felber, Volkssprache zwischen Stift und Hof. Hofgeistliche in Literatur und Gesellschaft des 12. und 13. Jahrhunderts. Köln, Weimar, Wien 2003 (Kölner Germanistische Studien N. F. 4), bes. 124–146.

von ihm zwei Artusromane und zwei kürzere Verserzählungen (›Gregorius‹, ›Der arme Heinrich‹), ein minnedidaktischer Text (die so genannte ›Klage‹) sowie 18 Minne- und Kreuzzugslieder. Über die Datierung und die Reihenfolge ihrer Entstehung kann ebenfalls nur spekuliert werden, wobei die Stiluntersuchungen der vorwiegend älteren Forschung keine verlässlichen Argumente liefern. Fest steht aber, dass der ›Erec‹ vor dem ›Iwein‹ entstand, da Gawein in Letzterem auf Erecs Verhalten Bezug nimmt, und dass Wolfram von Eschenbach beide Werke bei der Abfassung des ›Parzival‹ bereits kannte (vgl. dazu im ›Parzival‹ die Vv. 253,10–14 u. 436,4–10). Hartmanns Artusromane sind die ersten ihrer Art in deutscher Sprache, und auch seine weiteren Werke stellen, was ihre Gattungszugehörigkeit betrifft, Innovationen in der deutschsprachigen Literaturlandschaft des 12. Jahrhunderts dar, wenngleich es sich auch bei ihnen zum Teil um Übertragungen aus dem Französischen handelt. Wie bei Chrétien lassen auch die Werke Hartmanns einen hohen Bildungsgrad ihres Verfassers erkennen, auf den dieser selbst mehrfach hinweist: *Ein ritter sô gelêret was/ daz er an den buochen las/ swaz er dar an geschriben vant*, beginnt etwa ›Der arme Heinrich‹ (Vv. 1–3). Auch wenn solche Hinweise in erster Linie dazu dienen, die jeweilige Erzählerrolle zu konturieren, ist nicht auszuschließen, dass Hartmann selbst (in einem Kloster) eine ähnliche Erziehung und Ausbildung genossen hat wie der Protagonist in seinem ›Gregorius‹ (vgl. dort die Vv. 1155–1200).

1.1. Der erste deutsche Artusroman: Hartmanns ›Erec‹

Ausgerechnet der Prolog zu seinem ersten Artusroman, in dem Hartmann sich vielleicht auf einem ähnlichen Reflexionsniveau wie Chrétien zur Poetologie der neuen Gattung geäußert haben mag, ist nicht erhalten. Einigermaßen vollständig ist der ›Erec‹ ausschließlich in einem großformatigen Prachtcodex überliefert, dem so genannten Ambraser Heldenbuch, das der Zollschreiber Hans Ried zu Beginn des 16. Jahrhunderts im Auftrag Kaiser Maximilians I. angefertigt hat. Der Text setzt, wie der Vergleich mit der altfranzösischen Vorlage zeigt, mitten in der initialen Handlungssequenz ein. In Chrétiens ›Erec et Énide‹ sind bis zu dieser Stelle (im Anschluss an den Prolog, s. o., S. 41f.) bereits 100 Verse erzählt – im Ambraser Heldenbuch geht ihr jedoch das Artusromanfragment ›Der Mantel‹ voraus, dem wiederum das Ende fehlt (vgl. dazu Kap. IV.1).

Derjenige, von dem die Geschichte erzählt, wird eingeführt als *Êrec fil de roi Lac* (V. 2), Sohn des Königs Lac, der sich am Hof des Königs Artus aufhält, ohne dort einen herausragenden Status zu besitzen. Dies zeigt sich (bei Chrétien) unter anderem darin, dass Erec zwar den Auszug der Hofgesellschaft begleitet, sich aber an der ruhmbringenden Jagd der Artusritter auf den weißen Hirsch nicht beteiligt. Stattdessen hält er sich in der Nähe der Königin und ihrer Hofdamen auf. Diese Ausgangsituation gerät in Bewegung durch einen Vorfall, der das Ansehen des jungen Ritters in der Gemeinschaft beschädigt. Erec verlässt den Artushof, um sein Ansehen (= mhd. *êre*) wiederherzustellen, und kehrt erst zurück, nachdem ihm dies gelungen ist. Mit seiner Rückkehr wird, etwa in der Mitte des Romans, zugleich seine Hochzeit gefeiert. In der zweiten Romanhälfte wiederholt sich diese Bewegung in gesteigerter Form: Erec verlässt erneut den Hof, diesmal mit seiner Ehefrau, weil wiederum sein Ansehen auf dem Spiel steht, und wird zu Ende der Handlung abermals in die Gemeinschaft integriert. Durch diese Doppelung mit Steigerung zerfällt die Handlung in zwei Hälften: Man spricht von einem Doppelweg, bestehend aus einem ersten und einem zweiten Handlungszyklus. Die Zweiteiligkeit ist kennzeichnend für die Handlungsstruktur des frühen Artusromans (Ausgangs-, Mittel- und Endpunkt ist dabei jeweils der Artushof). Auf dieses sinntragende Strukturprinzip der gesteigerten Doppelung wird der Rezipient gleich mehrfach, vor allem jeweils zu Beginn der beiden Romanhälften, aufmerksam gemacht. Hugo Kuhn bezeichnete diese Form der Rezeptionslenkung als „epischen Doppelpunkt“.[6]

Als ihnen ein Ritter begegnet, den ein Zwerg und eine junge Frau begleiten, schickt Ginover eine Hofdame, um sich nach dem Namen des Ritters zu erkundigen. Statt ihr zu antworten, schlägt der Zwerg die Botin mit der Peitsche. Als nun Erec selbst danach fragt, widerfährt ihm dasselbe – gleich zu Beginn weist also ein solcher epischer Doppelpunkt auf das Prinzip der gesteigerten Doppelung hin. Unbewaffnet wie er ist, verfolgt Erec den Ritter, der unterwegs ist nach Tulmein, um dort an einem Turnier teilzunehmen. Dabei handelt es sich um eine Art Schönheitswettbewerb, denn die Dame des Siegers gilt automatisch als die Schönste und erhält einen Sperber als Preis. Gegen den Ritter, der bereits zweimal gewonnen hat, will in diesem Jahr aus Furcht niemand mehr antreten.

6 Kuhn 1948 (5.1), S. 136. Vgl. Ludger Lieb, Wiederholung und Einmaligkeit. Eine Studie zu Wiederholungshandlungen und Erzählstrukturen in Hartmanns ›Erec‹. Habilitationsschrift [masch.] Dresden 2002, und ders. (5.1).

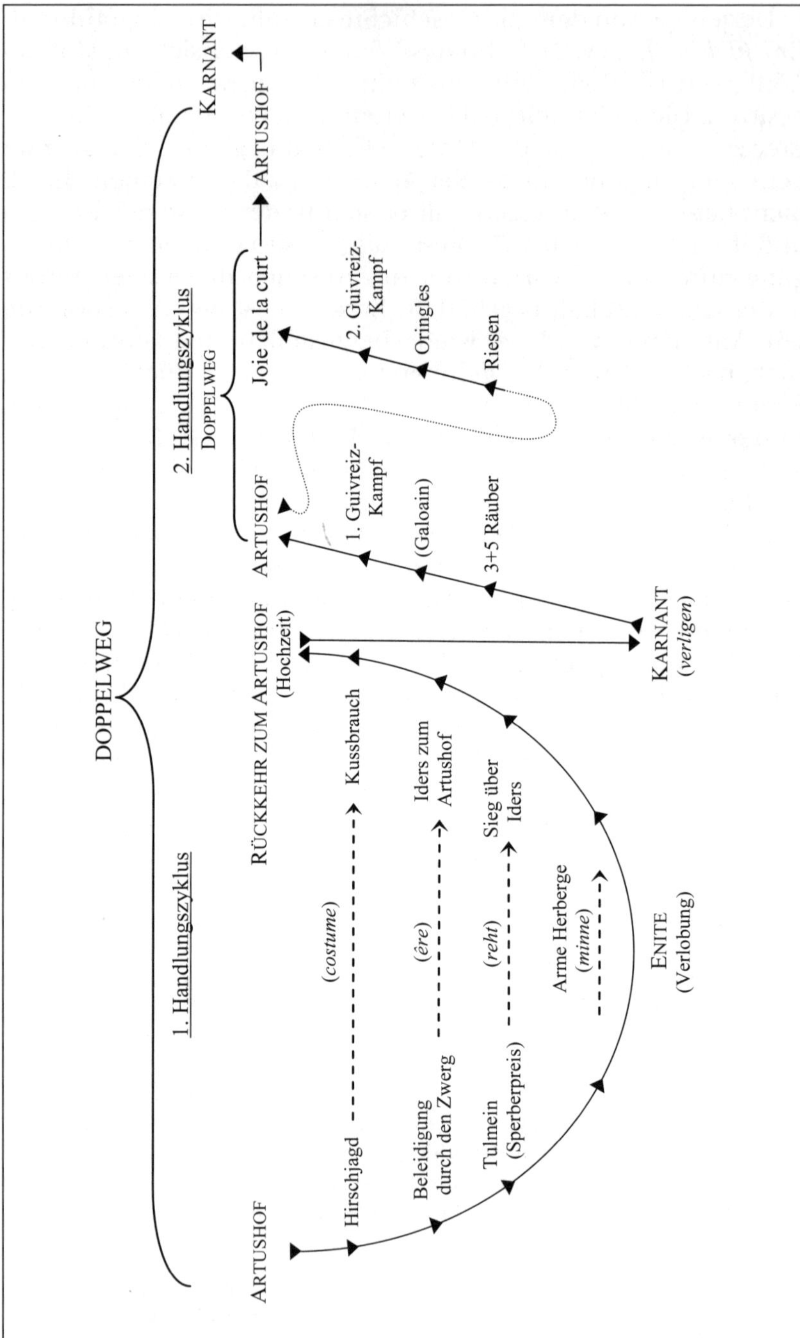
DOPPELWEG
1. Handlungszyklus
2. Handlungszyklus
DOPPELWEG
ARTUSHOF
Hirschjagd
(costume)
Kussbrauch
Beleidigung durch den Zwerg
(êre)
Iders zum Artushof
Tulmein (Sperberpreis)
(reht)
Sieg über Iders
Arme Herberge (minne)
ENITE (Verlobung)
RÜCKKEHR ZUM ARTUSHOF (Hochzeit)
KARNANT (verligen)
KARNANT
3+5 Räuber
(Galoain)
1. Guivreiz-Kampf
ARTUSHOF
ARTUSHOF
Riesen
Oringles
2. Guivreiz-Kampf
Joie de la curt
ARTUSHOF
KARNANT

Da alle standesgemäßen Unterkünfte belegt sind, kommt Erec im verfallenen Haus des verarmten Grafen Koralus und seiner Frau Karsinefite unter, die unverschuldet in Not geraten sind. Von ihnen erhält er eine Rüstung und Waffen sowie die Hand ihrer hübschen Tochter Enite, die in armseliger Kleidung sein Pferd versorgt, sodass er am Sperberpreisturnier teilnehmen kann. Nach mehrstündigem Lanzenstechen zu Pferd und Schwertkampf zu Fuß kann Erec den Ritter Iders besiegen. Er lässt den Zwerg auspeitschen und verpflichtet den Besiegten, seine Niederlage Königin Ginover bekannt zu machen. Zu Ehren des Siegers veranstaltet Koralus ein Fest. Auf dem gemeinsamen Weg zum Artushof verlieben sich Erec und Enite ineinander. Als sie dort eintreffen, hat Iders bereits um Gnade gebeten, Artus inzwischen den weißen Hirsch gefangen und damit das Recht erworben, durch einen Kuss die schönste Frau am Hof auszuzeichnen. Niemand erhebt Widerspruch, als diese Ehre beim anschließenden Festmahl Enite zuteil wird. Unter den 140 Rittern der Tafelrunde, von denen der Erzähler die Hälfte namentlich aufzählt (Vv. 1611–1697), herrscht nun große Freude (*michel wünne*, V. 1797). Anlässlich der Hochzeit veranstaltet man ein vierzehntägiges Fest, welches mit einem großen Turnier fortgesetzt wird, aus dem Erec abermals als Sieger hervorgeht. Fest und Turnier werden vom Erzähler in über 1000 Versen wiedergegeben. Anschließend verabschieden sich die frisch Vermählten, um in Erecs Heimat Destrigales und deren Hauptstadt Karnant zurückzukehren, die der Protagonist schon als *kindelîn* verlassen hatte (V. 2868).

Im ersten Handlungszyklus des ›Erec‹ werden vier Themen entfaltet, und zwar werden alle zunächst nacheinander eingeführt, und – nach der Verlobung mit Enite – auch nacheinander, aber in umgekehrter Reihenfolge, abgeschlossen. Das erste Thema ist die Jagd auf den weißen Hirsch mit anschließendem Kussbrauch (afrz. *costume*), das zweite die Beschädigung des arthurischen Ansehens (mhd. *ēre*) durch den zweifachen Geißelschlag, das dritte das Unrecht des Sperberkampfes mit Schönheitspreis (Motivdoppelung: mhd. *reht*), das vierte die ‚Arme Herberge' des Koralus (in Verbindung mit dem Eheversprechen an Enite: mhd. *minne*). An dieser Stelle kommt der vom Artushof ausgezogene Held zum Stillstand, in Bezug auf sein Ansehen in der Gesellschaft erreicht Erec einen vorläufigen Tiefpunkt.

Von dort aus folgt die Bewältigung der aufgeworfenen Probleme: Erec verlässt die ‚Arme Herberge' zusammen mit Enite, er besiegt den hochmütigen Iders im Zweikampf, dieser berichtet am Artushof über seine Niederlage und stellt so Erecs Ansehen wieder her, und schließlich erhält Enite als die schönste Dame am Artushof nach altem Brauch den Kuss von König Artus. Erec ist nun als vollwertiges Mitglied am Artushof anerkannt und begibt sich als solches mit seiner Frau Enite zu der Burg Karnant im Land seines Vaters.

Während die erste Ausfahrt Erecs durch einen äußeren Anlass, nämlich die Beleidigung durch den Zwerg, motiviert war, gründet die zweite Ausfahrt in einem inneren Konflikt: Erec ist so sehr in Enite verliebt und mit ihr beschäftigt, dass er nach und nach alles um sich herum vergisst und insbesondere seine ritterlichen und gesellschaftlichen Pflichten als Repräsentant der inzwischen vom Vater übernommenen Herrschaft vernachlässigt. Der Text beschreibt diese schrittweise Veränderung (*wandelunge*) ausführlich ab V. 2924:

Êrec was biderbe unde guot,
ritterlîche stuont sîn muot
ê er wîp genæme
und hin heim kæme:
nû sô er heim komen ist,
dô kêrte er allen sînen list
an vrouwen Ênîten minne.

Erec richtet sich auf *gemach* ein (Vv. 2933, 2967: ‚Bequemlichkeit‘) und verbringt die meiste Zeit des Tages im Bett. Hartmann nennt dieses Fehlverhalten *sich verligen* (V. 2971), Chrétien spricht vom ‚Vernachlässigen‘ (V. 2462 *recreant*); die Forschung nennt dies die ‚Krise des Helden‘. Doch dieses Mal ist nicht nur das Ansehen Erecs betroffen, sondern das des gesamten Hofs, dem die gute Stimmung abhanden kommt: *sîn hof wart aller vreuden bar / unde stuont nâch schanden* (V. 2989f.). Enite nimmt die Klagen der Hofgesellschaft zwar wahr, schweigt aber darüber, weil sie nicht den Mut aufbringt, mit Erec darüber zu sprechen. Angemessenes Reden und Schweigen zur jeweils rechten Zeit ist ein Leitthema im ›Erec‹, das schon mit der verweigerten Antwort des Zwergs auf die Frage nach dem Namen des unbekannten Ritters beginnt und seinen dramatischen Höhepunkt in dem Sprechverbot findet, das Erec seiner Ehefrau für den zweiten Ausritt auferlegt, und das von ihr immer wieder übertreten wird.[7]

7 Eine Zusammenfassung des Themas bietet BUMKE (5.1), S. 113–128; vgl. auch UWE RUBERG, Beredtes Schweigen in lehrhafter und erzählender deutscher Dichtung des Mittelalters. Mit kommentierter Erstedition spätmittelalterlicher Lehrtexte über das Schweigen. München 1978 (Münstersche Mittelalter-Schriften 32); MIREILLE SCHNYDER, Topographie des

Der folgende zweite Handlungszyklus ist gekennzeichnet durch zwei parallel aufeinander bezogene Aventiureketten (auch für diesen Teil spricht man gelegentlich von einem Doppelweg).

Dadurch, dass Enite laut zu sich selbst spricht, während sie glaubt, ihr Mann sei eingeschlafen, erfährt Erec zufällig von ihrem Kummer über den Zustand des Hofs. Unverzüglich und unbemerkt verlässt er mit ihr den Hof und befiehlt ihr, unter Androhung des Todes, zu schweigen. Sie sind ziellos unterwegs, bis ihnen drei Räuber begegnen, die zuerst die vorausreitende Enite wahrnimmt. Nach kurzem Zögern entscheidet sie, dass ihr eigenes Leben weniger wert sei als das ihres Mannes (V. 3173), und warnt Erec durch Zuruf vor der Gefahr, sodass die drei schnell besiegt sind. Dasselbe wiederholt sich kurz darauf mit fünf Räubern – eine gesteigerte Doppelung auch zu Beginn des zweiten Auszugs. Erec ist erzürnt über den zweimaligen Bruch des Schweigegebotes, bestraft Enite aber lediglich mit der unstandesgemäßen Aufgabe, sämtliche Pferde zu versorgen. In einer Herberge wird Enite, die sich auf dessen Geheiß von Erec fernhält, von einem namenlosen Grafen bedrängt (bei Chrétien heißt er Galoein). Sie hält ihn mit einer Lüge hin und warnt Erec ein drittes Mal. Als der Graf sie auf ihrer anschließenden Flucht einholt, wird auch er rasch besiegt. Erec droht Enite erneut schwere Strafen für den Bruch des Redeverbots an.

Nimmt man die beiden Räuberepisoden zusammen (das ist Hugo Kuhns ‚epischer Doppelpunkt' für die zweite Romanhälfte), dann hat Erec die dritte Auseinandersetzung anschließend mit dem ritterlichen Zwerg *Guivreiz le pitîz, künec über Îrlant* (Vv. 4476f.), zu führen. Dessen Herausforderung lehnt Erec zunächst ab, weil er nicht allein aus ritterlichem Ehrgeiz gegen ihn antreten will, und er kämpft dann auch nicht mit vollem Einsatz gegen ihn. So wird er schwer verwundet, bevor er Guivreiz bezwingen kann, ihm Gnade gewährt und sich mit ihm anfreundet. Nach einer Nacht auf der Burg des neu gewonnenen Freundes begegnen Erec und Enite zunächst Keie, dann Gawein. Deren Einladung an den nahen Artushof ist Erec unangenehm, da er seinen Zustand für *unhovebære* hält (V. 5064), denn wer sich bei Hof aufhält, habe nichts als Freude verdient (Vv. 5056f.). Doch heißt man das Paar willkommen und Ginover selbst versorgt Erecs Wunden mit einem Pflaster ihrer Schwägerin Feimurgan.

Schweigens. Untersuchungen zum deutschen höfischen Roman um 1200. Göttingen 2003 (Historische Semantik 3); Britta Bussmann, *Dô sprach diu edel künegîn...* Sprache, Identität und Rang in Hartmanns ›Erec‹, in: ZfdA 134 (2005), S. 1–29.

Nach dieser so genannten ‚Zwischeneinkehr' am Artushof, die als Zäsur anzusehen ist, absolvieren Erec und Enite drei weitere Herausforderungen, die parallel auf die ersten drei bezogen sind: Analog zu den beiden Räuberbanden sind zunächst zwei Riesen zu besiegen, was dieses Mal jedoch der Befreiung des von den beiden entführten Ritters Cadoc dient. Nachdem Erecs Wunden wieder aufgebrochen sind und er wie scheintot vom Pferd sinkt, will sich Enite das Leben nehmen. Dies verhindert der gerade rechtzeitig eintreffende Graf Oringles, der den vermeintlich toten Erec auf seine Burg Limors bringt und nun – wie der noch namenlose Graf zuvor – Enite dazu drängt, ihn zum Ehemann zu nehmen. Als Oringles sie wegen ihrer Verweigerung blutig schlägt, schreit Enite so laut, dass Erec aus seiner Ohnmacht erwacht und sie beide auf einem Pferd fliehen können. Erec entschuldigt sich bei ihr für die Prüfungen, denen er sie ausgesetzt hat. Nun begegnen sie erneut Guivreiz, ohne ihn jedoch zu erkennen. Der geschwächte Erec tritt sofort zum Lanzenkampf an, aber Guivreiz sticht ihn mühelos vom Pferd. Nach dem gegenseitigen Erkennen nimmt er Erec und Enite bis zur vollständigen Genesung (wiederum mithilfe eines Pflasters der Feimurgan, V. 7227) in der Burg Penefrec bei sich auf. Nach vierzehn Tagen erhält Enite zum Abschied ein Reitpferd für Damen, einen Zelter, den der Erzähler in über 500 Versen beschreibt.

Zwischen den beiden Aventiurereihen in diesem zweiten Handlungszyklus gibt es mehrere Querbezüge in Form von Doppelungen und Kontrastierungen. Daneben kommt es zu einer qualitativen Steigerung der Gegner: Räuber und Riesen (rohe Gewalt unhöfischer Gegner), der namenlose Graf und Oringles (Frauenverführer), die beiden Guivreiz-Kämpfe sind hingegen ritterliche Kämpfe – den ersten lehnt Erec ab, den zweiten nicht, und während er den ersten gewinnt, verliert er den zweiten. Die Wiederholungen machen auf solche Unterschiede aufmerksam und lenken damit das Augenmerk auf einen Entwicklungsprozess, den sowohl Erec als auch Enite je für sich, aber auch miteinander sowie in ihrem Verhältnis zur Gesellschaft des Artushofs durchlaufen. So wird etwa Enites Anteil am erfolgreichen Abschluss der Aventiuren stets größer, bis schließlich die Minnegemeinschaft schrittweise wiederhergestellt wird, unter anderem dadurch, dass Erec sie zu sich auf das Pferd nimmt und bald darauf auch das Nachtlager wieder mit ihr teilt. Zu welchem Zweck Erec seiner Gemahlin den anstrengenden und bedrohlichen Auszug überhaupt zugemutet hat, erläutert der Erzähler:

ez was durch versuochen getân
ob si im wære ein rehtez wîp.
nû hâte er ir lîp
ersichert genzlîchen wol,
als man daz golt sol
liutern in der esse,
daz er nû rehte wesse
daz er an ir hæte
triuwe unde stæte
unde daz si wære
ein wîp unwandelbære.

Kurt Ruh beantwortet die Frage nach Sinn und Ziel der gesamten zweiten Aventiurefahrt wie folgt: „Zunächst geht es darum, die angezweifelte Rittertüchtigkeit erneut unter Beweis zu stellen. [...] Deshalb erlegt er [Erec] sich ein einsames und hoffernes Leben auf. Aber das ist nicht alles und nicht einmal das Wichtigste. Indem Erec durch eheliche Minne untätig geworden ist, steht die Ehe zur Diskussion, und zwar in ihrer soziologischen Funktion. Es geht darum, die Ehe nicht nur als individuelles Glück zu betrachten, sondern sie für die Gemeinschaft fruchtbar zu machen. In der Isoliertheit des Eheglücks liegt der Fehl, nicht in einem Zuviel [...]. Es geht also um die Rechtfertigung der Ehe vor der Gesellschaft. Sie ist in Frage gestellt, und aus diesem Grunde wird auch Enite der Bewährung ausgesetzt."[8] Die *Joie de la curt*-Episode (Vv. 7788–9875) bestätigt diese Auffassung. Sie fällt aus der Struktur der Doppelungen, Symmetrien und Kontrastierungen heraus und beschließt als ein ‚Achtergewicht' die Romanhandlung.

Auf dem Rückweg zum Artushof gelangen Erec und Enite nach Brandigan, wo sie eine Aventiure erwartet, die *Joie de la curt* genannt wird: ‚Freude des Hofs'. Im magischen Baumgarten der Festung leben der riesenhafte Mabonagrin und seine Geliebte. Seit er sich mit ihr dorthin zurückzog, ist er dazu verdammt, jeden Ritter zu töten, der in den Garten eindringt. Die achtzig Witwen der bereits Getöteten leben auf der Festung, die Köpfe der Toten sind rings um den Garten auf Pfähle gespießt. Erec besiegt den Riesen nach einem schweren und stundenlangen Zweikampf, Enite stellt fest, dass sie mit seiner *vriundinne* verwandt ist, und beide begleiten die achtzig Witwen an den Artushof, dessen Gesellschaft sie auf diese Weise die verlorene Freude zurückgeben. Vom Artushof aus zieht das Paar weiter nach Karnant, wo es in Ehren empfangen wird und ein glückliches Leben führt, bis Gott ihnen ewiges Leben schenkt. Mit V. 10135 *hât diz liet ein ende.*

8 Ruh ^{2}1977 (4.1.3), S. 127f.; vgl. dazu Schulze, Quast und Schnell (alle 5.1).

Während der erhaltene Text sonst recht genau dem Handlungsgang seiner altfranzösischen Vorlage folgt, ist im Anschluss an die von Hartmann eingeschobene Beschreibung von Enites Pferd auch die allegorieähnliche Schlussepisode um über tausend Verse, das heißt auf den doppelten Umfang, erweitert. Sie kann als ein dramatisiertes Spiegelbild von Erecs eigener Situation in Karnant verstanden werden: Mabonagrin und seine Freundin werden aus der gesellschaftlichen Isolation des Wundergartens befreit. Symbolisch besiegt und befreit Erec damit auch sich selbst. Das Ende der Handlung bildet das für die nachfolgenden Gattungsvertreter obligatorische Schlussfest am Artushof, das stets in höchster gesellschaftlicher Freude stattfindet. Es wird „nicht nur die Position, die mit Abschluß des ersten Kreises verlorenging, zurückgewonnen – dafür steht als typisches Motiv die Zwischeneinkehr am Artushof –, sondern am Ende wird diese Position auf einer höheren Ebene neu verstanden: die individuelle Beziehung zwischen Erec und Enide erscheint in die höfische Gesellschaft integriert“,[9] sodass Erec mit Enite als vollkommener Ritter und vorbildlicher Herrscher nach Karnant zurückkehrt, wo er aufgrund des zwischenzeitlichen Todes seines Vaters nun endgültig den Thron übernimmt.

In der ersten Hälfte des Romans besteht ein Nebeneinander von Minne und Aventiure, in der zweiten Hälfte geht es für den Protagonisten darum, zu einem Miteinander von Minne (bzw. Ehe) und Aventiure zu finden. „Den Sinn dieser Doppelung verrät die Thematik [...]: Im ersten Handlungskreis entfaltet der Held seine Individualität: mit Waffenruhm und Frauenminne erwirbt er sein persönliches Glück; im zweiten geht es um die Einordnung dieser höchsten Güter in die Gemeinschaft“[10] und um die Wiederherstellung des früheren Ansehens des Ritters.

Diesen gesellschaftlichen Verhaltensentwurf hat die deutsche Übertragung weitgehend unverändert von Chrétien übernommen. Dennoch kann sie nicht als reine Übersetzung des altfranzösischen Textes verstanden werden, da Hartmann den Verhaltensentwurf sowie die sinntragende Symbolstruktur nicht nur genauestens verstanden, sondern durch kleinere Umstellungen, Weglassungen und Hinzufügungen in seiner Fassung noch be-

9 Haug 1971 (4.2.3), S. 669; vgl. auch ders., Joie de la curt, in: Blütezeit. Festschrift für L. Peter Johnson, hg. von Mark Chinca, Joachim Heinzle u. Christopher J. Young. Tübingen 2000, S. 271–290.

10 Ruh ²1977 (4.1.3), S. 117.

tont hat.[11] *Adaptation courtoise* meint also in diesem Fall, ebenso wie bei allen folgenden Werken, die kreative Aneignung einer Vorlage unter Berücksichtigung der veränderten historischen Situation und des anders vorgebildeten Publikums, für welches der Stoff wiedererzählt wird.

Franz Josef Worstbrock hat gezeigt, dass dieses Wiedererzählen nicht willkürlich, sondern nach den Regeln antiker und frühmittelalterlicher Rhetorik- und Poetiklehren in lateinischer Sprache erfolgte. Insbesondere rückt das Verfahren der *dilatatio materiae* in den Vordergrund, das als Mittel der *amplificatio* (‚Erweiterung') unter anderem vorsieht, in der Vorlage vorhandene Beschreibungen (*descriptiones*) zu kürzen und an anderen Stellen dafür eigene Erweiterungen einzufügen.[12] Während Chrétiens ausführliche und bedeutungshaltige Darstellung von Erecs Krönungsmantel (s. o., S. 44) nach dem Verfahren der *abbreviatio* vollständig gekürzt wurde, findet sich im deutschen Text als Erweiterung mit vergleichbarer Funktion die detailfreudige Beschreibung des Pferdes, das Enite von König Guivreiz zum Geschenk erhält.

Im ersten Teil wird das Reittier nach allen Regeln schulgelehrten Wissens beschrieben, im zweiten Teil werden das Zaumzeug und der kostbare Sattel mit Szenen aus antiker und mittelalterlicher Dichtung in allen Details geschildert. Der Autor nutzt die Passage, um über die Erzählerfigur und ein implizites Publikum mit den Rezipienten zu kommunizieren (Vv. 7493–7525). In der Ausgestaltung des Dialogs reflektiert sich Hartmann, der Autor, als Subjekt fiktionalen Erzählen: Er ‚entblößt' nicht nur das angewandte Verfahren der *dilatatio materiae*, sondern ebenso die Fiktionalität des Beschriebenen sowie der gesamten Erzählung. Diese Vorgehensweise ist vielleicht durch die literarhistorische Position des ersten Artusromans als Prototyp einer neuen Gattung in deutscher Sprache begründet.

11 Unterschiede zwischen beiden untersuchen Bumke (5.1), S. 19–72 u. 137–150, und Marie-Sophie Masse, Chrétiens und Hartmanns Erec-Roman, in: Pérennec/Schmid (4.2.2), S. 95–133. Grundlegend ist Wilhelm Kellermann, Die Bearbeitung des ›Erec und Enide‹-Romans Chrestiens von Troyes durch Hartmann von Aue, in: Kuhn/Cormeau (5.1), S. 511–531 [zuerst französisch, 1970]. Eine exakte Analyse ist jedoch unmöglich, weil wir weder wissen, inwieweit der im Ambraser Heldenbuch erhaltene Text Hartmanns ›Erec‹ entspricht, noch, welches Manuskript des chrétienschen Romans der Bearbeitung zugrunde liegt.

12 Vgl. Worstbrock (5.1) sowie ders., Wiedererzählen und Übersetzen, in: Mittelalter und frühe Neuzeit. Übergänge, Umbrüche und Neuansätze, hg. von Walter Haug. Tübingen 1999 (Fortuna vitrea 16), S. 128–142.

Die mehr als 500 Verse umfassende Beschreibung des Zelters in den Vv. 7264–7766 folgt der Abhandlung Isidors von Sevilla über die *equi generosi* (›Etymologiae‹ 12,1, 45–55). Das Pferd ist auf der einen Seite weiß, auf der anderen schwarz, und es weist in der Mitte sowie rings um die Augen eine grüne Linie auf, rings um die Ohren eine weiße Linie. Darüber hinaus zeichnet es sich durch einen vollkommen ebenmäßigen, sanften und leisen Gang aus, wodurch es sich als Reitpferd für höfische Damen besonders qualifiziert. „Wie die Beschreibung im ersten Teil vor allem durch die Ausarbeitung der gliedernden Hauptmerkmale (*color, forma, pulchritudo, meritum*) auf ihren Umfang kommt, so im zweiten (7462–7766) durch gleichermaßen auskostendes Verweilen bei den einzelnen Gegenständen der Ausstattung, bei Sattel, Satteldecke, Brustriemen, Halfter, die schon Chrestien nannte, und bei Steigbügel, Steigriemen, Sattelgurt, Sattelkissen, Zaumzeug, die Hartmann neu hinzufügte.“[13]

Die Gebrauchsgegenstände sind geschmückt durch kostbare Materialien (Purpurstoffe, Seide und Leder, Gold, Silber, Elfenbein, Edelsteine) sowie zusätzliche auf ihnen angebrachte Bildkunstwerke, die auf das Traditionsbewusstsein adeligen Rittertums verweisen. Worstbrock sieht im ruhigen Passgang des Zelters, der wie ein Schiff auf hoher See dahin gleitet, eine Metapher für den in der Handlung erreichten Status der Protagonistin: Dadurch, dass Hartmann das Befinden der auf dem Zelter Reitenden ein *leben* (V. 7448) und ein *sanfte leben* (V. 7794) nennt, „deutet er an, dass der alle Unebenheit auffangende, gleichsam schwebende Schritt des Zelters den erreichten Lebenszustand der nun aller Mühsal und Unbill ledigen Enite mitbezeichnen will.“[14] Quelle dafür könnte eine Passage aus dem Hugo von St. Viktor zugeschriebenen Traktat ›De equi boni conditionibus‹ gewesen sein.

Auch in der schwarz-weiß-grünen Färbung des Tieres erkennt Worstbrock eine poetologische Aussage des Dichters, indem er feststellt, dass „die Konstellation der drei Farben nicht willkürlich besteht und daher auch nicht in ihre Bestandteile aufgelöst werden darf. Denn offenbar liegt ihr eine mittelalterliche Vorstellung des physischen Farbspektrums zugrunde, in welchem Schwarz und Weiß die polaren Kontraste bilden und Grün zwischen beiden die genaue Mitte einnimmt. Eben diese Vorstel-

13 Worstbrock (5.1), S. 21.
14 Worstbrock (5.1), S. 24.

lung teilt als eine, welche der *natura* entspreche, Wilhelm Peraldus mit: *natura uero in mediis delectatur et in extremis contristatur : ut visus delectatur in viridi colore* [= grün], *qui medius est inter album et nigrum.* Man darf vermuten, daß Hartmann die beherrschende schwarz-grün-weiße Färbung des Zelters ebenfalls als eine objektive Konstellation von Extrem – Mitte – Extrem gesehen wissen wollte. Die farbliche Erscheinung wäre dann aber nicht allein eine Sache äußern exotischen Schmucks, ihre behauptete Schönheit bestünde vielmehr auch und zuerst in der vollkommen ausgewogenen, auf eine Mitte bezogenen Proportion."[15] Die Farbkonstellation lässt sich ebenso auf den maßvoll-höfischen Stil des hartmannschen Erzählens beziehen wie auf Enites Zustand der überwundenen Mühsal und der erreichten Lebensharmonie: „Die Zeichenhaftigkeit für Enite zu erkennen, die Sinnbeziehung zum Roman herzustellen, bleibt freilich dem verstehenden Betrachter überlassen. Hartmann führt ihn heran, verweigert ihm auch Blicke auf weitere Anknüpfungen nicht. Aber er gibt nur die ästhetische Erscheinung, erledigt sie durch Akte belehrenden Eindeutigmachens nicht."[16]

Wie eingangs erwähnt, ist der Roman von Erec und Enite nahezu vollständig nur im Ambraser Heldenbuch vom Beginn des 16. Jahrhunderts erhalten, und seit dessen wissenschaftlicher Auswertung im frühen 19. Jahrhundert identifiziert man das überlieferte Werk als den Erec-Roman Hartmanns von Aue, von dem Wolfram von Eschenbach (Vv. 143,21–144,2), Wirnt von Grafenberg (Vv. 6307–6313), Heinrich von dem Türlin (Vv. 2348–2437) und Rudolf von Ems (›Wilhelm von Orlens‹, Vv. 2176–2178) berichten. Obwohl sich in der Ambraser Handschrift kein

15 Worstbrock (5.1), S. 25. Es handelt sich keineswegs um ein Wunderpferd, wie in der Forschung aufgrund seiner unnatürlichen Farbzeichnung immer wieder zu lesen ist. Wenn das Pferd als auf der einen Seite schwarz, auf der anderen Seite weiß, geschildert wird, mit einer grünen Farblinie in der Mitte sowie andersfarbigen Linien rund um die Augen und Ohren, dann beschreibt der Erzähler einen Zelter mit bodenlanger Pferdedecke, wie er häufig auf zeitgenössischen Abbildungen zu sehen ist. Am Symbolgehalt der Farben ändert dies natürlich nichts. Vgl. auch Haiko Wandhoff, Ekphrasis. Kunstbeschreibungen und virtuelle Räume in der Literatur des Mittelalters. Berlin, New York 2003 (Trends in medieval philology 3), S. 157–179; Susanne Bürkle, ‚Kunst'-Reflexion aus dem Geiste der *descriptio*. Enites Pferd und der Diskurs artistischer *meisterschaft*, in: Das fremde Schöne. Dimensionen des Ästhetischen in der Literatur des Mittelalters, hg. von Manuel Braun u. Christopher Young. Berlin, New York 2007 (Trends in Medieval Philology 12), S. 143–170.

16 Worstbrock (5.1), S. 25.

textexterner Hinweis darauf findet, dass Hartmann der Verfasser dieses ›Erec‹-Textes ist, schloss man dies aus dem Umstand, dass dort andere Werke Hartmanns vorausgehen und dass sonst keine Überlieferung zum ›Erec‹ bekannt gewesen ist. Drei Argumente lassen sich inzwischen gegen diese Annahme der älteren Forschung vorbringen: Erstens folgen auf Hartmanns ›Iwein‹ und ›Klage‹ im Ambraser Heldenbuch ›Das Büchlein‹, das man heute längst nicht mehr Hartmann zuschreibt, und ›Der Mantel‹ – dann erst der ›Erec‹ (anschließend heldenepische Werke). Zweitens ist überhaupt nicht absehbar, welchen Veränderungen Textbestand und Wortlaut in einer mehr als dreihundertjährigen Überlieferungsgeschichte ausgesetzt waren, falls es sich tatsächlich um das Werk Hartmanns von Aue handelt. Insbesondere wurde die Arbeit des Schreibers Hans Ried, der immerhin 25 Werke des 12. und 13. Jahrhunderts abschrieb, bislang nicht gründlich untersucht. Wenn man wenigstens wüsste, wie er seine Tätigkeit ausübte, ließen sich daraus vielleicht Erkenntnisse über seine Vorlagen gewinnen.[17] Drittens wurden inzwischen ältere Fragmente gefunden, die ebenfalls ›Erec‹-Texte überliefern.[18] Die Pergamentblätter aus Koblenz und Wien stimmen (bis auf die üblichen Varianzen) weitgehend mit dem Ambraser Text überein, ebenso wie die älteren, schon 1898 veröffentlichten Wolfenbütteler Fragmente (III–VI). Erst jüngst entdeckte Bruchstücke aus dem Stift Zwettl in Österreich sowie die 1978 publizierten, neueren Fragmente (I/II) aus der Herzog-August-Bibliothek in Wolfenbüttel gehören aber ganz offensichtlich zu einem ›Erec‹-Roman, der von der Ambraser Fassung verschieden ist.

Dieser anonym überlieferte Roman ist Sprachuntersuchungen zufolge zwischen 1190 und 1210/1225 in der thüringisch-hessischen Literaturlandschaft entstanden. Der unbekannte Verfasser gehörte damit wohl der Generation nach Hartmann und eher derjenigen Wolframs von Eschenbach und Wirnts von Grafen-

17 Vgl. einstweilen Kurt Gärtner, Hartmann von Aue im Ambraser Heldenbuch, in: *Cristallîn wort.* Hartmann-Studien 1 (2007), S. 199–212; Martin J. Schubert, Offene Fragen zum ‚Ambraser Heldenbuch', in: Exemplar. Festschrift für Kurt Otto Seidel, hg. von Rüdiger Brandt u. Dieter Lau (Lateres. Texte und Studien zu Antike, Mittelalter und früher Neuzeit 5), Frankfurt a. M. 2008, S. 99–120.

18 Die Überlieferungsträger verzeichnet die Einleitung zur neubearbeiteten Ausgabe von Gärtner 2006 (1.1); dort sind auch die Texte der Fragmente im Anhang abgedruckt bzw. im Apparat verzeichnet. Vgl. dazu auch Wolfgang Achnitz, Die Bedeutung der Drei- und Vierreime für die Textgeschichte des ›Erec‹ Hartmanns von Aue, in: Editio 14 (2000), S. 130–143.

berg an. Als Auftraggeber kommt beispielsweise der welfische Kaiser Otto IV. († 1218) in Frage, der als Sohn Heinrichs des Löwen und seiner Frau Mathilde, der Tochter des englischen König Heinrichs II. und der Eleonore von Aquitanien, enge verwandtschaftliche Bindungen zur vermuteten Wirkungsstätte Chrétiens aufwies. Das ist auch deshalb von besonderem Interesse, weil sich der ›Mitteldeutsche Erec‹ sehr viel enger an den Wortlaut der afrz. Vorlage anschließt, als es in der Ambraser Fassung der Fall ist.[19] Es mag daher sein, dass bei den Welfen eine Bearbeitung entstand, die mit der staufisch-zähringischen Fassung Hartmanns konkurrierte. Wenn andere, vorwiegend südwestdeutsche Autoren Hartmann als Dichter eines ›Erec‹-Romans rühmen, könnte sich dahinter somit auch eine politische Parteinahme verbergen.

Die Diskussion um die Existenz verschiedener Bearbeitungen der Geschichte von Erec und Enite ist damit noch keineswegs abgeschlossen, zumal die alten und die neuen Wolfenbütteler Fragmente, insgesamt zwei Doppelblätter und neun Querstreifen eines weiteren Doppelblattes, von ein und demselben Schreiber angefertigt worden sind und somit Teile desselben Überlieferungsträgers darstellen, obgleich sie vermeintlich verschiedene Fassungen repräsentieren. Es läge mit dem Wolfenbütteler Cod. 19.26.9 Aug. 4° dann ein dritter ›Erec‹-Text vor, der als Mischform (Kontamination) der beiden anderen gelten müsste, sich aber als Einziger explizit auf die afrz. Vorlage beruft: *alse uns Crestiens sagit*, heißt es in Fragment W IV (V. 4629.12). Denkbar wäre beispielsweise, dass der insgesamt ohnehin spärlich überlieferte, aber literarisch reich bezeugte ›Erec‹ Hartmanns von Aue bereits zu Beginn des 13. Jahrhunderts nur noch lückenhaft und unvollständig verschriftlicht vorlag und andernorts, vielleicht sogar gleich mehrfach, vervollständigt wurde. Mertens spricht im Nachwort seiner Textausgabe (1.1) von einer möglicherweise schon früh eingetretenen „Überlieferungskatastrophe“ (S. 579), vielleicht hat zu Hartmanns Lebzeiten aber auch niemals ein vollständiger, schriftlich fixierter Text existiert.

19 Vgl. Margarete Springeth/Charlotte Ziegler/Kurt Gärtner/Ulrich Müller, Die Stift Zwettler Fragmente. Beschreibung und Transkription, in: Beiträge zur Geschichte der deutschen Sprache und Literatur 127 (2005), S. 33–61; dazu 1982 Gärtner, Milde u. Nellmann sowie Nellmann 2004, Klein 2007 und Glauch 2009 (alle 5.1).

1.2. Hartmanns ›Iwein‹ – Merkmale der Gattung

In den zwei Jahrzehnten nach der Entstehung des ersten deutschsprachigen Artusromans scheinen sich die Verbreitungswege für höfische Versromane maßgeblich und normsetzend verändert zu haben. Jedenfalls zählt der wohl vor 1200 entstandene ›Iwein‹ mit insgesamt 33 noch erhaltenen Textzeugen (davon sind etwas mehr als die Hälfte fragmentarisch) mit dem ›Parzival‹ und dem ›Wigalois‹ zu den meistüberlieferten weltlichen Dichtungen seiner Zeit. Die schriftliche Tradierung erstreckt sich dabei über den gesamten Zeitraum seit der Entstehung bis zum Anfang des 16. Jahrhunderts: Die ältesten Fragmente vom Beginn des 13. Jahrhunderts sind vermutlich nicht wesentlich später als das Werk selbst angefertigt worden, zum Beispiel Cpg. 397 der UB Heidelberg (= A) oder Cod. 97 der UB Gießen (= B).[20]

Inhaltlich schließt sich Hartmann seiner altfranzösischen Vorlage noch enger an als im Fall des ›Erec‹: Kleinere Auslassungen und Umstellungen gegenüber dem ›Yvain‹ dienen wiederum nur der Verdeutlichung der Struktur und der Erläuterung der Handlung oder deren Anpassung an die veränderte Rezeptionssituation.[21] Ausgestaltet ist jedoch die Figur des Erzählers, die mit größerer Distanz und gelegentlich leichter Ironie durch das Geschehen führt, was sich insbesondere in thematischen Exkursen oder fingierten Gesprächen (in den Vv. 2971–3024 mit Frau Minne oder in den Vv. 7027–7074 mit einem fiktiven Zuhörer) niederschlägt.[22] Mit dem letzten Vers wünscht der Erzähler sich und dem Publikum Ansehen in der Welt und Gottes Gnade (*got gebe uns sælde und êre*, V. 8166) und er nimmt damit Bezug auf die Sentenz, mit der er den Roman eröffnet:

20 Zur Überlieferung der Artusromane Hartmanns vgl. Michael Curschmann, Hören – Lesen – Sehen. Buch und Schriftlichkeit im Selbstverständnis der volkssprachlichen literarischen Kultur Deutschlands um 1200, in: PBB (Tüb.) 106 (1984), S. 218–257; Klein (4.1.3), S. 110–167, Becker (6.5) und Müller (5.1).

21 Vgl. zuletzt dazu Elisabeth Schmid, Chrétiens ›Yvain‹ und Hartmanns ›Iwein‹, in: Pérennec/Schmid (4.2.2), S. 135–167.

22 Vgl. jüngst Corinna Laude, „Hartmann“ im Gespräch – oder: Störfall ‚Stimme‘. Narratologische Fragen an die Erzählinstanz des mittelalterlichen Artusromans (nebst einigen Überlegungen zur Allegorie im Mittelalter), in: Ambivalenz und Kohärenz. Untersuchungen zur narrativen Sinnbildung, hg. von Julia Abel u. a. Trier 2009 (Schriftenreihe Literaturwissenschaft 81), S. 71–91.

Swer an rehte güete
wendet sîn gemüete,
dem volget sælde und êre.
des gît gewisse lêre
künec Artûs der guote,
der mit rîters muote
nâch lobe kunde strîten.

Seelenheil und höchstes Glück werden denjenigen in Aussicht gestellt, die sich wie König Artus der *rehten güete*, dem ‚wahrhaft Guten', zuwenden. Die Vorbildhaftigkeit des Königs ergibt sich aber nicht nur aus den von ihm zu seinen Lebzeiten vollbrachten Taten, sondern auch aus den Geschichten, die man sich noch heute über ihn erzählt (Vv. 31–58). Der Erzähler „behauptet in einer verblüffenden Wendung der Laudatio temporis acti, daß die poetische Darstellung der Taten den Taten selbst vorzuziehen sei. [...] Die Überlegenheit der Literatur über die bloße Faktizität ist damit zum ersten Mal explizit formuliert."[23] Wenn geschichtlichen Ereignissen durch Form und Struktur der Erzählung ein didaktischer Mehrwert zugestanden wird, klingt darin auch die Unterscheidung zwischen *conte* und *conjointure* an, die Chrétien im Prolog zu ›Érec et Énide‹ erläutert hat (s. o., S. 41f.).

Die Geschichte von Iwein dem Löwenritter weist eine dem ›Erec‹ durchaus vergleichbare, aber in den Details komplexere Struktur auf, die sich aufgrund der vielen dabei außer Acht bleibenden Querbezüge nur bedingt in einem ähnlichen Schema darstellen lässt: Ausgangs-, Mittel- und, eingeschränkt, auch Endpunkt ist wiederum der Artushof. Wie im ›Erec‹ bedingt ein äußerer Anlass, dass der Ritter in einem ersten Handlungszyklus einen Stationenweg durchläuft, der von der Artusgemeinschaft weg, durch einen Tiefpunkt hindurch (Gefangenschaft) zur Vermählung mit einer Frau und zur Rückkehr an den bzw. zum erneuten Zusammentreffen mit dem Artushof führt:

Ausgangspunkt der Handlung ist auch dieses Mal ein festliches Ereignis am Artushof. Nach altem Brauch hat König Artus die höfische Gesellschaft zu Pfingsten an seinen Hof geladen. Im Anschluss an das Festmahl erlebt man dort alle Arten des höfischen Zeitvertreibs: Musik, Tanzen, Singen, Flanieren, Bogenschießen, Wettlaufen und -springen, Reden und Erzählen. Während sich der König zu Bett begibt, sitzen bei Gawein, der mit seiner Ausrüstung beschäftigt ist, Dodines, Segremors, Iwein, Keie und

23 Haug ^{2}1992 (4.1.3), S. 118–130, Zitat S. 124f.

Iweins Onkel Kalogrenant beieinander.[24] Auch Königin Ginover gesellt sich zu ihnen, und Kalogrenant erzählt von einer schändlichen Niederlage, die er rund zehn Jahre zuvor erlebt hat – dabei handelt es sich um eine der ältesten Ich-Erzählungen deutschsprachiger Dichtung (Vv. 243–802): Im Wald von Breziljan kehrt er auf der Suche nach Aventiure zunächst bei einem gastfreundlichen Burgherrn ein, der ihn bittet, auch auf der Rückreise bei ihm Halt zu machen, und begegnet dann inmitten einer Herde wilder Wisente und Auerochsen einem furchterregenden Mann. Dieser ist grobschlächtig, unhöfisch gekleidet, vollkommen mit schwarzem Haar überwachsen, mit Eberzähnen und einem Buckel versehen. Obwohl er eine Keule trägt, verhält er sich friedlich, als der Ritter ihn nach Aventiure fragt. Da der Waldmensch den Begriff nicht kennt, erklärt Kalogrenant ihm (und dem Rezipienten), was er darunter versteht:

ich sprach ‚ich wil dich wizzen lân,
ich suoche âventiure.‘
dô sprach der ungehiure
‚âventiure ? waz ist daz?‘
‚daz wil ich dir bescheiden baz.
nû sich wie ich gewâfent bin:
ich heize ein riter und hân den sin
daz ich suochende rîte
einen man der mit mir strîte,
der gewâfent sî als ich.
daz prîset in, und sleht er mich:
gesige aber ich im an,
sô hât man mich vür einen man,
und wirde werder danne ich sî.
sî dir nû nâhen ode bî
kunt umb selhe wâge iht,
des verswîc mich niht,
unde wîse mich dar,
wand ich nâch anders nihte envar.‘

Diese Definition eines zentralen Begriffs der höfischen Romanliteratur aus dem Munde eines Mitglieds der Tafelrunde ist für das Verständnis des ›Iwein‹ von großer Bedeutung, denn es scheint in ihr eine Form von Rittertum auf, dem der Kampf auf Leben

24 Stoffgeschichtlich sind Keie, der Truchsess (Seneschall) des Königs, und Iweins Cousin Kalogre(n)ant wohl ein und dieselbe Figur: *Cai lo grenant* ist Keie, der Polterer. Vermutlich war dies aber schon Chrétien nicht mehr bewusst; vgl. dazu Roger S. Loomis, Calogrenanz and Chrestien‘s originality, in: Modern Language Notes 43 (1928), S. 215–222, und Linda M. Gowans, Cei and the Arthurian legend. Cambridge u. a. 1988 (Arthurian studies 18), S. 65, sowie Haupt (4.1.3).

und Tod vor allem der Vergrößerung des eigenen Ansehens dient (mhd. *êre*). Sofern man Kalogrenant unterstellt, in dieser Passage auch das Aventiure-Verständnis der Tafelrunde zu erläutern, dem in der ersten Romanhälfte sowohl er als auch Iwein und Gawein nacheifern, entfaltet die zweite Hälfte des Romans eine darüber hinausführende Form von Rittertum, der es weniger um das persönliche Ansehen des Einzelnen als um den gesellschaftlichen Nutzen im Einsatz für Gerechtigkeit und Frieden ankommt.[25]

Das mittelhochdeutsche Wort *âventiure* bezeichnet aber nicht nur die risikoreiche Unternehmung, der sich jemand aussetzt, sowie das unvorhersehbare Geschehen, das jemandem widerfährt, sondern auch die Geschichte, den Bericht oder die Erzählung über ein solches ‚Abenteuer'. Nicht nur Kalogrenants Erlebnis ist eine Aventiure, sondern auch sein Bericht darüber während des Pfingstfestes. Und wenn diese Erzählung den nachfolgenden Auszug Iweins initiiert, dann wiederholt sich in ihr die Rezeptionssituation der hartmannschen Romane, die – auch – zur Imitatio des in ihnen transportierten Verhaltensentwurfs auffordern. So lässt sich die Binnenerzählung Kalogrenants (ähnlich wie die ‚Joie de la court'-Episode am Ende des ›Erec‹) als eine Art ‚Hohlspiegel' beschreiben, in dem zahlreiche Themen und Motive gebündelt sind, welche die roten Fäden der Romanhandlung widerspiegeln.[26]

Obwohl der Waldmensch sich darüber wundert, dass jemand ohne Not sein Leben aufs Spiel setzen will, verweist er den Artusritter auf eine Quelle ganz in der Nähe, bei der man seine Tapferkeit erproben könne. Kalogrenant gießt mit einem goldenen Gefäß etwas Quellwasser in ein Becken aus Smaragd, welches sich in einer Marmorkonstruktion unter

25 Zum Auszug des Ritters immer noch lesenswert Erich Auerbach, Mimesis. Dargestellte Wirklichkeit in der abendländischen Literatur. 10. Aufl. Tübingen 2001 [zuerst 1946], S. 120–138; zum Begriff der ‚Aventiure' vgl. Mertens (4.1.3) sowie die Beiträge von Lebsanft, Mertens, Bleumer, Schnyder und Strohschneider, in: Dicke/Eikelmann/Hasebrink (4.1.3), S. 311–384.

26 Zur Funktion der Kalogrenant-Erzählung vgl. beispielsweise Siegfried Grosse, Die Erzählperspektive der gestaffelten Wiederholung. Kalogreants *âventiure* in Hartmanns ›Iwein‹, in: *Gotes und der werlde hulde.* Literatur in Mittelalter und Neuzeit. Festschrift für Heinz Rupp zum 70. Geb., hg. von Rüdiger Schnell. Bern, Stuttgart 1989, S. 82–96; Franziska Wenzel, Keie und Kalogrenant: Zur kommunikativen Logik höfischen Erzählens in Hartmanns ›Iwein‹, in: Literarische Kommunikation und soziale Interaktion. Studien zur Institutionalität mittelalterlicher Literatur, hg. von Beate Kellner, Ludger Lieb u. Peter Strohschneider. Frankfurt a. M. 2001 (Mikrokosmos 64), S. 89–109; Gert Hübner, Erzählformen im höfischen Roman. Studien zur Fokalisierung im ›Eneas‹, im ›Iwein‹ und im ›Tristan‹. Tübingen, Basel 2003 (Bibliotheca Germanica 44).

einer immergrünen Linde bei der Quelle befindet. Sogleich zieht ein Unwetter auf, mit Blitzschlägen und ohrenbetäubendem Donner, und nach ihm nähert sich der Herr der Quelle, um den Eindringling gleich mit dem ersten Anritt aus dem Sattel zu stechen. Ohne Pferd und ohne Rüstung flieht Kalegronant schmachvoll auf demselben Weg aus dem Wald, auf dem er gekommen war.

Nachdem der Bericht beendet ist, beschließt der inzwischen hinzugetretene König Artus, die Herausforderung der Brunnenaventiure mit dem gesamten Hof in Augenschein zu nehmen. Während dafür die Vorbereitungen getroffen werden, bricht Iwein heimlich auf, um die Schmach seines Verwandten selbst zu rächen. Er durchläuft denselben Stationenweg vom gastfreundlichen Burgherrn über den Waldmenschen bis zum Smaragdbecken mit anschließendem Unwetter, allerdings ist er, weil er ja wusste, was ihn erwartet, im Zweikampf gegen Askalon, den Herrn des Waldes, überlegen. Iwein verletzt seinen Gegner tödlich, verfolgt den Fliehenden aber dennoch *âne zuht* bis zu seiner Burg, weil er befürchtet, der Tafelrunde anders keinen Beweis für seinen Triumph beibringen zu können (Vv. 1056–1071). Beim Durchreiten des Burgtors wird er versehentlich zwischen den Fallgittern eingesperrt – als die Wächter nach ihm suchen, befreit ihn die Zofe Lunete mithilfe eines unsichtbar machenden Ringes, weil sie in ihm den höfisch gesinnten Artusritter erkennt. Aus einem Versteck heraus verliebt sich Iwein in die auf dem Hof erscheinende trauernde Witwe Laudine. Lunete gelingt es in langen Gesprächen mit trickreichen Argumenten, ihre Herrin davon zu überzeugen, dass sich niemand besser als künftiger Beschützer des Landes eignet als derjenige, der den Herrn des Waldes besiegt hat. Laudine willigt schließlich ein und heiratet den Mörder ihres Gatten (Vv. 1301–2445).

Als die Tafelrunde an der Quelle eintrifft, bringt Iwein Keie zunächst eine schmachvolle Niederlage bei und gibt sich dann zu erkennen. Gemeinsam mit dem Artushof werden die Hochzeitsfeierlichkeiten fortgesetzt, sodass Iwein und Laudine wie Erec und Enite nach einem ersten Handlungszyklus als in die Gesellschaft integriertes Ehepaar erscheinen, bis Gawein den neuen Landesherrn für einen Ratschlag beiseite nimmt:

geselle, behüetet daz enzît
daz ir iht in ir schulden sît
die des werdent gezigen
daz sî sich durch ir wîp verligen.
kêrt ez niht allez an gemach;
als dem hern Êrecke geschach,
der sich ouch alsô manegen tac
durch vrouwen Êníten verlac.
wan daz er sichs erholte
sît als ein rîter solte,
sô wære vervarn sîn êre.
der minnete ze sêre.

Mit seinem Rat verhindert Gawein, der Musterritter der Tafelrunde, dass Iwein sich wie Erec *verligen* kann, denn er fordert ihn auf, für ein Jahr an den Artushof zurückzukehren, um seinen ritterlichen Pflichten nachzukommen. Für den Rezipienten eröffnet dieser Verweis auf den ›Erec‹ einen intertextuellen Horizont, denn spätestens jetzt wird deutlich, dass der Romanhandlung das Geschehen um Erec und Enite zeitlich vorausgeht und dass für Iweins Handeln dieselben Normen und Werte gelten, die der erste Artusroman Hartmanns entwarf. Allerdings sind die Umstände nicht dieselben wie in Karnant, und es drängt sich die Frage auf, ob Gawein dies vielleicht verkennt und mit seinem Ratschlag nur die einmal gelernten Verhaltensnormen unreflektiert auf eine veränderte Situation überträgt.[27] Ein solcher Mangel Gaweins implizierte dann Kritik an König Artus, der ja schon zu Beginn der Handlung durch seinen Mittagsschlaf aufgefallen war, während Kalogrenant seine Aventiure erzählte. Dazu wird mit dem Laudine-Reich erstmals ein zweites Machtzentrum installiert, das dem Artushof gleichberechtigt und mit eigenen Ansprüchen an die Seite tritt. Iwein muss daher Laudine um Erlaubnis bitten (*urloup nemen*), mit dem Artushof reisen zu dürfen, und erhält diese unter Abgabe des Versprechens, in genau einem Jahr und einem Tag zurückzukehren: Dies entspricht einer mittelalterlichen Frist zur Wahrung von Besitzansprüchen.

Das Verständnis der Beziehung zwischen Iwein, Laudine und dem Artushof, in dem sich das Verhältnis von *êre*, *minne* und *âventiure* unmittelbar widerspiegelt, wird dadurch erschwert, dass sich in der Figur der Laudine verschiedene Rollen überlagern. Stoffgeschichtlich lassen sich in keltischen und walisischen Quellen vergleichbare Frauenfiguren finden, die als feenhafte Herrscherinnen zur Verteidigung ihres Reichs einen sterblichen Ehemann wählen, welcher nach einer Niederlage stets durch den Nachfolger ersetzt wird. Zugleich ist Laudine aber die für den Mann wie im Minnesang zunächst unerreichbare Dame der Hohen Minne (in einem Gespräch mit Frau Minne erläutert Hartmann, der Erzähler, den Herzenstausch zwischen Iwein und Laudine: Vv. 2971–3028), und schließlich werfen die Tötung Askalons und die rasche Wiederverheiratung eine ganze Reihe

27 So besteht die Gefahr, sich zu *verligen*, für den Beschützer der Quelle in weit geringerem Maße als für Erec, der sich dem *gemach* hingibt; der Stricker wird später im ›Daniel von dem Blühenden Tal‹ von einem Helden erzählen, der sich gerade durch reflektiertes und situationsangemessenes Verhalten auszeichnet (s. Kap. V.1).

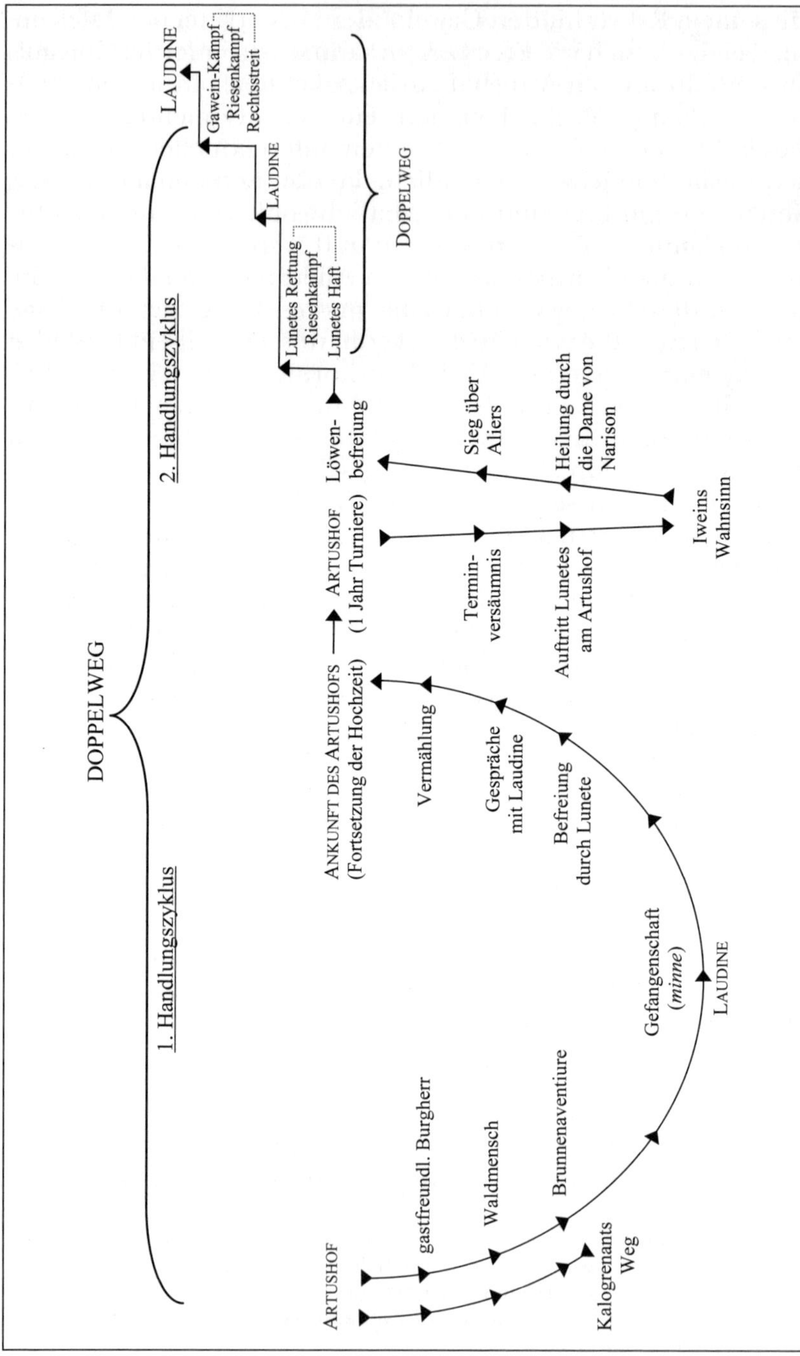
DOPPELWEG
1. Handlungszyklus
2. Handlungszyklus
ARTUSHOF
Kalogrenants Weg
gastfreundl. Burgherr
Waldmensch
Brunnenaventiure
Gefangenschaft (minne)
LAUDINE
Befreiung durch Lunete
Gespräche mit Laudine
Vermählung
ANKUNFT DES ARTUSHOFS (Fortsetzung der Hochzeit)
ARTUSHOF (1 Jahr Turniere)
Termin-versäumnis
Auftritt Lunetes am Artushof
Iweins Wahnsinn
Heilung durch die Dame von Narison
Sieg über Aliers
Löwen-befreiung
Lunetes Rettung
Riesenkampf
Lunetes Haft
LAUDINE
Gawein-Kampf
Riesenkampf
Rechtsstreit
LAUDINE
DOPPELWEG

(feudal-)rechtlicher Fragen auf. Bislang ist es nicht gelungen, alle Facetten dieser Figur einer in sich kohärenten Interpretation zuzuführen – Laudine taugt daher kaum als Untersuchungsgegenstand für die Frage nach der Rolle der Frau im höfischen Roman.[28] Vielmehr fordern die einander überlagernden Verstehenshorizonte den Hörer/Leser zu einer mitdenkenden und sinnkonstruierenden Rezeptionshaltung auf.

Vor Begeisterung darüber, mit Gawein erfolgreich von einem Turnier zum nächsten zu ziehen (und Kalogrenants Aventiure-Definition entsprechend das gesellschaftliche Ansehen zu vergrößern), versäumt Iwein den ihm gesetzten Termin. Im Auftrag Laudines erscheint daher Lunete am Artushof und bezichtigt ihn vor der versammelten Tafelrunde des Wortbruchs und der *untriuwe*. Auch in Hartmanns zweitem Artusroman erweist sich das in der ersten Aventiurekette Erreichte als instabiles Scheinglück, mit dessen Verlust eine Schädigung des Ansehens einhergeht, und es folgt auch dort die so genannte ‚Krise' des Artusritters, die im Falle Iweins den physischen und psychischen Zusammenbruch bis hin zu einem todesähnlichen Zustand bewirkt. Die Verantwortung für die Zerstörung seines Ansehens, den Verlust des erworbenen Besitzes und der geliebten Ehefrau sieht er allein bei sich: *Er verlôs sîn selbes hulde: / wan ern mohte die schulde / ûf niemen anders gesagen: / in hete sîn selbes swert erslagen* (Vv. 3221–3224).[29] Ein zweites Mal stiehlt er sich heimlich vom Hof, flieht in die Wildnis, entledigt sich aller Kleidung und lebt *als ein tôre in dem walde* (V. 3260). Er ernährt sich von rohem Fleisch und den Almosen eines Einsiedlers, bis drei Frauen ihn eines Tages schlafend und nackt auf einer Lichtung finden und ihn mit einer Salbe der Feimorgan von seinem ‚Wahnsinn' heilen. Zunächst hält Iwein sein früheres Leben in Glanz und Ansehen für einen Traum; nachdem sein Äußeres wieder höfischen Konventionen entspricht und auch seine Amnesie allmählich nachlässt (vgl. V. 3509: *bistûz Îwein, oder wer?*), beginnt die zweite Romanhälfte.

28 Vgl. Ó Riain-Raedel (4.1.3), Mertens 1978a (5.1), Hausmann (5.1) und zuletzt etwa Tobias Zimmermann, Den Mörder des Gatten heiraten? Wie ein unmöglicher Vorschlag zur einzig möglichen Lösung wird. Der Argumentationsverlauf im Dialog zwischen Lunete und Laudine in Hartmanns ›Iwein‹, in: Formen und Funktionen von Redeszenen in der mittelhochdeutschen Großepik, hg. von Nine Robijntje Miedema, Franz Hundsnurscher u. Monika Unzeitig-Herzog. Tübingen 2007, S. 203–222.

29 Der Erzähler spricht davon, *daz im in daz hirne schôz / ein zorn unde ein tobesuht* (Vv. 3232f.). Dies deutet auf eine Erkrankung des Gehirns hin; im Folgenden weist Iwein alle Anzeichen von ‚Melancholia' auf, nach der Vier-Säfte-Lehre ein Übermaß an ‚schwarzer Galle', was am ehesten dem modernen Krankheitsbild einer schweren Depression nahekommt; vgl. dazu Okken (5.1), S. 535–538.

Wie im ›Erec‹ besteht auch im ›Iwein‹ der zweite Handlungszyklus im Wesentlichen aus einem gestuften Doppelweg. Die Episoden sind dieses Mal jedoch nicht hintereinander und parallel angeordnet, sondern ineinander verschachtelt. Dadurch steht Iwein mehrfach unter Zeitdruck, um die Termine einzuhalten, die er anderen zugesagt hat. In dieser Herausforderung spiegelt sich seine Terminversäumnis aus der ersten Romanhälfte. Darüber hinaus entspricht sein ritterlicher Einsatz nicht mehr dem Aventiureverständnis Kalogrenants. Ihn treibt nicht der Erwerb gesellschaftlichen Ansehens in den Kampf, sondern das Bedürfnis, in Not geratenen Menschen Hilfe zu leisten. Sinnbild dafür ist die programmatische Rettung eines Löwen, dem in naturkundlichen Werken der Zeit Zuverlässigkeit, Wachsamkeit und Sinn für Gerechtigkeit zugeschrieben werden, der in heilsgeschichtlicher Perspektive aber auch für Christus den Erlöser steht.[30]

Iwein verteidigt zunächst die Dame von Narison, die ihn gefunden und gesund gepflegt hat, gegen das Heer des Grafen Aliers, der das Land erobern will. Den Grafen selbst nimmt er nach kurzem Verfolgungsritt, anders als Askalon, noch vor dem Tor seiner Burg gefangen (V. 3775). Nachdem er das Angebot ausgeschlagen hat, Herr von Narison zu werden, steht er einem Löwen bei, der sich im Zweikampf mit einem feuerspeienden Drachen befindet. Das dankbare Tier begleitet Iwein auf seinem weiteren Weg, auch als Wappentier, sodass er bald nur noch als ‚Der Ritter mit dem Löwen' bekannt ist.

Durch Zufall gelangt er abermals zur Quelle im Reich der Laudine und begegnet dort Lunete, die als schlechte Ratgeberin ihrer Herrin zum Tod verurteilt worden ist. Iwein sagt ihr zu, sich im bevorstehenden Gerichtskampf für sie einzusetzen. Auf dem Weg dorthin besiegt er aber zunächst mithilfe des Löwen den Riesen Harpin, der zwei Verwandte Gaweins gefangen hält.[31] Weil sich der Riese lange Zeit nicht zum Kampf

30 Zur Löwenepisode vgl. u. a. Lühr (4.2.2) und Obermaier (5.13) sowie den Stellenkommentar der Textausgabe (1.1).

31 Zwischendurch wird mehrfach die Entführung der Königin Ginover durch Meljaganz erwähnt (Vv. 4285–4302, 4520–4726 u. 5678–5681), von der ausführlich der Lancelotstoff berichtet (vgl. Kap. III.4): Sie ist unter anderem dafür verantwortlich, dass die Artusritter anderen nicht für Hilfeleistungen zur Verfügung stehen, und damit Teil der für den ›Iwein‹ postulierten Artus-Kritik, vgl. dazu Wolfgang Brandt, Die Entführungsepisode in Hartmanns ›Iwein‹, in: ZfdPh 99 (1980), S. 321–354, Grubmüller (4.1.3), und Hartmut Kugler, Fenster zum Hof. Die Binnenerzählung der Entführung der Königin in Hartmanns ›Iwein‹, in: Erzählungen in Erzählungen. Phänomene der Narration in Mittelalter und Früher Neuzeit, hg. von Harald Haferland u. Michael Mecklenburg. München 1996 (Forschungen zu Geschichte der älteren deutschen Literatur 19), S. 115–124.

stellt, kommt Iwein gerade noch rechtzeitig genug, um Lunete zu retten. Unter den Augen Laudines, die Iwein als Löwenritter nicht erkennt, kann er den Vorwurf der *untriuwe* gegen sie ausräumen und sich seiner Gattin in Gesprächen erstmals wieder nähern (Vv. 3923–5540).

Ohne sich zu erkennen zu geben, zieht er weiter und gerät in den Erbstreit der Töchter des Grafen von dem Schwarzen Dorn. Die ältere der beiden hat sich am Artushof Gawein als Gerichtskämpfer gesichert, sodass für die jüngere niemand antreten will. Sie schickt eine Botin auf die Suche nach dem inzwischen berühmten ‚Ritter mit dem Löwen'; diese folgt ihm, wie Iwein zu Beginn der Handlung Kalogrenant gefolgt war, sodass sein bisheriger Stationenweg rekapituliert wird, bis sie ihn einholt. Bevor Iwein mit der Botin an der Gerichtsstätte eintrifft, befreit er auf der Burg zum Schlimmen Abenteuer (afrz. *pesme avanture*) dreihundert Frauen aus der Gefangenschaft zweier Riesen. Wiederum entscheidet der Löwe maßgeblich den Kampf und erneut schlägt Iwein das dadurch erworbene Recht aus, die Tochter des Landesherrn zu heiraten. Genau zur rechten Zeit trifft er am Artushof ein. Die Beschreibung des Zweikampfes mit Gawein unterbrechen mehrere Erzählerexkurse, zum Beispiel über Freundschaft und Feindschaft (*minne unde haz*, Vv. 7015–7074). Als Gawein und Iwein einander endlich erkennen (Vv. 7470–7483), legen sie die Waffen nieder. Iwein gibt seine Identität als Löwenritter preis und König Artus entscheidet den Rechtskasus zugunsten der jüngeren Schwester vom Schwarzen Dorn (Vv. 5541–7780).

Aus Sehnsucht nach Laudine verlässt Iwein zum dritten Mal heimlich den Artushof. Mit der Fürsprache Lunetes gelingt es dem Löwenritter, Laudine noch einmal von seiner Rittertüchtigkeit, seiner Loyalität und auch von seiner Liebe zu ihr zu überzeugen, nachdem er zuvor an der Quelle abermals das Unwetter ausgelöst hatte. Laudine verzeiht Iwein schließlich, fällt ihm sogar an den Fuß und bittet auch ihn um Vergebung für ihre Unnachgiebigkeit. Wie es ihnen später ergeht, weiß der Erzähler nicht mehr zu berichten: *ezn wart mir niht bescheiden / von dem ich die rede habe* (Vv. 8162f.) – der Schluss variiert in den Überlieferungsträgern.[32]

Iwein überwindet im zweiten Handlungszyklus genau diejenigen Defizite, die ihn zur Krise in der Mitte des Romans geführt haben. Auf dem Prüfstand stehen seine Ritterwürdigkeit, sein Verständnis von Minne bzw. Ehe und seine Befähigung zur verantwortungsbewussten Ausübung von Landesherrschaft. Da es ihm in der ersten Romanhälfte nicht auf Anhieb gelingt, die an ihn gestellten Anforderungen zu erfüllen, muss er sich die dazuge-

32 Christoph Gerhardt, ›Iwein‹-Schlüsse, in: Literaturwissenschaftliches Jahrbuch 13 (1972), S. 13–39; Werner Schröder, Laudines Kniefall und der Schluß von Hartmanns ›Iwein‹, in: Critica Selecta, hg. von Werner Schröder u. a. Hildesheim 1999 (Spolia Berolinensia 14), S. 229–257; Hausmann (5.1).

hörigen Rollen in der zweiten Romanhälfte einzeln aneignen: Nach der Rückkehr an den Artushof und dem unermüdlichen Einsatz für Hilfebedürftige gelingt ihm auch die Versöhnung mit Laudine – sein Zeitmanagement zeugt am Ende von seinem gewachsenen Verantwortungsbewusstsein. An der Figur des Iwein lässt sich demnach eine Entwicklung ablesen, die die Forschung unter dem Begriff der ‚Identitätsbildung' diskutiert, wobei fraglich ist, ob moderne Konzepte von ‚Individuum' und ‚Identität' mittelalterlicher Dichtung gerecht werden: Geht es tatsächlich um die Herausbildung eines ‚Ich' oder nicht doch um ein literarisch-idealisiertes Beispiel für den Typus des höfischen Ritters, und das hieße – aus der Perspektive des Publikums – um die Ausbildung einer ‚Wir'-Identität der höfischen Adelsgesellschaft.[33]

Iweins *helfe*-Taten führen in ihrer Qualität deutlich über den Normen- und Wertehorizont der arthurischen Gesellschaft hinaus und erweitern den im ›Erec‹ vorgestellten Verhaltensentwurf um eine soziale Dimension. Dies geht einher mit der Etablierung eines zweiten Wertezentrums neben dem Artushof, dem (der Stoffgeschichte nach andersweltlichen) Reich der Laudine. An diese strukturelle Erweiterung knüpft Chrétien im ›Perceval‹ an, wenn er neben der Tafelrunde die jenseitige Gralgesellschaft installiert, die eine über dem weltlichen Bereich des Königs Artus thronende religiöse Sphäre repräsentiert. Allerdings weisen der ›Perceval‹ und mit ihm Wolframs ›Parzival‹ nicht nur dieses zweite Zentrum, sondern auch noch einen zweiten Helden auf (s. u., S. 112–122).

Nicht nur die breite handschriftliche Überlieferung zeugt von der Beliebtheit der Geschichte vom Ritter mit dem Löwen im Mittelalter. Mit dem ›Yban‹ fand eine strophische Bearbeitung Aufnahme in ›Das Buch der Abenteuer‹ des Ulrich Fuetrer (s. u., Kap. VI.1). Der ritterliche Verhaltensentwurf bot der laikalen Adelsgesellschaft ein offenbar so hohes Identifikationspotenzial, dass der Stoff gleich mehrfach auch bildlich dargestellt wurde. Schon in den ersten Jahrzehnten des 13. Jahrhunderts, bald nach der Fertigstellung des Versromans, entstanden Freskenzyklen in repräsentativen Räumen adliger Besitztümer. Vermutlich ließen Arnold II. und seine Gemahlin neben der Burgkapelle auch den Iwein-Saal auf Burg Rodeneck bei Brixen ausmalen.

33 Rainer Warning, Formen narrativer Identitätskonstitution im höfischen Roman, in: Identität, hg. von Odo Marquard u. Karlheinz Stierle. München 1979 (Poetik und Hermeneutik 8), S. 553–589; Ruh ²1977 (4.1.3), S. 13–28 u. 143–165, Ragotzky/Weinmayer, Hahn u. Speckenbach (alle 5.1).

An allen vier Wänden des Raumes finden sich qualitativ hochwertige Illustrationen, ausschließlich zum ersten Handlungszyklus – den zweiten konnte man an ihnen aber wohl ebenfalls rekapitulieren. Auch die Darstellungen im thüringischen Hessenhof in Schmalkalden, einer Stadtresidenz der Landgrafen, konzentrieren sich ganz auf die Handlung bis zu Iweins Rettung des Löwen, allerdings ist dort nicht gesichert, ob neben den schlecht erhaltenen sechs Registern und dem verlorenen siebten vielleicht weitere Bilder verloren gingen. Darüber hinaus finden sich Bilder von Figuren aus dem ›Iwein‹ auf dem Maltererteppich aus dem 14. Jahrhundert im Augustinermuseum in Freiburg/Br. (Iwein, Laudine und Lunete) und im Sommerhaus der Burg Runkelstein bei Bozen wird Iwein um 1400 neben Gawein und Parzival als einer der drei besten Ritter gezeigt.[34]

Ein Vergleich der beiden Werke Hartmanns von Aue mit den fünf Artusromanen Chrétiens lässt Gemeinsamkeiten erkennen, die sich in den meisten nachfolgenden Artusromanen wiederfinden. Ein solcher Vergleich ermöglicht daher die Beschreibung von Kriterien, mit denen sich die deutschsprachigen Artusromane von anderen höfischen Versromanen abheben und zu einer ‚Gattung' zusammenfassen lassen. Als ‚Gattung' soll dabei eine Gruppe von Texten gelten, die sich durch mehrere signifi-

34 Zum Einstieg: Literatur und bildende Kunst im Tiroler Mittelalter. Die Iwein-Fresken von Rodenegg und andere Zeugnisse der Wechselwirkung von Literatur und bildender Kunst, hg. von Egon Kühebacher. Innsbruck 1982 (Innsbrucker Beiträge zur Kulturwissenschaft. Germanistische Reihe 15); Anne-Marie Bonnet, Rodenegg und Schmalkalden. Untersuchungen zur Illustration einer ritterlich-höfischen Erzählung und zur Entstehung profaner Epenillustration in den ersten Jahrzehnten des 13. Jahrhunderts. München 1986; Volker Schupp/Hans Szklenar, Ywein auf Schloß Rodenegg. Sigmaringen 1996; Joanna Mühlemann, Erec auf dem Krakauer Kronenkreuz – Iwein auf Rodenegg. Zur Rezeption des Artusromans in Goldschmiedekunst und Wandmalerei, in: Literatur und Wandmalerei I. Erscheinungsformen höfischer Kultur und ihre Träger im Mittelalter, hg. von Eckart C. Lutz. Tübingen 2002, S. 199–254; Susanne Hafner, Erzählen im Raum. Der Schmalkaldener Iwein, in: Visualisierungsstrategien in mittelalterlichen Bildern und Texten, hg. von Horst Wenzel u. C. Stephen Jaeger. Berlin 2006 (Philologische Studien und Quellen 195), S. 90–98; Nicola Hauck, Die Iwein-Darstellungen im Hessenhof von Schmalkalden. Eine Studie zur bildlichen Umsetzung des höfischen Romans, in: Nova Historia Schmalcaldica 4 (2007), S. 10–102; Runkelstein. Die Wandmalereien des Sommerhauses, hg. von Walter Haug u. a. Wiesbaden 1982; Schloss Runkelstein – Die Bilderburg (5.12); Wolfgang Wegner, Die Iwein-Darstellungen des Maltererteppichs in Freiburg. Überlegungen zu ihrer Deutung, in: Mediaevistik 5 (1992), S. 187–196; Müller (5.1).

kante inhaltliche und formale Merkmale von anderen, ähnlichen Textgruppen unterscheidet. Obligatorisches Merkmal ist dabei das arthurische Personal: Das Auftreten des Königs Artus, seiner Ehefrau Ginover sowie weiterer Mitglieder der Tafelrunde (Gawein, Keie u. a.) ist als ‚gattungshafte Dominante' anzusehen.

Darüber hinaus muss nicht jeder Gattungsvertreter das gesamte Merkmalbündel aufweisen; vielmehr ist davon auszugehen, dass es schon bald nach der Etablierung einer Gattung zur Variierung einzelner Merkmale kommt, sodass die Beschreibung von Gattungsmerkmalen nur – vom einzelnen Text ausgehend – im synchronen und diachronen Vergleich mit anderen, ähnlichen Texten erfolgen kann. Das bedeutet, dass sich „die jeweiligen Bezugsgrößen nach ihrem Platz in der historischen Reihe verändern, daß diese ein Kontinuum bildet, in dem jedes Element jeweils mit dem vorhergehenden erkennbar verbunden sein muß, Anfangs- und Endpunkt aber sich weit voneinander entfernen können.[35] Festzuhalten ist auch, dass dabei in jeder Phase der Gattungsentwicklung mit breiten Übergangszonen in allen Randbereichen der Definition zu rechnen ist.

In seiner für den späten Artusroman wegweisenden Habilitationsschrift über Wirnts von Grafenberg ›Wigalois‹ und Heinrichs von dem Türlin ›Diu Crône‹ beschreibt Christoph Cormeau ein solches Bündel von Merkmalen, durch das sich die Gattung ‚Artusroman' distinktiv von anderen Formen des mittelalterlichen Versromans unterscheidet. Er versteht unter ‚Gattung' ein Bezugssystem, „das die Strukturen der Texte organisiert und die individuellen Variationen lenkt und auf die Rezeptionsmöglichkeiten des angezielten Publikums hin angelegt ist. Dieses Bezugssystem ist ein historisches Faktum, das mit dem ersten Text einer neuen Gattung, eines neuen Typs gesetzt ist und sich

35 Klaus Grubmüller, Das Groteske im Märe als Element seiner Geschichte. Skizzen zu einer historischen Gattungspoetik, in: Kleinere Erzählformen des 15. und 16. Jahrhunderts, hg. von Walter Haug u. Burghart Wachinger, Tübingen 1993 (Fortuna vitrea 8), S. 37–54, Zitat S. 47. Vgl. grundsätzlich dazu Hans Robert Jauss, Theorie der Gattungen und Literatur des Mittelalters, in: Grundriß der romanischen Literaturen des Mittelalters, Bd. 1, hg. von Maurice Delbouille, Heidelberg 1972, S. 107–138, sowie ders., Alterität und Modernität der mittelalterlichen Literatur. Gesammelte Aufsätze 1956–1976, München 1977, S. 1–47, und Klaus Grubmüller, Gattungskonstitution im Mittelalter, in: Mittelalterliche Literatur und Kunst im Spannungsfeld von Hof und Kloster. Ergebnisse der Berliner Tagung, 9.–11. Oktober 1997, hg. von Nigel F. Palmer u. Hans-Jochen Schiewer. Tübingen 1999, S. 193–210.

kontinuierlich in jedem neuen Text verwirklicht und verändert. [...] Synchron setzen die Konstituenten die Gattung in Opposition zu anderen Gattungen, diachron sind sie nur in einer beständigen Evolution zwischen Bestätigung und Veränderung beschreibbar.“[36] Auch für Cormeau kommt in der Bestimmung dessen, was eine ‚Gattung‘ oder ‚literarische Reihe‘ ausmacht, die für die Artusromane wichtige Einsicht zum Ausdruck, dass Texte, denen vergleichbare andere in der Reihe vorausgehen, unter anderen Bedingungen entstehen als solche, die den Anfang der Reihe bilden, „womit weit weniger auf das Problem der Originalität als auf den beim Publikum eingespielten Verständnishorizont gezielt ist.“[37] Cormeau beschreibt den Ausgangspunkt der literarischen Reihe der ‚Artus-Aventiureromane‘ über einen Katalog von ‚Typkonstanten‘,[38] die für die folgende Darstellung umgruppiert, zusammengefasst und ergänzt wurden:

1. Einzelepisoden als Teil einer Handlungskette (Gerüstepik);
2. Begrenzte Variabilität der Episoden;
3. Artushof als Orientierungspunkt (bei strikter Begrenztheit der Hindernisse);
4. Drei Kategorien von Akteuren:
   a. der Held und seine Partnerin,
   b. Gesellschaft am Artushof (‚gattungshafte Dominante‘),
   c. ritterliche Gegner (zzgl. Nebenfiguren);
5. Der Handlungsverlauf folgt dem Weg des Helden;
6. Finale Erzählstruktur (mit Happy-End);
7. Handlungsauslöser sind *minne – êre – âventiure*;
8. Darstellung eines idealtypischen Verhaltensentwurfs;
9. Weg des Helden als biographischer Prozess;
10. Sinntragende Struktur (die bei Hartmann eine Entwicklung des Helden abbildet).

Diese Typkonstanten entwerfen die Konturen der Gattung auf der Basis ihrer frühesten Vertreter von Hartmann bis Heinrich von dem Türlin. Da sie sich als Bezugssystem eignen, vor dessen Hintergrund man die individuellen Eigenarten jedes nachfolgenden Werks und damit die Entwicklung der Gattung nachzeichnen kann, werden sie hier ausführlich referiert.

36 Cormeau 1977 (4.1.3), S. 3f.
37 Cormeau 1977 (4.1.3), S. 4.
38 Cormeau 1977 (4.1.3), S. 9–22 (daraus die Zitate im Folgenden).

1. Der Artusroman besteht aus einer Reihe von Einzelepisoden, die sich zu einer Handlungskette verbinden (man spricht von ‚Gerüstepik). Die einzelne Episode oder Aventiure „ist das strukturbildende Bauelement des Artusromans: selbstgesuchte und gleichzeitig vorbestimmte ritterliche Bewährungsprobe, durch deren Bestehen der Held seinen Platz in der Gesellschaftsordnung findet. Die Folge der einzelnen Aventiuren konstituiert den Weg des Helden; aus ihrer Position und ihren internen Relationen entsteht das Strukturschema des Artusromans, über das die Sinnsuche des Helden vermittelt wird.“[39]

2. Die Variabilität der Episoden ist begrenzt. Es gibt einerseits Szenen am Artushof oder in höfischer Gesellschaft und andererseits Szenen außerhalb des Hofbereichs, in der Wildnis oder in der Fremde, in denen der Held unbekannten Ereignissen begegnet (*âventiure* von lat. *advenire* ‚herankommen, sich nähern‘). Die Reihung der Episoden ist stets mit einem Ortswechsel verbunden.

3. Orientierungspunkt bleibt (an wechselnden Orten) der Artushof, an dem vor allem Repräsentationsszenen wie Hochzeiten, Empfänge oder Turniere stattfinden; daneben gibt es kleinere Szenen, die als Übergang zu Aventiureepisoden fungieren, zum Beispiel das Anhören einer Bitte um Hilfe oder die Provokation durch einen Fremdling. Weil die Aventiureepisoden selbst stets außerhalb des Hofs stattfinden, erscheinen die Szenen am Artushof als Zäsuren im Handlungsverlauf und Artus selbst „überwiegend in der Rolle des völlig inaktiven Mittelpunkts“ (S. 14). Die Aventiureepisoden sind dagegen immer Konfliktsituationen, die Durchsetzungsvermögen und richtiges Verhalten des Helden erfordern, zum Beispiel Kämpfe mit Riesen oder um Schönheitspreise, Turnier- oder Gerichtskämpfe. Alle Episoden sind darauf angelegt, die (ritterliche) Bewährung des Helden zu demonstrieren; die Konflikte sind, von späten Ausnahmen abgesehen, „auf den Handlungsentwurf für den ritterlich-höfischen Einzelkrieger hin angelegt, sie unterliegen einer ‚Begrenztheit der Hindernisse‘“ (S. 15).

4. Es gibt drei Kategorien von Akteuren: a. den ritterlichen Helden mit seiner Partnerin, die „in funktionaler Abhängigkeit vom Protagonisten“ entworfen ist (S. 10); b. die Gesellschaft am Artushof, zu der außer Artus selbst mindestens Königin Ginover, der Musterritter Gawein und und der Hofmarschall Keie gehö-

39 Mertens (4.1.3), S. 187; vgl. dazu auch Simon (4.1.3), S. 1–34.

ren – ein Werk ohne dieses Personal wird man nicht zur Gattung ‚Artusroman' zählen wollen; c. die ritterlichen Gegner und zum Teil übermenschlichen Gegenspieler des Protagonisten, deren Auftritt zumeist auf eine Aventiure außerhalb des Hofbereichs beschränkt bleibt. Die Gegenspieler entstammen entweder der höfischen Sphäre oder einer märchenhaften Wunderwelt. „Weitere helfende und dienende Personen sind Randfiguren ohne eigene strukturelle Funktion und deshalb nicht Akteure im eigentlichen Sinn" (S. 11).

5. Die Handlungsführung folgt dem linear verlaufenden Weg des Protagonisten, dem alles Geschehen und das Auftreten anderer Figuren untergeordnet sind.[40] Ausgenommen hiervon sind nur Artus und seine Hofgesellschaft, die nicht in ihrer Funktion für den Helden aufgehen: Hof und Held agieren selbstständig, aber in notwendiger Relation zueinander. Der Held orientiert sich an der durch den Artushof repräsentierten Verhaltensnorm, und jeder seiner Erfolge wird erst mit der öffentlichen Anerkennung durch die Hofgesellschaft endgültig. Der Hof wiederum existiert während der Abwesenheit des Helden in einer gewissen Spannung, die dadurch beseitigt wird, dass der Ausgezogene besiegte Gegner oder Boten an den Hof schickt und durch seine Rückkehr schließlich die Freude restauriert. Durch die dialektische Zuordnung von Hof und Held, in der sich das Verhältnis des Einzelnen zur Gesellschaft abbildet, unterscheidet sich der Artusroman – so Cormeau – von anderen Erzählformen, wie etwa dem Märchen oder auch den Minne- und Abenteuerromanen, in denen allein der Protagonist dominant ist. (Dieses Merkmal der Gattung liefert die Begründung dafür, den Tristanstoff weitgehend auszuklammern, in dem der Artushof nur Episode und nicht das maßstabsetzende Wertezentrum ist. Ähnliches gilt für die Gralromane.)

6. Der lineare, zielgerichtete Aufbau hat zur Folge, dass die Episoden untereinander kaum kausal verknüpft sind. Neue Situationen werden überwiegend unmotiviert und wie durch Zufall hergestellt, äußeres Mittel dazu ist meist eine Ortsveränderung. Der Zufall der Aventiure ist eine Funktion des Wegs.

40 Dies drückt sich zumeist auch in den Titeln aus, unter denen die Romane bekannt sind: ›Erec‹, ›Parzival‹, ›Daniel von dem Blühenden Tal‹ usw. – sie stammen zwar von den Philologen des 19. Jahrhunderts, doch wurden die Werke auch im Mittelalter häufig schon nach ihren Protagonisten benannt, der ›Iwein‹ etwa als ‚Roman vom Ritter mit dem Löwen' oder der ›Gauriel‹ als der vom ‚Ritter mit dem Bock'.

Zwei oder mehr Einzelepisoden (schon in sich final, also ziel- und zweckgerichtet, konstruiert) sind im Artusroman zu einer finalen Gesamtstruktur verbunden. Die Herstellung von Analogien zwischen einzelnen Episoden dient dazu, auf ein bei vergleichbaren Voraussetzungen verändertes Ergebnis hinzuweisen. Durch dieses „innere Fortschreiten" erscheint der Schluss als Ziel, als „intendierte Ruhelage". „Die finale Struktur ist immer latent optimistisch." Zwar ist nicht jeder Ausgang möglich, doch das Ziel auch nicht völlig offensichtlich, die Spannung des Erzählens changiert zwischen einer ‚Ob-überhaupt-' und einer ‚Wie-Spannung'; Cormeau spricht daher von einer Mittellage des ‚Ob-wirklich' (S. 16).

7. Die gesamte Handlung entfaltet sich – wie für gewöhnlich in der volkssprachigen Dichtung des Mittelalters – zwischen den beiden Polen Minne und Kampf, allerdings mit der artusromanspezifischen Besonderheit, dass beide Themen gleichrangig und mit einem optimistischen, erfolgerwartenden Grundton behandelt werden – auch darin unterscheidet sich der tragisch endende Tristanstoff.

8. Der von den Episoden transportierte Sinn ist ein Verhaltensentwurf. Zwischen den Polen Minne und Kampf „wird ein im Kern identisch bleibendes, in den Randzonen variables Feld von Verhaltenswerten, nicht so sehr ein definiertes Tugendsystem abgehandelt. Der Verhaltensentwurf vereinigt zwei Aspekte, den individualethischen, die Selbsterfüllung des ritterlichen Individuums, und den sozialethischen, die Ansprüche der gesellschaftlichen Gruppe und die Bedeutung der Individualrolle für die Gemeinschaft." (S. 16) Die Balance dieser beiden Aspekte (*êre*) ist dabei vorzüglich Stoff für auftretende Konflikte. Die Einzelepisoden tragen in doppelter Hinsicht dazu bei: In der Addition ermöglichen sie es, verschiedene Teilaspekte der Rolle in der Handlung zu entfalten; zugleich lässt sich durch die Gegenüberstellung analoger Situationen die schrittweise Aneignung von Verhaltensweisen vorführen. Die Integration der verschiedenen Rollenaspekte leistet dabei die Gesamtstruktur. Die Auswahl, Anordnung und Beschaffenheit der Episoden machen den zugrunde liegenden Verhaltensentwurf sichtbar, der darüber hinaus an Verhaltenserwartungen ablesbar ist, die in Selbstreflexionen und inneren Monologen der Hauptfiguren oder auch in deren Gesprächen mit anderen Figuren formuliert werden. Die Auslegung des moralischen Sinns lenkt die Erzählerfigur in Exkursen (Kommentaren, Reflexionen und Publi-

kumsansprachen), die auf den vorzuführenden Verhaltensentwurf aufmerksam machen.

9. Die Einheit der Handlung und des Sinns liegt, wie schon angedeutet, in der Figur des Protagonisten. „Der Verhaltensentwurf wird als individuelle Seinsverwirklichung innerhalb des gesellschaftlichen Rahmens vorgeführt" (S. 17), sodass der Weg des Helden ein aufsteigender Prozess ist zwischen mehr oder weniger anonymer Existenz am Anfang der Handlung und einem am Ende erreichten Status, in dem Bewährung in den Verhaltensweisen und Anerkennung durch die Gesellschaft zusammenfließen. „Die Geschichte macht den Helden durch den biographischen Prozeß zum Einzelnen" (S. 19).

10. Dieser Prozess der ‚Selbstfindung' des Helden wird in einigen Artusromanen, vor allem in denen Hartmanns (bzw. den entsprechenden Vorlagen Chrétiens), in einer besonderen symbolischen Anordnung der Episoden abgebildet: Man spricht von einer ‚Symbolstruktur' und meint damit, dass zwei Aventiuresequenzen zu einem doppelten Kursus verbunden sind; zwischen den Sequenzen kommt es zu einer Krisensituation, die ein „Defizit in der komplexen Ganzheit von Rittertüchtigkeit und Minneehe" aufdeckt.[41] Das Ergebnis des ersten Wegs erweist sich somit als instabile Scheinharmonie; erst der zweite Aventiureweg führt zum stabilen Endstatus. „Eine Spannung zwischen den beiden Teilen, die auch durch Analogien zwischen den beiden Sequenzen unterstützt werden kann, macht den Abstand von scheinhafter Anpassung an das Verhalten und bewußt geleisteter Bestimmung in den Verhaltenswerten, das subjektive Fortschreiten in der Selbstbestimmung, anschaubar. Der Verhaltensentwurf wird nicht als sanktioniertes Konzept abgehandelt, sondern im persönlichen Weg des Helden durch den Konflikt exemplarisch erprobt, d. h. er wird im Text erst konstituiert" (S. 18) – insofern ist der Aufbau der Romane symbolisch.

Dies gilt, und hier referiere ich dann nicht mehr Cormeau, in der dargelegten Form jedoch nur für den ›Erec‹ und den ›Iwein‹. In den auf Hartmanns Artusromane folgenden Werken stellt sich gerade dieser letzte Punkt anders dar: Während Hartmann den im Artusroman transportierten Verhaltensentwurf, der als literarisch überhöhtes Ideal einer alltäglichen Realität gegenübergestellt wird, in der deutschsprachigen Dichtung erst etab-

41 Cormeau 1977 (4.1.3), S. 18; zur Struktur des ›Iwein‹ auch Simon (4.1.3), S. 35–64.

lieren und zu seiner Akzeptanz auffordern musste, können die späteren Autoren mit dem inzwischen allgemein anerkannten Entwurf sowie mit der ihn symbolisierenden Struktur ganz anders umgehen. Sie verfügen bei der Ausgestaltung ihrer Romane frei über die in Chrétiens Werken (und ihren deutschen Übersetzungen) entfalteten Stoffe, Motive und Strukturelemente – selbst dann, wenn ihnen eigene französische Vorlagen zugrunde liegen (s. dazu unten, Kap. V.5).

Der Umgang mit den Gattungsmerkmalen und deren Variation sind von Fall zu Fall verschieden, weil sich ja auch die Voraussetzungen für jeden neuen Text in der literarischen Reihe anders darstellen, aber der von Cormeau aufgestellte Katalog mit Typkonstanten liefert ein praktikables Beschreibungsraster, mit dessen Hilfe sich die Besonderheiten der jeweiligen Einzeltexte vor dem Gattungshintergrund beschreiben lassen.

2. Der Tristanstoff

Die beschriebene höfisch-ritterliche Kultur verbreitete sich vom englisch-französischen Hof aus literarisch nicht nur über die Werke des Chrétien de Troyes. Neben anderen Stoffen wurde auch die tragisch endende Liebe zwischen Tristan und Isolde vor diesem Hintergrund erzählt. Wie der Artusstoff gehört zwar auch der Tristanstoff zur *matière de Bretagne*, aber er ist weitgehend eigenen Traditionsströmen verpflichtet, die sich nur ausnahmsweise mit denen des Artusstoffs berühren. In der im deutschsprachigen Raum am meisten beachteten Adaptation durch Gottfried von Straßburg ist der Artushof weder als Schauplatz noch durch sein Personal präsent. Das ändert sich in den so genannten Fortsetzungen zu Gottfrieds Fragment gebliebenem Werk durch Ulrich von Türheim und Heinrich von Freiberg. Die Episode, die in der kürzeren Verserzählung ›Tristan als Mönch‹ erzählt wird, beginnt sogar wie ein typischer Artusroman am Artushof. Da Tristan aber umgekehrt in fast allen Artusromanen wie selbstverständlich als Mitglied der Tafelrunde in Erscheinung tritt,[42] ist nach Verbindungen zwischen dem Artus- und dem Tristanstoff zu fragen, die Gottfrieds Versroman zeitlich vorausliegen.

Als den Ausgangspunkt aller erhaltenen Tristandichtungen rekonstruierte die Forschung einen altfranzösischen Versroman, die so genannte ›Estoire‹ (‚Geschichte'). Diese Fassung sei um 1150 in Nordfrankreich angefertigt worden und habe mündlich umlaufendes Erzählmaterial auf eine solche Weise schriftlich fixiert, dass erstmals alle grundlegenden Motivbausteine des Tristanstoffs beieinander gewesen seien.[43] Ihren Verfasser kennt man nicht, obschon in Texten des 12. und 13. Jahrhunderts gleich drei Autoren mit nicht erhaltenen Tristandichtungen in Verbindung

42 Vgl. A Catalogue of Names [4.1.3], S. 281f.

43 Da es sich um ein stoffgeschichtliches Konstrukt handelt, von dem keine Zeile erhalten ist, wird dem Werktitel häufig ein Sternchen vorangestellt: *Estoire. Zur Entstehung und Ausbreitung des Tristanstoffs in Europa vgl. ULRICH WYSS, Tristanromane, in: PÉRENNEC/SCHMID (4.2.2), S. 49–94, den Forschungsbericht von WETZEL und STEIN, HENKEL, SCHAUSTEN, HUBER S. 15–26, TOMASEK S. 249–287 (alle 5.2), sowie GERD DICKE, Erzähltypen im ›Tristan‹. Studien zur Tradition und Transformation internationaler Erzählmaterialien in den Romanversionen bis zu Gottfried von Straßburg. Habilitationsschrift Göttingen 1997 (erscheint in der Reihe ‚Bibliotheca Germanica').

gebracht werden – darunter immerhin die Selbstauskunft des Chrétien de Troyes zu seinem (uns nicht erhaltenen) Werk über ‚König Marke und die blonde Isolde'.[44]

Von der ›Estoire‹ abhängig unterscheidet man auf der einen Seite die ‚spielmännische' Tradition (*version commune*), auf der anderen Seite die ‚höfischen' Bearbeitungen. Zu Letzteren zählt unter anderem der altfranzösische ›Tristan‹-Roman des Thomas von Britannien. Das in 3300 Versen aus sechs Fragmenten nur bruchstückhaft überlieferte Werk dürfte zwischen etwa 1150 und spätestens 1190, vielleicht um 1170 im Auftrag Heinrichs II. von England, entstanden sein und gilt als die wichtigste Vorlage für Gottfrieds unvollendete Bearbeitung. Zu den höfischen Fassungen gehören noch das Niederfränkische Tristan-Fragment aus der zweiten Hälfte des 13. Jahrhunderts, die ältere altnorwegische Tristrams-Saga in Prosa (1226) und der mittelenglische ›Sir Tristrem‹ in Strophen (um 1300). In diesem Zweig des Tristanstoffs spielen König Artus und die Tafelrunde, von wenigen Erwähnungen abgesehen, keine Rolle. Das Geschehen ereignet sich vorwiegend am Hof des König Marke sowie in Irland: Markes Neffe Tristan reist als Brautwerber zur irischen Prinzessin Isolde, in die er sich durch versehentliche Einnahme des Minnetranks auf der Rückreise verliebt. Nach Aufdeckung ihrer heimlichen Liebe werden sie vom Hof verbannt, später begnadigt und getrennt. Durch ein Missverständnis findet Tristan schließlich den Tod und Isolde stirbt ihm nach. Der Artushof ist weder als Schauplatz noch als Motiv präsent und die Erzählstrukturen sind nicht dieselben wie im Artusroman.

Anders ist dies im ‚unhöfischen' Zweig der Stofftradition. Schon in Bérols altfranzösischem Roman von 1190 hat König Artus einen kurzen Auftritt, obwohl von diesem insgesamt nicht einmal 4500 Verse erhalten sind. In deutschsprachiger Dichtung haben Artus-Episoden wie jene in ›Tristan als Mönch‹ (s. u.) ihr Vorbild in der etwa zwischen 1180 und 1190 entstandenen Fassung des Eilhart von Oberg (9524 Verse), in der Tristan nach der Trennung von Isalde, wie sie dort heißt, an den Artushof zieht, sich mit Walwan anfreundet und bei einem heimlichen Treffen mit Isolde die Unterstützung der Artusritter erfährt. Aber auch dort bleibt der Artushof im wahrsten Sinne des Wortes ‚Episode': Gerade die bei Eilhart herbeigeführte Überlagerung beider Stoffkomplexe macht ihre grundsätzliche Trennung deutlich.

44 Vgl. Stein (5.2), S. 367 (s. o., S. 41).

In der ältesten deutschsprachigen Fassung des Stoffs durch Eilhart von Oberg, der wohl mit einem zwischen 1189 und mindestens 1209 im Umfeld des Welfenhofs Heinrichs des Löwen in Braunschweig bezeugten *Eilhardus de Oberch* zu identifizieren ist,[45] nimmt die tragisch endende Handlung folgenden Verlauf:

In der Elternvorgeschichte verdient sich König Rivalin durch Unterstützung des König Marke von Korneval im Kampf gegen Spanien die Hand von dessen Schwester Blancheflur. Die Liebe zwischen beiden währt jedoch nur kurz, denn Rivalin fällt im Kampf und Blancheflur stirbt bei der Geburt ihres Sohnes Tristrant, der bei einem Vasallen aufwächst. Nachdem der elternlose Knabe herangewachsen ist, begibt er sich an den Hof seines Onkels Marke, um sich zum Ritter ausbilden zu lassen. In einem Zweikampf tötet er Morold, den Schwager der irischen Königin, der von Marke unangemessene Tributzahlungen fordert, wobei ein Stück seines Schwertes in dessen Wunde abbricht. Er selbst erleidet ebenfalls eine lebensbedrohliche Verletzung, die nur durch die magische Kunst der irischen Prinzessin Isalde geheilt werden kann. Als Spielmann verkleidet reist er nach Irland, wo ihm Isalde auf sein Bitten schließlich ein heilsames Pflaster zuschicken lässt.

In Korneval wird König Marke unterdessen von seinen Vasallen zur Eheschließung gedrängt, um die Herrschaft durch einen Nachkommen zu sichern. Da Marke am liebsten seinen Neffen Tristrant zum Nachfolger bestimmen würde, verkündet er, nur diejenige zur Frau zu nehmen, der das blonde Haar gehört, welches eine Schwalbe im Schnabel trägt. Tristrant wird beauftragt, diese Frau zu finden und im Namen seines Onkels um sie zu werben. Während der Suche gelangt Tristrant abermals nach Irland, wo er sich dieses Mal als Kaufmann Tantris ausgibt. Er befreit das Land von einem Drachen, dem er die Zunge abtrennt, entlarvt mit dieser einen Lügner am irischen Hof und soll anschließend die Hand der Prinzessin Isalde erhalten. Als diese ihn nach dem Kampf pflegt, erkennt sie an dem in seinem Schwert fehlenden Stück, dass er ihren Onkel Morold getötet hat, was sie mit einem Kuss verzeiht, und Tristrant erkennt in ihr die Frau mit dem blonden Haar. Als Brautwerber bringt er sie daher zu Marke nach Korneval (Vv. 1–2258).

Während der Überfahrt trinken Tristrant und Isalde versehentlich den von Isaldes Mutter bereiteten Trank, der dafür sorgen sollte, dass Marke und seine Braut sich lebenslang lieben und in den ersten vier Jahren nicht einen Tag ohne einander leben können. Unter diesem Zauber steht mit dem Brautwerber nun der falsche Mann, sodass die beiden Liebenden den Plan fassen, Marke zu betrügen. Sie schieben ihm in der Hochzeits-

45 Zur schwierigen Überlieferungslage vgl. zuletzt die Übersicht in der Ausgabe von BUSCHINGER (1.1) sowie den entsprechenden Eintrag im Handschriftencensus (www.handschriftencensus.de); benutzt wird hier die Textausgabe von LICHTENSTEIN (1.1).

nacht mit der Zofe Brangene unbemerkt eine falsche Braut unter (die Isalde später zu töten versucht) und treffen sich auch in der Folgezeit immer wieder hinter seinem Rücken, wobei Marke eine ihrer Begegnungen im Baumgarten sogar belauscht. Schließlich stellt er ihnen eine Falle und überführt sie: Zwischen die Betten gestreutes Mehl überwindet Tristrant zwar mit einem gewaltigen Sprung, allerdings bricht dabei seine Wunde auf und hinterlässt Blutspuren im Bett. Die Ehebrecherin wird zum Tod verurteilt, kann aber in letzter Not mit Tristrant vom Hof fliehen. Gemeinsam leben sie bis zu einem ersten Nachlassen der Trankwirkung in der Wildnis des Waldes. Weil Marke das Paar eines Tages zufällig getrennt schlafend beobachtet (Tristrant hat sein Schwert zwischen sich und Isalde gelegt), begnadigt er seine Frau, als diese an den Hof zurückkehrt. Tristrant, der ihr zur Linderung des Trennungsschmerzes seinen Hund überlässt, wird hingegen des Landes verwiesen (Vv. 2259–4994).

Fast die gesamte zweite Romanhälfte erzählt von verschiedenen Versuchen Tristrants, Isalde heimlich zu treffen. Zunächst hält er sich am Artushof auf, wo er sich mit Walwan (Gawein) anfreundet, der ihm zu einem ersten Wiedersehen mit Isalde verhilft (Vv. 5129–5487). Er sorgt dafür, dass sich ein Jagdausflug des Artushofs solange ausdehnt, dass König Artus seinen Nachbarn Marke um Unterkunft bitten muss. Auf Betreiben Walwans verlangt Keie zwar im Namen des Königs vorher eine Friedenszusage für alle Begleiter, die Marke auch ohne lange nachzudenken erteilt, sodass selbst Tristrant Aufnahme findet, allerdings muss Artus dafür zusagen, dass sich keiner seiner Ritter unehrenhaft verhält. Trotzdem lässt Marke in dem Saal, in dem alle gemeinsam schlafen, Balken mit messerscharfen Eisenschneiden, so genannte Wolfsfallen (*wulfesîsen*), aufstellen, sodass sich Tristrant, als er sich in der Nacht Isalde zu nähern versucht, daran verletzt. Als Walwan und Artus bemerken, dass seine Blutspuren ihn bei Tagesanbruch verraten würden, zettelt Keie eine inszenierte Rauferei an, bei der sich alle Artusritter absichtlich ebenfalls an den Eisen verletzen (Keie, der nicht den Mut aufbringt, muss von Walwan gestoßen werden), sodass Tristrant nicht überführt werden kann. Als Marke erwacht, entschuldigt sich Artus für das schlechte Benehmen seiner Leute und nachdem alle wieder schlafen, verbringt Tristrant die restliche Nacht doch noch bei Isalde (Vv. 5259–5279).

In der nächsten Episode heiratet Tristrant zwar die Schwester des Kehenis, weil diese ebenfalls Isalde (‚mit den weißen Händen') heißt, ohne jedoch die Ehe mit ihr zu vollziehen. Als seine Zurückhaltung durch den Vorfall mit dem spritzenden Wasser, das Isalde ‚kühner' an den Beinen berührt, als es ihr Ehemann je tat, öffentlich wird, nutzt Tristrant auch dies als Vorwand, seine Geliebte zu treffen: Zum Beweis dafür, dass die von ihm begehrte Isalde tatsächlich die Schönere ist, reist er mit seinem Schwager zu Marke, wo Kehenis nachts durch ein Zauberkissen betäubt wird, während Tristrant und Isalde beieinander liegen. In Verkleidungen als Aussätziger, Pilger, Fahrender und Narr nähert er sich Isalde im Folgenden noch mehrfach. Weil sie ihn einmal nicht erkennt und verprügeln lässt, verbringt er zwischendurch aus Zorn doch noch eine Nacht mit seiner Ehefrau. Als Tristrant seinem Schwager Kehenis schließlich hilft, sich mit der von ihm begehrten Frau des Königs Nampetenis zu vereinigen, wird er durch einen vergifteten Pfeil abermals tödlich verletzt. Er schickt einen Kaufmann zu Isalde, von der er sich erneut Heilung verspricht.

Man verabredet, dass das Kaufmannsschiff bei der Rückkehr ein weißes Segel setzen möge, wenn Isalde an Bord ist, ein schwarzes jedoch, wenn es ohne sie kommt. Als Tristrant sich bei Ankunft des Schiffes nach der Farbe des Segels erkundigt, belügt Isalde ‚mit den weißen Händen' ihn, ohne von der Verabredung zu wissen. Aus Enttäuschung über das vermeintliche Fernbleiben der Geliebten stirbt Tristrant sogleich. Als Isalde den Toten aufgebahrt sieht, legt sie sich neben ihn und stirbt ebenfalls. Marke, der erst jetzt von dem Zaubertrank erfährt, verzeiht beiden und lässt sie nach Korneval überführen. Aus ihrem gemeinsamen Grab wachsen ein Rosenstock und eine Weinrebe, die sich untrennbar ineinander verschlingen (Vv. 5280–9524).

Je nachdem, wie man Eilharts ›Tristrant‹ datiert, könnte es sich bei der rund 360 Verse umfassenden Episode zu Beginn der zweiten Romanhälfte um die älteste Erzählung von König Artus und der Tafelrunde in der deutschsprachigen Literatur des Mittelalters handeln. Da es keine überzeugenden Argumente gibt, bleiben eine Einordnung zwischen etwa 1180 und 1190 und damit die Bestimmung des zeitlichen Verhältnisses zu Hartmanns ›Erec‹ (und auch zu Heinrichs von Veldeke ›Eneasroman‹) jedoch schwierig.[46] Freilich ist dies vielleicht gar nicht so relevant, wenn man davon ausgeht, dass zu diesem Zeitpunkt auch dem deutschsprachigen Publikum die Erzählungen um König Artus und seinen Hof, nicht zuletzt durch eine mögliche Rezeption der altfranzösischen Romane, längst vertraut gewesen sind. Wie schon erwähnt, gibt es dazu bislang kaum Erkenntnisse.

Der Artushof ist zwar mit seinem Personal und auch als Institution in diesem Werk präsent, aber eben nur zeitlich begrenzt und außerhalb seines Herrschaftsgebietes. Im Lebenslauf des Protagonisten ist er weder räumlicher Ausgangs- noch Endpunkt, im Handlungsverlauf keine entscheidende Station. Geht man davon

46 Zu Datierung und Lokalisierung des Romans vgl. Dieter Kartschoke, Eneas, Erec, Tristrant. Zur relativen Chronologie der frühen höfischen Versromane, in: Philologische Untersuchungen. Festschrift für Elisabeth Stutz zum 65. Geb., hg. von Alfred Ebenbauer. Wien 1984 (Philologica Germanica 7), S. 212–222; Volker Mertens, Eilhart, der Herzog und der Truchseß. Der ›Tristrant‹ am Welfenhof, in: Tristan et Iseut. Mythe européen et mondial. Actes du Colloque des 10, 11 et 12 Janvier 1986, hg. von Danielle Buschinger. Göppingen 1987 (Göppinger Arbeiten zur Germanistik 474), S. 262–281.

aus, dass dennoch die Normen und Werte des arthurischen Herrschaftsverbandes, wie sie sich aus Chrétiens und Hartmanns Romanen abstrahieren lassen, auch im ›Tristrant‹ Gültigkeit haben, dann macht die Wolfseisenepisode deutlich, dass anders als im Artusroman die Integration des Einzelnen in die Gesellschaft gerade nicht das Anliegen des Werks ist. Um überhaupt die Anwesenheit des Helden am Hof zu ermöglichen, begeht Artus sogar einen Rechtsbruch, indem er den Betrug an Marke deckt. Tristrant fühlt sich weder König Artus noch seinem Onkel Marke gegenüber durch Loyalität verbunden. Das Wertezentrum, an dem sich der Weg des Helden ausrichtet, ist nicht der Artushof, sondern es ist Isalde, es ist die Liebe: Der Tristanstoff bringt die ersten Liebesromane der mittelalterlichen Literatur hervor. Die Verbindung zwischen den Liebenden wird jedoch nicht erst durch die magische Wirkung des Trankes herbeigeführt – schon zuvor führen ja zwei plan- und ziellose Seefahrten Tristrant schicksalhaft nach Irland, und nur dort kann er durch die Heilkunst Isaldes vor dem Tod bewahrt werden. Allerdings bewirkt der Trank, dass die beiden in den ersten vier Jahren nach Einnahme nicht einmal einen Tag ohne einander verbringen können, und erst, als diese erste Phase vorbei ist, ergibt sich narrativ die Möglichkeit, Tristrant in immer neuen Episoden zu Isalde reisen zu lassen.

Von den intertextuellen Relationen und stoffgeschichtlichen Interdependenzen abgesehen, lassen schon der Aufbau sowie die narrativen Strukturen des Romans, die mit denen des Artusromans nichts gemein haben, die Besonderheiten der Artusepisode im ›Tristrant‹ erkennen. Christian Kiening stellt fest: „Die Geschehensfolge gliedert sich in drei Teile, die sich mit verschiedenen narrativen Modellen verbinden: (1) Vorgeschichte u. Werbung, bestimmt durch Genealogie- u. Brautwerbungsschema, (2) räumlich eng zusammenhängende Episoden unter dem Zeichen intensiver Trankwirkung, bestimmt durch die Charakteristika eines Minneromans, (3) räumlich weiter gespannte Episoden unter dem Zeichen extensiver Trankwirkung, bestimmt durch Elemente eines Abenteuer-, Reise- oder Schwankromans. Vor allem die beiden ersten Teile bilden ein narratives Gerüst, das bis in die Frühdruckzeit für fast alle Tristanversionen grundlegend bleiben wird, der dritte hingegen, bei E[ilhart] der umfangreichste, hat stärker episod[ischen] Charakter u. eröffnet Raum für Variationen."[47] Tatsächlich sind in den

47 Christian Kiening, Eilhart von Oberg, in: Killy Literaturlexikon. Autoren und Werke des deutschsprachigen Kulturraumes. 2., vollst. überarb. Aufl.,

‚höfischen' Fassungen des Stoffs vor allem in diesem dritten Teil, aber auch schon im zweiten, zahlreiche Differenzen zwischen den einzelnen Bearbeitungen festzustellen. Dabei finden sich in allen Tristanromanen wie in den Artusromanen sinnstiftende Wiederholungen und sogar Spiegelungen von Situationen und Motiven, wobei solche Doppelungen nicht wie im Artusroman auf den Fortschritt des Protagonisten hinweisen, sondern entweder erkennen lassen, dass Tristan sich in seinem Verhältnis zu Isolde gerade nicht entwickelt, oder aber auf das tragische Ende verweisen.

In der wohl berühmtesten Bearbeitung des Tristanstoffs im deutschsprachigen Mittelalter tritt der Artushof konsequenterweise überhaupt nicht in Erscheinung. Gottfrieds von Straßburg unvollendeter Roman ›Tristan und Isolde‹ entstand bis um 1210 etwa zeitgleich mit dem ›Parzival‹ Wolframs von Eschenbach. Über den Autor, der vielleicht zur Straßburger Bildungselite zählte, ist außer dem Namen, aus dem man den Herkunftsort ableitet, nichts bekannt.[48] In Gottfrieds Fassung fehlt das zum Artushof gehörige Figureninventar: Artus selbst, Ginover, Gawein, Keie, Erec, Iwein, Parzival usw. Sie alle treten nicht auf, und es hat fast den Anschein, als habe Gottfried ganz bewusst die Anknüpfung an die Welt des Artusromans vermieden. Ausgerechnet an jener Stelle im Handlungsverlauf, die strukturell derjenigen der Artus-Episode bei Eilhart entspricht, wird die Artusgemeinschaft aber kurz erwähnt, und zwar während des Aufenthaltes der Liebenden in der Minnegrotte:

ir zweier geselleschaft
diu was in zwein sô herehaft,
daz der saelige Artûs
nie in dekeinem sînem hûs
sô grôze hôhgezît gewan,
dâ mêre ir lîbe lustes van
und wunne waere enstanden.

hg. von Wilhelm Kühlmann in Verbindung mit Achim Aurnhammer u. a., Bd. 3 (2008), S. 232–234, hier S. 232. Zu den Strukturen des Tristanstoffs, vor allem im Vergleich zu denen der Artusromane, vgl. Ruh Teil 1, S. 46–55, u. Teil 2, S. 203–261, Kuhn, Simon S. 118–122, Mertens (1998), Tomasek, S. 86–117, Worstbrock (alle 5.2), sowie Peter Strohschneider, Herrschaft und Liebe. Strukturprobleme des Tristanromans bei Eilhart, in: ZfdA 122 (1993), S. 36–61.

48 Die aktuellsten Zusammenfassungen dazu finden sich bei Huber und Tomasek (5.2). Zitiert wird der von Friedrich Ranke herausgegebene Text in der überarbeiteten Fassung der zweisprachigen Ausgabe von Rüdiger Krohn (1.1).

Der Artushof dient dem Erzähler als repräsentatives Vergleichsobjekt aus einer anderen (literarischen) Welt. Die Verse 16807–16908 preisen das Alleinsein Tristans mit Isolde, welches nicht vollkommener sein könnte, und lesen sich beinahe wie eine Begründung dafür, dass Gottfrieds Erzählung vollständig auf die Artusgesellschaft verzichtet:

16896 ir hôhzit was diu minne,
ir vröuden übergulde,
diu brâhte in durch ir hulde
des tages ze tûsent stunden
16900 Artûses tavelrunden
und alle ir massenîe dar.
...
16906 wes bedorften si danne?

Gottfried von Straßburg folgt, soweit der Vergleich der Fragmente mit der späteren Tristrams-Saga dies erkennen lässt, seiner anglonormannischen Vorlage, dem Versroman des Thomas von Britannien, wenn er die Wolfseisenepisode ausspart. Während die Handlung bis zur Einnahme des Minnetranks weitgehend so verläuft wie bei Eilhart, ist die Wirkung des Tranks nicht mehr in eine intensive und eine extensive Phase unterschieden. Thomas und mit ihm Gottfried nutzen die sich daraus ergebenden erzählerischen Freiräume für zahlreiche strukturelle Umgestaltungen des Stoffs, zu denen unter anderem die Aufhebung der Verbindung mit dem Artusstoff gehört. Bei Gottfried zieht Tristan nach der Entdeckung durch Marke in die Normandie, wo er Isolde Weißhand kennenlernt, die sich sogleich in ihn verliebt. Ihr Name erinnert den Helden an seine blonde Isolde und so gerät er in einen Gefühlskonflikt. Mit der Schilderung dieses Zwiespalts im Inneren Tristans bricht Gottfrieds Erzählung nach 19548 Versen ab.

Mit dem ›Niederfränkischen Tristanfragment‹ liegt uns das Bruchstück einer weiteren Übertragung des von Thomas verfassten Tristanromans ins Deutsche vor. Da das im niederländisch-westfälischen Grenzraum beschriebene Pergamentblatt aus dem letzten Viertel des 13. Jahrhunderts nur Passagen aus der Schlusspartie enthält, die bei Gottfried fehlen, handelt es sich entweder um die Reste einer vorlagengetreuen Fortsetzung zu Gottfrieds ›Tristan‹-Torso oder um eine von diesem vollkommen unabhängige Übersetzung. Über weite Strecken lässt sich die genaue Übereinstimmung mit der anglonormannischen Vorlage bis in einzelne Formulierungen hinein feststellen, doch finden sich im deutschen Text, anders als bei Thomas, ein kurzer Verweis auf den Artushof (Vv. 31f. *Di hoge koning artus/ heft degene in sinen hus*) und das Motiv von Tristans vermeintlichem Tod, welches sich außer im altfranzösischen Prosaroman nur noch im Episodengedicht ›Tristan als Mönch‹ findet (s. u.). Erzählt wird, dass sich ein Ritter namens Tristan (bei Thomas mit dem Beinamen *li Naim*, ‚der Zwerg') auf dem Weg zum Artushof befindet, um Unterstützung bei der Befreiung seiner entführten Gemahlin zu finden. Unterwegs begegnet er seinem berühmten Namensvetter, den er jedoch nicht erkennt, da dieser allgemein für tot gehalten wird, und gewinnt ihn zum Verbündeten. Im gemeinsamen Kampf gegen die Entführer erleidet Tristan eine tödliche, vergiftete Wunde. Das Fragment bricht mit dessen Bitte ab, die Königin Ysolt aus Cornewalie herbeizuholen.[49]

Neben Wolframs ›Parzival‹ und dessen ›Willehalm‹ sowie Hartmanns ›Iwein‹ gehört Gottfrieds ›Tristan‹ zu den meisttradierten höfischen Versromanen. Anders als diese ist er jedoch räumlich nur begrenzt verbreitet worden, mit einem deutlichen Schwerpunkt im südwestdeutschen Raum, was sich vielleicht der Konkurrenz anderer Tristandichtungen verdankt. Erhalten sind heute noch elf vollständige Handschriften des unabgeschlossenen Werks und 19 Fragmente (vorwiegend des 13. und frühen 14. Jahrhunderts). In nahezu allen vollständigen Handschriften sind statt des nicht vorhandenen Schlusses Tristandichtungen anderer Verfasser beigefügt worden, von denen die beiden Fortsetzungen durch Ulrich von Türheim und Heinrich von Freiberg sogar eigens zu diesem Zweck entstanden.[50] Auch Eilharts Werk und ›Tristan als Mönch‹ sind mehrfach mitüberliefert. Offensichtlich wollte man die Geschichte nicht ohne das tragische Ende der beiden Liebenden aufzeichnen.

Für den bei Gottfried fehlenden Stoff orientieren sich die Fortsetzer an Eilharts ›Tristrant‹. Der zwischen 1236 und mindestens 1244 urkundlich in Augsburg bezeugte Ulrich von Türheim arbeitete als Angehöriger eines schwäbischen Ministerialenge-

49 Die Ausgabe von De Smet/Gysseling und zwei aktuelle Beiträge von Steinhoff und Tomasek finden sich unter 5.10.

50 Vgl. zu ihnen die Übersicht bei Tomasek (5.2), S. 54f., außerdem Grubmüller, Strohschneider, Müller (alle 5.2), Strohschneider (5.10) und Alan Deighton, Die Quellen der Tristan-Fortsetzungen Ulrichs von Türheim und Heinrichs von Freiberg, in: ZfdA 126 (1997), S. 140–154 (zu den Textausgaben s. 1.1).

schlechts im kulturellen Umfeld der staufischen Könige Heinrich VII. und Konrad IV. Zu diesem gehörte neben Rudolf von Ems und anderen alemannischen Dichtern auch der 1243 verstorbene Reichsschenk Konrad von Winterstetten, der in der ›Tristan‹-Fortsetzung als Auftraggeber erwähnt wird. Durch sein Todesjahr ergibt sich ein *terminus ante quem* für die Dichtung. Nach 1243 hat Ulrich auch zu Wolframs ebenfalls unvollendetem ›Willehalm‹ einen Schluss angefertigt, und vermutlich ist die zuvor entstandene Übertragung des ›Cligès‹ auch nur ein Schluss zur unvollständigen Bearbeitung des chrétienschen Romans durch Konrad Fleck (s. Kap. IV.2).

In einem kurzen Prolog bedauert Ulrich den Tod des *Meister Gotfrît, der dis buoches begunde* (Vv. 4f.), erläutert den Fortsetzungscharakter seiner Dichtung (Vv. 19–39) und führt dann die Handlung, beginnend mit dem zweifelnden Tristan, in rund 3700 Versen rasch zu dem bekannten Ende. Die Reihe der Aventiuren, die stets zu Wiedersehen mit Isolde führen, ist zu einem einzigen Besuch verschmolzen, sodass neben anderen auch die Wolfseisenepisode nicht aus Eilharts Text übernommen wurde und der Artushof, wie bei Gottfried, weiterhin nicht in Erscheinung tritt. Dennoch verurteilt Ulrichs Erzähler mehrfach und eindeutig die gesellschaftszerstörende Wirkung der Liebe zwischen Tristan und Isolde. Für das zeitgenössische Publikum ergab sich daraus aber offenbar kein Widerspruch zu Gottfrieds Darstellung, was dadurch begründet sein könnte, dass die Ordnung stoffbedingt, durch den Tod der beiden am Ende, ja ohnehin wieder hergestellt wird. Trotz einer von der Forschung behaupteten, grundsätzlichen Orientierung an Eilhart ist die Frage nach einer weiteren, eventuell französischen Vorlage noch unbeantwortet.

Zwei Generationen nach Ulrich fertigt auch Heinrich von Freiberg seine Fortsetzung des ›Tristan‹ für ein hochadliges Publikum an. Sein mit fast 7000 Versen sehr viel umfangreicheres Werk entstand in den letzten beiden Jahrzehnten des 13. Jahrhunderts im Auftrag des zwischen 1261 und 1329 urkundlich bezeugten Reimund von Lichtenburg, vermutlich im Umfeld des böhmischen Hofs Wenzels II. in Prag. Auch Heinrich thematisiert in einem Prolog den Verfasserwechsel (Vv. 1–84) und führt die Handlung genau dort weiter, wo Gottfrieds Fragment endet, allerdings sehr viel ausführlicher. In dem Bestreben, möglichst viele Episoden aus der Stofftradition unterzubringen, ist vielleicht sogar der Anlass für die Neufassung des Schlusses zu sehen, denn Heinrich war neben Eilharts und Gottfrieds Werken auch die Fortsetzung

Ulrichs gut bekannt. Er übernimmt fast alle Rückkehrabenteuer aus Eilharts Roman, verändert aber deren Reihenfolge und bringt so auch die bei ihm sehr umfangreiche Erzählung von Tristans Aufenthalt am Artushof noch unter (Vv. 1129–3004).

Tristan trifft einen Garzun, der im Namen des Königs Artus die tapfersten und tüchtigsten Ritter, zu denen auch Tristan gehört, an den Hof einlädt. Der Bote erklärt dem nachfragenden Helden ausführlich das ordnungsstiftende Prinzip der runden Tafel (Vv. 1307–1412). Nach einem eher rituellen Zweikampf gegen Gawan, mit dem er verwandt und befreundet ist, sowie gegen Keie und andere Ritter, wird Tristan ehrenvoll in die Tafelrunde aufgenommen. Gawan verhilft ihm, wie bei Eilhart, durch einen manipulierten Jagdausflug des Artushofs zur Zusammenkunft mit Isolde. Anders als bei Eilhart entsteht dadurch jedoch kein Rechtsbruch: Als die Artusritter am Morgen hinkend davonreiten, bittet Marke seinen Gast, ihm deshalb nicht zu zürnen. Artus nimmt diese Entschuldigung unter der Bedingung an, dass Marke den Zorn gegen seinen Neffen aufgibt und diesen wieder an seinem Hof duldet. So lässt Artus Tristan bei Marke zurück, bleibt aber als dessen Nachbar auch in der weiteren Handlung präsent.

Am Artushof wird Tristan für die ritterlichen Erfolge im Dienst seiner Dame akzeptiert. Das gesellschaftsgefährdende Verhalten der Liebenden wird bei Heinrich durch die Wirkung des Trankes entschuldigt, sodass die Ehe als einzig legitime Form der Verbindung zwischen Mann und Frau nicht in Frage steht.[51] Am Schluss dient dem Fortsetzer die Beziehung zwischen Tristan und Isolde als Negativbeispiel für die seit Ovid hinlänglich bekannte Macht der Minne. Er stellt die weltliche Liebe als vergänglich hin, während allein die Liebe zu Gott zur Glückseligkeit führt. Die in den Rosenstock rankende Weinrebe wird am Ende als Vereinigung der menschlichen Seele mit Christus geistlich ausgelegt (Vv. 6822–6890). Die Berufung auf Thomas von Britannien als Quelle (Vv. 6842ff.) gilt der Forschung als fingiert.

Mit Gottfrieds ›Tristan‹ und Ulrichs Fortsetzung ist die anonyme Erzählung ›Tristan als Mönch‹ überliefert. Sie gehört wie ›La Folie Tristan‹, ›Tristan Ménestrel‹ und das Geißblatt-Lai der Marie de France aus dem 12. Jahrhundert zu den so genannten

51 Zu den beiden anderen Werken Heinrichs, die ihn ebenfalls als mit dem Artusroman vertraut zeigen, vgl. Hans-Joachim Behr, Ein *niuwer* Parzival in Paris. Artusidealität und ritterliche Selbstdarstellung in der Ritterfahrt Johans von Michelsberg, in: Literatur des Mittelalters in Böhmen und über Böhmen, hg. von Dominique Fliegler u. Václav Bok. Wien 2001, S. 63–80.

Episodengedichten, die als selbstständige Werke jeweils ein in sich abgeschlossenes Rückkehr-Abenteuer erzählen, dabei allerdings die Tristanhandlung voraussetzen. Im ›Lai du Chievrefoil‹ der Marie de France wird zu Beginn kurz daran erinnert, dass Marke Tristan vom Hof verbannt hatte, und dann davon erzählt, wie dieser sich mit seiner Geliebten heimlich bei einem Ausritt im Wald trifft. Als Erkennungszeichen für Isolde fungiert dabei eine Haselrute, in die Tristan seinen Namen geschnitzt hat. Es sei mit ihnen beiden, so sagt er, wie mit dem Geißblatt, das sich um den Haselstrauch rankt: Wenn es sich ganz um den Stamm gewunden hat, können beide zusammen überdauern. Trennt man sie aber, dann stirbt der Haselstrauch schnell und mit ihm zugleich das Geißblatt.[52] Mit diesem Bild weist das Episodengedicht über sich selbst hinaus auf das gemeinsame Grab der Liebenden am Schluss der Tristanhandlung, und Marie de France gibt an, dass Tristan selbst der blonden Isolde zuliebe einen solchen Lai über diese Begebenheit gedichtet habe.

Auf ähnliche Weise setzt auch ›Tristan als Mönch‹ voraus, dass es dem Helden nicht erlaubt ist, Isolde an Markes Hof zu treffen. In der einzigen noch erhaltenen Brüsseler Handschrift sind die 2705 Verse des wohl elsässischen Episodengedichts nach Gottfrieds Fragment und vor der Fortsetzung Ulrichs von Türheim eingeschoben.[53] In diesem Kontext lassen sie sich, trotz inhaltlicher Brüche, als Ersatz für die zahlreichen Rückkehrabenteuer lesen, da die Verse mehr als die ersten zwei Drittel von Ulrichs Schluss ersetzen. Betrachtet man den anonymen Text hingegen als selbstständiges Werk, dann beginnt dieses mit den typischen Gattungssignalen eines Artusromans: *Iuch ist wol zuo wissen das, / wie zuo Britanje ein koning sas, / der was Artus genant; / mit michelen eren stunt sin lant* (Vv. 1–4). Auch nimmt die Handlung ihren Ausgang am Artushof:

Weil Ginover ihren nicht namentlich genannten Geliebten – wer sich im Artusstoff auskennt, weiß natürlich, dass es sich nur um Lancelot handeln kann – lange nicht gesehen hat, ruft sie einen Hoftag in Karidol aus, und hofft, dass auch er dort erscheinen werde. Wie zu Beginn von Heinrichs Fortsetzung trifft einer der ausgeschickten Boten auch auf Tristan, der zwar gleich die Gelegenheit erkennt, die blonde Isol-

52 Herausgegeben von Rieger (1.1), S. 366–373.

53 Von einem zweiten Textzeugen liegt heute nur noch eine moderne Abschrift vor, vgl. die Textausgabe von Bushey (1.1), S. 1–16, sowie Hans-Hugo Steinhoff, Tristan als Mönch, in: ^{2}VL Bd. 9 (1995) Sp. 1062–1065.

de dort zu treffen, sich aber verpflichtet fühlt, der Einladung gemäß mit der anderen Isolde als seiner Ehefrau beim Hoftag zu erscheinen. Vom Artushof derart zur Wahl gezwungen, entscheidet er sich für sein Ansehen und gegen die Liebe, glaubt aber, die Zuneigung der blonden Isolde dadurch verloren zu haben (Vv. 57–726).

Als er bei einem Ausritt mit Kornewal zufällig einen erschlagenen Ritter findet, kommt ihm die Idee, Isolde auf die Probe zu stellen. Er legt der Leiche seine Rüstung an, macht deren Gesicht unkenntlich und inszeniert mit Kornewals Hilfe seinen eigenen ‚Tod': *so wil ich es versuochen, / wie myn frouwe wolte clagen, / sturbe ich oder wurde erslagen* (Vv. 916–918). Zugleich sieht er die Möglichkeit gegeben, sich ihr ein weiteres Mal unentdeckt und auf listige Weise zu nähern: *eine trüge nuwe/ wil ich an fohen* (Vv. 930f.). Der Tote wird als Tristan in einem nahegelegenen Kloster aufgebahrt, während Tristan als dessen vermeintlicher Mörder in den Mönchsorden eintritt. Als die Hofgesellschaft eintrifft, beklagen Artus, Ginover, Kaedin und Isolde in langen Reden den Verstorbenen als Krieger, Minneritter und Ehemann (Vv. 1090–1372). Der Leichnam wird in Begleitung Tristans, der sich *bruoder Wît(e)* (zu germ. **wita-* ‚Wissender, Weiser'?) nennt, an den Hof Markes überführt. Ging aus Ginovers Klage hervor, dass sie um Tristans Verhältnis mit der blonden Isolde weiß (Vv. 1172f.), während von ihrem eigenen Geliebten gar nicht mehr die Rede ist, bieten Markes und Isoldes ausführliche Klagereden (Vv. 1560–1681 u. 1900–2116) dem Autor Gelegenheit zur Rekapitulation der gesamten Tristanhandlung (mit Ausnahme des Minnetranks). Marke bereut die Hartherzigkeit gegenüber seinem Neffen und auch die blonde Isolde lässt ihrer Trauer freien Lauf, was Tristan von ihrer noch immer anhaltenden Liebe überzeugt. In einem Brief offenbart er ihr die Täuschung und beide treffen sich ein weiteres Mal heimlich im Baumgarten. Während der Tote begraben wird, täuscht Isolde mit einer Gegenlist, von der diesmal Tristan nichts weiß, eine Krankheit vor, die nur von Wît(e) dem Mönch geheilt werden kann, der ihr daher eifrig beisteht, bis sie wieder ‚ohne Stab' gehen kann und dann nach Parmenie zurückkehrt (Vv. 2133–2705). Vergleichsweise bruchlos reiht sich der Schluss von Ulrichs Fortsetzung (ab V. 2805) an.

Unabhängig davon, ob das Werk von vornherein als Fortsetzung zu Gottfried geplant war, integriert der anonyme Autor die Episode von Tristans Inszenierung seines eigenen Begräbnisses, mit dem er die Wahrhaftigkeit der Liebe Isoldes erkundet, geschickt in den bekannten Handlungsverlauf. Ob er für sein Werk, das zeitlich nach Ulrichs Fortsetzung im westalemannischen Sprachraum entstand, eine französische Vorlage benutzte, ist nicht bekannt – in Frankreich ist der Stoff nicht überliefert. Die Konfrontation mit dem Artushof macht einerseits auf die Parallele der Ginover-Lancelot-Liebe aufmerksam, die in ihrer unheilbringenden Konsequenz den Untergang des Artusreichs herbeiführt, zeigt aber andererseits einen Protagonisten, der zwar auf sein gesellschaftliches Ansehen bedacht ist und letztendlich *schanden frie* wieder abreist (V. 2703), aber für das heimliche Treffen mit der Geliebten selbst vor der Schändung eines Leichnams nicht zurückschreckt. Der gehörnte Marke wird mit dem betrogenen Isengrin aus Heinrichs ›Reinhart Fuchs‹ verglichen (Vv. 2656–2659). Die burleske Situation erreicht ihren Höhepunkt, wenn Tristan sich für seinen Beischlaf mit Isolde die Absolution des Abtes holt, der glaubt, seinen Mönch zur Pflege einer Kranken zu schicken:

der apt sprach: ‚crede mich,
ich enweiß dar umb nicht zuo vil.
was aber myn herre wil
und verbot uns nicht verbiete,
das leistent one miete,
bruoder, das ist gotlich;
die sünde die nime ich über mich.‘

›Tristan als Mönch‹ ist innerhalb der Tristandichtungen das einzige erhaltene Episodengedicht in deutscher Sprache, aber innerhalb der *matière de Bretagne* ist ihm ›Der Mantel‹ aus dem Ambraser Heldenbuch vergleichbar, mit dem es neben der eigentümlichen Überlieferungssituation auch das Arrangement einer Probe sowie das schwankhafte Potenzial teilt. Es ist nicht auszuschließen, dass noch mehrere solcher kürzeren Werke im deutschsprachigen Raum bekannt gewesen sind, sei es in deutscher, sei es in französischer Sprache. Vielleicht wurden sie aber, ähnlich der Märendichtung, eher mündlich tradiert.

Der Vollständigkeit halber sei noch auf zwei anonyme Prosaromane zum Tristanstoff aus dem späten 15. Jahrhundert hingewiesen. Seit dem Erstdruck von 1484 und bis in das 17. Jahrhundert hinein in über 16 Druckauflagen weit verbreitet ist die Prosaauflösung des Eilhartschen ›Tristrant‹ durch einen Verfasser, der sich in der Vorrede als *ich Vngenannt* bezeichnet. Nach dieser Prosa hat auch Hans Sachs den Stoff noch mehrfach bearbeitet, unter anderem in seiner ›Tragedia mit 23 Personen, von der strengen lieb herr Tristrant mit der schönen königin Isalden, und hat 7 actus‹ von 1553, in der der Artushof allerdings nur noch als Ort hinter der Bühne präsent ist.

Nur durch ein handschriftliches Fragment bezeugt ist hingegen die vermutlich ebenfalls erst in den achtziger oder neunziger Jahren des 15. Jahrhunderts entstandene, einzige deutsche Übersetzung des altfranzösischen Prosaromans von Tristan. Die Urfassung des später erheblich erweiterten ›Tristan en prose‹ entstand noch in der ersten Hälfte des 13. Jahrhunderts. Schon in ihr findet sich, worauf ›Tristan als Mönch‹ anspielt, die Verknüpfung der ehebrecherischen Tristanliebe mit der ordozerstörenden Beziehung Ginovers zu Lancelot am Artushof. Die vier agieren als verschworene Schicksalsgemeinschaft, sodass der Tod Tristans und Isoldes geradezu den Untergang des Artusreichs präfiguriert. Inwieweit diese stoffreiche Kompilation, die in etwa 80 Handschriften und seit 1484 in acht Drucken überliefert ist, auch im deutschsprachigen Raum verbreitet war, ist kaum erforscht.[54] Während auch Thomas Malory den Artus-, den Tristan- und den Lancelotstoff ineinanderschiebt, geschieht dies in der deutschen Literatur des späteren Mittelalters und der Frühen Neuzeit nicht. Und so ist es auch nicht verwunderlich, dass Tristan und Isolde in Ulrich Fuetrers ›Das Buch der Abenteuer‹ (s. Kap. VI.1) keine Rolle spielen. Dennoch gehört Tristan in den deutschsprachigen Artusromanen und in anderen Werken, in denen Artusritter erwähnt werden, wie selbstverständlich zum Figureninventar der Tafelrunde: Er wird unter anderem genannt im ›Erec‹ (V. 1650), im ›Lanzelet‹ (V. 6234), in ›Diu Crône‹ (V. 11562), im ›Garel‹ (V. 2456), in ›Der jüngere Titurel‹ (Str. 1993,1) oder im ›Gauriel von Muntabel‹ (Vv. 1341ff. u. V. 5263).

Aus der Perspektive einer Zeit, in der die individuelle Liebe zwischen zwei Menschen nicht denselben gesellschaftlichen Stellenwert haben konnte, wie es heute der Fall ist, musste man den Tristanstoff nicht, wie es vor allem seit dem frühen 20. Jahrhundert romantisierend geschah, vornehmlich als tragische Liebes-

54 Alle notwendigen Informationen zu den Prosaromanen, in denen vorlagenbedingt auch der Artushof in Erscheinung tritt, enthalten die Artikel von Hans-Hugo Steinhoff, Tristan, und Elisabeth Schmid, Tristrant und Isalde, in: ²VL Bd. 9 (1995), Sp. 1060f. u. 1065–1068. Zu Hans Sachs vgl. Tailby (6.5) sowie Johannes Rettelbach, Liebe – Drama – Meistergesang. Die Tristan-Lieder des Hans Sachs, in: Tristan – Tristrant. Mélanges en l'honneur de Danielle Buschinger à l'occasion de son 60 ème anniversaire, hg. von André Crépin u. a. Greifswald 1996 (Greifswalder Beiträge zum Mittelalter 66/Wodan 3), S. 431–440; Salvatore Calomino, Hans Sachs's Tristrant and the Treatment of Sources, in: Tristania 24 (2006), S. 51–79. Zu den afrz. Tristandichtungen vgl. Adeline Richard, Amour et passe amour. Lancelot-Guenièvre, Tristan-Yseut dans le Lancelot en prose et le Tristan en prose. Étude comparative. Aix-en-Provence 2007 (Publications de l'Université de Provence).

geschichte rezipieren. Man konnte in den verschiedenen Bearbeitungen seit dem 12. Jahrhundert neben dem Thema ‚Liebe' (wie im ›Eneasroman‹ Heinrichs von Veldeke) auch die Themen ‚Brautwerbung und Herrschaftsnachfolge' (wie im ›König Rother‹), ‚Verwandtschaft' (wie im ›Nibelungenlied‹) oder ‚Vasallentreue und politischer Betrug' (wie im ›Herzog Ernst‹) in den Vordergrund rücken. Bei solchen Schwerpunktsetzungen waren den Bearbeitern des Stoffs Tristans Begegnungen mit der arthurischen Tafelrunde stets ein nützliches Instrument, um die Gegensätze zwischen den gesellschaftlichen Verpflichtungen eines jungen Adligen und den Vergnügungen einer selbstsüchtigen Liebe zu einer verheirateten Frau scharf zu konturieren.

3. Die Tafelrunde und der Gral

Wenn der Minnetrank als Symbol dafür steht, dass die illegitime Beziehung zwischen Tristan und Isolde die Tafelrunde mit der gesellschaftszerstörenden Wirkung der geschlechtlichen Liebe konfrontiert, dann ist der Gral ein Symbol dafür, wie das einzelne Mitglied der höfischen Adelsgesellschaft seine Beziehung zum christlichen Gott arrangieren kann. Während die Protagonisten der Artusromane stets versuchen, Minne und Aventiure in ein Gleichgewicht zu bringen, dringt in den behandelten Tristandichtungen eine andere, kompromisslose Form der Liebe zwischen Mann und Frau in den Artusstoff ein, die in der Hofgesellschaft keinen Raum findet. Die Gralromane rücken entsprechend den individuellen Glauben der in anderen Werken selbstverständlich immer schon christlichen Artusritter in den Mittelpunkt des Erzählens. Ausgangspunkt dafür ist mit dem vor 1190 entstandenen ›Conte du Graal‹ wiederum ein Werk Chrétiens de Troyes. Ohne auf die vieldiskutierte Polygenese des Stoffs einzugehen, lässt sich sagen, dass es Chrétien war, der den Artusstoff mit der Legende von Joseph von Arimathia verknüpfte, welcher das Blut Christi unter dem Kreuz in einer Schale oder einem Kelch aufgefangen haben soll. Diese Legende ist aus einem apokryphen Evangelium des 5. Jahrhunderts hervorgegangen und wird im 12. Jahrhundert etwa zeitgleich mit dem ›Conte du Graal‹ in ›L'Estoire dou Graal‹ des ebenfalls anglonormannischen Dichters Robert von Boron erzählt. Der Sage nach soll Joseph den Heiligen Kelch kurz vor seinem Tod in das Kloster Glastonbury (zu diesem s. o., Kap. II.1) gebracht haben.[55]

55 Vgl. Merlin and the Grail. Joseph of Arimathea, Merlin, Perceval. The trilogy of prose romances attributed to Robert de Boron. Transl. by Nigel Bryant. Cambridge u. a. 2001 (Arthurian studies 48). Quelle für die Kindheit Percevals dürfte die Geschichte von Peredur sein, die im Umfeld der Mabinogion erzählt wird; vgl. Claude A. Luttrell, Le Conte del Graal et d'autres sources françaises de l'Historia Peredur, in: Neophilologus 87 (2003), S. 11–28; Philippe Ménard, Les Mabinogion et les romans de Chrétien de Troyes. La scène dite du Graal dans le ›Peredur‹ et le ›Perceval‹, in: Mito e storia nella tradizione cavalleresca. Atti del XLII Convegno Storico Internazionale, Todi, 9–12 ottobre 2005, ed. Fondazione Centro di Studi sull' Alto Medioevo. Spoleto 2006 (Studi sulla Spiritualità Medievale. Nuova serie 19), S. 69–90; Welz (5.14).

In diesem Kapitel werden diejenigen Werke behandelt, in denen eine Verbindung von Artusstoff und Gral-Legende besteht.[56] In der Nachfolge Chrétiens sind dies Wolframs ›Parzival‹ und der so genannte ›Rappoltsteiner Parzifal‹, Wolframs ›Titurel‹-Fragmente und insbesondere deren Bearbeitung durch einen Dichter namens Albrecht: ›Der jüngere Titurel‹. Die Darstellung konzentriert sich dabei auf den ‚arthurischen Gehalt' dieser Werke; weitgehend unberücksichtigt bleibt das zahlreiche esoterische Schrifttum zum Mysterium des Grals.

3.1. Der ›Parzival‹ Wolframs von Eschenbach als Artusroman

Es wird allgemein angenommen, dass es sich bei ›Le Conte du Graal‹, nach seinem Protagonisten auch ›Perceval‹ genannt, um Chrétiens letztes Werk handelt. Da es für sein Wirken nach 1190 keine Belege gibt, ist er möglicherweise vor dessen Fertigstellung verstorben. Als Auftraggeber wird Graf Philipp von Flandern (†1191) genannt. Wolfram von Eschenbach stand als Vorlage jedenfalls nur ein unvollendetes Werk zur Verfügung. Es ist daher nicht auszuschließen, dass er ähnlich wie die Tristan-Fortsetzer den Auftrag erhielt, das französische Werk ins Deutsche zu übertragen und abzuschließen – auch in französischer Sprache ist der ›Perceval‹ mehrfach fortgesetzt worden.[57] Anders als die Tristan-Fortsetzer konnte Wolfram dafür aber nicht auf die Quellen seiner Vorlage zurückgreifen, sondern war dazu gezwungen (oder hatte die Möglichkeit), ein eigenes Konzept für das Gesamtwerk zu entwerfen. Er bearbeitete seine Vorlage daher intensiver und freier, als es bei Hartmann oder Gottfried der Fall war, und erweiterte die 9230 Verse aus Chrétiens Romanfragment unter Benutzung von ›Perceval‹-Fortsetzungen auf mehr als den doppelten Umfang.

Auch darauf bezieht sich vielleicht die in der Forschungsliteratur häufig zitierte Äußerung des ›Parzival‹-Erzählers: *disiu âventiure / vert âne der buoche stiure* (‚Diese Erzählung schreitet ohne Unterstützung durch Bücher voran', Vv. 115,29f.).[58] Den-

56 Vgl. dazu René Pérennec, Percevalromane, in: Pérennec/Schmid (4.2.2), S. 169–220.

57 Vgl. dazu Schmolke-Hasselmann (4.2.2) und Welz (5.14).

58 Verweise auf die inzwischen fast unüberschaubar gewordene Forschungsliteratur zu Wolfram werden hier auf das Notwendigste beschränkt, zumal die unübertroffene Einführung von Joachim Bumke (^{8}2004) systematisch zu allen Themen aktuelle Literaturhinweise bereit hält – vgl. jetzt auch

selben Erzähler lässt Wolfram, der Autor, unmittelbar zuvor über sich selbst sagen: *ine kan decheinen buochstap* (‚Ich beherrsche keinen Buchstaben', V. 115,27). Durch derartige Informationen versieht Wolfram die personalisierte Erzählinstanz seines Romans mit Elementen einer Biographie, und er gibt dem Erzähler sogar seinen Namen: *ich bin Wolfram von Eschenbach, / unt kan ein teil mit sange* (Vv. 114,13f.). Solche biographischen Versatzstücke finden sich konzentriert am Ende des zweiten Buchs,[59] im Epilog der Elternvorgeschichte, die Wolfram dem von Chrétien übernommenen Handlungsverlauf vorangestellt hat.

Durch die Inszenierung der Erzählerfigur als ungebildeter Ritter (*schildes ambet ist mîn art*, V. 115,11) und besitzloser Familienvater (Vv. 184,29ff.) gelingt es Wolfram, die beim zeitgenössischen Publikum entstehende Vorstellung vom Autor selbst maßgeblich zu beeinflussen. Wie vor allem Michael Curschmann gezeigt hat, entsteht das Bild eines vor Publikum eine Geschichte erzählenden Rhapsoden, der zwischen seinen Hörern und der Handlung vermittelt – solche Sprecher (Rhapsoden) dürften um 1200 tatsächlich maßgeblich für die mediale Vermittlung der höfischen Versromane gewesen sein. Der Autor Wolfram von Eschenbach verbirgt sich hinter dieser Vortragssituation und überträgt die Autorität für das Erzählte dem fingierten Vortragenden. Sämtliche Rezeptionszeugnisse zu Wolfram aus dem späteren Mittelalter stehen unter dem Eindruck dieser Selbstinszenierung des Autors in seinen Erzählerfiguren.[60]

Diese Selbstdarstellung setzt Wolfram in der Gestaltung der Erzählerfiguren seiner weiteren Werke fort. Nach dem ›Parzival‹ entstand zwischen 1210 und 1220 der unabgeschlossene ›Willehalm‹, in demselben Zeitraum wohl auch die nur als Entwurf an-

Dallapiazza (2009). Weiterhin lesenswert sind die Arbeiten von Curschmann, Nellmann, Draesner (alle unter 5.3), Ruh 1980 (4.1.3), S. 50–202, und Johnson (4.1.1), S. 324–365. In den seit 1970 erscheinenden Wolfram-Studien der Wolfram von Eschenbach-Gesellschaft finden sich regelmäßig Tagungsbände zu aktuellen Themen sowie eine fortschreitende Bibliographie. Zitiert wird aus dem Nachdruck der 6. Ausgabe durch Karl Lachmann von 1926 (1.1), obgleich dessen grundlegende kritische Edition bereits 1833 erschien.

59 In Anlehnung an die Initialensetzung in einigen Überlieferungsträgern unterteilte Lachmann die fast 25.000 Verse des ›Parzival‹ in 827 Abschnitte zu je 30 Versen (dem folgt auch die Zitierweise), die sich auf 16 Bücher verteilen. Nur für die Bücher 3–13 bildet dabei Chrétiens ›Perceval‹ Wolframs Vorlage.

60 Zum Autor Wolfram vgl. Bumke 1999 sowie [8]2004, S. 1–9 (5.3), zum Erzähler Wolfram Curschmann, Nellmann, Bein und Ridder (5.3).

gefertigten ›Titurel‹-Fragmente sowie vermutlich neun Minnelieder, darunter einige der beeindruckendsten Tagelieder der mittelalterlichen Lyrik. Aus ihrer Überlieferung in der großen Heidelberger Liederhandschrift (UB Heidelberg, Cpg 848, Bl. 149v) stammt auch die bekannte Miniatur zu Wolfram, die den Dichter – entsprechend der Inszenierung des Erzählers im ›Parzival‹ – als gewappneten Ritter darstellt.

Wolframs Vorgehensweise verführte auch die ältere germanistische Forschung dazu, die Informationen zur Erzählinstanz auf den Autor zu übertragen, denn über die Person Wolfram von Eschenbach liegen uns außerhalb der von ihm hinterlassenen Dichtungen keinerlei historische Zeugnisse vor. Der Reimsprache seiner Werke sowie den in ihnen erwähnten Orten und Personen nach stammt Wolfram aus Franken, auch wenn sich der ›Parzival‹-Erzähler im Widerspruch dazu als *Beier* bezeichnet (V. 121,7), denn Franken gehörte im Mittelalter niemals zu Bayern. Im fränkischen Eschenbach bei Ansbach, das sich seit 1917 Wolframs-Eschenbach nennt, ist seit 1268 eine adlige Familie von Eschenbach bezeugt, die dem Dichter im späten 15. Jahrhundert ein Grabmal in der Kirche des Städtchens errichten ließ: Ihr könnte Wolfram angehört haben. „Die Herren von Eschenbach waren Lehnsleute der Grafen von Öttingen und der Grafen von Wertheim und besaßen auch Güter vom Bistum Eichstätt und vom Deutschen Orden, an den ihr Besitz fiel, als die Familie in der zweiten Hälfte des 14. Jahrhunderts ausstarb.“[61] Es spricht einiges dafür, dass Wolfram zunächst für ein regional begrenztes Publikum tätig war (genannt werden der Graf von Wertheim, die Freiherren von Durne, denen die Burg Wildenberg gehörte, die Grafschaften Abenberg und Dollnstein, die Markgräfin vom Haidstein, ein Herr Heinrich von Rispach, die Orte Trüdingen, Kitzingen und Nördlingen, der Schwarzwald, der Virgunt, das Lechfeld bei Augsburg sowie der Sand bei Nürnberg) und später am Hof des Landgrafen Hermann I. von Thüringen (†1217).

So ungebildet, wie sein Erzähler es für sich behauptet, war Wolfram vermutlich nicht. Auch wenn dies in der Germanistischen Mediävistik nach wie vor umstritten ist, darf man davon ausgehen, dass er an der lateinischen Sprache Lesen und Schreiben gelernt hat, selbst wenn der Zugang zu Schulen, Universitäten und anderen Bildungsstätten um 1200 in der Regel hohen Adligen vorbehalten blieb. Jedenfalls besaß er gute

61 Bumke ^{8}2004 (5.3), S. 2.

Kenntnisse auf den Gebieten der Theologie, der Medizin, der Kosmologie, der Astronomie, der Naturkunde und der Geographie. Neben altfranzösischen Quellen benutzte er auch lateinische Traktate. NELLMANN zieht in Erwägung, dass Wolfram der ›Conte du Graal‹ in einer Sammelhandschrift vorgelegen haben könnte, die auch andere Werke Chrétiens, den ›Erec‹, den ›Lancelot‹ und den ›Cligès‹, sowie vielleicht den ›Roman de Brut‹ des Wace enthielt.[62]

Der ›Parzival‹ ist der einzige Versroman des hohen Mittelalters, der durch außerliterarische Fakten datiert werden kann: Im siebten Buch vergleicht der Erzähler den beim Aufmarsch eines Heeres zertretenen Boden mit der Zerstörung des Erfurter Weingartens durch Pferdehufe, die man noch immer sehen könne: *Erffurter wîngarte giht / von treten noch der selben nôt: / maneg orses fuoz die slâge bôt* (Vv. 379,18–20). Diese Bemerkung dürfte sich auf die Belagerung Erfurts im Jahr 1203 beziehen, während der König Philipp von Schwaben von den Verbündeten Hermanns von Thüringen in der Stadt eingeschlossen wurde. Das siebte Buch muss demnach 1203 oder bald darauf gedichtet worden sein – jedenfalls bevor in Erfurt wieder Wein gelesen werden konnte –, und man nimmt daher an, dass der gesamte Roman zwischen 1200 und etwa 1210 entstand.[63] Wie im Fall des kurz zuvor abgeschlossenen ›Iwein‹ verbreitete sich das Werk nicht nur mündlich, ohne dass wir dafür Zeugnisse besäßen, sondern auch schriftlich ausgesprochen erfolgreich. Vollständige Handschriften und Fragmente geben Zeugnis von mindestens 86 noch erhaltenen Textzeugen, mit denen der ›Parzival‹ zum meistüberlieferten höfischen Versroman des 12. bis 15. Jahrhunderts avanciert. Hinzu kommt, dass er seit 1477 durch Johann Mentelin in Straßburg in einem der ältesten deutschen Inkunabeldrucke verbreitet wurde.

Der ›Parzival‹ beginnt mit einem nicht leicht verständlichen Prolog, der zentrale Themen der Romanhandlung auf hohem Abstraktionsniveau zur Sprache bringt (Vv. 1,1–4,26): Zweifel

62 EBERHARD NELLMANN, Zu Wolframs Bildung und zum Literaturkonzept des ›Parzival‹, in: Poetica 28 (1996), S. 327–344; anders zuletzt FRITZ PETER KNAPP, *Leien munt nie baz gesprach.* Zur angeblichen lateinischen Buchgelehrsamkeit und zum Islambild Wolframs von Eschenbach, in: ZfdA 138 (2009), S. 173–184.

63 Da das zeitliche Verhältnis zu Gottfrieds ›Tristan‹ nicht genauer bestimmt werden kann, nahm man lange Zeit an, dass beide Werke sukzessive und parallel entstanden seien. In den Vv. 143,21–144,2 in der Mitte des dritten Buchs spielt Wolfram aber nicht nur auf Hartmann von Aue an, sondern zitiert dazu auch die Vv. 11364ff. mitten aus Gottfrieds Roman, den er zu Beginn seiner Arbeit also bereits gekannt haben muss.

(an Gott), das Gutsein und die Sündhaftigkeit des Menschen (‚Elsterngleichnis'), das Verhalten des Einzelnen in der Gesellschaft, die Liebe zwischen Mann und Frau, aber auch das richtige Verstehen der nachfolgenden Erzählung in Verbindung mit der Einführung und Selbstvorstellung der Figur des Erzählers. Gattungssignale für einen Artusroman finden sich im Prolog hingegen nicht. König Artus und sein Hof werden erstmals zu Beginn der von Chrétien übernommenen Parzival-Handlung erwähnt (V. 123,7). Die von Wolfram vorangestellte Elternvorgeschichte erzählt Folgendes:[64]

Buch 1: Gahmuret bleibt als zweitgeborener Sohn des Königs von Anschouwe ohne Erbteil und zieht in den Orient, wo er sich als Ritter einen Namen macht und unter anderem in Zazamanc die dunkelhäutige Königin Belakane aus einer Notlage befreit: Die Truppen des in ihrem Dienst gefallenen Königs Isenhart von Azagouc hatten fast schon ihre letzte Festung Patelamunt eingenommen. Nachdem die beiden geheiratet haben, verlässt Gahmuret Belakane noch vor der Geburt ihres Sohnes Feirefiz. In seinem wie bei der Elster schwarz-weiß gefleckten Äußeren kommt auch seine Existenz zwischen dem Heiden- und dem Christentum zum Ausdruck (Vv. 4,27–58,26).

Buch 2: Aus dem Turnier von Kanvoleiz geht Gahmuret als Sieger hervor, was ihm die Hand der Königin Herzeloyde einbringt, während er sich nach seiner heidnischen Ehefrau Belakane sehnt. Nachdem er für eine weitere Reise in den Orient auch seine christliche Ehefrau verlassen hat, fällt er bald darauf vor Baldac im Kampf. Ein Bote überbringt die Nachricht von seinem Tod der schwangeren Herzeloyde, die in der bevorstehenden Geburt Parzivals ihren Trost findet (Vv. 58,27–114,4).

Als Rahmen beschließt diesen Teil ein zweimal dreißig Verse umfassender Epilog (Vv. 114,5–116,4), der in der Forschungsliteratur als ‚Selbstverteidigung' bezeichnet wird, weil der Erzähler dort, im Anschluss an seine Ausführungen im Prolog, vor allem seine eigene Tätigkeit und das richtige Verstehen des Erzählten zum Thema erhebt: *ich bin Wolfram von Eschenbach / und kan ein teil mit sange* (Vv. 114,12f.). Wie der Minnesang wird auch das romanhafte Erzählen von Rittertum zum Frauendienst stilisiert, worauf der Erzähler anschließend mehrfach und noch in den letzten beiden Versen des Romans hinweist: *ist daz durh ein wîp geschehn, / diu*

64 Die nachstehende knappe Skizze des Handlungsverlaufs orientiert sich an der ausführlichen Nacherzählung mit ‚Handlungsanalyse' bei Bumke ^{8}2004 (5.3), S. 40–124.

muoz mir süezer worte jehn (Vv. 827,29f.). Den Diskurs über die Prinzipien seines Erzählens sowie über die angemessene Form der Rezeption führt der Erzähler im so genannten ‚Bogengleichnis' des fünften Buchs fort (Vv. 241,1–30).

Die Gahmuret-Handlung endet mit zwei auf das weitere Geschehen vorausweisenden Träumen Herzeloydes und mit dem an *Maria lactans*, die das Christuskind stillende Mutter Gottes, erinnernden Bild einer adligen Frau, die ihren Sohn gegen alle Gepflogenheiten nicht der Amme überlässt, sondern selbst versorgen will. Während die dem Publikum im ersten Jahrzehnt des 13. Jahrhunderts bekannten Artusromane sonst nur denjenigen Ausschnitt aus dem Lebensweg ihres Protagonisten erzählen, in dem dieser zum geachteten Mitglied der Tafelrunde aufsteigt sowie Ehefrau und Herrschaft erlangt, werden in Wolframs ›Parzival‹ ganz andere Sinnstiftungsmuster aufgerufen: Das Generationen übergreifende Erzählen kennt das Publikum um 1200 vor allem aus der Geschichtsdichtung sowie aus der Heldenepik. Nachdem es Parzivals Geburt miterleben durfte, lässt der Erzähler keinen Zweifel daran, dass nicht Gahmuret, sondern das Neugeborene der Held der Geschichte (*sachewalte*, V. 112,1) sein wird, *wand er ist alrêrst geborn, / dem diz mære wart erkorn* (Vv. 112,11f.).

Buch 3: Herzeloyde lebt fortan in der Wildnis von Soltane, wo ihr Sohn ohne Kenntnis seiner Herkunft und ohne standesgemäße Erziehung aufwachsen soll, damit er nicht wie sein Vater im Kampf getötet wird. Als der herangewachsene Knabe im Wald zufällig Rittern begegnet, die er ihrer glänzenden Rüstungen wegen zunächst für Götter hält, will jedoch auch er Ritter werden, und dazu an den Artushof ziehen. Zu seinem Schutz kleidet ihn die Mutter wie einen Narren und bricht nach seinem Abschied tot zusammen. Auf einer Waldlichtung küsst der Knabe die in einem Zelt schlafende Herzogin Jeschute und raubt ihr einen Ring, weshalb diese von ihrem Mann Orilus des Ehebruchs verdächtigt und bestraft wird. Währenddessen begegnet Parzival zum ersten Mal seiner Cousine Sigune, die ihren soeben erschlagenen Geliebten Schionatulander in den Armen hält; von ihr erfährt der Held seinen Namen. Vor der Stadt Nantes trifft er auf Ither von Gaheviez, den roten Ritter. Dieser beauftragt ihn, dem Artushof seine Herausforderung zu überbringen, doch am Hof in Nantes lacht man über den Narren. Bei einem anschließenden Streit tötet Parzival seinen Verwandten Ither mit einem Wurfspieß und legt dessen Rüstung an. Als Gast des erfahrenen Fürsten Gurnemanz wird er von diesem 14 Tage lang im Gebrauch ritterlicher Waffen sowie in höfischem Verhalten unterwiesen (Vv. 116,5–179,12).

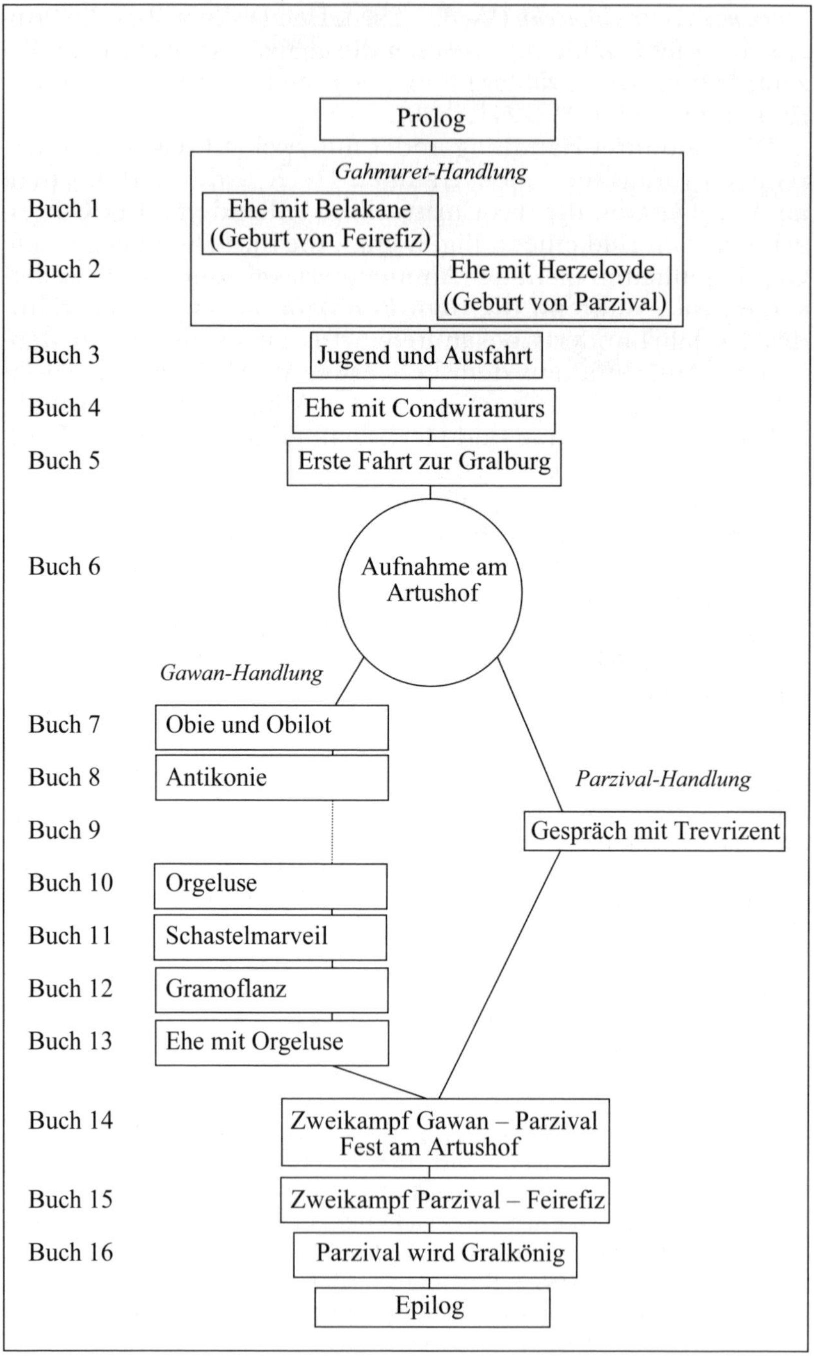
Prolog
Gahmuret-Handlung
Buch 1
Ehe mit Belakane (Geburt von Feirefiz)
Buch 2
Ehe mit Herzeloyde (Geburt von Parzival)
Buch 3
Jugend und Ausfahrt
Buch 4
Ehe mit Condwiramurs
Buch 5
Erste Fahrt zur Gralburg
Buch 6
Aufnahme am Artushof
Gawan-Handlung
Buch 7
Obie und Obilot
Buch 8
Antikonie
Parzival-Handlung
Buch 9
Gespräch mit Trevrizent
Buch 10
Orgeluse
Buch 11
Schastelmarveil
Buch 12
Gramoflanz
Buch 13
Ehe mit Orgeluse
Buch 14
Zweikampf Gawan – Parzival
Fest am Artushof
Buch 15
Zweikampf Parzival – Feirefiz
Buch 16
Parzival wird Gralkönig
Epilog

Buch 4: Während er das Land Brobarz befreit, heiratet Parzival in Belrapeire dessen Königin Condwiramurs. Da beide nichts von körperlicher Liebe wissen, wird die Ehe erst in der dritten Nacht vollzogen. Danach bricht er auf, um seine Mutter wiederzusehen (Vv. 179,13–223,30), kommt aber zunächst (Buch 5) auf die Festung Munsalvaesche (= ,Wildenberg'), wo er der Prozession um den Gral beiwohnt (Vv. 227,7ff.): Im Festsaal versammeln sich 400 Ritter mit ihren 400 Knappen und 100 Kämmerer mit je einem Begleiter. Ein Knappe trägt eine Lanze durch den Saal, von deren Spitze Blut tropft; es erscheinen 24 Jungfrauen mit Kerzen und Essgeschirr, zuletzt trägt Königin Repanse de Schoye den Gral herein, der vor dem verwundeten Anfortas auf den Tisch gestellt wird und auf wundersame Weise alle Speisen und Getränke für die anschließende Mahlzeit hervorbringt. Anfortas will dem Gast sein Schwert überreichen, der aber lehnt diese Gabe ab und versäumt es, sich nach dem rätselhaften Geschehen zu erkundigen: Insbesondere hätte der Gralkönig, den nur der tägliche Anblick des Grals am Leben erhält, durch die Frage nach seinem Befinden von seinem Leiden erlöst werden können (vgl. V. 795,29: *Waz wirret dier?*). Als Parzival am nächsten Morgen auf der Burg erwacht, ist niemand außer ihm mehr dort. Bei seiner zweiten Begegnung mit Sigune erfährt er, was das in Munsalvaesche Geschehene bedeutete, und nach einem Sieg im Zweikampf über Orilus gelingt es ihm, bei einer erneuten Begegnung mit Jeschute, das Ehepaar miteinander zu versöhnen (Vv. 224,1–279,30).

Buch 6: Dann gelangt Parzival zum zweiten Mal an den Artushof: Als er mit aufgestellter Lanze durch drei Blutstropfen im Schnee in Gedanken an seine Ehefrau Condwiramurs versinkt, greifen ihn erst Segremors, dann Keie an, bis Gawan die Situation auflöst und Parzival an den Artushof führt.[65] Dort erlebt er mit der feierlichen Aufnahme in die Tafelrunde den vorläufigen Höhepunkt seiner Existenz als Ritter. Der Auftritt der hässlichen Gralbotin Kundrie macht aber schnell deutlich, wie fragil das bis hierher erreichte Ansehen ist: Sie verflucht Parzival öffentlich, weil er in Munsalvaesche die Erlösungsfrage nicht gestellt hat. Die Ritter der Tafelrunde ruft sie auf, das Abenteuer von Schastel marveile zu bestehen. Anschließend beschuldigt der Landgraf Kingrimursel Gawan noch eines unehrenhaften Mordes und lädt ihn zum Gerichtskampf nach Schanpfanzun, sodass Parzival und Gawan den Artushof gleichzeitig verlassen (Vv. 280,1–337,30).

Verbittert über Kundries Vorwürfe sagt sich Parzival von Gott los, weil dieser ihn unverschuldet in Schuld verstrickt habe (Vv. 332,1–16). Ob man sich durch unbewusste Handlungen versündigt, ist eine

65 Das komplexe Netz von Bedeutungen, welches sich von dieser Szene aus über den gesamten Roman erstreckt, analysiert Joachim Bumke, Die Blutstropfen im Schnee. Über Wahrnehmung und Erkenntnis im ›Parzival‹ Wolframs von Eschenbach. Tübingen 2001 (Hermaea N. F. 94).

der zahlreichen schwergewichtigen Fragen, die der Roman aufwirft, ohne eindeutige Antworten zu geben. Der Held bricht auf, um erneut nach der Gralburg zu suchen. Dies jedoch wird ihm nicht gelingen, weil man den Gral nur finden, nicht aber suchen kann.

Die Parzival-Handlung der Bücher 3 bis 6 verläuft in einer gestuften Schachtelung, in deren Zentrum als Tiefpunkt der Aufenthalt auf der Gralburg steht. Als Vollwaise kommt der Held nach der Tötung seines Verwandten Ither unbekannt an den Artushof, begegnet danach Jeschute, dann Sigune und Gurnemanz, lernt seine Frau kennen und heiratet sie, bevor er auf die Gralburg gelangt. Nach dem Besuch dort begegnet er in umgekehrter Reihenfolge erst Sigune und dann Jeschute, bis er schließlich wieder am Artushof eintrifft. Sein Weg entspricht recht genau dem Aufbau des ersten Handlungszyklus in den Artusromanen Hartmanns. Einigen siegreichen Abenteuern und dem Erwerb der Frau folgen die Aufnahme in die Tafelrunde als vorläufiger Höhepunkt und der unmittelbar anschließende Verlust des Ansehens in einer krisenhaften Situation: Die Verfluchung durch Kundrie stürzt Parzival von dem gerade erst erklommenen Gipfel.

Doch anders als ›Erec‹ oder ›Iwein‹ erschöpft sich der ›Parzival‹ nicht in diesem Gehalt. Es gibt weitere Doppelungen, wie den zweimaligen Aufenthalt des Helden beim Fischerkönig, die aus der Symmetrie herausfallen, es bleiben viele offene Fragen – zum Beispiel die nach der Bedeutung des Grals. Es gibt die Elternvorgeschichte, in der sich zahlreiche Verweise in die weitere ›Parzival‹-Geschichte finden, oder den Umstand, dass fast alle im Roman auftretenden Figuren auf irgendeine nahe oder entferntere Weise miteinander verwandt sind. Und schließlich wird im siebten Buch, das der Erzähler mit einem neuerlichen Prolog beginnt (Vv. 338,1–30), ein zweiter Protagonist eingeführt, dessen Geschichte mit der des Helden verflochten wird, weshalb man vom ›Parzival‹ auch als einem ‚Doppelroman' spricht. Während Parzival nach dem Gral sucht, erzählen die Bücher 7 und 8 von Gawan, dem Musterritter am Artushof.

Buch 7: Gawan gelangt zunächst auf die Burg Bearosche des Fürsten Lippaut, der von König Meljanz von Liz angegriffen wird, weil seine Tochter Obie diesen nicht heiraten will. Auf Bitten von Obies Schwester Obilot, die Gawan zunächst für einen Kaufmann hält, nimmt dieser an den Kämpfen teil, geht als Sieger hervor und schlichtet sowohl den politischen Konflikt als auch den Streit um die Hochzeit. Auf der Gegenseite zeichnet sich derweil im Hintergrund der rote Ritter als Kämpfer aus (Vv. 338,1–397,30).

Buch 8: In Schanpfanzun beginnt Gawan dann ein Liebesverhältnis mit Antikonie, der Schwester seines Kontrahenten Vergulaht. Als die beiden ‚in flagranti' erwischt werden, muss Gawan sich mit einem Schachbrett als Schild und einem Türriegel als Schwertersatz gegen König Vergulaht und dessen Leute verteidigen, die in ihm nun den vor Gericht beschuldigten Mörder erkennen, während Antikonie sie mit den Schachfiguren bewirft. Da der Landgraf Kingrimursel Gawan freies Geleit zugesichert hatte, wird der Gerichtskampf nun um ein Jahr verschoben; er findet allerdings auch später nicht statt, da sich die Beschuldigungen zwischenzeitlich als haltlos erweisen. Gawan verlässt unbehindert die Stadt (Vv. 398,1–432,30).

Während der Erzähler immer wieder einmal erwähnt, dass Parzival auf der Suche nach dem Gral durch das Land streift, erlebt Gawan im Kontrast dazu die typischen Aventiuren eines Artusritters. Dabei zieht sich die Minne-Thematik wie ein roter Faden durch die verschiedenen Teile der Dichtung. Immer wieder finden sich grotesk verzerrte und verkehrte Formen des Begehrens, die sich verheerend auf das gesellschaftliche Zusammenleben auswirken. In mehreren Exkursen (Vv. 291,1–293,16, 532,1–534,8 u. 585,5–587,14) klagt der Erzähler über den zerstörenden Einfluss einer Liebe, die nicht auf *triuwe* gründet. Sowohl in der Beziehung zwischen Obie und Meljakanz als auch in der zwischen Gawan und Antikonie dreht sich der Konflikt jeweils um die richtige Form des Minnedienstes. Im Einsatz für Obies kleine Schwester Obilot führt Gawan ritterlichen Minnedienst spielerisch vor, während er sich von Antikonie zu ganz und gar unritterlichem Verhalten verführen lässt. Wie Iwein gerät er dabei in Terminzwänge, und sicher nicht zufällig sind gerade die Gawan-Bücher mit zahlreichen Anspielungen auf die zeitgenössische Dichtung versehen. Intertextuelle Verweise gibt es unter anderem auf den ›Lancelot‹ (Vv. 387,1ff. u. 583, 8ff.), den ›Eneasroman‹ (Vv. 399,11ff., 404,24ff. u. 589,8ff.), den ›Erec‹ (Vv. 401,6ff., 429,20ff., 434,29f., 436,4ff., 583,25ff. u. ö.), den ›König Rother‹, das ›Nibelungenlied‹ und ›Dietrichs Flucht‹ (Vv. 420,19ff.), Eilharts ›Tristrant‹ (Vv. 573,14ff.) oder Hartmanns ›Iwein‹ (Vv. 583, 29f.). Außerdem finden sich dort noch geheimnisvolle, weil für uns nicht auflösbare Hinweise auf den Provenzalen Kyot, der neben Chrétien als angebliche Quelle für den ›Parzival‹ angeführt wird (Vv. 416,17ff. u. 431,2; vgl. auch 453,1ff.).[66]

66 Zur Funktion der intertextuellen Verweise vgl. grundsätzlich Draesner (5.3), zu den Verweisen auf Hartmann speziell Wand (5.1); das ‚Kyot-Problem' fasst Bumke ^{8}2004 (5.3), S. 244–246, zusammen.

Erzählt werden die Erlebnisse Gawans mit ironischer Distanz und einigem Humor. Die spielerische Leichtigkeit dessen, was er erlebt, bildet einen deutlichen Kontrast zu den sinnschweren Ereignissen um Schuld und Sühne, in denen sich Parzival zurechtfinden muss. Im Vergleich der Wege Gawans und Parzivals ergeben sich Doppelungen und Kontrastierungen, wie sie im Artusroman sonst am Beispiel des nur einen Protagonisten sinnstiftend eingesetzt werden. Im ›Parzival‹ findet auf diese Weise vor allem eine Gegenüberstellung eines rein weltlichen Bereichs, in dem Artushof und Minnedienst im Zentrum stehen, und einer metaphysischen Ebene statt, in der die christliche Religion und innerhalb dieser das Mysterium des Grals das Handeln der Figuren bestimmen. Beide Handlungsstränge haben ihren eigenen Protagonisten und werden vom Erzähler miteinander verflochten.

Die Gawan-Handlung wird nach ihrer ‚ersten Hälfte' unterbrochen: Im neunten Buch wendet sich der Erzähler vorübergehend wieder Parzival zu, was er in einem kurzen Dialog mit der personifizierten Erzählung (Frau Aventiure) reflektiert, die sich selbst zu Wort gemeldet hat und in den Vordergrund drängt: *‚Tuot ûf.' wem? wer sît ir? / ‚ich wil inz herze hin zuo dir.' / ... / jâ sît irz, frou âventiure?* (Vv. 433,1–7). Dieser narratologische Kunstgriff dient dem Zweck, dem Hörer bzw. Leser mit einer kurzen Rückwendung (Analepse) den Stand der Parzival-Handlung in Erinnerung zu rufen und mit dem augenzwinkernden Verweis auf Mk 16,16 deren Wahrheitsgehalt zu verbürgen: *Swerz niht geloubt, der sündet* (V. 435,1).

Buch 9: Nach fast fünf Jahren vergeblicher Suche begegnet Parzival zum dritten Mal seiner Cousine Sigune, die inzwischen als Klausnerin lebt und sich mit dem Sarg ihres toten Geliebten hat einmauern lassen. Sie weist ihm den vermeintlichen Weg nach Munsalvaesche. Bei der Weiterreise begegnet er einem Gralritter, den er im Zweikampf besiegt, und Wochen später einem grauen Ritter, der sich mit seiner Familie auf einer Bußfahrt befindet. Am Karfreitag gelangt Parzival schließlich zu Trevrizent, einem Bruder seiner Mutter. In Weiterführung und Ergänzung seines Gesprächs mit Gurnemanz unterweist der Einsiedler den Jüngling in langen Gesprächen im Christentum und offenbart ihm die Geschichte sowie die religiöse Bedeutung des Grals. Trevrizent klärt Parzival auch über seine Verfehlungen auf: Er erfährt vom Tod seiner Mutter Herzeloyde und von seiner Verwandtschaft sowohl mit Ither als auch mit Anfortas, der ebenfalls ein Bruder seiner Mutter ist. Trevrizent berichtet ihm, dass der Gralkönig an einer von Gott verhängten Sündenstrafe leidet, und auch über den richtigen Umgang mit Frauen weiß er einiges zu erzählen. Nach 14 Tagen zieht Parzival mit einer veränderten Einstellung zu Gott weiter (Vv. 433,1–502,30).

Im Anschluss an die kryptischen Andeutungen im fünften Buch werden dem Rezipienten im neunten Buch, nach etwas mehr als der Hälfte des Romans, einige grundlegende Fakten über den Gral mitgeteilt: *diu verholnen mære umben grâl* (V. 452,30). Bei Chrétien ist der Gral eine goldene, mit Edelsteinen geschmückte Schüssel oder Schale, in der sich die geweihte Hostie befindet, mit der sich der Vater des Gralkönigs ernährt. Bei Wolfram handelt es sich um *ein dinc, daz hiez der Grâl* (V. 235,23). Der Erzähler spricht nun von einem Stein, offenbar einem Halbedelstein, der einen Rand aufweist und *lapsit exillîs* genannt werde (V. 469,7: in den Hss. auch *jaspis*); den Namen des Grals habe der Heide Flegetanis in den Sternen gelesen (Vv. 454,21ff.), doch lassen sich die entsprechenden Bezeichnungen nicht über Wörterbücher auflösen.[67]

Diese verschiedenen Angaben stehen nicht in einem Widerspruch zueinander, wenn man sich den Gral im ›Parzival‹ als ein steinernes Trinkgefäß vorstellt. Zu denken ist dabei an einen so genannten ‚Patriarchenkelch', dessen eigentliche Trinkschale (*cuppa*) halbkugelförmig aus einem einzigen Halbedelstein (zumeist Achat oder Sardonyx) herausgeschnitten ist. Die zum Teil bereits antiken und fast durchscheinenden Steinschalen mit einem Durchmesser von bis zu 20 cm wurden in Byzanz (Konstantinopel) ab dem 9. Jahrhundert in Silber gefasst und noch um 1200 im Rahmen der griechisch-orthodoxen Liturgie als Abendmahlkelche wiederverwendet. Daher weisen die silbernen Einfassungen bisweilen Medaillons mit Bildnissen von Heiligen oder Märtyrern und griechische Inschriften aus blauem Email auf – beispielsweise: ‚Trinket alle daraus. Dies ist mein Blut, das Blut des Neuen Bundes, das für euch und für viele vergossen wird zur Vergebung der Sünden'. Antiker Herkunft, aufgeladen mit religiöser Bedeutung, und kostbar verziert mit Edelsteinen, Perlen und Vergoldungen, kommen solche Patriarchenkelche dem, was im ›Parzival‹ als Gral beschrieben wird, sehr nahe.

67 Lateinisch *lapis exilis* wäre der ‚unscheinbare Stein', doch unterscheiden sich die handschriftlichen Varianten an dieser Stelle des ›Parzival‹ so stark, dass auch andere Übersetzungen möglich sind; vgl. den Überblick bei Bumke [8]2004 (5.3), S. 135–142.

Als Ergebnis der Zerstörungen und Plünderungen, die die Venezianer und das christliche Heer (unter wesentlicher Beteiligung Philipps I. von Schwaben) während des vierten Kreuzzugs im Jahr 1204 in Konstantinopel anrichteten, gelangten viele dieser Kelche mit anderen Beutestücken sowohl nach Venedig (wo sie noch heute im Schatz der Basilika von San Marco zu besichtigen sind) als auch weiter nach Deutschland und Frankreich.[68] Falls Wolfram in den Jahren 1203 und 1204 nicht selbst in Konstantinopel oder in Venedig gewesen ist (wofür es keinerlei Hinweise gibt), hätte er solche Kelche wohl auch im Gepäck der vom vierten Kreuzzug heimkehrenden fränkischen Adligen bewundern können. Allgemein löste die Plünderung der byzantinischen Hauptstadt durch die Kreuzfahrer unter den heimischen Christen ungläubiges Entsetzen und Zweifel an ihrer Religion aus.

Die zwar christliche, aber von der Kirche unabhängige Gralgesellschaft im ›Parzival‹ mag auch unter dem Eindruck dieser Ereignisse konzipiert sein, denn auf die Erde gebracht wurde das Gefäß von denjenigen Engeln, die sich beim Abfall Luzifers von Gott neutral verhielten: Der Gral symbolisiert daher eine Form des bedingungslosen Gottvertrauens, das jenseits der Kategorien Gut und Böse angesiedelt ist und damit auch jenseits der christlichen Religion mit ihrer Kirche, die auf Sündenfall und Erlösung gründet. Aus aller Welt berufene Männer und Jungfrauen hüten den Gral, darunter auch bewaffnete Ritter, die *templeisen* (V. 468,28 ‚Tempelherren‘). Sie alle versorgt der Gral auf Munsalvaesche mit Speisen. Dort entfaltet er auch seine jugenderhaltende und lebensverlängernde Kraft: Wer ihn gesehen hat, kann in der darauffolgenden Woche nicht sterben; sein Anblick hält so den sterbenskranken Anfortas am Leben. Inschriften, die auf ihm erscheinen und nach dem Lesen wieder verschwinden, offenbaren den unmittelbaren Willen Gottes; so war auch Parzivals

68 Der Schatz von San Marco in Venedig. Ausstellungskatalog des Römisch-Germanischen Museums der Stadt Köln, hg. von Hansgerd Hellenkemper. Mailand 1984, S. 73–76, 137–147, 167–175 u. ö.; auf den S. 282–285 finden sich dort außerdem Kerzenhalter aus Silber und Bergkristall, wie sie im ›Parzival‹ ebenfalls erwähnt werden; vgl. auch Roberto Cassanelli, Kunstdiebstähle. Der Schatz von San Marco auf dem Weg von Byzanz nach Venedig, in: Die Zeit der Kreuzzüge. Geschichte und Kunst, hg. von Roberto Cassanalli. Stuttgart 2000, S. 218–235. Auf den Raub der Schätze aus Konstantinopel im Jahr 1204 spielen wohl die Vv. 563,8–10 des ›Parzival‹ an, die den unermesslichen Wert der Waren des Kaufmanns vor Schastel marveile beschreiben: Diese Waren stammen – wie der Gral – von der Festung Munsalvaesche.

Erscheinen den Menschen auf der Gralburg avisiert worden. Den Ungetauften ist der Gral jedoch unsichtbar.

Wie der Protagonist erfährt auch der Rezipient erst jetzt davon, dass Parzival mütterlicherseits mit dem Geschlecht der Gralhüter verwandt ist. Die neutralen Engel als Hüter des Grals wurden abgelöst durch Titurel, den ersten Gralkönig, in dessen Familie das Gralkönigtum seither erblich ist, und da Anfortas kinderlos bleibt, ist Parzival der einzige männliche Nachfahre. Den Helden selbst versöhnen seine im Gespräch mit Trevrizent gewonnenen Erkenntnisse mit Gott. Nach diesem Einschub führt der Erzähler nun aber erst einmal die Gawan-Handlung fort (in den Büchern 10–13) – und wieder geht es vornehmlich um den rechten Minnedienst.

Buch 10: Inzwischen hat sich Gawans Unschuld erwiesen; auf der Suche nach dem Gral begegnet er Jahre später vor der Stadt Logrois einer klagenden Frau, die den verwundeten Ritter Urjans von Punturtois im Schoß hält, den Gawan medizinisch versorgt. Dann verliebt er sich in die Herzogin Orgeluse, die Herrin des Landes, in deren Minnedienst er zahlreiche Abenteuer und Demütigungen erleidet: Zunächst entwendet ihm Urjans sein Pferd, sodass er auf dem Klepper von Orgeluses Knappen Malcreatiure, dem hässlichen Bruder Kundries, weiterreiten muss. Trotzdem gelingt es ihm, vor der Burg Schastel marveile einen Nebenbuhler im Zweikampf zu besiegen. Die Nacht verbringt er ohne Orgeluse als Gast des Fährmanns Plippalinot (Vv. 503,1–552,30).

Buch 11: Aufgrund seines mehrfachen neugierigen Nachfragens klärt man Gawan über die Aventiure von Schastel marveile auf: Der Zauberer Clinschor hält dort über 400 Frauen gefangen. Auf dem Weg dorthin trifft Gawan vor dem Burgtor einen Kaufmann, der Schatzgegenstände aus der Gralburg verkauft. Innerhalb des Palastes besteigt er das Zauberbett Lit marveile, das mit Rädern versehen ist und mit großer Geschwindigkeit durch den Schlafraum rollt. Aus der Zimmerdecke und den Wänden fliegende Armbrustpfeile und Steine wehrt er mit dem Schild ab; anschließend kämpft er solange mit einem Löwen, bis dieser besiegt und der Zauber der Burg gebrochen ist. Da er vor Erschöpfung ohnmächtig wird, pflegen ihn die befreiten Frauen, unter denen sich sowohl seine eigene Mutter und seine Schwestern als auch Arnive, die Mutter des Königs Artus, befinden (Vv. 553,1–582,30).

Buch 12: Am nächsten Morgen sieht Gawan in einem Zauberspiegel, mit dem man vom Turm der Festung aus das ganze Land überwachen kann, Orgeluse in Begleitung eines anderen Mannes. Er reitet diesen mit der Lanze an und sticht ihn vom Pferd. Orgeluse verlangt weitere Mutproben von ihm, die er ebenfalls sämtlich besteht. Aber erst durch seine Bereitschaft, gegen König Gramoflanz anzutreten, der Orgeluses Mann

Cidegast getötet hat, erringt er auch ihre Zuneigung. Orgeluse berichtet, dass Anfortas sich im Kampf für sie so schwer im Unterleib verletzt hat. Als Gramoflanz nun auch noch Gawans Vater Lot des Mordes an seinem Vater beschuldigt, verabredet man einen Zweikampf bei Joflanze, wohin Gawan heimlich auch König Artus einlädt (Vv. 583,1–626,30).

Buch 13: Anlässlich des Zusammentreffens der Bewohner und der befreiten Gefangenen von Schastel marveile mit dem Artushof arrangiert Gawan eine große Festversammlung in Joflanze. Sie bildet den feierlichen Höhepunkt und Abschluss seiner Aventiurenkette. Nachdem er von Arnive die Geschichte Clinschors und seines Wunderschlosses erfahren hat, gelingt es ihm und König Artus, die Konflikte zwischen allen Anwesenden friedlich beizulegen; lediglich der Zweikampf mit Gramoflanz steht noch aus. Als Gawan unbemerkt das Lager verlässt, trifft er auf Parzival, den er aber nicht erkennt, sondern für Gramoflanz hält (Vv. 627,1–678,30).

Über die Erlebnisse des arthurischen Musterritters Gawan könnte dem Hörer bzw. Leser der eigentliche Held des Romans, und damit auch sein Thema, aus dem Blick geraten, wenn nicht durch zahllose Analogien, Wiederholungen, Doppelungen, Symmetrien und Spiegelungen, die hier nicht sämtlich aufgezeigt werden können, ständig die Gawan-Handlung der Parzival-Handlung gegenübergestellt würde: Parzivals Besuch auf der Gralburg entspricht Gawans Befreiung von Schastel Marveile; wie Anfortas für seine Verfehlung gegenüber einer Frau in der Leiste verwundet worden ist, so wird Clinschor für seine pervertierten Vorstellungen von der Liebe durch Kastration bestraft usw.

Wie die Protagonisten anderer Artusromane ist Gawan vornehmlich mit der Wahrung seines Ansehens, der Beseitigung von Unrecht und mit Minnedienst beschäftigt. Seine Kämpfe um Minne und Aventiure haben einen oft spielerischen, mitunter beliebig wirkenden Charakter, sodass Gawan in ganz und gar weltlichen Aufgaben verhaftet bleibt, in denen seine Suche nach dem Gral zu einer rein äußerlichen und inhaltsleeren Nebensache wird. Während der Roman Parzivals gesamten Lebensweg von der Geburt bis zur Übernahme des Gralkönigtums erzählt, erweitert noch um die Geschichten seiner Eltern und seiner Söhne, bleibt Gawan von Anfang bis Ende unverändert der vorbildliche Musterritter der Tafelrunde. Er reflektiert sein Handeln nicht, lernt nichts hinzu, durchläuft weder eine Krise noch eine Entwicklung. Lediglich erfährt er mit drei verschiedenen Frauen drei verschiedene Formen der Liebe, zunächst mit der kleinen Obilot, dann mit Antikonie und schließlich mit Orgeluse, die er am Ende sogar heiratet.

Dagegen setzt sich Parzival mit grundlegenden ethischen, moralischen und religiösen Fragen der menschlichen Existenz auseinander. Die drei Etappen der Parzival-Handlung lassen sich mit Bumke als Stationen eines inneren Wegs verstehen. Im ersten Teil wird aus dem unerfahrenen Narren ein vorbildlicher Ritter; erzählt werden aber auch Parzivals Verfehlungen und Sünden auf diesem Weg. Im zweiten Teil wird der Sünder auf den Weg der Buße und Gnade geführt; es erfolgt eine religiöse Umkehr. Im dritten Teil schließlich erlangt Parzival Gottes Gnade: Der Artusritter wird zum Gralkönig erhoben.

Im Anschluss an den Entwurf Chrétiens nutzt Wolfram das Erzählen von gleich zwei Protagonisten, um den üblichen Inhalt der *matière de Bretagne* um eine religiöse Dimension zu erweitern. Die meisten Themen werden im ›Parzival‹ daher auf zwei Ebenen diskutiert: unter religiösen Gesichtspunkten in den Parzival-Büchern, unter weltlich-höfischen in den Gawan-Büchern. Die beiden Handlungsstränge stehen in einem Parallel-, Ergänzungs- und Kontrastverhältnis zueinander, denn beide Protagonisten agieren in Gesellschaften, die durch je spezifische Konstellationen oder Ereignisse gestört oder sogar funktionsunfähig und daher ‚erlösungsbedürftig' sind. Die Erlösung der Gralgesellschaft vollbringt Parzival durch die Heilung des Königs und die Übernahme der Herrschaft; die Erlösung der Artusgesellschaft wird von Gawan und König Artus mit der Rückführung der Gesellschaft von Schastel marveile in den Artuskreis und mit der Überwindung der Konflikte zwischen Orgeluse und Gramoflanz auf dem Friedensfest vor Joflanze herbeigeführt.

Die sinnstiftende Funktion einer solchen Gegenüberstellung beider Handlungsstränge wird beispielsweise darin deutlich, dass auch Parzival Schastel marveile besucht hat, schon einen Tag vor Gawan (vgl. die Vv. 559,5–30). Er hat dort aber, anders als dieser, keine neugierigen Fragen gestellt und daher auch nicht die Gelegenheit erhalten, die Gefangenen aus Clinschors Zauber zu erlösen: Wie diese Aventiure für Gawan reserviert ist, so ist die Erlösung der Gralgesellschaft einzig und allein Parzivals Aufgabe: Gawan ist der Nachfahre des Königs Artus, Parzival der des Gralkönigs.[69] Die Artusfamilie, die auf den Stammvater Mazadan zurückgeführt wird, und das Geschlecht der Gralhüter, das von

69 Bei Chrétien ist Clinschors Burg, die dort La Roche du Chanpguin heißt, in Kontrast zur Gralburg als Totenreich entworfen; Wolfram hat jedoch sämtliche Jenseitsmotive entfernt.

Titurel herkommt, treffen genealogisch in Parzival zusammen, der väterlicherseits von Mazadan, mütterlicherseits aber von Titurel abstammt, womit der mütterlichen Verwandtschaft eine für die Zeit ungewöhnlich hohe Bedeutung zugemessen wird, denn die Grallinie untersteht ja Gottes unmittelbarer Obhut. Während bei den 400 Frauen auf Schastel marveile nach der Befreiung große Freude herrscht, trauern die 400 Ritter auf der Gralburg noch immer mit Anfortas, denn Parzivals Schicksal hat sich noch nicht erfüllt: *von dem selben werden manne / mugt ir wol ê hân vernomn: / an den rehten stam diz mære ist komn* (Vv. 678, 28–30). In Buch 14 führt Wolfram die beiden Handlungsstränge zusammen: Gawan trifft auf Parzival.

Buch 14: Gawan reitet den von ihm nicht erkannten Ritter mit der Lanze an. Die heftige Auseinandersetzung unterbrechen erst Boten des Artushofs, die Gawan erkennen und anfeuern. Parzival legt sofort seine Waffen nieder. Weil Gawan nun zu erschöpft ist, verschiebt man den Kampf gegen Gramoflanz auf den nächsten Tag. Parzival wird ehrenvoll an der Tafelrunde empfangen und begegnet am anderen Morgen Gramoflanz auf dem Kampfplatz. Als Gawan nach der Messe dort eintrifft, ist dieser schon fast besiegt. Der nun abermals um einen Tag verschobene Kampf findet schließlich gar nicht mehr statt, weil König Artus als *rex justus et pacificus* wiederum alle Konflikte löst und die streitenden Parteien miteinander versöhnt: Orgeluse nimmt Gawan zum Ehemann und übergibt ihm Land und Herrschaft, Gramoflanz wird mit Gawans Schwester Itonje vermählt, weitere Hochzeiten werden gestiftet. Da Parzival sich um den Gral sorgt und Sehnsucht nach Condwiramurs empfindet, bricht er noch vor Tagesanbruch heimlich auf (Vv. 679,1–733,30).

Buch 15: Im Wald trifft Parzival auf seinen ihm unbekannten Halbbruder Feirefiz, der auf der Suche nach seinem Vater Gahmuret in den Westen gekommen ist. Schweigend kämpfen sie miteinander, bis (durch Gottes Einwirken) Parzivals Schwert zerbricht und sie sich als Geschwister erkennen. Parzival begleitet seinen Bruder zurück nach Joflanze, wo König Artus ihn am nächsten Tag im Rahmen eines Festes in die Tafelrunde aufnimmt. Dort erscheint zum zweiten Mal die Gralbotin Kundrie und verkündet Parzivals Berufung zum Gralkönig: *daz epitafjum ist gelesen: / du solt des grâles hêrre wesen* (Vv. 781,15f.). Mit Feirefiz bricht er auf nach Munsalvaesche (Vv. 734,1–786,30).

Zu Beginn des 15. Buchs kündigt der Erzähler an, seinem Publikum alle fehlenden Informationen nachzuliefern, die es zum Verstehen der Geschichte noch benötige. Wie ein Vortragender sagt er, dass er das ‚Schlussstück', *daz slôz dirre âventiure* (V. 734,7), in seinem Mund trage. Und tatsächlich ändert der Erzähler nun seine Erzählstrategie: Während er sonst Sachverhalte und Zusammenhänge häufig erst im Nachhinein mitteilt (besonders gern die Namen von Figuren), sodass man jederzeit aufmerksam das Erzählte verfolgen muss, um überhaupt alles zu verstehen, informiert er jetzt beispielsweise den Rezipienten darüber, dass Condwiramurs Zwillinge geboren hat, bevor Parzival durch Kundrie davon erfährt (Vv. 743,12ff. u. 781,11ff.). Anlass dazu bietet der Bruderkampf mit Feirefiz, denn auch die beiden Brüder sind wie Zwillinge (*si wârn doch bêde niht wan ein*, V. 740,28), obwohl der eine, wie der Erzähler immer wieder betont, als Christ getauft ist und der andere als Heide ungetauft blieb. Darin klingt einerseits das zentrale Thema des ›Willehalm‹ an, andererseits wird damit aber auch die weltumspannende Perspektive vorbereitet, mit der das 16. und letzte Buch des ›Parzival‹ endet.

Buch 16: Die allgemeine Trauer auf der Gralburg schlägt in Freude um, als Parzival die Mitleidsfrage stellt und damit Anfortas von seinem Leiden erlöst. Wie es auf dem Gral zu lesen war, wird Parzival zum Gralkönig ernannt. Nach kurzer Einkehr bei Trevrizent, der ihn nun in die Regeln der Gralgesellschaft einweiht, trifft Parzival seine Frau nach fünf Jahren ausgerechnet an der Stelle wieder, an der er einst die drei Blutstropfen im Schnee sah. Zum ersten Mal sieht er seine Zwillingssöhne Kardeiz und Loherangrin. Bei Parzivals vierter Begegnung mit Sigune findet er sie auf dem Rückweg nach Munsalvaesche tot in ihrer Klause vor: Gemeinsam mit Tschionatulander lässt er sie dort bestatten. Beim anschließenden feierlichen Aufzug des Grals verliebt sich Feirefiz in die Gralträgerin Repanse de Schoye: Um sie zu erobern, lässt er sich taufen (und kann erst danach den Gral sehen). Beide werden anderntags vermählt und kehren später nach Indien zurück, wo sie sich für die Ausbreitung des Christentums einsetzen, was ihr Sohn als Priesterkönig Johannes fortsetzt. Kardeiz war schon zuvor zum König von Anschouwe, Norgals und Wales ernannt worden, und Loherangrin kommt als Schwanritter nach Brabant, heiratet dort die Landesherrin, hat sogar Kinder mit ihr, muss jedoch zum Gral zurückkehren, als er von seiner Frau verbotenerweise nach seiner Herkunft gefragt wird (Vv. 787,1–826,30).

Die ›Parzival‹-Handlung schließt mit einem augenzwinkernden Verweis auf Hartmanns Erec, der seiner Frau wie der Schwanritter ein Tabu auferlegt hatte. In einem knappen Epilog spielt Wolfram, der Erzähler, noch einmal zwei seiner Quellen, *von Troys meister Cristjân* und *Kyôt*, gegeneinander aus, und er begründet sein Erzählen damit, dass ihn eine Frau darum gebeten habe (Vv. 827,1–30).

Schaut man aus der Perspektive der Gattungsentwicklung auf den letzten Artusroman Chrétiens, so zeigt sich, dass wie in den vorangegangenen Werken Sinnstiftung auch dort vor allem durch überhöhende Wiederholungen funktioniert. Dabei werden Informationen, die dem Hörer oder Leser bereits bekannt waren, aus einer anderen Perspektive betrachtet und in ein neues Licht gerückt. Auf diese Weise scheinen Zusammenhänge auf, aus denen sich die Bedeutung des Erzählten ergibt. Wolfram hat dieses Prinzip in seiner Bearbeitung noch verstärkt: Den ›Parzival‹ durchzieht ein Netz von Anspielungen und Querverweisen, durch die die verschiedenen Teile der Handlung miteinander verbunden sind. Dabei begegnen immer wieder dieselben Handlungsschemata (Gewalt gegen Frauen, Befreiung eines Landes, Tötung von Verwandten), dieselben Personen treten wiederholt auf (Kundrie, Jeschute, Trevrizent, Sigune), die Handlung kehrt an dieselben Orte zurück: Parzival kommt zum zweiten Mal an den Ort, an dem er die Blutstropfen im Schnee sah, zum zweiten Mal auch nach Munsalvaesche, zum zweiten und zum dritten Mal an den Artushof, er gelangt zum dritten Mal zu Trevrizents Klause, zum vierten Mal dorthin, wo sich Sigune befindet usw.

Dabei ergibt sich ein für die Gattungsentwicklung interessantes Phänomen: Die sich steigernden Wiederholungen lassen im Fall der Parzival-Handlung – wie in den früheren Artusromanen – den Fortschritt des Protagonisten erkennen: von der Geburt über die Knabenzeit bis zum Gralkönigtum. Die Kontraste zur Gawan-Handlung machen darauf aufmerksam, dass es sich um einen religiös motivierten, auch heilsgeschichtlich bedeutsamen Prozess handelt, der den im Artusroman üblichen Kampf um *minne* und *êre* in seiner Bedeutung übersteigt. Die zahlreichen Doppelungen und Wiederholungen innerhalb der Gawan-Handlung bleiben dagegen – anders als in den früheren Artusromanen – ohne sinnstiftende Funktion: Gawan verändert sich nicht, weder innerlich noch in Bezug auf seinen Status, er altert nicht einmal. Wolframs ›Parzival‹ stellt mit diesem Muster des ‚paradigmatischen' Helden, der von vornherein perfekt ist und sich nicht weiter verändert, den nachfolgenden Artusroman-Autoren einen neuartigen Heldentypus bereit (vgl. unten, S. 177–182) und mit ihm eine Erzählstruktur, die nur noch oberflächlich der Doppelwegstruktur aus Hartmanns Werken vergleichbar ist.[70]

70 Zur Gattungsentwicklung des Artusromans nach Wolframs ›Parzival‹ vgl. CORMEAU (4.1.2), S. 119–131, sowie HAUG (4.2.3).

Die Überlagerung verschiedener Strukturen sowie die Verknüpfung fast aller Handlungsdetails und Personen miteinander führen in Verbindung mit der den Handlungsverlauf manipulierenden Erzählinstanz zu einem erheblichen Bedeutungsüberschuss, da viele der im Roman aufgeworfenen Fragen gar nicht beantwortet werden. Leslie P. Johnson, der die Auswirkungen der zahllosen Doppelungen vorzüglich beschreibt, spricht von „beherrschter, konsequenter Komplexität", die „selbst im Verhältnis zu dem innovativen ›Perceval‹ einen ungeheuren Fortschritt in der Tiefe und Tiefenschärfe des höfischen Romans" darstellt, wie sie im Mittelalter kaum noch ein zweites Mal erreicht wurde: „Es ist wie ein Ruck in Richtung auf den neuzeitlichen Roman, der durch wechselnden Schauplatz, wechselndes Personal und zeitliche Breite einen Eindruck der komplexen Verschlungenheit des Innen- und Außenlebens der Personen hervorruft. Wolframs Fortschritt ist allerdings nicht unmittelbar zukunftsträchtig, sondern ein Anachronismus."[71] Gerade dies macht die Faszination des ›Parzival‹ aus.

Es ist anzunehmen, dass jeder, der sich nach 1210 mit der deutschsprachigen Dichtung beschäftigte, auch den ›Parzival‹ kannte, gewiss aber jeder, der sich nach Wolfram für den Artusstoff interessierte.[72] Schon Wirnt von Grafenberg sagt im ›Wigalois‹ von seinem älteren Zeitgenossen, dass *leien munt nie baz gesprach* (V. 6348), und im ›Wartburgkrieg‹ tritt Wolfram (der Erzähler?) als literarische Figur auf. Ebenfalls noch im 13. Jahrhundert setzte man sich auch produktiv mit dem Gralroman auseinander, so in ›Der jüngere Titurel‹ und im ›Lohengrin‹ (der allerdings nicht mehr in den Umkreis des Artusstoffs gehört), einige Jahrzehnte später dann im *niuwen*, dem ›Rappoltsteiner Parzifal‹, und im 15. Jahrhundert nimmt Ulrich Fuetrer das Werk als zentralen Text in ›Das Buch der Abenteuer‹ auf (s. u., Kap. VI.1).

71 Johnson (4.1.1), S. 330–346, Zitate S. 333f.

72 Das Interesse am Stoff belegt auch die anonyme Übersetzung des mittelniederländischen ›Perchevael‹ ins Mittelfränkische (Ripuarische). Das mndl. Werk, das schon bald nach Chrétiens Roman entstanden sein könnte, ist nur fragmentarisch erhalten, überschneidet sich aber zum Teil mit den in zwei Textzeugen überlieferten mittelfränkischen ›Parcheval‹-Versen aus der ersten Hälfte des 13. Jahrhunderts, die somit eine frühe, von Wolfram unabhängige deutschsprachige Version des Parzivalstoffs darstellen. Die überlieferten Passagen entsprechen inhaltlich den Vv. 6323–6408 u. 6989–7160 bei Chrétien sowie den Vv. 448,21–452,12, 456,5–457,20 u. 461,1–476,30 des neunten Buchs bei Wolfram, vgl. zusammenfassend Duijvestijn (5.14).

3.2. Wolframs ›Titurel‹-Fragmente und Albrechts Bearbeitung ›Der jüngere Titurel‹

Das für Wolfram von Eschenbach beschriebene, mit wesentlichen Zügen des ›Parzival‹-Erzählers ausgestattete Autorbild machte sich nach Wolframs Tod ein Dichter namens Albrecht zu eigen. Er schuf in der zweiten Hälfte des 13. Jahrhunderts um die von Wolfram hinterlassenen ›Titurel‹-Fragmente herum ein Opus von über 6000 Strophen, das wir als ›Der jüngere Titurel‹ bezeichnen. Wenn Wolfram von Eschenbach im Spätmittelalter als herausragender Dichter geschätzt wurde, dann vor allem deshalb, weil man in ihm bis zur Richtigstellung durch August W. Schlegel im Jahr 1811 den Verfasser dieses monumentalen Werks sah.[73] Das Missverständnis hat seine Ursache in der Ausgestaltung der Erzähler-Figur in Albrechts Werk, denn der Erzähler dort bezeichnet sich mehrfach als *(ich) Wolfram* (Str. 2867,1 u. ö.).

Die von Wolfram wohl nach 1217 verfassten Strophen um Sigune und ihren Geliebten Schionatulander müssen als Fragmente, als Teile eines größeren Werks, aufgefasst werden. Sie stellen insofern etwas Besonderes dar, als es sich nicht, wie sonst fast immer, um überlieferungsbedingte Fragmente handelt: In diesem Fall hat es die vollständige Dichtung vermutlich nie gegeben. Wolframs Titurelstrophen bestehen aus zwei inhaltlich nicht zusammenhängenden Stücken, von denen das längere zwischen 131 und 136, das kürzere 39 Strophen umfasst. Überliefert sind sie in drei Textzeugen, die in Strophenzahl und -bestand erheblich differieren: Die ›Parzival‹-Handschrift cgm 19 der Bayerischen Staatsbibliothek (G) enthält 164 Strophen, die drei beschädigten Pergamentblätter 8° Cod. ms. 154 der Universitätsbibliothek in München (M) überliefern noch 46 Strophen und das Ambraser Heldenbuch, Cod. ser. nova 2663 der Österreichischen Nationalbibliothek (H), 69 Strophen, allerdings nur aus dem ersten Teil.[74]

73 August Wilhelm von Schlegel, [Rezension zu] Erstes Sendschreiben über den Titurel ... von B. J. Docen. Berlin und Leipzig 1810 [1811], in: Ders., Sämmtliche Werke, hg. von Eduard Böcking, Bd. 12: Vermischte und kritische Schriften 6. Nachdruck der Ausg. Leipzig 1847. Hildesheim, New York 1971, S. 288–321.

74 Nachdem der Text lange Zeit nur in der 6. Aufl. der Wolfram-Gesamtausgabe Lachmanns (1.1) zur Verfügung stand, gibt es nun gleich zwei kritische Neuausgaben mit Kommentaren: Wolfram von Eschenbach, Titurel, hg., übersetzt und mit einem Kommentar und Materialien versehen von Helmut Brackert u. Stephan Fuchs-Jolie. Berlin, New York 2002; Wolfram

Bewegt sich schon der ›Parzival‹, wie erläutert, an den Rändern der Gattung ‚Artusroman', dann überschreitet Wolframs ›Titurel‹ wohl deren Grenzen. Sieht man von Gahmuret und Schionatulander selbst ab, gehört das Personal dem Gralbereich an, während König Artus und sein Hof keine Rolle spielen. Aufgegeben ist auch die äußere Form: Statt des vierhebigen Reimpaarverses verwendet Wolfram eine recht komplexe Strophenform.[75] In den zum Teil lyrisch anmutenden Strophen steht vor allem das Thema Minne im Vordergrund, daneben die Aventiuren des Helden, währenddessen Ansehen in der Gesellschaft (*êre*) nur implizit eine Rolle spielt – auch fehlt (mutmaßlich) das Happy End. Als Gattungshintergrund ist daher vornehmlich an die etwa zeitgleichen Minne- und Aventiureromane Konrad Flecks oder Rudolfs von Ems zu denken.

Zu Beginn des längeren Teilstücks werden Herkunft und Genealogie des Gralgeschlechts (und damit eine Art Vorgeschichte zur Parzival-Handlung) entfaltet. Der alt gewordene König Titurel übergibt die Herrschaft an seinen Sohn Frimutel, dessen Tochter Schoysiane bei der Geburt Sigunes stirbt. Während ihr Vater daraufhin der Welt entsagt, wächst diese zunächst bei ihrem Onkel und ihrer Cousine Condwiramurs und später bei ihrer Tante Herzeloyde auf. Bei deren Hochzeit mit Gahmuret begegnet Sigune dem Knappen Schionatulander (Strr. 38ff.). In Gesprächen entdecken die beiden unerfahrenen Kinder ihre Zuneigung füreinander. Den Konventionen der Hohen Minne entsprechend fordert Sigune von ihrem Geliebten, sich erst einmal auf dem Orientfeldzug Gahmurets als Ritter zu bewähren. Auf der Reise erzählt der junge Knappe seinem Herrn von der heimlichen Beziehung, während Sigune sich Herzeloyde anvertraut. Beide erhalten den Segen für ihre reine Liebe.

Der Kontext zu dieser unschuldigen ‚Kinderminne' lässt sich zum Teil aus dem ›Parzival‹ erschließen (dass zum Beispiel Gahmuret die Orientreise nicht überleben wird), und insgesamt darf man sich die Parzival-Handlung als zeitlich parallel zu dem Erzählten verlaufend vorstellen. Da sich keine Quelle für diesen Stoff nach-

von Eschenbach, Titurel. Mit der gesamten Parallelüberlieferung des ›Jüngeren Titurel‹. Kritisch hg., übersetzt u. kommentiert von Joachim Bumke u. Joachim Heinzle. Tübingen 2006.

75 Es handelt sich um vier Langzeilen, von denen die ersten beiden und die letzte an unregelmäßiger Stelle eine Binnenzäsur aufweisen (Reimschema aabb). Bei allen Überlegungen zur unregelmäßigen Metrik der überlieferten Strophen sollte man ihren Fragmentcharakter nicht außer acht lassen: Vielleicht fehlt ihnen ja der letzte Schliff.

weisen lässt, ist davon auszugehen, dass Wolfram ihn selbst aus dem in Chrétiens ›Perceval‹ angelegten Erzählkern entwickelte. Dennoch bleibt das nicht Erhaltene enigmatisch. Interpretationsversuche sollten auch der Frage nachgehen, warum gerade diese beiden Stücke vorliegen und wie sie aufeinander zu beziehen sind.

Das kürzere Textstück zeigt das junge Liebespaar auf einer Waldlichtung. Schionatulander fängt einen entlaufenen Jagdhund, der ein mehr als 20 Meter langes Band aus Seide mit sich führt, eine so genannte ‚Spurleine', auf der sich eine Inschrift aus Edelsteinen befindet. Diese erzählt von Clauditte und Ehkunat, dem Onkel Schionatulanders, die sich seit Kindertagen lieben. Die kostbare Leine und der Hund mit dem Namen Gardeviaz (‚Achte auf den Weg') sind ein Liebespfand, das Ehkunat am Morgen abhanden gekommen war. Als Sigune das Ende der Inschrift lesen will, entläuft auch ihr der Hund. Abermals fordert sie ihren Geliebten auf, sich zu bewähren: Wenn er ihr die Leine zurückbringe, werde sie all seine Wünsche erfüllen.

Wiederum ließe sich der weitere Handlungsverlauf nur aus den Informationen rekonstruieren, die der ›Parzival‹ über die Geschichte von Sigune und Schionatulander preisgibt. Dort begegnet Parzival seiner Cousine insgesamt vier Mal, und schon bei der ersten Begegnung im dritten Buch (Vv. 138,11–142,1), bei der er seinen Namen und seine Herkunft erfährt, hält diese den geliebten Schionatulander tot in den Armen: *er lac ze tjostieren tôt* (V. 139,30) – *ein bracken seil gap im den pîn* (V. 141,16): ‚eine Hundeleine brachte ihn in diese Not(lage)'. Später wird sie selbst von Parzival neben ihrem Freund bestattet. Es ist daher zu vermuten, dass Schionatulander bei der Suche nach dem Hund (mhd. *bracke*) sein Leben verlor, und zahlreiche weitere Spekulationen über den geplanten Handlungsverlauf lassen sich anschließen. (Auch für die ›Parzival‹-Interpretation ist zu bedenken, dass erst Sigunes Schicksal das Gralkönigtum Parzivals ermöglicht.) Da sie jedoch stets mehr Fragen aufwerfen als beantworten, ist es lohnender, das Untersuchungsinteresse auf das Erhaltene zu konzentrieren: Vielleicht liegt uns mit Wolframs Titurel-Fragmenten tatsächlich so etwas wie eine Skizze zu einem umfangreicheren Werk vor, das – aus welchen Gründen auch immer – niemals geschrieben worden ist.[76]

76 Vgl. zuletzt etwa Walter Haug, Vom ›Tristan‹ zu Wolframs ›Titurel‹ oder Die Geburt des Romans aus dem Scheitern am Absoluten, in: DVjs 82 (2008), S. 193–204; Sager und Seeber (5.3).

Wolframs ›Titurel‹ erhielt seine Werkbezeichnung nach dem Namen der Figur, die in der ersten Zeile der Fragmente erwähnt wird (*Dô sich der starke Tyturel mohte gerüeren*). Die in den Jahren um 1270 angefertigte Neubearbeitung des Stoffs galt daher zunächst als der ‚neue Titurel' und wird heute als ›Der jüngere Titurel‹ bezeichnet. Als der wohlhabende Patrizier Jakob Püterich von Reichertshausen im Jahr 1462 für seine Freundin, die Pfalzgräfin Mechthild von Rottenburg, ein Inventar seiner Bücher in Form eines Gedichts anfertigt (vgl. dazu Kap. VI), verzeichnet er darin gleich mehrere Handschriften sowie ein gedrucktes Exemplar von ›Der jüngere Titurel‹, den er darüber hinaus als *das haubt ob teutschen puechen* bezeichnet: ‚das Höchste' oder ‚den Kopf' deutschsprachiger Werke.[77] Diese Bezeichnung kommt aus berufenem Munde, denn Jakob sagt, dass er mehr die alten als die neuen Bücher schätzt, also eher die Reimpaardichtungen des 13. Jahrhunderts als die im 15. Jahrhundert entstandenen, frühhumanistischen Werke, und in seiner 164 Bücher umfassenden Bibliothek befinden sich so viele ältere Texte, darunter fast alle Artusromane von Hartmanns ›Iwein‹ bis zum ›Gauriel von Muntabel‹, dass seinem Urteil einiges Gewicht beizumessen ist.

Und es wird bestätigt durch die umfangreiche Überlieferung. Aktuell verzeichnet der Handschriftencensus (s. Kap. 3 der Bibliographie) insgesamt 59 Textzeugen, von denen immerhin elf das Werk vollständig enthalten. Hinzu kommt ein bereits 1477 aufgelegter Frühdruck (Inkunabel) aus der Straßburger Werkstatt des Johannes Mentelin. Damit ist ›Der jüngere Titurel‹ nach dem ›Parzival‹ das am zweitweitesten verbreitete Werk von allen deutschsprachigen Artusdichtungen, die hier behandelt werden. Die Überlieferung zerfällt in die Zweige I und II (mit einigen Untergruppen und Mischformen), die sich deutlicher unterscheiden, als Werner Wolf und Kurt Nyholm, die Herausgeber der bislang einzigen kritischen Ausgabe, erkannt hatten. Die Textausgabe konzentriert sich daher auf die Fassung der Handschriftengruppe I und wählt aus ihr als Leithandschrift Cod. 2675 der Österreichischen Nationalbibliothek (= A).[78] Dieser zu Beginn

77 Der Ehrenbrief des Püterich von Reichertshausen, hg. von Fritz BEHREND u. Rudolf WOLKAN. Weimar 1920, Str. 100; vgl. dazu RISCHER und GRUBMÜLLER (beide 6.1).

78 Die von WERNER WOLF begonnene und von KURT NYHOLM fortgeführte Textausgabe (1.1) erschien zwischen 1955 und 1995; WERNER SCHRÖDER hat zusätzlich den Mischtext des Heidelberger cpg 141 (H) abgedruckt (1.1); in der Handschrift fehlen allerdings über 2500 Strophen. In Vorbereitung ist eine

des 14. Jahrhunderts angefertigte Codex ist zugleich der älteste von denen, die den gesamten Text enthalten. Erwähnenswert ist auch der qualitativ hochwertige Zyklus von Illustrationen zu ›Der jüngere Titurel‹, den Cgm 8470 der Bayerischen Staatsbibliothek aus dem 15. Jahrhundert überliefert.

Der Verfasser stammt seiner Sprache nach aus dem ostmitteldeutschen Raum. Die in Strophe 64 als Auftraggeber genannten *fürsten drîn* suchte man am Wettiner Hof und identifizierte sie als Heinrich III., genannt der Erlauchte, Markgraf von Meißen, Landgraf von Thüringen und Pfalzgraf von Sachsen (1218–1288), und seine beiden Söhne Dietrich und Albrecht. Heinrichs Mutter war eine Tochter des Landgrafen Hermann I. von Thüringen, dessen Tod im Jahre 1217 in Wolframs ›Titurel‹-Fragmenten erwähnt wird (Str. 82a, nur in Hs. M). In seinem Auftrag dürfte Wolfram von Eschenbach den ›Willehalm‹ geschrieben haben, und vielleicht sollte am Thüringer Hof auch sein ›Titurel‹ abgeschlossen werden, was dann aber erst dem mitteldeutschen Verfasser in der übernächsten Generation gelang. Sein Name war wohl Albrecht – zumindest nennt der Erzähler diesen Namen an verschiedenen Stellen der Handschriftengruppe I,[79] als er in Strophe 5961 seine Wolfram-Rolle ablegt:

> 5961 Die aventiure habende bin ich, Albreht, vil gantze,
> von dem wal al drabende bin ich, sit mir zebrach der helfe lantze
> an einem fursten, den ich wol kunde nennen:
> in allen richen verre in dútschen landen moht man in erkennen.

Möglicherweise hängt die Demaskierung Albrechts mit dem Verlust seiner wettinischen Gönner zusammen. Als weiteres Zeugnis für einen solchen Verlust wird das so genannte ‚Verfasserfragment' angesehen: Dabei handelt es sich um die obere Hälfte eines Pergamentblattes aus der Zeit um 1300 (Universitätsbibliothek Heidelberg, Heid. Hs. 1332), das fast 23 Strophen enthält,

kritische Neuedition (wiederum nach Hs. A) mit Übersetzung durch Thomas Neukirchen.

79 Für die früher gelegentlich geäußerte Vermutung, Albrecht sei identisch mit Albrecht von Scharfenberg, der in Ulrich Fuetrers ›Das Buch der Abenteuer‹ als Dichter der Werke ›Merlin‹, ›Seifrid de Ardemont‹ (*ardeae mons* = Scharfenberg) und ›Fraw Eren hof‹ genannt wird, gibt es keinerlei Beleg; vgl. Huschenbett (6.1). Da nicht eines dieser Werke erhalten oder anderswo bezeugt ist, muss außerdem damit gerechnet werden, dass es sich um von Fuetrer fingierte Zuschreibungen handelt (vgl. dazu Kap. VI.1).

die sonst nirgends in der Überlieferung zu ›Der jüngere Titurel‹ zu finden sind. In ihnen setzt sich Albrecht ganz explizit von der über weite Strecken eingenommenen Rolle des Wolfram-Erzählers ab, begründet sein Verfahren des Weitererzählens mit dem Vergleich, dass auch die Markuskirche in Venedig von Baumeistern verschiedener Generationen errichtet worden sei und es letztlich auf das Werk, nicht auf den Künstler ankomme. Er preist einen bayerischen Fürsten, dem eine hohe Würde im Reich bevorstehe, was sich nach Petzet nur auf den Wittelsbacher Ludwig II. (den Strengen), Pfalzgraf bei Rhein und Herzog von (Ober-)Bayern (1229–1294) beziehen könne, und zwar in den Jahren vor 1273, als dieser Anwärter auf den deutschen Königsthron war.[80] Inwieweit sich über solche Namensnennungen wirklich Abhängigkeitsverhältnisse begründeten, ist inzwischen umstritten. Doch selbst, wenn man nicht auf die Spekulationen zum ‚Verfasserfragment' rekurriert, legt die Anspielung auf den 1272 verstorbenen König Richard von Cornwall (in Str. 2997) eine Entstehung des Werks um diesen Zeitpunkt herum nahe. Um 1300 setzt dann die erhaltene Überlieferung ein, und in dem 1314 beendeten ›Wilhelm von Österreich‹ des Johann von Würzburg wird ›Der jüngere Titurel‹ bereits literarisch rezipiert.

In jedem Fall wurde ›Der jüngere Titurel‹ von einem hochgebildeten Dichter (*poeta doctus*) verfasst, der souverän über das lateinische, deutschsprachige und romanische Schrifttum seiner Epoche sowie der Antike verfügte. So benutzte er unter anderem die ›Historia Regum Britanniae‹ des Geoffrey of Monmouth (*Kronik ze Britanje und Kornevale in latine*, Str. 4078), Waces ›Brut‹ oder den französischen Lancelot-Zyklus. Ganz im Gegensatz zum Wolfram-Erzähler im ›Parzival‹ (s. o., *ine kan decheinen buochstap*, V. 115,27) lässt Albrechts Erzähler aber nicht nur poetologische und rhetorische, sondern auch theologische und naturkundliche Kenntnisse

80 Nach Petzet (5.14) soll das halbe Pergamentblatt einst als Spiegel oder Vorsatzblatt Bestandteil der stark lückenhaften Hs. H mit ›Der jüngere Titurel‹ gewesen sein (UB Heidelberg, cpg 141) – im Bibliothekskatalog wird diese Vermutung jedoch zurückgewiesen und das Blatt als ‚Kopert' (alter Pergamentumschlag) bezeichnet, sodass Herkunft und Authentizität ungewiss bleiben: Karin Zimmermann, Die Codices Palatini germanici in der Universitätsbibliothek Heidelberg (Cod. Pal. germ. 1–181). Wiesbaden 2003 (Kataloge der Universitätsbibliothek Heidelberg VI), S. 311–313. Es ist bemerkenswert, dass sich diese für das poetische Verständnis und die literarhistorische Einordnung brisanten Informationen nur auf den Resten eines einzigen Blattes finden, welches innerhalb der ansonsten breiten Überlieferung vollkommen isoliert bleibt.

sichtbar werden, die er während eines Universitätsstudiums erworben haben mag; vielleicht war er ein Kleriker.[81] Dieses gelehrte Wissen breitet der Erzähler (Wolfram) in zahlreichen Exkursen und Kommentaren zur Handlung aus. Sie sind einer der Gründe für den enormen Umfang des Werks mit weit über 6300 Strophen – dies entspricht etwa 45000 Reimpaarversen.

Die vierzeilige Strophenform übernimmt Albrecht aus Wolframs ›Titurel‹, entwickelt sie aber weiter, indem er die Zäsuren der ersten beiden Langzeilen mit Binnenreimen versieht, alle Zeilen mit einer gleichmäßigen Zahl alternierender Hebungen ausstattet und sie möglichst mit klingenden Kadenzen beendet:

4 a + 4 b
4 a + 6 b
6 c
4 x + 6 c

„Zwei gleiche Reimklänge kommen je dreimal vor, und alle sind zweisilbig, auch die Binnenreime, während bei Wolfram die Kadenz frei war. Das bedingt einen feierlich-schweren Rhythmus, eine Tendenz zu gesuchten Reimwörtern sowie zu Infinitiv- und Partizipialkonstruktionen und anderen Umschreibungen, wie nachgestellten schwachen Adjektiven. [...] Albrecht tendiert zu Parallelisierungen, Umschreibungen und Doppelformen – das führt jedoch vielfach nicht zu größerer Deutlichkeit, sondern zur Schwerverständlichkeit“.[82] Die stilistischen Mittel, die Volker Mertens hier im Anschluss an die Strophenform beschreibt, gelten als Merkmale des ‚geblümten Stils‘: Albrecht ist ein früher und exponierter Vertreter des *blüemens.*

Die weiterentwickelte Strophenform, die mit der von ›Nibelungenlied‹ und ›Kudrun‹ verwandt ist, wurde von vielen späteren Vertretern des geblümten Stils aufgegriffen und variiert, etwa von Heinrich von Mügeln, Hadamar von Laber, Egen von Bamberg, Hugo von Montfort oder von Ulrich Fuetrer für ›Das Buch der Abenteuer‹. Die Leithandschrift A der Gruppe I enthält auf Bl. 1v eine nur dort überlieferte Strophe mit einer Klage Sigunes, die in ›Der jüngere Titurel‹ nicht vorkommt und wohl erst später ent-

81 Vgl. zum Autor FROMM, KERN, RAUSCH, WEGNER und NEUKIRCHEN (alle 5.14).

82 MERTENS 1998 (4.1.1), S. 286f.; vgl. KURT NYHOLM, Studien zum so genannten geblümten Stil. Åbo 1971 (Acta Academiae Aboensis, Ser. A Humaniora 39,4) und GERT HÜBNER, Lobblumen. Studien zur Genese und Funktion der ‚Geblümten Rede‘. Tübingen, Basel 2000 (Bibliotheca Germanica 41), S. 49–57 u. 107–117.

stand. Aufgezeichnet wurde sie dort kurz vor 1350, zusammen mit einer Melodie zur Titurelstrophe. Auch wenn eher unwahrscheinlich ist, dass diese ursprünglich zu Albrechts Bearbeitung gehörte, liefert sie doch ein Indiz dafür, dass wir uns die 6327 Strophen im gesanghaften Vortrag vorzustellen haben.[83]

Nicht nur wegen der Weiterentwicklung der Strophenform ist ›Der jüngere Titurel‹ maßgeblich durch sein Verhältnis zu Wolfram von Eschenbach bestimmt. Die Forschung interessierte sich vor allem dafür, wie Albrecht mit den ›Titurel‹-Fragmenten Wolframs verfahren ist. Lange Zeit ging man davon aus, dass Albrecht durch so genannte ‚Hinweisstrophen' auf die übernommenen Bestandteile aufmerksam gemacht habe (nach den Strr. 499 u. 1172), doch Neukirchen weist darauf hin, dass solche Hinweise nur in der Handschriftengruppe II überliefert sind, während der Wechsel der Erzählerrolle von Wolfram zu Albrecht nur in Zeugnissen der Handschriftengruppe I zu beobachten ist. Die Erschließung solcher Interdependenzen innerhalb der Gesamtüberlieferung steckt jedoch noch in den Kinderschuhen. Daneben hat sich die Forschung vorwiegend mit der Gönnerfrage und mit einzelnen Textpassagen beschäftigt, zum Beispiel mit der architektonisch sehr präzisen, allegorischen Beschreibung des Graltempels (Strr. 329–439) oder mit dem Brackenseil und seiner Inschrift (Strr. 1868–1927). Erst neuere Arbeiten machen wieder deutlich, dass sich Albrechts Bearbeitung nicht nur durch die Übernahme der ›Titurel‹-Fragmente mit Wolfram auseinandersetzt, sondern vor allem durch das ‚Wiedererzählen' des ›Parzival‹.[84] Albrecht galt lange Zeit als Epigone oder sogar Plagiator, dessen Rückgriff auf den ›Parzival‹ allein der Fortsetzung der ›Titurel‹-Fragmente gedient habe und der sehr umständlich und unverständlich erzähle, weil es ihm allein darauf ankomme, seine lehrhaften und moralisierenden Exkurse auszubreiten. Thomas Neukirchen setzt dem die Auffassung entgegen, dass es Albrecht darum gegangen sei, den in Wolframs ›Parzival‹ angelegten ethisch-moralischen Gehalt des Stoffs herauszuarbeiten und das Werk auf diese Weise mit seiner Bearbeitung zu vervollkommnen.[85]

83 Mertens 1970 (5.14); Otto Paul/Ingeborg Glier, Deutsche Metrik. 9. Aufl. München 1974, S. 67–75.

84 Vgl. Lorenz, Neukirchen oder Glauch (5.14).

85 Vgl. neben den Arbeiten von Neukirchen (5.14) Britta Bussmann, *Mit tugent und kunst.* Wiedererzählen, Weitererzählen und Beschreiben in Albrechts ›Jüngerem Titurel‹, in: Übertragungen. Formen und Konzepte von Repro-

Der Artushof wird, wie schon im ›Parzival‹, durch die Gralgesellschaft als übergeordneter Wertegemeinschaft an den Rand gedrängt – besonders augenfällig macht dies die Entrückung des Grals am Ende des Textes: Die Artusritter werden fortan vergeblich nach ihm suchen. Trotz der Aventiurefahrten der drei Helden (Gamuret, Titurel und Parzival) und trotz zahlreicher sinnstiftender Doppelungen und Symmetrien ist auch die Handlungsstruktur nicht mehr mit denen der Artusromane Hartmanns zu vergleichen.[86] Auch wenn König Artus und sein Hofstaat in einigen zusätzlichen Episoden auftreten, dienen sie trotzdem nur als Kulisse für die Liebesgeschichte und die Ereignisse rund um den Gral. Ebenfalls nicht gewahrt bleibt die Balance zwischen Minne und Aventiure: Der sinnlose Tod Tschinotulanders im Kampf um das edelsteinverzierte Seil des Jagdhundes und dessen ‚Geschichte'[87] offenbart ein gegenüber den Eheschließungen Erecs und Iweins defizitäres Verständnis von Minne, dem sich Aventiure letztlich (auch dem Wortsinn nach) ‚unterwirft'. Ein Entwicklungsprozess des Protagonisten ließe sich so höchstens noch in negativer Hinsicht beschreiben, und mit dem Tod Tschinotulanders (sowie der Entrückung des Grals) fehlt dem strophischen Roman schließlich auch das gattungstypische Happy End: Damit wäre die vergleichsweise geringe Schnittmenge zwischen diesem Gralroman und dem Artusroman in Reimpaarversen wohl beschrieben.

›Der jüngere Titurel‹ beginnt mit einem Prolog, der dem in Wolframs ›Willehalm‹ nachempfunden ist und dessen Aussagen über die Allmacht Gottes, die Schöpfung, den Menschen, die Sünde, die Trinität und die Taufe wiederholt und mit paraphrasierten Gedanken aus dem ›Parzival‹-Prolog durchsetzt. Neben diesen religiösen und heilsgeschichtlichen Aspekten thematisiert der Prolog auch die Korrekturbedürftigkeit des ›Parzival‹ und legitimiert damit das Nachfolgende (Strr. 1–91): ›Der jüngere Titurel‹ erzählt unter Rückgriff auf die ›Titurel‹-Fragmente (in den Strr. 500–814 u. 1173–1221) von dem, was Wolfram im ›Parzival‹ gar nicht oder nur am Rande erwähnt hatte, und er kommtentiert und interpretiert überdies das Erzählte. Die verschlungene Handlung ist überreich an Personal und lässt sich in acht Sequenzen unterteilen.

duktion in Mittelalter und Früher Neuzeit, hg. von ders. Berlin 2005 (Trends in medieval philology 5), S. 437–462.

86 Vgl. dazu Ebenbauer 1979 (5.14).

87 Dazu Haug, Wegner 2000 und Philipowski (5.14).

1. Die Genealogie des Gralgeschlechts (Strr. 92–664)
Im Anschluss an den Prolog wird von den Vorfahren Titurels berichtet. Nach Christi Geburt ist Senabor von Kapadoze der Ahnherr des Gralgeschlechts. Sein Sohn Parille lässt sich als Erster christlich taufen und heiratet die Tochter des römischen Kaisers Vespasian, der wiederum von den Trojanern abstammt. Über seinen Sohn Titurison gelangt die Herrschaft an Titurel, der erst im Anschluss an eine Wallfahrt seiner Eltern nach Jerusalem geboren wird. Er erhält von Gott den Gral (Str. 271), für den auf dem Munt Salvatsch in Nordwestspanien ein prachtvoller Tempel errichtet wird (Strr. 329–439). Eine Inschrift, die auf dem Gral erscheint, fordert Titurel im Alter von über 400 Jahren auf, Richaude von Spangen zur Frau zu nehmen. Eines ihrer zwölf Kinder ist Frimutel, der Klarisse von Granat heiratet. Ihnen werden mit Anfortas und Trevrezent zwei Söhne und mit Tschosiane, Herzeloude und Urrepanse de Tschoye drei Töchter geboren. Nach dem Tod seiner Frau erläutert der greise Titurel seinen Nachkommen in einer langen Rede (Strr. 500–602: Beginn des ersten Wolfram-Fragments) die Geheimnisse des Grals, den er mit der Seele im Körper vergleicht. Den Tempel deutet er als das Himmlische Jerusalem und unterweist die Gralgemeinschaft im christlichen Glauben. Nachdem eine entsprechende Inschrift auf dem Gral erschienen ist, übergibt er die Herrschaft an seinen Sohn Frimutel.

2. Die Liebe zwischen Sigune und Tschinotulander (Strr. 665–1116)
Frimutels Tochter Tschosiane heiratet Kyot von Katelangen und stirbt bei der Geburt ihrer Tochter Sigune. Diese wächst u. a. bei ihrer Tante Herzeloude auf und verliebt sich bei deren Hochzeit mit Gamuret in dessen Knappen Tschinotulander. (Es schließt sich bis Strophe 814 der Inhalt bis zum Ende des ersten Wolfram-Fragments an.) In Baldac unterstützen Gamuret und Tschinotulander den Baruc Akerin gegen die Brüder Ypomidon und Pompeius von Babylon (Strr. 816–941). Nachdem man fünf Tage lang unter großen Verlusten auf beiden Seiten gekämpft hat, erweicht ein zauberkundiger Heide den Diamanthelm Gamurets (wie im ›Parzival‹, Vv. 105,18–21) mit Bocksblut,[88] sodass Ypomidon ihn tödlich am Kopf verletzen kann. Gamuret legt die Beichte ab, bittet Tschinotulander, mithilfe des Artushofs seine Ländereien zu verwalten, und stirbt. Nach der Beisetzung verlässt der Knappe das noch immer umkämpfte Schlachtfeld und übermittelt die Nachricht von Gamurets Tod an Herzeloude, die trotz der Bestürzung darüber Parzival zur Welt bringt und sich mit ihm in die Wüste Soltane zurückzieht.

88 Dazu Friedrich Ohly, Diamant und Bocksblut. Zur Traditions- und Auslegungsgeschichte eines Naturvorgangs von der Antike bis in die Moderne. Berlin 1976.

3. Das Brackenseil (Strr. 1117–2297)
In Gegenwart Sigunes erhält Tschinotulander die Schwertleite (Str. 1125) und wird am Artushof aufgenommen. Nach einem Besuch bei Herzeloude und dem kleinen Parzival lagern sie auf der Rückreise in einem Wald, als ihnen der Jagdhund Gardivias mit dem Brackenseil zuläuft (Strr. 1173–1221: Inhalt des zweiten Wolfram-Fragments). Nachdem Sigune sich ihrem Geliebten auf dessen Wunsch nackt gezeigt hat, verspricht Tschinotulander, den entlaufenen Hund mit der Leine einzufangen, damit sie die Nachricht auf dem Seil zu Ende lesen kann, und reitet davon. Auf der Suche nach dem Hund, der sich inzwischen durch Zufall im Besitz des Orilus befindet, besiegt Tschinotulander so viele Ritter, dass König Artus eine Belohnung aussetzt für denjenigen, der ihn bezwingt. Als er sich Ekunat als Verwandter zu erkennen gibt, führt dieser ihn an den Artushof (Str. 1446), wo ihm alle verzeihen bis auf Orilus, da Tschinotulander seinen Neffen getötet hat. Deshalb wird ein Zweikampf um das Brackenseil anberaumt. Bis er stattfindet, soll das Seil im Besitz von Orilus' Freundin Jeschute bleiben, wechselt aber später mehrfach den Besitzer, ohne dass es jemandem Freude brächte. Während König Artus zu Ehren der Aufnahme Tschinotulanders auf der Ebene Floritschanz ein aufwändiges Hoffest veranstaltet, treffen Boten Akerins ein, die dem jungen Ritter als Geschenk eine goldene Rüstung überbringen und ihn erneut um Unterstützung in Baldac bitten. Er verspricht, mit ihnen zu ziehen, sobald das Fest beendet ist. Nach dem Einzug der schönsten Frauen von Ysalde über Enite und Yblis (aus dem ›Lanzelet‹) finden die öffentliche Schwertleite von zahlreichen Fürstensöhnen und eine Massenhochzeit statt: Unter anderem heiraten Clauditte und Ekunat sowie Laudine und Ascalon (aus dem ›Iwein‹). Am fünften Tag wird auf Begehren Sigunes feierlich die Brackenseilinschrift verlesen (Strr. 1871–1927): Es ist ein Brief Claudittes an Ekunat, der einen ritterlichen Verhaltenskodex und einen ‚Kranz' aus zwölf ‚Blumen der Tugend' enthält. Als Tschinotulander die abschließenden Turniere gewinnt, verpflichtet er alle Besiegten, ihn nach Baldac zu begleiten.

4. Die Tugendprobe der Artusritter (Strr. 2298–2518)
Am Hof trifft Clarisidun, der König von Marroch mit seinem Gefolge ein, der von den sagenhaften Festen des Königs Artus gehört hat. Er fordert die Ritter der Tafelrunde auf, eine von ihm gebaute Brücke über den Fluss Sibra zu überqueren, die jeden ins Wasser wirft, der nicht tugendhaft ist. Diese Probe bestehen von den Männern nur Artus, Anfortas, Lot, Kaylet, Tschinotulander, Ekunat, Cidegast und Gurnemanz, von den Frauen nur Sigune, Urrepanse und Kondwiramurs.[89] Während dieser Aktion raubt der Zauberer Klinschor von Napels 300 Damen (die später von Gawein befreit werden); Accedille, die Schwester Utpandraguns, erklärt, dass dies aus Neid über die Prachtentfaltung und die Groß-

89 Vgl. dazu Kasper (5.6).

zügigkeit am Artushof geschehen sei. Melianz stellt die Freigebigkeit des Königs auf die Probe, indem er die Herausgabe der Königin Ginover verlangt. Artus erkennt daraufhin seine übergroße *milte* als Maßlosigkeit.

5. Rache für Gamuret (Strr. 2519–4394)
Gemeinsam mit den Gesandten des Baruc schifft sich Tschinotulander in Marseille ein. Nach einigen Abenteuern während der Überfahrt (in Zazamanc, auf dem Meer und bei den räuberischen Gaylotten in Maledicalterre, Strr. 2574–2832) beteiligt sich Tschinotulander, der ‚neue Gamuret', unter dessen Anker-Wappen an der Seite Akerins an zwei (breit geschilderten) Schlachten gegen die Babylonier: Die erste findet nach langen Vorbereitungen auf dem Feld von Plenantze, die zweite auf dem von Floristelle statt (in Anlehnung an den Chanson-de-geste-Stoff von Wolframs ›Willehalm‹). Nachdem Tschinotulander am fünften Tag versehentlich den edlen Heiden Secureiz (Vater Secundilles) erschlagen hat, tötet er schließlich auch Ypomidon, während Ekunat über Pompeius siegt. Akerin ist nun Herrscher über Baldac und Babylon (Strr. 3872–4285). Tschinotulander besucht Gahmurets Grab in Baldac und verliert auf der Rückreise über Toledo seine goldene Rüstung.

6. Tschinotulanders Tod (Strr. 4395–5126)
Nach drei Jahren kehrt Tschinotulander zu Sigune zurück. Das aus Anlass seiner Rückkehr stattfindende Fest am Artushof wird unterbrochen, weil Orilus und sein Bruder Lehelin die für Parzival verwalteten Länder Waleis und Norgales verwüsten. Als die Tafelrunder angreifen, fliehen die beiden mit ihren Truppen. Nun trifft die Nachricht ein, dass der römische Kaiser Lucius gegen Artus in den Krieg ziehen will, weil er der Meinung ist, dass dieser keinen Anspruch auf seine Herrschaft habe, denn die Beziehung Utpandraguns zu seiner Mutter Arnive sei nicht rechtmäßig gewesen (Episode aus der ›Historia Regum Britanniae‹ des Geoffrey of Monmouth). Er fordert deshalb Tribut ein. Die anschließende Schlacht entscheidet Artus selbst, indem er Lucius tötet (Str. 4709). Tschinotulander kämpft danach gegen zwei riesenhafte Heiden (Abkömmlinge Alexanders des Großen), die auf Geheiß der Witwe den Tod des Heiden Secureiz rächen wollen. Währenddessen gerät Orilus, der erneut in Parzivals Länder eingefallen ist, zufällig in den Besitz eines Geschenks, das Akerin als Ersatz für die verlorene Rüstung an Tschinotulander gesandt hatte: Es handelt sich um einen Ring und eine Spange, wiederum aus dem zauberkräftigen ‚Gold der Saelde' (Strr. 4913–4977). Vor der Stadt Kingrivals verletzt Tschinotulander Lehelin schwer, muss aber vor Orilus fliehen, weil dieser das Gold besitzt, das aus Tigris stammt und seinen Besitzer praktisch unverwundbar macht. Jeschute hatte Sigune aus Angst vor einer Niederlage ihres Geliebten das Brackenseil übergeben, doch Tschinotulander weist es zurück, da er das Seil nur im Zweikampf erringen will. Als es dazu kommt, fällt Sigune in Ohnmacht. Orilus verwundet Tschinotulander mit der Zauberkraft des Goldes tödlich (Str. 5092) und

reitet wehklagend fort. Sigune hält den sterbenden Geliebten während seiner letzten Beichte in den Armen und bricht nach dessen Tod in eine Trauerklage über ihre Schuld- und Sündhaftigkeit aus.

7. Sigunes Tod und Parzivals Aventiuren (Strr. 5127–6023)
Fortan ist Parzival der Protagonist. Er hört, nachdem er gerade seine Mutter verlassen hat, Sigunes Klage und erfährt von ihr Name und Herkunft. Dies entspricht der ersten Begegnung mit Sigune im ›Parzival‹ (Vv. 138,11–142,1) und es folgen nun seine weiteren Erlebnisse aus dem dritten Buch, zuzüglich einiger Erweiterungen, die über das im siebten und achten Buch des ›Parzival‹ nur Angedeutete berichten, zum Beispiel Parzivals Reisen nach dem ersten Besuch auf der Gralburg, die Einbalsamierung des toten Tschinotulanders durch König Artus, Sigunes Gespräch mit der Gralbotin Kundrie oder die Herkunft des Gralschwertes, das nach seinem Zerbrechen nur am Brunnen in Karnant wieder zusammengefügt werden kann (Str. 5516). Nach Sigunes Tod beendet Ekunat mit ihm den Streit um das Brackenseil, indem er Orilus damit überwindet, denn dieser ist nicht mehr im Besitz des siegbringenden Goldes, seit Parzival Jeschute die Spange geraubt hat (vgl. im ›Parzival‹ die Vv. 129,5–132,24). Im Verlauf des Zweikampfes wird das Brackenseil unwiederbringlich zerstört. Doch wird Parzival inzwischen durch das Erscheinen einer Schrift auf dem Gral zum Gralkönig berufen und Anfortas geheilt. Am Ende dieses Abschnitts kokettiert Albrecht, der Erzähler, der nun seine Wolfram-Rolle ablegt (Str. 5961), damit, dass sich angeblich seine Gönner zurückgezogen haben. Er will sein Werk trotzdem abschließen und berichtet vom Schicksal des Schwanritters, Parzivals Sohn Loherangrin.

8. Übergabe des Grals an den Priesterkönig (Strr. 6024–6327)
Wegen der Sündhaftigkeit der Christen rund um die Gralburg zieht die gesamte Gemeinschaft über den Magnetberg und das Lebermeer, vor deren Gefahren jeweils der Gral schützt, zu Parzivals Halbbruder Feirefiz nach Indien. Als dieser von den durch Thomas bekehrten Christen im Reich des Priesterkönigs erzählt (Brief des Priesterkönigs Johannes),[90] versetzt Gott aufgrund ihrer Gebete den Graltempel dorthin. Vor seinem Tod berichtet der greise Titurel, dass es sich bei dem Gral um den Abendmahlkelch des Joseph von Arimathia handelt. Parzival wird von ihm für zehn Jahre zum Nachfolger des Priesterkönigs berufen; danach soll der Sohn des Feirefiz das Amt als Herrscher über 72 Länder sowie den Gral ausüben, den die Artusritter inzwischen vergeblich zu suchen begonnen haben. Ein kurzer Epilog umfasst nur vier Strophen.

90 Zu dieser Quelle vgl. Bettina Wagner, Die ›Epistola presbiteri Johannis‹ lateinisch und deutsch. Überlieferung, Textgeschichte, Rezeption und Übertragungen im Mittelalter. Mit bisher unedierten Texten. Tübingen 2000 (Münchener Texte und Untersuchungen zur deutschen Literatur des Mittelalters 115).

Aus der Perspektive dieses umfangreichen Werks wirkt es beinahe so, als habe Wolfram im ›Parzival‹ zwar dieselbe Geschichte erzählt wie Albrecht, viele Details aber weggelassen und sich auf den Weg Parzivals zum Gralkönig konzentriert. Die Forschung sieht in den vielen nur angerissenen Handlungsfäden Angebote des Dichters an potenzielle Gönner, ihn für weitere Werke zu fördern. Auch die ›Titurel‹-Fragmente lassen sich unter diesem Aspekt betrachten: Sie wären dann eine Werbemaßnahme für eine Anschlussförderung. Tatsächlich aber dürfte es wohl so sein, dass Albrechts Leistung eben vor allem darin besteht, all das, was Wolfram im Hinterkopf hatte (oder was er in einer uns nicht bekannten Quelle vorfand), in einen kohärenten Gesamtzusammenhang gebracht zu haben. Innerhalb des Stoffs verschieben sich dadurch die Schwerpunkte. Die Parzivalhandlung rückt in den Hintergrund und die Gaweinhandlung aus dem ›Parzival‹ ist sogar ganz beiseite geschoben (Gawein ist nämlich noch ein Kind).[91] Die entstehenden Freiräume besetzt Albrecht durch das Auserzählen der Liebesgeschichte zwischen Sigune und Tschinotulander, was insbesondere durch den Einbezug der ›Titurel‹-Fragmente, aber auch durch den Rückgriff auf Wolframs ›Willehalm‹, geschieht.

Die Handlung wird zwar linear, aber weder schlicht noch einsträngig erzählt, sondern zusätzlich in Kommentaren gedeutet, mit gelehrtem Wissen angereichert oder in Allegorien gekleidet. Ob solche Erzählerexkurse wirklich ‚didaktisch', also belehrend, sind, sei dahingestellt: Das ausgebreitete Wissen dürfte jedem Gebildeten geläufig gewesen sein, und seine intensive Ausbreitung hat vielleicht eher eine gemeinschaftsstiftende Funktion. Durch die gegenseitige Vergewisserung dessen, was zum Bildungs- und Wertekanon gehört, findet sich in der Rezeption des Werks eine geistige und kulturelle Elite auf christlich-heilsgeschichtlichem Fundament zusammen. So ist der Gral nicht länger ein rätselhafter Stein, sondern, nach erneutem Rückgriff auf französische Quellen, der Abendmahlkelch, und Sigunes Auftrag an ihren Geliebten, das prachtvoll ausgestattete Brackenseil zu suchen, wird bei Albrecht als Sünde ausgelegt, die nach Buße verlangt: Sigune vergleicht sich mit Enite, die ihrer Ansicht nach Schuld daran hatte, dass Erec ausziehen und Mühsal auf sich nehmen musste (Strr. 5036–5052).

91 Die Darstellung der randständigen Gawein-Figur in ›Der jüngere Titurel‹ verdiente eine eingehende Untersuchung; vgl. einstweilen Homberger und Schmitz (beide 4.1.3).

Im Scheitern der ethischen Werte des Rittertums wird alles Weltliche, damit auch die höfische Dichtung und selbst die Liebe, negiert zugunsten der Hoffnung auf ein fernes Reich jenseits alles Irdischen. In solchen Akzentverlagerungen drückt sich eine Heilssehnsucht als Gegenentwurf zum Verfall alter Ordnungen aus, und sie sind ganz offensichtlich einem Interpretationsprozess und dem kritischen Umgang Albrechts mit Wolframs ›Parzival‹ zu verdanken. Eindrucksvoll bestätigt dies die Darstellung des allegorischen Graltempels (in den Strophen 329–439), die als bedeutendste Architekturbeschreibung des deutschsprachigen Mittelalters gelten darf. Nach ihr ließ der deutsche König und Kaiser Karl IV. (1316–1378) die Edelsteinkapelle auf Burg Karlstein und die Wenzeslauskapelle im Prager Veitsdom ausgestalten. Und auch die prätentiöse Sprache, der ‚blumige Stil', ist als Ausdruck eines ebenso frommen wie elitären Selbstverständnisses zu begreifen. ›Der jüngere Titurel‹ setzt besondere Maßstäbe und verlangt exzellente Kennerschaft. Wolfram hatte das spätere Mittelalter beides zugetraut.

3.3. Der ›Rappoltsteiner Parzifal‹

Chrétiens nicht vollendeter Gralroman wurde nicht nur von Wolfram, sondern auch in der altfranzösischen Literaturlandschaft mehrfach umgearbeitet und fortgesetzt, bis schließlich Kompendien von 60000 bis zu 70000 Versen entstanden. Neben zwei kurzen Vorgeschichten (›Elucidation‹, ›Bliocadran‹-Prolog) sind insgesamt vier Weiterdichtungen erhalten: Die ersten beiden anonym und noch im 12. Jahrhundert entstanden (von denen die zweite manchmal Wauchier de Denain zugeschrieben und daher auch als Pseudo-Wauchier bezeichnet wird), die dritte und am wenigsten verbreitete zu Anfang des 13. Jahrhunderts von Gerbert de Montreuil, sowie eine vierte, von Manessier verfasste, aus derselben Zeit. All diese Erweiterungen sind in stark variierenden Fassungen mit Chrétiens ›Perceval‹ überliefert.[92]

Wolframs ›Parzival‹ um diese Erzählstoffe zu ergänzen, war augenscheinlich das Ziel eines einzigartigen Unternehmens mehrerer Personen im vierten Jahrzehnt des 14. Jahrhunderts. Im Auftrag des Grafen Ulrich V. von Rappoltstein fertigten die Straßburger Stadtbewohner Philipp Colin und Claus Wisse eine Abschrift des *alten* ›Parzival‹ an und fügten an geeigneten Stellen

92 Zu den afrz. Fortsetzungen vgl. Schmolke-Hasselmann (4.2.2) u. Welz (5.14).

insgesamt rund 37000 Verse mit Aventiuren aus verschiedenen altfranzösischen ›Perceval‹-Fortsetzungen ein, die sie als den *nüwen parzefal* bezeichnen.[93] Überliefert ist diese Kompilation in einem Pergamentmanuskript, das um 1336 in Straßburg angefertigt worden ist (Landesbibliothek Karlsruhe, Cod. Donaueschingen 97), und einer Abschrift des zweiten Teils dieses Manuskripts, die kurz darauf in derselben Umgebung entstanden ist (Biblioteca Casanatense Rom, Mss. 1409).

Die ehemals Donaueschinger Handschrift, bei der es sich aufgrund der zahlreichen Korrekturen und Überklebungen wohl um das Originalmanuskript handelt, enthält nach den mit kurzen und längeren Einschüben versehenen ›Parzival‹-Büchern 1 bis 16 (Bl. 1–115) eine vom Schreiber verfasste Überleitung in Prosa, die auf das Ende des *tüzschen* Textes aufmerksam macht und eine Erzählung darüber ankündigt, wie Gawan erstmals zum Gral kommt: *das ist ouch parzefal*, heißt es Bl. 115v, und sei ebenfalls aus dem Französischen ins Deutsche übertragen worden, und zwar im Jahr 1336. Es folgen dann zunächst sieben Liedstrophen (Walther von der Vogelweide, Gottfried von Neifen, Reinmar der Alte u. a.), die das Blatt auffüllen,[94] von Bl. 116 bis 302 dann ›Der niuwe Parzifal‹, schließlich die Bücher 15 und 16 mit dem Schluss aus Wolframs Roman und abschließend ein Epilog zum Gesamtwerk (Bl. 317–320). Auf dem freigebliebenen Stück des letzten Blattes wurden wiederum eine deutsche und (als Nachtrag des 16. Jahrhunderts) eine altfranzösische Liedstrophe eingetragen.

93 Die interpretatorische Erschließung der umfangreichen Kompilation, die zur besseren Unterscheidung von Wolframs Werk in der Forschungsliteratur als ›Parzifal‹ bezeichnet wird, hat noch kaum begonnen. Die jüngste Monographie von Wittmann-Klemm (5.15) ist aus dem Jahr 1977, vgl. ansonsten nur Mertens (4.1.1), S. 288–300, und Bastert 2000 (6.1). Auch liegt nicht einmal eine vollständige Textausgabe vor: Zu benutzen ist nach wie vor die 1888 entstandene Edition von Karl Schorbach (1.1), in der jedoch die Wolfram-Passagen fehlen.

94 Zur Lyrik in der Handschrift vgl. Holtorf und Holznagel, zur weiteren Auswertung des Überlieferungsträgers Bumke, Obhof, Oltrogge/Schubert, Thomas und Emmerling (alle 5.15) sowie Robert Schöller, Die Fassung *T des ›Parzival‹ Wolframs von Eschenbach. Untersuchungen zur Überlieferung und zum Textprofil. Berlin, New York 2009 (Quellen und Forschungen zur Literatur- u. Kulturgeschichte 56 [290]), S. 102–113; Gabriel Viehhauser-Mery, Die ›Parzival‹-Überlieferung am Ausgang des Manuskriptzeitalters. Handschriften der Lauberwerkstatt und der Straßburger Druck. Berlin, New York 2009 (Quellen und Forschungen zur Literatur- und Kulturgeschichte 55 [289]), S. 123–147.

Im Anschluss an das Ende des ›Parzival‹ mit seinem kurzen Epilog (Vv. 827,1–30) beschreibt ein ausführliches Nachwort auf einmalige Weise die Auftragsituation und die Entstehungsumstände des neuen Werks. Nach Art der seit Beginn des 14. Jahrhunderts am Oberrhein bereits weit verbreiteten Minnereden führt der Erzähler aus, dass Frau Minne und Frau Milte Herrn Ulrich von Rappoltstein persönlich aufgefordert haben, ein in seinem Besitz befindliches französisches Buch über die Abenteuer Parzifals ins Deutsche übersetzen zu lassen (Vv. 36427ff.). Beide schreiben ihrem *frünt Ropoltsteiner* in einem Brief, dass König Artus dieses Buch einst selbst anfertigen ließ:

Wir beide daz vernommen hant,
daz dir ein welsch buoch ist gesant,
das der künig Artus
hiez schriben von orte unze ende uz
von ir aller munde
der von der tofelrunde.
daz buoch er alle zit gerne laz,
wan ez wor und bewert waz.
sit ez nu kommen ist an dich,
daz dunket gelücke und heil mich.
ez sol dich iemer an eren frommen,
ez ist an rehten erben kommen.
daz sprich ich uf die truwe min:
künig Artus mueste din mog sin,
wan er ouch sine stunde
domitte kürzen begunde,
daz er lesendez sich gewag.
so er hofierendez nüt enpflag,
so waz ez sine kurzewile groz.
daran bist du sin genoz,
du hest von imme geerbet daz.
nu erbe ouch von im fürbas
und tuo die edeln sachen
von welsch zuo tützsche machen,
daz ez nüt blibe erbelos.
dine ere und dinen frommen groz
rote ich unde die Milte dir.

Tugendhaftigkeit und Mäzenatentum bestimmen Ulrich von Rappoltstein zum legitimen Nachfolger und Erben des sagenhaften Königs der Tafelrunde. Die Förderung ritterlicher Dichtung wird wie diese selbst zum Minnedienst erhoben, der wiederum als die Gesellschaft kultivierende Kraft dargestellt. Inwieweit der Epilog damit nicht nur die textexterne Entstehungssituation beschreibt, sondern auch als Kommentar oder sogar als Rezeptionsanleitung zur Romanhandlung zu verstehen ist, bleibt umstritten. Immerhin ließe sich ein Bezug zur mitüberlieferten Lyrik herstellen. Der Codex erscheint mit ihr sowie der stoffreichen Parzifal- und Gawan-Handlung (auch) als eine Sammlung von Minneexempeln und wird so zum repräsentativen Objekt der Teilhabe eines aufstrebenden Adelsgeschlechts am späthöfischen Kulturbetrieb.

Im Kontext dieser panegyrischen Äußerungen ist dann auch die Kostenrechnung zu betrachten, die der Erzähler anstellt: Nachdem ein tihtere namens Claus Wisse im ersten Jahr den Anfang verfasste, habe er, Philipp Colin, diese Aufgabe in den darauffolgenden Jahren fortgeführt. Die Arbeiten, an denen auch ein Schreiber sowie als Übersetzer der Jude Samson Pine beteiligt gewesen seien, hätten sich über insgesamt fünf Jahre erstreckt. Wenn schließlich angegeben wird, dass sich die Gesamtkosten auf wohl 200 Pfund belaufen, die manch einer auch für sein im Turnier verlorenes Streitross aufbringen muss, so weist dies selbstbewusst auf den beständigeren Wert der kulturschaffenden Leistung hin: *unser kost si angeleit baz* (V. 36839).[95]

In der elsässischen Sadt rezipierte man neben der fränkischen Bearbeitung Wolframs wohl auch den umfangreichen französischen Gralstoff, und beide Traditionen fasst dieses Kompendium in über 60000 Versen zusammen. Daher werden die Vorlagen auch nicht, wie bei Hartmann, Gottfried oder Wolfram, gestaltend bearbeitet, sondern beinahe wörtlich übersetzt und ineinandergeschoben. Die Besonderheit der Adaptation ergibt sich daraus, dass die Bearbeiter statt Chrétiens Fragment den abgeschlossenen Roman Wolframs in diese Kompilation integrieren. Architektur und Komposition des ›Parzival‹ Wolframs gehen dabei natürlich verloren, und auch ist der Zusammenhang zwischen ihm und den Fortsetzungen nicht immer kohärent, weil diese an den unvollendeten

95 Nach Abschluss des Epilogs auf Bl. 320v (*Hie het der tützsche und der welsche Parzefal ein ende*) wird in einem Zusatz des Schreibers (*Henselin schriber*) noch der Umfang des Manuskripts berechnet, sodass man versucht hat, die Kosten für die Schreibarbeiten pro Jahr und das Material genau zu bestimmen (vgl. THOMAS 5.15). Meines Erachtens sind die Aussagen innerhalb des Epilogs aber nicht auf werkexterne Fakten beziehbar. Ebenso wenig darf die Angabe des Schreibers, dass die Abschrift des Wolfram-Textes (in der Mitte des Manuskripts!) 1336 abgeschlossen worden sei, auf die fünfjährige Entstehungszeit des Gesamtwerks bezogen werden. Unklar bleibt schließlich auch, ob es sich bei dem am Ende genannten Grauhaarigen *von Onheim* (= Ohnenheim bei Schlettstadt) um einen zweiten Schreiber handelt.

Roman Chrétiens anknüpfen. Es entstehen neue Sinnstrukturen, deren Grundzüge die Forschung bereits herausgearbeitet hat.

Bei dem Buch, das von den Straßburger Stadtbewohnern Claus Wisse und Philipp Colin offenbar arbeitsteilig und unter Mitwirkung des Samson Pine übersetzt wurde,[96] handelte es sich allem Anschein nach um einen nicht erhaltenen Codex, der neben Chrétiens unabgeschlossenem ›Perceval‹ die beiden anonymen Fortsetzungen noch aus dem zwölften Jahrhundert sowie diejenige des Manessier (1214–1220) enthielt,[97] der in den Vv. 36441–36450 sogar namentlich genannt und damit von Colin möglicherweise für das Ganze verantwortlich gemacht wird. Nach der Elternvorgeschichte mit dem Schicksal Gahmurets, die im ›Rappoltsteiner Parzifal‹ den ›Bliocadran‹-Prolog ersetzt, ist zwischen das zweite und dritte Buch des ›Parzival‹ eine Übertragung der ›Elucidation‹ eingeschoben (nach V. 112,11), die auch in französischen Kompilationen häufig Chrétiens Werk vorangestellt ist. Da diese kurze, prologähnliche Vorgeschichte vorausblickend (als Prolepse) sowohl von Parzifals als auch von Gawans Besuchen auf der Gralburg berichtet, bildet sie gemeinsam mit den Fortsetzungen einen Rahmen um die bei Chrétien und Wolfram erzählte Handlung.[98]

96 Anders als von Wittmann-Klemm (5.15), S. 4, und in verschiedenen Nachschlagewerken behauptet, gibt es dafür, dass Colin einer Straßburger Goldschmiedefamilie angehörte, keinen weiteren Beleg als die Selbstbezeichnung im Roman, vgl. Schorbach (1.1), S. XXIV–XXXI: Im Epilog stellt sich der Erzähler (*von Strasburg Philippez Colin*) als *cluoger goltsmit* (Vv. 36454f.; vgl. V. 36953) vor, der gern erneut als solcher tätig werden möchte, wenn er für das Dichten angemessen entlohnt wird (Vv. 36967–36970). Diese Aussage lässt sich aber ebenso gut als Metapher auf das Anfertigen von Dichtung beziehen. Ob *Clawez Wisze* (V. 36801) zur Straßburger Goldschmiedefamilie *Wise* (später *Weiss*) gehört, ist schließlich ebenfalls fraglich.

97 Detailliert verzeichnet bei Wittmann-Klemm (5.15), S. 9–110.

98 Zu den verschiedenen Fortsetzungen vgl. The Continuations of the Old French ›Perceval‹ of Chrétien de Troyes, ed. by William Roach. 4 Vols., Philadelphia 1949–1971; Première Continuation de ›Perceval‹ (continuation-Gauvain). Texte du ms. L éd. par William Roach. Trad. et présentation par Colette-Anne van Coolput-Storms. Paris 1993 (Le livre de poche. Lettres gothiques 4538); Manessier, La troisième continuation du ›Conte du Graal‹. Édition bilingue. Publication, traduction, présentation et notes par Marie-Noëlle Toury avec le texte édité par William Roach. Paris 2004 (Champion Classiques. Moyen Âge 13); Three Arthurian romances. Poems from medieval France (Caradoc, The knight with the sword, The perilous graveyard). Transl. with an introduction and notes by Ross Gilbert Arthur. London 1996 (The everyman library); alle Texte wurden in den sechziger Jahren von Konrad Sandkühler in nhd. Prosa übertragen. Vgl. die Artikel bei Lacy (4.1.1), die Arbeiten von Schmolke-Hasselmann (4.2.2) und Keith Busby, Gauvain in Old French Literature. Amsterdam 1980 (Degré second 2).

Diese wird anschließend mit nur wenigen, sehr kurzen Einschüben, darunter auch übersetzte Verse aus Chrétiens ›Perceval‹, bis zum Ende des 14. Buchs weitergeführt, an dem Parzifal den Artushof aus Sehnsucht nach Condwiramurs verlässt (V. 733,30). Nach dem überleitenden Prosazusatz des Schreibers und der hinzugesetzten Liebeslyrik erzählt die erste Fortsetzung von zahlreichen weiteren Abenteuern Gawans, etwa von dem Kampf gegen den Herrn der Burg Orgalus oder von dem gegen Bran de Lis, in dessen Schwester sich Gawan verliebt und die ihm einen Sohn gebiert. Daneben wird vom Ritter Karados Briebras (‚Kleinarm') erzählt, der seinen Vater in einem Wettspiel um das Abschlagen des Kopfes besiegt (nach dem auch in der ›Crône‹ verwendeten Stoff von ›Sir Gawain and the Green Knight‹), den seine nackt in Milch badende Freundin Gingeniers von einer giftigen Schlange am Arm befreit (Vv. 1971–6968) und der anschließend als einziges Mitglied der Tafelrunde eine Tugendprobe mit einem Trinkhorn erfolgreich absolviert, weil seine Freundin die tugendhafteste aller anwesenden Frauen ist (Vv. 7295–7482; ebenfalls in der ›Crône‹). Dieser Abschnitt ist so umfangreich und eigenständig, dass manche dahinter einen selbstständigen afrz. Artusroman vermuten (›Le Livre du Caradoc‹). Gawans Bruder Gaheries, der zunächst von einem Zwerg (Petit Chevalier) demütigend im Zweikampf besiegt wird, kann diesen später erschlagen und rächt dadurch auch den Tod des Schwanritters, der am Artushof aufgebahrt liegt (Vv. 12760–13979). Bei seinen beiden Aufenthalten auf der Gralburg (Vv. 1ff. und 11770ff.) erlebt Gawan dasselbe wie zuvor Parzifal. Rasch stellt sich jedoch heraus, dass nicht er derjenige ist, auf den man dort wartet. Zwar fragt er nach der Bedeutung des wundersamen Geschehens, doch ist er zweimal nicht in der Lage, das zerbrochene Schwert des Gralkönigs zusammenzusetzen.

In der zweiten Fortsetzung bestreitet umgekehrt Parzifal einige für Artusritter typische, zum Teil aber auch rätselhafte Aventiuren, etwa im Dienst der Dame mit dem selbstständig spielenden Schachbrett der Fee Morgane, bei der Jagd mit einem Bracken auf den weißen Hirsch, beim Turnier um den schwarzen Schild, unerkannt bei einem Turnier vor der Burg Orgalus, in Kämpfen gegen Löwen, Riesen, grausame, böse, schöne, weiße und schwarze Ritter, und er wird in ein Grab hinabgezogen, aus dem er wieder aufersteht. Besiegte Gegner werden stets an den Artushof gesandt. Parzifal trifft auf Gaweins inzwischen erwachsenen Sohn Gingelens, den ‚schönen Unbekannten', er verbringt eine Nacht mit Kundewiramurs, seiner Geliebten (Vv. 16540ff., in der afrz. Fassung ist das Blanchefleur), und er erfährt auf der Burg seiner verstorbenen Mutter in Soltane, dass dort seine Schwester lebt. Zwischendurch wird von Keie und Bagumades erzählt, den Parzifal aus einer misslichen Lage befreit, weil dieser kopfüber an einem Baum hängt (Vv. 22336ff.). Anschließend steht zunächst wieder Gawan im Vordergrund (Vv. 23123ff.), da die Artusritter aufbrechen, um Parzifal zu suchen. Dieser erfährt inzwischen aus dem Mund der *juncfrowe von dem leidigen berge* (afrz. Mont

Dolerous) die Umstände der Geburt des Königs Artus unter der Mitwirkung des Sehers Merlin (Vv. 25902–26018). Nachdem die Säule, die Merlin eigens zu diesem Zweck auf dem Berg errichten ließ, Parzifal dadurch zum besten und tüchtigsten Ritter bestimmt hat, dass es einzig ihm gelingt, sein Pferd dort anzubinden, macht sich dieser nun endlich auf den Weg zum Fischerkönig in der Gralburg.

Während Parzifals zweitem Besuch beim Gral (ab Vv. 26371ff.) beginnt mit V. 26694 die Fortsetzung des Manessier. Anders als Gawan ist Parzifal, der später auch im Kampf gegen die ‚schwarze Hand' erfolgreich ist, zwar imstande, das aufgrund eines im Kampf gegen Partinias heimtückisch geführten Schlages zerbrochene Schwert des Gralkönigs zusammenzufügen. Da allerdings ein kleiner Riss (mhd. *stræmelîn*) in der Waffe zurückbleibt, der deutlich macht, dass der Held noch immer nicht alle notwendigen Qualifikationen besitzt, um die Nachfolge des Gralkönigs anzutreten, schenkt ihm Anfortas lediglich die Lanze und den Gral, bei dem es sich um den Kelch handelt, mit dem das Blut Jesu aufgefangen wurde, als ihm Longinus mit der Lanze in die Seite stach. Joseph von Arimathia habe den Kelch nach Britannien gebracht und die Gralburg für ihn errichtet. Parzifal erhält vom Fischerkönig den Auftrag, an Partinias Rache zu nehmen. Zunächst trifft er aber auf Segremors, den er nach langem Zweikampf besiegt (Vv. 27310–27886) und der auch für die nächsten 1500 Verse im Mittelpunkt der Handlung steht, während Parzifal seine erlittenen Wunden pflegt. Als auch Segremors verwundet wird und ausruhen muss, wendet sich die Erzählung zunächst zahlreichen Befreiungskämpfen Gawans, unter anderem gegen Keie, zu (Vv. 29262–31332), bis Parzifal genesen ist. Dieser kämpft sodann gegen den Teufel persönlich, der sich ihm in verschiedener Form entgegenstellt und ihn sogar in der Gestalt Kundewiramurs versucht, bis ihm ein alter Mann als Bote Gottes beisteht (Vv. 31333–32569). Von ihm erhält Parzifal statt seines schwarzen ein weißes Pferd als Symbol für seine Abwendung vom Weltlichen zum Geistlichen. Zuvor hatte er bereits einem Geistlichen versprochen, zukünftig nur noch in Notwehr zu töten. Dasselbe sagt er dem Schmied Tribuet zu, der später sein Schwert repariert. Während zwischendurch auch von Gawan und Segremors berichtet wird, kehrt Parzifal nach weiteren Kämpfen, viele davon mit dem feigen (*zagehaften*) Ritter als Gefährten (Vv. 33732ff.), zurück zu Kundewiramurs und weiter an den Artushof, wo er unerkannt ein großes Turnier gewinnt (Vv. 35112ff.). Dann nimmt er Rache an Partinias (Vv. 35751ff.), schlägt ihm das Haupt ab und legt dieses bei seinem dritten Besuch auf der Gralburg dem Anfortas vor, der auf diese Weise von seinem Leiden erlöst wird. Parzifal erfährt, dass er beim nächsten Pfingstfest zum Gralkönig gekrönt werden soll.

Mit der anschließenden Begegnung zwischen Parzifal und Feirefiz kehrt die Erzählung prinzipiell zu dem Inhalt der Bücher 15 und 16 in Wolframs Roman zurück, auch wenn einzelne Motive noch aus der altfranzösischen Vorlage übernommen werden. Parzifal wird mit seiner Frau Kundewiramurs zum Gral berufen, man feiert auf der Gralburg in Anwesenheit von König Artus die Erlösung des Anfortas, die Taufe und anschließende Hochzeit des Feirefiz, unmittelbar danach Parzifals Krönung zum Gralkönig. Kundrie prophezeit die Verbreitung des Christentums in Indien, der Erzähler berichtet von Parzifals segensreicher Herrschaft sowie vom Schicksal Loherangrins. Auf Wolframs kurzen Epilog folgt das bereits besprochene Nachwort Philipp Colins (s. o.). Auf diese Weise unterdrücken die Verfasser den Schluss der Fortsetzung Manessiers, der Parzifal nach sieben Jahren Herrschaft noch als Büßer und Einsiedler zeigt und ihn nach weiteren zehn Jahren mit Gral, Teller und Lanze in den Himmel entrückt. Der ›Rappoltsteiner Parzifal‹ endet statt dessen mit dem weltumspannenden Herrschaftsanspruch der Gralgesellschaft, wie ihn auch Wolframs Werk und ›Der jüngere Titurel‹ entfalten.

Die Forschung liest den Roman als ein Minne- und Tugendbuch der nachhöfischen Zeit, in dem adlig-ritterliche Werte und Normen im Umfeld der Stadt noch einmal aufleben. Die Kompilation additiv aneinandergereihter Aventiuren Parzifals und anderer Artusritter sei voller Ungereimtheiten, die zum Teil unreflektiert bei der Kombination verschiedener Quellen entstanden seien. Da das Werk modernen Ansprüchen von Kohärenz und Ästhetik somit nicht genüge, sei es wohl nur kapitelweise gelesen worden, worin man sich durch ein dichtes Geflecht von Gliederungssystemen bestätigt sieht, etwa die Unterteilung des Textes in kleinere Abschnitte durch zahllose Überschriften wie *Hie vindet Parzifal einen toten ritter, der waz erslagen* (nach V. 15577), *Hie kumet Parzifal zuo eime risen und würt mit im vehtende* (nach V. 15657) oder *Hie würt Parzifal vehtende mit hern Gawans sun, den er hette von hern Brandalins swester: der hies der schöne Unerkante* (nach V. 16217). Wer so argumentiert, verwischt allerdings die Differenzen zwischen dem Werk, seiner Überlieferung und seiner Rezeption. Solche Überschriften sind in längeren Romanen dieser Zeit sowie in den Überlieferungsträgern auch älterer Werke, die im 14. Jahrhundert angefertigt werden, weit verbreitet. Sie deuten nicht einmal zwangsläufig auf ein lesendes Publikum hin, denn auch einem Vorleser konnten sie dazu dienen, den Überblick zu behalten.

Die von der Forschung vermissten, sinntragenden Makrostrukturen des Großromans ergeben sich vielleicht durch eine Analyse der beiden normativen Zentren im Werk, der Tafelrunde um

König Artus auf der einen und der Gralherrschaft des Anfortas auf der anderen Seite. Ihr Verhältnis ist aufgrund der im ›Parzifal‹ vorgenommenen Akzentverschiebungen weitaus komplexer gestaltet als bei Wolfram und bedürfte einer gründlichen Untersuchung. Anders als im ›Parzival‹ oder in ›Der jüngere Titurel‹ übersteigt das Geschehen rund um den Gral nicht das weltliche Rittertum, sondern König Artus und die Tafelrunde werden in dessen heilsgeschichtliche Wirkungen integriert. Dementsprechend gelangt nicht mehr nur der dafür auserwählte Parzifal zum Gral, sondern ebenso Gawan, und am Schluss der Handlung versammelt sich sogar der gesamte Artushof um den Kelch.

Man muss diese Integrationsleistung aber nicht unbedingt als eine ‚Verweltlichung des Grals' auffassen. Vielmehr erweitert das Werk des 14. Jahrhunderts den Kreis derjenigen, die in den Genuss der Segnungen des Grals kommen, um all jene, die den arthurischen Werten entsprechend ritterlich leben und handeln, während hundert Jahre zuvor nur diejenigen in den Genuss der Teilhabe gelangen, die Gott dafür ausgewählt hatte. Auch deshalb sind in die Handlung um Parzifal die Geschichten zahlreicher anderer Artusritter integriert, neben der von Gawan die von Karados Briebras, Segremors, Gaheries oder Boors und Lionel, bei deren Zweikampf Kalogrians sein Leben lässt, als er den Streit zu schlichten versucht. Und dennoch ist das Erringen des Grals kein beliebig austauschbares Ziel einer Aventiure wie jedes andere: Ausgeschlossen bleiben all diejenigen, die als Widersacher der Tafelrunde im Roman in Erscheinung treten, allen voran der böse Partinias. Die Normen, nach denen sich die Artushelden in der Romanhandlung bewegen, wären aber erst noch zu beschreiben, ebenso das vielfältige Bemühen der Autoren um Querbezüge zum Ursprungstext (zum Beispiel über das Fragemotiv, über Wappen- und Farbsymbolik, über das Thema Verwandtschaft und vieles mehr), und vermutlich ergeben sich von dort aus Verbindungslinien zur Beschreibung des ›Rappoltsteiner Parzifal‹ als Ansammlung von Minneexempeln und damit auch zur textexternen Situation von Auftragserteilung, Förderung und Produktion des Werks.

Trotz aller Vorarbeiten stehen also eine Gesamtbetrachtung und Interpretation des ›Rappoltsteiner Parzifal‹ als eigenständiges Werk des 14. Jahrhunderts noch aus. Zu sehr konzentriert sich die Forschung noch auf philologische Fragen (Manuskriptherstellung, Vorlagenwechsel) und die Lektüre auf den Vergleich mit Wolfram und den altfranzösischen Quellen. Kaum beachtet wird hingegen, dass es sich bei dem Werk um einen der ganz wenigen deutschsprachigen Romane handelt, die überhaupt im 14. Jahrhundert angefertigt worden sind, und es besteht daher nach wie vor die dringende Aufgabe, den ›Parzifal‹ (nach Erstellung einer dies auch abbildenden Neuausgabe)[99] in seinem literaturgeschichtlichen Kontext – im Anschluss an Albrechts ›Der jüngere Titurel‹ und zwischen dem ›Wilhelm von Österreich‹ des Johann von Würzburg und Heinrich Wittenwilers ›Ring‹ – vorurteilsfrei und als autonomes Gesamtkunstwerk zu interpretieren.

99 Man darf davon ausgehen, dass kaum jemand die mehr als 60000 in mittelalterlich-elsässischem Dialekt verfassten Verse des Romans überhaupt vollständig gelesen hat, weil dies mit SCHORBACHS Teilausgabe nicht möglich ist.

4. Lancelot und Ginover

Die Liebesbeziehung zwischen Lancelot und Ginover ist neben der von Tristan und Isolde die zweite romanhaft ausgestaltete Ehebruchsgeschichte des Mittelalters, die so zahlreich wieder- und weitererzählt worden ist, dass dies bis in die Gegenwartsmedien hinein fortdauert. Ein Grund für die Faszination dieser Stoffe mag in der Tragik zu suchen sein, dass beide Liebesgeschichten – wie die von Sigune und Tschionatulander – vom üblichen Happy-End der sonst im Mittelalter verbreiteten Romanstoffe abweichen und konsequent auf den Tod der Liebenden hinauslaufen. Während Tristan und Isolde durch den magischen Trank zusammenfinden und an der (literarisch gesetzten) Ordnung scheitern, verbinden sich Lancelot und Ginover ohne solchen Anstoß von außen und zerstören mit ihrer Beziehung die sie umgebende arthurische Welt.

Ausgangspunkt der Stoffgeschichte ist der zwischen 1177 und 1181 entstandene dritte Artusroman des Chrétien de Troyes, ›Le Chevalier de la Charrette‹. Wie für seine anderen Werke bediente er sich dafür des unerschöpflichen Vorrats keltischer und walisischer Erzählungen, sodass man für einzelne Figuren, Motive und Handlungsstränge durchaus ältere Quellen eruieren kann. Die folgende Geschichte der Liebe zwischen der Frau des Königs Artus und einem Ritter der Tafelrunde komponierte in ihren Grundzügen aber erst der Nordfranzose.

Am Artushof erscheint der fremde Ritter Meleaganz, der mehrere Ritter und Damen gefangengenommen hat, und verlangt einen Zweikampf um den Besitz der ebenfalls gefangenen Königin Guenievre. Trotz der Warnung Gauvains erhält Keu vom König den Auftrag, diesen Zweikampf auszutragen. Gauvain folgt dem Truchsessen in den Wald, findet aber bald nur noch dessen herrenloses Pferd, da Meleaganz ihn besiegt und entführt hat. Einem anderen Ritter, dessen Pferd lahmt, leiht Gauvain eines seiner Rösser, das er wenig später erschlagen inmitten zerbrochener Waffen findet. Der Ritter begegnet ihm wieder, als dieser gerade einen Leiterwagen besteigt, den ein Zwerg lenkt, obwohl die Fahrt auf einem solchen Karren als Zeichen einer bevorstehenden Bestrafung und damit als Schande gilt. Da der Zwerg behauptet zu wissen, wo sich die Königin aufhält, begleiten ihn beide Ritter, der eine auf dem Karren, Gauvain zu Pferd, bis zu einer Burg. Bei ihrer Ankunft wird der Karrenritter von den Burgbewohnern verhöhnt. In der Nacht sieht er, wie Meleaganz die

Königin in das Land Gorre entführt, von welchem niemand wiederkehrt (Vv. 1915ff.). Dieses Land jenseits eines dunklen Flusses können die beiden Ritter nur entweder über eine Brücke unter dem Wasser oder über eine Schwertbrücke erreichen. Gauvain wählt den ersten Weg, der unbekannte Ritter den kürzeren zweiten: Mit zerschnittenen Händen und Beinen erreicht er das andere Ufer. Nach Verheilung seiner Wunden kämpft er mit Meleaganz in dessen Festung erfolgreich um die Königin, die nun auch seinen Namen nennt (Vv. 3667ff.): Der Ritter ist Lancelot du Lac, aufgewachsen bei der Dame vom See.

Trotz seines Erfolges empfängt sie ihn äußerst reserviert, ohne dass er zunächst den Grund dafür erfährt. Erst als man ihnen beiden sagt, dass der jeweils andere tot sei, kommt es bei der Auflösung dieses Missverständnisses zu einem Gespräch, in dem Guenievre ihm vorwirft, auf der Suche nach ihr einen Moment zu lang gezögert zu haben, den Schandkarren zu besteigen. Beim heimlichen Aufstieg zu ihrem Schlafraum verletzt sich Lancelot, sodass Blutspuren am Bett den nächtlichen Besuch verraten. Anderntags wird Keie dafür beschuldigt, der sich ebenfalls auf der Burg aufhält, und da er verletzt ist, tritt Lancelot zu einem als Gottesurteil verstandenen Kampf um die Wahrheit gegen Meleagant an, während Gauvain die Königin an den Artushof zurückbringt. Trotz seines Sieges wird Lancelot anschließend in das Verlies geworfen. [Im Epilog sagt ein Kleriker namens Godefroiz de Leigni, dass er ab hier das Werk vollendet habe – verifizieren lässt sich das jedoch nicht.[100]] Die Tochter des Kerkermeisters lässt ihn gegen sein Ehrenwort vorübergehend frei, damit er an einem Turnier am Artushof teilnehmen kann. Obwohl er dort anonym antritt, erkennt ihn die Königin und verlangt als Zeichen seiner Unterwerfung, dass er sich zunächst feige verhält, jeden Kampf verliert und zum Gespött der Zuschauer wird. Erst zum Schluss darf er sich beweisen, gewinnt das Turnier, und kehrt in das Verlies zurück, bis ihm schließlich von dort die Flucht gelingt: Er zieht an den Artushof und besiegt Meleaganz endgültig, indem er ihn vor den Augen der Hofgesellschaft tötet.

Obwohl das zweiteilige Werk mit Auf-, Ab- und Wiederaufstieg des Helden und dessen Zusammenkunft mit der geliebten Frau in der Mitte strukturell dem Typus des Artusromans entspricht und obwohl deutsche Dichter (wie Ulrich von Zatzikhoven oder der Pleier) den Stoff ganz offensichtlich kannten, ist dieser Roman Chrétiens als Einziger seiner fünf Artusromane nicht ins Deutsche übertragen worden. Vielleicht hängt dies damit zusammen, dass die ehebrecherische Beziehung zwischen Lancelot und der Königin (auch erzählerisch) nicht mehr in die Ordnung des

100 Vgl. dazu Ulrich Müller, Godefroiz de Leigni – Chretien de Troyes – Lancelot, le Chevalier de la Charrette: Ein Autor im Gespräch mit seinem Publikum? In: Sprachspiel und Bedeutung. Festschrift für Franz Hundsnurscher zum 65. Geb., hg. von Susanne Beckmann. Tübingen 2000, S. 461–476.

Artushofs integrierbar ist. Entsprechend merkwürdig – und offen – ist nämlich das Ende des Romans gestaltet, von dem sich Chrétien ja vielleicht durch den fingierten Verweis auf einen anderen Autor sogleich distanziert.

Allerdings ist sein ›Lancelot‹ in altfranzösische Prosa transformiert und mit anderen Werken zu einem umfangreichen Kompendium verknüpft worden. Dort ist die Erzählung von der heimlichen Beziehung zwischen Lancelot und Ginover in die Geschichte des Grals und in die des Artusreichs eingebunden. Dazu wurde der eigentliche ›Lancelot‹-Roman (›Lancelot propre‹), der den ganzen restlichen Zyklus an Umfang weit übersteigt, zunächst um ›La Queste del Saint Graal‹ und ›La Mort le Roi Artu‹ ergänzt (= ›Lancelot en prose‹), bevor ihm in einem zweiten Schritt noch die Geschichte des Heiligen Grals und die Geschichte Merlins vorangestellt wurden.[101] Doch auch wenn in einer wohl fiktiven Zuschreibung an den Oxforder Archidiakon Gautier (Walter) Map (†1209) behauptet wird, dieser habe das monumentale Werk im Auftrag Heinrichs II. von England (†1198) angefertigt, ist davon auszugehen, dass wir den Namen des Kompilators oder die der Kompilatoren nicht kennen.

Dieser so genannte ›Lancelot-Graal-Zyklus‹ besteht also aus insgesamt fünf Teilen, deren drei letzte auch ins Deutsche übertragen worden sind (in Klammern daher die Bände der Edition des deutschen Textes):[102]

1. ›L'Estoire del Saint Graal‹ (›Joseph d'Arimathie‹)
   (Die Geschichte des Heiligen Grals)
2. ›Estoire de Merlin‹
   (Die Geschichte Merlins)
3. ›Lancelot propre‹ (= Edition Kluge Bd. I + II)
   (Der eigentliche ›Lancelot‹-Roman)
4. ›La Queste del Saint Graal‹ (= Edition Kluge Bd. III/1)
   (Die Suche nach dem Gral)
5. ›La Mort le Roi Artu‹ (= Edition Kluge Bd. III/2)
   (Der Tod des Königs Artus)

101 Vgl. dazu UNZEITIG-HERZOG 1996 (5.9).

102 Chrestiens ›Lancelot‹ ist hg. von FOULET/UITTI und übersetzt von JAUSS-MEYER, der ›Lancelot en prose‹ von MICHA (alle 1.2). Der mhd. ›Prosa-Lancelot‹ wurde zuerst von KLUGE in drei Bänden vollständig ediert (der 1997 noch erschienene Bd. 4 enthält ein Namen- und Figurenregister) und ist jetzt zusammen mit einer Übersetzung in fünf Bänden neu hg. worden von STEINHOFF (beide 1.1).

Die Übersicht lässt erkennen, dass der eigentliche ›Lancelot‹-Roman durch die Verknüpfung mit dem Schicksal des Grals eine geschichtliche und eine heilsgeschichtliche Dimension erhält, die in dem merkwürdig offenen Schluss von Chrétiens Werk bereits angelegt sein mag: Der Kelch des letzten Abendmahls, in dem bei der Kreuzigung das Blut Christi aufgefangen wird, gelangt in das Reich des mit Merlins Hilfe gezeugten König Artus, und es ist Galaad, Lancelots illegitimer Sohn, der als neuer Messias König Artus und die Tafelrunde überwindet, um mit dem Gral zu entschwinden. Die sinnentleerte, zum Ritual erstarrte Suche nach ihm führt schließlich zum Tod des Königs Artus und zum Untergang seines Reichs.

Die umfangreiche Kompilation ›Lancelot en prose‹ gehört mit weit mehr als 100 noch erhaltenen Handschriften und sieben Druckauflagen in französischer Sprache bis 1533 zu den wirkmächtigsten literarischen Denkmälern des Mittelalters: Dante erwähnt sie im fünften Gesang von ›Die göttliche Komödie‹ (1307–1321) als Beispiel für eine zum Ehebruch anstiftende Liebesdichtung. Entstanden ist sie wohl zwischen 1215 und 1230, möglicherweise in einem geistlichen Umfeld (vielleicht bei den Zisterziensern), und sie gehört gemeinsam mit Roberts de Boron ›Joseph von Arimathia‹ und dem anonymen ›Perlesvaus‹[103] zu den ältesten Prosaromanen in französischer Sprache. Wie bereits im religiösen Schrifttum und in der Geschichtsschreibung hält die Prosa mit diesen Erzählungen zu Beginn des 13. Jahrhunderts auch in der altfranzösischen Dichtung Einzug, wo sie den achtsilbigen Versroman von dieser Zeit an nach und nach ersetzt.

4.1. Der ›Prosa-Lancelot‹

In der deutschen Literaturlandschaft ist die fast wörtliche Übertragung des altfranzösischen ›Lancelot-Graal-Zyklus‹ des 13. Jahrhunderts ein Unikum, denn dort werden erst knapp zweihundert Jahre später erste Romane in Prosa verfasst: Ende des 14. Jahrhunderts Prosafassungen antiker Stoffe nach lateinischen Vorlagen (Hans Mair von Nördlingen), seit Anfang des 15. Jahrhunderts nach französischen Vorlagen (durch Elisabeth von Nassau-Saarbrücken oder Thüring von Ringoltingen), seit etwa Mitte des 15. Jahrhunderts dann auch nach deutschspra-

103 Le Haut Livre du Graal [Perlesvaus]. Texte établi, présenté et traduit par Armand Strubel. Paris 2007 (Lettres gothiques 4573).

chigen Versromanen des hohen Mittelalters (so genannte ‚Prosaauflösungen', vgl. dazu Kap. VI.2.1). Als der vielleicht älteste eigenständige Prosaroman in deutscher Sprache gilt der sogar erst 1509 gedruckte ›Fortunatus‹. In diesen spätmittelalterlichen Kontext ordnete man lange Zeit guten Gewissens auch den ›Prosa-Lancelot‹ ein, weil die Heidelberger Handschrift cpg 147 (= P), nach der Reinhold Kluge den Roman seit dem Ende des Zweiten Weltkriegs in drei Bänden herausgab (1948, 1963, 1974), wie alle anderen mehr oder weniger vollständigen Manuskripte ebenfalls aus dieser Zeit stammt. Nur allmählich setzte sich nach den 1920er Jahren die Erkenntnis durch, dass das anonym überlieferte Werk schon weitaus früher angefertigt worden sein muss, da einige bruchstückhafte Textzeugen sehr viel älter sind: Es handelt sich um Cgm 5250/25 der Bayerischen Staatsbibliothek in München (= M), ein Pergamentblatt aus der Mitte des 13. Jahrhunderts, und um Reste eines weiteren Pergamentblattes aus den siebziger Jahren des 13. Jahrhunderts, die ohne Signatur im Fürstlich Leiningenschen Archiv in Amorbach aufbewahrt werden (= A).[104]

Der ›Prosa-Lancelot‹ ist nach dem ›Lancelot en prose‹ und vor dem Einsetzen der Überlieferung, nach heutigem Wissensstand also zwischen 1215/30 und 1240/50, entstanden. Allerdings gilt dies nur für den ersten der drei deutschsprachigen Teile (Bd. I), da die älteren Fragmente allein aus dem ›Lancelot propre‹ Textpassagen überliefern. Die Übersetzungen des zweiten (Bd. II) und dritten Teils (Bd. III) weichen sprachlich und stilistisch ab und wurden wohl von anderen Verfassern bzw. Übersetzern angefertigt, möglicherweise sogar erst im 14. Jahrhundert (wobei zu Beginn von Bd. II in allen Handschrift ein größeres Stück fehlt).

Die Alleinstellung des ›Prosa-Lancelot‹ innerhalb der mittelhochdeutschen Romanliteratur erklärt Heinzle mit dessen Nähe zu geistlichem, juristischem und historischem Schrifttum, das seinen erhöhten Wahrheitsanspruch ebenfalls seit Anfang des 13. Jahrhunderts durch die Prosaform zum Ausdruck bringt, während den künstlich hergestellten Versen eines Textes Lügenhaftigkeit vorgeworfen wird.[105] Als eine Ursache für diese

104 Insgesamt sind noch zehn Textzeugen aus dem Zeitraum zwischen etwa 1250 und 1540 erhalten, wobei die vier Bände der Hs. a (Paris, Bibl. Nationale, Dep. Bibl. de l'Arsénal Ms. 8017–8020) eine eigenständige Neuübersetzung des 16. Jahrhunderts darstellen. Zur Überlieferung vgl. neben den Textausgaben (1.1) zuletzt Rothstein (5.9) sowie den Handschriuftencensus (3).

105 Beispiele bietet Haug ²1992 (4.1.3), S. 235–249; vgl. auch Fritz Peter Knapp, Historische Wahrheit und poetische Lüge. Die Gattungen weltlicher Epik

Entwicklung erkennt Heinzle das Entstehen einer großen religiösen Laienbewegung in Gestalt der Bettelorden und zieht die Entstehung des ›Prosa-Lancelot‹ innerhalb der zisterziensischen Klosterkultur im westmitteldeutschen Raum in Betracht.[106] Allegorische und typologische Sinnstiftungsverfahren sprächen ebenso dafür wie die Herkunft der ältesten Überlieferungsträger aus dem mittelfränkischen Sprachraum. Den ›Prosa-Lancelot‹ kennzeichne aber nicht nur diese geistliche Ausrichtung, sondern auch die Rehistorisierung des Artusstoffs. Auch als Historia beanspruche das Werk über die Prosaform Verbindlichkeit.[107] Insofern ist die Frage berechtigt, ob es sich beim ›Prosa-Lancelot‹ überhaupt um einen Roman im Sinne der oben gegebenen Definition handelt (s.o, S. 1f., 41 u. 79–85).

In geschichtlicher wie heilsgeschichtlicher Perspektive entfaltet das Werk einen universellen Geltungsanspruch. Das Dargestellte gehe, so heißt es (in Bd. I, S. 482), auf die authentischen Berichte der Ritter zurück, die Artus persönlich von vier Schreibern aufzeichnen ließ, und es wird konkret in Raum und Zeit verortet: Die Handlung weitet sich von Großbritannien (mit dem Artusreich Logres) über Schottland, Wales und die Bretagne bis nach Rom und Indien aus. Angaben von Richtungen, Entfernungen oder Grenzen lassen sich mühelos nachvollziehen. Anders als in den arthurischen Versromanen im Anschluss an Hartmann von Aue, in denen stets nur ein Ausschnitt aus dem Leben der Protagonisten erzählt wird, haben die Figuren im Prosawerk „ein biografisches Alter: Artus feiert seinen 50. Geburtstag, am Ende ist er 92 Jahre alt; Gawan zählt 66 Jahre, Lancelot 44, was der erzählten Zeit des Romans gleichkommt. Die relative Chronologie ist absolut verankert: Der Aufbruch zur Gralsuche ereignet sich im Jahr 454 nach Christi Passion (also 487 nach seiner Geburt)."[108]

und ihre theoretische Rechtfertigung im Hochmittelalter, in: DVjs 54 (1980), S. 581–635; Rüdiger Schnell, Prosaauflösung und Geschichtsschreibung im deutschen Spätmittelalter. Zum Entstehen des frühneuhochdeutschen Prosaromans, in: Literatur und Laienbildung im Spätmittelalter und in der Reformationszeit. Symposion Wolfenbüttel 1981, hg. von Ludger Grenzmann u. Karl Stackmann. Stuttgart 1984 (Germanistische Symposien 5), S. 214–248.

106 Sprachliche Indizien lassen es möglich erscheinen, dass der afrz. ›Lancelot en prose‹ nicht direkt, sondern über den Umweg einer mittelniederländischen Bearbeitung ins Deutsche übertragen wurde, vgl. dazu u. a. Blank und Klein (5.9).

107 Heinzle (5.9); vgl. auch Raumann (ebd.).

108 Huber 2010 (5.9), S. 188.

Den epischen Rahmen um das Gesamtwerk bildet die Biographie Lancelots: der Bericht über seine Eltern, seine Kindheit, sein Aufstieg zum besten Ritter des Artushofs und zum Liebhaber der Königin. Die neuen Herausforderungen des Grals kann er wegen seiner sündhaften Ehebruchsbeziehung allerdings nicht bewältigen – dies gelingt erst seinem Sohn Galaad. Neben derjenigen Lancelots werden zahlreiche weitere Biographien ausgebreitet, zum Beispiel die von Artus, Ginover, Gawan, Keye, Ywain, Parceval, Galaad, Meleagant, Hector, Bohort, Lionel oder Segremors.

Die streng chronologische Ereignisfolge ist zusätzlich durch Jahreszeiten und Kirchenfeste strukturiert, die Akteure sind genealogisch mit der Artusfamilie und dem Gralgeschlecht verbunden, deren Wurzeln jeweils bis weit vor Christi Geburt in die Zeit des Alten Testaments zurückreichen. Das Vorhaben, die Geschichte des Artusreichs vor dem Hintergrund der Welt- und Heilsgeschichte zu präsentieren, wirkt sich unmittelbar auf den Umfang der Trilogie aus. In der dreibändigen Edition von Kluge beansprucht der Abdruck auf über 2400 Seiten fast 55000 Prosazeilen, was etwa dem dreifachen Umfang von Albrechts ›Der jüngere Titurel‹ oder dem fünffachen Umfang von Wolframs ›Parzival‹ entspricht. Der Handlungsverlauf kann daher hier nur in aller Kürze nachgezeichnet werden:[109]

Band I (›Lancelot propre‹): (1) In der Bretagne stirbt der greise König Ban, als ihn sein Nachbar, der König Claudas von Bohorges, samt seiner Familie gewaltsam aus seinem Reich vertreibt. Seiner trauernden Witwe Alene wird der Säugling Lancelot durch die Fee Ninienne, der Frau vom See, entführt und mit seinen ebenfalls enterbten Vettern Bohort und Lionel in einem scheinbar unter Wasser liegenden Reich erzogen. (2) In dieser Jenseitswelt wird Lancelot, den man nur ‚der schöne Knabe' nennt, höfisch erzogen und vortrefflich ausgebildet (unter anderem erhält er eine elaborierte Ritterlehre). Die Frau vom See kleidet ihn in eine weiße Rüstung, bringt ihn zum Ritterschlag an den Artushof in Kamalot, und begleitet den Namenlosen auch auf weiteren Stationen seiner Karriere. Das Schwert lässt sich Lancelot von der Königin Ginover persönlich umgürten (Bd. I, S. 146). Dabei relativieren die nur unvollständige Investitur und sein übereilter Aufbruch die Bedeutung des

109 Die nachfolgende Handlungsskizze zum ›Prosa-Lancelot‹ orientiert sich an der stark komprimierten Zusammenfassung bei Huber 2010 (5.9). In Klammern sind Band- und Kapitelnummer der Ausgabe Kluges (1.1) hinzugefügt. Eine umfangreiche Teilübersetzung mit ausführlicher Nacherzählung des restlichen Textes und ergiebiger Kommentierung findet sich bei Langosch (5.9), S. 357–564 u. 612–701.

Artuszentrums. Auch ist in der Fixierung des jungen Ritters auf Königin Ginover bereits der Keim der Ehebruchsaffäre angelegt: Beim Aufbruch missversteht er ihre Höflichkeitsfloskel als Liebeserklärung und lässt sich von diesem Wort zu all den Taten beflügeln, die ihn zum besten Ritter seiner Zeit erheben. (3) Nach mehreren Proben kämpft Lanzelot als Mitglied der Tafelrunde für die Herrin von Noaus gegen den König von Northumberland (besiegte Gegner schickt er an den Artushof) und befreit anschließend die Burg Dolorose-Garde (‚Schmerzenswacht') von einem teuflischen Zauber. Dort erblickt er sein zukünftiges Grab, durch dessen Inschrift er auch seinen Namen erfährt: *In dißem grab sol Lancelot ligen von dem Lacke, des königes Bane son von Bonewig und Alenen synes wibes* (S. 165, Zz. 34ff.). (4) Unterdessen wird Artus, durch unheilvolle Träume gewarnt und der Vernachlässigung seiner Herrscherpflichten bezichtigt, von dem zahlenmäßig überlegenen Heer des Königs Galahot angegriffen. Mit Lancelots Hilfe kann er die Bedrohung abwehren und Frieden stiften. Den Ausschlag gibt dafür zuletzt Galahots leidenschaftliche Zuneigung zu Lancelot. Um den Freund in seiner Nähe zu halten, arrangiert Galahot sogar eine Begegnung mit Ginover, bei der es zum Geständnis der Liebe und zum ersten Kuss kommt. (5–6) Bis zur Vereinigung der Liebenden werden noch zahllose Suchefahrten, Kämpfe, Gefangenschaften und Abenteuer einzelner Artusritter wie Gawan, Hector oder Segremors berichtet. Insbesondere Lancelot gerät von nun an immer wieder in erotische Abenteuer, in denen seine Treue gegenüber der Königin mit allen Mitteln auf die Probe gestellt wird. (7) Als Artus seine Frau Ginover zugunsten einer ‚falschen' Ginover vorübergehend verstößt, nimmt Galahot sie und Lancelot, der Artus nun den Dienst aufkündigt, bei sich auf. Erst nach fast drei Jahren darf Ginover ihren Platz als Königin wieder einnehmen, und nur ihretwegen lässt sich Lancelot wieder in die Tafelrunde aufnehmen, gerät zwischendurch aber in die Gefangenschaft Morganes, der zauberkundigen Schwester des Königs Artus. Galahot stirbt, getrennt von seinem Freund, einen Minnetod.

(8) Der zweite Handlungskomplex erzählt den aus Chrétiens ›Le Chevalier de la Charrette‹ bekannten Stoff. Lancelot muss die durch das voreilige Versprechen des Königs Artus durch Meleagant entführte Königin aus dem ‚Land ohne Wiederkehr' zurückholen. Sein Weg dahin führt unter anderem über den Schandkarren und die Schwertbrücke (s. o.) bis zum Zweikampf mit Meleagant, den er für Keye bestreitet.

Band II: (A/B) (An dieser Stelle weist die Hs. P eine große Lücke auf, die in den Editionen aus anderen Überlieferungsträgern geschlossen wird. Sie betrifft den Abschluss der ›Charrette‹-Handlung bis zum Tod des Meleagant; sein Leichnam wird vom Artushof nach Gorre überführt. Ob die drei deutschen Prosatexte jemals, und wenn ja, zu welchem Zeitpunkt, eine Einheit bildeten, ist umstritten.[110])

110 Zur Frage nach der Einheit des Gesamtwerks vgl. Huber 1991 und 2008 (5.9).

(1–2) Im letzten Teil des ‚eigentlichen' ›Lancelot‹ (= ‚Agravant') gerät die Gralburg Corbenic ins Blickfeld. Dort wird Lancelot durch ein Täuschungsmanöver mit der Tochter des Fischerkönigs Pelles zusammengeführt und zeugt mit ihr Galaad: Während Lancelot aufgrund eines verabreichten Tranks glaubt, auf Kamalot Königin Ginover in den Armen zu halten,[111] ist die jungfräuliche Gralprinzessin Elizabeth Amide bereit, den Erlöser des Landes zu empfangen. Anschließend löst er im Verlorenen Wald einen Zauberbann und gewinnt gegen einen Schachautomaten, dessen unsichtbarer Spieler bislang jeden Gegner Matt gesetzt hat. (3) Zwischendurch wird wieder von Aventiuren anderer Ritter erzählt, etwa von Gawan, Ywain, Hector oder Bohort. Lancelot beteiligt sich nach weiteren Kämpfen zugunsten Hilfebedürftiger, deren Unterlegene (wie auch das Schachspiel) stets weiterhin zu Ginover gesandt werden, an einem Massenturnier in Kamalot. Lancelot erweckt den Neid der anderen Artusritter. Auf Bitten der Königin, die sich über den Hochmut Gawans und der anderen Artusritter ärgert, tritt er unerkannt, in grüner Rüstung, gegen die Tafelrunde an, gerät aber beim Anblick der Königin so aus der Konzentration, dass er verwundet vom Turnierplatz geführt wird. Dennoch verbringen die Liebenden zwei Nächte in Ginovers Gemach, einig darin, dass sie sich in acht nehmen müssen. Lancelot verlässt den Hof auf der Suche nach vermissten Artusrittern und gerät dabei erneut in vorübergehende Gefangenschaft bei Morgane. Dort malt er seine Lebensgeschichte an die Wände des Gemachs. (4) Nach weiteren Aventiuren in wechselnder Begleitung besteht er die ihm im Traum angekündigte Herausforderung im Sorgenwald, unter anderem gegen wilde Tiere, wobei ihm mehrfach ein weißer Hirsch mit sechs Löwen begegnet, der ein ‚Zeichen' sei. (5) Während Bohort, ein Vetter Lancelots, auf der Gralburg dessen Sohn Galaad als Säugling antrifft und den Aufzug des Grals miterlebt, nehmen Lancelot und Mordret an Turnieren in Penigme und Kamelot teil sowie mit hunderttausend britischen Rittern an einem Kriegszug in Flandern und in der Bretagne gegen die Truppen des Claudas. Rückverweise auf die Abstammung und Vorverweise auf den Tod Mordreds, den Artus unwissend mit seiner eigenen Schwester (der Mutter seines Neffen Gawan) gezeugt hat und später eigenhändig töten wird, spannen einen Rahmen um die gesamte Artushandlung. Nach der Rückkehr vom erfolgreichen Feldzug (Claudas flüchtet nach Rom) erscheinen auf dem Pfingstfest am Artushof auch Elizabeth Amide und Lancelots Sohn Galaad. Es gelingt der Gralprinzessin mit derselben Täuschung, sich Lancelot erneut in ihr Bett zu holen, doch dieses Mal erfährt Ginover davon, die ihren untreuen Liebhaber als Verräter vom Schloss jagt. (6) Lancelot zieht nackt, ohne Gedächtnis und Verstand durch die Wildnis, verbringt als Wahnsinniger zwei Jahre auf der Burg

111 Zur Austauschbarkeit Ginovers durch andere Frauen vgl. Huber und Witthöft (5.9).

des Ritters Bliens, wird dann auf Burg Corbenic vom Gral geheilt und lebt anschließend mit seinem Sohn und dessen Mutter auf einer abgeschiedenen Insel. Als Galaad zehn Jahre alt ist, finden ihn dort die Artusritter, zu denen jetzt auch der junge Parceval gehört, und bringen Vater und Sohn zurück nach Kamalot.

Band III (A. ›La Queste del Saint Graal‹): (1) Weitere fünf Jahre später wird Galaad von Lancelot in einem Kloster in der Nähe Kamalots zum Ritter geschlagen. Am Pfingstfest des Jahres 454 n. Chr. erscheint Lancelots Sohn aus dem Geschlecht des Königs David und des Joseph von Arimathia am Artushof. Mit der Einnahme des stets frei gebliebenen und ihm vorherbestimmten (‚gefährlichen') Sitzes vollendet Galaad die Tafelrunde, und er allein ist in der Lage, das für den besten Ritter der Welt bestimmte Schwert aus einer roten Marmorsäule zu ziehen. Für kurze Zeit erscheint der Gral am Artushof, um ein Speisewunder zu vollbringen. Die 350 Ritter der Tafelrunde legen das Gelübde ab, fortan im Zeichen Gottes nach dem Gral zu suchen und ohne Erfolg nicht an den Artushof zurückzukehren. Dabei geht es ihnen um die unverhüllte Schau der Geheimnisse Gottes und um den Empfang seiner Gnade. (2–7) Der Artushof verödet, weil die gesamte höfisch-ritterliche Welt zur Gral-Suche aufbricht; den Rittern mangelt es allerdings an der dazu notwendigen, fast mönchischen Frömmigkeit und Demut, deren Voraussetzung die Beichte wäre. Die zahllosen Aventiuren, vor allem Galaads, Cawans, Parcevals, Bohorts und Lionels, werden daher auch kaum noch erzählt, sondern kurz berichtet, aufgezählt oder gar nur erwähnt. (8–9) Parceval und Galaad sind fünf Jahre lang gemeinsam unterwegs, zuletzt mit Bohort, und vollenden ritualhaft sämtliche Aventiuren im Land Logres. Die Herausforderungen wandeln sich: Hinter den Handlungen, den Visionen und Träumen baut sich eine spirituell-allegorische Ebene auf, die von Eremiten gedeutet wird. Galaad tritt als Erlöser an und geht seinen Weg in ungefährdeter Vollkommenheit. Mit dem Schwert Davids leistet er eine kreuzritterlich anmutende Ketzervernichtung, um dann problemlos alle seit Jahrhunderten anstehenden Erlösungsaufgaben zu erledigen. Auf einem von König Salomon gebauten Schiff, welches als Allegorie des Glaubens und als Sinnbild der Kirche seit alttestamentlicher Zeit die Meere bereist, erfährt er auf der Reise aus der sündigen Welt des Westens in den Osten während eines rituellen Schlafs unter einem Baldachin aus den drei Kreuzhölzern eine symbolische Kreuzigung. Als Galaad im Vorderen Orient stirbt und seine Seele von Engeln in den Himmel geleitet wird, ergreift eine Hand den Gral und entrückt ihn allem Irdischen. Neben ihm wird im Jahr darauf auch Parceval beerdigt. Lancelot wiederum besteigt nach verschiedenen Gesprächen mit Einsiedlern und Geistlichen sowie einigen Traumerlebnissen ebenfalls ein Schiff, das ihn nach langer, führerloser Seefahrt zur Gralburg Corbenic bringt. Dort schaut er den Gral, dem er sich aber nicht zu nähern vermag, und reitet dann an den Artushof zurück.

(B. ›La Mort le Roi Artu‹) (1) Dorthin kehren nach und nach immer mehr erfolglose Ritter zurück; 38 von ihnen haben bei der Suche bereits ihr Leben gelassen, denn sie betreiben diese sündig, ohne zu beichten, und töten sich in sinnlosen Aventiuren zum Teil sogar gegenseitig. (2) Lancelot und Ginover geben sich ihrer Leidenschaft hemmungsloser hin denn je, aber ihr Versteckspiel wird mehr und mehr durchschaut. Nachdem Lancelot unerkannt und in roter Rüstung die Artusritter abermals in einem Turnier besiegt hat, bleibt er dem Hof wegen einer Verwundung lange Zeit fern. (3) Anfangs können die Liebenden die dadurch entstehenden Gerüchte und Denunziationen noch unterdrücken, aber als Artus auf der Festung seiner Schwester Morgane Lancelots Wandmalereien entdeckt, spitzt sich die Situation in Kamalot zu. Als Ginover zu Unrecht eines Mordes bezichtigt wird, siegt Lancelot für sie im Gerichtskampf. (4–5) Dann aber wird das Paar in flagranti ertappt und Ginover zum Scheiterhaufen verurteilt. Lancelot befreit sie in letzter Minute, tötet dabei jedoch unbeabsichtigt drei Brüder Gawans (Agravant, Gwerehes und Gaheries) und spaltet so die Tafelrunde. Alle Versöhnungsversuche scheitern: Gawan wird durch den Tod seiner Brüder zum Feind seines langjährigen Freundes. (6–8) Weder die Friedensbemühungen einiger Bischöfe (und des Papstes) noch die Rückkehr Ginovers zu Artus verhindern die große Schlacht zwischen den Artusrittern und Lancelots Truppen, deren Höhepunkt ein Zweikampf zwischen Gawan und Lancelot bildet. Der Musterritter und Neffe des Königs erleidet dabei eine todbringende Kopfverletzung. (9–10) Das Ende nimmt in raschen Schritten den in Geoffreys ›Historia Regum Britanniae‹ vorgegebenen Verlauf (s. o., S. 26–34): Während Artus mit 40000 Rittern in Frankreich gegen Lancelot und dessen Sippe kämpft und sich anschließend auch noch gegen die Tributforderung des Kaisers von Roms behaupten muss, usurpiert sein als Statthalter eingesetzter Sohn Mordred (was der Leser bereits zuvor, Artus aber jetzt erfährt) die Macht und versucht seine Stiefmutter Ginover, die sich in einen Turm in London geflüchtet hat, zur Ehe zu zwingen. Ohne auf Warnungen vor einem Kampf mit Mordred zu hören und ohne Lancelot um Unterstützung zu bitten, eilt Artus sofort in sein Reich zurück, doch alle Ereignisse führen in dramatischer Verkettung unaufhaltsam in die Katastrophe. Auf den Feldern von Salisbury kommt es trotz weiterer Unheilswarnungen zur Entscheidungsschlacht, in deren Verlauf über 80000 Ritter ihr Leben lassen und das gesamte Artusheer vernichtet wird: Im Zweikampf verwunden sich Vater und Sohn gegenseitig tödlich – ob Artus begraben oder nach Avalon entrückt wird, bleibt in der Schwebe. Sein Schwert Escalibort wird von einer Hand in den See zurückgezogen. Die einzigen Überlebenden der Tafelrunde, Lancelot, Hector und Bohort, fassen am Ende den Entschluss zum Moniage, d. h. zum Rückzug in ein mönchisch-asketisches Leben im Kloster. Nachdem Lancelot gestorben ist, endet das Werk mit einem kurzen Gebet ebenso unvermittelt, wie es beginnt.

Um das vielsträngige Geschehen im ›Prosa-Lancelot‹ geordnet ausbreiten zu können, bedient sich der Autor einer Verschachtelungstechnik, die seit Ferdinand Lot als ‚Entrelacement' bezeichnet wird. Gemeint ist damit, dass der Erzähler ständig den Schauplatz wechselt und so wie bei einem Flechtwerk mal den einen, mal den anderen Handlungsstrang hervortreten lässt. Abschließende und einleitende Floskeln (wie *Nun múßen wir die rede ein wil laßen von der wir bißherre gesprochen hant, und sprechen furter von Lancelot*, Bd. I, S. 449) markieren dabei die Übergänge. Das Verfahren bewirkt eine partielle Gleichzeitigkeit und fast unüberschaubare Vielfalt von Ereignissen, aus denen sich die Realitätsnähe des Erzählten rekrutiert.

Ein zweites Strukturprinzip innerhalb der Stofffülle ergibt sich über das Motiv der Suche (‚Queste'). Die Artusritter suchen nach Aventiure, nach Ansehen, nach anderen Rittern, nach entführten Frauen, nach dem Gral, nach Glück und nach Liebe. Dabei wird alles Weltliche und Irdische, repräsentiert durch König Artus und die Tafelrunde,[112] in den drei Teilen des ›Prosa-Lancelot‹ nach und nach als sinnlos entlarvt im Vergleich zu einer auf die Ewigkeit ausgerichteten Gottgläubig- und Frömmigkeit. Schon in Lancelots Unterweisung als Ritter legitimiert die Frau vom See die ritterliche Lebensform als *militia christiana* aus dem Alten Testament (Bd. I, S. 120f.) und liefert so einen Maßstab für den gesamten Zyklus: die Verpflichtung der Ritter zu weltlichem und geistlichem Dienst sowie die selbst für die höchsten Ritter immer noch gegebene Möglichkeit, nach der eigenen Vervollkommnung zu streben. Die alte Stufe des höfischen Rittertums ist in diese individuelle Form der Suche als zwar weniger vollkommene, aber notwendige und damit wert- und sinntragende Voraussetzung integriert. Lancelot, der am Johannistag zum Ritter geschlagen wird, präfiguriert den zu Pfingsten inaugurierten Erlöser Galaad ebenso, wie Johannes der Täufer dem Erscheinen Christi vorausgeht, und die körperlich-sündhafte Beziehung zwischen ihm und Ginover wiederholt sich in präfigurativ-typologischer Gestaltung in der reinen, körperlosen Liebe zwischen Galaad und der Schwester Parcevals.

In der Forschung wird dieses weltverneinende Konzept mit der Rezeption der Johannnes-Apokalypse und den daraus resultierenden Endzeiterwartungen im 13. Jahrhundert in Verbin-

112 Die Desavouierung der Artusgemeinschaft beschreibt SPECKENBACH 1993 (5.9) sowie DERS., Lancelots Einkehr am Artushof zwischen Mißlingen und Erfolg, in: ZfdA 122 (1993), S. 181–201.

dung gebracht. Insbesondere die geschichtstheologische Konzeption des Joachim von Fiore (†1202) könnte ein Vorbild für den heilsgeschichtlichen Entwurf im ›Prosa-Lancelot‹ geliefert haben. In seinen Werken gliedert Joachim die weltliche Geschichte analog zur heilsgeschichtlichen Ordnung in drei Zeitalter oder Reiche: die Zeit des Vaters (Altes Testament), die des Sohnes (Neues Testament), und die des Heiligen Geistes, welche nach einer Berechnung im Jahr 1260 beginnen soll. Eine vergleichbare, ebenfalls dreistufige Chronologie entfalten die Ausführungen einer Klausnerin im ›Prosa-Lancelot‹, die ihrem Neffen Parceval die heilsgeschichtliche Notwendigkeit der Tafelrunde erläutert. Nach Christi Geburt habe es drei *tafelen* auf der Welt gegeben: die erste sei die Tafel gewesen, an der das Abendmahl abgehalten wurde; nach ihrem Vorbild sei die zweite Tafel angefertigt worden, auf der der Gral ein Speisewunder vollbrachte, und die dritte Tafel sei schließlich die von Merlin erdachte Tafelrunde, *nit one groß betútniß, wann also als sie es gehießen die Tafelrunde, also ist zu versteen die nůwekeit von der welt und der lauff von den planeten und von den elementen. Wann in dem circkel an dem hymel sieht man die stern und vil ander ding, und darumb so mag man wol sagen das die tafelrunde betútet diß welt von rechte* (Bd. III, S. 101). Sowohl das Reich des Königs Artus als auch die Liebe zwischen Lancelot und Ginover erscheinen als Zeit des ‚alten Gesetzes', die unter den Vorzeichen des ‚neuen Gesetzes' der geistlichen Ritterschaft erfüllt, überwunden und abgelöst wird. Auch bei Joachim von Fiore übersteigt das dritte und letzte, das glückliche Zeitalter das typologische Verhältnis zwischen dem Alten und dem Neuen Testament durch seinen spirituellen Sinn, der ohne die Schrift auskommt. Es soll von der *intelligentia spiritualis* erleuchtet sein und alle Freuden des Himmlischen Jerusalem bieten. Voraus aber geht ihm die Ankunft des Antichrist, welcher von einer Persönlichkeit der Kirche besiegt wird, die Joachim zwar nicht namentlich benennt, die im franziskanischen Schrifttum aber bald mit dem Heiligen Franziskus identifiziert wird.[113]

113 Vgl. dazu Ruh und Fromm – skeptisch dagegen Speckenbach 1984 (alle 5.9); Helmut G. Walther, In Erwartung eines Friedensreiches in der Endzeit. Zur Entwicklung der Vorstellungen des kalabresischen Abtes Joachim von Fiore (ca. 1130–1202) und zu ihren Nachwirkungen im späteren Mittelalter, in: Der Engel und die siebte Posaune ... Endzeitvorstellungen in Geschichte und Literatur (Acta Hohenschwangau 1999), hg. von Stefan Krimm u. Ulrike Triller. München 2000, S. 46–69; Matthias Riedl, Joachim von Fiore. Denker der vollendeten Menschheit. Würzburg 2004 (Epistemata. Reihe Philosophie 361).

Lancelot ist von Anfang an kein wirklicher Artusritter, sondern ‚der Ritter der Königin'. Für Ginover hat die Frau vom See den Knaben sogar geraubt und erzogen (Bd. I, S. 470), und alles, was daraus resultiert, wird entweder in kauf genommen oder war – angesichts der heilsgeschichtlichen Implikationen der Handlung – vorherbestimmt. Wie Hans Fromm zeigt, vereinigen sich in der Beziehung zwischen Lancelot und der Königin Züge der *Fin'amor* oder Hohen Minne der Lyrik, der *Amour courtois* des höfischen Romans und der Ehebruchsliebe, wie sie zwischen Tristan und Isolde besteht: Die geliebte Frau erscheint erhaben und unnahbar wie eine Göttin, die Liebesbeziehung wird zugleich als ein Dienst-Lohn-Verhältnis verstanden, und doch erzeugt sie aufgrund in ihrer Individualität und in ihrem unbedingten Egoismus eine gesellschaftsdestabilisierende und am Ende sogar -zerstörende Wirkung.[114] Die Bewertung der Lancelot-Liebe ist bei Dante, der übrigens auch Gedankengut des Joachim von Fiore in ›Die göttliche Komödie‹ aufnahm, recht eindeutig: Er siedelt die Nacheiferer einer solchen Liebe im zweiten Kreis der Hölle an.

In der Form und mit den Mitteln des höfischen Versromans in der Nachfolge Heinrichs von Veldeke, Hartmanns von Aue oder Gottfrieds von Straßburg konnte ein solcher Gehalt in der ersten Hälfte des 13. Jahrhunderts offenbar (noch) nicht vermittelt werden: „Der Abstand zwischen irdischer Wertordnung und den Erfordernissen der Erkenntnis-Suche in geistlicher Ritterschaft ist nicht mit gewohnten höfisch definierten Kategorien zu überbrücken."[115] Der ›Prosa-Lancelot‹ weicht daher auf die Wahrheit beanspruchende, schlichtere Prosa aus, ›Der jüngere Titurel‹ nur wenig später auf die komplexere Form der Strophe. Als Artusromane stehen jedoch beide in einer gänzlich anderen Stoff- und Formtradition als die übrigen Gattungsvertreter, auf die sie offensichtlich auch kaum einen Einfluss ausgeübt haben, obwohl sie den Dichtern des späteren 13. Jahrhunderts bestens bekannt gewesen sind. Literarisch rezipiert wurde der ›Prosa-Lancelot‹ erst 1467 von Ulrich Fuetrer für seine kürzende, strophische Bearbeitung des Lancelotstoffs in ›Das Buch der Abenteuer‹ – dort wird dann auch die Geschichte Merlins erzählt (s. dazu Kap. VI.1).

114 Zur Minneauffassung im ›Prosa-Lancelot‹ vgl. Krawutschke, Fromm 1984, Remakel, Reil, Philipowski und Witthöft (5.9).

115 Ruberg 1985 (5.9), Sp. 540.

4.2. Nachahmer oder Vordenker? Ulrich von Zatzikhoven und der ›Lanzelet‹

Chrétiens Versroman ›Le Chevalier de la Charrette‹ ist nicht ins Deutsche übertragen worden. Und doch gibt es einen deutschsprachigen Artusroman, dessen Protagonist ebenfalls den Namen Lanzelet trägt. Anfangs gleicht dessen Biographie noch derjenigen Lancelots, doch dann erzählt der Autor Ulrich von Zatzikhoven eine vollkommen andere Geschichte, in der vor allem das Kernmotiv der chrétienschen Fabel, die Ehebruchsliebe zwischen dem Helden und der Königin, fehlt. In der Forschung ist strittig, ob dies aus Unvermögen, Unwissenheit oder aber aufgrund einer bewussten Abwendung von der ordozerstörenden Minne des ›Lancelot propre‹ geschieht.[116] Der Dissenz darüber resultiert wesentlich aus der ebenfalls umstrittenen Datierung des Romans, die sich ausschließlich auf eine außergewöhnlich konkrete Quellenberufung des Erzählers im Epilog des Textes stützt:

Nuo hânt ir alle wol vernomen,
daz ich an ein ende schiere komen
bin des mæres von Lanzelet.
[...]
als ich iuch berihte,
sô enist dâ von noch zuo geleit,
wan als ein welschez buoch seit,
daz uns von êrst wart erkant,
dô der künic von Engellant
wart gevangen, als got wolte,
von dem herzogen Liupolte,
und er in hôhe schatzte.
der gevangen künic im satzte
ze gîsel edel herren
von vremden landen verren,
an gebürte harte grôz,
grâven, vrîen und der genôz.
di bevalch aber keiser Heinrich
in Tiutschiu lant umb sich,
als im riet sîn wille.
Hûc von Morville
hiez der selben gîsel ein,

116 Den Forschungsstand fasst ausführlich Bd. 2 der Textausgabe von Kragl zusammen (1.1), nach der hier auch zitiert wird. Aus der umfassenden Bibliographie zum ›Lanzelet‹ dort wird hier nur eine aktuelle Auswahl für die erste Orientierung präsentiert (5.4).

in des gewalt uns vor erschein
daz welsche buoch von Lanzelete.
dô twanc in lieber vriunde bete,
daz dise nôt nam an sich
von Zatzichoven Uolrich,
daz er tihten begunde
in tiutsche, als er kunde,
ditz lange vremde mære
durch niht wan daz er wære
in der frumen hulde dester baz.

Der Text rekurriert auf die (heute noch durch Hollywood-Filme um Robin Hood präsente) Gefangennahme des englischen Königs Richard Löwenherz bei seiner Rückkehr vom dritten Kreuzzug (1192). Der Babenberger Herzog Leopold V. von Österreich lieferte Richard aus Rache und aus politischem Kalkül an Kaiser Heinrich VI. aus, der für seine Freilassung ein Lösegeld von 100000 Mark Silber sowie politische Zugeständnisse forderte.[117] Richard wurde zunächst im österreichischen Dürnstein und dann unter anderem auf Burg Trifels in der Pfalz, gemeinsam mit 60 weiteren hohen Adligen aus seinem Gefolge, festgesetzt. Im Februar 1194 endete seine Gefangenschaft nach Zahlung des Lösegeldes und Ablegung eines Lehnseides gegenüber dem Kaiser. Aus der Erwähnung dieser Ereignisse im ›Lanzelet‹ lässt sich schließen, dass der Text nicht vor 1194 verfasst worden sein kann – aber dies bedeutet nicht zugleich, dass er auch unmittelbar im Anschluss daran entstand.

Der zeitliche Zusammenhang wird aus der eingeschobenen Quellenberufung abgeleitet: Eine der Geiseln im Gefolge Richards sei ein Hugo von Morville gewesen, und der habe ein *welschez buoch* in Besitz gehabt, mit dem (‚uns‘) erstmals die Geschichte von Lanzelet bekannt geworden sei. Dieses *welsche buoch von Lanzelete* habe Ulrich auf Bitten von Freunden ins Deutsche übertragen. Selbst wenn man diese Angaben nicht für eine der im höfischen Roman häufig anzutreffenden Quellenfiktionen hält, geben sie doch nur einen *terminus post quem* an, also den frühestmöglichen Zeitpunkt, zu dem sie formuliert werden konnten (1194), besagen aber nichts darüber, wie lange nach diesem Zeitpunkt der ›Lanzelet‹ entstand, denn es wird ja nicht behauptet,

117 Dem entsprechen 23 Tonnen Silber, etwa das zweifache Jahreseinkommen des englischen Herrscherhauses. Nachdem Richards Vater, Heinrich II. aus dem Hause Plantagenet, 1189 verstorben war, wurde das Lösegeld vor allem von Richards Mutter, Eleonore von Aquitanien (1122–1202), bereitgestellt.

dass die Vorlage nach der Abreise Hugos von Morville nicht mehr zur Verfügung gestanden habe, wie vielerorts angenommen wird.[118] Erst die Erwähnungen Ulrichs bei Rudolf von Ems (um 1225/1235) und die älteste Überlieferung (Hs. B vor 1250) setzen den *terminus ante quem*. Wie bei kaum einem anderen Artusroman ist die Fixierung des ›Lanzelet‹ innerhalb dieser Spanne zwischen 1194 und 1230 verantwortlich für seine literarästhetische Bewertung. Wäre der Roman kurz nach dem ›Erec‹ und noch vor dem ›Iwein‹ und dem ›Parzival‹ entstanden, zeigte er einen für diese Zeit beinahe avantgardistisch zu nennenden Umgang mit dem Artusstoff, wie er besser zu einer späteren Phase der Gattungsentwicklung, nach Wolframs ›Parzival‹ und etwa zeitgleich mit dem ›Wigalois‹, der ›Crône‹ und dem ›Daniel von dem Blühenden Tal‹ passt (s. die Übersicht S. 12).

Sollte die Quellenberufung nicht fiktiv sein, stellt sich die Frage nach der erwähnten Vorlage. Bei dem *welschen buoch* dürfte es sich dann, der sonstigen Verwendung des Adjektivs entsprechend, um ein Manuskript in französischer Sprache gehandelt haben. Über den Inhalt gibt es verschiedene Vermutungen: Wenn es sich tatsächlich um eine französische Fassung der von Ulrich erzählten Geschichte handelte, wäre diese nicht erhalten, und man könnte nur spekulieren, dass der deutsche Autor sie auf ähnliche Weise bearbeitete wie Heinrich von Veldeke, Hartmann von Aue oder Gottfried von Straßburg. Wenn es sich um den französischen ›Lancelote propre‹ handelte, hätte Ulrich den Stoff radikal verändert und von Prosa wieder in Verse übertragen – dies ist recht unwahrscheinlich. Wenn es sich um Chrétiens ›Le Chevalier de la Charrette‹ handelte, hat Ulrich nicht sehr viel mehr als die Handlungsexposition und den Namen des Helden übernommen – die Berufung auf das *welsche buoch* wäre in diesem Fall wohl ein Augenzwinkern unter Literaturkennern. Eine vierte Möglichkeit wurde bislang hingegen kaum reflektiert, obwohl sie insbesondere die zahlreichen Anklänge an den Parzivalstoff gut erklärt: Das *welsche buoch* könnte eine Sammelhandschrift mit den Werken Chrétiens gewesen sein, in der sich neben dem ›Lancelot‹ und dem ›Perceval‹ vielleicht auch ›Érec et Énide‹, ›Cligès‹ und ›Yvain‹ befanden. Zu jedem dieser Texte lassen sich im ›Lanzelet‹ motivliche Parallelen finden und darüber hinaus gibt es unübersehbare, auch

118 Ob sich tatsächlich ein Huc (oder Hugo) von Morville unter den Geiseln befand und welche der verschiedenen in Frage kommenden historischen Persönlichkeiten gemeint sein könnte, ließ sich bislang nicht mit Sicherheit klären, vgl. Kragl (1.1), S. 916–927 u. 1272–1275.

strukturelle, Gemeinsamkeiten mit dem Ende des 12. Jahrhunderts entstandenen ›Bel Inconnu‹ des Renaut de Beaujeu, die bislang aber üblicherweise dem von Ulrich angeblich benutzten *welschen buoch* zugeschrieben werden.[119] An einem solchen Textkorpus einer Sammelhandschrift konnte ein gebildeter Autor leicht die Bauprinzipien und das Potenzial der Gattung studieren, und er war anschließend gewiss in der Lage, aus dem vorhandenen Motivmaterial einen eigenen Roman herzustellen, wie es ähnlich bereits im ›Bel Inconnu‹ geschieht.[120] Es ist zwar auch nicht auszuschließen, dass es bei dem Hinweis auf das *welsche buoch* sich um eine vollkommen frei erfunde, fiktive Quellenberufung handelt, aber auch in diesem Fall wäre der ›Lanzelet‹ des Ulrich von Zatzikhoven der erste Artusroman in deutscher Sprache, der ohne direkte altfranzösische Vorlage entstanden ist, und eine solche Auseinandersetzung mit den Gattungstraditionen ist ebenfalls besser in den ersten Jahrzehnten des 13. als in den letzten des 12. Jahrhunderts vorstellbar, denn nach Wolfram von Eschenbach verändert sich der Umgang der deutschen Dichter mit der altfranzösischen Artusdichtung.

Zu einer solchen Spätdatierung des Werks (1210–1230) fügt sich dann auch der einzige urkundliche Beleg, der zu seinem Autor bekannt ist. Der in Vers 9344 genannte *Uolrich von Zatzichoven* ist vermutlich identisch mit jenem *capellanus Uolricus de Cecinchovin, plebanus Loumeissae* (Pfarrer in Lommis, Kanton Thurgau), der in einer am 29. März 1214 im Kloster St. Peterzell (Toggenburg) ausgestellten Urkunde als Zeuge dafür angeführt wird, dass Graf Diethelm von Toggenburg dem Kloster einen Jahreszins überschreibt. Er dürfte aus dem Ort Zezikon, unweit von Lommis, stammen und war auch seiner Reimsprache nach ein Hochalemanne. Eine von Michael Bärmann vorgeschlagene Zuweisung an eine Ministerialenfamilie aus dem Ort Zizingen bei Neuenburg am Rhein konnte dagegen bislang nicht überzeugen.

119 Tatsächlich handelt es sich bei dem einzigen Manuskript, welches den ›Bel Inconnu‹ überliefert, um eine solche Handschrift aus der Mitte des 13. Jahrhunderts (Chantilly, Musée Condé, ms. 472). Sie enthält außer diesem zehn weitere Artusromane, darunter alle Versromane Chrétiens bis auf den ›Conte du Graal‹.

120 Vgl. Stefan Hofer, Der ›Lanzelet‹ des Ulrich von Zatzikhoven und seine französische Quelle, in: ZfromPh 75 (1959), S. 1–39, und Sabine Steinem, *Daz welsche buoch.* Quellen und Vorlagen des ›Lanzelet‹ Ulrichs von Zatzikhoven. Magisterarbeit [masch.] Münster 2005, sowie Bauschke (4.2.2).

Im Vergleich mit den bislang behandelten Werken – sieht man einmal von dem Ausnahmefall des ›Erec‹ ab – ist der ›Lanzelet‹ sehr spärlich überliefert. Hs. B als der älteste Textzeuge (Oxford, Bodleian Library, MS. Germ. b. 3) enthält leider nur 99 Verse. Der im niederalemannischen Sprachraum entstandene Pergamentstreifen aus dem 2. Viertel des 13. Jahrhunderts steht dem Ausgangspunkt der schriftlichen Überlieferung aber in Lexik, Schreibsprache, Stilistik, Metrik usw. so nahe, dass er einen ‚guten' Text bietet, den man statt des (wie immer) nicht erhaltenen Originals hätte lesen können (weitere Fragmente anderer Manuskripte stammen aus dem 14. Jahrhundert). Nahezu vollständig ist der Roman nur in den beiden später entstandenen Handschriften W (Österr. Nationalbibliothek Wien, cod. 2698) und P (UB Heidelberg, cpg 371) überliefert. Das besondere Problem der ›Lanzelet‹-Überlieferung besteht darin, dass die beiden späten Handschriften einen zwar über weite Strecken identischen, an manchen Stellen aber stilistisch höchst unterschiedlichen Text bieten, und dass sich an diesen Stellen nicht entscheiden lässt, ob man der Fassung der älteren Handschrift W (2. Viertel 14. Jh., alemannisch) oder der jüngeren Handschrift P (1420, elsässisch) den Vorzug geben sollte. Die Differenzen zwischen den beiden nahezu vollständigen Überlieferungsträgern und den partiell hinzutretenden Fragmenten liegen dabei kaum im Textbestand, sondern betreffen zumeist die Versebene. Wie so häufig in der Überlieferung höfischer Epik sind die Abweichungen vielerorts dergestalt, dass sich wechselnde Verwandtschaftskonstellationen zwischen den Textzeugen ergeben bzw. sich keine Aussage darüber treffen lässt, welche Lesart die ‚ursprüngliche' ist. Besonders auffällig ist dabei, dass der Inhalt zwar häufig identisch oder doch vergleichbar ist – nur Wortlaut, Syntax, Metrik sind verschieden.

Die Diskussion um die Textkritik des ›Lanzelet‹ sollte auch nach Kragls Neuausgabe weitergeführt werden,[121] denn dort ist der Anspruch aufgegeben, den der Überlieferung zugrunde liegenden Ausgangspunkt (Archetyp) zu rekonstruieren, und stattdessen Hs. W als Leithandschrift abgedruckt, weil der in ihr enthaltene Text „weniger Lücken und offensichtliche Verderbnisse" aufweist und sich „durch größere Zuverlässigkeit" auszeichnet.[122] Gerade dies aber war Gegenstand der Kontroverse.

121 Vgl. dazu u. a. COMBRIDGE 1963 u. 1993 (5.4).

122 Vgl. Bd. 2 der Textausgabe (1.1), S. 803–812 (Zitate S. 811f.); zu den Handschriften vgl. ebd., S. 830–852, sowie den Handschriftencensus (3).

Der Inhalt ähnelt nur anfangs, gelegentlich zwischendurch, und in einigen Elementen auch strukturell dem von anderswo bekannten Lancelotstoff:

Der erste Teil berichtet von der Jugend des Helden, der nach dem Tod seines tyrannischen Vaters Pant von Genewis als Kind von einer Meerfee entführt und auf einer glückseligen, nur von Frauen bewohnten Insel höfisch erzogen wird. Der herangewachsene, im Alter von 15 Jahren nach Ritterschaft strebende Jüngling kennt seine Identität nicht und darf die Insel nur unter der Bedingung verlassen, dass er Iweret von dem schönen Wald (*Behforet*), den Todfeind der Meerfee, töte – dann erst erfahre er seinen Namen. Wie Parzival zieht er unerfahren in die Welt, bis sein Pferd vor der Burg Pluris von einem Zwerg mit einer Geißel geschlagen wird, was er wie Erec als Ansehensverlust empfindet, den es (später) zu rächen gilt. Der Burgherr Johfrit de Liez nimmt sich seiner an und unterweist ihn im Reiten und in Ritterschaft (Vv. 41–666). Gemeinsam mit den Rittern Kuraus und Orphilet kehrt er auf der Burg Moreiz bei Galagandreiz ein, dessen liebestolle Tochter ihn nachts verführt. Anschließend tötet er in seinem ersten Kampf deren Vater mit einem Messer, heiratet die Tochter und ist plötzlich Landesherr (Vv. 667–1356). Nachdem er seine Frau heimlich verlassen hat, gerät er bei Linier von Limors in Gefangenschaft. Er besiegt Riesen, Löwen und Liniers selbst, heiratet dessen Nichte Ade und wird so zum Herrn eines weiteren Reichs (Vv. 1357–2249). Auch seine zweite Frau verlässt er, lässt sich auf ein Kräftemessen mit Walwein (= Gawein) ein, das von einem Knappen unterbrochen wird, siegt anschließend unter den Augen des Königs Artus beim dreitägigen Turnier in Djofle, lehnt eine Einladung an die Tafelrunde aber ab, weil er seinen eigenen Namen (noch) nicht kennt (Vv. 2250–3474). Zusammen mit Ade gelangt er nach Schatel le mort. Dort hat die Meerfee ihren Sohn, Mabuz den *blœden*, dem die Tapferkeit fehlt, durch einen Zauber geschützt: Wer unaufgefordert die Burg betritt, wird zum Feigling und kann so in den Kerker geworfen werden. Ade reitet daraufhin einfach aus der Handlung. Lanzelet wird freigelassen, um gegen Iweret von Behforet zu kämpfen. Er schlägt vor der Festung Dodone dreimal auf ein Becken, um den Feind der Meerfee herbeizurufen. Zuvor erscheint aber dessen Tochter Iblis, die den Helden bereits in einem Traum sah, und gesteht ihm ihre Liebe. Im Zweikampf tötet Lanzelet ihren Vater Iweret und erringt damit ihre Hand. Anschließend heiratet er die wunderschöne Iblis, in die er sich gleich beim ersten Anblick verliebte (Vv. 3475–4673). Zwei lange Exkurse des Erzählers umrahmen den Zweikampf sowie die Begegnungen mit Iblis und signalisieren, dass diese beiden füreinander bestimmt sind (Vv. 4015–4189 u. 4749–4926).

Von einer Botin der Meerfee erhält das Paar nach seiner ersten Liebesvereinigung (Vv. 4668ff.) ein kostbares Zelt mit magischen Eigenschaften und einem Zauberspiegel an der Decke, und Lanzelet du Lac erfährt von ihr nun seinen Namen und seine Herkunft: Seine Mutter Klarine ist die Schwester des Königs Artus. Daraufhin macht er sich mit seiner Gemahlin Iblis auf den Weg zum Artushof (Vv. 4674–4959).

Unterwegs berichtet ein Knappe, dass dort alle in großer Sorge sind, weil es König Valerin von dem Verworren Tan gelungen ist, die Freigebigkeit des Königs auszunutzen, um angebliche Ansprüche auf Königin Ginover geltend zu machen. Lanzelet lässt Iblis beim Herzog von dem Weißen See zurück, wird freudig am Artushof empfangen, wo er sich unwissentlich auf dem Tugendstein niederlässt, und erhält das Vertrauen, statt Walwein den Kampf gegen Valerin auszutragen, der über das Schicksal der Königin entscheiden soll. Lanzelet siegt, lässt Valerin aber gegen einen Eid (*sicherheit*) frei, und führt seine wunderschöne Frau Iblis am Hof ein, wo über vier Wochen hinweg die Hochzeit gefeiert und Lanzelet in die Tafelrunde aufgenommen wird (Vv. 4960–5428). Danach bricht er auf, um den eingangs vor Pluris erlittenen Geißelschlag zu rächen, kämpft in der Festung erfolgreich gegen 100 Ritter und stellt dadurch sein Ansehen wieder her, gerät zugleich aber in eine Art ‚Minnegefangenschaft' bei der Herrin von Pluris – obwohl er sich verzweifelt nach Iblis sehnt (Vv. 5429–5678). Der Erzähler kommentiert dies ironisch: *dô muose aber briuten / der wîpsælig Lanzelet* (Vv. 5528f.), und fragt dann rhetorisch: *der rîche künic Artûs, / waz tet der ze disen tagen?* (Vv. 5574f.).[123]

Weil man am Artushof schon über ein Jahr lang nichts von Lanzelet gehört hat, ruft man zu Pfingsten ein großes Turnier aus, um etwas über seinen Verbleib zu erfahren. Dort erscheint erneut die Botin der Meerfee mit einem weiteren Geschenk. Es handelt sich um einen Mantel, den reihum alle Frauen am Hof anprobieren: Da er keiner richtig passt, erläutert die Botin, welches tugendlose Verhalten jeweils der Grund dafür ist. Im Ansehen beschädigt werden auf diese Weise neben Ginover, die den Mantel als erste anziehen muss, die Freundinnen von Orphilet, Walwein, Keie, Loifilol, Giferreiz, Gailet, Malduz, Iwan. Neben der Freundin von Walwein passt er Enite noch am besten, perfekt jedoch sitzt er nur bei Iblis, die ihn daher behalten darf (Vv. 5679–6157). Nun berichtet die Botin von Lanzelets Gefangenschaft bei der Herrin von Pluris: Die Ritter Walwein, Karjet, Erec und Tristant befreien ihn dort umgehend (Vv. 6158–6562). Auf dem Rückweg kehren sie beim stummen Gilimar ein, der seiner Minnedame zuliebe ein Schweigegelübde abgelegt hat. Ein Knappe berichtet, dass Valerin seinen Eid gebrochen und die Königin auf seine Festung im Verworrenen Tan entführt hat. Ein Zauber verwehrt jedoch der Tafelrunde, bei der sich jetzt auch Lo(h)ut (*Lont*), der Sohn von Artus und Ginover, aufhält (V. 6891), den Zugang. Mithilfe von Dodines, dem Wilden, kann Lanzelet stattdessen

123 Vgl. auch die Vv. 5676–5678: *nuo lâzen wir in hie bûwen / und hœrent, wiez süle ergân / ûf der burc ze Karadigan* – noch mehrfach wird ein Wechsel des Erzählstrangs auf dieselbe Weise aus- oder eingeleitet wie im ›Prosa-Lancelot‹, vgl. die Aufstellung bei Kragl (1.1), S. 1046–1048.

durch das Schreiende Moos (ein nebelverhangenes Moor, das beängstigende Schreie erzeugt) zur Burg des Zauberers Malduk vordringen, der seine Unterstützung aber an die Bedingung knüpft, Erec und Walwein an ihn auszuliefern. So befreit Lanzelet zunächst mit seiner Hilfe Ginover aus dem Verworrenen Tan und dann mithilfe des Riesen Esealt Erec und Walwein aus dem Schreienden Moos. In Zweikämpfen tötet Lanzelet sowohl Valerin als auch Malduk, dessen Tochter er mit an den Artushof nimmt (Vv. 6563–7816).

Am Ende eines mehrwöchigen Festes erzählt Iblis ihrem Gatten von einem Drachen, der darauf wartet, dass ‚der beste aller Ritter' ihn durch einen Kuss erlöst. Als Lanzelet das wagt, verwandelt sich der Drache in Elidia, die wunderschöne Tochter eines Königs von Thile, die zur Strafe für *valsche minne* zu diesem Schicksal verdammt worden war. Sie soll künftig über höfisches Verhalten zu Gericht sitzen (Vv. 7817–8040). Anschließend übernimmt Lanzelet die Herrschaft in seinem Erbland Genewis und kehrt dann an den Artushof zurück, um sich unter den Augen der Tafelrunde mit seiner Frau Iblis in Behforet, wo einst Iweret herrschte, zum König krönen zu lassen. Das Paar bekommt eine Tochter und drei Söhne, die das Erbe in seinen vier Reichen antreten, und stirbt nach einem langen und glücklichen Leben am selben Tag (Vv. 8041–9444).

Auch wenn sich das zentrale Motiv der ehebrecherischen Liebe zwischen Ginover und Lancelot nicht im ›Lanzelet‹ findet, ist dennoch anzunehmen, dass der Autor darum wusste. Zumindest Chrétiens Versroman ›Le Chevalier de la Charrette‹ dürfte ihm bekannt gewesen sein, und wenn man sich darauf einlässt, die zahlreichen Anklänge an den Lancelotstoff als spielerisch-distanzierten Umgang mit der Liebesthematik anzuerkennen, dann ist durchaus vorstellbar, dass Ulrich auch den ›Lancelot propre‹ oder den mittelhochdeutschen ›Prosa-Lancelot‹ kannte, soweit er in der ersten Hälfte des 13. Jahrhunderts bereits vorlag – auch in Bezug auf die Entstehungszeiten wäre dies nicht auszuschließen. Der unter Frauen aufgewachsene Lanzelet ist wie sein prominenteres Vorbild ein ‚Frauenritter' – allerdings nicht der Ritter der Königin, sondern er ist *wîpsælic* (V. 5529): Das nur im ›Lanzelet‹ belegte Adjektiv (Hapaxlegomenon), welches als Wortneuschöpfung (Neologismus) des Dichters gelten darf, lässt sich vielleicht mit ‚durch Frauen beglückt' oder ‚den Frauen gefallend' übersetzen.

Statt der einen, verhängnisvollen Liebe zu Ginover heiratet dieser Held gleich dreimal und ist auch sonst damit beschäftigt, sich gegen liebeswillige Frauen zur Wehr zu setzen. Und zugleich lässt der Text keinen Zweifel daran, dass Lanzelet und Iblis füreinander bestimmt sind und sich ebenso sehr lieben wie Erec und Enite oder Iwein und Laudine: Anders als für Lancelot wird die Minne für Lanzelet nicht zum Problem. Die Literaturwissenschaftler seit dem frühen 19. Jahrhundert nahmen daran moralischen Anstoß und empfanden die zahlreichen Liebschaften des Artusritters als sittenlos, doch es gibt keinen Beleg dafür, dass auch mittelalterliche Rezipienten das Werk so wahrgenommen hätten. Im Gegenteil zeigt die Miniatur zu dem Lyriker Waltram von Gresten in der Großen Heidelberger Liederhandschrift (C) ein höfisches Liebespaar, das unter einem Schild mit der Inschrift *AMOR* sitzt und aus einem Buch liest, in dem der (vielleicht nachträglich eingetragene) Anfang des ›Lanzelet‹-Prologs geschrieben steht: *Swer recht wort merch/en kan der gedenche wie* (UB Heidelberg, Cpg 848, Bl. 311r).

In Bezug auf ihre Tugendhaftigkeit sowie in Bezug auf ihre höfischen Eigenschaften steigern sich die Minnepartnerinnen Lanzelets im Verlauf der ersten Romanhälfte, doch nachdem er Iblis gefunden hat, für die ihn die Meerfee (wie im Lancelotstoff) seit Kindestagen vorgesehen hatte, können ihn selbst weitere Liebesverhältnisse und Verlockungen nicht mehr von ihr trennen. Stattdessen durchziehen den Text mehrere Anspielungen auf Ginovers Ehebruch: Gleich zweimal erhebt ein anderer Mann Anspruch auf sie, und der von der Meerfee geschickte Mantel passt selbst der Königin nicht,[124] was in ihrem Fall mit ‚gedanklicher' Untreue begründet wird:

Genover ist hübsch und guot,
an den werken hât siu sich behuot,
daz siu niewan wol getete.
doch durch wîbes zwîfels bete
ist siu an den gedenken missevarn.
ein sælic man sol wol bewarn
sîn wîp mit allem guote.
swer der künegîn unreht huote,
sô hæt siu dicke daz dinc getân,
daz si sus durch ir êre hât verlân.
starkiu huot und ungetriuwer muot,
di machent stætiu wîp unguot.
daz ist gewis sam der tôt.

124 Der Mantel ist so kurz, dass er Ginovers Knöchel nicht bedeckt. In ›Der Mantel‹ (vgl. Kap. IV.1) ergeht es so Enite, die trotz dieses Makels jedoch die Probe gewinnt, während Ginover der Mantel dort in der Mitte zu kurz und an den Seiten zu lang ist, sodass ihr Unterleib (als Zeichen ihrer sexuellen Verfehlung) vorn unbedeckt bleibt.

‚Strenge Aufsicht und misstrauische Gesinnung verderben eine verlässliche Frau': Das wirkt wie eine Anweisung der Botin der Meerfee an den König Artus des Lancelotstoffs, wie er seine Ehe gestalten solle, ohne Herrschaft und Reich zu gefährden. Einen Ratschlag für die Königin hält ergänzend das Schicksal Elidias bereit. Diese war bis zu Lanzelets Kuss (Motiv des *fier baiser*, V. 3206) in einen Drachen verzaubert worden, weil sie nicht dem ihre Liebe gewährte, der ihr gedient hat, denn wenn eine Dame einen Ritter als Minnediener akzeptiert, ist sie diesem gegenüber auch verpflichtet:

> Swelich wîp sich an ir hübscheit
> verwürket und des gedenket,
> daz si den verschrenket,
> der ir dienet umb ir minne,
> daz kumet ir ze ungewinne.

So ist der ›Lanzelet‹ genau wie der ›Lancelot‹ vornehmlich als arthurischer Liebesroman zu lesen: Statt Ginover und Lancelot präsentiert Ulrich von Zatzikhoven als eine Art Korrektiv ein ganz anderes, vorbildlich treues und höfisches Liebespaar, das unter veränderten Vorzeichen antritt: Wie die zweite Romanhälfte ausführlich vorführt, fügt sich die Beziehung zwischen Lanzelet und Iblis in die Gesellschaft,[125] während Ginover, wie unter anderem die Reaktion des Königs Artus auf die missglückte Mantelprobe oder sein aktives Mitwirken bei der Befreiung seiner Frau aus den Händen des Entführers zeigen, in der Artusgesellschaft wohlwollend behütet wird.

Die Gemeinsamkeiten des ›Lanzelet‹ mit den Werken Chrétiens wurden von der Forschung verschiedentlich beschrieben:[126] Nicht nur das arthurische Personal in den üblichen Rollen, Figurenkonstellationen, Schauplätze und Handlungsverläufe finden sich wieder, sondern auch markante Motive wie etwa der Geißelschlag zu Beginn und der damit verbundene Ansehens-

125 Im ›Parzival‹ ist Iblis die Gattin des Königs Ibert (!) von Sizilien, die von Clinschor zum Ehebruch verführt wird, wofür Ibert ihn kurzerhand kastriert (Vv. 656,5–657,26). Aus diesem Grund herrscht auf Schastel marveil ähnliche Trauer wie auf der Gralburg Munsalvaesche: Alle Erscheinungen von pervertierter Liebe, die im ›Parzival‹ begegnen, kulminieren in der Geschichte von Clinschor und Iblis wie in einem Brennspiegel, vgl. Bumke ^{8}2004 (5.3), S. 109f.

126 Vgl. die Aufstellung in Bd. 2 der Textausgabe Kragls (1.1), S. 1051–1053.

verlust sowie das Bedürfnis, diesen zu rächen, Anspielungen auf Kalogrenants Erzählen und auf Erecs *verligen* (Vv. 7828–7887) sowie die Verwendung des Begriffs (V. 9412), die Gestaltung der Erzählinstanz oder der sinnstiftende Einsatz von Doppelungen und Symmetrien. Auch ist Ulrichs Held denselben Normen und Werten verpflichtet wie Erec, Iwein oder Parzival, aber er durchläuft keine Entwicklung wie diese, sondern ist als Verwandter des Königs Artus sowie des Musterritters Gawein von Anfang an ein erfolgreicher und angesehener Ritter. Der sich stetig verbessernde und krisenlose Held mag ein Gegenentwurf sein zum egozentrischen und ordozerstörenden Protagonisten des Lancelotstoffs.

- Prolog (Vv. 1–40)
  - Elternvorgeschichte und Jugend (Vv. 41–402)
    - Geißelschlag und Pluris-Aventiure I (Vv. 403–666)
    - Galagandreiz-Aventiure (Vv. 667–1356)
    - Limors-Aventiure (Vv. 1357–2238)
  - Artushof: Zwischeneinkehr lehnt der Held ab (Vv. 2239–2800)
    - Turnier in Djofle (Vv. 2801–3521)
    - Schatel le mort (Vv. 3522–4014)
    - Begegnung mit Iblis (Vv. 4015–4256)
      - Kampf gegen Iweret (Vv. 4257–4660)
    - Identitätsfindung und Hochzeit mit Iblis (Vv. 4661–4959)
  - Artushof: Aufnahme in die Tafelrunde und Fest (Vv. 4960–5428)
    - [Einschub: Ginover-Entführung I]
    - Pluris-Aventiure II und Minnegefangenschaft (Vv. 5429–5678)
  - Artushof: Mantelprobe (Vv. 5679–6228)
    - Befreiung Lanzelets durch die Artusritter (Vv. 6229–6562)
    - Der stumme Gilimar (Vv. 6563–6672)
    - Ginover-Entführung II
    - Der *Verworren tan* (Vv. 6673–6974)
      - Das *Schrîende most* (Vv. 6975–7135)
        - Malduk *vom Genibeleten sê* (Vv. 7136–7305)
      - Rückkehr aus dem *Schrîenden mos* (Vv. 7306–7351)
    - Rückkehr aus dem *Verworren tan* (Vv. 7352–7716)
  - Artushof: Fest (Vv. 7717–7816)
    - Einschub: Drachenkuss-Episode (Vv. 7817–8040)
  - Feste in Genewis, Karadigan und Dodone (mit dem Artushof), Krönung (Vv. 8041–9308)
- Epilog (Vv. 9309–9444)

Vermisst hat man das Kompositionsprinzip der Symbolstruktur als Kennzeichen des chrétienschen Romanmodells (vor allem Grubmüller). Und dort, wo eine Reaktion des ›Lanzelet‹ auf dieses Modell angenommen wird, ist umstritten, ob Ulrich Chrétiens Romanmodell reduziert (Haug), umspielt (Pérennec), variiert (Thoran), konterkariert (Ruh) oder überwindet (Welz).[127] Doch ist darauf hinzuweisen, dass bereits Chrétien selbst mit dem ›Cligès‹ und dem ›Le Chevalier de la Charrette‹ zwei abweichend aufgebaute Artusromane verfasst hat und dass daneben der ›Bel Inconnu‹, den Ulrich mit großer Wahrscheinlichkeit ebenso wie Wirnt von Grafenberg (vgl. Kap. 5.1) kannte, dem Kompositionsprinzip von ›Érec‹ und ›Yvain‹ ebensowenig folgt wie zahlreiche andere afrz. Artusromane aus den Jahren um 1200 (vgl. beispielsweise Kap. IV.4 zum ›Méraugis‹ des Raoul). Der ›Lanzelet‹ wird daher bisweilen als ein durch seine vermeintliche Vorlage ‚französisch geprägtes' Werk angesehen.

Allerdings liegt auch vielen deutschsprachigen Artusromanen des 13. Jahrhunderts, neben dem ›Lanzelet‹ wären etwa der ›Parzival‹, der ›Wigalois‹ oder der ›Wigamur‹ zu nennen, ein alternatives Bauprinzip zugrunde, das eher dem afrz. *Enfance*-Typus der Chanson de Geste entspricht:[128] Gemeint ist damit in diesem Fall eine zweiteilige Struktur mit einem linear aufsteigenden Stationenweg des Helden, in der seine allmähliche Entwicklung vom jüngeren, oft namenlosen Ritter über eine Eheschließung (und die Aufnahme an der Tafelrunde) in der Mitte bis zum Antritt einer Landesherrschaft dargestellt wird. Es ist dies das allgemeinere, ältere und weiter verbreitete Bauprinzip, aus dem ›Érec‹ und ›Yvain‹ jeweils nur einen zentralen, wenngleich symbolträchtigen Ausschnitt bieten. Während sich dort, wie auch in Chrétiens ›Le Chevalier de la Charrette‹, die Helden bereits mit Beginn der Erzählung an der Tafelrunde befinden, liegt in anderen Werken der Startpunkt außerhalb des Artushofs, und zahlreiche Romane führen ihre Helden über die geglückte Integration in die Artusgemeinschaft hinaus als Friedensbringer, erfolgreiche Landesherrscher (*rex iustus et pacifcus*) und Begründer oder Bewahrer einer Dynastie vor.[129] Da aber der von Chrétien (und Hartmann) mittels

127 Vgl. zur Struktur Schüppert, Haug, Pérennec 1979, Schmidt, Ruh 1980, Welz, Thoran und Grubmüller (alle 5.4).

128 Vgl. dazu Friedrich Wolfzettel, Zur Stellung und Bedeutung der *Enfances* in der altfranzösischen Epik, in Zeitschrift für französische Sprache und Literatur 83 (1973), S. 317–348 u. 84 (1974), S. 1–32.

129 Vgl. vor allem Zellmann (5.4).

der Symbolstruktur in die mittelalterliche Literatur eingebrachte ritterlich-höfische Verhaltensentwurf von allen nachfolgenden Dichtern inhaltlich weitgehend akzeptiert und nur in Nuancen noch verändert wird (vgl. dazu die nachfolgenden Kapitel), ist gar nicht zu erwarten, dass spätere Werke auch das Strukturmodell übernehmen, welches vornehmlich der Entwicklung und Etablierung dieses Entwurfs diente.

Ulrichs Versroman galt lange Zeit als lose Aneinanderreihung von ritterlichen Abenteuern, die nur durch ihren Helden miteinander verbunden sind. Doch neben der grundlegenden Zweiteilung mit Identitätsfindung, Eheschließung und Aufnahme des Helden in die Tafelrunde in der Mitte strukturieren den Roman zahlreiche Korrespondenzen, Doppelungen, Symmetrien und insbesondere die Verschachtelung von Episoden. Der linear aufsteigende Weg des dafür prädestinierten Helden führt über gestufte Aventiuren mit zunehmendem Schwierigkeitsgrad und wachsendem Erfolg zu einem Höhepunkt, dem sich der Held im weiteren Verlauf selbstverständlich als würdig erweist. Auch diese Struktur ist – wenngleich in anderer Hinsicht – als ‚symbolhaft' zu bezeichnen: Lanzelet wächst zum besten aller Ritter heran, wird in dieser Entwicklung durch keine innere ‚Krise' zurückgeworfen (strukturell entspricht ihr am ehesten die Minnehaft in Pluris), weil der arthurisch-höfische Verhaltensentwurf unhinterfragt gültig ist, und muss sich mit diesen Qualitäten in der zweiten Romanhälfte (wie Erec und Iwein) in die Gemeinschaft integrieren – dass dies dem Helden problemlos gelingt, ist im Vergleich mit dem namen- und ahnungslos von der Meerfee in die Welt geschickten *kint* (Vv. 324, 477, 1885 u. ö.) durchaus als Steigerung aufzufassen.

Die Bekanntschaft mit Chrétiens Erzählmodellen und auch die kreative Auseinandersetzung mit ihnen hat man der Erzählung von Lanzelet und Iblis zumeist durchaus zugestanden – aber nicht ihrem Autor Ulrich von Zatzikhoven: Weil der ›Lanzelet‹-Erzähler behauptet, gegenüber dem *welschen buoch* weder etwas hinzugefügt noch weggelassen zu haben (V. 9323: *sô enist dâ von noch zuo geleit*), schrieb man eine solche Auseinandersetzung stets der vermeintlichen Vorlage zu, ohne, wie es in vergleichbaren Fällen durchaus geschieht, die Toposhaftigkeit dieser Erzählerbemerkung in Erwägung zu ziehen.[130] Im Verein mit

130 Vgl. beispielsweise die Vv. 7–17 im ›Daniel von dem Blühenden Tal‹, in denen sich der Stricker (vermutlich fiktiv) auf Alberic von Pisançon beruft (vgl. dazu Kap. V.1), dessen ›Roman d'Alexandre‹ (um 1100/1120) wiederum Ulrich von Zatzikhoven möglicherweise die Anregung für das Wunder-

der hier vorgeschlagenen Spätdatierung des ›Lanzelet‹ spricht nichts dagegen, dem gebildeteten Kleriker aus dem Thurgau einen solch distanzierten und reflektierten Umgang mit der Gattungstradition zuzutrauen. Ulrich von Zatzikhoven wäre dann der erste, der aus älterem, vielleicht auch mündlich umlaufendem Stoff- und Motivmaterial[131] einen deutschsprachigen Artusroman komponiert hat, ohne eine französische Vorlage zu übersetzen:[132] Vielleicht beruft er sich gerade deshalb so dezidiert auf ein *welschez buoch* als Quelle.

Den dazu notwendigen Abstand zum didaktischen Anspruch etwa der Artusromane Hartmanns lässt auch die zuweilen ironische Erzählhaltung erkennen, die mit großer Leichtigkeit und einigem Humor die Handlung begleitet. Eine solche Erzählweise konnte man im zweiten oder dritten Jahrzehnt des 13. Jahrhunderts am ›Parzival‹ studieren. Wenn Lanzelet (wie Parzival) seinem Pferd die Zügel überlässt, wenn die namenlose Tochter des Galagandreiz sich nachts zu ihm ins Bett legt (wie Parzival die schlafende Jeschute bedrängt), wenn der Held dann eine Frau nach der anderen heiratet, ohne dass dies von den Figuren oder vom Erzähler rechtlich oder moralisch hinterfragt wird (ebenso wie an Gahmurets zweifacher Eheschließung im ›Parzival‹ niemand Anstoß nimmt), wenn Lanzelet auf Schatel le mort (vgl. Gawans Aufenthalt auf Schastel marveile) vom *blœden* (= ‚körperlich schwachen') Mabuz durch zauberische Umkehrung aller Eigenschaften zur Feigheit verdammt wird oder wenn am Ende (statt des Grals) ein widerwärtiger Drache zu küssen ist, dann ist das – auch – komisch. Die Komik ergibt sich aus dem Kontrast zwischen dem, was der zeitgenössische Rezipient vor dem Gattungshintergrund und der Stoffgeschichte erwarten kann und dem, was im ›Lanzelet‹ dann bisweilen geschieht (vgl. etwa die Beschreibung des Pferdes in den Vv. 1450–1483). Wenn darüber hinaus der Erzähler immer wieder beteuert, nicht mehr über die Handlung zu wissen, als er erzählt habe, weil er nicht immer und überall dabeigewesen sei (vgl. etwa die Vv. 2348f., 5502f., 5530f. u. ö., auch die Vv. 4952–4955), oder durch den übermäßigen Gebrauch von Hyperbeln

zelt geliefert hat. Durch ein Zelt, welches Iblis im ›Parzival‹ ihrem Geliebten Clinschor schenkt, wird dort deren Ehebruch offenbar (Vv. 668,9–22).

131 Vgl. dazu Peter Bungartz, Quelle und Funktion der Feendarstellung in der mittelhochdeutschen Epik. Diss. München 1981, S. 104–137, Knoll (4.1.3) und Ó Riain-Raedel (4.1.3), S. 70–217.

132 Damit würde sich auch die von Kantola (5.4) aufgeworfene Frage nach einer niederrheinischen Artusdichtung als Vorlage für Ulrichs Roman erübrigen.

entstehen auch auf der Erzählerebene unerwartete Kontraste und Ironisierungen, die Komik erzeugen.[133] Deshalb handelt es sich beim ›Lanzelet‹ aber noch lange nicht um einen reinen Unterhaltungs- oder gar einen „protomodernen Heftchenroman“, in dem „ein Erzähler an seinem Text gescheitert“ ist, wie es Kragl im Nachwort der Studienausgabe des ›Lanzelet‹ erwägt.[134] Viel naheliegender ist die Annahme, dass neuzeitliche Interpretationsversuche den Roman wegen der im Text gemachten Angaben zumeist einem falschen literarhistorischen Kontext zugeordnet haben, obwohl Kurt Ruh schon vor 40 Jahren den Weg aufzeigte: „Der ›Lanzelet‹ setzt den Artusroman Chrestiens voraus. Nicht nur genealogisch, sondern im Sinn der Konnotation, d. h. daß das arthurische Personal und Bedingungen arthurischen Daseins (Costumes und Ideologie) als Verständnishorizont vorausgesetzt werden. Nur von da her verstehen sich die eingetretenen Umbesetzungen. Sie sind, meine ich, in sich stimmig. Es wird geändert, in Konzeption und Struktur, nicht aufgelöst, auch nicht ‚reduziert‘, um ein Stichwort der Rezeptionsgeschichte aufzugreifen. Die Ideologie steht auf der Höhe Chrestiens und dessen deutschen Nachfolgern. Weder Minne noch einsame, unerreichbare Heldentat gefährden die Gemeinschaft. Das heißt mit anderen Worten: Ulrichs ›Lanzelet‹ ist kein verfrühter Epigonenroman, er ist, zumindest der Intention nach, ein neues Modell des Artusromans. Die Literatur[geschichts]schreibung sollte nicht länger zögern, ihm diesen Platz einzuräumen.“[135]

Der spielerische Umgang mit der Gattungstradition und der sinnstiftende Einsatz intertextueller Verweise machen den ›Lanzelet‹ Ulrichs von Zatzikhoven zu einem beachtenswert frühen Exponenten der weiteren Entwicklung des Artusromans im Anschluss an Wolframs ›Parzival‹, wie sie die nachfolgenden Kapitel darstellt: Lanzelet wird im 13. Jahrhundert, nachdem er als *Lanzelot von Arlac* schon zu Beginn des Ritterkatalogs im ›Erec‹ erwähnt worden ist (V. 1631), zum obligatorischen Mitglied der Tafelrunde und Ulrichs Versroman noch vor 1300 in Wirnts von Grafenberg ›Wigalois‹, bei Rudolf von Ems, im ›Wigamur‹, in Albrechts ›Der jüngere Titurel‹, beim Pleier, bei Konrad von Stoffeln und bei Johann von Konstanz rezipiert.

133 Vgl. etwa Schmidt, Margetts, Daiber, Feistner und McLelland (alle 5.4).
134 Kragl 2009 (1.1), S. 554.
135 Ruh 1975 (5.4), S. 54f.

5. Gawein und sein Sohn

Gleich in mehrfacher Hinsicht ist Gawein ein besonderer Ritter am Artushof. Während König Artus sich, wie es die Form der runden Tafel ausdrückt, als *primus inter pares*, als ,Gleicher unter Gleichen' präsentiert, um das Ansehen und den Rang seiner Untergebenen zu erhöhen, ist Gawein unter diesen der beste und wird daher in der Forschungsliteratur gern als ,Musterritter' der Tafelrunde bezeichnet. Diese Position kommt ihm zu durch Geburt – er ist der Neffe des Königs – und durch seinen außerordentlichen Erfolg im Kampf. Da er in ritterlichen Auseinandersetzungen in der Regel siegreich ist, wünschen Hilfesuchende am Artushof meist seine Unterstützung. Auch muss fast jeder Protagonist eines Artusromans im Verlauf der Handlung mindestens einmal (zumeist zunächst unerkannt) gegen Gawein antreten, und häufig enden diese Kämpfe, an denen sich ablesen lässt, ob der Held seinen Platz an der Tafelrunde auch verdient, unentschieden. Wie kein anderer scheint Gawein darüber hinaus das am Hof geltende Normen- und Wertesystem zu verkörpern – und dies, obwohl er immer wieder gern auch als unsteter Frauenheld vorgeführt wird.[136]

Die erste Erwähnung eines Kriegers mit dem Namen Walwan findet sich schon in den ›Gesta regum anglorum‹ des William von Malmesbury (1125), und auch in der um 1136 bis 1139 entstandenen ›Historia Regum Britanniae‹ des Geoffrey von Monmouth agiert neben Keie (Cai Anjou) und Iwein (Iwenus) bereits der erst zwölfjährige Walwanus (Walgainus). Über die afrz. Form des Namens (Gauvain) setzt sich in der deutschsprachigen Stofftradition für gewöhnlich der Name Gawein oder Gawan durch. Jedoch heißt der Musterritter bei einigen Autoren auch Walwan oder Walwein (etwa in Eilharts ›Tristrant‹ oder im ›Lanzelet‹) oder gar Waliwan (›Mitteldeutscher Erec‹), was die Forschung häufig auf den Einfluss archaischer Quellen oder auf eine verlorene niederrheinische bzw. mittelniederdeutsch-rheinfränkische Artusdichtung zurückzuführen versucht. In mehreren Werken lässt sich sogar das Nebeneinander beider Namen beobachten: In Hartmanns ›Erec‹ erscheinen Gawein und Walwan (Vv. 1152,

136 Gleich zwei Monographien haben sich mit der Rolle Gaweins im Artusroman beschäftigt: HOMBERGER 1969 und SCHMITZ 2008 (beide 4.1.3).

9915), ebenso im ›Lorengel‹ (*Gawin*, *Walwan*), im ›Lohengrin‹ (V. 541), in Frauenlobs Lied VII,27 (*Man saget* [...] *von Gawein, der daz beste ie tete, von Walwan und <von> Lanzelot*) oder im ›Spruch von den Tafelrundern‹ (*Walban*, *Gawein*, vgl. Kap. VI.3). Gleich zwei Musterritter mit identischen Eigenschaften treten als Gauvain und Walewein im mittelniederländischen ›Ferguut‹[137] sowie als Gawan und Walwan im ›Gauriel von Muntabel‹ des Konrad von Stoffeln auf (Kap. V.4).

Nachdem Gawein schon im ›Perceval‹ und im ›Parzival‹ einen eigenen Handlungsstrang erhalten hatte, der dem Weg des Titelhelden zum Gral in märchenhaft-weltlicher Weise parallel geführt wird, entstehen in der Nachfolge beider Werke Erzählungen, in denen Gawein der alleinige Protagonist ist. Vor allem in zahlreichen altfranzösischen Artusdichtungen ist er der Hauptheld:[138] ›La Premiere Continuation de Perceval‹ (Ende 12. Jh.), ›Le Chevalier a l'Epee‹, ›La Mule sans Frein‹ und ›La Vengeance Raguidel‹ (alle Anfang 13. Jh.), ›L' Âtre périlleux‹ (Mitte 13. Jh.),[139] außerdem im mittelniederländischen ›Roman von Walewein‹ von Penninc und Pieter Vostaert (um 1250),[140] und im deutschsprachigen Bereich in ›Diu Crône‹ Heinrichs von dem Türlin. Diesen Werken sind solche an die Seite zu stellen, in denen Gaweins Sohn als Held agiert, denn dieser verfügt über dieselben positiven Eigenschaften wie sein Vater. Dies ist

137 Ferguut. Uitgegeven met inleiding en aantekeningen van Edouard Rombauts, Norbert de Paepe en Max J. M. de Haan. Culemborg 1976 (V. 4325 erscheint *Walewein* in einer Aufzählung von Artusrittern, sonst nur *Gawein*); Dutch Romances vol. 2: Ferguut, ed. by David. F. Johnson. Cambridge 2000 (Arthurian archives 7). Der ›Ferguut‹ (14. Jh., 5596 Vv.) ist eine Adaption des afrz. ›Fergus‹ des Guillaume le Clerc (um 1230–1250, 6984 Vv.; hg. von Ernst Martin, Halle 1872), vgl. dazu Schmolke-Hasselmann 1980 (4.2.2), S. 208–222, u. 1983 (4.2.2).

138 Eine wichtige Rolle spielt Gauvain auch im ›Fergus‹ sowie im ›Méraugis de Portlesguez‹ (Anfang 13. Jh., dazu Kap. IV.4).

139 Claassens/Knapp (5.6), S. 249; vgl. auch: Gawain. A Casebook, hg. von Raymond H. Thompson u. Keith Busby. New York, London 2006.

140 Erzählt wird, wie Walewein einem fliegenden Schachbrett folgt, das am Artushof erschienen war. Auf seinem Aventiureweg wird er in einen Berg eingeschlossen, kämpft gegen Drachen, Frauenräuber und eine ganze Burgbesatzung, erhält ein selbstständig kämpfendes Schwert und gewinnt die Hand der Prinzessin Ysabele, vgl. Dutch Romances vol. 1: Roman van Walewein, ed. by Geert H. M. Claassens and David F. Johnson. Cambridge 2000 (Arthurian Archives 6); Penninc u. Pieter Vostaert, Roman van Walewein. Mittelniederländisch-Neuhochdeutsch, hg. von Johann H. Winkelmann u. Gerhard Wolf. Münster 2010 (Bibliothek mittelniederländischer Literatur).

der Fall im altfranzösischen ›Bel Inconnu‹ des Renaut de Beaujeu und im ›Wigalois‹ des Wirnt von Grafenberg.[141]

In seinem Aufsatz zur Symbolstruktur des höfischen Epos und deren ‚Auflösung' bei Wolfram von Eschenbach beschreibt Walter Haug im Anschluss an die wegweisenden Aufsätze von Hugo Kuhn zum ›Erec‹ (1948) und von Hans Fromm zum ‚Doppelweg' (1969) schon 1971 die ästhetische Konzeption des chrétienschen Romantypus als Novum in der Literatur des Mittelalters. Die Struktur der Artusromane vom Typ ›Érec et Énide‹ und ›Yvain‹ führt er zurück auf die bretonischen Lais der ‚Graelentgruppe', die Chrétien seiner Meinung nach die „Strukturidee des gestuften Doppelkreises" lieferten.[142] Chrétien habe jedoch die Akzente der Doppelkreisstruktur thematisch-prägnant und programmatisch-bewusst umgesetzt – zum Beispiel, indem die übernatürliche Fee der bretonischen Erzählungen bei ihm zur Minneherrin umstilisiert wird.

Das Prinzip, mithilfe der Struktur den einzelnen Situationen eine Zeichenfunktion zuzuweisen, hat Hartmann von Aue (nicht nur in ›Erec‹ und ›Iwein‹, sondern auch im ›Gregorius‹) vom Nordfranzosen übernommen. Während Hartmann dabei jedoch an seine Vorlagen gebunden war, konnte Chrétien frei über einzelne Erzähl- und Strukturelemente verfügen, wie etwa über das der ‚Krise des Protagonisten'. Im ›Conte du Graal‹ problematisiert die Krise nicht wie in ›Erec‹ und ›Iwein‹ das Verhältnis des Helden zu seiner Partnerin sowie die Beziehung des Paars zur Gesellschaft: Im ›Perceval‹ bezeichnet sie (wie im ›Parzival‹ und als Zitat auch im ›Wigalois‹ des Wirnt von Grafenberg) vielmehr die Trennung des Helden von Gott und von der Gesellschaft. Parallel dazu durchläuft Gawan, ohne jegliche Krise, den herkömmlichen Aventiureweg. Der Artushof bleibt zwar die Durchgangsstation, aber er ist es auf einem viel weiter gesteckten Weg und rückt dadurch teilweise in den Hintergrund. Nach Walter Haug hebt Wolfram die Zeichenfunktion der Symbolstruktur bewusst auf und ersetzt sie durch ein Netz von linearen Verknüpfungen: „An die Stelle des Thesenromans, der anhand seiner Symbolstruktur demonstriert und dessen Verständnis deshalb über das Erfassen

141 Ulrich Seelbach hat vorgeschlagen, solche Werke, in denen ein Verwandter Gaweins als Protagonist auftritt, das heißt, alle europäischen Fassungen des Bel Inconnu- bzw. Wigaloisstoffs, als ‚Gawaniden-Romane' mit eigenem Strukturschema zusammenzufassen, vgl. die Studienausgabe des ›Wigalois‹ (1.1), S. 263–268 u. die Übersicht S. 285.

142 Haug 1971 (4.2.3), S. 673; vgl. Kuhn und Fromm (beide 5.1).

dieser Struktur läuft, ist [bei Wolfram] eine epische Darstellung getreten, die einen fortschreitenden Erfahrungsprozeß meint, mit dem man sich Schritt für Schritt identifizieren muß".[143] Dies gilt insbesondere für die Gawan-Handlung im ›Parzival‹.

Neun Jahre später widmet sich Haug in seinem Aufsatz mit dem Titel „Paradigmatische Poesie" dem späteren deutschen Artusroman auf dem Weg zu einer, wie Haug es nennt, „‚nachklassischen' Ästhetik". Er beschreibt dort die Abwandlungen des Aventiuremodells in den Artusromanen nach Wolfram in drei verschiedene Richtungen und der Ausgangspunkt seiner Überlegungen ist die Leitfigur des Artushofs, der Neffe des Königs: Gawein spielt als Beispiel eines perfekten Helden, der a priori vorbildlich höfisch und tugendhaft ist, in den Artusromanen des 13. Jahrhunderts eine besondere Rolle, denn, so Haugs These, „wenn die sinntragende Struktur mit ihrem thematischen Zentrum, der Krise, aufgegeben wird, so kann sich der Sinn in die Beispielhaftigkeit des Helden zurückziehen".[144]

Diesen neuen Heldentypus, der keine Krise durchlebt und keine (‚innere') Entwicklung erfährt, nennt Haug „paradigmatisch", und als ‚paradigmatische Helden' in diesem Sinne sieht er nicht nur Gawein und Wigalois, sondern auch alle anderen Protagonisten der späteren Artusromane. Diese unterteilt Haug in drei verschiedene Typen:

1. Der glückhafte Held in einer dämonisierten Welt
2. Der listig-kluge Superheld in einer fabulös-grotesken Welt
3. Der ethische Held in neuem Sinnzusammenhang

Als Beispiele für den ersten Typ, den ‚glückhaften Helden in einer dämonisierten Welt', dienen Haug der ›Wigalois‹ des Wirnt von Grafenberg, in dem Gawans Sohn als Protagonist agiert, und die ›Crône‹ Heinrichs von dem Türlin. In beiden Versromanen fehle jeweils die Krise des Helden als Element des Umbruchs, der Held sei von Anfang an der perfekte arthurische Ritter, und die Handlung könne nur noch dazu dienen, dies immer wieder neu zu bestätigen. Sie ist, nach Haug, „Bewährung als Demonstration".[145] Der Unfehlbarkeit des Helden werden entsprechend dämonisierte Gegner entgegengestellt,

143 Haug 1971 (4.2.3), S. 682 u. 698, Zitat S. 705.
144 Haug 1980 (4.2.3), S. 228.
145 Haug 1980 (4.2.3), S. 211.

die dieser wiederum mithilfe von Zauberwaffen besiegen kann. Dabei agiere Wigalois sogar im Zeichen des Rades der Fortuna, während es in der ›Crône‹, mit Gawein selbst als Helden, zu einer nochmaligen Steigerung der dämonischen Elemente komme. In einem nachfolgenden Aufsatz über das Fantastische in der späteren deutschen Artusdichtung sagt Haug, dass dort „ungehemmt mit grotesken, dämonischen, magischen, ja fantastischen Motiven gearbeitet" werde,[146] da in den Artusromanen des 13. Jahrhunderts die funktional eingebundene Symbolstruktur als Schranke für die fiktive Fantasie fallen gelassen worden sei. Durch die Aussparung der Krise des Helden reduziere sich das Modell des ersten chrétienschen Artusromans auf einen bloß äußeren Rahmen und die Zweiteilung der Handlung verliere ihre sinntragende Funktion. Schon der ›Wigalois‹ und erst recht ›Diu Crône‹ bestehen seiner Meinung nach aus lediglich linear-additiven Episodenreihungen: Gawein, der als Artusritter Repräsentant einer geordneten Welt ist, reitet durch das Land, kann aber die Unordnung und das Wunderbare, das ihm dabei begegnet, nicht begreifen. Er kann nicht eingreifen, wo es ihm notwendig erscheint, und er kann niemandem helfen. Das Programm Chrétiens, Ordnung durch Fiktion zu stiften, werde bei Heinrich von dem Türlin so zu einem literarischen Spiel.

Als zweite prinzipielle Entwicklungsmöglichkeit des späteren Artusromans charakterisiert Haug ‚den listig-klugen Superheld in einer fabulös-grotesken Welt'. Als Beispiel dafür dient ihm der ›Daniel von dem Blühenden Tal‹ des Strickers (vgl. Kap. V.1). Dort schlage das fabulös-groteske spielerisch über die Stränge, wenn etwa ein unsichtbares Zaubernetz, schreiende Automaten oder bauchlose Ungeheuer auftreten. Als Gegenentwurf zum ›Daniel‹ versteht Haug dann den ›Garel von dem Blühenden Tal‹ des Pleiers, den er als Abwandlung des ursprünglichen Modells des Strickers mit zu diesem zweiten Entwicklungstyp zählt.

Für den Typus des ‚ethischen Helden in neuem Sinnzusammenhang' ist Haugs einziges Beispiel schließlich Albrechts ›Der jüngere Titurel‹ (vgl. Kap. III.3.2). Trotz aller Eigenständigkeiten dieser einzelnen Typen stimmen seiner Meinung nach alle Protagonisten darin überein, dass sie, „wenn auch unter wechselnden Akzentuierungen, von vollkommener Idealität sind, und das impliziert, daß es auf ihrem Weg keine Krise mehr geben kann."[147]

146 Haug 1984 (4.2.3), S. 134.
147 Haug 1980 (4.2.3), S. 226.

So richtig Haugs Beobachtungen für die einzelnen Werke sind, so sehr ist seine damit verbundene Typenbildung in Zweifel zu ziehen. Einerseits orientieren sich die drei beschriebenen Typen viel zu sehr an den von Haug besprochenen Beispielwerken, sodass andere Artusromane, für die Ähnliches gilt, immer bereits als Weiter- oder Sonderentwicklungen betrachtet werden müssen. Andererseits sind seine Kriterien nicht trennscharf genug, sodass manche Texte sich gar nicht eindeutig einem der drei Typen zuordnen lassen. Und schließlich sind die zur Artusdichtung zählenden Werke, trotz aller Vorurteile, häufig viel zu komplex, als dass man sie mit so einfachen Etiketten versehen könnte, wie sie Haug entwirft. Statt die Entwicklung des Artusromans in einem System von Typen zu beschreiben, das von einzelnen Werken ausgeht und gar nicht alle Vertreter der Gattung in den Blick nimmt, scheint es zweckmäßiger, jeden einzelnen Roman nach der in ihm feststellbaren Weiterentwicklung des Merkmalsbündels zu befragen, das sich, als heuristisches Bezugssystem, aus den Romanen Chrétiens und den ersten deutschsprachigen Artusromanen gewinnen ließ (vgl. Kap. III.1.2). Dabei darf aber nicht jede Abweichung von dem bei Hartmann und Wolfram Vorgefundenen automatisch als ethisch-ästhetischer Mangel aufgefasst werden. Gerade die Anleihen bei den Gattungsvorgängern trugen im 19. Jahrhundert stark zu dem negativen Bild bei, das sich die Literaturwissenschaft von den späteren Artusromanen gemacht hat. Das Verfahren der Dichter, ihre eigenen Romane durch die Übernahme von Stoffen und Motiven aus den Vorgängern in die Gattung einzubinden, sollte jedoch nicht mit modernen Originalitätsmaßstäben bewertet werden und darf keinesfalls ein Qualitätsurteil der Literaturwissenschaft präjudizieren, denn es bleibt zu berücksichtigen, dass jeder einzelne Artusroman unter andersartigen Bedingungen angefertigt wurde als alle vorangehenden, weil sich das Merkmalsbündel der literarischen Reihe, in der er steht, ja mit jedem neuen Werk verändert.[148]

Die Forschung der letzten drei Jahrzehnte hat gezeigt, dass die Artusromane des 13. Jahrhunderts durch einen planvollen Rückbezug auf die Gattungsvorläufer die Bedürfnisse ihrer Rezipienten befriedigen. Das Vorwissen des Publikums ist geradezu ein Konstitutionsgrund dieser Texte. „Ein Netz von Anspielungen, Motiv- und Figurenzitaten bindet die Romane aneinander. Bis zu einem bestimmten Teil sind solche Wiederaufnahmen für die

148 Cormeau 1977 (4.1.3), S. 4.

Identität der Gattung unumgänglich, Artus, Keie, Gawein, Ginover und das Pfingstfest in Karidol etwa müssen den Raum abstecken. Was in den Romanen geboten wird, geht aber weit darüber hinaus, inszeniert ein regelrechtes Spiel mit den Kenntnissen und Erwartungen des Publikums, und diese Kenntnisse sind [...] durch Hartmann und Wolfram geprägt."[149] Die Autoren der Artusromane fügen ihre Werke mit denselben Verfahrensweisen in die werkübergreifende Erzählwelt der Gattung ein, die Peter Kern für den Pleier (s. Kap. V.2) beschrieben hat: partielle Identität des Personals, Imitation bekannter, fast schon ritueller Situationen und Verhaltensweisen, Anspielungen auf Ereignisse früherer Texte, Zitieren markanter Textpassagen, Ausnutzen von Lücken in der Erzählwelt, Weiterführen von bereits angelegten Erzählsträngen usw.[150] Die Entlehnungen und Übernahmen aus älteren Werken sind demnach als ein Gattungsmerkmal zu klassifizieren und dürften die Attraktivität eines Textes im Mittelalter erheblich gesteigert haben, da sich der sachkundige Rezipient als Mitglied einer gebildeten, kulturell anspruchsvollen Elite fühlen konnte.

5.1. Der ›Wigalois‹ des Wirnt von Grafenberg

Der Verfasser des ›Wigalois‹ war ein etwas jüngerer Zeitgenosse und unmittelbarer Nachbar Wolframs von Eschenbach. Mit einiger Wahrscheinlichkeit stammt er aus dem oberfränkischen Ort Gräfenberg, unweit von Wolframs Heimat. Sein nach Auskunft des Erzählers erstes (vgl. V. 140) und einzig erhaltenes Werk schrieb er wohl sehr bald nach dem ›Parzival‹, denn die ältesten Überlieferungsträger datieren bereits aus dem dritten Jahrzehnt des 13. Jahrhunderts (Hss. A u. E)[151] – mindestens 15 der rund 40 bekannten Textzeugen folgen bis um 1300. Den Namen des Dichters nennt der Erzähler am Ende des Prologs und an zwei weiteren Stellen im Roman: *er heizet Wirnt von Grâvenberc* (V. 141, vgl. dazu die Vv. 5755, 10576). Wirnt ist urkundlich nicht bezeugt, wird aber nach 1215/25 bei Heinrich von dem Türlin (s. u.), in den Dichterkatalogen des Rudolf von Ems sowie beim Tannhäuser erwähnt. Die Familie von Gräfenberg pflegte Beziehungen zu zahlreichen Reichsministerialen. Da die Staufer die benachbarte Vogtei innehatten, liegt auch eine gewisse Nähe zum deutschen

149 Cormeau 1984 (4.2.3), S. 124.
150 Vgl. Kern 1981 (4.2.3), S. 319.
151 Vgl. Bertelsmeier-Kierst (5.5).

Königshof nahe. Als mögliche Auftraggeber werden in der Forschung neben Graf Berthold II. von Henneberg und Konrad von Zollern, dem Burggrafen von Nürnberg, insbesondere Herzog Berthold IV. (†1204) und sein Sohn Otto VII. (†1234) von Andechs-Meranien sowie die Grafen von Mansfeld (Sachsen-Anhalt) genannt, weil diese Geschlechter im Roman namentlich erwähnt werden.[152] Insbesondere die Klage um *eines vil edeln vürsten tôt / von Merân* (Vv. 8063f.) lässt sich am ungezwungensten auf den Tod Herzog Bertholds IV. von Andechs-Meranien im Jahre 1204 beziehen. Eine solche Erinnerung an ihn dürfte am ehesten im Umfeld seines Sohnes vorstellbar sein, vielleicht anlässlich von dessen Hochzeit mit einer Enkelin des Stauferkaisers Friedrich Barbarossas und Nichte Philipps von Schwaben im Jahr 1208.[153]

Wirnt von Grafenberg schreibt sich, auf hohem Niveau reflektierend, in die Gattungsgeschichte im Anschluss an Hartmann von Aue, Wolfram von Eschenbach und Ulrich von Zatzikhoven ein. Sein ›Wigalois‹ ist ein Kleinod unter den höfischen Versromanen des 13. Jahrhunderts. Kaum einem anderen Autor dieser Zeit gelingt es, so abwechslungsreich und lebendig zu erzählen und so stimmungsvolle Szenen zu entwerfen wie Wirnt von Grafenberg – am ehesten wäre ihm darin neben Gottfried von Straßburg wohl Rudolf von Ems zu vergleichen, der ebenfalls im Umfeld des Stauferhofs wirkte und Wirnts *meisterschaft* im ›Alexander‹ und im ›Wilhelm von Orlens‹ in höchsten Tönen lobt (ebenso wie später Heinrich von dem Türlin). Mit präzisen Attributen und der Aufmerksamkeit für das Detail beschreibt der Erzähler Landschaften, Gebäude, Kleidung, Reittiere oder Figuren und erzeugt beim Hörer oder Leser unentwegt Imaginationen des Erzählten. Nach der Beschreibung eines Kleidungsstücks

152 Zu möglichen anderen Auftraggebern vgl. Fasbender (5.5), S. 12–24.

153 Die Vermählung zwischen Herzog Otto VII. von Andechs-Meranien und Beatrix von Burgund sollte ein Glanz- und Höhepunkt der Familiengeschichte sein und das Haus Andechs noch enger mit den Staufern verbinden, doch das Hochzeitsfest im fränkischen Bamberg endete am 21. Juni 1208 in einer Katastrophe, weil sowohl König Philipp von Schwaben als auch sein Truchsess Heinrich von Waldburg in der Nacht ermordet, die Andechser der Mitwisserschaft beschuldigt und bis 1212 mit der Reichsacht belegt wurden (vgl. Tobias Weller, Die Heiratspolitik des deutschen Hochadels im 12. Jahrhundert. Köln 2004 [Rheinisches Archiv 194], S. 698–750, bes. S. 739 mit Anm. 183). Aufgrund dieser falschen Beschuldigung fielen die oberbayerischen Besitzungen der Andechser an die Wittelsbacher. Mit Ottos Söhnen starb das Geschlecht 1251 im Mannesstamm aus, Burg Andechs wurde bald darauf von den Wittelsbachern zerstört.

(vgl. etwa die Vv. 393–410, 742–952 oder 10508–10593) oder der Blasonierung eines Wappens (vgl. die Vv. 404–406, 1826–1831, 2996–2999, 3892–3915, 4555–4562, 5610–5637, 6552–6591, 7351–7394 usw.) ist der Rezipient zumeist in der Lage, sich – im Wortsinn – ein Bild des Beschriebenen zu machen. Hinzu kommt, wie bei seinem Zeitgenossen Heinrich von Morungen, ein raffiniertes Spiel mit dem Licht, die Darstellung von Dunkelheit und Glanz, insbesondere von Tagesanbrüchen und des Mondlichts in der Nacht (vgl. schon V. 812, danach die Vv. 2057, 3489f., 3705–3707, 4295–4318, 5003, 5229f., 5287, 5413–5417, 6693, 6739f., 6812, 6919 u. 7055f., 6929f., 7030–7033, 7071f., 7245, 7306, 8492f., 10881f.): Durchgehend hell ist es nur jeweils am Anfang und am Ende des Romans. Kein anderer Autor eines Artusromans visualisiert Stimmungen und Atmosphäre des Erzählten so gekonnt wie Wirnt, und es verwundert daher nicht, dass der Wigaloisstoff gleich mehrfach auch in Bilderzyklen umgesetzt wurde (s. u.). Auch auf der Kinoleinwand ließe sich die Geschichte vom ‚Ritter mit dem Rad' sicher eindrucksvoll erzählen.[154]

Der Autor ist sich der zeittypischen, spezifischen Medialität seines sowohl für das Hören als auch für das Lesen bestimmten Werks auf außergewöhnliche Weise bewusst. Er stellt der schriftlichen Aufzeichnung seines Versromans eine einzigartige Passage voran, die sich außerhalb der eigentlichen Erzählung an die Benutzer wendet:

Wer hât mich guoter ûf getân?
sî ez iemen der mich kan
beidiu lesen und verstên,
der sol genâde an mir begên,
ob iht wandels an mir sî,
daz er mich doch lâze vrî
valscher rede: daz êret in.
ich weiz wol daz ich niene bin
geliutert und gerihtet
noch sô wol getihtet
michn velsche lîhte ein valscher man,
wan sich niemen vor in kan
behüeten wol, swie rehte er tuot.

154 Die Forschungsliteratur zum ›Wigalois‹, aus der die Bibliographie im Anhang (5.5) wiederum nur einen Ausschnitt zum Einstieg bietet, wird bis zum Jahr 2000 referiert im Forschungsbericht von Wennerhold (4.2.3), S. 75–127, und zusammenfassend behandelt in der Einführung von Fasbender (5.5) – dort auch eine umfassende Bibliographie.

dehein rede ist sô guot
sine velschen si, daz weiz ich wol.
swaz ich valsches von in dol,
owê, wem sol ich daz klagen?
ich wilz et harte ringe tragen,
mac ich der besten lop bejagen.

In den ersten 19 Versen spricht (noch) nicht der Erzähler, sondern das Werk (nicht etwa das Buch): Der in einem Buch aufgezeichnete Versroman, die eingerichtete und bereinigte, ge- oder verdichtete *rede* des Wirnt von Grafenberg, wendet sich an den Rezipienten. Derjenige, der den in ein Buch geschriebenen Text lesen und verstehen kann, solle nachsichtig in Bezug auf Veränderungen des Wortlauts sein und trotzdem nichts hinzufügen, was nicht zu ihm gehört. Nachdem es aus der Auctoritas des Autors in fremde Hände gegeben wurde, verwahrt sich das Werk selbst gegen Eingriffe beim Transfer von der Mündlichkeit in die Schriftlichkeit sowie gegen eine im Mittelalter nicht ungewöhnliche Zersetzung des Textbestands im nachfolgenden Prozess der schriftlichen Überlieferung. Einige Abschreiber haben diese ‚Gebrauchsanweisung' für die am Überlieferungsprozess Beteiligten offensichtlich auf sich bezogen und die Passage entsprechend nicht mit abgeschrieben, denn sie ist nicht in allen Manuskripten überliefert.[155]

Das Anliegen des Autors, sein Werk vor den Erosionen des Weitergebens zu schützen, dürfte auch der Grund für die Gliederung des Versromans in kleinere Erzählabschnitte sein, die jeweils mit einem Dreireim enden. Insgesamt weist der ›Wigalois‹ 237 solcher Dreireime auf, die den Text im Zusammenspiel mit den Initialen der Überlieferungsträger in relativ kurze Passagen von zwischen 9 und 117 Versen untergliedern. In ihnen spiegelt sich die Dispositio, die gedankliche und strukturelle Durchdringung des aus verschiedenen Vorlagen kompilierten Stoffs, wider, denn in den dreigereimten Versen wird häufig ein Fazit aus dem durch sie gebildeten Abschnitt gezogen und/oder ein Ausblick auf den weiteren Handlungsverlauf gegeben. Dies markieren auf sprachlicher Ebene zum Beispiel die häufig verwendeteten Genitive mit kausaler Bedeutung (*des* = ‚deshalb'). Der dreigereimte Passus

155 Vgl. dazu Michael Curschmann, Hören – Lesen – Sehen. Buch und Schriftlichkeit im Selbstverständnis der volkssprachlichen literarischen Kultur Deutschlands um 1200, in: PBB (Tüb.) 106 (1984), S. 218–257, bes. S. 225f. Der Aufruf ist nachgebildet zu Beginn des Prologs zum zweiten Buch des ›Wilhelm von Orlens‹ Rudolfs von Ems mit dem Literaturexkurs des Erzählers (Vv. 2143–2334).

formuliert meist Verbindliches, häufig in Form von Erzählerrede und nicht selten in Gestalt einer Sentenz.

Vielleicht enthielt auch Hartmanns erster Artusroman in deutscher Sprache bereits vereinzelte Dreireime – jedenfalls finden sich solche an Abschnittsenden im ›Mitteldeutschen Erec‹ –, im ›Wigalois‹ könnte dann eine Synthese aus der nicht regelmäßigen Dreireimverwendung in älteren Werken und der Abschnittsgliederung in Wolframs ›Parzival‹ vorliegen.[156] Die Dreireimtechnik ist als Gattungsmerkmal dann von einigen Autoren übernommen und weiterentwickelt worden: Sie findet sich nach dem ›Wigalois‹ in der ›Crône‹, im ›Segremors‹ und im ›Edolanz‹, in dem noch Kapitelüberschriften als ergänzendes Strukturprinzip hinzutreten. Andere Autoren hätten dann die Dreireimtechnik (des ›Erec‹?) aufgegeben und sich darin Hartmanns später entstandenem und auch sonst als ‚moderner' geltendem ›Iwein‹ angeschlossen.[157]

Nach Ausweis der handschriftlichen Überlieferung waren Wirnts in der weltlichen Dichtung ganz neuartige Texterhaltungsstrategien erfolgreich. Sein Roman ist in auffallend alten, das heißt frühen Manuskripten vergleichsweise homogen und ausgesprochen zahlreich auf uns gekommen. Nur selten reicht die Überlieferung eines Werks zeitlich und räumlich so nah an seine Entstehung heran. Von den insgesamt 13 vollständigen Manuskripten und den Fragmenten von mindestens 27 weiteren entstand beinahe die Hälfte noch im 13. Jahrhundert.[158] Abgesehen von den Gralromanen ›Parzival‹ und ›Der jüngere Titurel‹

156 Vgl. Wolfgang Achnitz, *Ein rîm an drîn worten stêt.* Überlegungen zu Verbreitung und Funktion von Mehrreimen in mittelhochdeutscher Reimpaardichtung, in: ZfdA 29 (2000), S. 249–274; ders., Die Bedeutung der Drei- und Vierreime für die Textgeschichte des ›Erec‹ Hartmanns von Aue, in: Editio 14 (2000), S. 130–143.

157 Christoph März hat solche Tradierungsvorgänge als ein ‚Erinnern der Form' bezeichnet: Metrik, eine Wissenschaft zwischen Zählen und Schwärmen? Überlegungen zu einer Semantik der Formen mittelhochdeutscher gebundener Rede, in: Mittelalter. Neue Wege durch einen alten Kontinent, hg. von Jan-Dirk Müller u. Horst Wenzel, Stuttgart, Leipzig 1999, S. 317–332, bes. S. 324–328.

158 Zur Überlieferung des ›Wigalois‹ vgl. die Aufstellung bei Sabine u. Ulrich Seelbach, Wirnt von Grafenberg, Wigalois – eine Bibliographie, in: Perspicuitas. Internet-Periodicum für mediävistische Sprach-, Literatur- und Kulturwissenschaft. www.perspicuitas.uni-essen.de/aufsatz/Seelbach.pdf (online seit 2003, letzter Zugriff am 31.3.2012); aktuell ist stets der Handschriftcensus (3). Weiterführende Literatur findet sich auch bei Klein und Schiewer (4.1.3) sowie bei Bertelsmeier-Kierst und Fasbender (5.5), S. 31–42.

ist Wirnts Roman innerhalb der Gattung, noch vor Hartmanns ›Iwein‹, der mit Abstand am weitesten verbreitete Artusroman. Mit dem ›Iwein‹ ist der ›Wigalois‹ in der Londoner Handschrift (Z) überliefert, mit dem ›Parzival‹ in der Hamburger (N) und in der Schweriner Handschrift (l), zumeist aber füllt der Roman allein die Buchdeckel.

Auf der Grundlage der ältesten vollständigen Handschrift, dem Codex Best. 7020 (W*) 6 des Historischen Archivs der Stadt Köln (= A), gab Johannes Marie Neele Kapteyn den ›Wigalois‹ 1926 heraus, nachdem ihm darin schon die Versuche Georg Friedrich Beneckes (1819) und Franz Pfeiffers (1847) vorangegangen waren. Kapteyn hat für seine kritische Ausgabe nach den Editionsmethoden der Zeit weitere Überlieferungsträger herangezogen und einen Text samt Variantenapparat vorgelegt, der sich auch heute noch guten Gewissens lesen lässt, sodass er Sabine und Ulrich Seelbach 2005 als Grundlage einer zweisprachigen Ausgabe dienen konnte. Eine moderne Neuausgabe, die nach Sichtung der gesamten Überlieferung womöglich mehrere der ältesten Textzeugen synoptisch abdruckt, bleibt ein Desiderat.

Zu den bemerkenswertesten Manuskripten gehört Cod. LTK 537 der Universitätsbibliothek in Leiden (= B). Es handelt sich um eines der kostbarsten Bücher des 14. Jahrhunderts in den Niederlanden und gewiß um die schönste illustrierte Handschrift eines mittelalterlichen Artusromans. Die noch 115 Blätter umfassende Pergamenthandschrift entstand im Auftrag Herzog Albrechts II. von Braunschweig-Grubenhagen (1361–1384) und wurde, wie sich aus dem Kolophon ergibt, 1372 von Jan von Brunswik, Zisterziensermönch im Kloster zu Amelungsborn, in mitteldeutscher (hessisch-thüringischer) Sprache mit niederdeutschen Elementen niedergeschrieben, was insofern bemerkenswert ist, als von den überwiegend oberdeutschen Artusromanen sonst nur noch von Wolframs ›Parzival‹ Abschriften aus dem mitteldeutsch-niederdeutschen Sprachraum vorliegen. Im 15. Jahrhundert gehörte der Codex den Grafen von Mansfeld, deren Ahnherr, Graf Hoyer von Mansfeld, als Figur der Romanhandlung in Erscheinung tritt, später unter anderem Cyriacus Spangenberg (bis etwa 1570) und noch ein zweites Mal den Grafen von Mansfeld. In die Bibliothek der Universität Leiden gelangte er zu einem unbekannten Zeitpunkt aus der Bibliotheek der Maatschappij der Nederlandse Letterkunde. Beeindruckend sind die insgesamt 47 prachtvollen und auf höchstem Niveau angefertigten Miniaturen, die sich eng an den Text anlehnen und

und ihn auf einer geistlichen Ebene kommentieren,[159] während die Abbildungen der später entstandenen Handschrift l (ehemals Donaueschingen, Cod. 71, heute in Privatbesitz) davon unabhängige, typische Produkte der Handschriftenwerkstatt des Diebold Lauber darstellen, die eher auf die Darstellung aktionsreicher und zeremonieller Szenen abheben.[160] Ein weiterer Bilderzyklus zum ›Wigalois‹ befand sich, neben solchen zu Gottfrieds ›Tristan‹ und zu des Pleiers ›Garel von dem Blühenden Tal‹, seit etwa 1400 auf Burg Runkelstein des Nikolaus Vintler in Südtirol, ist aber inzwischen nahezu vollständig vergangen.[161] Die im 19. Jahrhundert angefertigten Abzeichnungen lassen erahnen, dass man mit den Wandbildern versuchte, Atmosphäre und Stimmungen der Romanhandlung einzufangen.

So ungewöhnlich die Vorrede mit der Ansprache an die Schreiber ist, so konventionell hat Wirnt den tatsächlichen Anfang seiner Erzählung gestaltet. Der Prolog befolgt alle rhetorischen Regeln, die der höfische Versroman für Textanfänge bereithält, und entspricht in Aufbau und Inhalt denen zahlreicher anderer Artusromane. Eröffnet wird er mit einer Sentenz, die auf den Anfang des ›Iwein‹ verweist. Während es dort aber in den Vv. 1–3 heißt *Swer an rehte güete / wendet sîn gemüete, / dem volget sælde und êre*, verschiebt Wirnt die Kausalitäten: Nicht *rehte güete*, im ›Iwein‹ vor allem durch König Artus verkörpert, führt zu Ansehen in der höfischen Gesellschaft (*êre*), sondern das Befolgen guter Ratschläge: *Swer nâch êren sinne, / triuwe und êre minne, / der volger guoter lêre* (Vv. 20–22). Eine solche Lehre vermitteln vor allem die Vita des Helden und die nachfolgende Erzählung von ihm. Worin diese Lehre besteht, wird im unmittelbaren Anschluss ebenfalls in aller Deutlichkeit ausgesprochen:

159 Ein farbiges Faksimile des Leidener Codex stellt ein dringendes Desiderat der ›Wigalois‹-Forschung dar. Zur literaturwissenschaftlichen wie kunsthistorischen Erschließung der Handschrift und ihrer Illustrationen vgl. Henderson 1991 (5.11), Antonia Gräber, Bild und Text bei Wirnt von Gravenbergs [sic] ›Wigalois‹. Magisterarbeit [Masch.] Freiburg 2001, S. 26–79; Anja Becker, Dialogszenen in Text und Bild. Beobachtungen zur Leidener ›Wigalois‹-Handschrift, in: Formen und Funktionen von Redeszenen in der mittelhochdeutschen Großepik, hg. von Nine Miedema u. Franz Hundsnurscher. Tübingen 2007 (Beiträge zur Dialogforschung 36), S. 19–41.

160 Vgl. Aus der Werkstatt Diebold Laubers. Untersuchungen zu Text und Bild, hg. von Christoph Fasbender. Berlin, New York 2012 (Kulturtopographie des alemannischen Raums 3).

161 Vgl. Runkelstein (5.12), S.170–193; Schloss Runkelstein (5.12); Gräber, S. 79–98.

und vlîze sich dar zuo
wie er nâch den getuo
den diu werlt des besten giht,
und die man doch dar under siht
nâch gotes lône dienen hie;
den volge wir, wan daz sint die
den got hie sælde hât gegeben
und dort ein êwiclîchez leben;
dar nâch wir alle sulen streben.

Den Besten der Besten, die zugleich Gottes Gnade verdienen, soll man nachstreben: Der Protagonist gibt dafür ein Exempel ab. Der Erzähler fährt mit einem prologtypischen Bescheidenheitstopos, einer *captatio benevolentiae*, sowie der Bitte um göttlichen Beistand fort und macht damit zunehmend seine eigene Rolle zum Gegenstand der Betrachtung, wobei stets undeutlich bleibt, ob dort nicht auch der Autor über seine Tätigkeit des Dichtens redet, wenn es etwa um eine angemessene Bezahlung geht oder darum, dass man keine Perlen vor die Säue werfen sollte (Vv. 33–81). Mit Vers 81 endet der erste Teil des eigentlichen Prologs nach 62 Versen.

Nach der Bezugnahme auf den ›Iwein‹ greift die zweite, 63 Verse umfassende Hälfte des Prologs auf die Sentenz im Eingang des ›Lanzelet‹ zurück, die da lautet: *Swer rehtiu wort gemerken kan, / der gedenke, wie ein wîse man / hie vor bî alten zîten sprach, / dem sît diu welt der volge jach* (Vv. 1–4). Im ›Wigalois‹ heißt es dagegen, dass auch ein einfältiger Mensch etwas aussprechen kann, das anderen für ihr Handeln nützlich zu sein vermag, denn es komme schließlich allein auf die richtige Haltung der Zuhörenden an. Wenn ein kluger Mann denen etwas vortrage, die nicht zuhören, dann könne er besser in einen Wald hineinrufen, denn dann erhalte er wenigstens ein Echo (Vv. 82–104). Dieser Gedanke wird, unter erneuter Anspielung auf Hartmann in den Vv. 126–130, weiter ausgeführt und abermals mit der eigenen, bescheidenen Kunstfertigkeit des Dichters verknüpft, dessen Name dann auch am Ende dieses Abschnitts genannt wird: *ditz ist sîn êrstez werc. / er heizet Wirnt von Grâvenberc* (Vv. 141f.). Den Menschen zuliebe habe er seinen Verstand angestrengt: Deren Hochachtung wolle er gewinnen.

Der Übergang zur Romanhandlung greift die *laudatio temporis acti* des ›Iwein‹-Prologs auf und ist zugleich, wie die entsprechende Stelle dort, als typisches Gattungssignal zu begreifen:

Ez was hie bevor, sô man seit,
ein künic, der ie nâch êren streit,
des nam wîten ist erkant;
Britanjâ hiez sîn lant,
selbe hiez er Artûs;
ze Karidôl hêt er hûs.
mit solhen vreuden stuont ez dô
daz uns daz nu machet vrô
sô man der herren vrümicheit
uns niwan mit worten seit
die dô des hoves pflâgen ...

Der Artushof ist, wie bei Hartmann, der Ausgangspunkt der Handlung – aber nicht für den Protagonisten, denn dieser ist, wie bei Wolfram, zunächst noch gar nicht geboren. Der ›Wigalois‹ erzählt nämlich erst einmal von einer Verheiratung[162] des Frauenritters Gawein:

Vor Karidol erscheint König Joram und bietet Königin Ginover einen Zaubergürtel an, der Freude, Weisheit und Kraft verleiht. Für den Fall, dass sie ihn nicht annehmen will, fordert er die Artusritter auf, um den Besitz des Gürtels zu kämpfen. Gawein rät der Königin, das erotische Geschenk abzulehnen, sodass die Tafelrunder anschließend der Reihe nach aus dem Sattel gestochen werden. Auch Gawein selbst muss sich gefangen geben, erhält dafür aber den Gürtel zum Geschenk und begleitet Joram in sein Reich, wo er sich in dessen Nichte Florie von Syrie verliebt (*descriptio* in den Vv. 717–952). Jorams Angebot, sie zu heiraten, nimmt Gawein freudig an, und nach der Hochzeit wird Florie bald schwanger. Noch vor der Geburt verlässt Gawein heimlich die Burg, in deren Saal sich ein goldenes Rad als Symbol der Fortuna befindet (Vv. 1036–1052), um an den Artushof zurückzukehren. Als ihn die Sehnsucht später wieder zu ihr treibt, muss er feststellen, dass er Jorams Reich ohne den Gürtel nicht mehr betreten kann. Sein Sohn ist bereits zwei Jahre alt, als Gawein seine diesbezüglichen Versuche aufgibt (Vv. 599–1219).

Der Knabe wird höfisch erzogen, bis er im Alter von knapp 20 Jahren aufbricht, um nach seinem Vater zu suchen. Ein Garzun weist ihm den Weg zum Artushof, wo er sich ahnungslos auf den Tugendstein setzt, dem sich sonst nur Gawein und Artus zu nähern vermögen. Auf Bitten des erstaunten Königs stellt er sich als *Gwî von Gâlois* vor (V. 1574 – in den Hss. konsequent als *Gwîgâlois*). Zu Pfingsten wird er zum Ritter geschlagen und in die Tafelrunde aufgenommen. Gawein bildet ihn aus, ohne dass Vater und Sohn sich erkennen. Am Tag der nächsten Son-

162 Dazu Ebenbauer 1981 (5.6).

nenwende[163] erscheint die Botin Nereja am Hof. Sie reitet ein weißes Pferd, auf dem hinter ihr ein Zwerg steht, und ersucht die Artusritter um Hilfe für ihre Herrin in Korntin. Gwigalois bittet den König, ihm diese Aufgabe zu überlassen. Er trägt Jorams magischen Gürtel und Gawein stattet ihn mit Helm und Schild aus, die sein eigenes Wappen zieren: ein goldenes Rad auf schwarzem Grund (Vv. 1220–1883).

Nereja, die eigentlich Gaweins Hilfe erhoffte, hadert mit der Unerfahrenheit ihres Begleiters. In fünf aufeinanderfolgenden, sich im Schwierigkeitsgrad steigernden Aventiuren beweist er ihr seine Qualität als Kämpfer: Als sie an eine Burg gelangen, deren gastfreundlicher Burgherr nur dem Unterkunft gewährt, der ihn in der Tjost besiegt, tötet Gwigalois den Herausforderer ungeschickterweise, sodass sie fliehen müssen (Vv. 1884–2034). Anschließend rettet Gwigalois eine junge Frau vor der Vergewaltigung durch zwei Riesen; den einen ersticht er, dem anderen nimmt er den Eid ab, die Frau an den Artushof zu führen. Der Erzähler beklagt, dass sich in seiner Gegenwart niemand mehr an einen Eid gebunden fühlt (Vv. 2035–2203). Dann fängt Gwigalois ein Hündchen ein, um es Nereja zu schenken. Als der Eigentümer das Tier zurückfordert, durchsticht ihn der Artusritter mit der Lanze. Der Tote bleibt auf dem Feld liegen; sein Pferd bindet Gwigalois an einem Dornenstrauch fest. Der Erzähler klagt darüber, dass Pferd und Rüstung heutzutage geraubt würden, weil auch schlechten Menschen die Ritterwürde verliehen werde (Vv. 2204–2348). Um der Königin Elamie von Tyrus zu helfen, begeben sich die beiden an den Hof des Königs von Irland. Dort hatte der Rote Ritter, Graf Hojir von Mannesvelt, den ihr zuerkannten Schönheitspreis geraubt, zu dem unter anderem ein Papagei gehört, welcher lauthals gegen diese Ungerechtigkeit protestiert. Gwigalois besiegt den rothaarigen Ritter, der den Tod im Wappenschild führt, im Zweikampf, und schickt ihn zum Beweis seiner Niederlage gegen den ‚Ritter mit dem Rad' an den Artushof. Den Papagei erhält Nereja zum Geschenk (Vv. 2349–3285). In der fünften Aventiure muss Gwigalois mit Schaffilun einen Konkurrenten im Wettbewerb um die Aventiure von Korntin besiegen. Dieser hat rund um sein Zelt Lanzen gesteckt, um Fremde zum Kampf herauszufordern, und teilt mit Gegnern sogar seine Ausrüstung. Am anderen Morgen tötet Gwigalois ihn und schickt dessen Knappen nach dem kirchlichen Begräbnis an den Artushof (Vv. 3286–3606).

Nun erläutert Nereja ausführlich den Zweck der Reise (Vv. 3614–3884): Ihre Herrin Larie und deren Mutter sind durch den Heiden Roaz von Glois aus ihrem Land Korntin vertrieben worden und leben seither in der angrenzenden Festung Roimunt: *daz tuon ich iu entiuschen*

163 Der Tag der Sommersonnenwende ist der 21. Juni (vgl. dazu oben, S. 184, Anm. 153); im christlichen Mittelalter wird er mit dem Heiligen des 24. Juni, Johannes Baptista, verbunden und als Johannistag gefeiert, auch wenn die Sonnenwende einige Tage vor dem Heiligenfest stattfindet.

kunt: / Künigesberc hieze ez hie (Vv. 3755f.). Bei der Usurpation hat Roaz, der mit einem Teufel im Bunde ist, König Jorel, den Herrscher von Korntin, der zuvor mit ihm paktierte, ermordet. Wer Korntin befreit, soll Larie zur Gemahlin erhalten. Als Gwigalois ihr begegnet, verlieben sich beide ineinander; er fällt ihr zu Füßen und verspricht, sein Leben für sie einzusetzen. Nachts hört er lautes Wehklagen und sieht ein brennendes Schloss im Wald. Man erzählt ihm, dass es tagsüber wieder unversehrt sein werde und dass sich dieses Szenario seit zehn Jahren jede Nacht wiederhole (Vv. 3607–4369).

Ein Priester segnet den Helden im Rahmen der morgendlichen Messe und heftet einen Zettel an sein Schwert, der vor Zauber schützt; Larie schenkt ihm ein wunderkräftiges Kräuterbrot. Dann folgt Gwigalois einem Leoparden mit goldener Krone, der allein Fremde nach Korntin hineinführen kann. Unterwegs sehen sie eine Schar turnierender, schreiender Ritter, die alle dasselbe Wappen führen: rote Flammen in schwarzem Feld. Als der Held sie mit der Lanze anreitet, fängt diese Feuer und verbrennt. Vor dem Schloss springt der Leopard auf eine Wiese auf einem Felsplateau, in deren Mitte ein Baum mit duftenden Blüten steht. Dort verwandelt er sich in die Seele des Königs Jorel,[164] der Gott es zum Lohn für gute Taten gestattet, sich einmal täglich auf dem paradiesähnlichen Flecken vom Fegefeuer auszuruhen. Bei dem Geisterheer, das Wigalois sah, handelt es sich um die von Roaz getöteten Ritter, die im Höllenfeuer keine Ruhe finden. Jorel erklärt, dass Gwigalois dazu bestimmt sei, den Drachen Pfetan zu töten und Korntin zu befreien. Zum Schutz vor dem Atem des Drachens erhält er eine Blüte des Baumes und den Speer eines Engels (*glävîe*, V. 4748). Von seinem ‚Schwiegervater' Jorel erfährt Gwigalois nun auch, dass Gawein sein Vater ist (Vv. 4370–4835).

164 Als Name des verstorbenen Königs von Korntin erscheint in den Vv. 6072 u. 6103 *Jorêl* (= Le roi) – in V. 9880 wird als dessen Vater und Laries Großvater der König *Lâr* genannt (Kommentar zur Textausgabe von Seelbach/ Seelbach, Bibl. 1.1, S. 301). Laries Vater Jorel bewacht, verwandelt in ein wunderbares Tier, die Grenzen des Landes, und er allein vermag den Befreier hineinzugeleiten. Der Name des Großvaters verweist auf die römischen Laren, Schutzgottheiten der Grenzen des Hauses: Nach Ovids ›Fasti‹ (II, 599ff.; vgl. auch V, 129ff.) hat Merkur mit der ihm zur Abführung in die Unterwelt anvertrauten Lara die Laren gezeugt. In der römisch-etruskischen Mythologie sind die Laren kultisch verehrte Schutzgottheiten der Familie, des Hauses und des Anwesens; der *Lar familiaris* wird als Geist oder vergöttlichte Seele des Ahnherrn der Familie verstanden, der besonders die Grenzen und Grenzwege des Familienbesitzes sichert, und wie König Jorel, der als Grenzgänger fungiert, sind die Laren in der darstellenden Kunst häufig mit einem Speer ausgestattet, vgl. Attilio Mastrocinque, Art. Laren, in: Der Neue Pauly. Enzyklopädie der Antike, hg. von Hubert Cancik u. Helmuth Schneider. Bd. 6, Stuttgart, Weimar 1999, Sp. 1147–1150.

Mithilfe von Brot und Speer ersticht Gwigalois den Drachen und befreit dadurch den Grafen Moral von Joraphas, den Pfetan in seinen Schwanz eingerollt und verschleppt hatte. Nach dem Kampf bleibt der Held ohnmächtig am Ufer eines Flusses liegen. Ein Fischer raubt ihm Gürtel, Rüstung sowie Kleidung, die Fischersfrau will ihn sogar töten, doch dann erbarmen sie sich und bringen den Nackten in ihre armselige Hütte. Als der Held erwacht, glaubt er zunächst, sein früheres Leben sei ein Traum gewesen, bis die Paradiesblüte und das Zauberbrot ihn an Larie erinnern (Mitte des Romans: Vv. 5800–5857). Schließlich entdeckt ihn dort Morals Frau Beleare. Sie belohnt das Fischerpaar reich, führt Gwigalois auf ihre Burg und stattet ihn mit Jorels Rüstung aus; auch erhält er Schwert, Helm und Schild mit dem Rad zurück, nur der Zaubergürtel bleibt verloren (Vv. 4836–6244). So gerüstet trifft Gwigalois auf ein ungeheuerliches Waldweib namens Ruel, welches sich an ihm dafür rächen will, dass ihr Mann erschlagen wurde. Da sie unbewaffnet ist, wehrt er sich zu spät und wird von ihr gefesselt. Als sie ihn töten will, wiehert sein Pferd so laut, dass Ruel fürchtet, es sei das Brüllen des Drachens, und flieht. Auf sein Gebet hin löst Gott dem Helden die Fesseln (Vv. 6245–6540). Kurz vor Glois kämpft er mit dem heidnischen Zwerg Karrioz und verwundet ihn tödlich, bevor dieser in einen pechschwarzen Nebel flieht, der plötzlich aus dem Moor aufsteigt. Gwigalois durchquert das Moor bis zu einer Brücke, die wegen eines sich im Flusswasser drehenden, mit Schwertern und Kolben besetzten Rades unpassierbar ist.

Da hinter ihm noch immer der pechschwarze Nebel aufsteigt, sitzt der Held fest. Er bittet Gott um Hilfe und schläft zuversichtlich ein. Christus selbst vertreibt den Nebel und stoppt den Lauf des Flusses, sodass das Rad stillsteht, bis der vom Lärm erwachte Gwigalois es durchschritten hat: *got hêt in durch daz rat gesant / nâch sînem willen, als er in bat* (Vv. 6904f.). In vollkommener Dunkelheit stößt er auf den Kentauren Marrien, der mit Feuer nach ihm wirft. Diesen tötet er ebenso wie einen der beiden Torwächter; der andere, Graf Adan von Alarie, unterwirft sich ihm. Kurz nach Mitternacht betritt Gwigalois die Festung des Roaz (Vv. 6541–7272).

Im Palast ist es stockfinster, eine von Donner und Blitz begleitete Prozession von zwölf kerzentragenden Jungfrauen zieht auf. Hinter einer Wolke, die den Teufel verhüllt, mit dem er sich verbündete, stürzt der riesenhafte Roaz hervor. Nach hartem Kampf, bei dem Wigalois die Liebe zu seiner Gemahlin antreibt, wird der Teufelsbündler getötet, und über seinem Leichnam stirbt auch seine Frau Japhite. Der Erzähler kommentiert: *Hie ist diu âventiure geholt* (V. 7904). Während Gwigalois ohnmächtig ist, trägt der Erzähler die Lebensgeschichte der Heiden nach, deren Makel darin bestand, dass sie nicht getauft waren – der Leichnam des Roaz wird vom Teufel entrückt. Die Trauer bei der Begräbniszeremonie vergleicht der Erzähler mit derjenigen beim Tod des Fürsten von Meran; danach spottet er über die auf dem Sand bei Nürnberg turnierenden ‚Osterherren' (Vv. 7273–8554). Gwigalois bestellt Graf Adan, der später getauft wird, zum Verwalter seiner neu gewonnenen Reiche und reitet zum Grafen Moral, um ihn als Briefboten nach Roimunt zu schicken: Er soll Larie zur Rückkehr nach Korntin einladen. Der Held selbst reitet Schwiegermutter und Braut verliebt entgegen (Vv. 8555–9048). Die Vasallen akzeptieren den neuen Lehnsherrn – zur Krönung mit anschließendem Hochzeitsfest erscheinen Gäste von nahezu jedem Ort der Romanhandlung, zuletzt auch Gawein, dem Gwigalois einen Brief geschickt hatte, in Begleitung von Erec, Lanzelet und Iwein: Larie nennt Gawein *väterlîn* (Vv. 9049–9770).

Als das Fest nach zwölf Tagen zu Ende geht, erscheint ein Knappe mit der Nachricht, dass König Amir von Libia auf dem Weg zur Hochzeit vor der Stadt Namur erstochen worden sei, als er versuchte, die Entführung seiner Frau Liamere zu verhindern. Liamere, die in der Gewalt ihres Entführers Lion vor Kummer stirbt, ist die Tochter des Königs Garez von Libia, dem Bruder von Laries Großvater. Gwigalois soll den Mord an seinen Verwandten rächen. Er erklärt Lion, der mit dem Teufelsbündler Roaz verglichen wird (V. 10163) und wie dieser den Drachen im Schild führt (V. 11060), formgerecht die Fehde und rüstet ein Heer unter dem Banner von Roimunt aus: Es zeigt den Leoparden von Korntin auf schwarzem Samt. Larie begleitet den Tross in einem Kastell auf dem Rücken eines Elefanten. Die Beschreibung ihrer Kleidung sowie der Reisevorbereitungen nimmt mehr Raum in Anspruch als die Schilderung der Schlacht vor Namur (Vv. 10927–11172): Lion wird von Gawein getötet und erhält ein standesgemäßes Begräbnis; Amire und Liamere werden nebeneinander bestattet. Graf Moral empfängt das Herzogtum und die Stadt Namur zum Lehen (Vv. 9771–11284).

Als König von Korntin kehrt der Held mit seiner Gemahlin an den Artushof in Nantes zurück, an dem sich jetzt unter anderem Graf Hojir von Mannesvelt aufhält. Ein Knappe überbingt die Nachricht vom Tod seiner Mutter Florie, die vor Kummer über Gaweins Abwesenheit gestorben ist. Nach sieben Tagen verabschiedet sich Gwigalois. Bevor er heimreist, gibt Gawein ihm eine Reihe väterlicher Ratschläge. Gwigalois und Larie leben viele Jahre in glücklicher Ehe und regieren weise. Ihnen wird mit Lifort Gawanides (= *le fort Gawan*) ein später berühmter Sohn geboren, von dem noch viel zu erzählen wäre (Vv. 11285–11685). Ein kurzer Epilog beschließt den Roman (Vv. 11686–11708).

Auch der ›Wigalois‹ weist nicht die Symbolstruktur auf, wie sie den Artusromanen Hartmanns zugrunde liegt, doch lassen ein grundsätzlich zweiteiliger Aufbau sowie verschiedene Anspielungen auf die Krisen Erecs und Iweins erkennen, dass Wirnt sehr bewusst mit den ihm bekannten Strukturen der Gattungsvorläufer umgeht.[165] Sichtbar wird dies unter anderem an der

165 Zum Aufbau des ›Wigalois‹ vgl. Heinzle (5.5) und Cormeau 1977 (4.1.3), S. 23–68 u. 247f.; zusammenfassend Fasbender (5.5), S. 128–134.

veränderten Funktion, die er dem Artushof zuweist. Auch wenn der Held dort seinen Aventiureweg beginnt, zwischendurch besiegte Gegner an den Hof schickt, um die Konvention zu erfüllen, und am Ende mit Larie zu einem Kurzbesuch dort einkehrt, doch ist die Tafelrunde weder sein Mittel- noch sein Zielpunkt. So ist an seinem Verhältnis zum Artushof auch keine Veränderung des Protagonisten abzulesen, denn dort tritt Gwigalois als Gaweins Sohn und naher Verwandter des Königs von Anfang an als vollkommener Ritter in Erscheinung und wird umstandslos in die Tafelrunde integriert. Der Status des Helden ändert sich nicht: Stattdessen wird anhand der Reaktionen der Botin Nereja nach und nach vorgeführt, dass Gwigalois längst der mutige und höfisch kämpfende Ritter ist, der in der Lage sein wird, Roaz zu besiegen. Wie ihr sprechender Name vorwegnimmt, ändert *Nê-re-jâ* schrittweise ihre Meinung über ihn, und sie partizipiert, auch emotional, von Aventiure zu Aventiure zunehmend an den Kämpfen ihres Begleiters.

Sieht man die Erzählung von Gawein und Florie sowie Jugend und Ankunft des Gwigalois am Artushof als Vor- und den Sieg über den Lion als Nachgeschichte an, dann übernimmt die Festung Roimunt am Rande Korntins die strukturelle Funktion, die sonst der Artushof erfüllt: Sie ist der Zielpunkt eines ersten Handlungsstranges mit Qualifizierungsaventiuren, Gwigalois lernt dort seine zukünftige Frau kennen, und dorthin kehrt er nach dem Sieg über Roaz zurück, um zu heiraten. Auch zum Artushof reist er nochmals – bleibt allerdings nur kurz, worüber sich König Artus sehr unglücklich zeigt, damit es dem Rezipienten auch auffällt (Vv. 11392–11517). Schlussendlich tritt Gwigalois in Roimunt, *Künigesberc*, mit Larie auch die Herrschaft als Nachfolger Jorels und Lars an. Das von Wirnt variierte, zweiteilige Strukturmodell Chrétiens und Hartmanns überlagern andere Gliederungsschemata:

Prolog (Vv. 1–144)

1. Elternvorgeschichte und Aufnahme am Artushof (Vv. 145–1883)
2. Qualifizierungsaventiuren (Vv. 1884–4835)
3. Aventiuren beim Vordringen zu Roaz (Vv. 4836–7272)
4. Kampf gegen Roaz (Vv. 7273–9770)
5. Feldzug gegen Lion in Namur (Vv. 9771–11685)

Epilog (Vv. 11686–11708)

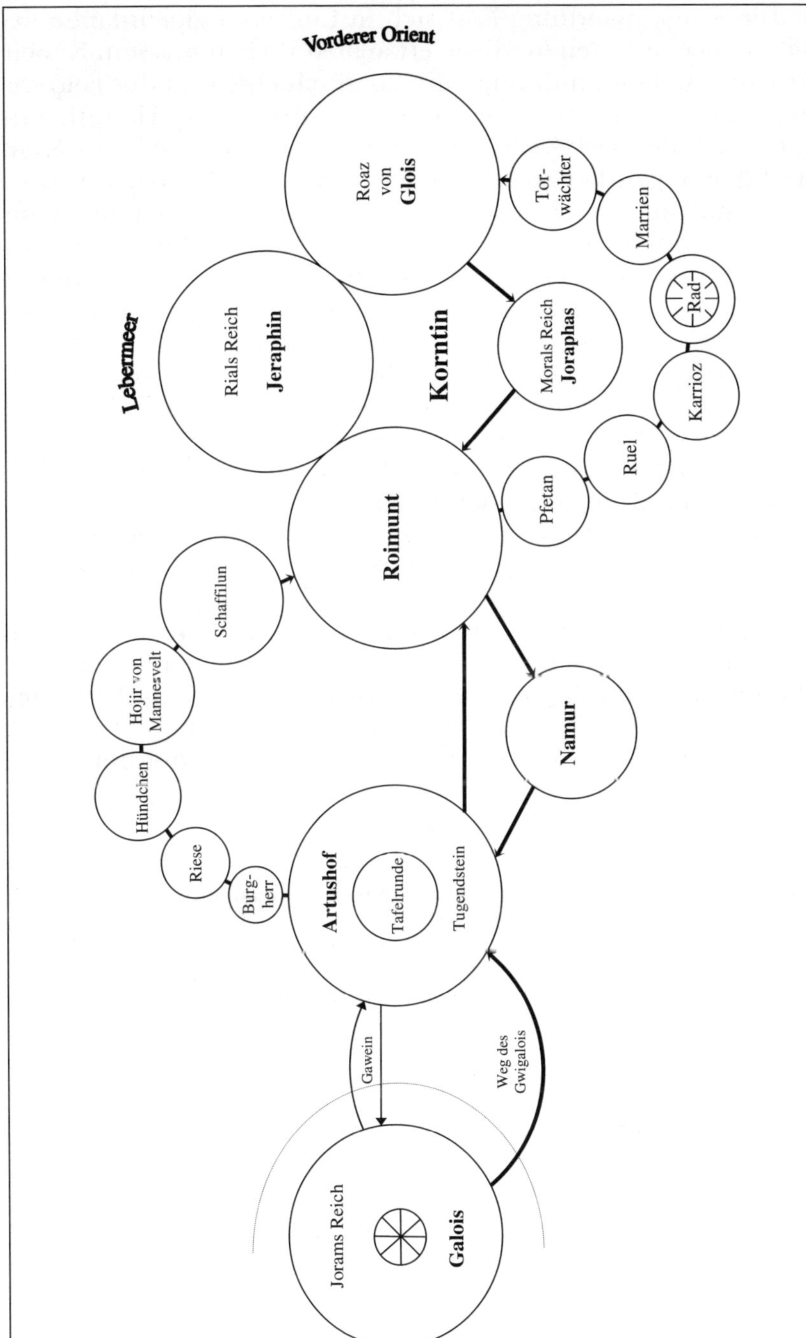
Vorderer Orient
Lebermeer
Rials Reich
Jeraphin
Roaz
von
Glois
Tor-
wächter
Marrien
Rad
Korntin
Morals Reich
Joraphas
Karrioz
Ruel
Pfetan
Roimunt
Schaffilun
Hojir von
Mannesvelt
Hündchen
Riese
Burg-
herr
Namur
Artushof
Tafelrunde
Tugendstein
Gawein
Weg des
Gwigalois
Jorams Reich
Galois

Die Romanhandlung lässt sich in fünf etwa gleich lange Erzählblöcke unterteilen, die je etwa 2500 Verse umfassen. Neben Pro- und Epilog umrahmen die Vorgeschichte und der Feldzug gegen Lion (‚Namur-Episode') eine dreiteilige Haupthandlung, die aus zwei Aventiuresequenzen auf dem Weg zu Roaz und dem eigentlichen Kampf gegen ihn besteht. Wie im ›Lanzelet‹ und im ›Parzival‹ gibt es nach dem *Enfance*-Typus eine Elternvorgeschichte, zu der auch die nicht erzählte Jugend des Helden inklusive seiner Ankunft am Artushof gehört. Innerhalb des zweiten Erzählabschnitts sind von den Qualifizierungsaventiuren die erste und die dritte beziehungsweise die zweite und die vierte aufgrund motivlicher Analogien aufeinanderbar beziehbar, obwohl die vierte, mit dem Kampf gegen Hojir von Mannesvelt,[166] fast genau so umfangreich erzählt wird wie die anderen vier zusammen. Die fünfte Aventiure mit dem finalen Auswahlkampf gegen Schaffilun fällt aus diesem Schema der chiastischen Verbindungen heraus – dafür ergeben sich von ihr aus einige Parallelen zum Verhalten Lions. Am Ende des zweiten Erzählabschnitts verliebt sich Gwigalois in Larie, die er aber erst am Ende des vierten Abschnitts, nach dem Sieg über Roaz, zur Frau erhält: Der Brauterwerb ist anders als im ›Erec‹ oder im ›Iwein‹ nicht durch Gewinn, Verlust in der Mitte und Wiedergewinn in der zweiten Romanhälfte gekennzeichnet. Ebenso ist die Vatersuche, anders als im ›Lanzelet‹, bereits mit dem zweiten Erzählabschnitt abgeschlossen.

166 Mit dem roten Ritter, der später auch am Artushof anwesend ist, beschäftigt sich fast ein Zwölftel des Textes (Vv. 2349–3285 u. 11468–11474). Der rothaarige Hojir sieht in seiner Niederlage gegen Gwigalois für sich keinen Makel, sodass es den Anschein hat, der Held habe gar nicht Hojir besiegt, sondern nur dessen Superbia beim Raub des Schönheitspreises. Die Darstellung der Figur lässt sich am ehesten auf Interessen bei Wirnts Auftraggebern oder Publikum zurückführen, denn der Kampf gegen Hojir fällt aus dem fiktiven Rahmen des Romans (und ist darin der Namur-Episode vergleichbar): Bei Hoyer von Mansfeld handelt es sich um eine historische Persönlichkeit; die Forschung identifiziert ihn mit Graf Hoyer II., dem legendären Ahnherrn des sächsischen Geschlechts, der 1115 in der Schlacht am Welfesholze erschlagen wurde. Ein solcher Panegyricus auf seine Familie dürfte Wirnts Zeitgenossen Burchard I. von Mansfeld, der sich Anfang des 13. Jahrhunderts wie die Andechs-Meranier im Umfeld des Stauferhofs bewegte, sicher gefallen haben; vgl. MERTENS, HONEMANN und KLARE (alle 5.5) sowie das Nachwort zur Studienausgabe (1.1). Im Besitz der Grafen von Mansfeld befand sich nach der Anfertigung im Jahr 1372 gleich zweimal die Leidener Handschrift des ›Wigalois‹ (B).

Der dritte und mittlere Abschnitt wurde von der Forschung wiederholt als Jenseits- oder Unterweltfahrt charakterisiert,[167] nicht zufällig initiiert durch den Kampf gegen einen Drachen, der als Sinnbild des Teufels verstanden werden kann, so wie die erste Aventiuresequenz durch die Aufnahme in die Tafelrunde initiiert wurde. Der Held steigt auf dem Weg zu Roaz in eine Art Purgatorium hinab, welches er erst mit dem Sieg über den Teufelsbündler wieder verlässt. Innerhalb dieses Erzählabschnitts, exakt in der Mitte des Romans, verliert er auch den magischen Gürtel seines Onkels Joram, der ihm die Rückkehr in dessen Reich ermöglicht hätte und ihn praktisch unbesiegbar machte.

Nach Ohnmacht und Selbstverfluchung, nach dem Gedenken an Larie und der anschließenden Selbstbesinnung besitzt Gwigalois das für den Abstieg in das Reich des Teufelsbündlers notwendige Gottvertrauen. In dieser mittleren Sequenz, die auffallend viele intertextuelle Verweise auf verschiedene Prätexte enthält (s. u.), befindet sich der Held gleich mehrfach in Situationen, die an die Krisen der Protagonisten in den Romanen Hartmanns erinnern: Ohnmacht, Scheintod, Verlust der Rüstung sowie der Erinnerung und des Verstandes, Nacktheit, Scham, Selbstverleugnung und -besinnung, Gefangenschaft. Insbesondere hält Gwigalois genau in der Mitte des Romans sein bisheriges Leben (wie Iwein) für einen Traum: *Gwîgâlois heize ich niht* (V. 5833); der Held verflucht seine Existenz und zweifelt sogar an Gott:

‚owê‘ begunder schrîen
‚daz ich ie wart geborn!
nu hân ich guot und sin verlorn;
dar zuo lîd ich den gotes zorn.‘

Nachdem sich Beleare des nackten Helden fast wie eine Mutter angenommen und ihn auf seinen Weg zurückgestellt hat, findet dieser nicht nur sich selbst, sondern auch sein Gottvertrauen rasch wieder und ist im Folgenden ohne den magischen Gürtel seines Onkels in der Lage, die Kreaturen der Vorhölle und den Teufelsbündler Roaz selbst zu besiegen: „Nur im unbeirrbaren Vertrauen auf Gott kann das Reich des Bösen durchschritten, ja sogar überwunden werden.“[168] In Korntin wartet man schon seit zehn Jahren auf den von Gott gesandten Erlöser (Vv. 4701f. u. ö.).

167 So etwa bei Brinker (5.5).
168 Grubmüller (5.5), Zitat S. 235.

Indem der Abenteuerweg des Helden mit dem Weg des Heiligen in der Legende kombiniert wird, erscheint Gwigalois als christlicher Heilsbringer und im letzten Teil des Romans als realitätsnahes Exempel eines frommen, friedenstiftenden und gerechten Herrschers (*rex christianus*).

Wirnt kombiniert die geistliche Überhöhung der *matiére de Bretagne*, die Wolfram schon durch die Installierung der Gralwelt im ›Parzival‹ geleistet hat, mit der Darstellung ethisch vorbildlicher weltlicher Herrschaft (im Einsatz gegen Unrecht und den heidnischen Glauben), wie sie sich auch in Wolframs ›Willehalm‹ findet: Die abschließende Namur-Episode fällt insofern aus dem Rahmen der bis dorthin erzählten Welt, als sie sich weder im märchenhaften noch im literarischen Raum abspielt. Wie in einer Geschichtschronik wird von politischen Verhandlungen, kriegerischen Ereignissen und Rechtsgeschäften rund um die Stadt Namur erzählt, die jedem Herrschaft Ausübenden Anfang des 13. Jahrhunderts geläufig waren. Der *miles christianus* Gwigalois agiert, auch darin vorbildlicher Lehnsherr, als *rex justus et pacificus.* Ein Zusammenhang mit dem zuvor Erzählten ergibt sich dadurch, dass *Lîôn, der ungehiure* (V. 9821), mit dem Teufelsbündler Roaz gleichgesetzt wird (Vv. 10163 u. 11060f.): Das Böse aus der literarischen Welt stellt sich dem Tüchtigen auch in der Realität bisweilen entgegen, und zwar in Form von unrechtmäßiger oder ungerechter Herrschaft. Mit all seinen Lehnsleuten und mit Unterstützung der Artusritter sagt Gwigalois dem Mörder seiner Verwandten in aller Form die Fehde an, stellt das Recht wieder her, und erobert ein weiteres Reich: *hie enist niht âventiure,* heißt es in V. 10182 ausdrücklich, und in der Tat ist der gesamte Ablauf der Namur-Episode so realitätsnah geschildert, dass man sie zurecht auf den Territorialisierungsprozess im 13. Jahrhundert bezogen hat (s. u.). Aber auch ohne einen so konkreten historisch-politischen Hintergrund ist deutlich ihre Funktion erkennbar, dem mittelalterlichen Hörer oder Leser die Anwendbarkeit des an Gwigalois Exemplifizierten in seiner eigenen Lebenspraxis vor Augen zu führen: Ritterliche Stärke, höfische Tugenden und Gottgefälligkeit ermöglichen erfolgreiche Herrschaftsausübung.[169]

Vor diesem Hintergrund fällt noch einmal besonders auf, dass gerade dieser mittlere Teil des Romans auch mit zahllosen impliziten und expliziten intertextuellen Verweisen angereichert ist. Das Spektrum reicht von Strukturentlehnungen und Motivüber-

169 Zur Namur-Episode EMING 1996 und BOCKWYT (beide 5.5).

nahmen bis zu wörtlichen Zitaten und Kommentaren des Erzählers zu Handlungen und Figuren aus anderen Werken, und es bezieht sich nicht nur auf die vorangegangenen Artusromane, sondern auch auf den Eneasroman Heinrichs von Veldeke (Vv. 2710–2726), auf den Prolog zu Gottfrieds ›Tristan‹ (Vv. 94–100), auf heldenepische Stoffe (Vv. 4938–5140, 5314–5390, 6284–6324) oder die Lyrik (Vv. 3705–3710). Wirnt macht im ›Wigalois‹ mehrfach explizit, dass er die Gattungsvorläufer bestens kennt, denn deren Figuren sind Teil der von ihm erzählten Handlung (ab Vv. 9570). Wenn er vor allem auf Hartmanns (Vv. 126–128, 2514–2575, 2875–2888, 4206–4229, 5800–5857, 5877–5989, 6182–6203, 6236–6244, 6250–6258, 6307–6313, 6396–6398, 6835f., 7487–7497, 8802–8817, 11526–11528) und Wolframs (Vv. 1506–1517, 2207–2222, 6285–6355) Werke immer wieder anspielt, erwartet er deren Kenntnis auch bei seinem Publikum.[170]

Ausgehend vom Reich seines Onkels Joram,[171] in dem die heidnische Göttin Fortuna[172] verehrt wird, durchschreitet der Held während des Handlungsverlaufs verschiedene „Erzählräume der hochhöfischen Literatur“, darunter den des Artushofs, und zeigt so, dass er „in der Lage ist, in allen erzählerischen Welten zu bestehen“.[173] Durch die Verbindung der drei von Gwigalois selbst in seinem Brief an Larie thematisierten Erzählwelten – der magisch-märchenhaften (*saelde*), der arthurisch-ritterlichen (*mîn hant*) und der christlich-religiösen (*diu gotes kraft*) – mit der historisch-realen Welt wird ein Herrscherbild entworfen, das sich aus Elementen der literarischen Welten zusammensetzt, um eine Vorbild-Funktion in der Realität erfüllen zu können. Der Held lässt die literarischen Welten hinter sich; auch aus dem Höllenreich des Roaz steigt er schadlos hervor, um zu demonstrieren, dass ihn Prädestination, höfisches Rittertum und Gottvertrauen in die Lage versetzen, Herrschaft mit Gewalt, Gesetz und Gerechtigkeit auszuüben. Falls er dabei eine Krise (oder mehrere Krisen) durchlebt, was in der Forschung durchaus kontrovers diskutiert wird, dann ist es keine solche Krise, wie sie Erec und Iwein er-

170 Vgl. Daiber (5.5).

171 Der Name ‚Joram‘ ist biblischen Ursprung und bedeutet ‚Der Herr ist erhaben‘. Im 2. Buch der Könige wird sowohl von Joram, dem Sohn des Königs Ahab von Israel, als auch von Joram, dem Sohn des Königs Josaphat von Juda, berichtet, die im 9. Jh. v. Chr. verwandtschaftlich verbunden waren und u. a. gegen die Syrer kämpften.

172 Vgl. dazu de Boor (5.6).

173 Schiewer (5.5), S. 157.

leiden, denn weder zieht Gwigalois seine Identität ernsthaft in Zweifel (Wirnt lässt nur anklingen, an welcher Stelle dies zu erzählen wäre), noch stellt sich irgendwo das bis dahin Erreichte als Scheinerfolg heraus, der einen erneuten Auszug des Helden erforderlich machte. Joachim Heinzle hat Gwigalois daher als einen „völlig unproblematischen Helden“ bezeichnet und von dessen „statische[r] Idealität“ gesprochen.[174] Im Verbund mit der nicht übernommenen Symbolstruktur hat die ältere Forschung dies als einen Verlust von ästhetischer und ethischer Qualität im Vergleich zu den Artusromanen Hartmanns empfunden. Richtet man den Blick aber nicht nur auf die vor und um 1200 entstandenen Werke, sondern weitet ihn auf die gesamte Gattung aus, dann stellt man fest, dass die in ›Erec‹ und ›Iwein‹ entworfene Erzählform ebenso wie der dort eingebrachte Verhaltensentwurf von den nachfolgenden Autoren im Kern akzeptiert, aber auf jeweils verschiedene Weise aktualisiert wird. Da jeder neue Artusroman dabei auch auf die Weiterentwicklungen der vorhergehenden Werke eingeht, wird man in keinem Roman des 13. Jahrhunderts unverändert die Ästhetik und Ethik der Gattungsanfänge im Deutschen wiederfinden. Erst der vorurteilsfreie und unbefangene Blick auf das einzelne Werk ermöglicht aber eine Beschreibung der ihm eigenen Qualitäten. Für den Protagonisten des ›Wigalois‹ bedeutet das, dass er neben den höfisch-sozialen Eigenschaften, die sich Erec und Iwein erarbeiten, auch das Gottvertrauen besitzt, welches Parzival erst erwerben muss, und dass er diese Fähigkeiten schließlich zur Ausübung gerechter Landesherrschaft einsetzt. Das für den Artusroman typische Bauprinzip der sich steigernden Wiederholung wird von Wirnt nicht syntagmatisch, innerhalb des eigenen Werks, sondern paradigmatisch, im sinnstiftenden Bezug auf andere Artusromane genutzt. Anders als Wolfram hält Wirnt seinen Helden dabei vom Mysterium des Grals fern und führt ihn stattdessen zur Lehensvergabe in eine mittelalterliche Stadt.

Schon in den lateinischen und altfranzösischen Chroniken des 11. und 12. Jahrhunderts, bei Geoffrey of Monmouth, Wace und anderen, wurde der Artusstoff für politische Zwecke funktionalisiert (vgl. Kap. II). Auf eine ganz spezifische Weise ist dies auch in den Werken Chrétiens der Fall, wenn sich in ihnen der ritterlich-höfische Adel insgesamt als gesellschaftlich-kulturelle Elite wiederfinden kann. Auch für die deutschsprachigen Artusromane ist verschiedentlich versucht worden, historisch-politi-

174 Heinzle (5.5), S. 267.

sche Hintergründe ihrer Handlung aufzuzeigen. Die Machtkonstellationen rund um den fiktiven König, der an der Tafelrunde nur *primus inter pares*, Erster unter Gleichen sein will, legt es nahe, in den Artusromanen die Wunschvorstellung einer weniger hierarchisch gegliederten mittelalterlichen Gesellschaft abgebildet zu sehen, in der die landesherrlichen Vasallen am Ende mitunter sogar unabhängig vom Königshof existieren. Gert Kaiser stellte die These auf, dass „der größte Teil der Literatur des 13. Jahrhunderts mit ‚höfisch-ritterlicher' Thematik sich in irgendeiner Weise mit den meist unbegriffenen und als Bedrohung empfundenen Symptomen" von Arrondierungsversuchen auseinandersetzt, das heißt mit den räumlichen und strukturellen Umschichtungen in Bezug auf die Verteilung mittelalterlichen Grundbesitzes. „Die sich häufenden *laudationes temporis acti*, die emphatischen Berufungen auf althergebrachtes *reht*, die Entwürfe rückschauender Gesellschaftsutopien" sowie die „ausufernde Darstellung irrationaler Gewalten (‚other world') in Artusroman und Heldenepik" sind seiner Meinung nach zu verstehen „als Versuche zur Bewältigung der neuen Erfahrungen, zu denen der Prozeß der Territorialisierung nötigt."[175]

Unter ‚Territorialisierung' wird in den Geschichtswissenschaften der planvoll gelenkte Ausbau von Herrschaftsgewalten verstanden, der im Wesentlichen zwei Aspekte umfasst: erstens die Arrondierung bzw. Verdichtung eines größeren, herzoglichen oder königlichen Streubesitzes zu einem möglichst zusammenhängenden Gebiet, und zweitens die Durchsetzung der ausschließlichen Herrschaftsausübung (Gerichtsherrschaft) des Landesherrn in diesem neu umrissenen Gebiet. Schon der ›Iwein‹ ist von der Forschung daraufhin befragt worden, ob es Hartmann dort darum geht, neben dem königlichen Artushof ein zweites Machtzentrum im Normgefüge des Romans zu etablieren, nämlich den Hof der Laudine mit Iwein als selbstbewusstem und unabhängigem Landesherrn (s. Kap. III.1.2). Der Held ist zu Beginn der Romanhandlung, wie Mertens es formulierte, „besitzloser Jungritter – Königssohn zwar, aber wohl ohne Aussicht auf Thronfolge, Nachgeborener, ähnlich wie Gahmuret im ›Parzival‹. Ihm gelingt es, durch die Heirat mit einer Königswitwe selbst zum Territorialherrn aufzusteigen".[176] Iweins Weg nehme Bezug auf die fürstliche Territorialherrschaft, wie sie sich in der zweiten Hälfte des

175 Kaiser (5.5), alle Zitate S. 428.
176 Mertens (1981), S. 14.

12. und zu Anfang des 13. Jahrhunderts etablierte: „Die Aufgaben der Rechts- und Friedenssicherung, die Iwein beispielhaft erfüllt, vollbringt er nicht in erster Linie für den Artushof – der ist nur bestätigende Instanz – sondern im Hinblick auf seine [letzt]endliche Qualifikation als selbständiger Landesherr." Auch der ›Wigalois‹ eigne sich wegen des zielstrebigen Wegs des Helden zur Landesherrschaft vor allem zur fürstlichen Repräsentation, und Kaiser habe sicher recht, „wenn er ein gesamtgesellschaftliches Integrationsmodell aus landesherrschaftlicher Perspektive erkennt: Gwigalois ist der *rex justus et pacificus*, er integriert die Vasallen des überwundenen Roaz ebenso in sein Reich wie die Bürger der eroberten Stadt Namur, er gibt dem Grafen Moral die Herzogswürde und baut die verwüstete Stadt wieder auf."[177]

Das Zurückdrängen des Artushofs durch die Landesherrschaft des Wigalois ist nach Kaiser der Grund dafür, dass „der Held des späten Artusromans keine ‚innere Entwicklung' mehr durchmacht. Solange die Artusromane ihr wesentliches Deutungsangebot für die gesellschaftliche Selbstinterpretation einer Schicht bereithielten" – gemeint sind die Ministerialen, zu denen wohl auch Hartmann von Aue gehörte –, „die sich selber als im Aufstieg befindlich, als mobil und dynamisch verstehen konnte, solange gibt es eine ‚innere' Entwicklung, eine Reifung des Helden. In dem Augenblick aber, in dem das Deutungsangebot des Textes umstrukturiert wird für ein Verständnis der ‚Gesamtgesellschaft', das diese als statisch, immobil und harmonisch begreift bzw. begreifen soll, in diesem Augenblick wird die ‚Entwicklung' des Helden zu einer repräsentativen Folge von Herrscherrollen."[178] Kaiser sieht im ›Wigalois‹ die gezielte „Anknüpfung an Hartmanns Artusromane in der Absicht, wesentliche Positionen ihres gesellschaftlichen Deutungsangebots umzubesetzen. So wird die Bedeutung des Artusbereichs zurückgeschnitten und damit offenbar das bevorzugt ministerialische Interpretationsangebot. An seine Stelle tritt ein Typus von Herrschaft [...], der wesentliche Elemente der seit Mitte des 12. Jahrhunderts aufkommenden Territorialherrschaft aufweist. Der Roman macht diese Umbesetzung zu seinem Thema. Er beschreibt die Erringung, Etablierung und Ausübung dieser Herrschaft zunächst in den Bildern einer *âventiuren*-Kette und, nach deren erfolgreichem Abschluß, in der unmittelbaren Dar-

177 Mertens (1981), S. 17 u. 23.
178 Kaiser (5.5), S. 438.

stellung der herrschaftlichen Funktion des Protagonisten."[179] Eine solche Umbesetzung habe dann auch poetologische Konsequenzen: „Der Versuch des Autors, im Medium des Artusstoffs eine Deutung nunmehr der ‚Gesamtgesellschaft' (und nicht mehr nur eines Teilbereichs wie bei Hartmann) anzubieten, führt zu Weiterungen für die Gattung. Ihre Struktur erweist sich dafür als ungeeignet. Die spezifischen Kompositions- und Spannungsprinzipien – vor allem der Zentralkonflikt – sind nicht auf eine als konfliktneutral gewertete ‚Gesamtgesellschaft in landesherrlicher Sicht' applizierbar. Die Veränderung des Applikationsangebotes hat zur Folge, daß der Protagonist vom Artushof weg zur Konstitution eines neuen Typus von Herrschaft (die sich auf mittelalterliche Weise als Restitution einer alten Ordnung legitimiert) geführt wird. Dadurch wird der Artushof als zentraler Bezugspunkt beseitigt und der (gattungsstiftende) Konflikt des Helden entbehrlich."[180]

Ähnliches beschreibt Helmut Brall für Strickers ›Daniel von dem Blühenden Tal‹. Für ihn liegt es auf der Hand, dass der Stricker mit dem vertrauten Inventar des Artusromans lehensrechtliche Konflikte beschreibt, deren Austragung die Kapazität der ordnungschaffenden Macht der *âventiure* überfordert: „Beim Stricker rückt der Artushof selbst in den Mittelpunkt des Geschehens, er hat keine übergeordnete, sondern allenfalls komplementäre Funktion im Verhältnis zum Protagonisten inne. Hartmanns Helden verkörpern ‚innere' Probleme, die in lebenspraktischen Konflikten ausgetragen werden, der des Strickers befindet sich in äußeren, rein materiellen Kalamitäten, die zugleich den Konflikt ausmachen. Die Abgrenzung der Artuswelt von einer dämonisierten Gegenwelt durch Begriffe, die dem Rechtsleben entnommen sind, läßt es fruchtlos erscheinen, nach tieferen Gründen auf der Ebene des fiktiven Romangeschehens zu forschen, aus denen diese Konflikte resultieren könnten. [...] Die ethische Begründung und ästhetische Verklärung des Dienstes, der ‚Lebensform' der Ministerialität, die in Hartmanns Romanen zum zentralen Thema wird, verblaßt beim Stricker fast bis zur Bedeutungslosigkeit. Dies heißt aber nicht, daß alle höfischen Wertvorstellungen im ›Daniel‹ neutralisiert sind, sondern nur, daß sie keiner besonderen Begründung mehr bedürfen. Versteht man Hartmanns ›Erec‹ als

179 Kaiser (5.5), S. 442f.
180 Kaiser (5.5), S. 443.

erste verbindliche und ästhetisch überzeugende Inanspruchnahme arthurischer Idealität für die gesellschaftliche Schicht der Ministerialität, so involvieren die späteren Bearbeitungen des Stoffs auch eine Auseinandersetzung mit diesem Deutungsangebot. Der ›Wigalois‹ des Wirnt von Gravenberc etwa versucht durch die sukzessive Verabschiedung des Artushofes das Ideal arthurischer Lebensform von solch einseitiger Beanspruchung durch die Ministerialität zu lösen, um es für eine Apotheose des erstarkenden Landesfürstentums fruchtbar zu machen; diametral steht dem Strickers ›Daniel‹ gegenüber, in dem die von Hartmann übernommenen und für gültig befundenen Wertvorstellungen gegen eine krude Wirklichkeit verteidigt werden, in der das Landesfürstentum die Existenzgrundlagen von Adel und Ministerialität gefährdet."[181]

Und schließlich sind auch im letzten Artusroman in Reimpaarversen, dem ›Gauriel von Muntabel‹ des Konrad von Stoffeln, zahlreiche Situationen unrechtmäßiger Gewalt, Okkupation und Auflehnung literarisch verarbeitet: historische Ereignisse, Zeitabläufe und Daten, die im Zusammenhang mit dem Verkauf der Burg Stöffeln sowie der Stadt Gönningen an die Grafen von Württemberg stehen dürften (s. Kap. V.4). Vielleicht spiegelt sich in der Figur des am Artushof uninteressierten Ritters mit dem Bock der sich gegen die königliche Zentralgewalt auflehnende Graf Eberhard von Württemberg. Gauriel erschiene so als ein von egoistischen Interessen fehlgeleiteter Außenseiter und der Roman würde vorführen, wie sich ein solcher Einzelgänger in die höfische Gesellschaft integriert. Treibende Kraft in diesem Prozess ist die Minne, und ein Höhepunkt der Auseinandersetzung ist der Zweikampf mit Iwein, der seinen Löwen (das Wappentier der Stöffeln) ebenso wie Gauriel seinen Bock zugunsten einer Unterordnung beider unter die Herrschaft des Königs aufgeben muss. Die zweite Romanhälfte zeigt den ehemaligen Außenseiter dann als treuen Vasallen des Hofs, in Diensten der Königin zur Vermehrung der höfischen *vreude* und zur Aufrechterhaltung der Rechtsordnung. Hugo Kuhn sprach für ein derartiges Verhältnis von dichterischer Fiktion und sozialer Realität im Artusroman von bewusst „märchenhaft fiktiver Gestaltung" eines „aus kritischer Wirklichkeitssicht" hervorgegangenen ethischen Idealismus.[182]

181 Brall (5.7), S. 257.

182 Hugo Kuhn, Soziale Realität und dichterische Fiktion am Beispiel der höfischen Ritterdichtung Deutschlands, in: ders., Dichtung und Welt im Mittelalter. Stuttgart 1959. 2., unv. Aufl. Stuttgart 1969 (Kleine Schriften 1), S. 22–40.

Geht man mit Kaiser davon aus, dass im ›Wigalois‹ eine Anknüpfung an Hartmanns Werke erfolgte, um die tiefgreifenden gesellschaftlichen Strukturveränderungen aus territorialherrschaftlicher Perspektive darzustellen, lässt sich nicht nur für den ›Daniel‹, sondern auch für den ›Gauriel‹ das Gegenteil feststellen: Getragen von einer optimistischen Grundhaltung könnte das Ziel der Reaktivierung und Umformulierung des hartmannschen Verhaltensentwurfes in beiden Romanen gerade die Stärkung der Königsmachtposition gewesen sein. Nach dem Vorbild der Artusritter sollte der Territorialherr nicht länger seinen egoistischen, hausmachtpolitischen Interessen nachgehen und zukünftig für den König, statt gegen ihn und seine Vasallen antreten. Anders als die Artusromane Hartmanns, die nach ihrer Entstehung im alemannisch-schwäbischen Raum rasch überall bekannt waren, sind die Artusromane des 13. Jahrhunderts wohl zunächst vorwiegend in regional begrenzten Gebieten rezipiert worden, möglicherweise nur in der unmittelbaren Umgebung ihrer Anfertigung. Auch dies könnte ein Indiz dafür sein, dass sich diese Artusromane dem Verhältnis zwischen Territorialherrn und König vorwiegend aus landesherrlicher Perspektive zuwenden.

Den politischen Schluss seines Romans hat Wirnt allem Anschein nach, ebenso wie Wolfram im ›Parzival‹, selbstständig gestaltet. Wie seine Vorgänger greift er zwar auf französische Vorlagen zurück, bearbeitet aber nicht wie Hartmann oder Wolfram ein einziges Werk, sondern komponiert seinen Roman, wie schon Ulrich von Zatzikhoven, aus verschiedenen Quellen.[183] Den Versen 1410 bis etwa 3972 liegt in nahezu gleicher Abfolge bei nur einigen Änderungen der erste Teil des nach 1190 entstandenen ›Le bel Inconnu‹ des Renaut de Beaujeu zugrunde (während sich Ulrich vor allem auf den zweiten Teil bezieht). Von etwa Vers 3000 bis etwa 7736 benutzt Wirnt daneben und zusätzlich den nur aus dem 15. Jahrhundert überlieferten Prosaroman ›Le Chevalier du Papegau‹, was dessen Vorhandensein in einer älteren, nicht erhaltenen Fassung (in Versen) voraussetzt, auf die dann auch das vor 1230 entstandene ›Eckenlied‹ zurückgegriffen haben dürfte.

183 Bei der Berufung auf den mündlichen Bericht eines Knappen (Vv. 11686–11692) handelt es sich sehr wahrscheinlich um eine Quellenfiktion, wie sie (möglicherweise spätestens seit Wolframs Verweis auf einen uns unbekannten Kyot als Vermittler des Parzivalstoffs) in der höfischen Epik des 13. Jahrhunderts weit verbreitet waren.

Renaut de Beaujeu (‚Schönes Spiel') erzählt von einem jungen Ritter, der seinen Namen nicht kennt: ‚Der schöne Unbekannte' erscheint während eines Festes am Artushof und erhält sogleich die Erlaubnis, für die Herrin der hilfesuchenden Botin Helie zu kämpfen, die nur der mutigste Ritter durch den *Fier Baissier* (V. 3206), den Schrecklichen Kuss, erlösen könne. Auf dem Weg dorthin besiegt er den Räuber Bliobleries, befreit Clarie aus der Gewalt zweier Riesen, besiegt den Gefährten des Bliobleries, erwirbt im Kampf gegen Orguillous de la Lande ein Hündchen für Helie, dann gegen Girflet einen Sperber als Schönheitspreis für Margerie. Schließlich befreit er die auf einer Goldenen Insel herrschende Fee mit den weißen Händen von einem ungeliebten Heiratsanwärter. Als diese ihn darauf heiraten will, entzieht er sich ihr, muss aber noch gegen ihren Seneschall antreten, der nur dem Nachtlager gewährt, der ihn besiegt hat. In einer von Zauber verwüsteten Stadt erlöst er durch den Kuss Blonde Esmerée, die von einem Zauberer in eine Schlange verwandelt worden war. Dabei erfährt er, dass er der Sohn Gauvains und der Fee Blancemal ist und Guinglain heißt. Als Esmerée ihn nun ebenfalls heiraten will, sehnt er sich nach der Fee und kehrt auf die Goldene Insel zurück. Als er mit ihr eine Nacht verbringt, erfährt er, dass die Fee ihn schon lange liebt, seinen Werdegang lenkte und auch weiterhin lenken wird, solange er bei ihr bleibt. Als der König Artus eines Tages ein Turnier ausruft, um Guinglain an den Hof zu locken, nimmt er daran teil, gewinnt es, wird in die Tafelrunde aufgenommen und heiratet Blonde Esmerée.

Im anonym überlieferten Papageienroman wird Artus in Camellot, kurz nach seiner Krönung zum König, von einer Botin um Hilfe für deren Herrin Dame aux Cheveux Blons im Kampf gegen den Chevalier Poisson, einem Meeresungeheuer in der Gestalt eines Ritters, gebeten. Bevor Artus zu diesem gelangt, erringt er einen sprechenden Papagei als Schönheitspreis im Kampf gegen Lion sans Merc und nennt sich selbst darauf nur noch ‚Papageienritter'. Nach erfolgreichem Abschluss der Aventiure verliebt sich Artus in die von ihm befreite blonde Fee, die über die Amoureuse Cité herrscht. Auf einem Turnier muss Artus für sie so schlecht wie möglich kämpfen. Seine nächste Herausforderung besteht darin, die Königstochter Flor de Mont aus der Gewalt des untreuen Marschalls (Confannonier des Marschalls) ihres toten Vaters zu befreien. Auf dem Weg dorthin erschlägt er zwei riesenhafte Ritter und wird dann von einem wunderbaren, hirschähnlichen Tier begleitet, das sich in die Erscheinung des toten Königs Belnain verwandelt; er erlebt ein geisterhaftes Turnier, befreit einen Ritter aus der Gewalt eines Drachens, wird von Fischersleuten gesund gepflegt, von einem wilden Weib überfallen, überwindet ein Schwertrad als Brückensperre durch die Zerstörung seiner Mechanik und er passiert zwei Brückenwächter, bevor er den Marschall, der auch als Teufelsherrscher bezeichnet wird, besiegen und Flors befreien kann. Anschließend begibt sich der Papageienritter zurück in die Heimat seiner geliebten blonden Fee und reist dann weiter an den Artushof. Auf dem vierzehntägigen Pfingstfest, bei dem auch Lion anwesend ist, besingt der Papagei die Taten seines Herrn.

Vermutlich schob Wirnt für den zentralen Teil seines Versromans zwei altfranzösische Quellen ineinander, erweiterte sie (wie Wolfram) vorn um die Elternvorgeschichte und am Ende um den Feldzug gegen Lion. Dessen Namen mag er dabei seiner Quelle entnommen haben. Daneben kannte er vermutlich weitere altfranzösische Werke und natürlich die deutsche Dichtung vor und um 1200 gründlich.[184]

Der ›Wigalois‹ ist nach Wolframs ›Parzival‹ im deutschsprachigen Raum des Mittelalters eines der beliebtesten und meistüberlieferten Werke seiner Gattung. Es finden sich zahlreiche Erwähnungen und Entlehnungen aus ihm in den nachfolgenden Artusromanen und anderen Gattungen des späteren Mittelalters und der Frühen Neuzeit, sogar in der Lyrik, in der zweiten Hälfte des 13. Jahrhunderts etwa beim Tannhäuser (Leich IV) oder beim Wilden Alexander, der sich als Fahrender über den verweigerten Zutritt zur Stadt Burgau beschwert, indem er seine Bemühungen in einem Sangspruch mit den vergeblichen Versuchen Gaweins vergleicht, nach Galois zurückzukehren:

Her Gâwein stîc noch strâze vant,
dô er ze Gâlois in daz lant
hin wider rîten wolde.
sô mac Burgou Gâlois wol sîn:
dâ kunde ich nie noch komen în;
doch versuochte ichz alse ich solde.
mir wart dâ gruoz und rede verzigen;
si sâhen hin ûz unde swigen
und heten ir herren sô verspart
und teten alle dem gelîch
als ez wær künc Ermenrîch
und ich der zornic Eckehart.[185]

184 Zu Wirnts Quellen vgl. Cormeau 1977 (4.1.3), S. 68–105, Mennung, Heinzle, Fasbender, Fuchs-Jolie (alle 5.5) sowie die Textausgaben der afrz. Werke (1.2).

185 Deutsche Liederdichter des 13. Jahrhunderts, hg. von Carl von Kraus. 2. Aufl., durchges. von Gisela Kornrumpf. Tübingen 1978, Bd. 1, S. 9 (Nr. II,24).

Vor 1455 entstand die strophische Bearbeitung ›Wigelis‹ des Dietrich von Hopfgarten, vor 1478 wurde der Stoff von Ulrich Fuetrer in ›Das Buch der Abenteuer‹ aufgenommen, 1493 erschien in Augsburg die zwischen 1472 und 1483 durch ein *jch vngenannt* angefertigte Prosabearbeitung ›Wigoleis vom Rade‹, die auch nachgedruckt sowie ins Dänische und Isländische übersetzt wurde (vgl. Kap. VI.2), im 16. Jahrhundert fertigte ein Anonymus die jiddische Fassung ›Ritter Widuwilt‹ an, die noch (oder bereits?) 1699 von Christoph Wagenseil in Königsberg herausgegeben wurde, und 1786 erschien in Leipzig schließlich eine Prosa-Travestie unter dem Titel: ›Vom Könige Artus und von dem bildschönen Ritter Wieduwilt. Ein Ammenmärchen‹. Hinzu kommen neben der kontinuierlichen, vergleichsweise intensiven Tradierung in den Manuskripten vom frühen 13. bis ins späte 15. Jahrhundert die Bilderzyklen in den Handschriften B und k sowie die Wandmalereien auf Schloss Runkelstein.[186]

Herauszustellen ist schließlich der Kommentar Konrads von Würzburg zu dem vermutlich einzigen Werk seines wohl schon verstorbenen Kollegen Wirnt von Grafenberg. Er macht ihn in der zweiten Hälfte des 13. Jahrhunderts zum Protagonisten einer kurzen Erzählung von 274 Versen. Sie endet mit einem Ratschlag an das Publikum: *Von Wirzeburc ich Cuonrât / gibe iu allen disen rât, / daz ir die werlt lâzet varn, / welt ir die sêle bewarn* (Vv. 271–274). Ein Beispiel dafür, dass man sein Seelenheil nur bewahrt, indem man sich vom Diesseitigen abwendet, ist die vorangehende Erzählung:

Der ritterlich-höfische Herr *Wirent dâ von Grâvenberc* sitzt eines Tages bei der Lektüre eines Buchs mit *süezer rede* von *âventiure* und *minne* in seiner Kemenate, als plötzlich eine wunderschöne Frau vor ihm erscheint, die der Erzähler ausführlich beschreibt. Sie stellt sich ihm als Frau Welt vor, deren Dienstmann Wirent doch immer gewesen sei. Dann dreht sie ihm ihren Rücken zu, der mit Schlangen, Kröten und Ameisen bedeckt, von Würmern, Fliegen und Maden bis auf die Knochen zerfressen sowie von Geschwüren und Eiterbeulen überzogen ist, und verschwindet so plötzlich, wie sie gekommen war. Augenblicklich wendet sich der Ritter von allem Weltlichen ab, verlässt sogar Frau und Kinder, begibt sich zur Buße auf einen Kreuzzug und rettet so sein Seelenheil.[187]

186 Zur Rezeption vgl. insbesondere Fasbender (5.5), S. 200–214.

187 Konrad von Würzburg, Kleinere Dichtungen Bd. I, hg. von Edward Schröder. 10. Aufl. mit einem Nachwort von Ludwig Wolff. Dublin, Zürich 1970, S. 1–11; dazu Rüdiger Brandt, Konrad von Würzburg. Kleinere Epische Werke. 2., neu bearb. u. erw. Aufl. Berlin 2009 (Klassiker Lektüren 2).

Mithilfe der in Schrifttum und bildender Kunst seit dem Frühmittelalter weit verbreiteten Personifikation der Frau Welt wird in allegorischer Verkleidung der Moment eingefangen, in dem der weltlich-vorbildliche, mit Büchern und Dichtung sich unterhaltende Wirnt ein dem geistlichen Rittertum gewidmetes Leben beginnt – wie der Protagonist seines Versromans als *miles christianus.* Aus der Perspektive der Entwicklung des Artusromans könnte dies auch den Moment meinen, in dem Wirnt von Grafenberg einem arthurischen Ritter die Position des Heilsbringers, die eines von Gott eingesetzen *rex iustus et pacificus*, zuweist. Möglicherweise hat bereits Konrad von Würzburg die 1965 von Max Wehrli formulierte Absicht Wirnts von Grafenberg erkannt, mit dem ›Wigalois‹ die Gattung des Artusromans zu „taufen".[188]

5.2. ›Diu Crône‹ Heinrichs von dem Türlin

Wer Gawein zum Protagonisten eines Romans macht, kann seinen Helden nicht wie Erec oder Iwein durch eine Krise führen, denn jede Schwächung des Musterritters wäre als Kritik an den Normen und Werten des Artushofs zu begreifen und würde daher, ähnlich wie der Lancelotstoff, den Ordnungsrahmen zerstören. Das Erzählen von Gawein dient nicht dem Zweck, einen Verhaltensentwurf zu entwickeln, der für den mustergültigen Artusritter immer schon vorgegeben ist, und insofern ist auch nicht zu erwarten, dass sich ein Autor, der einen Roman über Gawein verfasst, an der Symbolstruktur orientiert. Dennoch wurde auch dem Artusroman Heinrichs von dem Türlin wegen der nicht vorhandenen Symbolstruktur von der Forschung lange Zeit Strukturlosigkeit bescheinigt. Noch im Jahr 2000 heißt es sogar: „Heinrichs Roman verweigert sich, dies sollten die Ausführungen [...] dieser Arbeit gezeigt haben, über weite Strecken einer sinnvollen Deutung, ja sogar an der Textoberfläche einer Nachvollziehbarkeit der vorgeführten Handlung."[189] Dabei hält der Text für diejenigen, die mit ihm nichts anzufangen wissen, gleich eine Rezeptionsanleitung bereit: Sowohl im Prolog (Vv. 26f.) als auch im Epilog (Vv. 29942–29965) wird (im Anschluss an die Vv. 75–81 in Wirnts Prolog zum ›Wigalois‹) die weit verbreitete Fabel von

188 Max Wehrli, Wigalois, in: ders., Formen mittelalterlicher Erzählung. Aufsätze. Zürich, Freiburg i. Br. 1969, S. 223–241, hier S. 239.

189 Stein (5.6), S. 286.

dem Hahn zitiert, der bei der Futtersuche eine Perle (bzw. einen Edelstein) im Misthaufen findet, sie aber gering schätzt, weil er anderes suchte und ihren Wert nicht achtet. Zu Beginn vieler Fabelsammlungen (zum Beispiel bei Ulrich Boner) warnt dieses *bîspel* vor einem falschen Umgang mit Dichtung.[190]

Nicht eben bescheiden wird der Versroman, welcher mit seinen gut 30000 Versen ein Viertel umfangreicher als der ›Parzival‹ und damit länger als ›Erec‹, ›Iwein‹ und ›Lanzelet‹ zusammen ist, im Epilog als *diu krône* bezeichnet: Der Dichter habe diese mit eigenen Händen ‚geschmiedet', nämlich mit seinen intellektuellen Fähigkeiten (mhd. *sin*) nach einem Muster oder einer Vorlage (mhd. *exemplâr*) bearbeitet (Vv. 29966–30000), womit eine (oder mehrere) französischsprachige Quelle(n) gemeint sein dürfte(n), nach den Hinweisen in den Versen 16941, 23046 und 23982 unter anderem das Gesamtwerk des *Cristiân von Trois.* Die dreimalige Berufung auf Chrétien täuscht jedoch nur den Uninformierten darüber hinweg, dass der Autor die französisch- wie deutschsprachige Dichtung seiner Zeit souverän überblickt: „Kein anderer mhd. Roman setzt ein derart vielfältiges Quellenmaterial voraus; und keiner bastelt daraus etwas so eigenartig Neues wie die ›Crône‹. Das allein kann den Leser irritieren, denn es ist nicht auf den ersten Blick absehbar, welcher Logik dieses Neue denn nun gehorchen wird. Der Roman reagiert auf die ästhetische und ideologische Problematik des arturischen Romans nach Chrétien, aber in einer Umgebung, die auch schon Wolfram und den ›Tristan‹ des Gottfried von Straßburg kennt. Wer die ›Crône‹ verstehen will, muß also immer zugleich die französische und die deutsche Tradition des Genres im Auge haben; ihr Sinn konstituiert sich einzig in einer [...] ziemlich komplizierten Intertextualität."[191] Für den deutschsprachigen Bereich darf man davon ausgehen, dass Heinrich von dem Türlin neben den Werken Hartmanns, Wolframs, Gottfrieds, Ulrichs von Zatzikhoven und Wirnts von Grafenberg[192] im Prinzip die gesamte Lyrik und Epik, wohl auch die Heldenepik, seit der Mitte des 12. Jahrhunderts kannte. Im Bereich der französischen Dichtung bezog er die wichtigsten Anregungen aus

190 Vgl. Felder (5.6), S. 23 u. S. 718f., sowie Klaus Speckenbach, Die Fabel von der Fabel. Zur Überlieferungsgeschichte der Fabel von Hahn und Perle, in: Frühmittelalterliche Studien 12 (1978), S. 178–229.

191 Wyss 1993, S. 272; vgl. auch Zach und Claassens/Knapp (alle 5.6).

192 In einem Exkurs zu den *ôsterherren* auf dem Turnierfeld Sand bei Nürnberg (Vv. 2938–2988) bezieht sich Heinrich auf einen Abschnitt in Wirnts von Grafenberg ›Wigalois‹ (Vv. 8446–8457).

Chrétiens ›Conte du Graal‹ (›Perceval‹) sowie aus dessen erster Fortsetzung (›Premiere Continuation de Perceval‹ der so genannten ›Continuation Gauvain‹). Daneben benutzte er vermutlich weitere Fortsetzungen des ›Perceval‹, Chrétiens ›Lancelot‹, ›La Mule sanz frein‹ des Paien de Maisières, ›Le chevalier à l'épée‹, ›Lai du Cor‹ des Robert Biket, ›Le Mantel Mautaillé‹, ›Le Bel Inconnu‹ des Renaut de Beaujeu sowie ›Les Enfances Gauvain‹.

Ausschließlich von den verwendeten Quellen hängt auch die vermutete Datierung des Werks ab. ›Diu Crône‹ ist nach dem Tod Hartmanns von Aue, nach dem ›Parzival‹ und dem ›Wigalois‹, aber vor den Werken Rudolfs von Ems verfasst worden, also zwischen etwa 1215 und 1225/1235. Gekannt hat sie neben Rudolf um 1300 allem Anschein nach Heinrich von Neustadt (um 1300), rezipiert wird sie in Ulrich Fuetrers ›Das Buch der Abenteuer‹, in welchem die Gasozein-Episode verarbeitet ist (s. Kap. VI.1).

Rudolf von Ems bezeichnet den Roman im Literaturexkurs seines ›Alexander‹ um 1225/1235 als *aller âventiure crône* (V. 3219), und so ist das Werk auch in der einzigen annähernd vollständigen Handschrift (P) aus dem Jahr 1479 überschrieben: *Hie vohet sich an dis bůch das da genant ist / der abentúre Crone das da saget von dem Edeln kúnige artus von sinem houe vnd von maniger hand geschiht etc.* (UB Heidelberg, cpg 374, Incipit Bl. 1r).

Außer dort ist ›Diu Crône‹ noch in sechs Fragmenten aus vier Handschriften überliefert, die noch im 14. Jahrhundert entstanden. Von größerem Umfang ist nur die Windhagensche Handschrift (V). Der bald nach 1300 in Niederösterreich, vielleicht in Wien, geschriebene Cod. 2779 der Österreichischen Nationalbibliothek enthält die ›Kaiserchronik‹, Hartmanns ›Iwein‹, ›Die Heidin‹ und drei heldenepische Werke: ›Ortnit‹, ›Dietrichs Flucht‹ und ›Rabenschlacht‹. ›Diu Crône‹ endet aber auf dem letzten Blatt 170v mit Vers 12281 – von den am Schluss des Buchs fehlenden Blättern und Lagen haben sich nur Reste in einem Fragment des Oberösterreichischen Landesarchivs in Linz erhalten (D). Die Sammelhandschrift, zu der V und P gehören, stammt als einzige aus dem bairisch-österreichischen Sprachraum. Alle anderen Überlieferungsträger sind sehr viel nördlicher entstanden, im Norbairischen (G und g), im Südrheinfränkischen (P), im Ostfränkisch-Mitteldeutschen (Kö) und sogar im Niederdeutschen (K).[193]

193 Herausgegeben wurde ›Diu Crône‹ zuerst 1852 von SCHOLL (nach dieser Ausgabe wird zitiert). Ein Herausgeberteam legte 2000 und 2005 eine zweibändige Neuausgabe in Form eines handschriftennahen Abdrucks vor (alle 1.1):

Im ersten Teil des vergleichsweise umfangreichen Prologs geht es dem Erzähler um das kluge Reden, um die rhetorisch anspruchsvolle Versprachlichung lebenserfahrener und zur Tugendhaftigkeit erziehender Gedanken, die der Weise weder für sich behalten dürfe noch könne (*prologus ante rem*, Vv. 1–160). Trotz ausgedehnter Beschreibung der eigenen Unzulänglichkeit (Bescheidenheitstopos) nimmt er augenzwinkernd genau dies für sich in Anspruch. Mit dem typischen Gattungssignal beginnt anschließend der *prologus praeter rem* (Vv. 161–456) als Überleitung zur eigentlichen *narratio.* Wenn der Erzähler in den Versen 161–181 ankündigt, von den Anfängen und der Jugendzeit des Königs Artus (*sîner tugende anegenge ... in sînen kinttagen*) zu berichten, bezieht sich dies keineswegs, wie es häufig verstanden wurde, auf den gesamten Roman, sondern lediglich auf den nachfolgenden Abschnitt des Prologs,[194] zu dessen Beginn der Autor seinen Namen in Form eines Akrostichons untergebracht hat (*HEINRICH VON DEM TVRLIN HAT MICH GETIHTET*, Vv. 182–216; er nennt sich außerdem in den Vv. 246f., 8774, 10443f. u. 30011 – vermutlich ein Schreiberzusatz). Seinem Versroman ist zu entnehmen, dass Heinrich außerordentlich gebildet war und neben der lateinischen mindestens die französische Sprache beherrschte. Darüber hinaus sind seine Herkunft, sein Stand und sein Beruf unbekannt. Eher unwahrscheinlich ist die Identifizierung mit dem gleichnamigen Zeugen in einer 1229 (1299?) ausgestellten Urkunde des Grafen Albert III. von Tirol; eher in Frage kommt ein *dominus Hainricus de Hostiolo* (zu *ostiolum*, ‚kleines Türlein'), der als Geistlicher in einer Brixener Urkunde von 1217/1220 erscheint. Auch ob er mit einer seit der zweiten Hälfte des 13. Jahrhunderts im kärntnischen St. Veit nachweisbaren Familie *von* (*vor/pey*) *dem Turlin* (*de portula*) in Verbindung gebracht werden kann, ist einstweilen nicht zu belegen. Vielleicht erbringt die

Bd. 1 folgt bis V. 12281 der älteren Hs. V und Bd. 2 von dort bis zum Schluss der jüngsten Hs. P. Die Ausgabe bietet somit einen Mischtext in frühnhd. Lautstand und überlässt es dem Benutzer, sich auf dieser Grundlage eine Vorstellung vom mhd. Text Heinrichs von dem Türlin zu verschaffen. Eine kritische Leseausgabe hat Gudrun Felder für 2012 angekündigt (1.1)

194 Die ausführliche Darstellung der Bedeutung des Monats Mai für König Artus und seinen Hof erhöht den Kontrast zum Beginn der Handlung, die sich nicht, wie sonst üblich an Pfingsten, sondern *zuo einen wîhennachten* ereignet (V. 469). Heinrich führt so gleich zu Beginn ein für den Roman typisches Erzählverfahren ein, indem er zunächst zeigt, dass ihm die Gattungskonventionen bekannt sind, um sich dann von ihnen abzuwenden oder sie ins Gegenteil zu verkehren; vgl. dazu. u. a. Kern (5.6).

systematische Suche in anderen Regionen zukünftig weitere Ergebnisse. Im Ostalpenraum, wo man Heinrich von dem Türlin nur aufgrund seiner Reimsprache beheimatet wähnt,[195] kämen als Mäzene vor allem die Herzöge in St. Veit oder die Grafen von Andechs-Meranien in Frage,[196] die auch als Auftraggeber für den ›Wigalois‹ des Wirnt von Grafenberg gelten (s. o., S. 184).

Heinrich von dem Türlin erzählt in mehreren Sequenzen eine Fülle von Einzelaventiuren Gaweins, die von unterschiedlich umfangreichen Episoden unterbrochen und umrahmt werden, die in Karidol oder anderwärts am Artushof stattfinden. Gawein ist dort jedes Mal nur teilweise anwesend. Darüber hinaus lässt der umfangreiche Roman zwar eine deutliche Zweiteilung erkennen, doch sind beide Teile durch Vor- und Rückverweise sowie gemeinsame Motive (und zum Teil gemeinsame afrz. Quellen) miteinander verbunden, auch wenn einige Quellen in nur je einem Teil verwendet werden und sich die so genannten ‚Wunderketten' ausschließlich im zweiten Teil finden.

[Artushof: Becherprobe] Zu Weihnachten erscheint ein wundersam berittener Bote des Meerkönigs Priure bei einem Fest am Artushof, um dem König einen Becher zu schenken, aus dem nur derjenige unbefleckt zu trinken vermag, der vollkommen treu ist. Von allen anwesenden Damen und Herren besteht nur Artus selbst diese Tugendprobe (Vv. 457–3189) – anlässlich der Aufzählung aller anderen Ritter, die gattungsgemäß von Keie verspottet werden, verortet der Dichter sein Werk in einem ‚Literaturexkurs' im literarischen Diskurs seiner Zeit (Vv. 2348–2455). Die Tafelrunde erreicht eine Einladung zum Turnier in Jaschun. Die Ritter brechen aus Furcht darüber, dass der König es verbieten könnte, nachts heimlich dorthin auf; nur Keie sowie die beiden Ritter Gales Lischas und Aumagwin bleiben am Hof. Mit ihnen zieht Artus anderntags schlecht gelaunt in den winterlichen Wald zur

195 Peter Wiesinger, Zur Reimgrammatik des Mittelhochdeutschen [am Beispiel der ›Crône‹], in: Mittelhochdeutsche Grammatik als Aufgabe, hg. von Klaus-Peter Wegera. Berlin 1991 (Sonderheft zur Zeitschrift für deutsche Philologie 110), S. 56–93.

196 Bernd Kratz, Zur Biographie Heinrichs von dem Türlin, in: Amsterdamer Beiträge zur älteren Germanistik 11 (1976), S. 123–167; Cormeau 1981; Wennerhold S. 183–185; Felder S. 5f.; Claassens/Knapp S. 252 (alle 5.6). Nichts zu einer Identifizierung tragen die im Werk beschriebenen Wappen bei, vgl. Heiko Hartmann, Grundformen literarischer Heraldik im Mittelalter am Beispiel der ›Krone‹ Heinrichs von dem Türlin, in: Wappen als Zeichen. Mittelalterliche Heraldik aus kommunikations- und zeichentheoretischer Perspektive, hg. von Wolfgang Achnitz, in: Das Mittelalter 11, Heft 2 (2006), S. 28–52.

Jagd, die sie wegen Kälte und Dunkelheit abbrechen. Als Artus sich zitternd vor Kälte am Kaminfeuer wärmt, verspottet ihn Ginover und berichtet vom Minnesänger Gasozein de Dragoz, der im Winter wie im Sommer nur mit einem Hemd bekleidet sei. Als das Quartett den Ritter mit dem Hemd stellt, um sich für die Schmach zu rächen, kann Gasozein nach Keie auch die beiden Ritter aus dem Sattel stoßen, da er einen unbesiegbar machenden Gürtel Ginovers trägt, bevor er sich Artus als deren erster Liebhaber zu erkennen gibt. Man verabredet einen Zweikampf um die Königin in Karidol (Vv. 1–5468).

[Erste Gawein-Sequenz: Amurfina] Zunächst aber wird von Aventiuren Gaweins erzählt, der als Einziger nicht nach Karidol zurückgekehrt ist: *Wâ aber er hin geriet, / daz sült ir vernemen* (Vv. 5465f.). Der Musterritter sagt zunächst zu, das Reich des Königs Flois von Enfin von der Tyrannei des Riesen Assiles zu befreien, und wird dann in die Auseinandersetzung der Schwestern Amurfina und Sgoidamur um ihr Erbe hineingezogen, das aus dem Reich des Vaters und einem magischen Zaumzeug besteht. Amurfina empfängt Gawein auf ihrem prachtvollen Bett und nimmt ihn mittels eines Zaubertranks in Minnehaft, sodass er seine Identität verliert, bis er durch den Anblick seiner eigenen Taten auf einem Bildkunstwerk zur Besinnung kommt und sie verlässt. Er kämpft für eine junge Frau gegen einen natternbedeckten Wassermann, wird von einem hässlichen Waldweib entführt, besiegt teufelartige Monster, befreit 500 Ritter aus der Gefangenschaft bei einem weiteren Riesen und gelangt mit all diesen Personen gerade noch rechtzeitig nach Enfin, um den Riesen Affiles zu töten und sein Heer in die Flucht zu schlagen (Vv. 5469–10112).

[Artushof: Ginover-Entführung] Der Erzähler kehrt zurück zur Auseinandersetzung des Artushofs mit Gasozein und nimmt den Handlungsfaden dort wieder auf, wo er ihn liegenließ: König Artus berichtet seinen Fürsten von der Bedrohung durch Gasozein und resümiert so auch für den Rezipienten das bereits Erzählte (Vv. 10154–10352). Ein Zweikampf zwischen Artus und Gasozein endet mit der Übereinkunft, dass Ginover selbst die Wahl zwischen beiden Konkurrenten treffen solle. Nach reiflichem Bedenken entscheidet sie sich für Artus, sodass Gasozein enttäuscht den Hof verlässt. Ginovers Bruder Gotegrin sieht das Ansehen der Familie beschädigt und entführt seine Schwester, um sie zu töten. Während die Hofgesellschaft trauert, rettet Gasozein sie zwar im Wald vor der Ermordung, will sie aber dann vergewaltigen, was nur der zufällig hinzukommende Gawein verhindert, der beide an den Artushof bringt. Als zu Pfingsten der Zweikampf um die Königin fortgesetzt werden soll, gesteht Gasozein seine Lügen ein und bittet um Verzeihung, welche man ihm auch gewährt (Vv. 10113–12600).

[Zweite Gawein-Sequenz: Sgoidamur] Zu den auf Aventiure wartenden Rittern der Tafelrunde kommt Sgoidamur, die Schwester Amurfinas, und bittet um Hilfe in ihrem Erbschaftsstreit. Keie ist der Weg dorthin zu gefährlich, und so gelingt es erst Gawein, zwischen Löwen, Leoparden, Kröten, Schlangen und Drachen hindurch über die Schwertbrücke bis zu einem sich drehenden Wasserschloss zu gelangen. Dort fordert ihn Gansguoter, der Onkel der beiden Schwestern, zu allerlei Prüfungen heraus und schlägt schließlich vor, einander die Köpfe abzuschlagen:[197] Gawein darf zwar beginnen, doch Gansguoter setzt sich den abgetrennten Kopf einfach wieder auf den Körper. Anschließend führt er aber seine Schläge gegen den Musterritter der Tafelrunde absichtlich ungenau aus, weil er den nahen Verwandten seines Stiefsohns Artus nicht töten will. Anschließend trifft Gawein erneut auf die ihn liebende Amurfina und nimmt sie mit an den Artushof (Vv. 12601–13689).

[Artushof: Gaweins Hochzeit] Dort verkuppelt er Sgoidamur, für die er sich engagiert hatte, mit Gasozein, und er selbst heiratet Amurfina. Auch der Erbstreit der Schwestern ist damit beigelegt (Vv. 13690–13934).

[Dritte Gawein-Sequenz: Erster Besuch auf der Gralburg und Frau Saelde] Nach dem Ende des fünfzehntägigen Hochzeitsfestes zieht die Tafelrunde zum Turnier von Montelei. Gedankenverloren gerät Gawein auf Abwege und sieht unterwegs seltsame Dinge: [Erste Wunderkette] ein vorbeireitendes Mädchen, das einen toten Ritter im Arm hält und über Parzival klagt; 600 Ritter, die ein von unsichtbarer Hand geführtes Schwert und ein ebensolcher Speer erschlagen; eine nackte Frau und ein an einen Felsen geketteten Riesen, aus dem Vögel das Fleisch zerren; eine alte Frau auf einem gehörnten Untier, hinter denen ein schwarzer Mann herläuft; einen roten Ritter, der einen schwarzen Ritter mit einem Frauenkopf in der Hand verfolgt; eine blutige Rüstung; eine Burg, die ein schwarzer Bauer verbrennt; einen gefesselten Knaben neben dem Bett einer toten Frau, zu deren Seiten ein Zwerg und ein schwarzer Mann liegen (Vv. 13935–14406). Als Gawein beim Überqueren eines Flusses fast ertrinkt, lässt Frau Gener von Kartis das Wasser zu Kristall erstarren, und so gelangt er auf ein *castel*, in dessen Kapelle ihm ein Schwert und eine blutige Lanze erscheinen. Während des Mahls betritt eine Prozession junger Frauen den Saal und reicht dem alten Burgherrn eine Schale mit Blut, aus der dieser trinkt. Gawein schweigt zu all dem und erwacht am anderen Morgen auf freiem Feld. Er reitet in das Reich des Königs Fimbeaus von Gardin, dem er einst einen magischen Gürtel abgenommen hatte, der unbesiegbar macht. Dessen Frau Giramphiel schickt ihn in bösartiger Absicht weiter auf die mit Gold und Edelsteinen verzierte

197 Die Episode ist bekannt aus der mittelengl. Erzählung von ›Sir Gawein and the Green knight‹ (14. Jh.): Dort fordert ein grüner Ritter die Tafelrunde nach denselben Regeln heraus. Gawain schlägt ihm den Kopf ab; die Revanche, ein Jahr später in der Grünen Kapelle, übersteht er mithilfe eines Zaubergürtels, den er von der Gemahlin des Ritters erhielt. Bei der Herausforderung handelt es sich um eine von Morgan la fay geplante Treueprobe. Heinrich kennt sie vermutlich aus ›La Mule sans frein‹ (s. o.) und/oder aus dem ›Livre de Caradoc‹ als Bestandteil der ersten ›Perceval‹-Fortsetzung, vgl. Michelle Szkilnik, Le livre de Caradoc, in: La Légende arthurienne. Le Graal et la Table Ronde, ed. par Danielle Régnier-Bohler. Paris 1989, S. 431–507, Claassens/Knapp (5.6), u. oben, S. 143f.

Burg Ordohorht ihrer Schwester Frau Saelde, die er nach weiteren Erlebnissen auch erreicht. Frau Saelde, die Glücksgöttin (Fortuna),[198] sitzt mit ihrem Kind Heil auf einem sich drehenden Rad, an dem Menschen teils auf der aufsteigenden, teils auf der absteigenden Seite hängen. Als Gawein den Saal betritt, steht das Rad plötzlich still und er wird unter großem Jubel und mit höchstem Lob willkommen geheißen. Von Frau Saelde persönlich erhält er einen heilversprechenden Ring für König Artus, von ihrem Bruder Aanzim den Rat, sich auf dem weiteren Rückweg durch nichts beirren zu lassen (Vv. 15649–15996): [Zweite Wunderkette] Glühender Steinhagel und Feuerregen begleiten Gawein, hinter ihm knicken die Bäume ab, es fällt Schnee aus Blei; ritterliche Herausforderungen und Hilfeersuchen durch klagende Frauen ignoriert er trotz schmachvoller Beschimpfungen für seine Feigheit. Als er aufgefordert wird, im Namen Amurfinas den Tod einer jungen Frau zu rächen, hält ihn davon und von weiteren Hilfetaten eine Botin der Frau Saelde ab, weil sonst *der hof zergangen wære* (V. 16495). Mit dem Ritter Aamanz begegnet Gawein einem Doppelgänger, der ihm so ähnlich sieht, dass man ihn nur *den andern Gâwein* nennt. Gawein besiegt diesen im Zweikampf und lässt ihn schwer verletzt in der Obhut der beiden Ritter Gigamec und Zedoech zurück, die jedoch ihren geleisteten Eid brechen und ihn auf unritterliche Weise ermorden (Vv. 13935–16713).

[Artushof: Trauer um Gawein] Gigamec bringt den Kopf des enthaupteten Doppelgängers an den Artushof, der sich gerade auf der Jagd nach dem weißen Hirsch befindet. Am ganzen Hof, und insbesondere bei Amurfina, bricht große Trauer aus (Vv. 16714–17311).

[Vierte Gawein-Sequenz: Die Burg Salie] Während man ihn für tot hält, gelangt Gawein auf die Insel der Jungfrauen und erhält von deren Königin Levenet eine Tinktur, die ihm ewige Jugend verleiht. Mit dem Ritter Quoikos nimmt er am Turnier des Grafen von Leigamar teil, wo er von dessen Tochter Fursensephin gegen den Protest ihrer Schwester Quebelepluz für einen Kaufmann gehalten wird. Seiner Verteidigerin zu Ehren gewinnt er das Turnier und stiftet die Ehe zwischen Quoikos und Fursensephin. Danach nimmt er an der Maifeier der Göttin Enfeidas von Avalon teil, die eine Schwester Utpandragons ist, übernachtet auf der Burg Karamphi, wo man ihn beim Schachspiel mit der Tochter des Hauses wegen einer alten Schuld hinterrücks überfällt, sodass er sich mit dem Spielbrett verteidigen muss. Vom Burgherrn wird Gawein zur Suche nach dem Gral verpflichtet (Vv. 18913–18927). Im Anschluss tötet er einen schwarzen Ritter und erlöst damit, wie es lange prophezeit war, eine ganze Dynastie von einer Strafe Gottes. Ständig muss sich Gawein nun gegen Antagonisten wehren, die sich für erlittene Schmach, begangenes Unrecht, die Ermordung von Verwandten usw. an ihm, rächen wollen. Lohenis nimmt Gawein das Pferd ab, sodass dieser auf einem Klepper weiterreiten muss; an einer Furt siegt er über Ansgü und

198 Vgl. oben (Kap. III.5.1) Wigalois, den ‚Ritter mit dem Rad', sowie DE BOOR (5.6).

gewinnt so sein Pferd zurück. Der Fährmann Karadas verweist ihn an die von Gansguoter verzauberte Burg Salie: Indem er die Nacht auf einem mechanisch sich bewegenden Wunderbett übersteht, das von automatischen Armbrüsten mit hunderten von Pfeilen beschossen wird, und einen Löwen überwindet, befreit er dort seine Schwester Clarisanz und Igern, die Mutter des Königs Artus – allerdings ohne sich zu erkennen zu geben. Die als Lohn winkende Vermählung mit Clarisanz zögert er deshalb hinaus – und schickt stattdessen einen Knappen an den Artushof, damit dieser seinen Kampf gegen Giremelanz bezeugen komme, der behauptet, der heimliche Geliebte von Gaweins Schwester zu sein. Vor dessen Eintreffen pflückt er im Auftrag der Mancipicelle Blumen mit verjüngender Wirkung vom Anger von Colurmein, ohne deren einschläferndem Duft zu erliegen (Vv. 17312–21818).

[Artushof: Handschuhprobe] Am Artushof bricht Jubel aus, als man erfährt, dass Gawein noch lebt, und freudig macht sich die Hofgesellschaft auf den Weg nach Salie. Dort gibt sich Gawein zu erkennen, sein Onkel Artus trifft auf seine Mutter Igern, und es gelingt Clarisanz, ihren Bruder Gawein mit ihrem Geliebten Giremelanz zu versöhnen, sodass alle zurück nach Karidol ziehen. Nach der Hochzeit wird Giremelanz während eines Festes in die Tafelrunde aufgenommen. Gawein übergibt Artus den Ring der Frau Saelde und vergrößert die Freude am Hof noch durch das Erzählen seiner Erlebnisse (Vv. 22581–22989). Als er mit Keie, Lanzelet und Calogreant zur Gralsuche aufbrechen will, erscheint eine Gesandte am Hof. Sie überreicht Artus einen magischen Handschuh, der seinen Träger zur Hälfte unsichtbar werden lässt – mit Ausnahme der nicht tugendhaften Körperteile. Keie kommentiert die peinlichen Ergebnisse, als ihn zuerst die Frauen, dann die Männer anprobieren. Nur Artus und Gawein erweisen sich als tugendhaft (Vv. 22990–24699). Ein weiterer Gesandter, der auf einem Steinbock auf den Hof reitet, bringt nun den zweiten Handschuh. Er behauptet, dass Gawein beide Handschuhe, den Ring der Frau Saelde sowie den Edelstein aus dem Gürtel der Giramphiel, den Gawein einst deren Freund Fimbeaus abgenommen hatte, bei der Gralsuche mit sich führen müsse. Der *ritter mit dem boc* verlangt die Aushändigung dieser Gegenstände, um deren Anwendung erklären zu können. Nachdem er alles, trotz der Warnung eines jungen Mädchens, erhalten und die Handschuhe übergezogen hat, wird er unsichtbar und verschwindet: Die beiden Gesandten hatte Giramphiel geschickt, um die Kleinode zu entführen. Dem Hinweis des Mädchens folgend sucht man Rat bei Gansguoter. Auf dem Weg dorthin besiegen Gawein, Keie, Lanzelet und Calogreant mit Unterstützung des Schwanritters den Riesen Baingranz, Bruder des Assiles. Von Gansguoter mit magischen Requisiten ausgestattet, kann Gawein Fimbeaus nach ausgeglichenem Kampf ein zweites Mal besiegen und den Ring der Saelde zurückerobern, der an den Artushof geschickt wird: Von Gansguoters Schwester erhalten sie Ratschläge für den Besuch auf der Gralburg (Vv. 24700–28261).

[Fünfte Gawein-Sequenz: Zweiter Besuch auf der Gralburg] Für die weitere Suche trennen sich die Ritter. Gawein erlebt erneut Albtraumhaftes: [Dritte Wunderkette] ein brennender Mann treibt eine Schar nackter Frauen vor sich her; ein hilferufender Ritter mit einer jungen Frau; eine alte Frau setzt mit der Flüssigkeit aus einem Fläschchen den Wald in Brand; ein Greis ist an ein Ungeheuer gekettet; eine menschenleere Burg, auf der ihn unsichtbare Hände bewirten; ein paradiesischer Landstrich; ein brennendes Schwert; eine gläserne Burg (Vv. 28608–28990). Nachdem er Lanzelet und Calogreant wiederbegegnet ist (Keie befindet sich in Gefangenschaft), führt ein Knappe die Artusritter auf die Gralburg. Der alte Burgherr sitzt mit zwei schachspielenden Jünglingen im großen Saal und heißt sie willkommen. In der Nacht findet im Rahmen einer Prozession der Aufzug der Lanze und des Grals statt. Gawein befolgt die erhaltenen Ratschläge: Seine Frage nach der Bedeutung des rituellen Geschehens erlöst die schon lange auf den Tod wartende Gralgesellschaft von ihrem Leid – was Parzival vorher, so heißt es, nicht gelungen war. Der Alte überreicht Gawein das Schwert und erklärt ihm, dass die Geheimnisse des Grals keinem Sterblichen offenbart werden dürfen. Danach verschwindet er samt dem Gefäß und seiner Gesellschaft (Vv. 28997–29743).

[Artushof: Schlussfest] Nach einem halben Jahr treffen die Artusritter (mit dem verspäteten Keie) wieder in Karidol ein, wo man zu ihren Ehren ein großes Fest veranstaltet (Vv. 29744–29909). Der Epilog greift Themen des Prologs auf und beschließt das Werk mit einem Scherz des Erzählers,[199] der sich wünscht, dass Gott entweder seine achtzigjährige Ehefrau oder ihn selbst bald zu sich nehmen und ihr dafür einen Schwaben als Ehemann schicken möge (Vv. 29910–30041).

Trotz seiner gewaltigen Ausmaße lässt sich der Roman mit Blick auf seine Makrostrukur als zweigeteilt beschreiben, mit dem Handlungsstrang des Brauterwerbs in der ersten Hälfte (Vv. 1–13924) und der Hochzeit des Helden in der Mitte. Zusätzlich ist unzweifelhaft der Artushof Ausgangs- und Zielpunkt der Handlung, markiert auch Zwischenetappen des Wegs, den der Protagonist zurücklegt, und er ist das Normen- und Wertzentrum, an dem dieser sich orientiert. Doch neben solchen Äußerlichkeiten gibt es kaum Parallelen zur Symbolstruktur chrétienscher oder hartmannscher Prägung. Gawein schreitet oder reitet seinen Weg entlang, ohne sich zu entwickeln, ohne sich überhaupt zu verändern: Er ist am Ende der Handlung derselbe, der er bereits zu Beginn

199 Möglicherweise handelt es sich bei den Vv. 30001–30041 um einen Schreiberzusatz, zumal sich in den Vv. 29998–30000 der letzte regelmäßige Dreireim-Abschluss findet.

war, sieht man einmal von der Ehe mit Amurfina ab. Allen ihm begegnenden Herausforderungen ist er ohne Zögern und ohne Schwäche gewachsen. Selbst der Gral, der als begehrenswertes Objekt plötzlich (mit den Vv. 18913–18927) in seinen Fokus gerät, verschwindet nach dem Erscheinen vor Gawein ohne Folgen wieder aus der schier endlosen Handlung. Das von Wolfram pseudoreligiös aufgeladene Symbol wird von Heinrich ‚rearthurisiert'.

Abgesehen davon, dass in der ›Crône‹ dieselbe Technik der Abschnittsbildung durch Dreireime verwendet wird wie im ›Wigalois‹ (s. o., S. 186f.), finden sich auch auf mikrostruktureller Ebene die gängigen Bauprinzipien des höfischen Romans wieder: Der Held zieht vom Hof aus, reist von Ort zu Ort, hilft anderen gegen Unrecht und Gewalt, stellt Ordnung wieder her, kehrt zurück an den Hof, und trägt damit zum Wohlbefinden der Gesellschaft bei. Es sind die für Chrétiens Erzählen typischen Doppelungen, variierenden Wiederholungen und Verschachtelungen vorhanden, aber es ergeben sich in diesem Fall keine Steigerungen in Bezug auf den Schwierigkeitsgrad, die Qualität der Leistungen oder die Entwicklung des Helden. Sinnstiftende Veränderungen zwischen Ähnlichem sind nicht innerhalb des Romans, sondern auf intertextueller Ebene feststellbar, weil Heinrich von dem Türlin die zahllosen Bezugnahmen auf verschiedenste Prätexte dazu nutzt, das dort Erzählte zu variieren, zu karikieren oder zu parodieren. Dies betrifft den Episodenaufbau und Erzählstrukturen ebenso wie einzelne Motive, Räume, Figuren oder Namen. Kenner des arthurischen Stoffs entdecken in der ›Crône‹ vieles wieder, was ihnen aus anderen Werken gut vertraut ist, ohne dass es jedoch so eingesetzt wäre und zur Sinnkonstituierung beitragen würde, wie man es gewohnt ist. In der Fülle und der Art dieser Veränderungen gegenüber den jeweiligen Prätexten liegt die Poetik der ›Crône‹ begründet. Die Forschung ist seit etwas mehr als drei Jahrzehnten damit beschäftigt, den verfremdenden Umgang Heinrichs von dem Türlin mit seinen Vorlagen im Detail zu beschreiben und zu bewerten. Zuerst wies Christoph Cormeau darauf hin, dass die überwiegend negativen Qualitätsurteile der älteren Forschung dem Werk nicht gerecht werden: „Der Roman ist mit Geschick und Phantasie konzipiert [...]; ein raffiniertes Spiel mit der Artustradition für ein informiertes Publikum".[200]

Seither ist aus vorwiegend rezeptionsästhetischer Perspektive von einem intertextuellen ‚Spiel mit der Tradition' (Andersen,

200 Cormeau 1981 (5.6), Sp. 898.

Daiber), von einem ‚Literatenspiel' (Cormeau) bzw. ‚Literaturquiz' (Schröder), von einem ‚Text über Texte' (Schmid) oder gar von einem ‚Text gegen Texte' gesprochen worden; schließlich hat man wie für den ›Lanzelet‹ das Stichwort ‚Komik' in die Diskussion um das Werk eingebracht (Bleumer, Gutwald), und von dort ausgehend wurde zuletzt die Performativität der ›Crône‹ untersucht, um dem durch das Werk ‚irrenden Leser' einen Wegweiser bereitzustellen (Vollmann).[201]

Einen reflektierten Umgang mit den Gattungsvorgaben zeigt schon die Wahl des Protagonisten. Wirnt von Grafenberg hat Gaweins Funktion als Musterritter aus den Gawan-Büchern des ›Parzival‹ in die Figur des Gawein-Sohns Wigalois hinein verlängert. Heinrich geht ganz ähnlich vor, verfolgt dasselbe Anliegen aber konsequenter und greift direkt auf Gawein zurück. In ›Diu Crône‹ tritt dieser als Superheld wieder an die Stelle des Wigalois, zugleich aber auch an diejenige Lancelots, Parzivals, Iweins und Erecs. Letztlich trifft Gawein in verschiedenen Konstellationen sogar mehrfach auf sich selbst: Aus der Orientierungslosigkeit während der Minnehaft bei Amurfina befreit ihn erst der Anblick seiner eigenen Taten auf einem Bild (Vv. 8832–9091), mit dem *ander* Gawein besiegt er seinen Doppelgänger (Vv. 16500–16712), und im Erbschaftsstreit der beiden Schwestern gewinnt er nach dem Kopf-Abschlage-Spiel mit Gansguoter zwar den Maultierzaum für Sgoidamur, aber dieser befand sich seit seiner Liaison mit Amurfina ohnehin längst in seinem Besitz, sodass er ihn sich letztlich selbst abgerungen und sein eigenes Reich befreit hat – eine raffinierte Adaptation des Erbschaftsstreits der Töchter des Grafen von dem Schwarzen Dorn, in dem Gawein im ›Iwein‹ auf den Titelhelden trifft (s. o., S. 77).

Volker Mertens sieht in diesem Abenteuer „exemplarisch die Sinnlosigkeit des Ritterkampfes" aufgezeigt: „Gawein kämpft, ohne zu wissen gegen wen, befreit sein eigenes Land. Die Aventiuren haben reinen Ereignischarakter, weder weisen sie auf symbolische Bezüge, noch haben sie einen Sinn in linear-kausalem Zusammenhang."[202] Diese vorwiegend negative Bewertung der Episode hängt jedoch wesentlich von der Erwartungshaltung ab, in der ›Crône‹ dieselben Sinnbildungsverfahren und Aussageabsichten wiederzufinden, die Hartmanns ›Erec‹ und

201 Zum Einstieg in die Forschungsdiskussion enthält Kap. 5.6 der Bibliographie eine Auswahl der seit Cormeau 1977 stark angewachsenen Forschungsliteratur.

202 Mertens (4.1.1), S. 192.

›Iwein‹ oder den ›Parzival‹ prägen. Doch hat Heinrich von dem Türlin keinen Anlass, solche Erwartungen zu erfüllen, denn sein Werk folgt ganz anderen poetischen Prinzipien, die Walter Haug bereits 1980 beschrieb: „Man benützt die ungebundene Gawein-Figur, um einen neuen Heldentypus zu entwickeln, dessen Kennzeichen gerade darin besteht, daß er seine Individualität nicht mehr wie der klassische arthurische Aventiureritter über den einen, auf ihn zugeschnittenen Roman erhält: Gawein kann eine beliebige Zahl von Aventiuren in theoretisch beliebig vielen Romanen übernehmen. Dies setzt [...] ein völlig neues Verhältnis zwischen Aventiure und Protagonist und damit eine entsprechend veränderte poetische Wirklichkeit voraus."[203]

Nach den Werken Hartmanns von Aue erweitern die Autoren das Bündel der Gattungsmerkmale um eine im ›Iwein‹ nur ansatzweise schon vorhandene Ebene der intertextuellen Sinnsetzung. Indem die Figur des Protagonisten Gawein nicht durch Veränderungen im Text, sondern vor allem in ihrem Bezug auf die Protagonisten anderer Texte deutbar wird, ist Gawein in ›Diu Crône‹ nicht wie Erec oder Iwein ein syntagmatisch sich entwickelnder, sondern ein paradigmatischer, innerhalb des einzelnen Werks statisch-idealer Held. Denselben Typus eines konstanten Handlungsträgers präsentiert die Gauvain-Handlung in Chrétiens ›Perceval‹, während spätere altfranzösische Artusromane variable Helden aufweisen, die nicht als Vorbilder agieren, sondern zum Teil erheblicher Kritik (durch andere Figuren oder den Erzähler ausgesetzt sind.[204] Walter Haug bezeichnet neben der „Beispielhaftigkeit der neuen Heldentypen in ihrer krisenlosen Perfektion" auch „die aus dem Zerfall des klassisch-arthurischen Modells sich ergebende kombinatorisch-spielerische Darstellungsform des späteren Artusromans" sowie den „an diesem Übergang abzulesende[n] Strukturwandel als literaturtypologische Möglichkeit" als ‚paradigmatisch' (vgl. auch Kap. V).[205]

Weitere Beispiele für den spielerischen Umgang Heinrichs mit den Gattungsvorgängern lassen sich auf verschiedenen sprachlichen Ebenen und in heterogenen Stoffzusammenhängen leicht in beinahe jeder Szene des Romans entdecken. Besonders komprimiert verwendet der Autor dieses Verfahren gleich zu Beginn des Romans. Die Handlung beginnt mit einer der

203 Haug 1980 (4.2.3), S. 208.
204 Vgl. dazu die Arbeiten von Schmolke-Hasselmann (4.2.2).
205 Haug 1980 (4.2.3), S. 204.

beiden breit erzählten Tugendproben am Artushof, bei denen fast alle innerhalb der Gattung bekannten Figuren ihren Auftritt bekommen, bei der zweiten Probe ergänzt um die in ›Diu Crône‹ neu hinzugesetzen.[206] Die Art der Verfehlungen sowie die Kommentare dazu durch Keie oder den Erzähler bieten Gelegenheit, an deren jeweilige Geschichten zu erinnern, die dem Publikum sicher zum Teil bekannt gewesen sind. Damit ist der ›Crône‹ eine Art Rezeptionsanleitung vorangestellt, insofern das Publikum dazu angehalten wird, sein Vorwissen über Stoff und Gattung zu aktivieren, um dem Roman folgen zu können. Innerhalb der ersten Tugendprobe präsentiert der Erzähler zusätzlich eine umfassende Liste der Artusritter (Vv. 2291–2347),[207] die der Aufzählung in Hartmanns ›Erec‹ (Vv. 1630–1697) nachgebildet ist, der diese wiederum von Chrétien übernommen hat. Ausgehend von Hartmann *von der Swâbe lande* folgt unmittelbar anschließend, nach dem Vorbild in Gottfrieds ›Tristan‹ (Vv. 4621–4820 u. 4860–4974), der so genannte Literaturexkurs (auch ‚Dichterkatalog'), in dem der Erzähler bekannte Autoren und ihre Kunstfertigkeit preist (Vv. 2348–2455). Nach Hartmann, der neben seinen Versromanen auch Minnesang verfasste, werden dort – anders als bei Gottfried – ausschließlich Lyriker genannt: Reinmar, Dietmar von Aist, Heinrich von Rugge, Friedrich von Hausen, Ulrich von Gutenburg und Hugo von Salza (an späterer Stelle auch noch Wirnt von Grafenberg, vgl. die Vv. 2938–2988). Man hat dies sicher zu Recht mit der Beobachtung zusammengebracht, dass Heinrich bei der folgenden Darstellung des Ritters Gasozein, der seiner Angebeteten nur mit einem Hemd bekleidet selbst im kältesten Winter noch Minnesang darbringt, ein typisch lyrisches Bild evoziert, welches er in der ersten Romanhälfte mit der epischen Welt der Tafelrunde konfrontiert. Auch in diesem Fall erfolgen Rezeptionslenkung und Sinnstiftung nicht ausschließlich ‚syntagmatisch' (im Fortschritt der Handlung), sondern auch ‚paradigmatisch' (im intertextuellen Vergleich).

206 Zur Becher- und Handschuhprobe vgl. Kasper und Bleumer 1997, S. 255–263 (beide 5.6).

207 Hingewiesen sei auch auf die verschiedene Methoden der Namenbildung bei der Benennung von Figuren und Orten im Roman, zum Beispiel die Bildung sprechender Namen, zum Teil mit fremdsprachlichen Bestandteilen: Gansguoter in der Rolle des Clinschor, Ordohorht, Quebelepluz, Fursensephin (= *fleur sans epine* usw.); vgl. im Einzelnen dazu Felder (5.6), zum Beispiel S. 106f.

Heinrich kommuniziert mit seinem Publikum nicht nur über die erzählte Handlung, sondern auf einer Metaebene auch über Stoffe sowie die Gattung und letztlich über die Funktionsweise und den Stellenwert von Dichtung generell. So erscheint beispielsweise, anknüpfend an die Erzählwelt im ›Iwein‹, auch in der ›Crône‹ der Löwe zwar als Kennzeichen Iweins – in V. 1330 wird Laudine unter Verwendung einer rhetorischen Figur (*pars pro toto*) als *des lewen âmîen* bezeichnet – aber während der Handschuhprobe am Artushof (Vv. 22990–25549) sagt der spottende Truchsess überraschend über Iwein:

> Keiî sprach: Sehet den wîgant,
> Wie reht gerne er strîtet,
> Und wie er dar nâch gîtet!
> Heil uns daz Gelücke erwarp,
> Daz ime sîn lewe erstarp:
> Wan solt er noch mit im wesen,
> So enlieze er nieman genesen.
> Swie uns nu des sî worden buoz,
> Sehet, wie sîn hant und sîn vuoz
> Nâch mordes werke girdet!

Der Löwe ist inzwischen tot, Keie kennt aber nicht den Hintergrund dazu.[208] Peter Kern nennt dies „eine literarische Katastrophe, insofern Iwein aufhört, ‚der Ritter mit dem Löwen' zu sein".[209] Doch wird dieser von Heinrich auch weiterhin als ‚Löwenritter' geführt: In der ›Crône‹ ist am Artushof zwar kein Platz mehr für den Löwen, aber die Geschichte, die von ihm erzählt worden ist, bleibt Bestandteil der Figurenidentität.

In den so genannten ‚Wunderketten' verlässt ›Diu Crône‹ schließlich vollständig die Erzählverfahren der chrétienschen Artusromane. Ohne überhaupt einzugreifen, erblickt Gawein ein Panoptikum von Figuren, Szenen und Bedeutungen, ohne dass sich irgendetwas davon stinnstiftend auf ihn oder die Hand-

208 Dies ist nicht die einzige Stelle in der mittelalterlichen Artusepik, in der der Tod des Löwen erwähnt wird: Um 1300 adaptiert Konrad von Stoffeln Heinrichs Verfahren und nutzt genau diese ‚Leerstelle', indem er im ›Gauriel von Muntabel‹ den Ritter mit dem Bock gegen Iwein in einem Zweikampf antreten lässt, in dem sowohl der Bock als auch der Löwe getötet werden (vgl. Kap. V.4).

209 Peter Kern, Leugnen und Bewußtmachen der Fiktionalität im späten deutschen Artusroman, in: Fiktionalität im Artusroman (4.1.2), S. 25; vgl. auch Kern (5.6) und Cormeau 1977 (4.1.3), S. 176.

lung des Romans beziehen ließe. Trotz der Suche nach ‚verschütteten Subtexten' konnte nicht einmal die Stoff- und Motivgeschichte dieser Sequenzen (Vv. 13935–14406, 15997–16496 u. 28608–28990) befriedigend erhellt werden. Man hat sie daher als märchenhaft, phantastisch, hyperbolisch, bizarr oder surreal bezeichnet, als Jenseitsfahrten, Traumallegorien oder Phantasmagorien kategorisiert und mit mittelalterlichen Höllenbeschreibungen, etwa der in Dantes ›Divina Comedia‹, verglichen.[210]

Tatsächlich wirken die zwischen 382 und 499 Verse umfassenden Sequenzen wie literarische Beschreibungen von Gemälden mit apokalyptischen Szenen. Das von Gawein Geschaute erinnert an Apokalypse- und Höllen- (oder auch Karnevals-) Darstellungen der Bildenden Kunst, wie sie sich im 15. und 16. Jahrhundert, etwa bei Hieronymus Bosch oder Pieter Breughel dem Älteren, finden: Die drei Wunderketten könnten dann beispielsweise (in Form einer Bildbeschreibung) das auf einem bislang nicht identifizierten Weltgerichts-Triptychon Dargestellte wiedergeben. Ein heilsgeschichtlicher Diskurs wird in ›Diu Crône‹ aber gerade nicht geführt, nicht einmal als Memento mori werden diese Bilder genutzt: Wie der ungläubige Brandan, dem auf seinen Reisen in der ›Navigatio Brandani‹ Gottes Wunder vor Augen geführt werden, ‚schaut' Gawein diese Szenen jenseits seiner Handlungsmöglichkeiten, ohne einzugreifen oder eingreifen zu können – anders als sein ‚Sohn' Wigalois ist er von Heinrich von dem Türlin gerade nicht als Heilsbringer stilisiert: *Gâwein dûht daz mære / vremde und seltsæne* (Vv. 28985f.).[211]

Die literaturwissenschaftliche Auseinandersetzung mit den Wunderketten (wie mit Heinrichs Versroman insgesamt) dauert an. Einigkeit besteht darüber, dass das Erzählen in diesen drei

210 Kein Forschungsbeitrag über ›Diu Crône‹ kann die ‚Wunderketten' ausklammern. Die inzwischen üblich gewordene Benennung haben Ebenbauer 1977 und Wyss 1981 durchgesetzt (5.6); von den übrigen Titeln in der Auswahlbibliographie vgl. Haug 1980 (4.2.3), Cormeau 1977 (4.1.3), Zach, Wagner-Harken, Bleumer 1997, S. 238–255 (dort der Hinweis auf motivliche Übereinstimmungen mit den irischen Immrama, vgl. auch Haug 4.2.2), Keller, Vollmann und Felder (alle 5.6).

211 Selbst die Gralwelt eröffnet keinen religiösen Raum, denn *Ditz gotes wunder, Gâwein, / Mac niht werden gemein, / Ez muoz wesen tougen: /… / Von dem grâl wirt dir niht mê geseit, / Wan als du hâst gesehen* (Vv. 29463–29477). Der alternde Gralkönig beklagt sich stattdessen über das Versagen Parzivals bei dessen erstem Besuch auf der Gralburg. Um diese Abkehr vom Gewohnten nachvollziehen zu können, muss der Rezipient nicht nur sein Verständnis des ›Parzival‹ hinterfragen, sondern auch die Gralhandlung beider Romane miteinander vergleichen.

Sequenzen vollkommen anders funktioniert als sonst im Artusroman. Die Wunderketten erzeugen ein Gefühl von Alterität, welches als ästhetische Erfahrung auch dem mittelalterlichen Rezipienten bewusst geworden sein muss. Ob aber dieses ‚Andere', in dem das andauernde Glück und die ewige Jugend der literarischen Gawein-Figur nichts zählen, ob die vom Helden nicht wahrgenommenen und vom Autor nicht erzählten Möglichkeiten zur Aventiure überwunden oder gar eliminiert werden, und ob in ›Diu Crône‹ dadurch die gängigen Bauprinzipien und Ideale des Artusromans infragegestellt oder nicht gerade bestätigt werden, ist Gegenstand der Forschungsdiskussion. In jedem Fall macht die Gegenüberstellung von arthurischer Romanhandlung und dem ‚Anderen' außerhalb der erzählten Welt Grenzen der narrativen Fiktionen bewusst. Überhaupt scheint es eines der wesentlichen Anliegen Heinrichs von dem Türlin zu sein, den Artushof, die Tafelrunde und auch die Erzählwelt des Grals als das zu entblößen, was sie sind: Dichtung. Sein Versroman „zielt auf eine intellektuelle Befriedigung"[212] und dient einer elitären Rezeptionsgemeinschaft dazu, sich zu einem literarischen Quiz zusammenzufinden, um sich gegenseitig zu vergewissern, dass es im Artusroman weder um die Erziehung der adligen Jugend zur Tugendhaftigkeit noch um eine durch den Gral bestimmte, vom Christentum abgelöste Form der Frömmigkeit geht.

Die Anregungen zu einer solchen Erweiterung der Gattungskonventionen mag Heinrich in seinen altfranzösischen Quellen vorgefunden haben, insbesondere in den verschiedenen Fortsetzungen des ›Perceval‹, aber auch in den zahlreichen anderen afrz. Artusromanen, die nach Chrétien verfasst wurden. Nachdem eine erste Generation von Dichtern seit der Mitte des 12. Jahrhunderts französische Vorlagen ins Deutsche übertragen und bearbeitet hat, gehören Wirnt von Grafenberg und Heinrich von dem Türlin einer nachfolgenden Generation an, die sich im Anschluss an Wolfram von Eschenbach von ihren Quellen emanzipiert, indem sie ihnen zwar weiterhin Stoffe, Motive und Erzählverfahren entnimmt, über dieses Material aber frei, reflektierend und individuell verfügt (vgl. dazu unten, Kap. V.5). Heinrich stellt sein Werk zu den vorangegangenen Vertretern der Gattung, aber nicht als Perle oder Edelstein in einer Kette, sondern als die selbstgeschmiedete Krone, in der alle anderen Pretiosen ihren Platz finden: Statt der „Gattung einfach nur einen weiteren Edelstein hinzuzufügen

212 Bleumer 1997 (5.6), S. 267.

(sprich: die Geschichte eines weiteren Helden zu erzählen), setzt Heinrich gewissermaßen der Gattung selbst ein Denkmal, indem er den arthurischen Musterritter schlechthin, also Gawein, zum Helden seines Romans erhebt und ihn die Abenteuer sämtlicher klassischer Helden bestehen lässt. Folgerichtig bezeichnet er im Epilog den eigenen Roman ganz unbescheiden selbst als die Krone".[213]

213 Justin Vollmann, Performing virtue. Zur Performativität der ›Krone‹ Heinrichs von dem Türlin, in: PBB 130 (2008), S. 82–105, hier S. 102.

IV. Verlorene Erzählwelten: Fragmentarische Artusromane

Die bislang behandelten Artusromane gehören längst zum Kanon der deutschsprachigen Dichtung des Mittelalters und auch die im nachfolgenden Kapitel V besprochenen haben sich ihre Plätze in den Literaturgeschichten inzwischen erobert. Selbst grundlegende Studien zur gut erforschten Gattung des Artusromans vernachlässigen jedoch, dass ihren bekannten Vertretern von Hartmanns ›Erec‹ bis zum ›Gauriel von Muntabel‹ des Konrad von Stoffeln mindestens zehn weitere Werke an die Seite zu stellen sind, die nur fragmentarisch überliefert sind.[1] Lägen auch sie uns in ganzer Länge vor, würden sich unsere Vorstellungen von der Entwicklung der Gattung vermutlich erheblich verändern. Damit diese Werke nicht vollständig aus dem Blick geraten, fasst dieses Kapitel daher die gesicherten Informationen über die zum größten Teil verlorenen Erzählungen etwas ausführlicher zusammen.

Zu den anonymen, nur fragmentarisch erhaltenen Artusromanen zählen ›Der Mantel‹, ›Manuel und Amande‹, ›Segremors‹, ›Edolanz‹ und das Fragment aus Loccum, hinzu kommt der von Konrad Fleck und Ulrich von Türheim bearbeitete ›Cligès‹.[2] In Kapitel III wurden darüber hinaus schon der ›Mitteldeutsche Erec‹ (1.1), ›Der niederfränkische Tristan‹ (2) und der mittelfränkische ›Parcheval‹ (3.1) kurz behandelt. Daneben existieren weitere fragmentarische Werke aus dem 13. Jahrhundert, die zwar ebenfalls als Relikte vollständiger Texte gelten, aber entweder nicht zu den Romanen zählen (›Der rheinische

1 Vgl. zu ihnen nur Schiewer (4.1.3) und Meyer (5.10).

2 Als ‚Fragment' soll ein zufällig entstandenes (d. h. kontingentes und nicht fingiertes) Bruchstück mittlerer Proportion und Größe gelten, das durch seine Bruchstellen auf eine spezifische (enigmatische) Weise auf sein ehemals Ganzes verweist. Zu unterscheiden sind fragmentarische Medien (ausgerissene oder zerschnittene Blätter), Texte (markiert durch syntaktisch unvollständige und abgebrochene Sätze sowie grammatische und narrative Vor- und Rückverweise, die ins Leere laufen) sowie Werke (Ausschnitte aus umfangreicheren Erzählungen, die auch oder sogar vorwiegend im Vortrag existierten); vgl. dazu Achnitz (5.12).

Merlin‹, ›Tirol und Fridebrant‹) oder keine Hinweise auf eine Zugehörigkeit zum Stoffkreis der *matière de Bretagne* enthalten, wie bei den höfischen Versromanen ›Abor und das Meerweib‹ (2. Hälfte des 13. Jh.s), ›Ainune‹ (um 1225), ›Blanschandin‹ (nach 1230) oder ›Tybalt von Portimunt‹ (um 1300). Hinzu kämen schließlich auch noch einige Erzählungen aus Ulrich Fuetrers ›Das Buch der Abenteuer‹, wenn diese, wie bisweilen angenommen wird, auf nicht erhaltene Romane des 13. Jahrhunderts zurückgehen: der ›Seifrid de Ardemont‹, der ›Persibein‹, der ›Poytislier‹ und der ›Flordimar‹ (vgl. Kap. VI.1). Betrachtet man insgesamt die Gruppe höfischer Versromane, so verdoppelt sich die Zahl der aus dem 12. und 13. Jahrhundert erhaltenen Vertreter der Gattung ‚Artusroman' durch die aufgezählten Werke von 12 bis 16 (je nach Definition) auf mindestens 21 oder bis zu 33 Werke. Diese ‚verlorenen' Dichtungen stammen aus dem gesamten deutschsprachigen Gebiet, aus dem oberdeutschen, bairisch-österreichischen, ebenso wie aus dem niederdeutschen, vor allem aber aus dem west- und ostmitteldeutschen Raum. Die geringe Beachtung, die diese Werke bislang gefunden haben, mag auch dadurch bedingt sein, dass die Germanistik sich lange Zeit ausschließlich auf die mittelalterliche Dichtung des oberdeutschen Sprachraums konzentriert hat.

1. ›Der Mantel‹

Von dem Werk, das nach dem Gegenstand, um den sich die Handlung dreht, von der Forschung den Titel ›Der Mantel‹ erhalten hat, ist nur der Anfang überliefert (die ersten 994 Verse).[3]

Im Prolog thematisiert der Erzähler in sentenzreicher Rede die Unmöglichkeit, schlechte Menschen zu belehren (Vv. 1–28). Guten Menschen hingegen könne König Artus ein Vorbild sein, von dem mehr Geschichten erzählt worden seien als erhalten sind. Darum werde etwas aus dessen Zeit berichtet, was sich einst *uf Zeroylant* (V. 61) ereignet habe, als der König einst wie üblich alle tüchtigen Ritter im Land mit ihren Freundinnen zu einem großen Pfingstfest eingeladen hatte. Unter denen, die da versammelt waren, hätte sich ein schlechter Mensch geschämt, sagt der Erzähler. Nacheinander werden nun Ginover, Artus und Keie beschrieben und charakterisiert (Vv. 163–283), mehrfach wird auf Schönheitswettbewerbe angespielt. Am zweiten Tag des Festes, auf dem man sich auf verschiedenste Weise vergnügt, findet eine Messe statt und anschließend wartet man auf *âventiure* (Vv. 284–448).[4]

In diesem Augenblick erreicht den Artushof ein wohlerzogener und höfisch aussehender Bote, der sich auf den Brauch beruft, dass König Artus niemandem eine Bitte abschlägt (Vv. 449–569: das Erzählmotiv des *rash boon*). Er überreicht ihm einen von einer Fee hergestellten Mantel, der (als Herrschafts-, Rechts- und Schutzsymbol) nur den Körper einer vollkommen keuschen Frau perfekt verhüllt, und bittet darum, dass ihn alle Frauen am Artushof anprobieren, um zu sehen, welche ihrem Partner treu war (Vv. 570–612). Keie und der Ritter Engrewein werden beauftragt, die Damen der anwesenden Artusritter nacheinander zur Mantelprobe zu führen (Vv. 613–726).

3 Neben der älteren Ausgabe von Warnatsch 1883 (5.8) gibt es ein 1973 von Franz Unterkircher herausgegebenes Faksimile des Ambraser Heldenbuchs und die (auch hier benutzte) Neuausgabe durch Schröder 1995 (5.8).

4 Damit wird auf den im Artusroman häufig erwähnten Brauch des Königs angespielt, *daz er ze tische nie gesaz / des morgens, ê er eteswaz / von âventiure hêt vernomen* (›Wigalois‹, Vv. 249ff.); vgl. auch ›Parzival‹, Vv. 309,6–9; ›Diu Crône‹, Vv. 920–927; ›Daniel‹, Vv. 75–88 (Begründung für diesen Brauch), 109–114 u. 400–407; ›Lanzelet‹, Vv. 5706–5753; ›Meleranz‹, Vv. 3175–3197; ›Der jüngere Titurel‹, Strr. 2315ff.; ›Gauriel‹, Vv. 1678, 5385ff.; dazu Xenja von Ertzdorff, König Artus' site: *nehein rîter vor im az des tages swenn aventiure vergaz daz si sînen hof vermeit* (Parz. 309,6f.), in: *Ist zwîvel herzen nâchgebûr.* Günther Schweikle zum 60. Geb., hg. von Rüdiger Krüger. Stuttgart 1989 (Helfant-Studien S 5), S. 193–201.

Als erste zieht Ginover den Mantel an, der ihr in der Mitte zu kurz und an den Seiten zu lang ist, sodass der Unterleib vorn unbedeckt bleibt (Vv. 727–774). Unter den bis dahin ahnungslosen Frauen entsteht Unruhe, als sie nun merken, dass es bei dieser Anprobe um ihr Ansehen geht (Vv. 775–832). Keies Freundin reicht der Mantel nur bis an den Gürtel. Niemand außer Bruns Senpite wagt es jedoch, darüber zu spotten (Vv. 833–898).[5] Engreweins Freundin ist der Mantel zu kurz, hinten zu weit und vorn zu eng, sodass er offen steht (Vv. 899–922). Gaweins Freundin passt er weder in der Länge noch in der Weite (Vv. 923–942), und allen anderen ergeht es nicht besser, bis Enite, die Erec gerade zu dieser Zeit an den Hof gebracht hat, der Mantel von allen Frauen noch am besten passt: Ihr ist er nur drei Finger breit (*digiti*) zu kurz.[6] Mit einer erneuten Schilderung des negativen Charakters Keies bricht der Text ab.

Das Erzählte präsentiert sich als nach allen Regeln der Gattung ‚Artusroman' inszeniertes Spiel mit der literarischen Kenntnis des Publikums, in dem sowohl bei der Beschreibung des Festes als auch bei der Präsentation der einzelnen Damen und ihrer Verfehlungen an zahlreiche Stoffe der *matiére de Bretagne* erinnert wird. Der deutsche Text ist eine Bearbeitung des in fünf Handschriften erhaltenen altfranzösischen Fabliau ›Le Mantel Mautaillé‹, das ein nicht namentlich bekannter Dichter um 1200 bis 1210 schuf. In diesem Fabliau (oder Lais), in dem der abschließende Auftritt Erecs und Enites fehlt, probieren nach Gauvains Freundin noch diejenigen von Ivain, Perceval und Idier vergeblich den Mantel an. Danach lässt Artus die Burg nach weiteren Probandinnen absuchen, wobei man auf Galeta, die Freundin des aus keltischen Artusdichtungen (sowie aus dem ›Erec‹ und ›Diu Crône‹) bekannten Ritters Carados Briebraz (‚Kurzarm'), stößt: Sie allein besteht die Probe, erhält von allen hohes Lob und den Mantel als Geschenk. Damit endet das Fabliau.

5 Im afrz. Fabliau heißt der Ritter *Bruns sanz pitié* (‚ohne Erbarmen'), bei Chrétien erscheint er als *Sempite Bruns* (›Érec‹, V. 1715; ebenso in ›Diu Crône‹, V. 2305); in der einzigen Handschrift des deutschen Textes steht allerdings an dieser Stelle *der Vnseffte* (Ambraser Heldenbuch).

6 Kurze Mäntel mussten in spätmittelalterlichen Städten mitunter Prostituierte tragen. Eine Verordnung aus dem Jahr 1471 schreibt ‚öffentlichen Weibsleuten' Mäntel vor, die drei Finger breit über der Erde (*drijer finger breit ob der erde*) enden sollen und weder mit Pelz noch Seide gefüttert sein dürfen, vgl. Straßburger Zunft- und Polizei-Verordnungen des 14. und 15. Jahrhunderts, aus den Originalen des Stadtarchivs ausgewählt und zusammengestellt von Johann Karl Brucker. Straßburg 1899, S. 459–460.

Der im Deutschen veränderte Ausgang der Probe und der fehlende Schluss erklären sich durch die unikale und eigenartige Überlieferung des Fragments im Cod. Ser. nova 2663 der Österreichischen Nationalbibliothek in Wien. Das Werk, das allem Anschein nach in der ersten Hälfte des 13. Jahrhunderts entstand (dafür sprechen unter anderem der Stil und die Reimgrammatik), ist ausschließlich im Ambraser Heldenbuch überliefert, dem großformatigen und umfangreichen Codex, in den Kaiser Maximilian zwischen 1504 und 1517 seinen Zollschreiber Hans Ried ältere Dichtung des 13. Jahrhunderts in repräsentativer Form abschreiben ließ.[7] Prolog und Handlung von ›Der Mantel‹ ersetzen auf den dreispaltig eingerichteten Blättern 28rc–30rb in Form einer Überlieferungssymbiose den fehlenden Anfang des ›Erec‹ Hartmanns von Aue (s. oben, Kap. III). Da dieser auch sonst nirgends überliefert ist, kann man nur annehmen, dass der Übergang an dieser Stelle in der mittleren Spalte von Blatt 30r stattfindet, an der der Erzähler zunächst über Keie spricht, der während der Probe alle am Hof verspottet, und dann plötzlich von Erecs Ausritt mit Königin Ginover und ihren Damen berichtet:

987 grosse boshait an im lag
wann er ÿe des siten phlag
daz er das sagt von dem man
990 wo er jn am maisten beschwarte an
solhe site er nÿe verchos
er was also zuchtlos
des mochte jn nÿemand enziehen
994 seine wort must man fliehen
1 beÿ jr vnd beÿ jr weÿben
ditz was Erech Vilderoilach
der baiden frumbkait vnd salden phlag
Durch den die rede erhaben ist
5 nu riten sÿ vnlange frist
nebeneinander baide
Ee daz sy úber die haÿde
verre jn allen gahen
zu reyten sahen
10 ein Ritter selbdritten ...

›Der Mantel‹ bricht mitten im Satz ab, die syntaktische Struktur ist an der Nahtstelle gestört und ein inhaltlicher Zusammenhang besteht nur grob dadurch, dass (abweichend von der Vor-

7 Vgl. dazu Janota (5.8).

lage) Enite zuletzt den Mantel anprobiert und es eben Erec ist, der bei der Hirschjagd mit der Königin und ihren Damen vom Artushof auszieht (und nach Chrétien und Hartmann Enite dann ja erst kennenlernt). Es muss ungeklärt bleiben, wie es zur Verbindung beider Texte kam: Möglicherweise hat Hans Ried die Symbiose vorgenommen, weil dem ›Erec‹-Manuskript, das er abschrieb, vorn ein Blatt fehlte, vielleicht fand er beides aber auch schon so in seiner Vorlage verbunden. Ungeplant dürfte die Verbindung jedenfalls nicht vorgenommen worden sein, denn die Überschrift zu ›Der Mantel‹, die auch das Register des Heldenbuchs wiedergibt, kündigt beide Geschichten an: *Aber von künig Artus / vnd seinem Hofgesind / auch Helden vnd handlungen / Als von her Gabein / Khaÿ / Yrecken / eines Mantlshalben / so künig Artus hausfraw / vnd ander frawen anlegen muesten / dardurch man Ynnen ward Irer trew / Sunderlich von Erick / vnd seiner hausfrawen ein tail ain schon lesen* (Bl. 28rc). Ebenfalls muss ungeklärt bleiben, ob ›Der Mantel‹ im Ambraser Heldenbuch fast vollständig überliefert ist und es sich damit um eine kurze Erzählung nach der Art der französischen Lais handelt (vgl. Kap. II.3). Eine solche Kurzerzählung hätte im Bereich der deutschsprachigen *matière de Bretagne* nur in dem Episodengedicht ›Tristan als Mönch‹ eine Parallele (vgl. Kap. III.2).

Die Mantelprobe könnte aber auch, nicht zuletzt wegen des relativ umfangreichen Prologs, der ausführlich in die Gattungskonventionen einführt (Vv. 1–127), der Ausgangspunkt einer komplexen Romanhandlung sein, denn solche Tugendproben finden sich auch andernorts in der höfischen Dichtung.[8] Sie waren vielleicht deshalb so beliebt, weil sich an ihnen vorzüglich das Tugend- und Wertesystem der höfischen Dichtung vorführen und diskutieren lässt und sie sich zugleich dazu eignen, nahezu unbegrenzt neue Erzählstoffe zu generieren. Die vermutlich älteste Darstellung einer Mantelprobe im deutschsprachigen Raum findet sich im ›Lanzelet‹ des Ulrich von Zatzikhoven (Vv. 5746–6201). Weil sich in ›Der Mantel‹ einige zum Teil wörtliche Anklänge an ›Diu Crône‹ des Heinrich von dem Türlin feststellen lassen und weil dort neben der Schilderung

8 Tugendproben dieser Art gibt es in den Artusliteraturen des gesamten europäischen Sprachraums, vom Isländischen über andere skandinavische Sprachräume bis in das Englische und das Altfranzösische, vom 12. bis in das 17. Jahrhundert hinein, vgl. dazu Kasper (5.8). Auch die beiden Fastnachtspiele ›König Artus' Horn I‹ und ›Luneten Mantel‹ aus dem 15. Jahrhundert inszenieren solche Tugendproben (vgl. Kap. VI.4).

einer Becher- und einer Handschuhprobe auch eine Erzählung von einem Mantel erwähnt wird,[9] hat Otto Warnatsch im 19. Jahrhundert das Fragment für den Anfang eines verlorenen Lanzeletromans gehalten, der Heinrich von dem Türlin als Verfasser zuzuschreiben sei. Inzwischen ist man von dieser spekulativen Zuschreibung abgerückt. Zuletzt hielt Werner Schröder ›Der Mantel‹ für „eine halb burleske Kontrafaktur" zu Heinrichs Roman.[10] Fällt die Autorzuweisung und damit die Möglichkeit, dass in ›Diu Crône‹ eine Art ‚Selbstzitat' des Autors vorliegt, dann kommt für die Abfassung von ›Der Mantel‹ die gesamte Zeitspanne zwischen der Entstehung des Fabliau und dem späten 13. Jahrhundert in Frage (Anspielungen auf Tugendproben am Artushof beim Tannhäuser).[11] Schröder plädiert jedenfalls für eine Anfertigung nach 1230/1240.

Als Entstehungsgebiet ist für die Dichtung wohl der bairisch-österreichische Sprachraum anzunehmen (dafür spricht u. a. der Reim *harte:worte* in den Vv. 274f.).[12] Sowohl in Gottfrieds ›Tristan‹ (Vv. 4691–4722)[13] als auch im ›Wilhelm von Orlens‹ (Vv. 2192–2197) sowie im Alexanderroman (Vv. 3205–3218) des Rudolf von Ems wird allerdings inmitten anderer Artusromane der alemannische Lyriker Bligger von Steinach (um 1200?) als Verfasser einer offensichtlich unvollendeten Dichtung erwähnt: *daz ist der* [...] *Umbehanc.* Ob damit wirklich ›Der Mantel‹ gemeint ist (da *umbehanc* zumeist ‚Wandbehang oder -teppich' bedeutet, wurde auch ›Ainune‹ wurde erwogen, s. u., S. 243f.) und welcher der verschiedenen Bligger von Neckarsteinach bei Heidelberg dann als dessen Autor in Frage käme, muss ganz und gar im Unklaren bleiben.

9 Vv. 23502–23505: *daz ich ... / da vor e han geseit / an dem kopf und an dem mandel.*

10 Schröder (5.8), S. 57; vgl. dazu auch Kratz (5.8).

11 Vgl. Warnatsch (5.8), S. 77f.

12 Forschungsliteratur zum Text ist bibliographiert bei Cormeau, Schröder, Hofer und Hardin (5.8).

13 Vgl. zur Stelle Bruno Quast, Gottfried von Straßburg und das Nichthermeneutische. Über Wortzauber als literarästhetisches Differenzkriterium, in: Mitteilungen des Deutschen Germanistenverbandes 51 (2004), S. 250–260.

2. Konrad Fleck und Ulrich von Türheim, ›Kliges‹

Neben ›Érec et Énide‹, ›Yvain‹, ›Perceval‹ und später dem ›Lancelot‹ ist auch Chrétiens ›Cligès‹ in das Mittelhochdeutsche übertragen worden. Dies bezeugt schon Rudolf von Ems, der in den Literaturexkursen in seinem Alexanderroman (Vv. 3239ff.) und im ›Wilhelm von Orlens‹ (Vv. 2256ff. u. 4390ff.) um 1225/1230 sowohl Konrad Fleck als auch Ulrich von Türheim als Verfasser einer solchen Übertragung erwähnt.

Konrad Fleck ist sonst nur als Dichter des (auch bei Rudolf erwähnten) Minne- und Abenteuerromans ›Flore und Blanscheflur‹ bekannt, der nach einer französischen Vorlage vermutlich im zweiten oder dritten Jahrzehnt des 13. Jahrhunderts entstanden ist. Ulrich von Türheim ist der Verfasser von Fortsetzungen zu zwei höfischen Versromanen, in denen er sich auch selbst nennt: Zum einen schrieb er einen Schluss zu Gottfrieds von Straßburg ›Tristan‹-Torso, zum anderen zu dem ebenfalls unvollendeten ›Willehalm‹ Wolframs von Eschenbach, wobei er sich jeweils auf die bereitstehenden Vorlagen zu diesen Erzählungen stützte. Ulrich, den Rudolf von Ems als seinen *vriunt* bezeichnet (V. 4390), dürfte ein 1236 und 1244 urkundlich bezeugter Angehöriger eines Ministerialengeschlechts (aus dem heutigen Türkheim im Zusamtal) gewesen sein, welches im Dienst der Bischöfe von Augsburg stand. Seine Auftraggeber sind im Umkreis des Stauferhofs zu suchen, unter ihnen ist neben anderen der Reichsministeriale Konrad Schenk von Winterstetten († 1243).[14]

Von der deutschen Bearbeitung des ›Cligès‹ haben sich in verschiedenen Bibliotheken mehrere Bruchstücke derselben Handschrift vom Beginn des 14. Jahrhunderts erhalten, die erst nach und nach entdeckt wurden: zuerst 1888 in Zürich [A], dann 1966 in Kalocsa [C] und schließlich in St. Paul im Lavanttal. Mit den 1975 zuletzt aufgefundenen Pergamentstreifen bestätigen sich die Angaben Rudolfs von Ems wenigstens zum Teil, denn in ihnen nennt sich Ulrich von Türheim als Autor. Da die überlieferten Partien aber aus dem letzten Drittel der Handlung stammen, die Chrétien erzählt, und da Rudolf von Ems ja zwei Verfasser eines Romans über *Clies* anführt und Ulrich auch sonst nur durch das Abfassen von Romanschlüssen bekannt wurde, ist

14 Dazu GANZ (5.10) und STROHSCHNEIDER 1999 (5.10).

es denkbar, dass auch in diesem Fall Ulrichs Text nur den Abschluss eines unvollendeten Romans Konrad Flecks bildet. Dieser wäre dann wohl wie ›Flore und Blanscheflur‹ im zweiten oder dritten Jahrzehnt des 13. Jahrhunderts entstanden, während die Fortsetzung wie die anderen Werke Ulrichs vermutlich aus dem vierten oder gar fünften Jahrzehnt datiert.

Die verstreut überlieferten Fragmente ein und desselben Manuskripts (ein so genannter Codex discissus) stellen die Reste von fünf zerschnittenen Blättern im Folioformat (255 x 176 mm) dar. Sie wurden bald nach 1300 zweispaltig in bairisch-österreichischer Schreibsprache beschrieben. Das obere Drittel eines Pergamentdoppelblattes und der schmale Längsstreifen eines weiteren Blattes in der Züricher Zentralbibliothek (Cod. Z XIV 12) überliefern 58 gut lesbare und 72 nur rudimentär vorhandene Verse [= A]. Die Stiftsbibliothek St. Paul im Lavanttal verwahrt unter der Signatur Cod. 27/8 ein längs zerteiltes Pergamentblatt mit 143 Versen [= B] und in der Kathedralbibliothek in Kalosca gibt es nochmals drei Querstreifen eines Blattes und zwei Längsstreifen eines anderen Blattes mit 242 Versen (Ms. 312/a) [= C], sodass insgesamt 515 Verse des ›Kliges‹ erhalten sind, manche von ihnen aber nur zum Teil.[15]

Der Forschung ist in Bezug auf Schrift und Einrichtung des Manuskripts die Ähnlichkeit mit Cod. 2670 der Österreichischen Nationalbibliothek aufgefallen, der von seinem Schreiber auf das Jahr 1320 datiert ist und neben Wolframs ›Willehalm‹ auch dessen Fortsetzung durch Ulrich von Türheim (›Rennewart‹) und die dazugehörige ›Arabel‹-Vorgeschichte Ulrichs von dem Türlin enthält. Diese Willehalm-Trilogie ist wohl in Wien oder in Wiener Neustadt angefertigt worden. Erhalten sind ausschließlich Passagen aus dem letzten Drittel der altfranzösischen Vorlage Chrétiens (vgl. dazu die Nacherzählung des Inhalts in Kap. II.3).

Der Text in A erzählt vom Herzenstausch beim Abschiedsgespräch zwischen Venix und Kliges, der nach Britannien aufbricht (bei Chrétien sind dies die Vv. 4230ff.). In B liegt ein Ausschnitt aus dem Zweikampf zwischen Kliges und Kawein während des Turniers am Artushof vor,

15 Die (auch hier benutzte) Gesamtausgabe aller Bruchstücke anlässlich des Neufundes in St. Paul stammt von GRÖCHENING/PASCHER (5.10). Neben der dort genannten älteren Forschungsliteratur vgl. SCHIEWER (5.10), S. 227 u. 242f., sowie ROCHER (5.10) und die Einleitung zur zweisprachigen Ausgabe des ›Cligès‹ durch KASTEN (1.2).

den König Artus erst nach langem Zögern für unentschieden erklärt (Vv. 4940–4990 bei Chrétien). In C versichert sich Kliges in einem Gespräch der Verschwiegenheit Jehans für die Durchführung seines Plans, den Tod Venixes vorzutäuschen (bei Chrétien die Vv. 5490–5652). Es folgen, in zum Teil stark lückenhaften Versen, die Klage Tessalas um die kranke Venix, deren vorgeblicher Tod, ihr Begräbnis und die Vorbereitungen zur Befreiung der Scheintoten aus dem Grab.

Innerhalb eines Minneexkurses, der sich im Vergleich mit Chrétiens ›Cligès‹ als ein Einschub präsentiert, nennt *Ulrich von* Tur(e)*hein* seinen Namen (Bl. 1rb). Vieles spricht also dafür, dass der Autor auch in diesem Fall fortsetzte, was ein anderer unabgeschlossen hinterließ.

3. ›Manuel und Amande‹

Nach Reimgrammatik und Stil könnte auch die Erzählung vom Liebespaar Manuel und Amande bereits im ersten Viertel des 13. Jahrhunderts im Rheinfränkischen entstanden sein. Trotz der Liebesthematik und der Einbeziehung mediterraner Orte und Länder handelt es sich kaum um einen Minne- und Abenteuerroman in den Bahnen des pseudo-historischen Romans, den Rudolf von Ems mit dem ›Wilhelm von Orleans‹ begründet hatte,[16] sondern um einen Artusroman in der Nachfolge von Chrétiens ›Cligès‹, der in der ersten Hälfte des 13. Jahrhunderts ins Deutsche übersetzt worden war.

Insgesamt sind in mehreren Fragmenten [A1–4, B1/2] zweier Textzeugen 540 Verse eines Romans überliefert. Die Bruchstücke des einen Textzeugen verwahrt das Konventarchiv des Franziskanerklosters in Schwaz/Niederösterreich (Lade O, Frag. germ. 1). Dabei handelt es sich um ein Einzelblatt [= A1] und drei Doppelblätter [= A3/4] sowie ein weiteres, später aufgefundenes Einzelblatt [= A2] einer kleinformatigen Pergamenthandschrift (150 x 110 mm) aus dem zweiten Viertel des 14. Jahrhunderts. Die Schreibsprache ist Nordbairisch-Ostfränkisch und weist in die Gegend nördlich von Nürnberg als Ort der Niederschrift. Reste eines weiteren Pergamentdoppelblattes [= B1/2] sind im Besitz der Kantonsbibliothek Vadiana in St. Gallen (VadSlg Ms. 462a, Fragment 1). Es handelt sich um zwei schmalere und zwei höhere Querstreifen aus dem dritten Drittel des 14. Jahrhunderts, die unter minimalem Textverlust zerschnitten worden sind. Die ursprüngliche Blattgröße betrug mindestens 190 x 141 mm, die Größe des mit Tinte vorliniierten Schriftraumes beträgt etwa 165 x 108 mm. Die Fragmente stammen aus demselben Trägerband (und möglicherweise aus derselben Handschrift) wie die ältesten Fragmente von des Pleiers ›Tandarios‹, aber wohl von einem anderen Schreiber. Dennoch sind auch sie nach ihrer Schreibsprache dem fränkisch-bairischen Grenzgebiet zuzuordnen und dürften ebenso in der Gegend zwischen Nürnberg und Würzburg entstanden sein wie A. Dort sollte man wohl auch den Verfasser von ›Manuel und Amande‹ vermuten dürfen.[17]

16 So Steinhoff 1984 (5.10), Sp. 244, mit Teilen der älteren Forschung.
17 Vgl. dazu Achnitz (5.10).

Da die beiden Hälften des Doppelblatts (B1/B2) keinen fortlaufenden Text bieten, fehlt zwischen ihnen mindestens ein weiteres Doppelblatt. Insgesamt enthält B 256 (zum Teil verstümmelte) Verse. Diese stimmen im Bereich der Vv. B2 1–26 mit den Vv. 15–40 aus A1 und im Bereich der Vv. B2 47–66 mit den Vv. 21–40 aus A2 überein, woraus sich schließen lässt, dass sich auf der nahezu unleserlichen Vorderseite von A2 die 20 Verse von B2 27–46 befunden haben müssen. Das Erhaltene kann somit in folgende Reihenfolge gebracht werden:

B1, Vv. 1–128

Lücke unbestimmter Größe, etwa 3–4 Doppelblätter (768–1024 Verse)

		A1, Vv. 1–14
B2, Vv. 1–26	=	A1, Vv. 15–40
B2, Vv. 27–46	=	A2, Vv. 1–20 (unlesbare Vorderseite)
B2, Vv. 47–66	=	A2, Vv. 21–40 (Rückseite)
B2, Vv. 67–128		

Lücke unbestimmter Größe

A3, Vv. 1–118

Lücke unbestimmter Größe, ein Blatt oder Doppelblatt (40–80 Verse)

A4, Vv. 1–114

Nach dieser Reihenfolge stellt sich der Inhalt der überlieferten Passagen wie folgt dar:

In B1 bedankt sich eine Königin, bei der es sich um Ginover handeln könnte, bei einem Mann namens Blier[18] für die von ihm geleistete Hilfe, indem sie ihm Lohn für das Abwenden ihres Kummers anbietet. Sie

18 Der sonst nicht bekannte Name erinnert entfernt an den Artusritter Plîopleherîn aus Hartmanns ›Erec‹ (V. 1651 *Bliobleherim*), der im ›Iwein‹ von Meljaganz (V. 4705) und in Wolframs ›Parzival‹ von Orilus besiegt wird (V. 134,28 *Plihopliherî*). In der ›Crône‹ erscheint dieser als *Bleos von Blieriers* (V. 2304), in Chrétiens ›Erec‹ als *Bliobleheris, Blioberis* (V. 1714). Bei dem ›Perceval‹-Fortsetzer Gauchier de Dourdan ist *Blihos Bleheris* ein Ritter, der von Gawein besiegt und an den Artushof gesandt wird, wo er sich als geschickter *conteur* erweist; im ›Wigamur‹ tritt der Artusritter *Plîopleerin* (*von Aratûn*) auf (V. 2064 u. ö.), der von Wigamur besiegt wird, vgl. dazu A Catalogue of Names (4.1.3), S. 54.

kündigt die Ankunft Amandes an und bittet die Anwesenden darum, der Ankommenden gegenüber ihren Unmut darüber zu verheimlichen, dass einer ihrer Vasallen Amandes Freund (*fridel*) ist. Nachdem Amande eingetroffen ist, begleitet diese die Königin und ihr Gefolge nach Karidol, wo ein so freudenreiches Fest stattfindet, das jedem selbst der Liebeskummer verfliegt. Währenddessen macht sich Herr Jonas mit dem Pferd (von dort aus?) auf den Weg zu Manuel, den die Sehnsucht nach seiner Geliebten quält. Er trifft ihn in Traurigkeit versunken vor seinem Zelt. Jonas weist ihn auf die froh stimmende Schönheit der Natur hin und fragt Manuel angesichts der vielen schönen Frauen, unter denen er doch die freie Auswahl (*die vrien wele*) habe, nach seinem Kummer. Manuel bedauert, nicht die *selbenkure*, die freie Entscheidung treffen zu können, in wen man sich verliebe, und er klagt darüber, sich gerade auf der absteigenden Seite des Rades der Fortuna zu befinden, während Jonas obenauf sitze (vgl. dazu Kap. III.5.1 zum ›Wigalois‹ und Kap. III.5.2 zur ›Crône‹).

Nach einer Lücke berichtet in A1/A2 und B2 zunächst ein Ritter im Gespräch mit einer Dame von seiner Geliebten, die wie eine Arznei (*Tyriacke*) seine Wunden heile. Er begibt sich in den Dienst dieser Dame, um eine erlittene Schmach (erfolgreicher als der König von Navarre) zu rächen, und erhält von ihr dafür eine Gewandschnur als *cleinote*. Als Ginover hinzutritt, verabschiedet er sich und trifft auf Jonas. Ihn konfrontiert er mit den Anschuldigungen der Dame, ihr die *triuwe* gebrochen zu haben, und bezeichnet ihn als *partiere* (‚Betrüger'): Am kommenden *mittewochen* werde er dafür zur Rechenschaft gezogen. Jonas nimmt die Herausforderung an und beide verabreden sich für ein (wohl am folgenden Tag stattfindendes) Turnier. Am Ende von B2, noch immer im Vorfeld des eigentlichen Turniers, bittet Manuel den König Artus um eine Tjoste, die dieser ihm nicht verwehren kann. Insgesamt haben sie gegeneinander neun Speere verstochen, als das Fragment abbricht.

Nach einer weiteren, in ihrer Größe nicht bestimmbaren Lücke überliefern die hier als A3/4 bezeichneten drei Doppelblätter dann den Schluss der Erzählung: Mit *minnenclicher samenvnge* werden Manuel von Griechenland und die spanische Königstochter Amande zueinander geführt. Der Artushof sendet Boten in die Heimatländer des Brautpaars, um zur Hochzeit nach Karidol einzuladen. Amandes Vater reist aus Spanien an, und Manuel führt abschließend seine Braut heim nach Griechenland, wo beide bis an ihr seliges Ende *mit grozen vrevden* leben.

Im Anschluss an die Narratio beginnt in A3 mit Vers 61 der umfangreiche Epilog zu diesem Werk, der zunächst vom späteren Tod des Königs Artus und von den Spekulationen um seine von manchen erwartete Wiederkehr nach 25 Jahren erzählt, von der *daz buch* berichte. Der Erzähler teilt mit, dass er noch viele Geschichten von diesem *wunderere* erzählen könne, wenn ihn nur jemand darum bäte: *ein ris ich dar vmbe abe brach / Von sinem wun-*

der bovme (Vv. 88f.). Ebenso viele Gerüchte wie um die Wiederkehr gebe es auch um das Ende des König Artus; manche würden gar behaupten, die Wahrheit darüber zu kennen. Es folgen drei syntaktisch unvollständige Verse (116–118), die offensichtlich auf die Frühgeschichte des Artusstoffs anspielen:[19] *ein visch wurde vf gerizzen, / Des der kvnic sere engalt, / als ein katze gestalt.* Nach ihnen fehlt mindestens ein Blatt (= 40 Verse), vermutlich sogar mindestens ein Doppelblatt (= 80 Verse) im Inneren der Lage.

Die Schlussblätter setzen mit einem Lob der *êre* ein (*swer ere minnet der ist wis*) und beklagen den Tod Ginovers elf Jahre nach dem des Artus: Sie sei zu St. David begraben worden.[20] Jeder, der etwas über die Tafelrunde weiß, möge sich deren Normen und Werte zum Maßstab nehmen:

swer den akker wil er ieten
Von allem vnkrvte wilde,
der neme artuses bilde
Vnde an sinem reinen wibe.
man sol in disem libe
Nach gelucke niht leben.

Am Schicksal der Tafelrunde lasse sich nämlich die Armseligkeit der Welt, aber auch ihre *ordenvnge*, ablesen. Das Exempel von König Artus und seiner Gattin sei daher als *spigel* für alle tugendhaften Männer und Frauen gedacht, die *steter minne phlegen* (V. 169). Abschließend folgt eine Reihe von Sentenzen, in denen die rechte Art und Weise thematisiert wird, auf die man die Liebe einer Frau erringen und bewahren sollte (für zwei dieser Sentenzen beruft sich der Erzähler auf Seneca sowie auf *Tullius* Ciceros ›De amicitia‹). Das Textende greift noch einmal den freien Willen (mhd. *selpküre*) aus dem Gespräch zwischen Jonas und Manuel auf:

19 Zum Kampf des Königs mit der Katze, der u. a. im afrz. ›Livre d'Artus‹ erzählt wird, vgl. ausführlich Emile Freymond, Artus' Kampf mit dem Katzenungetüm. Eine Episode der Vulgata des ›Livre d'Artus‹, die Sage und ihre Lokalisierung in Savoyen, in: Beiträge zur Romanischen Philologie. Festgabe für Gustav Gröber, hg. von Ph. A. Becker, D. Behrens u. a. Halle/Saale 1899, S. 311–396; Walter Haug, Das Mosaik von Otranto. Darstellung, Deutung und Bilddokumentation. Wiesbaden 1977, S. 31–35.

20 Die Kathedrale von St. Davids in der walisischen Grafschaft Pembrokeshire gehört zu den ältesten Anlagen dieser Art in Großbritannien; es dürfte im Text aber wohl eher das Kloster Glastonbury gemeint sein (s. o., S. 18–21), welches einen Erweiterungsbau besaß, der nach Wilhelm von Malmesbury vom Waliser Schutzheiligen David gestiftet worden sein soll.

ein ietslich hertze daz wil ie
Haben ein frie selpkvre.
tusent libe man verlvre
E man daz hertze vber strite
daz ez die selpkvre vermite.

Der Erzähler beendet das Werk mit dem Wunsch, denjenigen, der seine Frau mit wertlosen Sachen (*argen dingen*) zur Gegenliebe bewegen kann, stets an seiner Seite zu wissen. Da nach nur 14 Versen etwa ein Drittel des letzten Blattes unbeschrieben blieb, darf man annehmen, dass der Schluss des Werks vollständig erhalten ist. Wenn im Inneren der Lagen A3/4 tatsächlich noch ein Doppelblatt mit 80 Versen fehlt, war sein Epilog mit rund 250 Versen für einen Artusroman ungewöhnlich umfangreich.

In der Nachfolge von Konrad Flecks ›Kliges‹ wird der Artusstoff in ›Manuel und Amande‹ mit den mediterranen Schauplätzen der so genannten Minne- und Aventiureromane (wie Konrad Flecks ›Flore und Blanscheflur‹ und Rudolfs von Ems ›Wilhelm von Orlens‹) verknüpft; ähnliches unternimmt wenige Jahrzehnte später der Pleier in ›Tandarios und Flordibel‹. Wie nicht nur der philosophische Diskurs über die Selbstbestimmtheit des freien Willens, sondern auch die zahlreichen Sentenzen und die Berufung auf Cicero und Seneca zeigen, präsentiert sich der Versroman, als dessen Verfasser vielleicht der bei Rudolf von Ems erwähnte Gottfried von Hohenlohe in Frage kommt,[21] auf einem vergleichsweise hohen Reflexionsniveau. Auch Sprachverwendung, Stil, Versbau und Reimtechnik deuten auf eine Entstehung noch in der ersten Hälfte des 13. Jahrhunderts hin, im (vielleicht nicht nur zeitlichen) Umfeld des ›Wigalois‹ und der ›Crône‹.

Drei weitere nur fragmentarisch erhaltene Versromane stehen ›Kliges‹ und ›Manuel von Amande‹ zwar inhaltlich und stilistisch nahe, dürften aber anders als diese ganz den Minne- und Aventiureromanen zuzuschlagen sein, da ihnen die gattungshafte Dominante der Artusromane, das Personal des Artushofs, fehlt. Es handelt sich um ›Ainune‹, ›Blanschandin‹ und ›Tybalt von Portimunt‹,[22] die im Folgenden kurz vorgestellt werden:

21 Vgl. Achnitz (5.10); dort auch die Forschungsliteratur.

22 Zu allen Texten geben die Artikel im Verfasserlexikon den spärlichen Forschungsstand wieder (dort auch die gängigen Textausgaben); vgl. auch Meyer-Benfey (5.10).

Um die Königin Ainune wirbt in einem Minnegespräch ein namenloser König.[23] Das Zusammenfinden beider deutet sich an (die nachfolgende Inhaltsübersicht orientiert sich an der Reihenfolge der Abschnitte im Textabdruck; da keine kodikologischen Daten mehr erhoben werden können,[24] steht diese zur Disposition): [A] Gespräch eines Boten mit der Königin Ainune und dessen Bericht an einen König. [B] Erste Begegnung zwischen Ainune und dem König während eines Festes im Mai. [C] Liebeserklärung des Königs an Ainune (Motiv der Fernminne). [D] Ainune bezweifelt die Aufrichtigkeit dieser unerwarteten Liebeserklärung – der König beteuert seinen Ernst; seine Fernminne habe sich an der Beschreibung Ainunes durch Willehalm de Punt entzündet. [E] Fortsetzung des Gesprächs über die Ernsthaftigkeit der Absichten des Königs. [F] Ainune berichtet über ihr (voreilig?) gegebenes Versprechen einem (anderen?) Mann gegenüber, der sie zwar beschützt hat, sich aber nun anderswo befindet (?); seinem Ratschlag will sie folgen. [G] Ainune und der König hören einen *sælich man* (wohl Ainunes Bruder) an, dessen Wunsch sie erfüllen wollen. Der Mann sagt, dass Ainune und der König für einander bestimmt seien. [H] Ein (dieser?) Mann sagt seiner *lieben swester* Dank, weil sie den Angesprochenen auserwählt hat. Der Erzähler stimmt dem Gesagten ausdrücklich zu. Diejenigen hingegen, die sich an *valsche minne* wenden, sollten seiner Meinung nach mit einem Horn an der Stirn versehen sein, damit die Frauen sie besser erkennen können.

Den Jüngling Blanschandin unterrichtet ein *meister* über Fragen der Ritterschaft und der Ausrüstung und Waffen eines Ritters [A].[25] Blan-

23 Der Name der Königin Ainune dürfte dem der Oinone des (im Text erwähnten) Ovid entsprechen, welche auch in Thomasins von Zerclære ›Der welsche Gast‹ genannt wird (dort neben Enite, Blanscheflor, Sordamor, Gawein, Cliges, Erec, Iwein, Tristan, Segremors, Kalogrenant, Keie und anderen Mitgliedern des Artushofs, vgl. die Vv. 1023ff.).

24 Die zwei Pergamentblätter (314 Verse) der UB Heidelberg, die angeblich vom Anfang des 13. Jahrhunderts stammen, gelten seit 1855 als verschollen.

25 Nach Ausweis der Reime sowie dem Schreibdialekt der einzigen Handschrift zufolge dürfte der Text im nordalemannisch-fränkischen Grenzgebiet entstanden sein (Wien, Österr. Nationalbibl. Wien, Cod. Ser. nova 102). Seine afrz. Vorlage, der *roman d'aventure* ›Blancandin et l'Orgueilleuse d'Amor‹ (rund 6100 Verse), wurde vor 1229 abgeschlossen, sodass eine Datierung des mhd. Textes bald nach 1230 in Frage kommt. Die Vorlage erzählt von der frz. Adelstochter Blancandine, die die elterliche Burg verlässt, um als Ritter Blancandin am Hof des Sultans von Babylon zu leben. Die Sultanstochter verliebt sich in den fremden Ritter und erzwingt eine Heirat. Nach Entdeckung des Schwindels will sich die Betrogene rächen und ihren ‚Ehemann' öffentlich bloßstellen. Dem erscheint jedoch in der Nacht ein Engel, der ihm zur freien Wahl stellt, künftig als Mann oder als Frau zu leben. Blancandine will eine Frau bleiben, doch als ihr der Engel die Zeugung eines bedeutsamen Menschen in Aussicht stellt, entschließt sie sich, fortan männlichen Geschlechts zu sein. Als Sohn Blancandins und der Tochter des

schandin bedauert, dass ein gekrönter Herrscher nur noch gegen Seinesgleichen kämpfen darf. Das Gespräch wird unterbrochen, als Blanschandins Eltern, der König und die Königin, aus der Messe kommen. Gemeinsam geht man zu Tisch. Blanschandin will Ritterschaft ausüben und lässt sich des Nachts von einem Knecht heimlich Pferd, Rüstung und Waffen seines Vaters bringen (um unbemerkt den Hof zu verlassen). [B] Blanschandin steht einer Dame bei, die von einem Ritter geschlagen wird. Den anschließenden Zweikampf vergleicht der Erzähler mit dem Kampf zwischen Feirefiz und Parzival, einer der Kämpfer wird mit als *eber swîn* bezeichnet. Die Dame bittet Gott, der stets den Gerechten geholfen habe, um Hilfe für den jungen Blanschandin. Dieser schlägt seinem stürzenden Gegner kurzerhand den Kopf ab. [C] Nach einem Exkurs des Erzählers über das Wirken der Minne heißt es, dass Blanschandin über das Erlebte sehr verwundert sei und alles für einen Traum halte. Er legt die zuvor geraubte Rüstung neben den von ihm [in B] getöteten Ritter und reitet ängstlich davon, weil er glaubt, dass ihn die Freunde des Ritters, den er *durch rehte nôt* erschlagen hat, verfolgen werden. Ziellos umherreitend gelangt er an einen reißenden Gebirgsfluss, an dessen anderem Ufer ein bereits ergrauter Ritter wartet. Dessen Aufgabe besteht darin, jedem die Furt zu zeigen, der den Fluss überqueren will, um seiner Herrin zu dienen. Er rät Blanschandin, die hereinbrechende Nacht in einem *burgelîn* zu verbringen, das flussabwärts liegt, und wirft ihm seinen goldenen Ring als *warzeichen* hinüber (Erzählerexkurs über den Wert des Ringes). Der Flusswächter fordert, dass Blanschandin am anderen Morgen wieder zu dieser Stelle kommt, damit er ihm die Furt zeigen kann.

In den früher nur ›Portimunt‹ genannten Fragmenten[26] überbringt [A] ein Papagei (*psitacus*, V. 50) als auserwählter Bote einer Dame eine Liebesbotschaft und einen Ring seines Herrn Tybalt von Portimunt, der sich zuvor heimlich mit dieser Dame getroffen hatte. Die ebenfalls verliebte Frau verstellt sich und reagiert aus Angst vor dem Verlust ihres Ansehens mit Zurückhaltung. Der Vogel ist jedoch *kündekeit so vol* (Vv. 212, 265 u. 275), dass er ihre wahre Empfindung erkennt und sie

Sultans von Babylon wird schließlich der später heilig gesprochene Ägidius geboren. Vgl. dazu Georges Perkins, Le Roman chevaleresque de Blanchandin. Traité comparatif des mss. français, anglais et allemands [...] avec une étude approfondie du fragment du manuscrit allemand. Diss. (masch.) Paris 1969, S. 111–271 (Abdruck und Übersetzung); Jörg Arentzen/Uwe Ruberg (Hgg.), Die Ritteridee in der deutschen Literatur des Mittelalters. Eine kommentierte Anthologie. Darmstadt 1987, S. 157–159 u. 243f.

26 Die zwei in Basel und Paris erhaltenen Fragmente sprechen für eine Entstehung im späten 13. Jahrhundert. Wie diese Textzeugen dürfte das Werk im westalemannischen Sprachgebiet entstanden sein, vgl. Charlotte Blauärmel, Die Fragen der Portimunt-Fragmente. Berlin 1937 (Germanische Studien 196).

zu beruhigen versucht, indem er ihr von der Allmacht der Minne berichtet. Der Erzähler vermutet, dass der Papagei seine Kenntnisse aus *der minnen buoch Ouidius vnd dar zuo Tibullus* bezogen haben könnte, aus denen man so etwas lernen könne (Vv. 276ff.). [B] Tybalt von Portimunt will seiner Auserwählten *ein mínnebrievelín* (V. a15) schicken, vermisst aber seinen Vogel, der den Brief überbringen soll. Der Vogel lässt sich indessen bei einem Graf und einer Gräfin nieder, die über seine Ankunft erfreut sind, weil er sie mit *mæren* über Herrschaft und das Reich unterhält. Sowohl der Vogel als auch Tybalt verheimlichen aus *kundekeit* (V. c24) ihre Zusammengehörigkeit, bis Tybalt ihn unbeobachtet mit dem Brief zu seiner Dame schicken kann. Am Schluss des Fragments wird noch der Anfang des überbrachten Liebesbriefes zitiert.

Eine vergleichbar prominente Rolle spielt ein sprechender Papagei im offensichtlich weit verbreiteten Stoff des Romans ›Le Chevalier du Papegau‹, der im Deutschen sowohl vom anonymen Verfasser des ›Eckenlied‹ als auch von Wirnt von Grafenberg für seinen ›Wigalois‹ als Teilquelle benutzt wurde (vgl. dazu oben, S. 207–209). Die Figur des sprechenden Papageis gewinnt ihren Reiz nicht zuletzt dadurch, dass sich in ihr auf vielfach gebrochene und auch humorvolle Weise die Figur des Autors spiegelt.

Obwohl diese drei höfischen Versromane nur fragmentarisch erhalten sind, stellen offensichtlich auch sie für die etwa zeitgleich im 13. Jahrhundert entstehenden Artusromane wichtige Referenztexte dar.

4. ›Segremors‹

Die mitteldeutschen Handschriften aus der Zeit um bzw. kurz nach 1300 sowie der Inhalt lassen vermuten, dass der ›Segremors‹ im thüringischen Raum zwischen etwa 1220 und dem Ende des 13. Jahrhunderts verfasst wurde. Sein Autor ist nicht namentlich bekannt. Eine altfranzösische Teilquelle, der knapp 6000 Verse umfassende ›Méraugis de Portlesguez‹ des Raoul de Houdenc, entstand zu Beginn des 13. Jahrhunderts. Der ›Segremors‹ könnte unmittelbar darauf und damit noch in zeitlicher (und auch räumlicher) Nachbarschaft zum ›Wigalois‹ des Wirnt von Grafenberg entstanden sein, der mit seinen französischen Teilvorlagen auf ähnliche Weise sehr frei umgeht wie der anonyme ›Segremors‹-Dichter. Dieser verlegt „das Geschehen bruchlos in das dem Publikum vertraute Milieu der deutschsprachigen Artusepik, etwa durch Anpassung der Namen und durch formale Übernahme der Dreireim-Abschnittstechnik aus dem populären ›Wigalois‹ Wirnts von Grafenberg und späteren Artusepen (›Crone‹, ›Edolanz‹). [...] Insgesamt erweist sich der Roman [...] als recht geschickt erzählte Collage tradierter, doch durchaus weiterentwickelter Gattungsrequisiten und als Musterstück einer Erzählkunst, die ihren eigentlichen Reiz aus dem intertextuellen Spiel mit Verfremdungs- und Wiedererkennungseffekten bezieht."[27]

Segremors oder Segramors mit seinem sprechenden Namen (‚heimliche Liebe') ist in anderen Artusromanen eine prominente Figur. Schon in Chrétiens ›Erec‹ heißt er *Sagremors li desreez*, ‚der Unkontrollierbare' (V. 1733). Als „ein jugendlicher Heißsporn"[28] ist er, wie sonst Keie, stets einer der ersten, die einem Herausforderer der Tafelrunde tapfer entgegenreiten, wie zum Beispiel im ›Wigalois‹ (Vv. 463ff.) oder im ›Gauriel von Muntabel‹ (Vv. 729ff).[29] Im ›Rappoltsteiner Parzifal‹ erscheint er als *der un-*

27 Mathias Herweg, Segremors, in: *Bescheidenheit.* Deutsche Literatur des Mittelalters in Eisenach und Erfurt. Katalog zur Ausstellung der Universitäts- und Forschungsbibliothek Erfurt/Gotha in der Universitätsbibliothek Erfurt vom 22. August bis 13. Oktober 2006, hg. von Christoph Fasbender. Gotha 2006, S. 84. Die weitere Forschungsliteratur bibliographieren Schiewer (4.1.3), S. 228–230, 246f. u. Abb. 9–16, Wand (5.1), S. 111f., und Cormeau 1992 (5.10).

28 Ruh 1980 (4.1.3), S. 83.

29 Im ›Wigamur‹ vielleicht als *Segremors von Roy* (Vv. W2006ff.), womit aber auch Seckmur von Rois aus Hartmanns ›Erec‹ (V. 1685) gemeint sein könnte.

sittige Sagremor (V. 3560)[30] und im ›Willehalm‹ des Ulrich von dem Türlin tritt er mit seiner *süezen amÿe Dulcicors* auf (Vv. 256,4). In Wolframs ›Parzival‹ weckt Segremors Artus und Ginover aus dem Schlaf, indem er ihnen einfach die Decke vom Bett zieht, und nutzt dann seine Vorrangstellung als Cousin der Königin aus, um in der so genannten Blutstropfenepisode als Erster gegen Parzival antreten zu können – der Nächste, der sein Glück versucht, ist Keie.[31] Aus diesem Anlass charakterisiert ihn Wolframs Erzähler dort ausführlich: ‚Er war immer gierig zu kämpfen: Wo der ein Fechten witterte, da mußte man ihn anbinden, sonst wäre er gleich mittendrin gewesen. So breit ist der Rhein nirgends – hätte Segremors am andern Ufer etwas wie Kampf gesehen, dann hätte er nicht lange vorgefühlt im Badewasser, ob warm oder kalt, er wäre hineingesprungen voller Tatendrang. [...] Dem jungen Stolzen ohne Bart wurde sein Streitroß gerüstet, und er selber auch. *Roi* Segramors zog hinaus *au galop par le jeune bois*, man könnte auch einfach sagen: Sein Roß sprang über hohe Stauden. Es klingelten viele goldene Glöckchen an seiner Decke und am Ritter selber: Man hätte ihn am liebsten in die Luft werfen mögen zur Jagd auf den Fasan im Dorngestrüpp. Wenn dann ja einer Lust bekommen hätte, ihn zu suchen, so hätte er ihn leicht bei den Schellen finden können; die klingelten laut genug‘ (Vv. 285,1–10 u. 286,23–287,4; vgl. auch die Vv. 421,20f.).[32]

Da die Handlungsstruktur des ›Segremors‹ zumindest teilweise aus der altfranzösischen Vorlage übernommen worden ist, in der der Held Méraugis heißt, stellt sich die Frage, ob der anonyme Dichter des ›Segremors‹ seinen Protagonisten aus einem in der ›Parzival‹-Figur angelegten Erzählkern entwickelt hat oder ob Wolfram den Charakter des Segremors, in dem Züge Keies und des jugendlich-tumben Parzival zusammenfallen,

30 Vgl. dort auch V. 7933 und in den Vv. 20916ff. Segremors nach Keie als zweiter in der Tjost; weiterhin unter anderem im ›Erec‹ die Vv. 1665 u. 2670, im ›Iwein‹ die Vv. 88 u. 4701, in ›Diu Crône‹ die Vv. 2323, 9042 u. 25865, in Ulrich Fuetrers ›Flordimar‹ Str. 33; in V. 5265 des ›Gauriel‹ wird ein Segremors von Patriban genannt.

31 Die Blutstropfenepisode ist schon bei Chrétien und auch bei Wolfram ungewöhnlich zahlreich mit intertextuellen Verweisen ausgestattet und führt in ihrer Bedeutungsvielfalt über die Romanhandlung hinaus, vgl. dazu Joachim Bumke, Die Blutstropfen im Schnee. Über Wahrnehmung und Erkenntnis im ›Parzival‹ Wolframs von Eschenbach. Tübingen 2001 (Hermaea N. F. 94), bes. S. 6f. (zu Segremors).

32 Übersetzung von Peter Knecht in der zweisprachigen Textausgabe (1.1), S. 289.

schon aus anderen (altfranzösischen) Erzählungen bekannt war. Jedenfalls verwundert es nicht, dass der Versroman, in dem der bekannte Artusritter Segremors als Protagonist agiert, weiter verbreitet wurde als andere fragmentarisch erhaltene Werke, und dass sich darüber hinaus Verbindungen ergeben zur Überlieferung des ›Parzival‹ sowie zu einer prominenten Schreibstube des 14. Jahrhunderts. Insgesamt sind bislang drei Bruchstücke aus zwei verschiedenen Textzeugen bekannt.[33]

Das Weimarer Hauptstaatsarchiv und die Forschungsbibliothek in Gotha bewahren ein Pergamentblatt [A] und ein Pergamentdoppelblatt [B] aus demselben Codex, zu dem einst auch das ›Parzival‹-Fragment 9 gehörte.[34] Es handelt sich um einen ausgesprochen repräsentativen und großformatigen Band, dessen Blattgröße ursprünglich etwa 500 x 400 mm betrug, der vermutlich am Hof oder im Auftrag der Thüringer Landgrafen entstand. Man nimmt an, dass der Codex in der ersten Hälfte des 14. Jahrhunderts in derselben Schreibwerkstatt angefertigt worden ist wie (um 1330) die Jenaer Liederhandschrift.[35] Die ›Segremors‹-Blätter hat ein (wohl niederdeutscher) Schreiber in ostmitteldeutsch-thüringischer Schreibsprache beschrieben. Im 16. Jahrhundert wurden sie im wettinischen Wachsenburg bei Arnstadt zu Makulatur verarbeitet. Das Einzelblatt A enthält 144 Verse, das Bruchstück B exakt die doppelte Anzahl. Ein weiteres, stark beschnittenes Einzelblatt eines zweiten Textzeugen liegt heute in der Krakauer Bibliotheca Jagiellónska (Berol. mgq 662) und war früher im Besitz der Staatsbibliothek Berlin [C]. Es stammt ebenfalls aus dem mitteldeutsch-thüringischen Dialektgebiet, ist vermutlich aber etwas älter als die anderen Blätter (um 1300). In ihm sind weitere 139 Verse erhalten, sodass alle Manuskripte gemeinsam 571 ›Segremors‹-Verse überliefern:

33 Die zuvor nur verstreut edierten Teile fasste Beyer 1909 (5.10), S. 4–23, in einer Gesamtausgabe zusammen, die auch hier verwendet wird; vgl. auch Meyer-Benfey (5.10), S. 175–187.

34 Hauptstaatsarchiv Weimar, Ernest. Gesamtarchiv, Reg. V,1 [= A]; Forschungs- und Landesbibliothek Gotha, Cod. Memb. I 133 [= B]. Die ›Parzival‹-Bruchstücke liegen ebenfalls in der Forschungs- und Landesbibliothek in Gotha (Cod. Memb. I 130) sowie im Schlossmuseum Sondershausen (Germ. lit. 2, früher Hs.-Br. 3).

35 Universitäts- und Landesbibliothek Jena, Ms. El. f. 101, und Studienbibliothek Dillingen, XV Fragm. 19.

Im ersten Bruchstück [A] verabschiedet sich Segremors von seinem *vriunt* Malgrin, um Gaweins Leben zu retten, welches er höher schätzt als sein eigenes. Malgrin rät ihm von der *verte* ab, weil er ihn für zu jung, zu unerfahren und zu schwach hält. Als Segremors von den *britten* (vom Artushof) Abschied nimmt und seiner Geliebten Niobe treuen Dienst verspricht, beschließt diese spontan, ihn zu begleiten. Malgrin verspricht, auf seine Rückkehr zu warten.

In Fragment B verabschiedet sich Segremors vom verwundeten Ritter Maurin, der für sein im Kampf verlorenes Auge die Hand seines Gegners einfordert. Während Maurin nach Munpholie zurückkehrt, reitet Segremors auf der Suche nach Gawein solange durch einen furchterregenden Wald, bis der Winter endet und der Sommer beginnt. Jenseits des Waldes trifft er dann auf eine Festgesellschaft im Land des Sirikirsan von Bonkovereie, der alljährlich im Frühling eine Massenhochzeit veranstaltet, um heiratswillige Untertanen zu vermählen. Die Veranstaltung organisiert der Zwerg Malgrin, der sich selbst um die Gunst einer Zwergin bemüht und Segremors zum Gastgeber (Karnoyt?) führt. Dieser berichtet von der Insel der Fee Karmente in einem nahegelegenen See, auf der in ewigem Frühling paradiesische Zustände herrschen. Seit zehn Jahren lebt dort eine *vrouwe* in einem aus Marmor errichteten Turm und fordert alle Ritter auf, um ihre Minne zu kämpfen. Der Verlierer wird jeweils getötet, während der Sieger so lange bei ihr auf der Insel leben darf, bis ihn ein anderer Ritter besiegt. Der erste Ritter, der dort siegreich war, hieß Grymoalt: Er verbrachte viele Jahre auf der Insel, bevor er von einem anderen Ritter (Gawein) getötet wurde, der ebenso vortrefflich gewesen sei wie jetzt Segremors. Dieser ist wie Niobe über den Bericht sehr erschrocken, denn es steht zwischen Gawein und ihm nun ein Kampf auf Leben und Tod bevor.

C erzählt im ersten Teil (68 Vv.), dass Segremors, der grüne Ritter, mit seinem *vil lieben gesellen* Gawein kämpft, der sich ihm schließlich – wie die beiden zuvor in einer *list* verabredet haben – gefangen gibt. Im zweiten Teil (72 Vv.) erwirken Gawein und Segremors bei einer Frau namens Candis, dass Gawein die Burg verlassen und nach Nimmural reiten darf, wo er seine Untergebenen (*holden*) um Unterstützung bittet. Bei seiner Rückkehr bietet er Candis und dessen Neffen Flandismer seine Dienste an. Anschließend besiegen Segremors und Gawein zum Schein so viele Ritter (bei denen es sich um die herbeigeholten Untertanen Gaweins handelt), bis diese innerhalb der Festung die Übermacht besitzen.

Der wohl bald nach 1200 entstandene ›Méraugis‹ des Raoul erzählt von den ineinander verschachtelten Abenteuern des Titelhelden[36] sowohl im Dienst der Tafelrunde als auch für seine

36 Die bereits 1897 in Halle/Saale erschienene Textausgabe von MATHIAS FRIEDWAGNER ist inzwischen durch eine moderne zu ersetzen: Raoul de Houdenc,

Geliebte. Die in den Fragmenten überlieferten Textbruchstücke lassen sich dort an drei Stellen inhaltlich einfügen.

In einer Vorgeschichte wird der bei einem Turnier ausgetragene Zweikampf zwischen den befreundeten Rittern Meraugis de Portlesguez und Gorvains Cadruz um die Gunst der Königin Lidoine von Cavalon durch einen Schiedsspruch der Damen am Artushof beendet. Die Hochzeit mit Meraugis soll stattfinden, nachdem dieser sich ein Jahr lang als Ritter am Artushof bewährt hat. Zunächst wird er daher mit einem Zwerg auf die Suche nach Gauvains geschickt, den der Hof schon seit längerem vermisst. Lidoine begleitet ihn dabei. Nach einigen Aventiuren, während derer sich der Zwerg vermählt und Lidoine in der ‚namenlosen Stadt' zurückbleibt, gelangt Meraugis etwa in der Mitte des Romans zu einer Insel, auf der Gauvains gefangen ist: Dort lebt eine Dame, deren Geliebter einst alle Ritter, die zu ihr kamen, erschlagen hat, bis er von Gauvains besiegt wurde. Seither muss dieser mit jedem, der auf die Insel kommt, auf Leben und Tod kämpfen, wobei der jeweilige Sieger auf der Insel zu verbleiben hat.

Mithilfe einer zuvor verabredeten List täuscht Gauvains den Tod des Meraugis vor, sodass dieser ihn, in Frauenkleidern, befreien kann. Anschließend trennen sich die beiden Artusritter, weil Meraugis in der ‚namenlosen Stadt' seine Geliebte wiederfinden will. Da diese dem Kampf auf der Insel zugesehen hat, hält sie ihren Freund für tot und gerät auf dem Weg in ihr Heimatland in die Gefangenschaft ihres Vasallen Belchis, dem Schielenden. Da sie auf der Festung Monthaut gegen ihren Willen verheiratet werden soll, schickt sie die Botin Amice nach Hilfe. Nach wochenlangem Aufenthalt im ‚Schloss der Vergessenheit' und weiteren Kämpfen gelangt auch Meraugis verletzt nach Monthaut. Als Lidoine und er sich erstmals wiedersehen, fallen beide in Ohnmacht, geben sich aber anschließend nicht als Paar zu erkennen. Von Amice benachrichtigt treffen erst Gorvains Cadruz, der jedoch nichts auszurichten vermag, und dann Gauvains vor der Festung ein. Gegen ihn kämpft Meraugis nun scheinbar für Belchis, aber wiederum verabreden sich die beiden heimlich und gemeinsam gelingt es, die Feinde zu bezwingen. Während des Schlussfestes findet abermals ein Zweikampf zwischen Meraugis und Gorvains statt, den der Protagonist gewinnt. Am Ende kommt es nach knapp 6000 Versen zur Versöhnung zwischen den beiden Freunden und manche Textzeugen berichten von der Vermählung zwischen Gorvains und Amice.

Meraugis de Portlesguez. Roman arthurien du XIIIe siecle, publie d'apres le manuscrit de la Bibliotheque du Vatican. Edition bilingue, publication, traduction, presentation et notes par Michelle Szkilnik. Paris 2004 (Champion Classiques. Moyen Age). Eine Inhaltsnacherzählung sowie ein ausführlicher Vergleich mit dem ›Segremors‹ finden sich bei Beyer (5.10), S. 79–118.

Weitere Quellen neben dem ›Méraugis‹ hat der anonyme Dichter des ›Segremors‹ offenbar nicht benutzt. Sein vergleichsweise freier Umgang mit der Vorlage (zum Beispiel sind fast alle Namen ersetzt) erinnert an die Art und Weise, wie Wirnt von Grafenberg mit seinen französischen Teilquellen verfährt (s. o., Kap. 5.1). Kein einziger Vers ist wörtlich aus dem Französischen übersetzt.

5. ›Edolanz‹

Da das Pergamentblatt, welches in der Fragmentenschachtel der Stiftsbibliothek in Seitenstetten ohne Signatur aufbewahrt wird, der Schriftdatierung zufolge spätestens um 1300 angefertigt worden ist, muss der ›Edolanz‹ noch im 13. Jahrhundert entstanden sein, dem Inhalt nach in engem Anschluss an die Werke Hartmanns, Wolframs und Gottfrieds, möglicherweise nach ›Diu Crône‹ Heinrichs von dem Türlin und Strickers ›Daniel‹, aber wohl noch vor Albrechts ›Der jüngere Titurel‹ und dem ›Gauriel von Muntabel‹ des Konrad von Stoffeln, also etwa zwischen 1230 und 1280. Mit dem ›Wigalois‹, ›Diu Crône‹ und dem ›Segremors‹ verbindet den ›Edolanz‹ die Technik der Dreireimverwendung an Abschnittsenden.

Das längs zerschnittene Blatt [= A] im niederösterreichischen Seitenstetten überliefert 124 Verse in bairisch-österreichischer Schreibsprache. Aus demselben Dialektgebiet stammt ein weiteres Bruchstück, das in der Österreichischen Nationalbibliothek in Wien liegt (Cod. Ser. nova 4001). Dabei handelt es sich um ein Pergamentdoppelblatt aus der Mitte des 14. Jahrhunderts mit 255 Versen [= B]. Zwischen seinen beiden Blättern fehlt der Text eines weiteren Doppelblattes. Erhalten sind also drei Passagen aus dem ›Edolanz‹ mit insgesamt 379 Versen. Folgendes wird in den Bruchstücken erzählt (wobei die Reihenfolge von A und B zur Disposition steht):[37]

In Fragment A tötet Edolanz im Zweikampf einen Riesen, der eine Königin samt ihrem Besitz geraubt und Gawan, der ihr helfen wollte, besiegt und gefangen genommen hat. Zwei gefesselte Zuschauer dieses Zweikampfs werden befreit und danken ihrem Retter, der vom Kampf geschwächt ist. Die Königin, die nun ihrem Ehemann Leturs zurückgegeben wird, ersetzt das vom Riesen getötete Pferd des Edolanz durch einen Kastellan. An dieser Stelle steht in der Handschrift eine kapiteleinleitende Überschrift, die mehr Inhalt mitteilt, als anschließend überliefert ist: *wie sich Gawan vnt edolanz schiden vnt edolanz in die bůrch chom do er zwene trachen slůch vnt vier lewen.*

37 Zuerst hat Meyer-Benfey, S. 145–150, beide Bruchstücke gemeinsam veröffentlicht; hier wird jedoch für A der Erstabdruck von Schönbach, für B der moderne von Hofmeister, S. 159–175, benutzt (alle 5.10). Die spärliche Forschungsliteratur verzeichnen Cormeau 1980 (5.10) und Schiewer (4.1.3), S. 227, 244f. u. Abb. 3–7; vgl. auch Achnitz (5.10).

Gawan und Edolanz reiten miteinander fort, finden aber drei Tage lang keine Aventiure, die sie bestehen könnten. Da ihnen das Glück offenbar ungünstig ist, während sie beisammen sind, beschließen sie, sich zu trennen. Edolanz reitet in den Wald von Lürteuns, vor dem Gawan ihn warnt, da er nur im Winter, wenn der Frost die (sumpfigen) Wege aushärtet, passierbar sei. Während Gawan auf eine Ebene hinausreitet, trifft Edolanz im Wald einen blau gekleideten Zwerg, der auf einem weißen Rehbock reitet und ihn abermals vor dem Ritt durch den Wald warnt, in dem zwar größerer Reichtum zu finden sei, als ihn alle Könige der Welt (Artus eingeschlossen) je besessen hätten, doch sei niemand, der in den Wald geritten ist, je wieder herausgekommen. Jeder, der ihn betrete, sei zum Tod bestimmt, da der Herr des Waldes Fremden die Teilnahme an einem Spiel abverlange, bei dem sie ihr Leben einsetzen müsten, und dieser habe noch niemals verloren. (Vermutlich dringt Edolanz, wie es die Überschrift verheißt, in dessen Festung ein, indem er zwei Drachen und vier Löwen überwindet.)

Zu Beginn von Fragment B wird zunächst (Teil 1) eine Stadt durch den Pontschur belagert. Edolanz kämpft vor den Toren gegen die Belagerer und führt 18 Gefangene, darunter zwei Grafen und einen Herzog, die mit dem Pontschur verwandt sind, in die Stadt. Auf der gegnerischen Seite sind zwölf Stadtbewohner in Gefangenschaft geraten. Es finden Sühne- oder Friedensverhandlungen statt, die den Pontschur dazu bewegen, die Belagerung abzubrechen. Trotz aller Bitten verlässt Edolanz die Stadt und gelangt zu einem Wald, wo er ein herrenloses Pferd wiehern hört und ein Netz findet.

Wenig später (Teil 2) kämpfen Edolanz und der Pontschur unter den Augen des Artushofs und weiterer Krieger um einen Sperber, der einer Frau namens Grysalet gehört. Der Pontschur wird mit dem Schlachtruf *Tsavelir virgunt* besiegt,[38] und Edolanz ist im Begriff, ihn zu töten, als König Artus nach kurzer Beratung mit den anderen Heerführern (wobei ihm Engländer und Franzosen zustimmen), dazwischentritt, Edolanz um das Richteramt ersucht und dem Pontschur gegen Rückgabe des Sperbers das Leben schenkt. Die streitenden Parteien versöhnen sich, und die Anhänger der Grysalet, „romanische Südländer" (Schönbach), feiern ein Freudenfest. Grysalet erhält schließlich den Sperber und lädt Artus in ihre Burg ein.

Der Artusritter Edolanz erscheint in der Literatur des Mittelalters außer in diesen Fragmenten nur noch in einzelnen Handschriften von Albrechts ›Der jüngere Titurel‹ (Str. 2077,3) und im ›Gauriel von Muntabel‹ des Konrad von Stoffeln (V. 5270).

38 Der *virgunt* ist ein, neben dem Schwarzwald auch in Wolframs ›Willehalm‹ (V. 390,2) erwähnter, Wald nördlich von Ellwangen an der Jagst (heute Virngrund).

Da er dort jeweils wie selbstverständlich im Gefolge anderer Ritter der Tafelrunde erwähnt wird, ist wohl davon auszugehen, dass das Werk, in dem Edolanz der Protagonist ist, den beiden Autoren bereits bekannt war. Insbesondere weist Gauriels Befreiung der Tochter des Grafen von Asterian einige Ähnlichkeit mit dem Ritt des Edolanz in den gefährlichen Wald auf, doch mag diese Übereinstimmung auch auf die gemeinsame ‚Quelle', den ›Lanzelet‹ des Ulrich von Zatzikhofen, zurückzuführen sein, auf den der Verfasser schon durch den Namen seines Protagonisten ‚Edo-Lanz' verweist.

6. ›Abor und das Meerweib‹

Nach Ausweis des einzigen Textzeugen wurde das Werk vor 1350, möglicherweise in Mitteldeutschland, vielleicht in Thüringen oder in Ostfranken (Bamberg?) verfasst – dafür sprechen die Reime *æ*:*ë*, *ie*:*î*, *ie*:*i*. Das Pergamentblatt, das heute in der Königlichen Bibliothek in Kopenhagen (mit der Signatur NKS Cod. 4843,4°) aufbewahrt wird,[39] wurde in der ersten Hälfte des 14. Jahrhunderts in nordbairischer Schreibsprache (mit ostfränkischen Elementen) beschrieben (zweispaltig, Größe 237 x 200 mm).[40] Erhalten sind 136 zusammenhängende Verse, die Folgendes erzählen:

Ein Ritter namens Abor ist nach einem Kampf (mit einem Drachen?) in einer Felsenhöhle, in der er seine Rüstung zurücklassen musste, drei Tage durch den *nortwald* geirrt und schläft schließlich erschöpft bei einem Jungbrunnen ein.[41] Dort findet ihn eine *wilde* Meerfrau, die, wie sonst auch, im Brunnen baden will. Sie bringt den Ritter in ihr Schloss, pflegt ihn gesund und gewährt ihm ihre Liebe. Durch eine Wurzel, die sie (mit ihrem *vederbogen*)[42] von einem unzugänglichen Berg geholt hat, lernt Abor die Sprache der Tiere verstehen. Da die Meerfrau ihren Ehemann aus der Stadt Omlatin (aus *omni latinus*?) zurückerwartet, muss Abor sie nach sechs Wochen und zwei Tagen verlassen. Zum Abschied erhält er ein unverwundbar machendes *badegewant*, einen Bogen und einen Köcher mit Pfeilen, mit denen er die Angriffe eines Vogels abwehren sowie einen Gesellen und eine Königin befreien soll.

39 Ludwig Denecke, Die zweite Handschrift des Hildebrandliedes, in: ZfdA 101 (1972), S. 227–229, vertrat früher die Ansicht, dass es sich bei dem zwischenzeitlich verschollenen Blatt um eine Fälschung aus dem 19. Jahrhundert handeln müsse.

40 Die zu benutzende Textausgabe stammt von Jacob Grimm 1845 (5.10), nachgedruckt bei Meyer-Benfey (5.10), S. 180–183. Die spärliche Forschungsliteratur verzeichnen Denecke (5.10) und Schiewer (4.1.3), S. 226, 242 u. Abb. 1,2; eine Abb. der Vorderseite auch bei Dieter Hennig/Bernhard Lauer (Hg.), 200 Jahre Brüder Grimm, Bd. 1: Die Brüder Grimm. Dokumente ihres Lebens und Wirkens. Kassel 1985, S. 430f. (Nr. 452).

41 Ein Ritter mit dem Namen Abor tritt im Gefolge Tschinotulanders in ›Der jüngere Titurel‹ (Str. 4229) auf, ist dort aber wohl identisch mit A(l)bort von Gerunde/Gerung. Als Nordwald wird auch der Frankenwald bezeichnet.

42 Das mhd. Wort *vederboge* ist nur an dieser Stelle belegt (Hapaxlegomenon). Die Bedeutung ist daher ungeklärt: Es könnte sich um ein Flügelpaar, einen gefiederten Bogen oder Pfeil oder sogar um einen Regenbogen handeln.

Anders als für die bisher behandelten Fragmente steht für dieses nicht zweifelsfrei fest, dass es sich um die Reste eines Artusromans handelt, da ihm (wie oben, S. 243–246, schon ›Ainune‹, ›Blanschandin‹ und ›Tybalt von Portimunt‹) die gattungshafte Dominante, das Auftreten des arthurischen Personals, fehlt. Abgelegte Rüstungen und nach Drachenkämpfen in oder vor Höhlen einschlafende und von wilden Frauen entführte Helden gibt es sowohl in der Heldenepik als auch im höfischen Roman. Vergleichbare Motive finden sich im Wolfdietrichstoff (Ortnit schläft im Reich eines Meerweibs in der unzerstörbaren Rüstung Alberichs unter einer Zauberlinde ein und wird von Drachen verschlungen, die Wolfdietrich später tötet),[43] aber auch im ›Lanzelet‹, im ›Wigalois‹ oder im ›Meleranz‹ (Gauriel erhält nach dem Bad eine *badekappe* zum Geschenk, Meleranz von seiner Fee; Wigalois wird erst von einem Drachen, dann von einem wilden Weib davongetragen; Lanzelet küsst einen Drachen; Wigamur jagt mit Pfeil und Bogen).[44] Da aber intertextuelle Verweise dieser Art sowohl für die späteren Artusromane als auch für die späte Heldenepik charakteristisch sind, lässt sich aufgrund der geringen Textmenge kaum entscheiden, welcher Gattung das Werk angehört. Immerhin wurde es nicht wie die ›Wolfdietrich‹-Fassungen oder ›Tirol und Fridebrant‹, dem Meyer (5.10) ebenfalls eine Stellung zwischen der Heldenepik und der *matière de Bretagne* zuschreibt, in Strophen, sondern romantypisch in vierhebigen Reimpaarversen verfasst.

43 Vgl. dazu SCHNEIDER (5.10) und CHRISTIAN SCHMID-CADALBERT, Der ›Ortnit AW‹ als Brautwerbungsdichtung. Ein Beitrag zum Verständnis mittelhochdeutscher Schemaliteratur. Bern 1985 (Bibliotheca Germanica 28), S. 110–229.

44 Vgl. HARTMUT BLEUMER, Das *wilde wîp*. Überlegungen zum Krisenmotiv im Artusroman und im ›Wolfdietrich‹ B, in: Natur und Kultur in der deutschen Literatur des Mittelalters. Colloquium Exeter 1997. In Zusammenarbeit mit FRANK FÜRBETH u. ULRIKE ZITZLSPERGER hg. von ALAN ROBERTSHAW u. GERHARD WOLF. Tübingen 1999, S. 77–89.

7. Das Loccumer Fragment

Das nach seinem Aufbewahrungsort, dem ehemaligen Zisterzienserkloster Loccum bei Hannover, als ›Loccumer Artusroman‹ bezeichnete Werk stammt nach Ausweis der Überlieferung vielleicht noch aus dem 13. Jahrhundert. Die Reimgrammatik lässt keine gesicherte Aussage darüber zu, ob es im nieder-, mittel- oder oberdeutschen Sprachraum entstand. Die einzigen Überlieferungsträger, zwei beschnittene Pergamentdoppelblätter (100 x 150 mm) aus der Zeit um 1300, tradieren noch etwa 150 Verse und werden in der Loccumer Klosterbibliothek rund 50 km nordwestlich von Hannover mit der Signatur Ms. 20 aufbewahrt. Beschrieben wurden sie im mittelniederdeutschen Sprachraum, vielleicht im angrenzenden Westfalen.[45]

Die sehr defekt erhaltenen Verse beschreiben, offenbar im Vor- oder Umfeld einer Schlacht, die Begegnungen verschiedener Ritter. Dabei geht es mehrfach um den Besitz und Verlust von *guot*. Im Einzelnen lassen sich folgende Situationen unterscheiden:

[A] Beschreibung eines Ritters (aus dem Lande *Punturtois*) und Erwähnung eines Herrn *Ysenyac* (oder *Usenyac*). [B] Beschreibung eines Ritters, der sich auf der Suche nach *Artuses hof* befindet; Meldung der Ankunft eines (anderen?) Ritters von *Esurye* (Assyrien). [C] Beginn eines Zweikampfes zwischen dem Fürsten Galant und dem *helt* von Asurye. Einer der beiden (Galant?) trägt ein Hirschgeweih als Helmzier. [D] Nennung mehrerer Ritter (als Mitglieder eines Heeres oder zweier Heere?): *de stolte Haulir, Isenhart de rasche, Spanyerol de rike, de stolte van Anyowe* und *Gamuret de junge*; dazu die Ortsnamen (?) *Linti*[...] und *Gardelake.* [E] Ein von Freunden irrtümlich für einen Feind gehaltener und daher angegriffener Ritter (*en spanyol, en rike man*) klärt diese mit ungehaltenen Worten über ihren Irrtum auf. [F] Der Sohn von *Hardenis* klagt darüber, dass ihm nie größeres Leid widerfahren sei, und gelobt, einen Gefangenen (*Dauoret*?) zu befreien. [G] Beschreibung eines Kampfes zwischen *Hameliahter szanpenois* und dem *stolten Haulier*, Klage einer Partei über ihre Niederlage und den Verlust des Besitzes. Erwähnung der *stolten uan Birtanien* und des Kämpfers mit dem Hirschgeweih.

45 Die maßgebliche, auch hier benutzte Textausgabe hat Hartmut Beckers 1974 vorgelegt (1.1); weitere Literaturhinweise bei Beckers (5.10) und Schiewer (4.1.3), S. 244 mit Abb. 8.

Stilistische Eigentümlichkeiten und die verwendeten Namen lassen eine Rezeption von Wolframs ›Parzival‹ erkennen. Daneben werden in den Vv. 9–15 des ersten Blattes wörtlich die Vv. 56–60 aus Hartmanns von Aue ›Der arme Heinrich‹ zitiert. Einige altfranzösische Passagen, vielleicht aus einer Vorlage übernommen, werden nach der Einleitungsformel *dat quit* auch in frühniederdeutscher Sprache wiedergegeben (Bl. 2v, Vv. 10f.).

Die meisten der in diesem IV. Kapitel vorgestellten Werke dürften auch den Autoren der nachfolgend zu besprechenden Artusromane bekannt gewesen sein. Manches von dem, was uns dort unverständlich erscheint, ließe sich vielleicht durch intertextuelle Bezugnahmen auf das Verlorene erklären, mit denen die späteren Werke dann lediglich die Gattungskonventionen erfüllt hätten.

V. Autonomisierungsprozesse

In Frankreich waren sich die Dichter des späten 12. und des 13. Jahrhunderts der Leistungen des Chrétien de Troyes sehr bewusst. Es ist davon auszugehen, dass sie dessen Gesamtwerk in allen Einzelheiten kannten und in ihm jemanden sahen, der neue Wege des Erzählens eröffnet hatte, sodass er ihnen inhaltlich und auch formal als Vorbild galt. Der altfranzösische „arthurische Versroman des 13. Jahrhunderts ist das Produkt einer erstaunlich kreativen Rezeption, und die Werke sind in einer für die französische Dichtung neue, aber doch für die Zeit typische Art und Weise literarisiert. Dichter und Publikum spielen miteinander ein geistreiches Spiel mit Wort- und Motivzitaten, eine Erscheinung, die in der deutschen Artusepik der Zeit eine deutliche Parallele findet." Beate Schmolke-Hasselmann hält fest, dass Chrétien ‚lediglich' die verschiedenen Prototypen entworfen und die vielfältigen Möglichkeiten eröffnet habe, „aus denen sich das Genre erst so recht entfalten konnte. Nicht nur die vielen Realisierungen innerhalb des französischen Sprachraums, sondern auch die feinverästelten europäischen Varianten der Artusdichtung kann man auf ihn wie auf einen Stammvater zurückführen; seine eigenen Vorfahren wiederum sind die Historiographen und Geschichtenerzähler des alten Britannien".[1]

In der Nachfolge der fünf Werke Chrétiens (vgl. Kap. II) entstehen zwischen etwa 1190 und 1280 über ein Dutzend altfranzösischer Romane in achtsilbigen Reimpaarversen, fünf weitere sind nur fragmentarisch erhalten, daneben vier Fortsetzungen der Gralgeschichte (‚Continuations') sowie acht Verserzählungen vom Typ der Lais. Durch sekundäre Zeugnisse lassen sich weitere Werke erschließen. Die vollständig erhaltenen Artus-

1 Beide Zitate aus SCHMOLKE-HASSELMANN 1983a (4.2.2), S. 418. Wie die deutschen wurden auch die französischen Artusromane des späten 12. und 13. Jahrhunderts lange als minderwertige Produkte von weniger begabten Nachahmern betrachtet und von der Forschung weitgehend ignoriert. Erstmals lenkte die 1980 erschienene Monographie von BEATE SCHMOLKE-HASSELMANN den Blick auf die Entwicklung der Gattung nach Chrétien; vgl. zuletzt den bilanzierenden Sammelband von PÉRENNEC/SCHMID (4.2.2).

romane weisen einen Umfang von 6000 bis zu 30000 Versen auf, die kürzeren Verserzählungen etwa 600 bis 3000 Verse. Schmolke-Hasselmann unterteilt die nach Chrétien entstandenen Werke in Romane des ›Yvain‹-Typs, das sind die wenigen, die sich dem Doppelwegschema von ›Érec‹ und ›Yvain‹ anschließen, und in solche des ›Cligès‹-Typs, die nach dem genealogischen Schema den Lebensweg ihres Helden auch vor und nach seinem Aufenthalt am Artushof erzählen. In beiden Typen aber durchlaufen die Protagonisten keinen inneren Erkenntnisprozess mehr, wie es in Chrétiens ›Érec‹ und ›Yvain‹ (sowie im ›Perceval‹) der Fall ist, sondern gehen ‚krisenlos' ihren Weg. Vielmehr wird nach dort ‚variablen' und ‚invariablen' Helden differenziert: Die variablen Helden sind nicht unbedingt als Vorbilder dargestellt, sondern zum Teil erheblicher Kritik (durch andere Figuren sowie den Erzähler) ausgesetzt, und sie verändern meist nur ihren äußeren Status, indem sie zum Beispiel gesellschaftlich aufsteigen. Die invariablen Protagonisten sind dagegen den ‚statisch-idealen' oder ‚paradigmatischen' Helden im deutschsprachigen Artusroman vergleichbar. Lediglich die Gauvain-Handlung des ›Conte du Graal‹ präsentiert mit Gauvain einen solchen konstanten Handlungsträger, allerdings dienen dessen Aventiuren auch nicht der Vervollkommnung seines höfischen Rittertums, wie es bei den anderen Protagonisten der Fall ist, denn er ist ja bereits von vornherein der perfekt-höfische Musterritter.

In einer ersten Phase der Entwicklungsgeschichte des deutschsprachigen Artusromans bearbeiten Hartmann und Wolfram, ebenso wie Eilhart, Gottfried oder Konrad Fleck, die Artusromane Chrétiens sowie die altfranzösischen Tristandichtungen. Die nächste Dichtergeneration um Ulrich von Zatzikhoven, Wirnt von Grafenberg und Heinrich von dem Türlin greift nicht mehr direkt auf die Werke Chrétiens zurück, nutzt jedoch die von ihm eingebrachten Bauprinzipien und kennt auch bereits das Stoff- und Motivrepertoire der nach Chrétien entstandenen Artusdichtungen. Am Ende dieser Phase, die hier in Kapitel III unter dem Stichwort der ‚Adaptation courtoise' zusammengefasst wird, ist schließlich ein sehr viel freierer Umgang mit fremdsprachigen Vorlagen zu beobachten als zu ihrem Beginn um 1180. Auch die in Kapitel IV behandelten, fragmentarischen Artusromane, die sich innerhalb des 13. Jahrhunderts nicht präzise datieren und somit nur ungenau in der Gattungsgeschichte verorten lassen, weisen nur noch zum Teil altfranzösische Vorlagen und Quellen auf. Mit den Romanen des Strickers, des Pleiers, Konrads von Stoffeln sowie mit dem ›Wigamur‹ entstehen im Anschluss an den ›Wigalois‹ und ›Diu Crône‹ erstmals genuin deutschsprachige Artusromane, deren Autoren die französische Stofftradition zwar ebenfalls überblicken, diese aber höchstens noch als Motivreservoir nutzen und sich ansonsten auf die deutschen Gattungsvorläufer beziehen. Dieser Autonomisierungsprozess, der von Ulrich, Wirnt und Heinrich vorbereitet und vielleicht vom Stricker angestoßen wurde, bestimmt die Entwicklung der Gattung etwa seit dem zweiten Jahrzehnt des 13. Jahrhunderts.

Man wird diesen Neuansätzen in keiner Weise gerecht, wenn man ihre Qualität ausschließlich danach bemisst, inwieweit sich in ihnen Bauprinzipien und Gehalt der ersten Artusromane in deutscher Sprache wiederfinden lassen. Die Germanistik des 19. Jahrhunderts hat die Dichtungen Hartmanns, Gottfrieds und Wolframs bedenkenlos und ohne Rücksicht auf die vollkommen verschiedenen literarhistorischen Voraussetzungen den Werken der ‚Weimarer Klassik' an die Seite gestellt und ging dabei davon aus, dass jene wie diese als vorbildhaft, normbildend und kanonisch anerkannt wurden. Wenn sich dann jedoch herausstellte, dass sich die nachfolgenden Artusromanautoren weit weniger an diesen vermeintlichen Prototypen der Gattung orientierten, als es dafür notwendig gewesen wäre, hat man diese kurzerhand zu unbegabten Nachahmern erklärt und ihre Dichtungen als epigonale Verfallsprodukte einer ‚nachklassischen' Epoche der Literaturgeschichte missverstanden, in denen unter trivialer Verwendung desselben Stoff- und Motivvorats lediglich die bei den so genannten ‚Klassikern' entwickelten Ideen fort- und ausgeschrieben werden. Stellvertretend für den breiten Tenor abwertender Beurteilungen sei hier eine noch 1971 erschienene Zusammenfassung von Karl Otto Brogsitter zitiert, der an den Artusromanen des 13. Jahrhunderts „trotz mancher Schönheiten im einzelnen" bemängelt, dass es sich bei ihnen „nicht um selbständige Schöpfungen handelt, die der großen Tradition der Artusepik würdig folgen, sondern einfach um Nachahmung auf meist nur stofflicher Ebene. Sattsam bekannte Motive und Motivketten werden wahllos wiederholt, neu kombiniert und mitunter in wildem Wirrwarr zu Epen von oft erheblicher Länge zusammengestoppelt. Neue Personen werden eingeführt, auf die Fabeln und Geschehnisse der klassischen Werke übertragen werden. Abenteuer folgen auf

Abenteuer, ohne daß man gewöhnlich von vernünftiger Durchgestaltung des Stoffs oder gar einem größeren Sinnzusammenhang reden könnte."[2] Insbesondere überrascht der immer wieder geäußerte Vorwurf der fehlenden Selbstständigkeit, wenn man bedenkt, dass es sich bei den als ‚klassisch' bezeichneten Werken Hartmanns, Wolframs und Gottfrieds um bearbeitete Übertragungen aus dem Französischen handelt, während Wirnt von Grafenberg und Heinrich von dem Türlin ihre Werke wenigstens teilweise, Ulrich von Zatzikhofen, der Stricker, der Pleier und Konrad von Stoffeln vermutlich sogar gänzlich ohne französische Vorlagen entwerfen.

Der intensive Rückbezug auf die Gattungsvorläufer lässt sich dem einzelnen Werk ebenfalls nicht als Mangel vorhalten, da solche Entlehnungen und Übernahmen aus älteren Werken und insbesondere aus den (im deutschsprachigen Raum) gattungsstiftenden Romane Hartmanns, wohl zum Bündel der Gattungsmerkmale gehören, wie die Forschungsergebnisse der letzten drei Jahrzehnte zeigen. Auf verschiedenen Ebenen der inter- oder auch transtextuellen Bezugnahme inszenieren die Romane „ein regelrechtes Spiel mit den Kenntnissen und Erwartungen des Publikums, und diese Kenntnisse sind [...] durch Hartmann und Wolfram geprägt".[3] So dürfte gerade das, was die ältere Forschung einhellig als Mangel empfunden hat, nach den Ergebnissen der letzten Jahrzehnte als Kunstfertigkeit der späten Artusromane gelten, die von den Zeitgenossen geschätzt wurde, nämlich die Neukombination, Variierung und Steigerung von Bekanntem zu einem unterhaltsamen und kohärenten neuen Text mit eigenständiger Intention. Die Bandbreite der Entlehnungen aus den Vorgängern der Gattung, aus der mittelhochdeutschen höfischen Epik und der europäischen Literatur überhaupt reicht von einzelnen Versen und Sätzen und deren metrischer und rhetorischer Gestaltung über Figuren, Gegenstände und Motive bis hin zur Strukturierung der Aventiuren und ganzer Werke. Deutlich wird dabei einmal mehr der formelhafte Charakter mittelhochdeutscher Verserzählungen. Neben den Topoi und Allgemeinplätzen des Artusromans, für die es müßig ist, konkrete Vorlagen nachzuweisen, lässt sich vielfach die gezielte Übernahme und Variation signifikanter Szenen belegen, die stets auch der Sinnbildung im neuen Werk dient (vgl. dazu auch Kap. I).

2 Brogsitter ^{2}1971 (4.1.1), S. 107.
3 Cormeau 1984 (4.2.3), S. 124.

Im Anschluss an die Romane Ulrichs von Zatzikhoven, Wirnts von Grafenberg und Heinrichs von dem Türlin zeigen dies auch die im Folgenden zu besprechenden Werke des Strickers, des Pleiers, der anonym überlieferte ›Wigamur‹ sowie der ›Gauriel‹ des Konrad von Stoffeln, der am Ende des 13. Jahrhunderts, nach dem allmählichen Auslaufen der französischen Artusdichtungen und mehr als hundert Jahre nach der Übertragung des ›Érec‹ und des ›Yvain‹ durch Hartmann von Aue, noch einmal souverän die Stofftradition überblickt (vgl. dazu auch Kap. V.5).

1. Des Strickers ›Daniel von dem Blühenden Tal‹

Derjenige, der sich selbst in seinen Werken als *strickære* bezeichnet, zählt zu den kreativsten und innovativsten deutschsprachigen Dichtern des 13. Jahrhunderts. Der Grund dafür ist wohl nicht zuletzt, dass er, im Unterschied zu den meisten anderen der bislang behandelten Autoren, ein Berufsdichter gewesen sein dürfte. Die Selbstbezeichnung kann als Familienname[4] oder als die Berufsbezeichnung eines Handwerkers (‚Seiler') verstanden werden, umschreibt aber wohl eher metaphorisch den Vorgang des Dichtens als das Verfassen eines Textes (lat. *textum*, ‚Gewebe'): Der Stricker wäre dann ein ‚Verse-Knüpfer'. Diese Form der Selbstbezeichnung mithilfe eines Künstlernamens ist verbreitet unter den fahrenden Dichtern des Mittelalters (Vaganten), zu denen der Stricker vermutlich gehörte.[5] Als die Heimat des urkundlich nicht fassbaren Dichters wird aufgrund sprachlicher Eigenheiten (die gründlicher Überprüfung bedürften) das südliche Rheinfranken, etwa das Gebiet südlich von Worms, angenommen. Da er, wie mehrere Hinweise in seinen Dichtungen zeigen, speziell die niederösterreichischen geographischen und politischen Verhältnisse seiner Zeit sehr gut kennt, hat er sich in der ersten Hälfte des 13. Jahrhunderts vermutlich überwiegend in Österreich aufgehalten.

Der Stricker war der Erste, der lateinische Fabeln als selbstständige Formen in deutsche Reimpaarverse übertrug, er schuf nach deren Vorbild die didaktische Kleinform ‚Bîspel' und er gilt als Begründer der mittelhochdeutschen Versnovellen (Mären); insgesamt schreibt man ihm rund 150 kleinere Erzählformen zu. Ein Dutzend schwankhafter Reimpaardichtungen hat er in ›Der Pfaffe Âmis‹ zusammengefasst, dem ältesten Schwankroman in deutscher Sprache. Außerdem sind von ihm der minnedidaktische

4 Als Familienname ist *Strichære* seit um 1190 urkundlich belegt, vgl. dazu FRANZ PFEIFFER, Rezension von Karl Goedekes Grundrisz zur Geschichte der deutschen Dichtung, Hannover 1857, in: Germania 2 (1857), S. 491–505, hier S. 498–499: *Heinricus Strichære* als Zeuge im Schenkungsbuch des Klosters Reichersberg am Inn (Urkundenbuch des Landes ob der Enns, hg. vom Verwaltungsausschuss des Museums Francisco-Carolinum zu Linz. Bd. 1, Wien 1852, S. 393).

5 Zu Person und Gesamtwerk vgl. GEITH/UKENA-BEST/ZIEGELER sowie RAGOTZKY, REISEL und BÖHM (alle 5.7).

Text ›Die Frauenehre‹ und zwei Versromane erhalten, neben einem unvollendeten Epos über Karl den Großen (einer modernisierenden Bearbeitung des ›Rolandsliedes‹) der ›Daniel von dem Blühenden Tal‹, die beide als Frühwerke gelten.

Zeitgenössische Erwähnungen finden sich vor allem in zwei Werken des Rudolf von Ems, in denen der Stricker als ein Nachfolger der vier *meister* Heinrich von Veldeke, Hartmann von Aue, Gottfried von Straßburg und Wolfram von Eschenbach genannt wird: *swenn er wil der Strickære / sô macht er guotiu mære* (›Alexander‹, Vv. 3257f.; vgl. im ›Wilhelm von Orlens‹ die Vv. 2230–2233). Geht man davon aus, dass der Stricker als älterer Zeitgenosse Rudolfs in den vierziger Jahren des 13. Jahrhunderts noch produktiv war, lässt sich für ihn eine Lebenszeit von etwa 1190 bis um 1250 ansetzen. Aus seinen Werken ist auf eine umfangreiche rhetorische, juristische und theologische Ausbildung zu schließen, insbesondere scheint nachgewiesen, dass er sich mit den kirchenpolitischen Entscheidungen des vierten Laterankonzils von 1215 auseinandergesetzt hat. Ein konkreter Anhaltspunkt für die Entstehung des ›Daniel von dem Blühenden Tal‹ lässt sich aus all dem nicht gewinnen, weder in Bezug auf seine Auftraggeber oder sein Publikum noch auf seine Datierung; meist wird der Roman dem Zeitraum zwischen etwa 1210 und 1225 zugewiesen: nach dem ›Wigalois‹ und eventuell gleichzeitig zu bzw. in Unkenntnis von Heinrichs von dem Türlin ›Diu Crône‹.[6]

Auch die Überlieferung trägt in diesem Fall nichts dazu bei, Fragen nach Entstehungszeit, Auftraggeber und Publikum zu beantworten. Wie die anderen vollständigen Versromane kann der ›Daniel‹ in dieser Beziehung quantitativ nicht mit dem ›Parzival‹, dem ›Wigalois‹ oder dem ›Iwein‹ konkurrieren: Erhalten sind insgesamt fünf Manuskripte (›Tandarios‹: 7, ›Lanzelet‹: 6, ›Crône‹: 6, ›Gauriel‹: 4, ›Wigamur‹: 3, ›Garel‹: 2, ›Meleranz‹: 1). Dennoch zeichnen sich Besonderheiten ab, denn alle Textzeugen zu Strickers Werk wurden erst im 15. Jahrhundert angefertigt und tradieren den vollständigen Text. Neben ihnen gibt es, anders als sonst üblich, keine älteren Fragmente: Das älteste Manuskript (b), das früher in Berlin lag und heute mit der Signatur Berol. mgq 1340 in der Biblioteka Jagiellońska in Krakau aufbewahrt wird, entstand im ersten Viertel des 15. Jahrhunderts, wurde aber noch nachträglich 1474 von verschiedenen Zeichnern mit einem Illustrationszyklus versehen. Hand-

6 Vgl. Resler (5.7).

schrift k (Cod. Thott. 423,2° der Königlichen Bibliothek in Kopenhagen) enthält neben dem ›Daniel‹ mit Thürings von Ringoltingen ›Melusine‹ und ›Die Mörin‹ des Hermann von Sachsenheim zwei Werke der frühneuzeitlichen ‚Ritterromantik'.[7] All dies mag ein Indiz dafür sein, dass der Roman des Strickers im 13. Jahrhundert zumindest schriftlich weniger verbreitet gewesen ist als im späten Mittelalter. Rudolf von Ems, Konrad von Stoffeln und dem Pleier war das Werk jedenfalls bekannt.

Der Stricker beginnt seinen Artusroman den Gattungskonventionen gemäß und eröffnet den Prolog mit der üblichen Sentenz: *Swer gerne allez daz vernimt / daz guoten liuten wol gezimt, / der wirt es selten âne muot, / unz er der werc ein teil getuot* (Vv. 1–4). Wenn der Erzähler programmatisch dazu auffordert, Gutes nicht nur zu hören, sondern auch in Taten umzusetzen, knüpft er damit an die Prologe des ›Iwein‹, des ›Lanzelet‹ und des ›Wigalois‹ an. Ebenfalls gattungskonform ist seine Berufung auf eine *wälsche*, das heißt französische Vorlage. Bei der Behauptung, dass deren Verfasser *Von Bisenze meister Albrich* gewesen sei, handelt es sich aber wohl um eine Quellenfiktion, da diese Passage fast wörtlich aus dem Prolog zum Alexanderroman des Pfaffen Lamprecht (um 1170) übernommen ist. Selbst dessen wahrheitsgemäße Beteuerung, seine Vorlage nicht verändert zu haben (V. 18 dort: *alse daz būch saget, sō sagen ouh ich*) übernimmt der Stricker im ›Daniel‹ in ironischer Brechung: *louc er mir, sô liuge ouch ich* (V. 14). Dieser Satz ist wohl kaum als Fiktionalitätssignal auf den gesamten Roman zu beziehen, der ja – worauf hier vielleicht gerade aufmerksam gemacht werden soll – ohne französische Vorlage auskommt, sondern allein auf die fingierte Quellenberufung: Sie zeigt dem Belesenen einen kreativen Umgang des Autors mit verschiedenen Prätexten an und bereitet eine entsprechende Rezeptionshaltung vor.

Der weitere Prolog rückt, nach allen Regeln der Rhetorik und unter Rückgriff auf die genannten Romane, die Vorbildlichkeit des Königs Artus sowie die Gewohnheiten und Bräuche an seinem

7 Die 52 teilkolorierten Federzeichnungen der Hs. b sind im Anhang der Übersetzung von Helmut Birkhan reproduziert (5.7). Vgl. zu ihnen auch Ingeborg Henderson, Stricker's ›Daniel‹ in the Recently Found Ms. Germ. 1340, in: Journal of English and Germanic Philology 86 (1987), S. 348–357, sowie stets aktuell den Handschriftencensus (3). Seitdem die in Krakau wiederentdeckte, ehemals Berliner Handschrift in der 2. Aufl. Berücksichtigung fand, liegt mit der Ausgabe Reslers (1.1) eine zuverlässige Edition auf der Grundlage aller Textzeugen vor (vgl. dort auch die Einleitung).

Hof in den Blick (Vv. 23–142),[8] als gelte es, die wichtigsten Spielregeln für den Rezipienten (noch einmal) zusammenzufassen, damit dieser sich an der nachfolgenden Geschichte ein Beispiel nehmen kann. In die solchermaßen umrissene arthurische Welt reitet als Neuankömmling ein Protagonist, über den man nichts weiter erfährt als seinen Namen, der aus dem Alten Testament bekannt ist,[9] und seine Herkunft aus einem geographisch unbestimmten, aber positiv konnotierten Ort.

Der Ritter Daniel aus dem *Blüejenden Tal* hat von der ritterlichen und ethischen Überlegenheit der Tafelrunde gehört und trifft, als er sich davon persönlich überzeugen will, zuerst auf den Truchsessen Keie, den er schmählich aus dem Sattel sticht. Weitere Artusritter besiegt er ebenfalls spielend, während das Lanzenstechen mit Gawein, Iwein und Parzival eher sportlichen Charakter hat und jeweils unentschieden endet. Daraufhin wird der Held in die Tafelrunde aufgenommen (Vv. 143–394).

Nach einiger Zeit erscheint ein Riese auf einem Kamel und fordert Artus auf, seinen Herrn, den König Matur von Cluse (‚eingeschlossenes Land', ‚enger Pass'), als Lehnsherrn anzuerkennen. Der Bote schildert Maturs Reichtum und Macht: Jeder, der dem an der Grenze aufgestellten goldenen Tier das Banner aus dem Maul zieht, verursacht dadurch ein Kreischen, das den Landesherrn auf den Plan ruft, der jeden Gegner im Zweikampf tötet. Matur verfügt über sieben ständig einsatzbereite Heere, die sich täglich in der Verteidigung des Landes ablösen. Zudem stehen der Botenriese und sein Bruder sowie ihr Vater, der Alte vom Berge, im Dienst des Herrschers von Cluse. Auf Gaweins Rat hin geht Artus zum Schein auf Maturs Forderungen ein, bittet aber um sieben Tage Aufschub bis zur Abreise – um in dieser Zeit heimlich ein Heer zu versammeln (Vv. 395–986).

Daniel bricht derweil, wie einst Iwein, heimlich vom Artushof auf und verfolgt die Spur des Riesen zurück, um König Matur selbst herauszufordern. An einem Engpass im Gebirge begegnet er dem mit einer unverletzbaren Haut ausgestatteten Bruder des Riesenboten, der den Zugang nach Cluse bewacht. Bevor es zum Kampf kommt, wird Daniel nacheinander in drei andere Aventiuren verwickelt. Auf Bitten der Tochter des Herzogs *von dem Trüeben Berge* übernimmt er zunächst den Kampf gegen den Zwerg Juran, der sie bedroht, nachdem er als Brautwerber verschmäht wurde. Durch eine List entwendet Daniel dem Zwerg dessen alles zerschneidendes Schwert (Vv. 987–1786). Danach

8 Eine ausführliche Analyse des Prologs findet sich bei Pingel (5.7), S. 10–31.

9 Daniel zeichnet sich im 6. Jahrhundert v. Chr. am babylonischen Hof Nebukadnezars durch Gerechtigkeit und große Klugheit aus. Auch wenn der ›Daniel von dem Blühenden Tal‹ dies nicht thematisiert, dürften sich solche Assoziationen eingestellt haben.

befreit er das Land der Gräfin *zuo dem Liehten Brunnen* von bauchlosen Ungeheuern, denen Arme und Beine direkt aus dem Kopf gewachsen sind. Die teufelsähnlichen Wesen sind dem Meer entstiegen, um Menschen das Blut auszusaugen. Ihr Anführer trägt ein Gorgonenhaupt bei sich, das jeden tötet, der es erblickt. Daniel benutzt einen Spiegel (die List des Perseus), um das Haupt entwenden und gegen die Ungeheuer selbst anwenden zu können. Anschließend versenkt er es in einem See, wohl wissend, dass er damit jeden zukünftigen Gegner töten könnte: Dies aber erscheint ihm feige und ehrlos (Vv. 1787–2360). Mit dem befreiten Grafen vom Liehten Brunnen macht er sich auf den Rückweg nach Cluse. Als sie unterwegs einen Ritter verfolgen, der einen Gefangenen mit sich führt, wird der Graf hinter einem Felsen in einem Berg eingeschlossen, ohne dass Daniel ihm zu helfen vermag. Da der Termin näher rückt, zu dem die Tafelrunde nach Cluse kommen wollte, beschließt Daniel, erst Artus zu helfen und dann den Grafen zu retten (Vv. 2361–2750).

Als Daniel den Riesen mit dem Zauberschwert Jurans erschlägt, trifft der Artushof in Cluse ein (Vv. 2845–2938). Der Held löst den Mechanismus des goldenen Tieres aus und es erscheint König Matur, den Artus persönlich im Zweikampf tötet (Vv. 3070f.). Dann beginnt die unter Verwendung zahlreicher Metaphern sowie Anleihen aus den Werken Hartmanns und Wolframs blutig geführte und breit geschilderte Schlacht gegen das erste Heer von Cluse. Maturs Ritter ergeben sich erst, als Daniel den zweiten Riesen erschlägt (Vv. 2939–3936).

Während sich die Artusritter für die für den anderen Tag erwartete Schlacht gegen das zweite Heer von Cluse ausruhen, begibt sich Daniel, der niemals ermüdet, heimlich auf die Suche nach dem Grafen vom Liehten Brunnen und verstrickt sich dabei in ein unsichtbares Netz, das eine Dame aus dem Land *ze der Grüenen Ouwe* ausgelegt hat, die ihn nun um Hilfe gegen ein teufelsähnliches Ungeheuer bittet, welches zum Schutz gegen eine Krankheit einmal wöchentlich in Menschenblut badet. Dazu betöre das Monster die Einwohner ihres Landes, unter ihnen auch der gesuchte Graf vom Liehten Brunnen, mit Worten, bis sie sich willenlos abschlachten lassen. Da es nicht ausreicht, sich (wie einst Odysseus) die Ohren zu verstopfen, mischt sich Daniel unter die Todgeweihten und nähert sich dem roten Mann so, als sei er ebenfalls von Sinnen, um ihm hinterrücks das Haupt abzuschlagen (Vv. 3937–4999).

Mit den Befreiten kehrt Daniel am Morgen rechtzeitig in das Lager des Artushofs zurück, um an der (wiederum unter Verwendung sehr origineller Metaphorik geschilderten) zweiten Schlacht teilzunehmen. Nach dem Sieg berichtet Daniel der Tafelrunde von seinen Aventiuren (Vv. 5273–5376). Als andertags auch das dritte Heer eine Niederlage erleidet, greifen die restlichen Ritter von Cluse schließlich gesammelt in den Streit ein. Die Übermacht wird bewältigt, indem sich die Artusritter, auf Daniels Rat hin, die Ohren verstopfen (List des Odysseus) und das goldene Tier so lange kreischen lassen, bis die Gegner vom Lärm betäubt zu Boden sinken und sich ergeben (Vv. 5377–5778). Nach der Unterwerfung erhalten die Ritter von Cluse ihr Land von Artus zum Lehen und sind ihm fortan treue Gefolgsleute. Die Witwe Maturs willigt nach Gesprächen mit ihren Ratgebern (wie Laudine) ein, sich mit einem Bezwinger ihres Gatten zu vermählen: Danise heiratet Daniel von dem Blühenden Tal im Rahmen einer Massenhochzeit der mehreren hundert Witwen von Cluse mit den durch den Helden befreiten Rittern (Vv. 5779–6884).

Die Freude beim anschließenden Pfingstfest wird durch die Ankunft des Riesenvaters gestört, der den Tod seiner beiden Söhne rächen will. Der Alte vom Berge bringt Artus in seine Gewalt und setzt ihn auf einem nur ihm zugänglichen Berggipfel ab. Parzival reitet den Feind mutig an und erleidet dasselbe Schicksal. Schließlich fesselt ihn Daniel mithilfe des rasch herbeigeholten unsichtbaren Netzes, an das er sich erinnert, und überzeugt den Alten davon, dass seine Söhne und König Matur zu Unrecht vom Artushof Tribut forderten. So befreit der Riese Artus und Parzival aus ihrer misslichen Lage, und man setzt das Fest fort. Nachdem Daniel auch Königin Ginover aus Britannien hinzugeholt hat, wird Beladigant, der Ritter von Zone, dem Daniel unterwegs begegnet, zum Ritter geschlagen, zum Herzog von Cluse ernannt und abschließend mit Sandinose, der Dame von der Grüenen Ouwe, verheiratet (Vv. 8008–8322). Mit einem knappen Ausblick auf die erfolgreiche Herrschaft Daniels als König von Cluse und einer noch knapperen Schlussformel endet der Roman (Vv. 6885–8482).

Daniel von dem Blühenden Tal ist ein bemerkenswert steriler Held.[10] Er kommt aus dem Nichts an den Artushof, erweist sich dort (fast) allen zunächst als ritterlich und später auch intellektuell überlegen, lässt sich am Ende von König Artus verheiraten und herrscht fortan als dessen Vasall über das weltabgeschiedene Königreich Cluse. Wir erfahren nichts über seine Herkunft, nichts über sein Aussehen, nichts über seine Ziele, fast nichts über seine Emotionen. Nicht einmal die Liebe ist im Spiel, als er die schon vom Namen her für ihn vorgesehene Danise zur Frau nimmt.

Dem Stricker scheint dieser ‚sterile' Heldentypus wichtig zu sein, denn an prominenter Stelle, ganz am Ende des Romans, erscheint mit Beladigant von *Zône* (‚Gürtel', ‚Randgebiet'), dessen Name an *Baladingant li vallés* erinnert, der zu Beginn (V. 46) und am Ende von Renauts ›Le Bel Inconnu‹ auftritt (ab V. 5368), eine weitere Figur, die ohne Herkunft, ohne Ziel und eher zufällig an den Artushof gelangt, umstandslos dort integriert, zum Ritter ge-

10 Zu Haugs Charakterisierung des Daniel als ‚listig-kluger Superheld in einer fabulös-grotesken Welt' vgl. oben, S. 180f. (Kap. III.5).

schlagen, zum Herzog von Cluse ernannt und ohne jegliche Emotion von Artus mit Sandinose, der Dame von der Grüenen Ouwe, verheiratet wird (Vv. 8008–8322). Da dieser Handlungsstrang für den Roman vollkommen entbehrlich ist, dürfte sein Zweck darin liegen, in Form einer etwas überzeichneten Doppelung auf syntagmatischer Ebene gerade auf diesen Heldentypus aufmerksam zu machen, den auch der Protagonist verkörpert: „Es scheint, als profiliere sich hier am Ende des Handlungsgeschehens ein neuer potentieller Protagonist, der durch ebenso exemplarisches Handeln Daniels Nachfolge antreten könnte“,[11] denn von Beladigant unterscheidet sich Daniel ausschließlich durch das von ihm Erzählte.

In paradigmatischer Hinsicht ist Daniel, wie Beladigant (V. 8237) und die meisten seiner Gattungsvorgänger, ein statisch-idealer Held ohne Krise und ohne Erkenntnisprozess. Aus einem *der besten ritter* (V. 360) wird *der tiurste* (V. 6281), *der beste ritter, der hiute lebet* (V. 6372), und ein *rehter künic* (V. 6609). Die Fähigkeiten, die ihn ausmachen, besitzt er von Anfang an und sie verändern sich nicht: Er ist ein vorzüglicher Zweikämpfer – das reicht aus, um in die Tafelrunde aufgenommen zu werden –, und er gebraucht seinen Verstand, um die ihm begegnenden Aventiuren erfolgreich zu bestehen. Erecs Problem des *verligens* betrifft Daniel nicht, da dieser seine Frau erst am Ende der Handlung kennenlernt. Wie bei Iwein sind seine Aventiuren ineinander verschachtelt, aber anders als dieser ist er klug genug, sie in der richtigen und einzig möglichen Reihenfolge zu absolvieren. Weder sucht er wie Lanzelet nach seiner Identität noch wie Wigalois nach seinem Vater. Konsequent hat der Stricker seinen Roman auch von jeglichem Bezug zur Religion freigehalten: Daniel ist weder ein Heilsbringer wie Wigalois noch wie Parzival auf der Suche nach dem Gral; seine Gegner sind keine Ausgeburten der christlichen Hölle, nicht einmal Ungläubige, sondern sie entstammen, wie es sich gehört, entweder der arthurischen Märchenwelt oder, wie teils schon im ›Wigalois‹ und in ›Diu Crône‹, der vorchristlichen, antiken Mythologie, ohne dass eventuelle Quellen bereits ausgemacht wären.

Der Stricker befreit den Artusroman auf diese Weise von allerlei Ballast: Kein *verligen*, kein Wahnsinn, keine Zweifel quälen den Helden, aber auch kein Gral, kein Schwertrad, keine Wunderketten, keine verlorene Rüstung, keine schandhafte Niederlage und nicht einmal Liebeskummer. Er kommt an den Artushof, weil dort die Besten sind, unterstützt den König im Kampf gegen

11 Ragotzky (5.7), S. 81.

eine ungerechte Tributforderung und erhält dafür das neu eroberte Reich zum Lehen. Beweggründe für seine *helfe*-Taten sind seine eingegangenen *triuwe*-Verpflichtungen, seine *erbärmde* und sein Streben nach *êre*, nach dem Ansehen in der Gesellschaft, die in diesem Fall praktisch nur aus dem Artushof besteht; *minne* als *lôn* für *âventiure* lehnt er ab.

Was Daniel dabei vor allen anderen Rittern auszeichnet, ist seine *prudentia*, seine Befähigung, Problemstellungen rasch analysieren und auf angemessene Weise auf sie reagieren zu können. Diese Fähigkeit wird im ›Daniel‹ als *list* bezeichnet, wobei das mhd. Maskulinum *list* noch frei ist von allen negativen Konnotationen:

Swer iht guoter liste kann,
den solde wîp unde man
gerne êren dester baz.
ein man tuot mit listen daz
daz tûsent niht entaeten,
swie grôze kraft sie hæten.

Hedda Ragotzky hat gezeigt, dass sich dieses Handlungsmodell der *list* auch in anderen Werken des Strickers findet, insbesondere in seinen Mären unter dem Schlagwort der *gevüegen kündikeit*, worunter Ragotzky „ein situationsspezifisches Interpretations- und Handlungsvermögen“ versteht, „das auf das ordogemäße Zusammenspiel der Rollen und in diesem Sinne auf die Wahrung oder Wiederherstellung von Recht abzielt.“[12] Diese Fähigkeit, für die sich im ›Méraugis‹ des Raoul de Houdenc ein Vorbild findet,[13] ermöglicht es Daniel, sich an Vergangenes zu erinnern, hilfreiche Gegenstände klug einzusammeln, bevor er sie benötigt, und im richtigen Moment einzusetzen oder seinen eigenen Weg bis zu der Stelle zurückzuverfolgen, wo sie ihm begegnet waren. In ähnlicher Funktion wie die ‚Joie de la curt‘-Episode im ›Erec‹ führt dies die Riesenvater-Episode am Ende des Romans, außerhalb der bereits abgeschlossenen Haupthandlung, noch einmal zusammenfassend vor. Nachdem der Tafelrunde mit König Artus der Mittelpunkt und dem Hof damit sein zur Aventiure antreibendes Normen- und Wertezentrum geraubt wurde, ist diese hilflos und praktisch handlungsunfähig. Während Parzival den

12 Ragotzky (5.7), S. 84, Anm. 1. Zur Selbstreflexivität des *list*-Exkurses, der sich insgesamt über die Vv. 7487–7548 erstreckt, vgl. Huber (5.7).

13 Der ›Méraugis‹ gehört zu den Quellen des ›Segremors‹ (vgl. Kap. IV.4).

Riesen, der König Artus entführte, fast reflexartig attackiert, erkennt allein Daniel, dass dieser Gegner im ritterlichen Kampf nicht zu besiegen ist, und reagiert entsprechend darauf, indem er zu einem früheren Handlungsort zurückkehrt und sich des unsichtbaren Netzes bemächtigt. Der Erzähler lobt dieses spezifische Handlungsvermögen, dessen sich der Held selbst sehr bewusst ist (vgl. zum Beispiel die Vv. 1504–1506), in dem oben zitierten Exkurs. Immer wieder wird Daniel in Situationen vorgeführt, in denen er mit beinahe ‚scholastisch' zu nennenden Methoden[14] Argumente für oder gegen sein weiteres Vorgehen klug abwägt, bevor er darüber redet oder handelt (Vv. 1343–1384, 1991–2000, 2165–2206, 2674–2735, 3914–3936, 4563–4714, 5718–5755, 7221–7259 u. ö.).

Da Daniel nicht wie Erec oder Iwein nach einem ersten, in der ‚Krise' scheiternden Anlauf einen Erkenntnisprozess durchläuft, um in einem zweiten Anlauf das Verlorene auf höherem Niveau zurückzuerlangen, fehlt der Grund dafür, den ›Daniel‹ nach dem Prinzip des gestuften Doppelwegs zu strukturieren, wie er den beiden Artusromanen Hartmanns zugrunde liegt (s. Kap. III.1). Dennoch ist auch der ›Daniel‹ des Strickers zweigeteilt:

Prolog (Vv. 1–142)
- Vorgeschichte am Artushof (Vv. 143–394)
- Herausforderung durch König Matur (Vv. 395–986)
  - Einzelaventiuren Daniels (Vv. 987–2844)
  - 1. Aventiure von dem Trüeben Berge (Vv. 987–1786)
  - 2. Aventiure von dem Liehten Brunnen (Vv. 1787–2360)
  - 3. Aventiure von der Grüenen Ouwe (Vv. 2361–2750)
  - 4. Kampf gegen den Riesenbruder (Vv. 2751–2844)
- Zwischeneinkehr am Artushof (Vv. 2845–2938)
  - Massenschlachten (Vv. 2939–5778)
  - 1. Schlacht (Vv. 2939–3936)
  - Einschub: Aventiure von der Grüenen Ouwe (Vv. 3937–4999)
  - 2. Schlacht (Vv. 5000–5376)
  - 3. Schlacht (Vv. 5377–5422)
  - 4. Schlacht (Vv. 5423–5778)
- Siegesfest mit Krönung und Massenhochzeit (Vv. 5779–6884)
  - Einschub: Riesenvater-Episode (Vv. 6885–7904)
- Siegesfest-Fortsetzung (Vv. 7905–8443)

Epilog (Vv. 8444–8482)

14 Vgl. dazu Reisel (5.7).

Nach der Aufnahme in die Tafelrunde erzählt die erste Hälfte von den vorbereitenden, individuellen Aventiuren des Helden auf dem heimlichen Weg nach Cluse (2700 Verse). Seine Einkehr am Artushof zwischen den beiden Romanhälften findet, wie im ›Iwein‹, außerhalb des Machtbereichs des Königs Artus statt (100 Verse). In der zweiten Hälfte besiegen die Artusritter gemeinsam die sieben Heere von Cluse (2800 Verse). Ein wirkliches ‚Achtergewicht' stellt, schon aufgrund seines Umfangs, das abschließende Fest anlässlich der Herrschaftsübernahme in Cluse dar (1500 Verse), in welches auch noch die ausführlich erzählte Riesenvater-Episode (1000 Verse) eingeschoben ist.

In der Makrostruktur des ›Daniel‹ spiegelt sich trotz ihrer Zweiteiligkeit nicht der symbolische Aufbau der hartmannschen Romane. Sie beruht vielmehr auf denselben Kompositionsprinzipien, die auch dem ›Lanzelet‹ und dem ›Wigalois‹ zugrunde liegen. Wie dort muss der Held den Weg an den Artushof erst finden und wie dort besteht ein großer Teil des umfangreichen Romanschlusses aus politischer Inszenierung und lehnsrechtlichen Handlungen. Desweiteren finden sich ineinander gestufte oder auch verschachtelte Aventiuren ebenso wie solche, die in mehreren Etappen über die Handlung verteilt zu durchlaufen sind. Darin sind sich die Baupläne der drei genannten Versromane untereinander ähnlicher als in ihrem Bezug auf Hartmann. Der lange übliche, ausschließliche Vergleich mit den beiden Prototypen der Gattung im deutschsprachigen Bereich verstellt den Blick auf solche Gemeinsamkeiten der späteren Gattungsvertreter: Bereits in der jeweils ersten Romanhälfte bewältigen Lanzelet, Wigalois oder Daniel solche Aventiuren, zu denen Erec und Iwein (nach ihrem Lernprozess) erst im zweiten Handlungszyklus in der Lage sind. Die jeweils zweite Romanhälfte führt dann insofern über die vollständige Integration der Protagonisten in die Artusgemeinschaft hinaus, als sie die neuen Mitglieder der Tafelrunde nicht mehr nur in individuellen Zweikämpfen, sondern auch im gemeinsamen Handeln mit anderen Artusrittern vorführt. Dabei steht dann naturgemäß nicht mehr das Verhältnis des Einzelnen zur Gemeinschaft, sondern der Einsatz der arthurischen Gemeinschaft für Recht und Ordnung in der gesamten erzählten Welt im Vordergrund.[15] Dies ist nicht nur den Autoren von ›Lanzelet‹ und ›Wigalois‹, sondern

15 Zum Gemeinschaftshandeln im ›Daniel‹ vgl. Hahn und Eikelmann (5.7); zu dessen politischen Dimensionen Brall (5.7) und oben, S. 202–207.

auch dem Stricker, dem Pleier, Konrad von Stoffeln und dem anonymen Dichter des ›Wigamur‹ ein Anliegen.

Lanzelet, der von den Artusrittern aus seiner Minnehaft in Pluris befreit wird, Wigalois und Gauriel könnten ohne die Hilfe der Tafelrunde die Aventiuren ihrer jeweils zweiten Romanhälfte nicht bestehen. Auch Daniel ist für den erfolgreichen Ausgang der Massenschlachten auf die Zusammenarbeit mit ihr angewiesen, ebenso wie umgekehrt die Tafelrunde und König Artus auf ihn. Nur Hof und Held gemeinsam können Recht und Ordnung wiederherstellen. Ausdruck dieser gegenseitigen Abhängigkeit sind die aus der Chanson de Geste und der Karlsepik in den Artusroman integrierten Massenschlachten. Mit der Wirklichkeitsnähe dieser durch *kraft* und *sterke* bestimmten Schlachten korrespondiert der märchenhafte Charakter der von *wîsheit* und *list* geprägten Einzelaventiuren des Helden.

Im ›Daniel‹ zeugen ferner die Aktivitäten des Königs Artus von der Gemeinsamkeit des Handelns (vgl. etwa die Vv. 2969–3071). Auch darauf bezogen verführt der ausschließliche Blick auf Hartmann von Aue zu einer leicht eingeschränkten Wahrnehmung seiner Beteiligung an den Kämpfen, denn vor dem Hintergrund der Gattungsgeschichte ist die aktive Rolle des Königs keineswegs „befremdlich“, wie beispielsweise Mertens und Birkhan schreiben.[16] Richtet man den Blick statt nur auf den ›Erec‹ und den ›Iwein‹ auch auf andere Artusromane, stellt sie sich vielmehr als durchaus häufig vorgenommene Erweiterung des Merkmalsbündels dar, welches die Gattung ausmacht, denn Artus greift nicht nur im ›Daniel‹ aktiv in das Geschehen ein, sondern schon in einigen altfranzösischen Artusdichtungen (wo er sogar als Protagonist in Erscheinung tritt), auch im ›Lanzelet‹ (Vv. 6673–7716), in ›Diu Crône‹ (Vv. 4486–4700, 10652–10920), beim Pleier und im ›Gauriel‹ (Vv. 2072–2203), wo der Held allerdings – wie später im ›Flordimar‹ (Strr. 35–40, vgl. Kap. VI.1) – den Kampf gegen den Herrn der Tafelrunde aus Respekt ablehnt.

Als pervertierte Form höfischer Regeln und Bräuche wird die Herrschaft des Königs Matur ausgegeben. Den Namen des Tribut fordernden Kontrahenten aus dem abgeschiedenen Reich Cluse hat der Stricker geschickt gewählt: Ein Bezug zu Artus ergibt sich lautlich über die Zahl der Silben, ihre identischen Vokale und den Dental zwischen ihnen; lateinisch *maturitas* heißt ‚Reife, Vollendung‘, dazu das Adjektiv *maturus* ‚reif, erwachsen,

16 Birkhan (5.7), S. 38, und Mertens (4.1.1), S. 213.

vollendet', sodass der Name Maturs auf die ausgereifte, in ritterlichem Normatismus erstarrte Form seiner Herrschaftsausübung verweist. An jedem Tag der Woche veranstaltet eines der sieben Ritterheere in Cluse drei Turniere, morgens, mittags und abends, bei denen jeweils fünfhundert höfische Frauen zusehen (müssen?), die aus dem ganzen Reich an den Hof geschickt werden, sobald sie acht Jahre alt sind. Zwischen den Turnieren finden Feste mit Musik und Tanz statt, als deren Zweck *kurzewîle*, *fröude* und *prîs* benannt werden (vgl. die Vv. 504–810). Die wohlkonstruierte ‚Gemachtheit' dieser Automatismen entblößt der Stricker sogleich als fiktiv, wenn er den Riesenboten nach der Beschreibung des Schreienden Tieres am Eingang von Cluse sagen lässt:

Der meister der daz tier gôz,
der hât mich gemachet sus grôz
und einen bruoder den ich hân.
darumbe hât erz getân,
wir sint beidiu sîniu kint.
wand die triuwe grôz sint
der er uns beiden schuldic ist,
darumbe hât uns sîn list
gemachet beidiu alsô hart
daz unser ietweder nie wunt wart.

Auf der Textoberfläche ist mit dem *meister*, der mit *list* (Vv. 768, 782) sowohl den Mechanismus des Schreienden Tieres als auch die Riesenbrüder mit ihrer unverletzbaren Haut geschaffen hat, derselbe Riesenvater gemeint, der am Ende des Romans König Artus und Parzival wie Puppen durch eine Bühnenlandschaft trägt. Auf einer Metaebene äußert sich der Erzähler aber auch über den Stricker als den Autor, der sowohl das Tier als auch die Antagonisten des Helden ersonnen und mit Worten erschaffen hat. Die Riesenbrüder sind vom Autor deshalb mit einer unzerstörbaren Haut ausgestattet worden, damit Daniel an ihnen später demonstrieren kann, dass Jurans Zauberschwert alles zu zerschneiden vermag (und umgekehrt). Und schließlich mag sich auch in der am Ende wieder auftretenden Figur des weisen Alten der seine Ritter in der Geschichte hin- und herschiebende Autor wiederfinden lassen.[17]

Nicht nur an dieser Stelle wird eine gewisse Distanz des Autors (und auch des Erzählers, der im ›Daniel‹ weniger profiliert wird

17 Vgl. dazu HUBER, auch SCHEUER (beide 5.7).

als in anderen Artusromanen) zum Erzählten und ganz allgemein zum Artusstoff sichtbar. Eine augenzwinkernde Form der Komik ist der Gattung seit ihren Anfängen inhärent und sie verstärkt sich mit der zunehmenden Konturierung der Erzählerfigur im Artusroman. Die Distanzierung von den Vorgaben der Gattung ist wohl auch die Voraussetzung dafür, im ›Daniel von dem Blühenden Tal‹ eine ironisch gebrochene Kontrafaktur oder gar eine parodierende Persiflage auf den Artusroman zu sehen. Jedoch richtet sich die im Text ausgedrückte Kritik, die dafür ebenfalls zu erwarten wäre, nicht grundsätzlich gegen das im Artusroman ausgestellte höfische Rittertum, sondern nur gegen dessen pervertierte Auswüchse unter den Antagonisten des Helden, während die aufgezeigten Schwächen des Artushofs allein dazu dienen, Daniels exklusive Fähigkeiten schärfer zu konturieren. Die aus dem Ethos der *wîsheit* bezogene *list* desavouiert ja nicht die aus der Körperkraft resultierende *sterke* des Ritters, sondern die Verstandeskraft wird ihr als zusätzliches menschliches Vermögen zur Bewältigung von Konfliktsituationen an die Seite gestellt. Das Zurückdrängen des in der Gattung Etablierten zugunsten der Erweiterung des Merkmalsbündels um neuartige Elemente trägt jedoch mit Blick auf das Ganze weder satirische noch parodistische Züge: Wenn die Handlungsmechanismen der Artusritter in der Riesenvater-Episode mit einigem Humor der Lächerlichkeit preisgegeben werden,[18] ist dies nicht als Kritik am Artushof aufzufassen, denn zu ihm gehört am Schluss ja auch Daniel, der wiederum den Konflikt mit seinen spezifischen, aber doch in die Tafelrunde integrierten Qualitäten geschickt befriedet.

Dasselbe gilt wohl für den zweiten markanten Eingriff des Strickers in das Merkmalsbündel der Gattung: Wenn Leidenschaft und Liebe in seiner Erzählung keinen Raum erhalten und wenn selbst Ginover, die im Artusroman sonst im Zusammenhang mit Entführung und Ehebruch in Erscheinung tritt, vom Helden selbst in die Obhut des Artushofs geleitet wird, ist dies ebenfalls weder satirisch noch parodistisch gemeint. Der Stricker vermeidet auch bei diesem Thema konsequent alles, was den Blick von dem ablenken könnte, was ihm wichtig ist – ebenso verfährt er in seinen anderen Werken, insbesondere in den Kleindichtungen. Der perfekte Herrscher benötigt am Ende selbstverständlich eine Ehefrau, damit die Fortsetzung seiner idealen Herrschaft auch in der nächsten Generation gewährleistet ist – aber wozu muss

18 Vgl. dazu Wandhoff (5.7).

diese Frau nach den Regeln der höfischen Minne erst erworben und nach allerlei Komplikationen an den Artushof geführt werden? Für die Affekte Einzelner, für die individuelle Erfahrung von Liebe, ist im ›Daniel‹ (ebenso wie in den Mären oder in ›Die Minnesänger‹)[19] kein Platz, denn Affekte behindern rationales Handeln. Der Stricker verzichtet demonstrativ auch auf jegliche Diskussionen darüber, ob die frisch verwitwete Danise nach so kurzer Frist jemanden aus dem Gefolge desjenigen ehelichen darf, der ihren Gatten erschlug, wie es für Laudine im ›Iwein‹ zum Problem wird. Gawein macht König Artus den Vorschlag, die Witwe mit dem neuen Herrscher zu verheiraten, und so wird es einvernehmlich gemacht. Der von Danise durch die schnelle Wiederverheiratung befürchtete Ansehensverlust wird dadurch abgewehrt, dass alle Anwesenden ausnahmslos diese Konsensehe befürworten (Vv. 6220–6338).

Das Stichwort der Gattungserneuerung, das Hedda Ragotzky dem ›Karl‹ entnommen hat, in dem der Stricker seine Neubearbeitung des aus dem 12. Jahrhundert überkommenen Stoffs als *erniuwen* bezeichnet (Vv. 115–118), lässt sich auch auf dessen Artusroman übertragen, der sich vor allem mit dem ›Iwein‹ Hartmanns von Aue auseinandersetzt. Im Fall des ›Daniel‹ bedeutet *erniuwen*, dass der Stricker sehr zielgerichtet mit den Konstituenten der Gattung operiert, um das soziale Leistungsvermögen von *list* zu verdeutlichen: Er „kennt das Strukturmodell des Doppelwegs und arbeitet sehr bewußt mit dessen wichtigsten Elementen. Er setzt sie so ein, daß sie durch die Veränderung ihrer Plazierung und ihres Bedeutungsgehalts das Leistungsvermögen von *list*-Handeln verdeutlichen. [...] In diesem Sinne bedeutet *erniuwen* die genaue Bestimmung und Vergegenwärtigung dessen, was als wesentliche Substanz der Gattungstradition angesehen wird.“[20] Davon, dass der ›Daniel von dem Blühenden Tal‹ ein anti-arthurischer Roman sei, kann deshalb jedenfalls nicht die Rede sein.

19 Vgl. Karl-Friedrich Kraft, ›Die Minnesänger‹ des Strickers. Minnesang beim Wort genommen, in: Philologische Untersuchungen, gewidmet Elfriede Stutz zum 65. Geb., hg. von Alfred Ebenbauer. Wien 1984 (Philologica Germanica 7), S. 229–256; der Text findet sich in: Der Stricker, Erzählungen, Fabeln, Reden. Mittelhochdeutsch/Neuhochdeutsch, hg., übersetzt u. kommentiert von Otfrid Ehrismann, Stuttgart 1992 (RUB 8797), S. 190–209.

20 Ragotzky (5.7), S. 81. Vgl. dazu auch Kern (5.7).

2. Die Artusromane des Pleier

Der Pleier ist neben Hartmann der einzige Autor, der mehr als einen Artusroman geschrieben hat. Von ihm sind insgesamt drei vollständige Werke mit zusammen rund 53000 Versen erhalten. Es handelt sich um den ›Garel von dem Blühenden Tal‹ mit 21282 Versen, ›Tandarios und Flordibel‹ mit 18339 Versen und den ›Meleranz‹ mit 12834 Versen. Alle drei Werke sind nach ihren Protagonisten benannt und in allen dreien ist der Name des Autors, teils sogar doppelt, gut bezeugt.[21] So heißt es am Schluss des ›Garel‹:

der daz buoch hât getihtet,
der ist noch unberihtet
ganzer sinne, wan daz er sîn muot
niwan durch kurzewîle tuot
und ze êren frumen liuten.
ich wil iuch rehte bediuten,
swâ ir in hœret nennen,
daz irn mugt erkennen:
man heizet in den Pleiære.
hie hab ein ende daz mære.

In einem Erzählerexkurs (Binnenprolog) im ›Tandarios‹ sagt der Erzähler, nachdem der Held sein Elternhaus verlassen hat und zu seiner Aventiurefahrt aufbricht:

Swer mir nû gæbe stiure
ze dirre âventiure
mit worten oder mit lêre
dem wolde ich immer mêre
mit dienste wesen undertân,
wan ich niht der sinne hân,
mir wære guoter helfe nôt.
mîn kranker sin mir daz gebôt

21 Zitiert wird nach den in 1.1. angeführten Textausgaben von Walz (›Garel‹, 21282 Vv.), Khull (›Tandarios‹, 18339Vv.) und Bartsch (›Meleranz‹, 12834 Vv.). Bei den neueren Editionen von Herles (1981) und Steffen (2011) handelt es sich um Abdrucke fnhd. Überlieferungsträger, welche nur bedingt noch die Werke des Pleiers aus dem 13. Jahrhundert repräsentieren und für die Lektüre im Studium wenig geeignet sind.

daz ich mich der rede underwant.
an einem buoche ich die vant
in wälhischem getihtet,
nû hân ich si berihtet
mit worten, sô ich beste kan.
ich bite iuch, vrowen unde man,
der daz mær getihtet hât
daz ir in des geniezen lât:
er gert von iu niht lônes mêr,
swer daz buoch lese daz er
im heiles wünsche, dêst sîn bet.
wan erz durch kurzwîle tet
daz er daz buoch getihtet hât
unt iuch vil rehte wizzen lât
wie Tandareis, der werde man,
schiet von sînem vater dan.
er ist der Pleiære genant
unt tuot iu rehte daz bekant
waz Tandareis mit werdikeit
hôher êren erstreit,
ê er wider kom in sîns vater lant.

Im Epilog des ›Tandarios‹ knüpft er daran noch einmal an:

Disiu vremde mære
hât der Pleiære
von der wälsche an die tiutsche brâht.
swen mîniu rede nû versmâht,
dâ wil ich sîn unschuldic an,
ich hân ez durch hübscheit getân
unt biderb liuten zêren,
der wirde wil ich mêren
mit mînem lobe swâ ich kan.

Auf Hartmann als Vorbild beruft sich der Pleier am Ende des Prologs zum ›Meleranz‹ (Vv. 101–113):

Nu hœrt ein frömdez mære.
daz hât der Pleiære
von welschem getihtet,
in tiutschen sin gerihtet
mit rîmen als er beste kan.
lebet noch her Hartman
von Ouwe, der kunde baz
getihten, daz lâz ich ân haz,
und von Eschenbach her Wolfram:

110 gên sîner künste bin ich lam
die er het bî sînen tagen.
doch wil ich iu ein mære sagen
von Artûs dem künic hêr.

Und im Epilog des ›Meleranz‹ nennt er sich noch einmal selbst:

12766 ich heiz der Pleiære:
diz buoch ich getihtet hân
durch einen tugenthaften man,
der mich dar zuo berâten hât.

Da die Namensnennung im Artusroman zu den Gattungskonventionen zählt, gibt sich auch der *pleiære* zu Anfang und am Ende seiner Werke als Verfasser zu erkennen, wobei es sich bei dieser Selbstzeichnung möglicherweise, ähnlich wie beim *strickære*, um einen Künstlernamen handelt, der aus einer Berufsbezeichnung hervorgeht. Die hier zitierten Textpassagen enthalten die üblichen Bescheidenheitstopoi und die Bitte um Wohlwollen (*captatio benevolentiae*). Als geschätztes Publikum werden *frume* und *biderbe liute* benannt, Frauen und Männer, denen der Dichter aufgrund seiner höfischen Haltung (*hübscheit*) dienen möchte, um deren Ansehen und Würde zu vergrößern. Seine Tätigkeit, für die er sich in die Tradition Hartmanns und Wolframs stellt, soll zur *kurz(e)wîle* beitragen. Für den ›Tandarios‹ und für den ›Meleranz‹ beruft er sich (ähnlich dem Stricker) topisch auf französische Vorlagen (*welschiu buoch*), die er ins Deutsche übertragen habe – wohl zu Unrecht, denn für deren Existenz gibt es keine Anhaltspunkte.

Reimuntersuchungen erlauben die Zuordnung von Autor und Werk in den bairisch-österreichischen Sprachraum, ohne dass innerhalb dieses von München und Wien im Norden bis nach Bozen, Meran und Klagenfurt im Süden reichenden Gebietes eine genauere Lokalisierung gelungen wäre. Die ältere Forschung fasste den Namen *pleiære* als Herkunftsbezeichnung auf und rechnete den Autor den in der Steiermark ansässigen Grafen von Plain bzw. einem gleichnamigen Ministerialengeschlecht zu.[22] Zwar wird dies heute für gewöhnlich zurückgewiesen, doch ist hier das letzte Wort sicher noch nicht gesprochen. Darüber hinaus ist in einem Dokument aus der Nähe von

22 Vgl. Meyer und zusammenfassend Kern 1981 (beide 5.12).

Salzburg (St. Zeno bei Reichenhall am Inn) ein Herr Chunrat der Player urkundlich nachweisbar, allerdings erst für das Jahr 1305.[23] Ob es sich auch bei ihm möglicherweise um den Dichter handeln könnte, wird jedoch in der Forschung zurzeit ohne nähere Begründung nicht weiter diskutiert.

Stattdessen wird der Name meist mit dem mhd. Verb *blæjen* (bzw. mit seiner obdt. Variante *plæjen*) in Verbindung gebracht, das allgemein ‚blähen' oder ‚aufblähen' und in speziellerer Verwendung auch ‚schmelzen' oder ‚einschmelzen' bedeutet. Das Wort *Plaiære* ist als Berufsbezeichnung für Schmelzmeister verwendet worden und im Anschluss daran (bis heute) als Familienname in der Gegend um Salzburg herum belegt. Ein solchermaßen sprechender Künstlername könnte in metaphorischer „Umschreibung des Dichtens" in durchaus zutreffender Weise das Selbstverständnis des Autors signalisieren, der, so die verbreitete Auffassung, „seine Kunstwerke wesentlich durch Ein- und Umschmelzen von imitierten Erzählelementen bereits vorliegender Dichtungen geschaffen" hat.[24] Falls dies richtig ist, wäre Pleier ebenso wie Harder (*hardære*), Marner (*marnære*), Stricker (*strickære*) oder im 14. Jahrhundert Teichner (*teichnære*) als sprechende Berufsbezeichnung zu verstehen, die auf den handwerklichen Charakter der Dichtkunst aufmerksam macht.

Im Anschluss an die oben zitierte Passage aus dem Epilog des ›Meleranz‹ wird ab V. 12768 *ein tugenthafter man* als Mäzen vorgestellt, der die Abfassung des Romans, vielleicht auch die der anderen beiden Romane, gefördert habe:

sîn wirdekeit des volge hât
daz er bî sînen tagen nie
keinen unprîs begie.
got geb im sæld und êren vil,
des selben ich im wünschen wil.
der frum edel Wîmar,
ez ist an sînem lîbe gar
swaz ein ritter haben sol.
daz hât er erzeiget wol
mit milte und mit manheit.
mîn dienest sol im sîn bereit
mit triuwen al die wîl ich lebe.

23 Franz Pfeiffer, Rezension zu Goedekes Grundrisz, in: Germania 2 (1857), S. 491–505, hier S. 500; vgl. auch Paul Kluckhohn, Ministerialität und Ritterdichtung, in: ZfdA 52 (1910), S. 162.

24 Kern 1989 (5.12), Sp. 729.

got im sæld und êre gebe,
des wünschet im daz herze mîn.
swâ ich var, ich wil doch sîn
sîn getriuwer dienære.
nu wil ich an mîn mære
wider grîfen da ich ez lie.

Elard Hugo Meyer hat bereits 1865 daraus geschlossen, dass der Pleier ein Ministeriale eines Herrn namens Wimar gewesen sein müsse, und glaubte, diesen Wimar in einem zwischen 1262 und 1286 mehrfach bezeugten, einflussreichen Mann aus der Grafschaft Schärding am Inn (südlich von Passau) gefunden zu haben, der den Namen Wimar Frumesel trug und sich in der Umgebung des Herzogs Heinrich XIII. von Niederbayern aufgehalten hat. Der von Meyer aufgezeigte historische Zusammenhang gilt allerdings bis heute als unbewiesene Hypothese: Das Ministerialenverhältnis lässt sich wahrhaftig nicht nachweisen, aber man zweifelte vor allem deshalb an einem Zusammenhang, weil man nicht akzeptieren konnte, dass der Pleier Frumesel zu *frum edel* umgebildet haben könnte, denn es mutete despektierlich an, dass der Autor einen Mäzen, den er eigentlich rühmen will, auf diese Weise gerade auf den vermeintlich wenig ruhmenswerten Bestandteil seines Namens aufmerksam gemacht haben sollte. Einzig aus diesem Grund wird noch immer die Identifizierung des *frum edel Wimar* mit Wimar Frumesel in der Pleier-Forschung in Frage gestellt. Die Tatsache, dass uns die Hintergründe dieser Wortspielerei unbekannt sind, kann jedoch als Ablehnungsgrund nicht akzeptiert werden, zumal der Name dieser einflussreichen Person, die am 28.8.1277 vor Wien sogar im Umfeld des deutschen Königs Rudolf von Habsburg auftritt, auch sonst variiert wird: Neben Wimar Frumesel erscheinen zum Beispiel *Weimarus dictus Frumesel, her Weinmar der Frumesel* oder die latinisierte Form *Wimarus asinus* sowie *Weimarus cognomine probi asini.*[25] Solange keine überzeugenden Gegenargumente vorgebracht werden, sollte man an der Hypothese festhalten, dass der Pleier

25 Die Belege bei Meyer (5.12), S. 501–503. Wenig überzeugend ist der Vorschlag, Wimar nicht als Eigenname, sondern als ‚Ehrentitel' aufzufassen, mit dem der dankbare Autor die *milte* seines (dem Publikum ohnehin bekannten) Mäzens feiern wollte, indem er ihm den Namen des freigebigen Kaufmanns Wimar aus Wolframs von Eschenbach ›Willehalm‹ beilegte (so Kern 1981, S. 21, und 1989, Sp. 729), denn die auffällige Parallele zwischen *Frumesel* und *frum edel* wäre dann nichts weiter als ein bedeutungsloser Zufall.

für eine Person aus dem Umfeld des niederbayrischen Herzogs- und des deutschen Königshofs gearbeitet haben könnte, weil sie die einzigen Anhaltspunkte zu einer historischen Situierung des Autors bietet, und man sollte sich darum bemühen, sie durch weitere Forschungen zur historischen Person des Wimar Frumesel noch zu erhärten.[26]

Den *terminus post quem* für eine Datierung der drei Romane bildet die Entstehungszeit des ›Daniel von dem Blühenden Tal‹, denn mit Gewissheit kannte der Pleier diesen Roman des Strickers, der etwa eine Generation zuvor in derselben Literaturlandschaft entstand. Da der ›Daniel‹ aber seinerseits ebenfalls nicht genau zu datieren ist, gewinnt man mit ihm keinen zuverlässigen Fixpunkt. Als *terminus ante quem* schlägt Kern den Zeitpunkt der Entstehung von Albrechts ›Der jüngere Titurel‹ vor, den er beim Pleier (noch) nicht rezipiert findet.[27] Doch abgesehen von dem Umstand, dass auch der genaue Entstehungszeitpunkt von Albrechts Werk nicht bekannt ist, ist es natürlich denkbar, dass sich des Pleiers Kenntnis von ›Der jüngere Titurel‹ einfach nicht in seinen Artusromanen niedergeschlagen hat. Der von Kern wegen des fehlenden Bezugs vorgeschlagenen Zeitspanne zwischen 1240 und 1270 ist daher der in der älteren Forschung etwas vager vermutete Zeitraum von etwa 1250 bis 1280 der Vorzug zu geben. Einigermaßen gesichert scheint nur die Reihenfolge der Entstehung der drei Romane. Da im ›Tandarios‹ auf den ›Garel‹ angespielt wird, dürfte jener nach diesem entstandenen sein. Die Annahme, dass es sich beim ›Meleranz‹ um das letzte Werk des Pleiers handelt, stützt sich allein auf ältere Untersuchungen zur Reimtechnik, zur Sprachverwendung und zum Stil sowie auf die dort zu beobachtende mehrfache Wiederverwendung von Motiven.

26 Vgl. etwa Ulrich Seelbach, Späthöfische Literatur und ihre Rezeption im späten Mittelalter. Berlin 1987 (Philologische Studien und Quellen 115), S. 160–168, sowie Joachim Bumke, Mäzene im Mittelalter. Die Gönner und Auftraggeber der höfischen Literatur in Deutschland 1150–1300. München 1979, S. 32f. u. 522f.

27 Kern 1989 (5.12), Sp. 730.

2.1. ›Garel von dem Blühenden Tal‹

Schon der Name des Helden und insbesondere die Bezeichnung des Ortes, von dem er stammt, verweisen auf den Zusammenhang des vermutlich ersten Artusromans des Pleiers zum ›Daniel von dem Blühenden Tal‹ des Strickers. Ein Prolog ist nicht erhalten, denn in der einzigen vollständigen Handschrift fehlt das erste Blatt.[28]

Der Text setzt mit dem Pfingstfest ein, welches der Artushof bei der Stadt Dinazarun begeht.[29] Meliakanz nutzt ein bedingungsloses Versprechen des Königs aus, um Ginover zu entführen. Während Gawan und Lanzilet nach ihr suchen, überbringt der Riese Karabin eine Kriegserklärung des Königs Ekunaver von Kanadic, der behauptet, dass Utepantragun einst seinen Vater erschlagen habe. Gegen die Warnungen des Königs und trotz Keies Spott verfolgt der hinzugekommene Ritter Garel von dem Blühenden Tal den zurückreitenden Riesen, um das Land Kanadic auszukundschaften (Vv. 1–742). Auf dem Weg dorthin schart er eine große Gefolgschaft um sich, indem er in verschiedenen Aventiuren Menschen aus Notlagen befreit: Für den Burgherrn von Merkanie beendet Garel die zehnjährige Belagerung durch den Brautwerber Gerhard von Riviers. Das befreite Land und die Hand der Tochter Sabie lehnt Garel ab, doch die versöhnten Kriegsparteien versprechen, große Truppenkontingente für den Kampf des Königs Artus gegen Ekunaver bereitzustellen (Vv. 743–2133). Anschließend befreit er gemeinsam mit dem im Zweikampf besiegten Herzog Gilan von Gales, der Tristan einst das Hündchen Petitcriur schenkte, dessen Neffen Alexander und Floris aus der Gewalt des Minneritters Eskilabon, der diese mit 400 weiteren Rittern im Namen der Königin Klaritschanze von Portigal auf seiner Burg Belamunt festhält. Nach dem Sieg und der Versöhnung stellt sich Garel als Verwand-

28 Linz, Landesarchiv, Schlüsselberger Archiv, Sammlung Hoheneck, Hs. 96 (früher Cod. 58) (= L): Papier, um 1400, Mittelbair., Abdruck durch Herles (1.1); daneben werden in Berlin, Innsbruck und Stams umfangreiche Bruchstücke einer großformatigen Pergamenthandschrift von 1320/1330 aufbewahrt, die im Gerichtsarchiv von Meran und im Kloster Stams gefunden wurden, siehe dazu www.handschriftencensus.de/1887.

29 Schon am Ende des 4. Buchs in Wolframs ›Parzival‹ lagert der Artushof zu Pfingsten vor *Dîanazdrûn* (= *Dîanas ruon*, ‚Dianas Herrlichkeit'). Der Erzähler sagt, dass man dort mehr Zeltstangen sah, als es Baumstämme im Spessart (*Spehteshart*) gegeben habe (Vv. 216,5–15). In Pleiers ›Tandarios‹ wird der Aufenthalt an dem nach der Göttin der Jagd benannten Ort sogar zu einem Brauch erhoben: *Artûs het ein gewonheit / daz er nimmer daz vermeit, / swenne im kom der phingestac, / daz er mit hôchzîte lac / vor Dyanazrûn ûf dem plân / mit vrowen unt mit manegem man / die zuo der hôchzîte riten* (Vv. 269–275).

ter Gahmurets und Parzivals vor. Man verspricht ihm Unterstützung für Artus und er schlägt abermals die Landesherrschaft sowie die Verlobung mit Eskilabons Schwester Flordiane aus (Vv. 2134–5471). Aus der Gefangenschaft bei dem Riesenpaar Purdan und Fidegart befreit er Klaris, den Sohn des Herzogs Elimar, sowie den Zwergenkönig Albewin mit seinen Begleitern. Von ihnen erhält Garel für seinen weiteren Weg ein alles zerschneidendes Schwert und einen magischen Schild sowie einen Zauberring, der seinem Träger die Kraft von zwölf Männern verleiht. Nachdem auch Duzabel, die Tochter des Grafen Amurat von Turtus, aus der Kerkerhaft befreit worden ist, begleitet der Held Klaris in seine Heimat Argentin, wo für ihn aus Dankbarkeit nochmal 1000 Ritter bereitgestellt werden (Vv. 5472–7185). Auf der Weiterreise verliebt er sich in die Königin Laudamie von Anferre, die sich auf ihre letzte verbliebene Festung Muntrogin zurückziehen musste, weil das Meeresungeheuer Vulganus, ein Kentaur mit einem todbringenden Medusenhaupt (auf einem Schild), ihr gesamtes Land verwüstet hat. Mithilfe von Albewins Zwergen und deren Tarnkappe besiegt er das Monster nach hartem Kampf. Auf einem glanzvollen Fest finden die Hochzeit zwischen Garel und Laudamie sowie die Krönung des Helden zum König von Anferre statt. Von Albewin erhält Garel eine Rüstung, die aus der unzerstörbaren Fischhaut des Ungeheuers gefertigt wurde. Rechtzeitig zum Pfingstfest versammelt er seine nunmehr 100.000 Ritter und zieht gen Kanadic (Vv. 7186–10998).

Zu Beginn der zweiten Romanhälfte werden zunächst der Riese Malseron, der mit seiner Familie die Grenzen bewacht (Vv. 10999–12781), und der den Angreifern entgegengesandte Graf Galvan besiegt (Vv. 12782–13223). Dann steht Garels zahlenmäßig unterlegenes Heer den 200.000 Männern Ekunavers an der Furt eines Flusses zur Schlacht gegenüber. Die taktisch geschickt aufgeteilten Truppen Garels besiegen den Gegner vernichtend. Der Held selbst überwindet Ekunaver im Zweikampf und nimmt auch dessen Verbündete Ardan von Rivelanze und Helpherich von Nasseran gefangen (Vv. 13244–16074). Als seine Truppen dem Heer des Königs Artus entgegen ziehen (Vv. 16075–17634), sticht Garel den als Kundschafter vorausgeschickten Keie schmählich vom Pferd. Anschließend begeben sich beide Heere gemeinsam zum Artushof (Vv. 17635–19412). Im Rahmen des Festes, das die inzwischen von Lanzilet befreite Ginover auf Geheiß des Königs vor der Stadt Dinazarun ausrichtet, versöhnen sich die Besiegten mit König Artus und kehren anschließend in ihre Länder zurück (Vv. 19413–20429). Garel gelangt auf dem Weg nach Muntrogin erneut an die Orte seiner Aventiurefahrt, arrangiert dort verschiedene Ehen (zwischen Sabie von Merkanie und Floris von Pergalt, Alexander und Flordiane sowie Klaris und Duzabel) und unterstützt Ekunaver dabei, ein Kloster auf dem Schlachtfeld zu stiften. Gemeinsam mit Laudamie herrscht er als vorbildlicher König über das Land Anferre (Vv. 20430–21310).

Schon die Nacherzählung lässt erkennen, dass der Pleier dieselbe Geschichte erzählt wie der Stricker. Trotz Veränderung der Orts- und Personenamen weist sein Roman denselben Gang der Handlung auf wie der ›Daniel‹: Der Held reagiert auf die Kriegserklärung an den Artushofs mit seinem alleinigen Aufbruch und sammelt auf dem Weg in das Reich des Herausforderers durch *helfe*-Taten so viel Unterstützung ein, dass er das gegnerische Heer in einer Massenschlacht schlagen kann, noch bevor die Tafelrunde am Ort des Geschehens eintrifft. Wie Daniel erwirbt Garel auf diesem Aventiureweg eine Frau und deren Land, und wie beim Stricker bestimmen Friedensinitiativen und Feste mit Massenhochzeiten den Schluss des Romans. Auch sind zahlreiche signifikante Motive übernommen: das alles zerschneidende Schwert, die unverletzbare Haut, das Medusenhaupt, das schreiende Tier (beim Pleier ein Löwe), das Schlachtgeschehen zwischen zwei in Abteilungen gegliederten Heeren usw. Daneben finden sich, wie schon beim Stricker, nicht nur zahlreiche Anspielungen auf die vorausgegangenen Artusromane, sondern auch stoffliche und motivliche Entlehnungen aus der Dietrichepik (der Zwerg Albewin mit seinem Gefolge und dem Tarnmantel). Trotz dieser Anleihen erzählt der Pleier mit dem ›Garel‹ einen gattungskonformen Artusroman, indem er geschickt Erzähllücken in den voraufgegangenen Werken, nicht Auserzähltes und nur Angedeutetes nutzt, um den Stoff des Strickers mit arthurischen Episoden anzureichern.

Aus dem ›Erec‹ und dem ›Iwein‹ übernimmt er den Verhaltensentwurf, dem sein Held wie all die anderen der Hartmann nachfolgenden Artusromane bedingungslos entspricht. Bezüge gibt es darüber hinaus auf die Mabonagrin-Episode aus dem ›Erec‹ (Joie de la court) sowie die Harpin-Episode aus dem ›Iwein‹, und von dort ist wohl auch die Entführung der Ginover als Bestandteil des Lancelotstoffs übernommen, wenngleich Kern vermutet, dass der Pleier auch Chrétiens ›Lancelot‹ kannte.[30] Auf ihn verweist auch Lanzelet, der Ginover zusammen mit Gawein befreit, während Gilan von Gales (Swales) der Freund Tristans ist; weitere Figuren sowie die Art und Weise der Bildung von Personennamen stammen aus dem ›Parzival‹ (Gramoflanz, Beakurs, Gandin, Galoes, Lammire u. a.), mit Gahmuret und Parzival ist Garel verwandt: Insgesamt sind fast ein Drittel der han-

30 Kern 1981 (5.12), S. 262.

delnden Figuren der literarischen Tradition entnommen.[31] Die breit erzählten Schlachten mit den anschließenden Friedensverhandlungen, Eheschließungen und der Stiftung eines Klosters lassen ebenso an die Chansons de Geste, etwa Wolframs ›Willehalm‹, wie an den ›Wigalois‹ denken. Aus all „diesen Romanen übernimmt er Erzählstrukturen, Themen, Motive, Szenen, Handlungseinheiten, Verhaltensformen, Redeweise und höfisches Zeremoniell. Er gestaltet die entlehnten Elemente um, addiert sie, fügt sie zu neuen Komplexen zusammen und paßt sie dem Erzählganzen ein. Dabei verfährt er durchaus nicht eklektizistisch oder willkürlich. Vielmehr lassen sich für jeden Erzählabschnitt dominante Vorbilder ermitteln, die das Thema bzw. die Hauptmotive, den Duktus oder den Rahmen der Handlung bestimmen; zur Variation dieser Vorbilder sind in der Regel solche Passagen imitiert oder miteinander kombiniert, die unter sich gewisse Ähnlichkeiten aufweisen.“[32]

Die Untersuchungen von Helmut de Boor, Dorothea Müller und Peter Kern (alle 5.12) haben gezeigt, dass der Pleier dabei gerade diejenigen Erweiterungen der Gattungsmerkmale rückgängig macht, die der Stricker vorgenommen hatte. So wird dem König Artus wieder die passive Rolle im Mittelpunkt seines Hofs zugewiesen, aus der heraus er die Ritter der Tafelrunde zu Aventiure antreibt, statt wie im ›Daniel‹ das Heer selbst in die Schlacht zu führen. Auch an der Befreiung Ginovers ist der König nicht aktiv beteiligt. Diese Aufgaben übernehmen wie in den früheren Artusromanen die Ritter der Tafelrunde. Der Pleier „führt die klare Zweiteilung der Handlung durch, und er legt die Hochzeit des Helden mit der Partnerin, die dieser auf dem ersten Weg gewonnen hat, in die Zäsur. Der Artushof fungiert modellgemäß als passiver Ausgangs- und Zielpunkt. Was der Pleier jedoch nicht restituiert hat, ist die Krise: wenn der Held sich von Laudamie trennt, um in den zweiten Handlungsteil einzutreten, so ist dies für die Beziehung zwischen den Liebenden bedeutungslos; Garel hat lediglich noch die Hauptaufgabe zu bewältigen, um deretwillen er ausgezogen ist.“[33]

Garel erhielt sein Land von dem Blühenden Tal sogar zum Lehen von König Artus und leistet daher Vasallendienst. Erstmals besteht für den Protagonisten eines Artusromans somit nicht

31 Vgl. die Tafel der verwandtschaftlichen Verhältnisse bei Kern 1981 (5.12), S. 127.
32 Kern 1981 (5.12), S. 213.
33 Haug ²1992 (4.1.3), S. 213.

nur eine soziale, sondern auch eine rechtliche Verpflichtung dem Hof gegenüber. Beseitigt hat der Pleier dagegen die Darstellung des erstarrten Rittertums im Reich Maturs, mit der beim Stricker das unflexible Befolgen höfischer Normen und Werte kritisiert wird, deren Sinn nur noch im Selbstzweck liegt. Auch die innovative Qualität des Strickerschen Helden, sein situationsspezifisches Handlungsvermögen (mhd. *list*), kann sich beim Pleier nicht durchsetzen. Es scheint, als habe er Anstoß genommen am Typus des ‚listig-klugen Superhelden',[34] denn Garel erringt seine Erfolge wie alle anderen Protagonisten vor Daniel von dem Blühenden Tal ausschließlich aufgrund ritterlicher Tüchtigkeit. Anders auch als der emotionslose, ‚sterile' Held des Strickers, der im Rahmen der Massenhochzeiten anlässlich der abschließenden Friedensverhandlungen[35] eine von König Artus gestiftete Konsensehe mit der Witwe des Herausforderers eingeht, verliebt sich Garel gattungsgerecht in die durch ihn im Minnedienst befreite Laudamie, deren Figur wiederum Bezüge zu Laudine aus dem ›Iwein‹ und zu Larie aus dem ›Wigalois‹ erkennen lässt.

Auch der heute noch mehr als 20 Szenen umfassende Freskenzyklus im westlichen Zimmer des Sommerhauses auf Burg Runkelstein in Südtirol präsentiert den König Artus als ruhenden Mittelpunkt auf dem Thron inmitten des Geschehens und den Titelhelden als einen Ritter, „der durch seine Aventiurefahrt im Dienste König Artus' zu einem vorbildlichen Mitglied der Tafelrunde avanciert und Herrschertugenden wie Milde und Stärke vereint. [...] Die Darstellung von Kämpfen und Schlachten, Einzügen und Empfängen, die in der Regel mit Huldigungen verbunden sind, die Belehnung und das Festmahl sind dabei Motive, mit denen der Garel-Zyklus den Charakter einer Chronik erhält."[36] Demgegenüber tritt die Minnethematik in den um 1400 angefertigten Fresken, die auf Burg Runkelstein im Kontext von Illustrationen zur Heldenepik, zu Wirnts ›Wigalois‹ und Gottfrieds ›Tristan‹ stehen, eher in den Hintergrund.

Die ‚Re-Arthurisierung' des vom Stricker übernommenen Stoffs durch den Pleier ist als poetologischer Vorgang innerhalb der Gattungsgeschichte keineswegs gering zu schätzen. Der früher geäußerte Vorwurf der ‚Epigonalität' verdankt sich der dem Mittelalter unangemessenen Erwartung, dass die Autoren

34 Zu dieser Typologisierung HAUGS 1980 (4.2.3) vgl. oben, S. 181f. (Kap. III.5).
35 Vgl. dazu FIEDLER-RAUER (5.12).
36 Schloss Runkelstein (5.12), S. 133; vgl. auch Runkelstein (5.12), S. 129–169.

des 13. Jahrhunderts vor allem neue Stoffe und Erzählverfahren hätten generieren müssen. Die Vorgehensweise des Pleiers kann jedoch treffender mit dem von Franz-Josef Worstbrock für die Bearbeitungen der Romane Chrétiens beschriebenen Konzept des ‚Wiedererzählens' erfasst werden:[37] Das Wiedererzählen des Gattungsvorgängers ersetzt für den ›Garel‹ die Autorität einer französischen Quelle.[38] In dem Bemühen, die Verstöße des Strickers rückgängig zu machen, bewegt sich der Pleier geschickt zwischen den verschiedenen Entwicklungslinien der Gattung im deutschsprachigen Raum: Hartmanns Romane liefern ihm die ethische Grundlage für die Normen und Werte der Artusritter, die metaphysische beziehungsweise religiöse Ausrichtung des ›Parzival‹ und des ›Wigalois‹ werden hingegen ignoriert. Der Held ist kein Heilsbringer und sucht, obwohl er nicht mit Artus und Gawein, sondern mit Gahmuret und Parzival verwandt ist, auch nicht nach dem Gral. Er hält sich nicht wie Erec und Iwein schon zu Beginn am Artushof auf, sondern kommt wie Parzival, Lanzelet, Wigalois und Daniel erst dorthin. Doch orientiert sich der Romanaufbau weder an der Symbolstruktur Hartmanns noch am *Enfance*-Schema des ›Parzival‹, des ›Lanzelet‹ oder des ›Wigalois‹ – Letzteres wird durch die Verwandtschaft des Helden mit der Familie Parzivals lediglich anzitiert.

Bedenkt man dazu, dass der Pleier vermutlich auch einige der in Kapitel IV behandelten fragmentarischen Artusromane bereits kannte, ohne dass wir deren Einfluss auf sein Erzählen einschätzen können, dann lässt sich sein Umgang mit der Gattung als „Arbeit am Muster" begreifen.[39] Allerdings ist das Muster, mit dem er sich auseinandersetzt, nicht, wie in der Forschung meist angenommen wird, der Artusroman Hartmanns mit seiner Symbolstruktur, sondern es sind die fünf Werke Chrétiens mit ihrem

37 Wenn der Pleier die Weiterentwicklung der Gattung durch den Stricker unterläuft, ist dies zugleich ein Zeugnis dafür, dass der ›Daniel‹ den Zeitgenossen nicht als Parodie oder Persiflage galt, wie zum Beispiel Haug ²1991 (4.1.3), S. 258–278, annimmt, denn warum sollte ein späterer Autor die Änderungen am Merkmalsbündel rückgängig machen wollen, wenn das Werk als parodistisch aufgefasst worden wäre?

38 So schon Kern 1981 (5.12), S. 214.

39 Den Ausdruck übernehme ich von Kiening, der damit das Offenlegen und Reflektieren des Brautwerbungsschemas in den frühesten deutschsprachigen Erzählungen als Kennzeichen ihrer Literarizität beschreibt: Christian Kiening, Arbeit am Muster. Literarisierungsstrategien im ›König Rother‹, in: Wolfram-Studien 15 (1998), S. 211–244; Thomas (5.12) bezeichnet Pleiers Werke als Trilogie.

umfangreichen Stoff- und Motivinventar und ihrer Vielfalt an Erzählstrukturen (s. dazu Kap. II.3). Nach ihrem Vorbild hat der Pleier seinen ersten Artusroman gestaltet und er probiert sich darin noch in zwei weiteren Werken aus.

2.2 ›Tandarios und Flordibel‹

Schon mit seinem zweiten Artusroman, nach ›Érec et Énide‹, erweitert der Gattungsbegründer Chrétien de Troyes die Topographie der arthurischen Erzählwelt in Britannien und der Bretagne um mediterrane Schauplätze,[40] und das mit dieser Verlagerung verbundene Erzählmodell ist seit dem ‚Wiedererzählen' seines ›Cligès‹ durch Konrad Fleck und Ulrich von Türheim in der ersten Hälfte des 13. Jahrhunderts auch in der deutschsprachigen Dichtung präsent (vgl. Kap. IV.2). An ihm orientiert sich beispielsweise der nur anonym und fragmentarisch erhaltene ›Manuel und Amande‹ (s. Kap. IV.3) und rund hundert Jahre nach Chrétien greift auch der Pleier dieses Muster auf und erzählt in einem an die Struktur des Liebes- und Abenteuerromans angelehnten Werk die Geschichte des Knappen Tandarios, einem entfernten Verwandten von König Artus und Königin Ginover, der an der Tafelrunde zum Ritter heranwächst, und der aus Indien an den Artushof geschickten Prinzessin Flordibel, die sich beide schon als Kinder ineinander verlieben. Nicht zufällig dürften ›Manuel und Amande‹ und ›Tandarios und Flordibel‹ in den ältesten Fragmenten daher gemeinsam überliefert sein.[41] Insgesamt ist der zweite Roman des Pleiers sehr viel besser erhalten als der ›Garel‹, offensichtlich war das Werk beliebter und daher erfolgreicher. Von den sieben Textzeugen enthalten immerhin vier aus der zweiten Hälfte des 15. Jahrhunderts den Roman vollständig (H, h, k und M); die ältesten Fragmente (S) stammen noch aus dem zweiten Drittel des 14. Jahrhunderts. Räumlich sind die Manuskripte vom mitteldeutschen über den südwestdeutschen bis zum bairischen Sprachraum verteilt.

Ein intertextueller Rückverweis macht wahrscheinlich, dass der Roman erst nach dem ›Garel‹ entstand: Während Tandarios zu Beginn der Handlung gegen die Ritter der Tafelrunde kämpft,

40 Vgl. zusammenfassend HAUG ²1992 (4.1.3), S. 91–117.

41 Vgl. dazu ACHNITZ (5.10). Zur Überlieferung des ›Tandarios‹ ACHNITZ (5.12) sowie zuletzt NIKOLAUS RUGE, Ein neues Fragment von ›Tandarios und Flordibel‹, in: ZfdA 140 (2011), S. 346–352; stets aktuell: www.handschriftencensus.de/werke/597. Benutzt wird die Ausgabe von KHULL (1.1); eine handschriftennahe Neuausgabe bereitet NIKOLAUS RUGE (Trier) vor.

muss sich Keie den Spott Kalogriants gefallen lassen, der den Truchsess des Artushofs an seine schmachvollen Niederlagen im ›Erec‹, im ›Iwein‹, im ›Parzival‹ und im ›Wigalois‹ erinnert (Vv. 2528–2560). Dabei kommt er in ironisch-spöttischer Tonlage auch auf Keies Niederlage gegen Garel zu sprechen:

ir nâmet ouch dem degen snel,
dem ellens rîchen Karel,
sîn ros sîn helm unt sîn swert,
daz sandet ir dem degen wert
hin wider durch hübeschlîchiu dinc
an Artûs des küniges rinc

Der Prolog wartet nicht nur mit der gattungstypischen *Sententia generalis*, sondern gleich mit einer ganzen Kette sentenzhafter Aussagen auf, in denen der Erzähler ein Loblied der Hohen Minne entfaltet (*von rehter minne*, V. 22). Im Fokus der Ausführungen steht der Zusammenhang von Tugendhaftigkeit und glücklichem Schicksal von Liebenden. Der Panegyricus gipfelt in ein in die Vv. 103–138 inseriertes, sechsstrophiges Minnelied von schlichter Eleganz, in dem sich der Erzähler zunächst an alle Frauen (Strr. 1–3) und dann mit einer Liebeserklärung an seine Herzensdame wendet:

I Reiniu wîp!
iur süezer lîp
der müez immer sælic sin!
stille [und] offenbâr
got iuch bewâr
des wunschet iu daz herze mîn.

II Mîn muot stât sô,
daz ich bin vrô,
swâ iu êren iht beschiht.
swer der sî,
leit wone im bî
der mir des geloube niht.

III Wan mîn gedanc
ân valschen wanc
ie nâch wîbes hulden
mit triwen ranc.
mîn vröude ist kranc,
daz kumt von einer schulden.

IV Diu hât ir zorn
ûf mich gesworn,
des bin ich vröuden âne.
het ich ir gruoz,
mir würde buoz
vil leides sunder wâne.

V Vil sælic wîp,
dîn süezer lîp
der muoz mit vröuden alten;
geloube mir,
des gan ich dir:
sus kann ich triwen walten.

VI Mir ist niht leit
dîn werdekeit,
wan ich dich mit triwen meine;
des enlâze ich niht,
swaz mir geschiht:
dû bist mir liep alleine.

Das Erzählen der nachfolgenden Liebesgeschichte wird auf diese Weise, ähnlich wie am Ende des ›Parzival‹, zum Minnedienst der Erzählerfigur erklärt. Vorbild für eine solche Integration von Liebeslyrik in den paargereimten Roman könnte der ›Frauendienst‹ des Ulrich von Liechtenstein gewesen sein (um 1255), der seinen Romanhelden unter anderem als König Artus durch das Land reisen lässt; um 1300 findet sich Vergleichbares im ›Apollonius von Tyrland‹ des Heinrich von Neustadt, in dem der Protagonist ebenfalls Tafelrundenspiele abhält. Nach Abschluss des umfangreichen Prologs (Vv. 1–196), der am Ende noch die Hauptfiguren einführt, beginnt die Handlung gattungskonform am Artushof.

Der zwölfjährige Königssohn Tandarios hält sich auf Geheiß seiner Eltern Dulcemar und Antikonie zur Erziehung am Hof seines entfernten Verwandten König Artus auf. Als die Tafelrunde zu Pfingsten auf den Bericht einer Aventiure wartet, trifft dort die indische Prinzessin Flordibel mit ihrem Gefolge ein, die den König darum bittet, in die Hofgesellschaft aufgenommen zu werden. Artus sagt der Jugendlichen den Schutz ihres Ansehens zu und verspricht, jeden töten zu lassen, der sich ihr nähert.[42]

42 Über das hier (wie häufig im Artusroman) verwendete Motiv des vorbehaltlosen Versprechens (*rash boon*) entfaltet sich im gesamten Werk auch ein juridischer Diskurs; vgl. dazu Fiedler-Rauer (5.12).

Als sich Flordibel und der ihr in den nächsten fünf Jahren zugewiesene Knappe Tandarios trotz des Verbots ineinander verlieben, fürchten sie den Zorn des Königs und fliehen nach Tandernas (Vv. 197–1596). Obwohl Dulcemar versöhnende Botschaften schickt, glaubt Artus, sein der Prinzessin bedingungslos gegebenes Versprechen einhalten zu müssen, und belagert die Hauptstadt von Tandernas mit einem gewaltigen Heer. Während der dadurch ausgelösten Kämpfe zeichnet sich der zwischenzeitlich zum Ritter geschlagene Held durch Siege über einzelne Tafelrunder aus und zwingt die Besiegten, sich Flordibel zu unterwerfen (Vv. 1597–3176). Auf Gawans Fürsprache hin werden die Missverständnisse im Rahmen einer Gerichtsverhandlung ausgeräumt, in der die Liebenden versichern, einander niemals berührt zu haben. Man beschließt, dass Flordibel in Ginovers Gesellschaft am Artushof bleibt, während Tandarios zu seiner Rehabilitierung eine Fahrt in fremde Länder unternehmen soll (Vv. 3177–4056).

Insgesamt absolviert er vier zum Teil ineinander übergehende Aventiuren. Auf der Reise zu seinem Onkel Ascalun besiegt er zunächst zwölf Räuber, wird bei diesen Kämpfen aber so schwer verwundet, dass er sich in der Stadt Poitowe ein halbes Jahr von dem Kaufmann Todila pflegen und am Ende neu ausrüsten lassen muss (Vv. 4057–4890). Anschließend steht er Liodarz, dem Sohn des Grafen Teschelarz von Poitowe, im Kampf gegen 25 weitere Räuber bei, durchquert ein Moor, besiegt die Wächterriesen Durkion, Margon und Ulian sowie Karedoz, befreit dadurch hunderte von Rittern und Damen aus schmachvoller Kerkerhaft, und erlangt so schließlich die Herrschaft über die Länder Malmontan und Mermin. Als die befreiten Gefangenen am Artushof eintreffen, verzeiht Artus seinem Verwandten und schickt nach dem Helden, aber Dodineis trifft Tandarios nicht mehr in Malmontan an (Vv. 4891–7969).

Dieser hat Liodarz als Verwalter eingesetzt und rettet dann, mit einer Jungfrau im Wappenschild, die Königin Albiun von den wilden Bergen vor dem zudringlichen Kurion mit seinen beiden Leoparden, der nach Niederlage und Unterwerfung ebenfalls an den Artushof geschickt wird (Vv. 7970–10140).

Im Anschluss daran gelangt Tandarios zuerst nach Kurnewal (V. 10155), wo einst Tristan lebte, und befreit dann die junge Claudin aus der Gewalt des Grafen Kalubin, der sie entführt hat und schlägt, weil sie sich seinen Heiratswünschen widersetzt. Der Besiegte wird ebenfalls an den Artushof gesandt, und Tandarios begleitet Claudin zu ihrem Vater Moralde (Vv. 10141–10686).

Auf dem Weg dorthin werden sie vom Herzog Kandalion von Emparuse überfallen. Tandarios kann die Vergewaltigung Claudins nur dadurch verhindern, dass er sich statt dessen in Gefangenschaft begibt, und er wird in den Turm Malmort in Kandalions Hauptstadt Montanikluse geworfen, wo er verhungern soll. Kandalions Schwester Antonie bringt ihn von dort jedoch heimlich in die Sicherheit ihrer Gemächer (Vv. 10687–11745).

Da die Boten erfolglos blieben, die Tandarios an den Artushof einladen sollten, weil seine Strafe längst aufgehoben wurde, beschließt Artus, vor der Stadt Sabins bei der Karonica im Lande Lover jeden Monat ein Turnier zu veranstalten, weil er hofft, dass sich auch der tapfere Held dort einfinden wird (Vv. 11746–11934). Tatsächlich nimmt Tandarios mit Unterstützung von Kandalions Schwester Antonie und derem Vertrauten Kilimar an dreien dieser Turniere teil, jeweils anonym als schwarzer, roter und weißer Ritter, zeichnet sich sogar als bester Kämpfer aus, kehrt aber anschließend jeweils, wie er es Antonie versprochen hat, unbemerkt nach Malmort zurück (Vv. 11935–14442). Da aber Flordibel bereits im roten Ritter ihren Geliebten erkannte, bewegt sie Artus dazu, ein Herzogtum auszuloben für denjenigen, der Tandarios an den Artushof zurückbringt (Vv. 14443–14943).

Daraufhin begibt sich Kandalion mit seiner Schwester und dem Gefangenen zu König Artus, der allerdings Antonie die Belohnung zuspricht. Es kommt zur endgültigen Versöhnung zwischen Tandarios und Artus und zum Wiedersehen der Liebenden. Beim obligatorischen Schlussfest erheben dann gleich drei Damen Anspruch auf den Helden: Claudin, die er erlöst hat, Antonie, die ihm das Leben rettete, und Flordibel, die ihn seit Kindertagen liebt (Vv. 14944–16123). Man überlässt dem Helden die Wahl, welche der Frauen er heiraten möchte (Vv. 16124–16346), und natürlich wählt er im Einvernehmen mit dem Artushof Flordibel und wird auch sogleich mit ihr vermählt. Claudin heiratet nun doch noch den Grafen Kalubin, Antonie mit Beacurs einen Neffen des Königs Artus. Nach dem prachtvollen Hochzeitsfest, bei dem Tandarios und Kalubin in die Tafelrunde aufgenommen werden, reist das Ehepaar über Tandernas in die vom Romanhelden eroberten Länder Malmontan und Mermin, wo beide in der Hauptstadt Karmil zu Pfingsten gekrönt werden (Vv. 16347–18339).

Die typisch zweiteilige Struktur des Artusromans ist im ›Tandarios‹ verschmolzen mit dem Erzählschema von Trennung und Wiedervereinigung eines Liebespaars, wie es spätantiken griechischen und lateinischen Romanen (beispielsweise Heliodors ›Aithiopika‹ oder dem anonymen Apolloniusroman), vor allem aber den mittelhochdeutschen Minne- und Aventiureromanen ›Flore und Blanscheflur‹ des Konrad Fleck (um 1220/35) und dem ›Wilhelm von Orlens‹ des Rudolf von Ems (um 1225/30) sowie, zeitlich nach dem Pleier, noch Ulrichs von Etzenbach ›Wilhelm von Wenden‹ (um 1289/1297), dem anonymen ›Reinfried von Braunschweig‹ (nach 1291), Heinrichs von Neustadt ›Apollonius von Tyrland‹ (um 1300), Johanns von Würzburg ›Wilhelm von Österreich‹ (1314) und dem ebenfalls anonymen ›Friedrich von Schwaben‹ (nach 1314) zugrunde liegt.

Mit einiger Wahrscheinlichkeit war dem Pleier das Werk Rudolfs von Ems bekannt:

Der zwölfjährige Wilhelm von Brabant, der sich nach dem Tod seiner Eltern zur Ausbildung und Erziehung am Londoner Hof aufhält, verliebt sich in die englische Königstochter Amelie. Die noch jüngere Amelie kann mit seinem Minnewerben zunächst gar nichts anfangen und will ihm erst nachgeben, wenn er sich als Ritter bewährt hat. Wilhelm lässt sich in Brabant zum Ritter schlagen und zeichnet sich auf zahlreichen Turnieren aus. Während dieser Zeit tauschen sie über den Boten Pitipas Briefe. Als Wilhelm erfährt, dass Amelie mit König Avenis von Spanien vermählt werden soll, entführt er das Mädchen kurzerhand, wird aber vom spanischen König mit einem Speer schwer verwundet und gefangen genommen. Man erlegt ihm zur Strafe ein Schweigegebot auf und verweist ihn des Landes.

In Norwegen entfernt Prinzessin Duzabele die Speerspitze aus der Wunde. Der genesene, wegen seines Schweigens aber unerkannte Held steht dann ihrem Vater, dem König Amelot von Norwegen sowie der Äbtissin Savine in Kämpfen gegen Ungerechtigkeiten zur Seite. Savine, die eine Schwester des englischen Königs ist und seine Identität kennt, vermittelt aus Dankbarkeit ein Treffen zwischen Amelie und Wilhelm am norwegischen Königshof, wo erst das Schweigegebot aufgehoben und dann die Hochzeit der beiden gefeiert wird, nachdem Duzabele ihre Ansprüche auf eine Heirat mit Wilhelm aufgegeben hat. Nach der anschließenden Versöhnung mit dem Brautvater wird Wilhelm gerechter und gütiger Herrscher über Brabant, Hennegau, England und die Normandie.

An die Stelle des englischen Königs treten im ›Tandarios‹ König Artus und die Tafelrunde. Deshalb muss Artus „so entschieden gegen die Minne Partei nehmen, oder anders ausgedrückt, deshalb fällt das willkürliche Minneverbot mit einem Konstruktionsprinzip der Artusgesellschaft zusammen, auch wenn an der Oberfläche die Initiative von Flordibel ausgeht“:[43] Die Handlung entwickelt sich einmal mehr aus einem vom König bedingungslos gegebenen Versprechen (*rash boon*). Der noch junge und unerfahrene Tandarios muss seine Ritter-, seine Artuswürdigkeit erst beweisen, bevor ihm die Liebe zu der noch jüngeren Flordibel gestattet werden kann. Anschließend muss er sich ihrer Liebe in einigen Aventiuren erst würdig erweisen, die den Charakter

43 Cormeau (5.12), S. 52. Ausführlich vergleicht Kern 1981 (5.12), S. 217–221, den Handlungsverlauf des ›Tandarios‹ mit dem des ›Wilhelm von Orlens‹. Vgl. Rudolf von Ems, Willehalm von Orlens, hg. aus dem Wasserburger Codex der fürstlich Fürstenbergischen Hofbibliothek in Donaueschingen von Victor Junk. Berlin 1905 (Deutsche Texte des Mittelalters 2).

von Treueproben besitzen: Mehrfach schlägt er während seiner Bewährungsfahrt die Möglichkeit zum Erwerb von Frau und Herrschaft aus, selbst die aus dem Lancelotstoff übernommene und vom Pleier abgewandelte ‚Minnegefangenschaft' im Hungerturm Malmort nutzt der Held nur dazu, Flordibel nahe zu sein. Seine dreifache anonyme[44] und erfolgreiche Teilnahme an den Turnieren am Artushof beweist erstens seine Rittertüchtig- und Artuswürdigkeit, zweitens die besonderen Empfindungen Flordibels für ihn und drittens sein verantwortliches Verhalten als inzwischen erwachsener Mann, der sein gegenüber Antonie gegebenes Versprechen einhält. Am Schluss erneuert und manifestiert Tandarios seine Bindung zu Flordibel, indem er sich trotz anderer Optionen aus freiem Willen für sie entscheidet.

Möglicherweise lag das Erzählschema von Trennung und Wiedervereinigung, das Rudolf aus seiner französischen Quelle ›Jehan et Blonde‹ übernahm, aber auch schon dem nur fragmentarisch erhaltenen Roman von Manuel und Amande zugrunde (s. Kap. IV.3), den der Pleier vermutlich ebenfalls kannte: Am Schluss der Handlung hat Tandarios, was Manuel sich wünscht, nämlich die freie Wahl (*selpküre*) zwischen gleich drei verschiedenen Frauen. Noch an anderen Stellen mag der Pleier, der auch sonst „jede sich bietende Gelegenheit" ergreift, „stereotype Erzählelemente des Artusromans einzufügen und auf diese Weise die Fabel mit gattungsüblichen Motiven zu durchsetzen",[45] dem älteren ›Manuel und Amande‹ manches entnommen haben, sodass Strukturvergleiche und Nachforschungen über die Stoff- und Motivgeschichte stets hypothetisch bleiben. Darüber hinaus greift der Autor für die eigenständige Entwicklung der Fabel auf dieselben Vorlagen zurück wie für den ›Garel‹: Hartmanns ›Erec‹ und ›Iwein‹, Gottfrieds ›Tristan‹, Wolframs ›Parzival‹, Chrétiens ›Lancelot‹ und ›Cligès‹, Ulrichs ›Lanzelet‹, vielleicht den mittelhochdeutschen ›Prosa-Lancelot‹, den ›Wigalois‹, den ›Daniel‹ – neu hinzu tritt mit dem ›Garel‹ des Pleiers eigenes Werk.

Auch am ›Tandarios‹ lässt sich studieren, wie der Autor aus überkommenem Stoff- und Motivmaterial der deutschsprachigen Romantradition seine Erzählung ohne die Zwänge einer Vorlage frei komponiert und ausgestaltet. Nach der Phase des Über-

44 Vgl. zu den (wie in Ulrichs ›Lanzelet‹: Kap. III.4.2) farblich wechselnden Rüstungen des Helden Hans Jürgen Scheuer, Pferdewechsel – Farbenwechsel. Zur Transformation des adligen Selbstbildes in Kleists ›Prinz Friedrich von Homburg‹, in: Kleist-Jahrbuch 2003, S. 23–45.

45 Kern 1981 (5.12), S. 223.

setzens französischer Werke in das Deutsche ist die literarische Situation nun ein andere. Hatte sich der ›Garel‹ noch eng auf die Fabel des ›Daniel‹ bezogen, so ist die Arbeit des Pleiers nun endgültig „durch die bereits existierende Tradition deutschsprachiger Artusdichtung und entsprechende Publikumserwartungen bestimmt.“ Der Pleier bemüht sich, „diese Erwartungen zu erfüllen und zugleich seine quellenlosen Romane an der Wertschätzung bereits akzeptierter Dichtung partizipieren zu lassen: Er fingiert [...] frz. Quellen und beruft sich in Wahrheitsbeteuerungen auf sie, behält damit den in der Adaptationsphase eingeübten Erzählgestus des bloßen Vermittlers bei und wahrt so die dem Publikum vertraute Präsentationsweise, die das Erzählte wie etwas auch unabhängig zum Akt des Erzählens Existentes erscheinen läßt.“[46] Darüber hinaus bedient er sich der bekannten Muster und Erzählstrukturen, um an das Merkmalsbündel anzuknüpfen, durch welches sich die Gattung definiert. Es gibt fast keine Figurenkonstellation, kein Handlungsmuster, keine Szene und kaum ein Motiv, die nicht irgendwo in der Artusdichtung ihr Vorbild haben, und es entsteht auf diese Weise die Imagination einer werkübergreifenden Erzählwelt, die von den Gattungsvorläufern vorstrukturiert ist und in die sich Pleiers Werke geschickt einreihen. Insbesondere in den Bewährungsaventiuren des Helden in der zweiten Romanhälfte glänzt der Pleier darin, aus heterogenem Quellenmaterial ein homogenes und kohärentes Erzählwerk zu schaffen.[47] Nicht zufällig findet sich zu Beginn des Abschnitts mit der Aventiurefahrt, in den Vv. 4057–4091, als Erzählereinschub ein Binnenprolog mit Nennung des Autornamens (s. o., S. 279f.).

Gerade diese strikte Anbindung an die Tradition eröffnet dem Autor aber auch die Möglichkeit zu behutsamen Veränderungen und zu einigen stoffgeschichtlichen Experimenten, wie sie schon Chrétien in seinen fünf Romanen durchgeführt hat. Die traditionelle Erzählwelt wird vom Pleier erweitert, geographisch (Flordibel ist indische Prinzessin) und genealogisch (Tandarios ist nur noch sehr entfernt mit Artus verwandt). Neues wird behutsam integriert, inhaltlich (die unschuldige Kinderliebe, Ausweitung des höfischen Zeremoniells) wie formal (im ›Tandarios‹ die Makrostruktur des Liebesromans oder der oben zitierte lyrische Abschnitt im Prolog). Im ‚Verschmelzen‘ und Variieren des Vorhandenen besteht demnach die vornehmliche Leistung des Plei-

46 Kern 1989 (5.12), Sp. 734.
47 Zu Wiederholungsstrukturen in Pleiers Werken vgl. Ruge (5.12).

ers, die er vielleicht selbst schon in seinem ‚Künstlernamen' zum Ausdruck gebracht hat (vgl. oben, S. 281f., zum mhd. Verb *blæjen* mit der Bedeutung ‚schmelzen' oder ‚einschmelzen').

Zumindest für den ›Tandarios‹ war der Pleier mit diesem Verfahren sehr erfolgreich. Dies belegt nicht nur die vergleichsweise große Anzahl noch erhaltener Textzeugen (s. o.), sondern auch die ungewöhnliche Tatsache, dass das Werk Mitte des 14. Jahrhunderts von einem anonymen Bearbeiter in das Tschechische übertragen worden ist: Das Weiterreichen des britisch-französischen Artusstoffs in den Osten Europas erfolgt gerade in dem Moment, in dem sich die deutschsprachige Artusdichtung endgültig von den französischen Vorbildern emanzipiert hat. Die auf 1800 Verse gekürzte tschechische Bearbeitung der Geschichte von Tandariuš und Foribella ist in Prag, Warschau und Brünn in immerhin noch drei Handschriften aus der zweiten Hälfte des 15. Jahrhunderts überliefert.[48] Sie markiert gemeinsam mit nationaler Geschichtsdichtung, der Rezeption deutschsprachiger Heldendichtung sowie des Herzog-Ernst- und des Tristanstoffs den Beginn einer volkssprachigen tschechischen Literatur im Mittelalter.

2.3 ›Meleranz‹

Während es zu ›Garel von dem Blühenden Tal‹ bedeutende Wandmalereien auf Schloss Runkelstein und zu ›Tandarios und Flordibel‹ eine Übersetzung in das Tschechische gibt, liegt zu Pleiers ›Meleranz‹ ein noch außergewöhnlicheres Rezeptionszeugnis aus dem 14. Jahrhundert vor. Die Inschrift des im Text beschriebenen Gürtels der Tydomie, den Meleranz später neben anderen

48 Dazu mit neuhochdeutscher Übersetzung Ulrich Bamborschke, Der altčechische Tandariuš nach den drei überlieferten Handschriften mit Einleitung und Wortregister. Berlin 1982 (Veröffentlichungen der Abteilung für slavische Sprachen und Literaturen des Osteuropa-Instituts an der Freien Universität Berlin 49); vgl. auch ders., Zur alttschechischen Artus-Epik, in: Gattungsprobleme der älteren slavischen Literaturen (Berliner Fachtagung 1981), hg. von Wolf-Heinrich Schmidt. Wiesbaden 1984 (Veröffentlichungen der Abteilung für slavische Sprachen und Literaturen des Osteuropa-Instituts Berlin 55), S. 169–188; Alfred Thomas, König Artus und seine Tafelrunde in der Kultur des mittelalterlichen Böhmen, in: Deutsche Literatur des Mittelalters in Böhmen und über Böhmen. Vorträge der internationalen Tagung [...] der Südböhmischen Universität Ceské Budejovice, 8. bis 11. September 1999, hg. von Dominique Fliegler u. Václav Bok. Wien 2001, S. 115–124.

Liebesgaben von ihr als Geschenk erhält (Vv. 2730–2739),[49] findet sich als Zitat auf einem Becher:

ein gürtel der hienc dâ bî,
der was vor armüete frî,
diu rinke ein edel rubîn.
abe dem borten gâben schîn
vil der edeln steine,
gebuochstabet cleine.
dâ was gebuochstabet an,
alsô ich vernomen hân,
‚mannes langer mangel
daz ist des herzen angel.‘
die buochstab an dem strichen vor
die sprâchen ‚dulcis labor‘:
daz sprichet, sô mir ist geseit,
‚minne ist süeziu arbeit.‘[50]

Da in anderen Romanen des 13. Jahrhunderts ein Zusammenhang von *mangel*, *angel* (‚Stachel‘) und *minne* hergestellt wird, ist es wahrscheinlich, dass die in der einzigen Handschrift des ›Meleranz‹ (s. u.) überlieferte Sentenz der Verse 689f. ursprünglich lautete: *minnes langer mangel / ist des herzen angel.*[51] Dies bestätigt sich durch die Gravur auf dem 1342 anlässlich ihrer zweiten Hochzeit mit dem Wittelsbacher Markgrafen Ludwig von Brandenburg, dem Sohn Kaiser Ludwigs des Bayern, hergestellten silbernen Brautbecher der Gräfin Margarete von Tirol, Herzogin von Bayern und Kärnten (1318–1369), die später verunglimpfend auch Margarete ‚Maultasch‘ genannt wurde: *LIEBES LANGER MANGEL IST MIINES HERZEN ANGEL* (‚Langes Entbehren von Liebe ist meines Herzens Stachel‘).[52] Auch bei Ulrich Fuet-

49 Vgl. dazu Wedell (5.12).

50 Diese Sentenz wird am Schluss des nur fragmentarisch erhaltenen Romans ›Ainune‹ Ovid zugeschrieben (s. o., Kap. IV.3): *da von sprach hie vor alsus / ein hubescher man, Ovidius: / amor amor amor / dulcis dulcis labor* (Vv. 311–314); vgl. Eikelmann/Tomasek (4.1.3), S. 85.

51 Vgl. die handschriftennahe ›Meleranz‹-Ausgabe von Steffen (1.1), S. 348.

52 Ein ‚Brautbecher‘ ist ein Gefäß mit zwei Kelchen, aus denen die Brautleute mit etwas Geschick gleichzeitig trinken können. Vgl. zu diesem Exemplar Hans Wieser, Der Brautbecher der Margarete Maultasch. Innsbruck 1965 (Schlern-Schriften 234); Julia Hörmann-Thurn und Taxis (Hg.), Margarete, Gräfin von Tirol. Margareta, Contessa del Tirolo. Katalog zur gleichnamigen Ausstellung, 30.06.07 bis 19.11.07, Landesmuseum Schloss Tirol. Innsbruck (2007); dies. (Hg.), Margarete ‚Maultasch‘. Zur Lebenswelt einer

rer, der den ›Meleranz‹ um 1480 in ›Das Buch der Abenteuer‹ aufnahm, erscheint die Sentenz in dieser Form (*ich stirb, hab ich lanng ir mynne mangel*, Str. 888,7).

Obwohl der ›Meleranz‹ darüber hinaus noch den Autoren des ›Wigamur‹ und des ›Gauriel‹ sowie Ulrich von dem Türlin bekannt war, ist uns das Werk nur in einer einzigen Handschrift erhalten. Es handelt sich um die ehemals Donaueschinger Handschrift 87, die sich heute in der Badischen Landesbibliothek in Karlsruhe befindet. Sie wurde 1480 im schwäbisch-alemannischen Raum von dem in der Mediävistik prominenten Schreiber Gabriel Lindenast von Pfullendorf abgeschlossen, der als Lohnschreiber im Auftrag der Freiherrn von Zimmern noch zahlreiche weitere Codices angefertigt hat.[53] Vermutlich war er in einem Werkstattzusammenhang mit dem anonymen Schreiber der einzigen vollständigen Handschrift des ›Gauriel von Muntabel‹ tätig.

Dafür, dass es sich beim ›Meleranz‹ um den letzten der drei Artusromane des Pleiers handelt, gibt es keine beweiskräftigen Argumente. Allgemein beruft man sich für diese Annahme darauf, dass der gut 12800 Verse umfassende Roman das stilistisch anspruchsvollste und gelungenste Werk innerhalb der Trilogie sei. Und in der Tat schafft es der Pleier, der Gattung einen ganz neuen Impuls zu verleihen, indem er die Geschichte vom Auszug eines Artusritters mit dem Erzählschema des Feenmärchens kombiniert, wie es aus keltisch-walisischen Sagen und aus den Lais der Marie de France bekannt war (s. o., Kap. II.3). Der ‚arthurische Weg' des Helden führt vom Elternhaus an den Artushof, wo die Schwertleite und als erste Bewährungsprobe die Tjost gegen den Herausforderer Lybials die Aufnahme in die Tafelrunde nach sich ziehen. Seine ritterlichen Fertigkeiten bestätigt der neue Artusritter dann im zweiten Teil durch seinen Auszug und drei erfolgreich absolvierte Aventiuren. Als Landesherr begeht er die Hochzeit mit seiner Frau in Anwesenheit des Artushofs. Die Liebeshandlung zwischen Meleranz und Tydomie vollzieht sich in drei Etappen: durch die Frau herbeigeführte erste Begegnung, Trennung und Wiedervereinigung nach Bewährung des Geliebten. Am erheblichen Innovationspotenzial der Kombination dieser beiden

Landesfürstin und anderer Tiroler Frauen des Mittelalters. Vorträge der wissenschaftlichen Tagung im Südtiroler Landesmuseum für Kultur- und Landesgeschichte Schloss Tirol, Schloss Tirol, 3. bis 4. November 2006. Innsbruck 2007.

53 Vgl. zuletzt Otto Neudeck, Zum grotesken Überlieferungsstil des Schreibers Gabriel Sattler, in: Wolfram-Studien 19 (2006), S. 425–447.

Erzählschemata ändert sich nichts durch den Umstand, dass die feenhafte Geliebte im ›Meleranz‹, wie all ihre Vorgängerinnen im deutschsprachigen Artusroman (Feimorgan, Laudine, die Dame vom See im Lancelotstoff), nur als motivgeschichtlicher ‚Schatten' mythischer Feengestalten präsent ist:[54] Tydomie wird nicht explizit als Wesen einer Anderswelt markiert – eine solche Markierung findet sich erstmals im zeitlich nachfolgenden ›Gauriel von Muntabel‹ des Konrad von Stoffeln (s. u., Kap. V.4).

In einem ausführlichen Prolog (Vv. 1–126) fordert der Erzähler den Rezipienten im Anschluss an ein Lob der vergangenen Zeiten (*Laudatio temporis acti*)[55] zur Umsetzung literarischer höfischer Normen in der Gegenwart auf: Reichtum und Besitz sollten dazu eingesetzt werden, weltliches Ansehen und himmlische Glückseligkeit zu erlangen (Vv. 53–56).

Nachdem Meleranz, der zwölfjährige Sohn des Königs von Frankreich, heimlich von seinem Elternhaus aufgebrochen ist, um an den Hof seines Onkels König Artus zu reisen, erreicht er scheinbar zufällig eine Waldlichtung, wo sich die schöne Königin Tydomie von Kamerie nach einem Bad auf einem Bett ausruht. Sie wartet dort aufgrund einer Prophezeiung ihrer Erzieherin und beide verlieben sich sofort ineinander. Als Meleranz sie dennoch verlässt, um seine Reise an den Artushof fortzusetzen, erhält er zum Abschied einen Kuss und ein *vingerlîn* (V. 1567). Tydomie kehrt zurück auf ihre Burg Monteflor in Kamerie und will fortan keinen anderen Mann lieben als ihn, *daz erloubet ir ir meisterîn* (Vv. 127–1909).

Meleranz begegnet ein alter Jäger mit einem *schoenen leithunt*, der ihn zur Artusgesellschaft führt, welche sich gerade auf der Jagd nach einem Hirsch befindet, den der Held lebendig fängt. Unerkannt wird er am Artushof aufgenommen, wo ihn jahrelang die Sehnsucht nach der Geliebten plagt. Als Gawan sich eines Tages nach seinem Kummer erkundigt, verschweigt Meleranz seine Geliebte (Vv. 2626–2634) und behauptet, dass er sich nicht *verligen* wolle. Daraufhin wird er im Rahmen der Schwertleite zum Ritter geschlagen. Dies veranlasst Tydomie, ihm einen Brief und verschiedene *kleinât* als Liebesgaben (V. 2850) zu schicken. Nach der Schwertleite wartet Artus mit dem Essen, bis

54 Vgl. BUNGARTZ und WIESHOFER (beide 4.1.3), LICHTBLAU (5.13); EBERHARD W. FUNCKE, Morgain und ihre Schwestern. Zur Herkunft und Verwendung der Feenmotivik in der mittelhochdeutschen Epik, in: Acta Germanica 18 (1985), S. 1–64; KATHARINA PHILIPOWSKI/BJÖRN REICH, Feen als Erzählfunktionen. Wie der Artusroman gegen sein Scheitern anerzählt, in: Die Fiktionalität des späten Artusromans (4.1.2) [im Druck].

55 Zur Bezugnahme auf den Prolog von Hartmanns ›Iwein‹ vgl. KERN 1981 (5.12), S. 85–91, und HAUG ²1992 (4.1.3), S. 250–278.

er etwas von *âventiure vernomen* hat (V. 3177), und tatsächlich wird Meleranz von einem Ritter namens Lybials von Roconica, der für seine Dame kämpft, zum Zweikampf herausgefordert: *nu wolde mich des niht erlân / ein küneginne wol geborn / die ich mir ze frowen hân erkorn / ich füere in ir dienste her* (Vv. 3470–3473). Nachdem er besiegt worden ist, verabschiedet sich Lybials, um *einer juncfrowen wol getân* zu helfen, der *man mit gewalt ir lant nemen* will (Vv. 3552f.). Die Geschichte dieses Minnedieners regt Meleranz an, nun auch selbst den Artushof zu verlassen, um nach Tydomie zu suchen, die ihm inzwischen weitere Briefe mit dem Bekenntnis ihrer Liebe geschickt hat. Auf dem Weg zu dem Anger, auf dem sie sich trafen, wird er in drei ineinander verschachtelte Abenteuer verwickelt (Vv. 1910– 4132).

Nach dem heimlichen Aufbruch vom Artushof trifft er den Riesen Pulaz, der ihm von seinem Herrn, Godonas von Terrandes, berichtet, welcher alle durchreisenden Ritter und Damen mithilfe der dazu gezwungenen Riesen gefangen nimmt und ausraubt. Meleranz überquert einen Fluss und besiegt zunächst den Truchsessen Cursun, der ihn nach der Niederlage in sein Haus einlädt, wo sich Frau und Tochter um den Artusritter kümmern. Cursun versucht vergeblich, Meleranz von der gefährlichen Aventiure abzuhalten, aber der macht sich dennoch auf den Weg zur Festung Terramunt. Dort wird als Zeichen des Angriffs dreimal in ein Horn geblasen; Meleranz tötet Godonas im Zweikampf unter einer Linde (V. 6205), befreit die Gefangenen und wird zum König gekrönt. Er setzt Cursun als Reichsverwalter ein, während Pulaz sein Amt als Truchsess übernimmt (Vv. 4133–6948).

Der Held reitet weiter zur Burg Belfortemunt (V. 7103), denn er hat von einer der gefangenen Jungfrauen erfahren, dass dort die Burgherrin Dulceflor, eine Verwandte seiner Geliebten Tydomie, vom Heidenkönig Verangoz bedrängt wird, der ihren Vater getötet und dessen Länder Karedonas und Trefferin annektiert hat. Die Jungfrau war an den Artushof geschickt worden, um Hilfe zu holen, bevor man sie gefangen setzte. Es gelingt Meleranz, Verangoz im Zweikampf zu töten und die die Burg belagernden Heiden zu vertreiben (Vv. 6949–8991).

Nun kehrt er zurück nach Terramunt, um Cursun abzuholen, der ihm helfen soll: Von Dulceflor hatte er nämlich erfahren, dass Tydomie auf Betreiben ihres Onkels Malloas gegen ihren Willen mit dem König Libers von Lorgan vermählt werden soll: *Meleranz wart sâ zehant / beide bleich unde rôt. / in muote sîner frowen nôt. / des nam diu maget an im war / daz der junge degen klâr / sîn varwe wandeln began* (Vv. 7762–7767). Libers hält mit 23 Gefährten ihren Anger besetzt und fordert alle dort eintreffenden Ritter zum Kampf heraus. Meleranz und Cursun besiegen alle Gegner und zuletzt muss Libers ihnen Sicherheit leisten, der mit seinen Leuten zum Artushof geschickt wird (Vv. 8992–10370).

Tydomie reitet Meleranz entgegen, und sie begeben sich gemeinsam nach Monteflor (= Flordemunt), wo schnell die Bedenken des Vormunds Malloas wegen einer möglichen Mesalliance ausgeräumt werden. Zwölf Wochen später findet die Hochzeit statt, zu der die Eltern des Meleranz, der König Lenseyges und die Königin von Frankreich, sowie König Artus und sein Gefolge erscheinen. Dulceflor wird mit dem König Libers von Lorgan vermählt. Das anschließende Fest dauert drei Wochen. Nachdem alle Abschied genommen haben, kehren Meleranz und Tydomie nach Flordemunt zurück, wo sie *ân alle schande mit êren wirdeclichen* leben (V. 12793). Zusammen bekommen sie zwei Söhne, Lazaliez und Medanz, und eine (nach der Mutter des Meleranz benannte) Tochter Olimpia. Mit der Selbstnennung des Autors und der Erwähnung eines Gönners im kurzen Epilog (s. o., S. 281–284) schließt die Erzählung (Vv. 10371–12834).

Der für ihn vorherbestimmten Frau begegnet Meleranz, bereits vor seinem Eintreffen am Artushof, an einem topischen *locus amoenus*.[56] Wie im ›Lai de Lanval‹ (s. o., S. 281), im ›Lai de Graelant‹ oder im ›Tandarios‹ ist der Erwerb der Braut somit vor die eigentliche Artushandlung verlegt, sodass der Aufenthalt an der Tafelrunde genau wie dort als eine Zeit der Bewährung für den Helden erscheint.

In den Artusritter Graelent verliebt sich Königin Ginover. Als sie ihm ihre Liebe gesteht und er sie zurückweist, verleumdet sie ihn bei Artus, der Graelent daraufhin seine Gunst entzieht, sodass dieser verarmt. Eines Tages trifft Graelent auf der Jagd nach einer weißen Hirschkuh eine wunderschöne Frau, die auf der Lichtung eines Waldes in einer Quelle badet. Nachdem Graelent zunächst zudringlich geworden war, gesteht sie ihm, dass sie allein aus Liebe zu ihm an diesen Ort gekommen ist. Sie verspricht ihm Reichtum und dass sie ihm jederzeit (für andere unsichtbar) erscheint, wenn er es wünscht, verlangt aber dafür, dass er niemandem gegenüber ein Wort über ihre Liebe sagt. So lebt der Held fortan glücklich und zufrieden. Selbst als König Artus beim nächsten Pfingstfest seine Frau Ginover ohne Mantel auf eine Bank steigen lässt, um die anwesenden Ritter zu fragen, ob sie jemals eine schönere Frau gesehen haben, schweigt Graelent lächelnd. Die Königin ärgert sich darüber, dass er als Einziger ihre Schönheit nicht bestätigt, und macht den König darauf aufmerksam, der ihn zur Rede stellt. Da Graelent nun angibt, eine Frau zu kennen, die dreißigmal schöner sei als Ginover, verlangt Artus, dass er dies bis zum nächsten Pfingstfest unter Beweis stellt. Der verzweifelte Held sucht daraufhin vergebens den Kontakt zu seiner Dame. Erst als ihm ein Jahr später die

56 Vgl. Rainer Gruenter, Studien zu einem topischen Naturbild (*locus amoenus*) in der deutschen Dichtung des Mittelalters. Berlin 1956; ders., Das *wunnecliche tal*, in: Euphorion 55 (1961) S. 341–404; Dagmar Thoss, Studien zum *locus amoenus* im Mittelalter. Wien 1972 (Wiener romanistische Arbeiten 10).

Verurteilung unmittelbar bevorsteht, erscheint sie am Hof, bestätigt somit seine Aussage und verschwindet mit ihrem Gefolge wieder im Wald. Graelent fleht sie um Gnade an und reitet ihr nach bis zu einem reißenden Fluss. Vom anderen Ufer aus warnt ihn die Dame vor der Gefahr des Überquerens, aber der Held stürzt sich samt Pferd zweimal in die Fluten, aus denen sie ihn zweimal im letzten Moment vor dem Ertrinken rettet. Erst dann erbarmt sie sich und nimmt ihn schließlich mit in ihr Reich. Die Briten glauben, so heißt es, dass er dort noch immer lebe, und sein Pferd komme jedes Jahr noch an das Ufer, an dem es seinen Ritter verlor.

Auf der Grundlage altfranzösischer Texte wie dem ›Lai de Lanval‹ der Marie de France (um 1165/1170), dem ›Lai de Graelent‹ (vor 1200) oder dem ›Lai del Désiré‹ des Rambout de Vaqueiras (um 1200) entstanden gegen Ende des 13. und zu Beginn des 14. Jahrhunderts, vor allem im westoberdeutschen Raum, gleich mehrere Texte mit ähnlicher Thematik:[57] Konrads von Würzburg ›Partonopier und Meliur‹ (um 1277/1282), der ›Gauriel von Muntabel‹ des Konrad von Stoffeln (um 1300, s. u., Kap. V.4), die Anonyma ›Peter von Staufenberg‹ (um 1310) und ›Friedrich von Schwaben‹ (nach 1314/1320), im bairischen Sprachraum Pleiers ›Meleranz‹ sowie die (vielleicht aber doch erst im 15. Jahrhundert angefertigten) Romane ›Seifrid de Ardemont‹ und ›Poytislier‹ aus Ulrich Fuetrers ›Das Buch der Abenteuer‹ (Kap. VI)[58] oder die ›Melusine‹ des Thüring von Ringoltingen (1456). Ihnen allen liegt das Erzählschema der ‚Gestörten Mahrtenehe' zugrunde, das stets wie folgt verläuft: Verbindung eines Ritters mit einer überirdischen Geliebten, dem Mann auferlegtes Schweigegebot, zeitweilige Trennung und Tabubruch, Verstoßung durch die Geliebte und erneute Trennung, Wiedererlangung ihrer Gunst und andauerndes Zu-

57 Die Lais dienten bereits Chrétien de Troyes (um 1135–1190) als Vorbild für seine verschiedenen Artusromane. Auf Strukturparallelen hat Haug 1971 (4.2.3), S. 671–675, am Beispiel von Wolframs ›Parzival‹ und dem ›Lai de Graelent‹ hingewiesen, vgl. auch Ruh ^{2}1977 (4.1.3), S. 101–105 und passim. Sie sind hg. von Prudence Marie O'Hara Tobin, Les Lais Anonymes des XIIe et XIIIe Siècles (1.2): zum ›Désiré‹ S. 157–205 (Text S. 169–198), zum ›Graelent‹ S. 83–125 (Text S. 96–121); Inhaltsangaben auch bei Demtröder (5.14), S. 31–33, 72–78; vgl. ebenso Warnke (4.2.2) und Horst Baader, Die Lais. Zur Geschichte einer Gattung der altfranzösischen Kurzerzählungen. Frankfurt a. M. 1966 (Analecta Romanica 16).

58 Das Verhältnis des ›Meleranz‹ zum ›Seifrid‹ und insgesamt das der Romane des Pleiers zu Fuetrers ›Das Buch der Abenteuer‹ untersucht ausführlich Kern 1981 (5.12), S. 264–277 und passim; vgl. auch Kern (6.1).

sammenleben.[59] Obwohl es leicht die Möglichkeit gegeben hätte, die Geliebte des Meleranz als anderweltliches Wesen, als Fee, darzustellen (sie könnte ihn beispielsweise wie im ›Graelent‹ als weiße Hirschkuh an den Ort ihres Zusammentreffens geführt haben, weil sie ihn sich unter allen Artusrittern als Geliebten ausgewählt hat), hält der Pleier seinen Artusroman von allem Widernatürlichen und Magischen frei. Dennoch erhöht die Liebe der Dame das Ansehen des Protagonisten am Artushof, denn sie ist ihm Antrieb zur Bewährung im Ritterdienst.

Anders als in den Lais, in denen der Artusritter schließlich in die Anderswelt entrückt wird, ist im ›Meleranz‹ das Paar daher am Ende gattungstypisch in die Gesellschaft integriert. Der Protagonist agiert als enger Verwandter des Königs durchweg arthurisch-vorbildlich im Kampf gegen Tyrannei und Unrecht und herrscht schließlich als *rex iustus et pacificus* über die von ihm erworbenen Gebiete. Da auf dem Weg dorthin zunehmend die adelig-königliche Herkunft des Helden den Ausschlag zu dessen Erfolg gibt, darf Meleranz als Exempelfigur und sein Schicksal vor allem als Demonstration dessen gelten, was der Prolog einforderte: Macht, Besitz und Reichtum werden in den Dienst von Tugendhaftigkeit und Ansehen gestellt. Über den Rückgriff auf die altfranzösischen Lais hinaus benutzt der Pleier auch in seinem dritten Roman alle voraufgegangenen Artusromane als Stoff- und Motivfundus, dieses Mal insbesondere den ›Iwein‹ und den ›Parzival‹, Gottfrieds ›Tristan‹, den ›Wigalois‹ sowie den

59 Immer noch grundlegend dazu sind die Ausführungen von Friedrich Panzer in der 1902 erschienenen Ausgabe von Ulrich Fuetrers ›Merlin‹ (1.1), S. LXXX–LXXXV, auf den auch der Terminus von der ‚Gestörten Mahrtenehe' zurückgeht. Vgl. außerdem Gustav Ehrismann, Märchen im höfischen Epos, in: PBB 30 (1905), S. 14–54; Lutz Röhrich, Erzählungen des späten Mittelalters und ihr Weiterleben in Literatur und Volksdichtung bis zur Gegenwart. Sagen, Märchen, Exempel und Schwänke mit einem Kommentar. Bd. 1, Bern, München 1962, S. 244–252; Claude Lecouteux, Das Motiv von der gestörten Mahrtenehe als Widerspiegelung der menschlichen Psyche, in: Vom Menschenbild im Märchen, hg. von Jürgen Janning. Kassel 1980 (Veröffentlichungen der Europäischen Märchengesellschaft 1), S. 59–71 u. 147–151; Simon (4.1.3), S. 35–46; Christoph Huber, Mythisches Erzählen. Narration und Rationalisierung im Schema der ‚gestörten Mahrtenehe' (besonders im ›Ritter von Staufenberg‹ und bei Walter Map), in: Präsenz des Mythos. Konfigurationen einer Denkform in Mittelalter und Früher Neuzeit, hg. von Udo Friedrich u. Bruno Quast. Berlin 2004 (Trends in medieval philology 2), S. 247–274; Armin Schulz, Spaltungsphantasmen. Erzählen von der ‚gestörten Mahrtenehe', in: Wolfram-Studien 18 (2004), S. 233–262.

›Wilhelm von Orlens‹ des Rudolf von Ems, aber eben auch seine eigenen Werke ›Garel‹ und ›Tandarios‹.[60] Der Pleier versteht es, wie schon seine Selbstbezeichnung zum Ausdruck bringt, „wenn er denn seinen Namen als Homme de lettres“ selbst gewählt hat und sich damit vielleicht in die Tradition des *strickære* (‚Verseknüpfer‘) und gegen Heinrich von dem Türlin, den ‚Schmied‘ der ›Crône‹, stellt, die Stoff- und Motivtradition der *matière de Bretagne* einzuschmelzen, das heißt, „das Material zu bewahren, aber neu zu formen“ und mit innovativen Komponenten zu bereichern. „Dabei mag er sich als Vollender einer Tradition vorgekommen sein, die mit dem Begründer des Artusromans bereits begonnen hat: mit Chrétiens Umgestaltungs- und Variationskunst, der aus den verschiedensten Quellen eine *molt bele conjointure*, ein schön gefügtes Ganzes, zu schaffen verstand.“[61]

60 Vgl. dazu Kern 1981 (5.12), S. 278–311.
61 Mertens 1998 (4.1.1), S. 233f.; vgl. auch Christoph Cormeau, Zur Gattungsentwicklung des Artusromans nach Wolframs ›Parzival‹, in: Spätmittelalterliche Artusliteratur (4.1.2), S. 119–131.

3. Der anonym überlieferte ›Wigamur‹

Gregor Sarrazin äußerte sich zur Frage nach dem anonym gebliebenen Verfasser des ›Wigamur‹ wie folgt: „Das Gedicht von Wigamur ist ein sehr unbedeutendes poetisches Product, aber es ist merkwürdig als das einzige Beispiel einer Nachahmung der Artusromane durch einen ganz ungebildeten Dichter, als ein Zeugniss für die Verbreitung und Wirkung der höfischen Poesie auch in den niederen Volksschichten. An poetischem Werth aber steht unser Gedicht durch seine naive, treuherzige, wenn auch unbeholfene Darstellung gewiss immer noch höher als die faden Romane des Pleiers".[62] Tatsächlich ist uns der Autor des rund 6200 Verse umfassenden ›Wigamur‹ dem Namen nach nicht bekannt – dass er aber ungebildet gewesen sei und für ein anderes Publikum als all seine Vorgänger gearbeitet habe, darf heute wohl bezweifelt werden. Der erhaltene Text beginnt unmittelbar mit der Handlung: Ein Prolog fehlt dem einzigen halbwegs vollständigen Textzeugen und es bestehen (auch) im Epilog des ›Wigamur‹ einige Lücken, sodass es durchaus wahrscheinlich ist, dass sich der Autor dort, den Gattungskonventionen gemäß, mit Namen genannt hat.

Über das von Sarrazin angesprochene Verfahren einer an den Maßstäben Hartmanns und Wolframs ausgerichteten ästhetischen Wertung der späteren Artusromane ist schon mehrfach in diesem Buch alles Notwendige gesagt worden (vgl. zuletzt oben den Beginn des Kap. V). Im Fall des ›Wigamur‹ tritt noch eine überlieferungsbedingte Komponente hinzu, die ebenfalls zur Zurückhaltung mahnt, wenn es um ein negatives Werturteil geht. Durch die nahezu unikale Überlieferung des Werks in dem im ostschwäbischen Raum (Augsburg/Ulm) entstandenen Cod. Guelf. 51.2 Aug. 4° der Herzog August Bibliothek in Wolfenbüttel (= W) ist der Roman teilweise nur entstellt erhalten.[63] Ganz offensichtlich fehlen mehrfach einige Textpassagen und selbst der erhaltene Wortlaut der späten Handschrift scheint nicht mehr an allen Stellen dem ursprünglichen zu entspre-

62 Sarrazin (5.11), S. 33.

63 Die Papierhandschrift aus der Zeit um 1475 enthält 67 gerahmte Federzeichnungen: vollständig in Farbe reproduziert in der Ausgabe von Busch (1.1), S. 249–280; vgl. dazu Henderson 1989 u. 1991 (5.11).

chen. Darüber hinaus ist es denkbar, dass der Autor des ›Wigamur‹ stärker noch als die anderen Verrfasser später Artusromane auf vorangegangene Werke Bezug nimmt, die uns selbst wiederum nur fragmentarisch überliefert sind, etwa auf den ›Edolanz‹ oder auch auf ›Abor und das Meerweib‹ (vgl. zu ihnen Kap. IV). Manche Passagen wirken daher vielleicht nicht zuletzt deshalb schwer verständlich, weil uns die Prätexte nicht bekannt sind, auf die sie anspielen. Die 2009 vorgelegte Ausgabe von Nathanel Busch versucht erstmals, auf der Basis alles Überlieferten einen kritischen Text in normalisiertem Mittelhochdeutsch herzustellen, sprachlich schwierige und schwer verständliche Stellen für eine Diskussion zu erschließen und dem Werk Kohärenz zuzusprechen. Einer noch ausstehenden Gesamtinterpretation des ›Wigamur‹ ist damit vorzüglich der Weg geebnet.

Nach Ausweis der ältesten Fragmente (= M) muss das Werk noch vor dem vierten Viertel des 13. Jahrhunderts entstanden sein, denn auf diesen Zeitraum werden die insgesamt 16 Pergamentblätter des nordalemannischen Cgm 5249/28 der Bayerischen Staatsbibliothek in München datiert. Daneben verwahrt die Österreichische Nationalbibliothek in Wien zwei weitere Pergamentdoppelblätter (Cod. Ser. Nov. 4433), die im 14. Jahrhundert im bairischen Sprachraum angefertigt wurden (= S).[64] Allem Anschein nach ist der Roman außerdem nach dem ›Parzival‹, dem ›Wigalois‹ und dem ›Lanzelet‹, also nach 1210/1220 entstanden, vermutlich aber vor dem nicht sicher zu datierenden IV. Leich des Tannhäusers und vor Albrechts ›Der jüngere Titurel‹ (um 1270), weil in diesen beiden Texten auf den Protagonisten angespielt wird. Da schließlich eine stilistische und motivliche Nähe zu den Werken des Pleiers besteht, darf man von einer Anfertigung des ›Wigamur‹ rund um die Jahrhundertmitte, zwischen etwa 1220 und 1270, ausgehen. Als Entstehungsraum lässt sich auf der Grundlage von Untersuchungen zur Reimsprache[65] nur sehr vage das Grenzgebiet zwischen dem Bairischen, dem Fränkischen und dem Schwäbischen vermuten: In diesem Gebiet entstand auch ›Manuel und Amande‹ (s. Kap. IV.3), in unmittelbarer Nachbarschaft wurden der ›Parzival‹ und der ›Wigalois‹ angefertigt.

64 Zur Überlieferung und deren Filiationen zusammenfassend Busch (1.1), S. 14–23.

65 Vgl. Jenisch und Linden (beide 5.12).

Der Text beginnt, wie gesagt, ohne jeden Prolog *medias in res*. Da sich der Autor auch sonst Wirnt von Grafenberg zum Vorbild nimmt, mag es sein, dass der Prolog ähnlich wie der Vorspruch im ›Wigalois‹ überlieferungsbedingt verloren ging (vgl. dazu Kap. III.5.1).[66]

Wigamur, der Sohn des Königs Paltriot von Lendrie, wird als Kind von der Meerfrau Lespia entführt, als seine Eltern an einem Fest am Hof des Königs Artus teilnehmen. Die Meerfrau zieht ihn zusammen mit ihren beiden Töchtern in einer Höhle auf, um ihn später mit einer von ihnen zu vermählen (Vv. 1–166). Eines Tages fängt Lespia ein Meerungeheuer, welches sie fesselt, um ihre Brüder um Rat zu fragen, was sie mit ihm tun soll. Auf dem Weg zu ihnen wird sie jedoch von Paltriots Jägern aufgegriffen. Der König verlangt von ihr die Rückgabe Wigamurs. Unterdessen befreit sich das zurückgelassene Meerungeheuer, tötet Lespias Töchter und nimmt Wigamur mit auf den Meeresboden. Als die Meerfrau davon erfährt, bringt sie sich vor Kummer um. In den nachfolgenden Jahren bringt das Meerungeheuer Wigamur höfische Fertigkeiten bei und führt ihn schließlich als jungen Mann zurück an Land. Dort klärt es ihn über seine Entführung durch Lespia auf, rüstet ihn aus und lässt ihn allein (Vv. 167–418).

Der Held begibt sich nun auf die Suche nach seiner Herkunft, die ihn durch verschiedene Episoden führt. Seine Ausbildung erweist sich als unzureichend: Er gerät immer wieder in Situationen, die er nicht begreift. Zunächst beobachtet er die Eroberung einer Burg, vermag den Vorgang und die Tötung der Bewohner aber nicht zu verstehen. In der ausgebrannten Burg findet er die Waffen und die Rüstung eines toten Ritters sowie ein herrenloses Pferd, mit dem er aber nicht umzugehen weiß (Vv. 419–553). Der Ritter Glakotelesfloir bemerkt den ziellos Reitenden und greift ihn als vermeintlich leichte Beute an. Er wird jedoch vom stärkeren Wigamur besiegt und bietet diesem seine *triuwe* als Vasall an; Wigamur lehnt ab, nachdem ihm erklärt worden ist, worum es sich beim Lehnswesen überhaupt handelt (Vv. 554–793). Das Pferd bringt Wigamur zur ausgebrannten Burg zurück. Dort trifft er auf die Königin Pioles, die das Feuer überlebt hat; sie war von ihrem Verlobten Harzir von Nordin auf der Burg zurückgelassen worden, weil dieser zu einem Turnier ausreiten wollte. Mit ihr gelangt Wigamur zur benachbarten Burg eines Zwergs (Vv. 794–1099) [Hs. W weist an dieser Stelle Textlücken auf, die M teilweise schließen kann: Der Zwerg erzählt Wigamur, dass der Burgherr Lespurant in der Gegend sein Unwesen treibt. Wigamur will gegen ihn kämpfen.

Das Fragment bricht an dieser Stelle ab – durch spätere Analepsen lässt sich rekonstruieren, dass Wigamur den Kampf gegen Lespurant gewinnt,

66 Die Zusammenfassung des Inhalts folgt Busch (1.1), S. 3–5.

Pioles bei dem Zwerg zurücklässt und sich danach zu Ittra, dem Onkel des Königs Artus, nach Dalmflamuor begibt].

Der Text setzt unvermittelt mit der Beschreibung eines Felsens wieder ein, der Aptor genannt wird und Eigenschaften sowohl eines Tugendsteins als auch eines Jungbrunnens in sich vereint: Wigamur wird darin gebadet (Vv. 1100–1245). Anschließend bildet sein Gastgeber Ittra ihn auf seinen Wunsch hin aus und schlägt ihn zum Ritter. Wigamur verlässt den Hof schließlich, um am Artushof Ansehen zu erlangen (Vv. 1246–1447). In einem Wald im Land Stolleputria hilft er einem Adler im Kampf gegen einen Geier, der jenem die Jungen raubte. Das Tier begleitet ihn fortan aus Dankbarkeit auf allen weiteren Wegen und verschafft ihm den Namen, unter dem er bekannt wird: Der Ritter mit dem Adler (Vv. 1448–1525).

In den folgenden drei Aventiuren trifft Wigamur auf Artus, der in diesem Roman als König in vierfacher Funktion auftritt: als Richter, als oberster Lehnsherr, als Veranstalter prächtiger Feste und als Beschützer. Der Artushof fungiert also nicht als gesellschaftlicher Mittelpunkt, von dem ein Ritter zu einer Aventiuresuche auszieht. Vielmehr nimmt Artus als vorbildlicher König – wie andere Könige auch – gesellschaftliche Verpflichtungen wahr. Die erste Episode handelt von Fürstin Eudis, die von ihrer Mutter ein Land mit einer immergrünen Linde und einem Wunderbrunnen erbte, auf das nun ihre Tante Affrosidones Anspruch erhebt. Der Rechtsstreit soll in einem gerichtlichen Zweikampf durch stellvertretende Kämpfer vor Artus als Richter entschieden werden. Der für Eudis kämpfende Wigamur gewinnt in Karidol gegen Diatorforgrant von Triasoltrifertrant und bekommt als Lohn dafür das umstrittene Land angeboten, lehnt die Herrschaft jedoch unter Verweis auf seine ungeklärte Herkunft und seinen geringen Ruf ab (Vv. 1526–1973). Dann erfährt Artus, dass das Land Deleprosat neu belehnt werden muss. Zur Lehensvergabe veranstaltet er ein Turnier, das Wigamur neuerlich gewinnt. Das Land lehnt er aber aus denselben Gründen wie zuvor ab (Vv. 1974–2376).

Nach dem Turnier veranstaltet Artus ein großes Fest, auf dem ihn ein Hilferuf der Königin Isope erreicht. Sie wird von dem Heidenkönig Marroch bedroht, weil sie seinen Heiratsantrag ausschlug. Artus eilt ihr mit Truppen zu Hilfe. Wigamur, Gawan und Unarc werden als Boten vorausgeschickt. Auf ihrem Weg stoßen sie auf drei heidnische Späher, die sie im Kampf besiegen und als Gefangene zu Isope schicken. Nach der Ankunft des Königs Artus kommt es zu einer Schlacht, in der die Heiden vernichtend geschlagen werden. Isopes Leute möchten ihre Königin mit Wigamur, der besonders herausragend kämpfte und Marroch gefangennahm, verheiraten. Wieder aber verzichtet der Adlerritter auf Ehe und Landesherrschaft. Artus lädt den Helden nun nach Karidol ein, der aber zieht es vor, zur Vergrößerung seines Ansehens weiterhin denen beizustehen, die Hilfe brauchen, und zieht weiter (Vv. 2377–3456).

Nach dem Abschied gerät er im Land Deleferant in einen Erbstreit zwischen den Königen Atroclas von Rerat und Paltriot von Lendrie, die gleichermaßen Anspruch auf die Herrschaft erheben. Wigamur, der seinen Vater Paltriot nicht erkennt, schlägt sich auf die Seite von Atroclas. Es kommt zu einer blutigen Schlacht, die am Abend abgebrochen werden muss, ohne dass ein Sieger feststeht (Vv. 3581–3846). Angesichts der großen Verluste in ihren Heeren handeln beide Seiten aus, dass ein Zweikampf den Streit entscheiden soll. Atroclas bittet Wigamur, als sein Stellvertreter zu kämpfen, Paltriot hingegen will selbst antreten, fordert aber einen ständisch ebenbürtigen Kontrahenten.Wigamur erzählt infolgedessen seine Lebensgeschichte. Sein Vater erkennt ihn daran wieder und der Kampf wird abgebrochen. Einvernehmlich wird Wigamur mit Dulciflur, der Tochter des Atroclas, verlobt. Mit der Einsetzung des Helden als neuem Landesherrn endet der Rechtsstreit (Vv. 3847–4237). Wigamur reitet mit seinem Vater nach Hause, wo er in den Rechten und Pflichten eines Herrschers unterwiesen wird, und weiter zu Dulciflur, um sie im Rahmen eines ausgiebigen Festes zu heiraten. Wigamurs Suche nach seiner Herkunft ist damit abgeschlossen (Vv. 4238–4653).

Es folgt eine umfangreiche Episode, in der abschließend die Ehe mit Dulciflur auf die Probe gestellt wird. Die Königin Dinifrogar lobt sich selbst und ihr Land als Preis eines Turniers aus, weil sie von einem Heiden bedroht wird. Aus dem Turnier gehen als Gewinner: Gahmuret, Wigamur und Lipondrigun von Gurgralet hervor, der einstmals Dinifrogars Vater ermordete. Es kommt schließlich zum Zweikampf zwischen ihm und Wigamur, dem Lipondrigun schmachvoll unterliegt (Vv. 4654–5310). Als er am nächsten Morgen ungesehen davonreitet, stößt er im Wald auf Dulciflur und entführt sie aus Rache. Wigamur und Atroclas nehmen die Verfolgung auf. Dabei begegnet ihnen König Harzir, der Verlobte jener Pioles, die Wigamur vor Jahren bei dem Zwerg zurückließ. Die drei Könige schließen ein Bündnis und Wigamur arrangiert ein freudiges Wiedersehen des Paars. Dann reisen sie zusammen weiter, verfolgen Lipondrigun und finden ihn bei einem Turnier. Wigamur sticht ihn vom Pferd und befreit so Dulciflur. Alle reiten gemeinsam nach Hause (Vv. 5311–6088). Nach weiteren Textlücken berichten die letzten Verse davon, dass Wigamur und Dulciflur einen Sohn haben, in dessen Namen sie beide mit dem Adler vereint sind: Dulciwigar.

Trotz der überlieferungsbedingten Lücken lässt sich erkennen, dass die Handlungsstruktur des ›Wigamur‹ dem *Enfance*-Typus entspricht[67] und sich darin dem ›Lanzelet‹ und dem ›Wigalois‹ anschließt (s. o., Kap. III.4.2 und III.5.1): Der Weg des ritterlich perfekten, aber herkunftslosen Helden führt, nach einer kurzen Elternvorgeschichte, über Jugend und Ausbildung so-

67 Dazu Wolfzettel (4.2.2) und Ebenbauer (5.12), vgl. auch Zellmann (5.4).

wie die Aufnahme am Artushof und den Erwerb einer Frau (erst am Ende der Haupthandlung) zum Gewinn einer Landesherrschaft. Im Vergleich zur Symbolstruktur der Artusromane Hartmanns ergibt sich über Identitätsfindung und Hochzeit des Helden eine Zwei- oder gar Dreiteiligkeit[68] ganz anderer Art, mit offensichtlich ungleich proportionierten Teilen – soweit die zu vermutenden Lücken solche Aussagen zulassen:

Elternvorgeschichte (Vv. 1–27)
- Entführung und Kindheit (Vv. 28–418)
  - Auszug und Ausbildung (Vv. 419–1525)
    1. Auszug als Unerfahrener (Vv. 419–1099.93)
    2. Unterweisung durch Ittra (Vv. 1100–1443)
    3. Rettung des Adlers (Vv. 1444–1525)
  - Artushof (Vv. 1526–3456)
    1. Rechtsstreit um Eudis (Vv. 1526–1973)
    2. Turnier um das Lehen von Deleprosant (Vv. 1974–2539)
    3. Hilfe für Königin Isope (Vv. 2540–3456)
  - Heimkehr, Hochzeit und Investitur (Vv. 3457–4653)
- Entführung und Rettung Dulciflurs, Wigamurs Sohn (Vv. 4654–6094)

Epilog (Vv. 6095–6107)

Wigamur durchläuft keinen inneren Erkenntnisprozess, ist in Bezug auf Tugendhaftigkeit und Rittertüchtigkeit von vornherein perfekt, allerdings fehlen ihm wie Parzival, Lanzelet und Wigalois Erfahrung und soziale Identität. Dem Stoff des ›Lanzelet‹ folgt auch die Handlung zu Beginn, später fließen zunehmend Episoden und Motive aus dem ›Parzival‹ (dem sich ja auch der ›Lanzelet‹ anschließt),[69] dem ›Iwein‹, dem ›Wigalois‹ und anderen Werken ein. Obwohl (oder gerade weil?) sich der Erzähler gleich im ersten Vers auf ein *buoch* beruft, in dem er die Geschichte von Wigamur gelesen habe, dürfte der Roman vollständig ohne (altfranzösische) Vorlage, frei aus Motiv- und Versatzstücken der deutschsprachigen Gattungsvorgänger, komponiert worden sein, selbst wenn der Name des Titelhelden wohl auf den des Ritters Guigemar (Guingamor) zurückzuführen ist, der in mehreren altfranzösischen Erzählungen auftritt. Wie vor

68 Vgl. den detaillierten, dreiteiligen Strukturplan bei EBENBAUER (5.12), S. 31–33.

69 Wolfram und Ulrich schließt sich der anonyme Dichter auch in Bezug auf die von ihm verwendeten kreativen Verfahren bei der Bildung von Orts- und Figurennamen an.

allem die ältere Forschung gezeigt hat, kannte und benutzte der Verfasser des ›Wigamur‹ für die Anfertigung seines Romans, wie all seine Vorgänger auch, die gesamte voraufgehende Artusdichtung in deutscher Sprache: Wirnts ›Wigalois‹ (Tugendprobe), Hartmanns ›Iwein‹ (Begleitung des Helden durch ein Tier, Erbschaftsstreit), Wolframs ›Parzival‹ (Auszug als unerfahrender Jüngling, Erziehung des Helden) und Ulrichs ›Lanzelet‹ (Entführung und Kindheit, Suche nach der Familie). Daneben finden sich nahezu wörtliche Zitate aus Gottfrieds ›Tristan‹ (dessen Vv. 16737–16764 entsprechen den Vv. 1164–1201 im ›Wigamur‹) und aus dem ›Herzog Ernst B‹ (Beschreibung des Bades).[70]

Das zentrale Thema des Romans ist, wie im ›Lanzelet‹, die Suche des Helden nach seiner gesellschaftlichen Position und, davon ausgehend, die Frage nach der angemessenen Herrschaft. Dabei dominiert das dynastische Denken: An die Stelle der Suche nach dem eigenen Namen tritt die Suche nach der Familie und damit die nach der sozialen Identität. Der von vornherein ritterlich-ideale Held weist trotz seiner Erfolge im Kampf stets das Angebot einer ehelichen Verbindung und die damit verbundene Übernahme einer Herrschaft zurück und verschließt sich somit der Ideologie eines Aufstiegs durch Leistung (Idoneitätsprinzip), die in der Artusgesellschaft sowie in anderen Romanen vorherrscht, wodurch der Artushof im ›Wigamur‹ stark an Bedeutung verliert und für den Helden, ähnlich wie für Tandarios und Meleranz, eher zu einem Ort der Versuchung wird. Erst nach der Trennung vom Artushof findet Wigamur seine Familie wieder, was den Königssohn schließlich auch zur Herrschaftsübernahme befähigt (Prinzip des Geblütsadels). Das glückliche Ende ist deshalb möglich, weil Wigamur diesem Programm – Ablehnung von erkämpfter Herrschaft ohne sozial anerkannte Herkunft – konsequent verbunden bleibt. Mit der Betonung der dynastischen Frage steht vielleicht auch das Zurücktreten des Minnethemas im Werk in Zusammenhang, welches schon im verwandten ›Lanzelet‹ (vgl. dort den *wîpsæligen* Helden, oben S. 168f.) zugunsten der Familienthematik in ein seltsames Licht gerückt wird.[71] Wigamur heiratet, darin Daniel von dem Blühenden Tal vergleichbar, um den Frieden zwischen Atroclas und Paltriot zu festigen, und er muss Liebe und *triuwe* zu Dulciflur erst anschließend noch unter Beweis stellen.

70 Vgl. Brunner (5.12), Sp. 1061f., sowie Sarrazin, Khull 1878 u. 1880, Blamires (ebenfalls alle 5.12).

71 Vgl. Ebenbauer (5.12) und Pérennec (5.4).

Das dynastische Erzählprogramm findet seinen Ausdruck in dem Tier, von dem Wigamur (wie einst Iwein von dem Löwen) nach einer Rettungstat auf seinem Weg begleitet wird[72] und welches er auch im Wappen führt: Der Adler ist im 13. Jahrhundert das nach dem Löwen am zweitweitesten verbreitete Wappentier und der Reichsadler ist seit Friedrich I. Barbarossa († 1190) Sinnbild der königlichen bzw. kaiserlichen, mithin höchsten Macht im Reich. Wigamur ist der ‚Ritter mit dem Adler', so wie Iwein der ‚Ritter mit dem Löwen' und Wigalois der ‚Ritter mit dem Rad' waren und Gauriel der ‚Ritter mit dem Bock' sein wird. Und er war im späteren Mittelalter bekannter, als es die spärliche Überlieferung vermuten lässt. Neben seiner Erwähnung beim Tannhäuser und in ›Der jüngere Titurel‹ dürfte das Werk dem Pleier sowie dem anonymen Autor des ›Friedrich von Schwaben‹ bekannt gewesen sein. Der Held erscheint daneben unter anderem in Ulrich Fuetrers ›Das Buch der Abenteuer‹ sowie im ›Spruch von den Tafelrundern‹ (s. Kap. VI) und noch Mitte des 16. Jahrhunderts zusammen mit Dulceflur in einer Strophe der Darfelder Liederhandschrift als Beispiel für ein inniges Liebespaar.[73]

Die unzuverlässige Überlieferung des Romans in der Wolfenbütteler Handschrift belegt noch einmal der Umstand, dass die Schönheitsbeschreibung der Königin Dinifrogar in den Vv. 4905–4952 in W mit kleinen Ausnahmen wörtlich aus der ganz sicher später entstandenen (!) Erzählung ›Die schöne Frau Abenteuer‹ des Peter Suchenwirt entnommen wurden: „Während Suchenwirt die Frau von den Füßen zum Kopf beschreibt", hat der Schreiber der Handschrift allerdings „die Beschreibung vom Kopf bis zu den Füßen umgedreht – wie es eigentlich der gängigen Topik der *descriptio personae* entspricht."[74] Einstweilen ist für uns nicht erkennbar, ob er für noch weitere Interpolationen und Auslassungen verantwortlich zeichnet. Allen Interpretationsansätzen liegt daher dieser Vorbehalt zugrunde.

72 Vgl. dazu Obermaier (5.13); ferner Sabine Obermaier, Der fremde Freund. Tier-Mensch-Beziehungen in der mittelhochdeutschen Epik, in: Verwandtschaft, Freundschaft, Bruderschaft. Soziale Lebens- und Kommunikationsformen im Mittelalter. Akten des 12. Symposiums des Mediävistenverbandes vom 19. bis 22. März 2007 in Trier, hg. von Gerhard Krieger. Berlin 2009, S. 343–362; Udo Friedrich, Menschentier und Tiermensch. Diskurse der Grenzziehung und Grenzüberschreitung im Mittelalter. Göttingen 2009 (Historische Semantik 5).

73 Die Textstellen bei Busch (1.1), S. 6–8.

74 Busch (1.1), S. 300; dort auch einen Synopse der beiden Passagen.

4. Konrads von Stoffeln ›Gauriel von Muntabel‹

Der ›Gauriel von Muntabel‹ nimmt innerhalb der deutschsprachigen Artusepik gleich in mehrfacher Hinsicht eine Sonderstellung ein. Als der vermutlich letzte in mittelhochdeutschen Reimpaarversen abgefasste Artusroman bildet er den Abschluss der literarischen Reihe, die neben und nach ihm nur noch in gattungsuntypischen oder gattungsfremden Varianten fortgeführt wird, etwa bei Berthold von Holle, im ›Göttweiger Trojanerkrieg‹, im ›Friedrich von Schwaben‹, im ›Rappoltsteiner Parzifal‹ oder später durch Ulrich Fuetrers ›Das Buch der Abenteuer‹. Der ›Gauriel‹ ist zugleich – gegen den seit Anfang des 13. Jahrhunderts vorherrschenden Trend – der kürzeste aller vollständig überlieferten Artusromane und er transportiert in nur rund 6000 Versen einen ähnlichen Sinngehalt wie der Pleier im ›Garel‹ mit 21282, im ›Tandareis‹ mit 18339 oder im ›Meleranz‹ mit 12834 Versen; ähnlich kurz ist nur der ›Wigamur‹ mit 6106 Versen. Für den Erzähler Konrads von Stoffeln ist es, im Gegensatz zu denen des Pleiers, nicht nur ein Topos, wenn er mehrfach sein Bemühen um *brevitas* betont: *dâ von lanc wære ze sagen, / des sul wir al hie bedagen* (Vv. 4379f., vgl. ähnlich in den Vv. 205–210, 5062–5064, 5616–5619).

Wie anderen Artusromanen des 13. Jahrhunderts sprach man auch dem letzten Gattungsvertreter literarische Qualität ab, weil er, wie bereits früh festgestellt wurde, ganz aus überkommenen Motiven zusammengesetzt ist. Nur gelegentlich wurde dem Verfasser „ein leiser Hauch dichterischer Individualität“ zugestanden.[75] Das meistzitierte und vernichtendste Urteil über den Text fällte wohl Friedrich Panzer: „Unter den mancherlei schlechten Artusepen, die das 13. jahrhundert bei uns hervorgebracht hat, darf das werk Konrads von Stoffeln gegründeten anspruch erheben, für das schlechteste zu gelten. So ist denn auch der alte stoff von diesem dichter vielfach entstellt und besonders in der abfolge seiner motive stark durcheinander gerüttelt worden“.[76]

75 Demtröder (5.13), S. 112.

76 So 1902 im Vorwort der Ausgabe von Ulrich Fuetrers ›Merlin‹ und ›Seifried de Ardemont‹ (1.1), S. LXXXVII; später heißt es dort aber: „Vielleicht lohnte es sich, diese wüste geschichte einmal gründlicher zu analysieren“ (S. LXXXVIII).

Nach der Autornennung im Epilog verfasste den Roman ein *meister Kuonrât von Stoffel*, der sich in den Vv. 5666–5670 *als werder vrîer man* bezeichnet. Er wurde früher meist mit einem von 1246 bis 1284 urkundlich nachzuweisenden Konrad aus dem Geschlecht von Hohenstoffeln im Hegau identifiziert. Für den Zeitraum von etwa 1250 bis um 1300, in dem der ›Gauriel‹ sicher entstanden ist (s. u.), lassen sich in Urkunden aus dem südwestdeutschen Raum aber vier weitere Personen dieses Namens nachweisen, die allerdings sämtlich zur schwäbischen Familie von Stöffeln gehören, die ihren Stammsitz zu dieser Zeit in Gönningen (bei Reutlingen) auf der Schwäbischen Alb hatte. Urkundlich erwähnt sind von 1271 bis 1286 ein *Conradus de Winberg*, genannt von Stöffeln, sein Sohn Konrad Straif (bis 1303) sowie dessen Sohn Konrad, die einer Nebenlinie angehörten, außerdem von 1287 bis 1303 ein Konrad von Stöffeln mit seinen Brüdern Albrecht und Kuno von Stöffeln. Aufgrund sprachlicher, vor allem reimtechnischer Merkmale spricht vieles dafür, dass der Verfasser des ›Gauriel von Muntabel‹ nicht im Hegau am Bodensee, sondern in Schwaben beheimatet war, und es liegt nahe, den Autor des Romans in der schwäbischen Familie von Stöffeln zu suchen, und dort kommt vor allem der letztgenannte Konrad von Stöffeln/Gönningen in Frage, der im Mai 1300 zusammen mit seinen Brüdern und seiner verwitweten Mutter Adelheid gezwungen war, die Stadt Gönningen und die darübergelegene Burg Stöffeln auf dem Stöffelberg an Graf Eberhard I. (den Erlauchten) von Württemberg zu verkaufen, wozu dieser die Familie mit Gewalt (Fehde) und durch seine Finanzkraft (Ankäufe) gezwungen hatte. Falls die hier vorgeschlagene Zuschreibung richtig ist, nimmt Konrad von Stöffeln/Gönningen jedenfalls „den höchsten gesellschaftlichen Rang unter den Epikern“ des Mittelalters ein.[77]

Die Freiherrn von Stöffeln, die schon Anfang des 12. Jahrhunderts als Gefolgsleute der Pfalzgrafen von Tübingen nachzuweisen sind, standen aufgrund der württembergischen Expansionspolitik Anfang des 14. Jahrhunderts somit vor dem Ruin.

77 Joachim Bumke, Geschichte der deutschen Literatur im hohen Mittelalter. München 1990 (Geschichte der deutschen Literatur im Mittelalter 2), S. 45 und 231. Der Verfasser des ›Gauriel‹ hat möglicherweise studiert, sofern man die Selbstbezeichnung als *meister* mit *magister* gleichsetzen darf, und dann ist er vielleicht sogar identisch mit jenem *comes de Stophelen*, der für das Jahr 1295 in den Matrikeln der Universität Bologna verzeichnet ist. Nachweise und Belege für das hier Ausgeführte finden sich im Untersuchungsteil der Textausgabe von Achnitz (1.1).

Erst 1345 gelang es ihnen durch eine glückliche Heiratspolitik, die Stammgüter der Freiherrn von Justingen (bei Blaubeuren) zu übernehmen und als Freiherrn von Stöffeln und Justingen bis in das 16. Jahrhundert hinein als Geschlecht weiter zu bestehen (s. u.). Spätestens seit dem 15. Jahrhundert waren die Stöffeln verwandt mit den Freiherrn von Zimmern, bei denen um 1482 mit der Karlsruher Hs. Donaueschingen 86 (D) auch der wichtigste erhaltene Textzeuge der ›Gauriel‹-Überlieferung entstand. Heinrich von Stöffeln unternahm 1483 gemeinsam mit Johann Werner dem Älteren von Zimmern eine Wallfahrt nach Palästina und beide ließen sich zusammen in Jerusalem zum Ritter schlagen. Kurz vor oder nach dieser Reise beauftragten die Zimmern ihre eigene Schreibwerkstatt, eine Abschrift des ›Gauriel von Muntabel‹ anzufertigen, der – wie ein Bild aus der Ahnengalerie – ein ganzseitiges Porträt des Lanze und Wappenschild haltenden Ritters mit dem Bock vorangestellt wurde. Neben dieser einzig vollständigen Handschrift ist der ›Gauriel‹ in zwei Münchener Fragmenten des 14. Jahrhunderts (M, m) und im Cod. FB 32001 des Innsbrucker Landesmuseums Ferdinandeum überliefert, der nach 1456 abgeschlossen wurde und eine um fast ein Drittel gekürzte Fassung des Romans enthält.[78]

Konrads Werk dürfte nach ›Der jüngere Titurel‹, vielleicht sogar, wie einige wörtliche Anklänge vermuten lassen, in Kenntnis des umfangreichen Œuvres Konrads von Würzburg (um 1275/1283) entstanden sein, auf jeden Fall aber vor dem nur ungenau zu datierenden ›Friedrich von Schwaben‹, in dem neben *Portzifal*, *Ereken*, *Gawein* und anderen Rittern, die wie der Titelheld durch Liebesleid in Not geraten sind, in V. 4820 auch *der stoltz Kanerel* (= Gauriel) genannt wird. Die Zuschreibung der Verfasserschaft an einen von 1287 bis in das 14. Jahrhundert hinein nachzuweisenden Konrad von Stöffeln/Gönningen sowie einige nicht vor dem 14. Jahrhundert belegte Wörter im Text liefern zusätzliche Argumente für die Spätdatierung des ›Gauriel von Muntabel‹ in die Jahre um 1300 (s. auch unten, S. 325f.).

Im Anschluss an einen gattungsuntypischen Prolog (s. u.) wird eine Geschichte erzählt, die wie die altfranzösischen Lais und der ›Meleranz‹ den Artusstoff mit einer Feengeschichte verbindet:

78 Vgl. zu diesem Phänomen Peter Strohschneider, Höfische Romane in Kurzfassungen. Stichworte zu einem unbeachteten Aufgabenfeld, in: ZfdA (1991), S. 419–438, und Nikolaus Henkel, Kurzfassungen höfischer Erzähltexte als editorische Herausforderung, in: Editio 6 (1992), S. 1–11.

Gauriel ist der heimliche Geliebte einer Fee; er lebt zurückgezogen von der Öffentlichkeit in seiner Burg Muntabel, von wo aus er gelegentlich *nâch âventiure* ausreitet. Da er auf einer seiner Ausfahrten das Schweigegebot seiner Herrin verletzt, als er diese gegenüber anderen Damen erwähnt, ist die Fee gezwungen, sich in ihr Reich Fluratrone zurückzuziehen. Die dort lebenden Götter und Göttinnen der Minne erlauben ihr aber, dem Geliebten per Brief eine Aufgabe zu stellen, die es Gauriel ermöglicht, die Gunst seiner Fee zurückzugewinnen (Vv. 1–422).

Der durch einen Zauber der Fee zusätzlich bestrafte Ritter – er ist äußerlich verunstaltet, damit sich keine andere Frau für ihn interessiert, und wird mit dem Waldmenschen aus dem ›Iwein‹ verglichen – soll die drei besten Ritter des Artushofs gefangen nehmen und in das Feenreich bringen. Gemeinsam mit einem Bock, den er aufgezogen hat, schlägt Gauriel zur Provokation der Tafelrunde sein Zelt vor Karidol auf und nimmt eine von Ginover ausgeschickte Botin gefangen, die ihn an den Hof einladen sollte. Er besiegt den ganzen Monat Mai hindurch nacheinander alle Ritter, die zur Befreiung der *maget* antreten, u. a. Keie, Brantrifier (der dabei zu Tode kommt), Walwan, Gawan (der Musterritter des Artushofs tritt in einer ‚Doppelrolle' auf) und Iwein (Erec befindet sich als Einziger zu dieser Zeit nicht am Artushof). Während des Zweikampfes mit Iwein wird dessen ihn noch immer begleitender Löwe von Gauriels Bock getötet; Iwein erschlägt aus Zorn darüber dann den Bock. Die Kämpfe gegen Gawan und Iwein finden drei bzw. zwei Tage vor Monatsende, also am 29. und 30. Mai statt, bis am letzten Tag im Mai schließlich nur noch König Artus selbst unbesiegt ist. Den Zweikampf gegen ihn lehnt Gauriel jedoch ab, da er sich nicht für würdig hält, den ruhmreichen König zu besiegen. Er legt ihm seine Waffen zu Füßen und ergibt sich dem Herrn der Tafelrunde, sodass es (trotz des Toten) zu einer Versöhnung mit der Hofgesellschaft. Nur Ginover verlangt als Entschädigung für die verloren gegangene *vreude* ihres Hofs, dass Gauriel ein Jahr lang Aventiure für den Artushof bestreitet. Der Held verspricht ihr dies (Vv. 423–2516).

Doch zunächst will er seine Fee zurückgewinnen: Gemeinsam mit seinen Gefangenen Iwein, Gawan und Walwan sowie mit Erec, der die vier freiwillig begleitet, reitet er nach Fluratrone und besiegt dort zwei das Tor bewachende Drachen sowie zwei Brückenwächterriesen. Den anschließenden Kampf gegen das übermächtige Heer von Fluratrone lässt die Fee durch eine Botin unterbrechen. Die Artusritter werden wie Gäste empfangen, gebadet und eingekleidet; Gauriel wird mit einer Salbe bestrichen und erhält so sein früheres Aussehen zurück. Mit dem Segen und unter der Aufsicht der Götter und Göttinnen der Minne findet in Friapolatus die Hochzeit statt. Gauriel erhält anschließend die Erlaubnis, an den Artushof zurückzukehren, um sein Ginover gegebenes Versprechen einzuhalten. Nach Ablauf eines Jahres will er aber wieder im Feenreich sein, um für immer bei seiner Gemahlin zu bleiben; Erec ermahnt ihn darüber hinaus, sich nicht zu *verligen*, wie es ihm selbst einst geschehen war. Zum Abschied schenkt ihm die Fee einen Sattel aus Salamanderhaut und einen Zauberring, der ihn vor Not bewahren soll (Vv. 2517–3384).

Nach der Abreise aus Fluratrone befreien Gauriel, Erec, Iwein, Gawan und Walwan zunächst den König von Schoiadis aus der Gewalt eines Heidenkönigs. Die Heiden hatten das Land verwüstet und die Königsfamilie in ihrer Festung belagert, weil der Heidenkönig die Tochter des Königs von Schoiadis gegen deren Willen zur Frau nehmen wollte. Gauriel benutzt in dieser Aventiure den Zauberring, um einen feuerspeienden Drachen zu töten, mit dem der Heidenkönig fliehen will (Vv. 3385–3707).

Bei einem kurzen Zwischenaufenthalt am Artushof wird Gauriel seiner Schönheit wegen bestaunt (Vv. 3708–3862). Das nun stattfindende Fest verlassen Gauriel, Erec und ein Ritter namens Pliamin, um die Tochter des Grafen von Asterian aus den Händen des Entführers Jorant zu befreien. Mithilfe des Salamandersattels gelingt es Gauriel, den Sumpf im *versprochenen walt* zu durchreiten, der Jorants Burg umgibt. Nach kurzem Gefecht ist Jorant besiegt, die Tochter des Grafen von Asterian wird befreit, und beide begleiten die Ritter zum Artushof (Vv. 3863–4634).

Auf dem Weg dorthin begegnen sie einer Meerfee und ihrem Gefolge, die sich gegen den *wilden künec* Geltipant zu wehren hat, der sein Heer versammelt, um ihr Land zu erobern. Nun ohne magische Requisiten, aber im Einsatz für eine Fee und mit Unterstützung der Artusritter kann Gauriel die Eindringlinge in einer Massenschlacht abwehren und auf diese Weise Recht und Frieden wiederherstellen (Vv. 4635–5182).

Bei ihrer abschließenden Ankunft am Artushof werden die Helden begeistert empfangen. Als die Vorbereitungen für ein großes Fest getroffen werden, will Gauriel sich verabschieden, um rechtzeitig zu seiner Frau zurückzukehren. Damit er den Termin nicht versäumt, bittet er die anwesenden Artusritter, ihn zu begleiten. In diesem Moment wird jedoch von einer Botin die Ankunft der Fee am Artushof angekündigt: Nach und nach versammelt sich dort deren Gefolge, das aus allerlei Fabelwesen und Meerwundern besteht, bis sie schließlich selbst eintrifft. Es findet das obligatorische Abschlussfest statt; Gauriel und seine Gemahlin kehren in das nun nicht länger unbetretbare Feenreich zurück (nicht mehr nach Muntabel), wo beide *mit vreuden gewinne und mit êren* leben. Zum Schluss erfolgt die Autornennung und eine wohl fiktive Quellenberufung auf ein *buoch* aus Hispanje (Vv. 5183–5670).

Der Aufbau der Erzählung lässt sich (schon aufgrund der Doppelungen und Symmetrien in den Binnenstrukturen) mit dem anderer Artusromane vergleichen. Die Handlungsführung ist wie fast immer im Artusroman auf den Protagonisten abgestellt. Die nachfolgende Strukturübersicht orientiert sich entsprechend an dessen Weg:

Prolog (Vv. 1–56)
Vorgeschichte und Tabubruch (Vv. 57–422)
1. Wiedergewinnung der Herrin von Fluratrone (Vv. 423–3384)
1.1. Artushof: Gefangennahme der besten Ritter (Vv. 423–2516)
1.2. Fluratrone: Gemeinsame Reise in das Land (Vv. 2517–3384)
2. Erfüllung der Bedingungen Ginovers (Vv. 3385–5234)
2.1. Befreiung des Königs von Schoiadis (Vv. 3385–3707)
2.2. Artushof (Vv. 3708–3862)
2.3. Befreiung der Grafentochter von Asterian (Vv. 3863–4634) [Artushof]
2.4. Hilfe für eine Meerfee gegen Geldipant (Vv. 4635–5182)
2.5. Artushof (Vv. 5183–5234)
3. Aufgabe: Einhalten der Jahresfrist (Vv. 5235–5653)
Ende: Heimkehr des Paars nach Friapolatuse (Vv. 5654–5659)
Epilog (Vv. 5660–5670)

Der Roman zerfällt deutlich in zwei etwa gleich lange Teile: Der erste erzählt von Trennung und Wiedervereinigung der Liebenden, der zweite berichtet von der Erfüllung des Ginover gegebenen Versprechens, ein Jahr im Dienst der Tafelrunde zu verbringen. Diese zweiteilige Struktur überlagert eine dreiteilige, ähnlich der im ›Wigamur‹, wobei im ›Gauriel‹ der dritte Teil, das Einhalten der Jahresfrist durch den Helden, anders als dort überraschend zügig dem Ende zugeführt wird. Wie in den Artusromanen Hartmanns findet in der Handlungsmitte die Hochzeit mit der Partnerin statt, allerdings folgt hierauf keine Krise wie im ›Erec‹ oder im ›Iwein‹, da das krisenhafte Element, nämlich die Trennung von der *vriundinne*, als Handlungsauslöser an den Beginn der Handlung gelegt worden ist. Dem Verfasser, der die zeitlich vorausliegenden Artusromane des 12. und 13. Jahrhunderts genauestens kennt, kommt es nicht darauf an, darzustellen, was sich in den jeweils ersten Handlungszyklen der Hartmannschen Romane ereignet: Einem handlungsinitiierenden Ereignis folgt dort die Ausgrenzung des Protagonisten aus der höfischen Gesellschaft sowie dessen vorläufige Wiedereingliederung, symbolisiert durch Erwerb einer Ehefrau und das Hochzeitsfest am Artushof. Die bei Hartmann folgende Krise zwischen den beiden Handlungszyklen deckt sodann ein Defizit im komplexen Zusammenspiel von Rittertüchtigkeit und Minneehe auf. Das Ergebnis des ersten Wegs erweist sich so als instabile Scheinharmonie. Gauriel ist hingegen schon zu Beginn ein Außenseiter, den der Artushof bis zu diesem Zeitpunkt nie interessiert hat.

Wie die Verbindung zwischen Gauriel und der Fee zustandekam, wird nicht erzählt. Das literaturkundige Publikum wusste natürlich, dass sich dies üblicherweise an einem *locus amoenus* ereignet, zum Beispiel an einer Quelle mit einem kleinen See auf einer Lichtung im tiefsten Wald – darüber berichten schon altfranzösische Dichtungen wie der ›Lai de Lanval‹ (um 1165/1170), der ›Lai del Désiré‹ (um 1200) oder zahlreiche altfranzösische Artusromane des 13. Jahrhunderts. In deutschsprachigen Texten wird von solchen Begegnungen beispielsweise in Pleiers ›Meleranz‹, Konrads von Würzburg ›Partonopier‹ oder in dem nur fragmentarisch erhaltenen ›Abor und das Meerweib‹ erzählt. Der ›Gauriel‹ beginnt dagegen direkt mit dem Scheitern der Minnebeziehung (Vv. 56–292) und lenkt so die Aufmerksamkeit auf deren Defizit: Der *orden* der Fee verlangt, so begründet es der Text im Nachhinein (Vv. 245–250), dass die Beziehung zu einem Sterblichen im Verborgenen stattfindet. Dies aber widerspricht dem gattungshaften Ideal einer höfischen Minnebeziehung, wie Hartmann im ›Erec‹ vorgeführt hat, und so manifestiert sich im Tabubruch, den Gauriel begeht, die Diskrepanz zwischen gesellschaftlichen Verhaltensnormen und den Regeln einer nichtöffentlichen Liebesbeziehung. Ausgerechnet am topischen *locus amoenus*, an dem andere Helden ihre feenhafte Geliebte erstmals treffen, entlocken die anwesenden Schönheiten, aufgrund der literarisch vorgeprägten Konstellation allesamt potenzielle Partnerinnen des Helden, Gauriel die verhängnisvolle Anspielung auf seine geheime Liebesbeziehung.

Diese Diskrepanz zwischen beiden Normbereichen zu beseitigen, ist das Ziel der Aufgabe, die Gauriel erfüllen muss, um die Gunst seiner Dame wiederzuerlangen. Die Konfrontation mit dem Artushof, zu dem er niemals zuvor Kontakt hatte, führt zur Integration des gesellschaftlich isolierten Ritters in die Tafelrunde, und nur mit Unterstützung der Artusritter Erec, Iwein, Gawan und Walwan gelingt ihm das Eindringen in das Feenreich Fluratrone. Mit der Eheschließung unter den Augen der Götter und Göttinnen der Minne könnte (wie in Hartmanns Artusromanen) der Text enden, doch fehlt der neuerlich unhöfischen Verbindung die Sanktionierung durch den Artushof. Gauriel hat nachträglich unter Beweis zu stellen, dass er ein vollwertiges Mitglied der Gesellschaft sein kann.

Nicht mehr der Musterritter Gawan, der Iwein einen für ihn verhängnisvollen Rat erteilte, sondern Erec selbst ermahnt Gauriel, sich nicht zu *verligen* (Vv. 3276–3296), und erinnert den Helden so an die Forderung, die Königin Ginover gestellt hatte: *ich ger von iu ze buoze niht / wan gesellecliche pfliht, / dâ êret ir den künic mite* (Vv. 2250–2252). Er verlässt mit Erlaubnis seiner Gemahlin das Land, um in den drei aufeinanderfolgenden Abenteuern der zweiten Romanhälfte bedrängten Standesgenossen Hilfe zu leisten und auf diese Weise das Ansehen des Artushofs (und natürlich auch sein eigenes) zu steigern. Es wird mehrfach ausdrücklich betont, dass es Gauriel ist, der (über den Umweg der am Artushof ankommenden Berichte seiner Taten) die *vreude* der Hofgesellschaft stets erneuert. Diese der Gattung entsprechende Sonderstellung des Königshofs ist auch am Strukturschema ablesbar. Zwischen dem Schoiadis- und dem Asterian-Abenteuer (2.1. und 2.3. der Übersicht) steht eine ‚Zwischeneinkehr' der Ritter bei Artus und seinem Gefolge (2.2.) und vor dem Geldipant-Abenteuer berichten zwei besiegte Wächter dort über die Befreiung der Tochter des Grafen von Asterian (Vv. 4823–4846).

Die mittlere Aventiure, die Befreiung einer entführten Grafentochter aus der Gewalt des Zauberers Jorant, weist bereits durch ihren symmetrischen Aufbau darauf hin, dass sie als Kulminationspunkt der drei Episoden zu verstehen ist. Ähnlich wie der eigentliche Zweikampf Gauriels gegen Jorant durch zwei Reisen durch dessen Zauberwald sowie die davor- und danachliegenden Aufenthalte bei einem gastfreundlichen Burgherrn eingerahmt ist, so ist die gesamte Befreiung der namenlosen Tochter des Grafen von Asterian von den anderen beiden Abenteuern der zweiten Romanhälfte umgeben. Wie einst Erec in der allegorieähnlichen ‚Joie de la curt'-Episode sich selbst besiegen musste, so trifft auch Gauriel den Ritter mit dem Wisent, wie Jorant analog zum Ritter mit dem Bock genannt wird, in einer Situation an, die seiner eigenen zu Beginn des Romans entspricht; er tritt, wie Erec in ‚Joie de la curt', einem Spiegelbild gegenüber: Jorant hat wie er versucht, eine Minnebeziehung aufzubauen, die nur unter Voraussetzungen funktioniert, die nicht dem höfischen Wertekanon entsprechen. Die gesellschaftliche Funktion einer Minnegemeinschaft, wie sie Erec und Enite, Mabonagrin und seine Freundin im ›Erec‹ kennenlernen mussten und wie sie in gleicher Weise für Gauriel und die Fee von Bedeutung wird, ist von Jorant ebensowenig erkannt worden wie vom Heidenkönig in Schoiadis, vom wilden König Geldipant oder vom Grafen vom Weißen Stein – nicht zufällig spricht Savine ihren Retter Erec darauf an, dass er *ouch Mâbonagrîne brach / die âventiure* (Vv. 2475f.) –, die sich allesamt mit Gewalt eine Lebensgefährtin erzwingen wollen. Konrad von Stoffeln kennt also die besondere Funktion der ‚Joie de la curt'-Episode innerhalb des ›Erec‹: Das durch Mittelstellung und Verschachtelung strukturell exponierte Asterian-Abenteuer erfüllt im ›Gauriel‹ eine der spiegelbildlichen Episode im ›Erec‹ vergleichbare Funktion.

Erec wird so in mehrfacher Hinsicht als Musterritter dargestellt und verdrängt im ›Gauriel‹ Gawan von dieser Position innerhalb der Artusgesellschaft. Dem Protagonisten des ersten deutschsprachigen Artusromans ist immerhin eine eigene Geschichte, die einzige Einzel-Aventiure im Text, gewidmet, die schon allein durch ihre strukturelle Exponiertheit besondere Aufmerksamkeit verlangt. In einer Nebenhandlung, die an zwei Stellen in den Aufenthalt Gauriels am Artushof eingeschoben ist (als Erec-Episode I und II bezeichnet), begründet der Erzähler, warum Erec der Tafelrunde momentan nicht zur Verfügung steht (vgl. die Abwesenheit Gaweins zu Beginn des ›Iwein‹): Er soll in einem Gerichtskampf die Interessen der mit ihm verwandten Herzogin Savine vertreten, die von ihrem Nachbarn, dem Grafen vom Weißen Stein, zur Heirat gedrängt wird. Erec steht vor der Entscheidung, entweder wie versprochen Savine oder dem Artushof im Kampf gegen Gauriel beizustehen (Vv. 1541–1560). Der Königshof ist ihm zunächst wichtiger als seine persönliche *êre*, doch gemeinsam mit Iwein und Gawan, die ihn begleiten, wird Folgendes beschlossen: Erec soll erst einmal *âne alle schande* (V. 1574) seiner Verwandten helfen, bevor er an den Artushof reitet, während Iwein und Gawan unverzüglich dorthin aufbrechen können (Vv. 1561–1587). Die Funktion dieser Nebenhandlung besteht darin, dem wenig ruhmreichen Auftreten Gauriels am Artushof eine der klassischen *helfe*-Taten gegenüberzustellen, wie sie Hartmanns in die deutschsprachige Literatur eingebrachter Verhaltensentwurf vom höfischen Rittertum einfordert. Alle Themen, die in der Erec-Episode aufgerufen werden, finden ihre Fortsetzung in den drei Abenteuern der zweiten Romanhälfte. Gauriel hat jedesmal, gemeinsam mit anderen, nämlich im Dienst und mit Unterstützung des Artushofs, bedrängten Frauen zu helfen. Die Tatsache, dass es in allen Kasus darum geht, eine normverletzende Beziehung zwischen Mann und Frau zu verhindern, verweist dabei zurück auf Gauriels gesellschaftsferne Verbindung zu seiner Fee.

Während des abschließenden Festes im Kreis der Tafelrunde erscheint die Fee mit ihrem Gefolge am Hof des Königs Artus, um zum einen Gauriel vor einem Terminversäumnis zu bewahren, wie es einst Iwein zum Verhängnis geworden war, und um andererseits eine Verschmelzung der beiden Lebensbereiche herbeizuführen, denen ihr Ehemann nun gleichberechtigt angehört. Als integrierte und anerkannte Mitglieder der höfischen Gesellschaft kehren beide in ihre gemeinsamen Länder zurück. Auf der Handlungsebene führt der Text demnach vor, dass gesellschaftliche Isolation die Existenz eines Landesherrn bedrohen kann und dass im Gegensatz dazu ein durch die Eheschließung institutionalisiertes, standes- und ordogerechtes Verhältnis zum Hof der königlichen Zentralgewalt beiden Seiten Nutzen zu bringen vermag.

Nach dem derzeitigen Stand der Forschung wurde der ›Gauriel von Muntabel‹, in dem es vornehmlich um die gesellschaftliche Anbindung eines Landesherrn und seiner Frau an den Königshof geht, in den Jahren um 1300 von dem auf der schwäbischen Alb ansässigen hohen Adligen Konrad von Stöffeln/Gönningen verfasst. Die Herrschaftsverhältnisse in diesem Gebiet waren seit dem Interregnum tiefgreifenden Veränderungen unterworfen, da sich der deutsche König Rudolf von Habsburg darum bemühte, den schwäbischen Adel hinter sich zu versammeln und ein Herzogtum Schwaben zu restituieren. Die Zeit um die Jahrhundertwende ist dann durch die Expansionspolitik der Württemberger gekennzeichnet, die damals in ständiger Auseinandersetzung mit dem habsburgischen Königshaus die territoriale Grundlage für ihr späteres Herzogtum schufen (‚Revindikationspolitik'). Die Freiherrn von Stöffeln werden in den Quellen nicht unter den von Rudolf zwischen etwa 1275 und 1287 offen bekämpften schwäbischen Adligen erwähnt, was darauf hinweist, dass sie sich wie ihre Lehensherrn, die Pfalzgrafen von Tübingen, auf der Seite des Königs befanden. Dessen stärkster Widersacher war zweifellos Graf Eberhard I. (der Erlauchte) von Württemberg (1265–1325). Ihm gelang es durch rücksichtslose Kriegs- und Finanzpolitik den Besitz der Pfalzgrafen von Tübingen an sich zu bringen. Das von den zunehmend verarmenden Pfalzgrafen im 12. Jahrhundert gegründete Kloster Bebenhausen versuchte mehrfach vergebens, der Stifterfamilie durch Güterkäufe aus finanzieller Not zu helfen, und auch die Freiherrn von Stöffeln übereigneten dem Kloster zwischen 1280 und 1300 mehrfach Besitzungen, was zweifellos im Zusammenhang mit diesen Vorkommnissen geschah, denn ihre Lehnsherrn, die Pfalzgrafen von Tübingen, werden in entsprechenden Urkunden als Zeugen benannt. Eberhard von Württemberg zerstörte auf diese Weise

Ende des 13. und Anfang des 14. Jahrhunderts systematisch die Existenzgrundlagen gleich mehrerer Adelsfamilien auf der schwäbischen Alb, etwa die der Grafen von Schelklingen, der pfalzgräflichen Linien von Böblingen, Herrenberg und Asperg oder die der Herzöge von Teck.

Vergleichbare Situationen unrechtmäßiger Gewalt, Besetzung und Auflehnung finden sich auch in der fiktiven Geschichte des Gauriel von Muntabel. Historische Ereignisse, Zeitabläufe (etwa Reparationszahlungen oder Jahresfristen) und Daten spiegeln sich dort möglicherweise wider: In den letzten Maitagen des Jahres 1300 verkauften die Freiherrn von Stöffeln, sicher nicht freiwillig, ihre Burg Stöffeln und die Stadt Gönningen an Graf Eberhard von Württemberg. Pfalzgraf Gottfried von Tübingen-Böblingen muss später sogar in Nürtingen gegenüber den Grafen von Württemberg für die völlig verarmten Brüder Konrad, Kuno und Albrecht von Stöffeln bürgen. Denkbar ist, dass der um 1300 entstandene, letzte mittelhochdeutsche Artusroman die poetische Darstellung eines gesellschaftlichen Idealzustandes enthält, den sich ein in Existenznot geratenes Adelsgeschlecht herbeisehnte, während es sich im Kampf gegen einen übermächtigen Landesfürsten befand. Hugo Kuhn sprach für ein solches Verhältnis von dichterischer Fiktion und sozialer Realität im Artusroman von „bewußt märchenhaft fiktiver Gestaltung“ eines „aus kritischer Wirklichkeitssicht“ hervorgegangenen ethischen Idealismus.[79]

Dann spiegelt sich vielleicht in der Figur des zunächst am Artushof vollkommen desinteressierten Ritters mit dem Bock der sich gegen die königliche Zentralgewalt auflehnende Graf Eberhard von Württemberg und es wäre durchaus zielgerichtet, dass der Artusstoff mit dem Motivkomplex von der ‚gestörten Mahrtenehe‘ verknüpft wurde, da Feenerzählungen stets das Aufeinanderstoßen zweier konkurrierender Welten und Wertordnungen thematisieren. Die Existenzbedingungen, die eine Verbindung mit der Fee ermöglichen (konkretisiert im Schweigegebot), lassen sich mit den Normen der höfischen Gesellschaft nicht in Einklang bringen. Der Feengeliebte erscheint so als von

79 Hugo Kuhn, Soziale Realität und dichterische Fiktion am Beispiel der höfischen Ritterdichtung Deutschlands [zuerst 1952], in: ders., Dichtung und Welt im Mittelalter. 2. Aufl. Stuttgart 1969 (Kleine Schriften. 1), S. 22–40 und 250f., Zitat S. 36. Zu den hier referierten historischen Hintergründen vgl. ausführlich Achnitz (5.13) sowie die Urkundenregesten und -abbildungen in der Textausgabe (1.1), S. 141–184 (Nrr. 33–35).

egoistischen Interessen fehlgeleiteter Außenseiter und der Roman führt vor, dass dieser Zustand, sozusagen systembedingt, nicht aufrechterhalten werden kann, weil der Mechanismus des Schweigegebots den Tabubruch und die anschließende Integration des Einzelgängers in die Gesellschaft nach sich zieht. Die Minne erscheint als die treibende Kraft in diesem Prozess.

Höhepunkt der dazu notwendigen Auseinandersetzungen ist der Zweikampf mit dem Artusritter Iwein, der sein Begleittier, den Löwen (das Wappentier der Stöffeln), ebenso wie Gauriel seinen Bock, zugunsten einer gemeinsamen Unterordnung beider unter die Herrschaft des Königs aufgeben muss. Die zweite Romanhälfte zeigt dann den ehemaligen Außenseiter als treuen Vasallen des Hofs in Diensten der Königin zur Vermehrung der höfischen *vreude* und zur Aufrechterhaltung der Rechtsordnung.

Für die französische Artusdichtung des 13. Jahrhunderts sind solche historisch-politischen Bezüge seit Langem unumstritten, dort hat der Artusroman in Versen „von Anfang an auch eine politische Funktion, die im Einzelfall sogar recht konkret zu fassen ist und über die rein fiktionale Verwirklichung gesellschaftlicher Wunschvorstellungen einzelner Gruppen [...] weit hinausgeht."[80] Für die deutschen Artusromane ›Erec‹, ›Iwein‹, ›Wigalois‹ oder ›Daniel von dem Blühenden Tal‹ stießen entsprechende Deutungsversuche bislang durchweg auf Ablehnung. Doch erlauben die vorhandenen herrschaftspolitischen Zusammenhänge eine solche sozialgeschichtliche Sicht auch auf den ›Gauriel von Muntabel‹.

Betrachtet man den Text aus dieser historischen Perspektive, so erhalten jedenfalls die sehr seltenen Passagen, in denen der Autor seinen Figuren Gelegenheit gibt, ihr Verhalten zu reflektieren, einen besonderen Akzent. So beispielsweise, wenn der am Artushof zu Unrecht als Feigling gescholtene Ritter Pliamin nach der erfolgreichen Befreiung der Tochter des Grafen von Asterian auf die Frage, wie sich die Ritter um Gauriel denn nur gegen die Untiere des Jorant zur Wehr setzen konnten, antwortet:

‚sol daz ein michel wunder sîn,
ob sich ein man des tôdes wert?
mit were sich maniger hât ernert
in angestlichen nœten.

80 SCHMOLKE-HASSELMANN 1983a (4.2.2), S. 424; vgl. grundlegend KÖHLER (4.1.3).

swer vrumen man wil tœten
die wîle er unbetwungen stât,
sô weiz er niht wie ez ergât.
man sol gên ungewizzenheit
ie mit were sîn bereit
und geloubet daz der beste list
diu wer gên bœsen liuten ist.
hie ist kein wunder niht geschehen,
ez ist ein wunder, wolde ich daz jehen,
swâ edel ritter hôchgemuot
sô wider ritters orden tuot,
daz er âne wer den lîp
lât gewalten als ein wîp.
daz sült ir vür ein wunder hân
und muget diz ungewundert lân.‘

Gegen die *ungewizzenheit bœser liute*, gegen das fehlende Gewissen rücksichtsloser Menschen bzw. deren Mangel an Einsicht in das, was sich höfischerweise gehört, soll man sich zur Wehr setzen, nötigenfalls auch mit Gewalt, weil sonst das eigene Leben in Gefahr gerät. Wer sich wie Jorant hochmütig den Regeln des Ritterstandes (*ritters orden*) widersetzt, muss von der Gemeinschaft zu deren Einhaltung gezwungen werden, weil ein solches Verhalten deren gesamte Existenz gefährdet.

Der Prolog zum ›Gauriel‹ erscheint vor diesem Hintergrund nicht mehr nur als topische, im Prolog zu Pleiers ›Meleranz‹ ebenfalls anzutreffende Klage über den Verfall der Sitten (*laudatio temporis acti*), sondern kann zugleich als recht konkreter Ausdruck der existenzbedrohenden Erfahrungen des Autors gelesen werden:

Mich hât ein jâmer dar zuo brâht
daz ich der rede hân gedâht
die man uns von den alten seit
der tugent noch die krône treit.
man berüefet sô der alten tugent,
daz mir sêr grûset ab der jugent
vil dicke sô ich hœren muoz
von edeler jugent und unedelem gruoz.
man pfliget nu maniger hande schimpf
daz wîlent was ein ungelimpf
dô triuwe und êre krône truoc
ob allen dingen. nu ist genuoc
geseit an disem mære.

bîspel si sint ze swære
ze sagen, wâ man sich dâ bî
niht bezzert. lâzen wir si vrî
und grîfen wir daz mære an
dar umb ich der rede began.

Dem gemeinschaftsschädigenden Verhalten unehrenhafter Zeitgenossen stellt der Erzähler, stellt Konrad von Stoffeln, die Tugendhaftigkeit vergangener Generationen gegenüber, deren Handeln durch *triuwe* und *êre* bestimmt war. Zu Lebzeiten des Autors, so führt der Prolog weiter aus, werden diese Werte nur noch durch literarische Figuren wie Artus, Erec, Iwein oder Gawan verkörpert (in den Vv. 5225–5234 und 5388–5398 tritt diesem Quartett als Neuling der Protagonist des ›Gauriel‹ hinzu). Konrad reaktiviert und aktualisiert in einer Krisenzeit die seit Hartmanns Artusromanen als Normmaßstab bekannte Tafelrunde, um rechtmäßiges Verhalten eines Landesherrn gegenüber der königlichen Zentralgewalt vorzuführen.

Der Hinweis auf das Aufgreifen und Fallenlassen von Erzählsträngen ruft den Bildbereich des Webens oder Flechtens (lat. *texere*) auf: Der Text wäre dann das Produkt eines verschiedene Handlungsfäden oder Stoffe verwebenden Handwerks – und die Montagetechnik Konrads von Stoffeln im Prolog sogar explizit benannt.

5. Entwicklungslinien des Artusromans im 13. Jahrhundert

Vielleicht lohnt es sich, die Entwicklung des deutschsprachigen Artusromans vom späten 12. bis zum frühen 14. Jahrhundert nicht länger ausschließlich aus der Perspektive der beiden Artusromane Hartmanns von Aue zu betrachten. Es handelt sich bei ihnen zwar um die ersten Vertreter der Gattung in deutscher Sprache, doch bilden nicht sie allein den Ausgangspunkt der weiteren Entwicklung innerhalb der Geschichte der deutschen Literatur des Mittelalters. Es sind möglicherweise vielmehr die Werke Chrétiens (einschließlich des ›Bel Inconnu‹), die als Prototypen der Gattung angesehen werden müssen. Auf ihr vielfältiges Struktur- und Motivinventar greifen nicht nur die französisch-, sondern auch die deutschsprachigen Autoren so zahlreich zurück, dass es zu Missverständnissen über die Entwicklung der Gattung ‚Artusroman' kommen muss, wenn man die Werke des 13. Jahrhunderts vorwiegend danach befragt, inwieweit sie noch den von Hartmann vorgelegten Mustern entsprechen. Dies gilt insbesondere in Bezug auf die Symbolstruktur von ›Erec‹ und ›Iwein‹ sowie die ‚Krise' und den mit beidem verbundenen Entwicklungsprozess des jeweiligen Protagonisten. Schon Chrétien hatte dazu in seinem Gesamtwerk alternative Modelle entwickelt, die im französischen Artusroman ebenso vorrangig rezipiert werden wie im deutschen. Und zusätzlich werden schon in der Generation nach Hartmann, Gottfried und Wolfram nicht mehr nur die Werke Chrétiens, sondern auch bereits deren französische Nachfolger von den in deutscher Sprache dichtenden Autoren aufgegenommen.[81]

Das nebenstehende Schaubild stellt das komplexe Geflecht der deutschssprachigen Artusromane in kleinen Entwicklungslinien dar, deren Ausgangspunkte meist französischsprachige Werke sind (im Schaubild kursiv). Es geht bei dieser Übersicht nur um die grundlegenden, meist stoff- und motivgeschichtlich oder erzählstrukturell sich ergebenden Reihen, die mit breiten schwarzen Balken angezeigt werden. Einige Werke greifen daneben so grundlegend auf Romane einer anderen Linie

81 Vgl. dazu beispielsweise Schmid und Wolfzettel (beide 4.2.3).

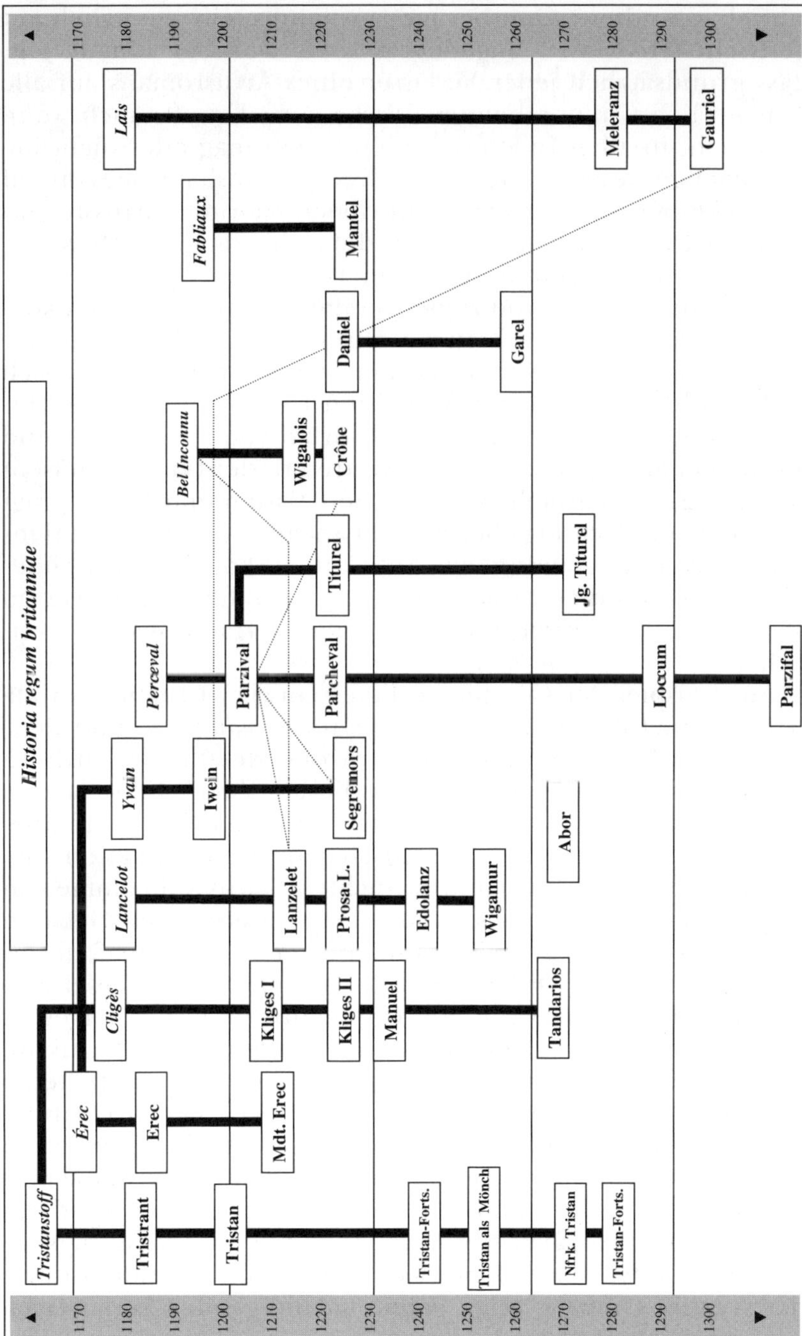

Historia regum britanniae
1170
1180
1190
1200
1210
1220
1230
1240
1250
1260
1270
1280
1290
1300
Tristanstoff
Tristrant
Tristan
Tristan-Forts.
Tristan als Mönch
Nfrk. Tristan
Tristan-Forts.
Érec
Erec
Mdt. Erec
Cligès
Kliges I
Kliges II
Manuel
Tandarios
Lancelot
Lanzelet
Prosa-L.
Edolanz
Wigamur
Abor
Yvain
Iwein
Segremors
Perceval
Parzival
Parcheval
Loccum
Parzifal
Titurel
Jg. Titurel
Bel Inconnu
Wigalois
Crône
Daniel
Garel
Fabliaux
Mantel
Lais
Meleranz
Gauriel

zurück, dass diese ‚Querbezüge' ausnahmsweise zusätzlich mit gestrichelten Linien angedeutet sind. Darüber hinaus gilt, dass grundsätzlich jeder Verfasser eines Artusromans auf alle ihm zeitlich vorausgehenden Werke zurückgreift, auch wenn dies nicht in allen Fällen so gewesen sein mag oder nicht immer nachgewiesen werden kann. Es ergeben sich insgesamt elf Entwicklungslinien (Zweige), in denen sich der Artusstoff in romanhafter Form innerhalb der deutschsprachigen Dichtung des 12. bis 14. Jahrhunderts entfaltet.

Einer der ältesten und zugleich einer der am schärfsten konturierten Erzählkomplexe ist der Tristanstoff. Ein Bezug des hier eher randständigen Strangs zu den Artusromanen ergibt sich dadurch, dass Tristan in den meisten Fassungen als Ritter der Tafelrunde auftritt – außer bei Gottfried von Straßburg – und als solcher auch in den anderen Vertretern der Gattung präsent ist. Eine Ehebruchsliebe wie zwischen Tristan und Isolde prägt innerhalb der Gattung ebenso den Lancelotstoff, und Chrétiens ›Cligès‹ ist wohl geradezu als ‚Anti-Tristan' konzipiert. Darüber hinaus bleiben die Tristanromane und -erzählungen in Versen aber bis in die Neuzeit hinein in eigenen Traditionslinien verhaftet.

Am Beispiel der Geschichte Erecs entwirft Chrétien im Zusammenspiel der narrativen Generatoren *minne*, *êre* und *âventiure* einen Normen- und Wertehorizont, der für den arthurischen Roman prägend bleibt. Zu diesem Zweck führt er den Helden des ersten Artusromans in Versen in der Romanmitte, kurz nach der Verheiratung, durch eine Krisensituation hindurch, die seinen bis dahin erreichten Status vollkommen in Frage stellt und, gemeinsam mit dem andersartigen Gebaren des Ritters in der zweiten Romanhälfte, einen vorbildhaften Verhaltensentwurf zur Diskussion stellt. Vermittelt wird dieser Entwurf durch eine auf variierten Doppelungen und gesteigerten Wiederholungen aufbauende, sinnstiftende (Symbol-)Struktur, welche es dem Rezipienten ermöglich, den narrativ entfalteten Erkenntnisprozess des Protagonisten reflektierend nachzuvollziehen. Während der altfranzösische ›Érec‹ nur eine Generation nach Hartmann auch von einem mitteldeutschen Anonymus ins Deutsche übertragen wurde, hat Chrétien selbst sowohl das Strukturmodell als auch den Verhaltensentwurf des gattungsstiftenden Prototyps im ›Yvain‹ wieder aufgegriffen. Beides ist, wie der kreative Umgang zeigt, jedem nachfolgenden Verfasser eines Artusromans bestens vertraut.

Gleich mit dem nachfolgenden ›Cligès‹ erweitert Chrétien, von dem nicht sicher ist, ob er ebenfalls einen Tristanroman geschrieben hat, die *matière de Bretagne* nicht nur um mediterrane Schauplätze, sondern auch um die Erzählstruktur der *Enfances*: eine zweiteilige Handlung mit einem linear aufsteigenden Stationenweg des Helden, in dem sich seine allmähliche Entwicklung vom jüngeren, oft namenlosen Ritter über eine Eheschließung (und die Aufnahme an der Tafelrunde) in der Mitte bis zum Antritt einer Landesherrschaft abbildet. Es ist dies das allgemeinere, ältere und weiter verbreitete Bauprinzip, aus dem ›Érec‹ und ›Yvain‹ jeweils nur einen zentralen, wenngleich wegweisenden Ausschnitt bieten. Im ›Cligès‹ bildet der Artushof, ähnlich wie in den ›Tristan‹-Romanen, nur noch die Kulisse für eine Liebesgeschichte. König Artus und die Tafelrunde sind nur eine Episode in der Vita des Helden. Diesem Muster fühlen sich neben den deutschen ›Kliges‹-Übertragungen von Konrad Fleck und Ulrich von Türheim auch ›Manuel und Amande‹ sowie des Pleiers ›Tandarios und Flordibel‹ verpflichtet; es findet sich außerdem wieder im ›Perceval‹ und seinen Bearbeitungen sowie, daran anknüpfend, im ›Lanzelet‹, im ›Wigalois‹ und auch im ›Wigamur‹.

Die Ehebruchsgeschichte um Lancelot und Ginover, ebenfalls an den Tristanstoff angelehnt, wird bei Chrétien nicht zu Ende erzählt. Der Schluss des ›Lancelot‹ lässt die entscheidenden Fragen um die ordogefährdende Beziehung unbeantwortet im Raum stehen. Die Sprengkraft des Stoffs, die schlussendlich zum Untergang des Artushofs führt, entfaltet sich erst in den späteren Bearbeitungen, im Deutschen vor allem im ›Prosa-Lancelot‹ aus dem 13. und dem 15. Jahrhundert. Vollkommen ausgeblendet ist die Liebe zu Ginover im ›Lanzelet‹ des Ulrich von Zatzikhoven, der sich gleichwohl mit den Themen *triuwe* und *minne* auseinandersetzt, sich dabei aber auch auf die anderen Werke Chrétiens bezieht und sich strukturell dem *Enfance*-Typus anschließt, wie er auch im ›Bel Inconnu‹ und Wolframs ›Parzival‹ Verwendung findet. Mit dem ›Edolanz‹ (?) und dem ›Wigamur‹ gibt es zu diesem Verfahren gleich zwei Nachfolger. Zum ›Wigamur‹ weist wiederum ›Abor und das Meerweib‹ einige Nähe auf, der daneben einige Motive mit dem ›Meleranz‹ und dem ›Gauriel‹ teilt.

Im ›Yvain‹ verwendet Chrétien noch einmal das Modell von Symbolstruktur mit Krise und Erkentnnisprozess des Protagonisten, das schon dem ›Érec‹ zugrunde liegt. Noch deutlicher als im Altfranzösischen ist bei Hartmann das ‚sich *verrîten*‘ des

Helden im Sinne eines komplementären Entwurfes zu dem ‚sich *verligen*' Erecs in Beziehung gesetzt. Auch in diesem Strukturmodell verliert der Artushof an Gewicht. Obwohl er Gradmesser für den Fortschritt des Helden bleibt, tritt ihm im ›Iwein‹ mit dem Reich der Laudine ein zweites Herrschaftszentrum mit eigenem Machtanspruch und eigener Ideologie an die Seite. Das märchenähnliche Dasein des Tafelrundenritters wird um eine historisch-politische Dimension erweitert, die im ›Wigalois‹, im ›Daniel‹, im ›Gauriel‹ sowie, auf andere Art, in den politischen Inszenierungen in den Romanen des Pleiers Nachhall findet.

Spätestens auch mit dem ›Yvain‹ (bzw. im deutschsprachigen Bereich mit Hartmanns ›Iwein‹) etabliert sich endgültig eine Form der Intertextualität im Artusroman, die zu den Gattungsmerkmalen zählt (vgl. dazu oben, Kap. III.1.2). Dazu gehören neben dem Auftreten des arthurischen Personals als gattungshafter Dominante unter anderem bestimmte narrative Strukturen (der Artushof als Bezugspunkt, eine prinzipielle Zweiteiligkeit der Handlung mit der Hochzeit des Protagonisten in der Mitte, das Happy End u. a.), ein begrenztes Stoff- und Motivinventar (wiederkehrende Szenen wie Empfang, Abschied, Feste, Turniere, Zweikämpfe, Schlachten usw.) und die Einbettung der neuen Romanhandlung in eine übergreifende Erzählwelt, in ein „Fiktionskontinuum".[82] Anders als der ›Erec‹ greift der ›Iwein‹ in eine vor dem Romangeschehen liegende Vergangenheit aus, wenn Kalogrenant von seiner zehn Jahre zurückliegenden Aventiure berichtet oder wenn Lunete Iwein schon früher am Artushof begegnet ist, und zu dieser Vergangenheit gehört auch das im ›Erec‹ Erzählte, wie der Ratschlag Gaweins an den Helden, sich nicht wie Erec zu *verligen*, erstmals verdeutlicht. Diese Form der Selbstbezogenheit prägt den Artusstoff im Deutschen bis hin zur Summenbildung durch Ulrich Fuetrer. Schon zuvor scheint sich der nur fragmentarisch erhaltene ›Segremors‹, dessen Protagonist vermutlich dem ›Parzival‹ entnommen wurde, mit dem ›Iwein‹ auseinanderzusetzen, und der späte ›Gauriel von Muntabel‹ ist schließlich geradezu als Korrektur der Erzählung vom Löwenritter aufgefasst worden.

Den von ihm nicht abgeschlossenen ›Perceval‹ konzipierte Chrétien als ‚Doppelroman' mit zwei Protagonisten. Mit deren aufeinander bezogenen, sich immer wieder begegnenden und kreuzenden Handlungssträngen implementiert er dem Artus-

82 CORMEAU 1984 (4.2.3), S. 126.

stoff zwei neuartige Komponenten, denen in der weiteren Entwicklung der Gattung in der französisch- wie deutschsprachigen Dichtung ein gewichtiger Einfluss zukommt: Einerseits führt er Perceval nach dem Muster der *Enfances* vom mütterlichen Heim über den Artushof hinaus in die weltumspannende Gemeinschaft des Grals und verleiht der *matière de Bretagne* auf diesem Weg eine metaphysische Ausdehnung, die nicht nur in den deutschen Bearbeitungen Wolframs und eines mittelfränkischen Anonymus (›Parcheval‹), in ›Der jüngere Titurel‹, im ›Rappoltsteiner Parzifal‹ sowie in den verschiedenen Fassungen des Lancelotstoffs nachwirkt, sondern auch in ›Diu Crône‹ und im ›Wigalois‹ (sowie vielleicht im Loccumer Artusromanfragment) rezipiert wird. Andererseits führt Chrétien mit Gawein, dem arthurischen Musterritter, einen Protagonisten ein, der als Neffe des Königs Artus schon durch seine Herkunft von vornherein als vollkommen tugendhaft und ritterlich perfekt gelten muss und so zum Prototypen des paradigmatischen Helden avanciert. Ihn führt er als krisenlosen Minneritter vor, der keinen Entwicklungsprozess durchläuft, sondern den ihm zugedachten Handlungsstrang ohne jegliche Veränderung absolviert, manchmal sogar nur zuschauend. Die Konzeption der Gawein-Figur im ›Perceval‹ bzw. im ›Parzival‹ liefert das Vorbild für die auf je verschiedene Weise krisenlosen Helden in den nachfolgenden Artusromanen.

Einen vom Parzivalstoff abzweigenden Seitenstrang stellt die Geschichte von Sigune und Tschionatulander dar, welche Wolfram in den offensichtlich ohne weitere (altfranzösische) Quelle entworfenen Titurel-Fragmenten skizziert. Wolframs eigene Erfindung kommt, soweit es die beiden Bruchstücke erkennen lassen, ohne arthurisches Personal aus und steht insofern außerhalb der Gattung. Genau dies aber wird später von Albrecht in ›Der jüngere Titurel‹ korrigiert, der Wolframs Entwurf wieder in den Artusstoff integriert.

Der ›Wigalois‹ leitet in der deutschen Dichtung des Mittelalters, gemeinsam mit dem wohl zu derselben Zeit entstandenen ›Lanzelet‹, eine Phase des veränderten Umgangs mit den französischen Romanvorlagen ein, da in diesen beiden Werken erstmals nicht wie zuvor bei Eilhart, Hartmann, Gottfried oder Wolfram ein vollständiger Roman im Deutschen ‚wiedererzählt' wird, sondern deren Autoren frei über die in den Quellen vorgefundenen Stoffe und Motive verfügen.[83] Während man für den ›Lanze-

83 Vgl. schon CORMEAU 1984 (4.2.3), S. 121f.

let‹ erwägen kann, ob der Autor Ulrich von Zatzikhoven als Quelle für seinen (vor dem Hintergrund der Gattungskonventionen) recht eigenwillig konzipierten Roman eine Sammelhandschrift mit dem ›Bel Inconnu‹ sowie den Werken Chrétiens als *daz welsche buoch* vorlag, aus dem er die Anregungen für sein Werk entnahm, lässt sich für den ›Wigalois‹ vermuten, dass Wirnt von Grafenberg mindestens zwei französische Vorlagen, den ›Bel Inconnu‹ des Renaut de Beaujeu und eine hochmittelalterliche Vorlage des Romans ›Le Chevalier du Papegau‹, als Teilquellen benutzte, die er an geeigneter Stelle ineinanderschob und um einen eigenen Schluss ergänzte.

Ganz ohne französische Quellen kommt schließlich, der Berufung auf Alberich von Besançon zum Trotz, der Stricker aus. Sein ›Daniel von dem Blühenden Tal‹ ist der erste Artusroman, der ausschließlich auf die bereits in deutscher Sprache vorliegenden Gattungsvertreter zurückgreift (obwohl er vielleicht, wie der Dichter des ›Segremors‹, zumindest auch den altfranzösischen ›Meraugis‹ kannte). Ergänzt wird das vom Stricker (vor allem aus dem ›Iwein‹) übernommene Material durch Rückgriffe auf die antike Dichtung. Auch auf diesem Gebiet erweist sich der Stricker, wie in seinem Gesamtwerk, als außergewöhnlich innovativ. Darin folgt ihm der Pleier mit der Korrektur der wesentlichen gattungsuntypischen Elemente in seinem ›Garel von dem Blühenden Tal‹. Die beiden noch nach dem ›Garel‹ entstandenen Artusromane des Pleiers folgen hingegen verschiedenen Mustern und knüpfen an jeweils andere Zweige der Gattungsentwicklung an: „Die Gattung expandiert durch Variation, durch zunehmenden Rückbezug auf sich selbst und Reflexion ihrer eigenen Gegebenheiten. Auch deshalb ersetzt der Rückgriff in die Tradition im Deutschen die Quelle.“[84]

Die im Ambraser Heldenbuch nur spät und anonym überlieferte Erzählung ›Der Mantel‹, die vermutlich ebenfalls schon im 13. Jahrhundert angefertigt wurde, überträgt noch einmal direkt ein französisches Fabliaux (darin berührt sie sich mit der kurzen Erzählung von Tristan als Mönch). Sie wirkt auch deshalb ein wenig fremdartig im Kontext der Artusromane, wenngleich sowohl der ›Meleranz‹ des Pleier und mit dem ›Gauriel von Muntabel‹ des Konrad von Stoffeln auch der letzte deutsche Artusroman in Reimpaarversen ebenfalls noch einmal direkt auf altfranzösische Quellen zurückgreifen – in diesem Fall auf

84 Cormeau 1984 (4.2.3), S. 125.

die Lais (der Marie de France), die aber nicht mehr nur ‚wiedererzählt', sondern als tektonische und stoffliche Vorbilder sehr variantenreich verarbeitet werden. Der ›Gauriel‹ wird darüber hinaus in vielerlei Hinsicht als Korrektur an den Artusromanen Hartmanns aufgefasst und zeichnet sich um 1300 vor allem dadurch aus, dass sein Verfasser, wie zuvor der Pleier, die Gattungstraditionen im deutschen wie im französischen Bereich souverän überblickt und handhabt.

Der deutschsprachige Artusroman in Versen ist in seiner rund 120-jährigen Geschichte, von etwa 1180 bis um 1300, ein elementarer Bestandteil der hoch- und späthöfischen Dichtung.[85] Der Artusroman ist nicht geschichtlich, er ist auch nicht primär mythisch oder utopisch. Er ist vor allem ein (von Chrétien de Troyes geschaffenes) narratives Modell, das einerseits stabil genug war, um eine gattungshafte Kontinuität zu gewährleisten, andererseits aber ausreichend flexibel, um unter Beibehaltung weniger gattungshafter Dominanten (Versform, Wegstruktur, Artushof, Happy-End) als Experimentierfeld fiktionalen Erzählens fungieren zu können. Neben ihm entstehen zahlreiche Subtypen des höfischen Versromans, darunter auch ‚Artusromane ohne Artus', also solche, in denen König Artus, sein Hof und die Tafelrunde gar nicht auftreten. Offenbar gleich drei solcher Geschichten hat Berthold von Holle erzählt. Weil ihnen mit dem arthurischen Personal aber die maßgebliche gattungshafte Dominante fehlt, überschreiten sie die auch sonst an vielen Stellen ‚abgetastete' Gattungsgrenze endgültig. Das Ende der produktiven Phase der Gattungsgeschichte des Artusromans leitet zugleich das Auslaufen des höfischen Romans in Reimpaarversen und ebenso das des Minnesangs ein.

Das Schaubild stellt die Filiationen der deutschsprachigen Artusromane in Form einer Baumstruktur dar, deren gemeinsamen Hintergrund die in Kap. II behandelten Quellen (allen voran die weit verbreitete ›Historia Regum britanniae‹) und insbesondere deren französischsprachige Bearbeitungen bilden. Ganz ähnliche Vorstellungen von Genese und Entwicklung der Gattung muss der anonyme Autor von ›Manuel und Amande‹, möglicherweise Gottfried von Hohenlohe, im Sinn gehabt ha-

85 Grundlegend dazu jetzt Mathias Herweg, Wege zur Verbindlichkeit. Studien zum deutschen Roman um 1300. Wiesbaden 2010 (Imagines medii aevi 25); vgl. von der hier bibliographierten Forschungsliteratur auch Ruh ²1977 und 1980, Haug ²1992, Simon, Grünkorn und Meyer (alle 4.1.3) sowie Haug 1971, 1980 u. 1989 und Cormeau (alle 4.2.3).

ben, wenn er seinen Erzähler im Epilog des Versromans sagen lässt, dass er mit seiner Erzählung nur einen Zweig vom Wunderbaum der Geschichten über König Artus abgebrochen habe und dass er von diesem wundertätigen Helden noch viele weitere ungewöhnliche Geschichten erzählen könne, wenn nur irgendjemand das wünsche und ihn dazu auffordere:

Ich mohte iv fremede mere
von deme wunderere
Vil vnde ane mazen sagen,
wan ime ofte in sinen tagen
Aventivren vil geschach.
ein ris ich dar vmbe abe brach
Von sinem wunder bovme,
ob man des niht engovme
Vnde ob ieman iehe,
daz er daz gerne sehe,
Daz ich der este breche mer.

Hans-Jochen Schiewer sieht darin zurecht einen Hinweis auf die inzwischen „vorlagenunabhängige Verfügbarkeit des Artusstoffs und die fast unerschöpflichen Kombinationsmöglichkeiten“ der dichterischen Gestaltung.[86] Die in ›Manuel und Amande‹ verwendete Metapher erinnert aber auch an die Vorstellung von der Dichtkunst als Baum, die Gottfried von Straßburg im ›Tristan‹ anlässlich der wortreich erzählten Schwertleite des Helden im so genannten ‚Literaturexkurs‘ entfaltet (Vv. 4589–4974).[87] Diesen Baum habe Heinrich von Veldeke veredelt, indem er dort (mit seinem Eneasroman) erstmals einen deutschsprachigen Zweig ‚aufgepfropft‘ habe:

ine hân sîn selbe niht gesehen;
nu hoere ich aber die besten jehen
die, die bî sînen jâren
und sît her meister wâren,
die selben gebent im einen prîs:
er inpfete daz erste rîs
in tiutischer zungen.

86 Schiewer (4.1.3), S. 225.

87 Vgl. Johan H. Winkelman, Die Baummetapher im literarischen Exkurs Gottfrieds von Straßburg, in: Amsterdamer Beiträge zur älteren Germanistik 8 (1975), S. 85–112, und zuletzt Katrin Kohl, Poetologische Metaphern. Formen und Funktionen in der deutschen Literatur. Berlin, New York 2007, S. 534–546.

dâ von sît este ersprungen,
von den die bluomen kâmen,
dâ sî die spaehe ûz nâmen
der meisterlîchen vünde.
und ist diu selbe künde
sô wîten gebreitet,
sô manege wîs zeleitet,
daz alle, die nu sprechent,
daz die den wunsch dâ brechent
von bluomen und von rîsen
an worten unde an wîsen.

Die von Gottfried verwendete, schon in der lateinischen Dichtung verbreitete Metapher vom Baum der Dichtung mit zahlreichen Zweigen präzisiert Rudolf von Ems in seinem Alexanderroman. Im Prolog zum zweiten Buch, vor der Krönung Alexanders zum König, stellt sich Rudolf mit einer Auflistung seiner *meister* in deren Tradition. Auch er betont, dass es Heinrich von Veldeke gewesen sei, der *den künsterîchen stam* durch *rehte rîme alrêrst* veredelt habe. Auf dem von Heinrich aufgepfropften Ast seien aber inzwischen, so führt Rudolf weiter aus, *driu künsterîchiu bluomenrîs* (‚Blütenzweige') gewachsen, die er den Dichtern Hartmann von Aue, Wolfram von Eschenbach und Gottfried von Straßburg zuschreibt. An diesen Ästen haben sich, der Metapher folgend, die im Alexanderroman nachfolgend aufgezählten Autoren als Blüten entfaltet, darunter unter anderen Wirnt von Grafenberg, Ulrich von Zatzikhoven, Bligger von Steinach, Heinrich von dem Türlin, Konrad Fleck, Alrecht von Kemenaten, der Stricker und Ulrich von Türheim (Vv. 3063–3268). Dieselben, dazu Gottfried von Hohenlohe und noch weitere Dichter seiner Zeit, nennt Rudolf auch im Literaturexkurs seines ›Wilhelm von Orlens‹ (Vv. 2143–2331).

Und ähnlich überblickt noch Ulrich Fuetrer die (zu seiner Zeit bereits abgeschlossene) Geschichte des paargereimten Artusromans, wenn er die im ersten Teil seines Werks ›Das Buch der Abenteuer‹ versammelten Erzählungen über Herkunft und Genealogie des Grals- und des Artusrittertums als einen Baumstamm beschreibt, dem die im zweiten und dritten Teil versammelten Beispiele perfekten Rittertums als Äste, Blätter, Blüten oder Früchte zuzurechnen sind (vgl. Kap. VI.1).[88]

88 Vgl. in Fuetrers ›Trojanerkrieg‹ Str. 1, am Ende der Gralepen Str. 3001, und im ›Wigoleis‹ Str. 1, dazu Rischer (6.1), S. 27–29, und Behr (6.1), S. 19f.

VI. Verselbstständigungen: Ein Ausblick

Die in den vorangehenden Kapiteln behandelten Erzählungen von den Rittern der Tafelrunde bleiben in der literarischen Kultur des späteren Mittelalters bis weit in die Frühe Neuzeit hinein präsent, auch wenn die Geschichte der Gattung ‚Artusroman in Reimpaarversen' mit dem ›Gauriel von Muntabel‹ um oder bald nach 1300 endet. Von den insgesamt etwa rund 275 Manuskripten, in denen diese Artusromane heute noch erhalten sind, wurden etwa 60, also mehr als ein Fünftel, überhaupt erst im 15. Jahrhundert angefertigt, und vorwiegend diese überliefern uns die Werke des 12. und 13. Jahrhunderts in vollständigen Fassungen. Wolframs ›Parzival‹ und Albrechts ›Der jüngere Titurel‹ erschienen darüber hinaus 1477 bei Johann Mentelin in Straßburg im Frühdruck. Zu einigen Romanen werden in den Manuskripten zum Teil kunstgeschichtlich bemerkenswerte Illustrationszyklen angefertigt: zu Wolframs ›Parzival‹, zu Wirnts ›Wigalois‹, zu Strickers ›Daniel von dem Blühenden Tal‹, zum ›Wigamur‹, zu Albrechts ›Der jüngere Titurel‹; dazu gibt es einige Titelminiaturen in späten Handschriften (zu Ulrichs ›Lanzelet‹ und zu Konrads ›Gauriel‹). Bedeutend sind ebenfalls die Rezeptionszeugnisse aus dem Bereich der bildenden Kunst, die sich in Form von Wandmalereien auf den Burgen Rodeneck (zu Hartmanns ›Iwein‹) und Runkelstein (unter anderem zu Gottfrieds ›Tristan‹, Wirnts ›Wigalois‹ und Pleiers ›Garel von dem Blühenden Tal‹) sowie in Schmalkalden (zum ›Iwein‹) finden.

Auch die Tristanteppiche aus dem Kloster Wienhausen oder der im 14. Jahrhundert angefertigte Maltererteppich aus dem Augustinermuseum in Freiburg, der Iwein, Laudine und Lunete zeigt, das Krakauer Kronenkreuz mit Szenen aus Hartmanns ›Erec‹ sowie der Brautbecher der Margarete von Tirol mit dem Zitat aus Pleiers ›Meleranz‹ gehören in diesen Kontext. König Artus, seine Ritter und deren Frauen sind sowohl als literarische Gestalten wie als Exempelfiguren auf spätmittelalterlichen Kunstgegenständen ebenso präsent wie in der Dichtung, auch in intertextuellen Verweiszusammenhängen außerhalb der Gattungsgrenzen (zum Beispiel im ›Friedrich von Schwaben‹ oder im so genannten ›Göttweiger Trojanerkrieg‹). Neben Übersetzungen hochmittelalterlicher Romane – der ›Tristan‹ und des Pleiers ›Tandarios‹ werden ins Tschechische übertragen – entstehen im 15. Jahrhundert auch verschiedene frühneuhochdeutsche Bearbeitungen hochmittelalterlicher Romane in Strophen oder in Prosa, von denen die wichtigeren in diesem abschließenden Kapitel vorgestellt werden.

Sowohl für ›Der jüngere Titurel‹ im 13. als auch für den ›Rappoltsteiner Parzifal‹ im 14. Jahrhundert ließ sich bereits das Bestreben feststellen, möglichst viele der erreichbaren Stofftraditionen in einem Werk – oder wenigstens zwischen zwei Buchdeckeln – zusammenzufassen.[1] Diese Tendenz zur ‚Summenbildung' ist in gleicher Weise für andere Bereiche der spätmittelalterlichen Literatur beschrieben worden und setzt sich auch in den Werken des 15. Jahrhunderts fort. In ihnen tritt jedoch noch etwas anderes hinzu, nämlich ein inzwischen rückwärts gewandtes Interesse an der Literatur vergangener Zeiten, an der eigenen literarischen Vergangenheit sozusagen bzw. auch allgemein an der eigenen kulturellen Geschichte. Dies ist einerseits in Zusammenhang zu sehen mit der Wiederentdeckung der Antike und der antiken Dichtung im so genannten ‚Frühhumanismus' seit der zweiten Hälfte des 15. Jahrhunderts. Darüber hinaus aber gefiel sich die spätmittelalterliche Adelsgesellschaft darin, zumindest äußerlich den traditionsverhafteten Norm- und Wertvorstellungen nachzueifern, die in den alten Ritterromanzen ausgebreitet werden. Als ein Schluss- und Höhepunkt in dieser Entwicklung ist etwa die Beauftragung des Zollschreibers Hans Ried zur Anfertigung des so genannten ‚Ambraser Heldenbuchs' zu sehen, das gleich mehrere der hier behandelten Werke überliefert. Der eigens dafür abgestellte Zollschreiber sammelte zu Beginn des 16. Jahrhunderts literarische Werke des 13. Jahrhunderts für keinen geringeren als Kaiser Maximilian I., der sich gern als ‚der letzte Ritter' bezeichnen ließ und in unerhörter Prachtenfaltung riesige Turniere, Auf- und Umzüge sowie Feste nach Art der überkommenen höfischen Romane veranstaltet hat.

Von der Eingliederung des Individuums in die Wertvorstellungen einer adligen Gesellschaft, wie sie etwa bei Hartmann von Aue und Wolfram von Eschenbach im Mittelpunkt steht, ist dort natürlich nicht mehr die Rede, aber es führt eine direkte Linie etwa von den späten Artusromanen des Pleier, die sich

1 Vgl. dazu Bastert 2000 und Wenzel (6.1).

als ‚Musterbücher höfischer Tugendlehre' präsentieren, zu den Spätformen der Artusrezeption im 15. Jahrhundert. Als Vorstufe dazu sind die so genannten Tafelrundenspiele anzuführen, die sich historisch seit den zwanziger Jahren des 13. Jahrhunderts als *table ronde, rotunda tabula* oder *tabula rotunda* in England und Flandern, anschließend auch in Böhmen und Deutschland, in Italien und Spanien nachweisen lassen. „Ausführlich wird über eine englische Tafelrunde des Roger von Mortimer berichtet, der mit unerhörtem Aufwand 100 Ritter und 100 Damen nach Kenilworth zur Tafelrunde lud. Bei dem Fest, das drei Tage dauerte, wechselten Tanz, Turniere und Festmähler miteinander ab. Siegespreis war ein goldener Löwe. Beim Festmahl scheinen die Teilnehmer die sagenhaften Personen aus der Tafelrunde Artus' dargestellt zu haben".[2] Mit solchen Veranstaltungen versuchte man seit der Mitte des 13. Jahrhunderts, das herrschaftliche Prestige zu erhöhen, denn die Tafelrunde des Königs Artus demonstriert ja nicht nur das Prinzip des Adelsverbundes, sondern auch das der Königsnähe bzw. Herrschernähe.

Ein Beleg dafür, dass „derartige Ritterspiele tatsächlich stattgefunden haben, und zwar schon im 13. Jahrhundert, ergibt sich aus dem Bericht der Magdeburger Schöppenchronik über das Gralfest, das die Bürger von Magdeburg zu Pfingsten des Jahres 1280 veranstalteten und zu dem sie mit ‚höfischen Briefen' die Kaufleute aus Goslar, Hildesheim, Braunschweig und anderen Städten einluden. In der Mitte des Festplatzes war ein Gral aufgeschlagen (vielleicht ein Zelt), und daneben wurden die Schilde der Verteidiger des Grals an einem Baum aufgehängt. Die Berührung eines dieser Schilde bedeutete eine Herausforderung zum Einzelkampf."[3] Als Turnierpreis wurde, in diesem Fall, ‚eine schöne Dame, die hieß Frau Feie', ausgesetzt. Ähnliche Wettkämpfe mit Spielcharakter wurden in Hildesheim und anderen sächsischen Städten ausgerichtet. Eines der aufwändigsten Turniere dieser Art hat der Markgraf Heinrich III. von Meißen 1263 in Nordhausen veranstaltet, wohin er alle Fürsten Deutschlands zusammenrief, um ihnen die Herrlichkeit und den Glanz seiner Herrschaft zu zeigen. Für dieses Ereignis erfährt man einmal Einzelheiten über die Durchführung einer solchen Veranstaltung: „Außerhalb der Stadt war ein künstlicher Wald errichtet worden, worin sich ein Baum ‚von wunderbarer

2 Störmer (4.2.1), S. 957.
3 Bumke (4.1.1), S. 364.

Schönheit' (*mirae pulchritudinis*) befand, der ganz aus Gold und Silber gemacht war. ‚Und wenn einer von den Grafen und Baronen, die dort in großer Zahl versammelt waren, im Lanzenkampf gegen einen anderen seine Lanze brach, erhielt er alsbald zum Lohn ein silbernes Blatt von dem Baum zum Zeichen seiner Mannhaftigkeit. Wenn einer einen ihm ebenbürtigen Standesgenossen mit seiner Lanze vom Pferd stach und selber im Sattel blieb, hatte er sogleich ein goldenes Blatt von dem Baum verdient.' Das waren die Anfänge einer neuen Turnierpraxis, die dann bis weit in die Neuzeit hinein den Gesellschaftsstil des Hofadels mitgeprägt hat."[4] Auch in literarischen Werken des späteren Mittelalters finden immer wieder solche Turnierspiele statt, die im Mittelhochdeutschen als *runttavel* bezeichnet werden: ‚ein Ritterspiel, bei dem turniert wird'.[5]

4 Bumke (4.1.1), S. 365 (mit Zitaten aus den ›Annales Vetero-Cellenses‹).

5 Die Rezeption des europäischen Artusstoffs vom Spätmittelalter bis in die modernen Gegenwartsmedien hinein beschreiben zusammenfassend Wolf (4.2.1), bes. S. 79–116 (Artusmythen von der Neuzeit bis heute), und Mertens (4.1.1), S. 341–353; weitere ausgewählte Forschungsliteratur zur Rezeption in der Neuzeit ist in Kapitel 7 der Bibliographie zusammengestellt.

1. Ulrich Fuetrers ›Das Buch der Abenteuer‹

Die gesellschaftliche Wahrnehmung des Artusstoffs veränderte sich bereits seit der ersten Hälfte des 13. Jahrhunderts und ist eine grundlegend andere zu der Zeit, in der der Münchener Ulrich Fuetrer (Füetrer) im letzten Viertel des 15. Jahrhunderts eine stattliche Anzahl von Artusromanen in einem großangelegten Werk zusammenfasst. Die Lebensdaten und -umstände des spätmittelalterlichen Autors sind vergleichsweise gut dokumentiert und erforscht.[6] Demnach stammt er wie seine Familie aus Landshut, wo er selbst allem Anschein nach die Lateinschule besuchte. Seit 1453 ist er als Handwerker in Münchener Stadtkammerrechnungen nachzuweisen, seit 1482 mit Familie im eigenen Haus in der Residenzstraße 15, nahe dem Fürstensitz. Vermutlich ist er 1496 bereits verstorben, als seine Frau der Stadt verwiesen wird. Ulrich Fuetrer, der sich selbst vornehmlich als Maler sah und in der Regel auch so bezeichnete, hat für das Kloster Tegernsee an der Andreaskapelle (1465) und für die Stadt München am alten Rathaus (1476–1478) gearbeitet. Für den Wittelsbacher Hof war er von 1486 bis 1495 unter anderem als Wappenmaler tätig und auch an der Ausgestaltung des Schlosses Grünewald ist er 1486 und 1487 beteiligt gewesen. Neben einer schon um 1467 entstandenen Prosafassung des Lancelotstoffs ist von ihm die bis 1479 reichende ›Bayerische Chronik‹, ebenfalls in Prosa, erhalten.

›Das Buch der Abenteuer‹ besteht aus fast 12000 Titurelstrophen, was mehr als 82000 Versen entspricht, und enthält in drei Teilen strophische Neubearbeitungen zahlreicher Werke des 13. Jahrhunderts: Der erste Teil kombiniert Wolframs ›Parzival‹, Albrechts ›Der jüngere Titurel‹, Heinrichs von dem Türlin ›Diu Crône‹ und den ›Lohengrin‹ mit Geschichten vom Zauberer Merlin und vom Untergang Trojas nach Konrad von Würzburg (insgesamt 3000 Strophen); der zweite Teil, *das annder púech*, enthält Bearbeitungen von Hartmanns ›Iwein‹, Wirnts ›Wigalois‹ und dem ›Meleranz‹ des Pleiers sowie vier weitere Erzählungen,

6 Vgl. dazu die Einleitung in der Ausgabe der Gralepen durch Nyholm (1.1), S. XXI–XXVII u. CVIII–CXII, und Bastert 1993 (6.1); zusammenfassend Nyholm 1980 (6.1); Bernd Bastert/Kurt Nyholm, Fuetrer, in: ²Killy Bd. 4 (2010), S. 82f.

deren stoffliche Herkunft unbekannt ist (rund 2650 Strophen). Die ältere Forschung nahm an, dass sich hinter ihnen nicht erhaltene Artusromane des 13. Jahrhunderts verbergen, die nach ihren Protagonisten ›Persibein‹, ›Poytislier‹, ›Flordimar‹ und ›Seifrid‹ genannt werden. Zum ›Seifried‹ jedenfalls gibt Ulrich Fuetrer selbst an, dass er ebenso wie die Geschichte Merlins von einem (heute nicht weiter bekannten) Albrecht von Scharfenberg stamme (der nicht mit Albrecht, dem Dichter von ›Der jüngere Titurel‹, zu verwechseln ist). Möglicherweise sind dies jedoch fingierte Quellenberufungen: Die künftige Forschung zum ›Buch der Abenteuer‹, das inzwischen vollständig ediert ist, wird verstärkt der Frage nachgehen müssen, ob diese selbstständigen Erzählungen innerhalb des zweiten Teils nicht vielleicht von Fuetrer selbst verfasst worden sind.[7] Bei dem dritten Teil, der früher als eigenständiges Werk angesehen wurde, handelt es sich um eine Bearbeitung des deutschen ›Prosa-Lancelot‹-Zyklus, der entsprechend mit dem Untergang des Artusreichs endet (6000 Strophen).[8] Nach dem wichtigsten Textzeugen, dem Münchener Cgm 1, stellt sich der Inhalt wie folgt dar:

1. Teil: Gralepen (fol. 1r–74v) (zusammen 3003 Strr.)
   - fol. 1va–3va ›Von Senebor und Anfortas‹
   - fol. 3vb–16vb ›Vom trojanischen Krieg‹
   - fol. 17ra–23vb ›Von Merlin‹
   - fol. 23vb–25va ›Von Gaudin, Galoes und Gamareth‹
   - fol. 25va–35rb ›Von Tschionachtolander und Sigun‹
   - fol. 35rb–64va ›Von Parcival und Gaban‹
   - fol. 64va–74vb ›Von Lohengrin‹
2. Teil: Artusromane (fol. 75r–149r)
   - fol. 75ra–83ra ›Von Floreis und Wigoleis‹ (317 Strr.)
   - fol. 83rb–97ra ›Von Seifrid de Ardemont‹ (519 Strr.)
   - fol. 97ra–104rb ›Von Meleranz‹ (271 Strr.)
   - fol. 104rb–112va ›Von Iban‹ (297 Strr.)
   - fol. 112vb–127va ›Von Persibein‹ (530 Strr.)
   - fol. 127va–138vb ›Von Poytislier‹ (354 Strr.)
   - fol. 139ra–149ra ›Von Flordimar‹ (353 Strr.)
3. Teil: Untergang des Artusreichs (fol. 150v–348v)
   - fol. 150va–348vb ›Lantzilet vom Lack‹ (etwa 6000 Strr.)

7 Vgl. am Beispiel des ›Flordimar‹ die Untersuchung von Kern (6.1).

8 Die älteren Ausgaben einzelner Werke sowie die neue Gesamtausgabe von Bastert/Thoelen verzeichnet Kapitel 1.1 der Bibliographie.

Seit Bernd Bastert in seinen Untersuchungen den Nachweis führte, dass die strophische Bearbeitung des Lancelotstoffs als dritter und abschließender Teil des Zyklus aufzufassen ist, ist die Konzeption des Gesamtwerks auch in seinen Proportionen auszumachen: Die ersten beiden Teile haben in etwa denselben Umfang und kommen gemeinsam auf beinahe dieselbe Anzahl an Strophen wie der dritte Teil mit dem ›Lantzilet vom Lack‹. Das Buch spannt also einen Bogen von den Anfängen des Gralgeschlechts, über die trojanische Herkunft des Artusrittertums, die von Merlin herbeigeführte Zeugung und Geburt des Artus, die Geschichten Parcivals, Gabans und sieben weiterer Ritter der Tafelrunde bis hin zur Ehebruchsliebe zwischen Lancelot und Ginover und dem dadurch verursachten Ende der Herrschaft des Königs Artus.[9] Genese und Genealogie der Gralgesellschaft vergleicht Ulrich Fuetrer mit dem Stamm eines Baumes, auf dem die im zweiten und dritten Teil versammelten Beispiele perfekten Rittertums als Äste, Blätter, Blüten und Früchte sprießen, bis das Fehlverhalten Einzelner zum Absterben der Pflanze beziehungsweise zum Untergang des gesamten Geschlechts führt. Dem Opus kommt neben seiner Funktion, die tradierten Stoffe repräsentativ zu bewahren, wohl auch die Aufgabe zu, dem Auftraggeber zur Ausübung rechter Herrschaft als ein fiktives Beispiel für Aufstieg und Fall einer Dynastie zu dienen. Die unhinterfragte Autorität des Königs Artus und der mit ihr verbundene Bezug auf althergebrachte Traditionen dürfte Maximilian, dem ‚letzten Ritter', bei der Ausübung seines Amtes nützlich gewesen sein.

Während sich das Gesamtwerk durch das souveräne Verschmelzen sehr heterogener Vorlagen und deren geschickte Einbindung in eine übergeordnete, nicht zuletzt genealogisch entwickelte Struktur auszeichnet, erzählt ›Das Buch der Abenteuer‹ kaum etwas Neues. Das Publikum dürfte vor allem Gefallen daran gefunden haben, die ihm längst vertrauten Geschichten in kürzender Bearbeitung und neuem, strophischem Gewand ‚wiedererzählt' zu bekommen. Eine Ausnahme stellt in dieser Hinsicht vielleicht höchstens der mittlere Teil dar. Er erzählt die Aventiuren sieben einzelner Ritter, von denen nicht sicher ist, ob sie alle bereits aus dem 13. Jahrhundert stammen. Für den ersten, dritten und vierten Erzählkomplex lassen sich Wirnts von Grafenberg ›Wigalois‹ (vielleicht nur mittelbar über den Prosaroman ›Wigoleis vom Rade‹, vgl. unten, Kap. VI.2.1), des Pleiers ›Meleranz‹ und der

9 Eine kommentierte Nacherzählung bietet Mertens 1998 (4.1.1), S. 302–337.

›Iwein‹ Hartmanns von Aue als Vorlagen ausmachen. Für den zweiten Komplex, die Erzählung von Seifrid de Ardemont, beruft sich Ulrich Fuetrer ebenso wie für den Merlinstoff aus dem ersten Teil (vgl. Strr. 17, 126 u. 838) auf einen Dichter namens Albrecht von Scharfenberg. Am Ende des ›Seifrid‹ sagt der Erzähler, dass er über Seifrids Sohn Flormund nichts weiter erzählen könne, da auch *von Scharfenbergk her Albrecht* darüber geschwiegen habe (Str. 518). Die zahlreichen Spekulationen der Forschung um diesen Dichter, den man früher sogar mit Albrecht, dem Verfasser von ›Der jüngere Titurel‹ identifizierte,[10] sollen hier nicht referiert werden, denn sie lassen sich in einem Satz zusammenfassen: Außer diesen Zuschreibungen durch Ulrich Fuetrer gibt es keinen Beleg dafür, dass ein Dichter namens Albrecht von Scharfenberg im 13. Jahrhundert einen Roman über Merlin oder einen Artusroman von Seifrid geschrieben hätte.

Da weder ein Albrecht von Scharfenberg noch seine vermeintlichen Werke oder Figuren daraus in den Literaturexkursen, zum Beispiel des Rudolf von Ems, oder in irgendeinem der später entstandenen Artusromane erwähnt werden, könnte man sich deren Entstehung wohl erst im späten 13. Jahrhundert denken – in zeitlicher Nähe zu den auch stofflich und strukturell nahestehenden Werken des Pleiers und Konrads von Stoffeln, wobei sich beim derzeitigen Kenntnisstand kaum entscheiden ließe, welche Autoren die gebenden und welche die nehmenden gewesen wären.

Wenig fruchtbar sind dementsprechend die Versuche der älteren Forschung, ›Das Buch der Abenteuer‹ für die Chronologie der Artusromane des 13. Jahrhunderts heranzuziehen. So nimmt etwa Karl Friedrich Probst an, dass Fuetrers ›Poytislier‹ und ›Flordimar‹ auf verlorenen Vorlagen beruhen, die „zwischen 1270 und 1280 entstanden sein müssen“, denn in ihnen sei der Einfluss von ›Der jüngere Titurel‹ festzustellen. Seiner Meinung nach bilden die zahlreichen Entlehnungen aus diesen beiden Werken beim „Pleier und bei Konrad von Stoffeln den terminus ante quem (1280)“ für die Entstehung der postulierten Fuetrer-Vorlagen.[11]

Der ›Gauriel‹ kann aber nicht die Existenz einer ›Persibein‹-Vorlage aus dem 13. Jahrhundert belegen[12] und auch die These

10 Aus diesem Grund gibt es sogar Lexikonartikel über ihn, vgl. Huschenbett (6.1) und Christian Kiening, Albrecht von Scharfenberg, in: ²Killy Bd. 1 (2008), S. 83f.; vgl. auch die Einleitung von Panzer zur Ausgabe des ›Merlin‹ (1.1), Nyholm 1967 (6.1), Fromm (5.14) und Kern 1981 (5.12), S. 264–277.

11 Probst 1921/1922 (6.1), S. 57.

12 Textausgabe von Panzer (1.1), S. LXII–CXXXIII; Kern 1981 (5.12), S. 264–277.

Friedrich Panzers, dass die ›Seifrid‹-Vorlage Fuetrers dem Pleier als Quelle für den ›Meleranz‹ gedient habe, wird von Kern in Frage gestellt,[13] denn: „Auch im ›Seifrid de Ardemont‹ muss Füetrer ähnlich gearbeitet haben wie in seinen anderen Nachdichtungen. Die Übereinstimmungen der Motive mit dem ›Gauriel‹ Konrads von Stoffeln, Pleiers Epen und dem ›Persibein‹ können [...] sehr wohl auf Füetrers Interpolation aus diesen ihm bekannten Werken beruhen. Das zeitliche Verhältnis zwischen seinem Seifrid und diesen Epen läßt sich daher kaum aufklären."[14] Zuletzt hat Kern versucht, den Anteil Fuetrers an den in ›Das Buch der Abenteuer‹ enthaltenen Texten zu bestimmen. Gegen Probst kommt er zu dem Schluss, dass im Verhältnis von ›Gauriel‹ und ›Flordimar‹ zueinander auch der Roman Konrads der gebende Teil gewesen sein kann. Darüber hinaus stellt er fest, dass man nicht mit Bestimmtheit sagen kann, ob Fuetrer überhaupt Vorlagen aus dem 13. Jahrhundert benutzt hat: „Füetrer wäre durchaus in der Lage gewesen, einzig und allein auf Grund seiner literarischen Kenntnisse, die wir bei ihm voraussetzen dürfen", den ›Flordimar‹ so selbstständig zu verfassen wie es bei den Artusromanautoren des späteren 13. Jahrhunderts üblich war, „deren typische Verfahrensweisen im Umgang mit der vorgegebenen Tradition Füetrer gut genug kennengelernt hatte, um sie am Ende des ›Buchs der Abenteuer‹ vielleicht selbst einmal zu praktizieren."[15] Die Parallelen zwischen den Artusromanen aus der zweiten Hälfte des 13. Jahrhunderts und den Romanen in ›Das Buch der Abenteuer‹ könnten daher ebenso auf Ulrich Fuetrer selbst zurückzuführen sein und liefern daher keine Argumente für eine relative Chronologie der Artusromane im 13. Jahrhundert.[16]

Bemerkenswert wäre das Vorhandensein heute verlorener Artusromane auch deshalb, weil einer ihrer Autoren dann denselben Namen trüge wie einer der Helden (Scharfenberg = *ardua montis* = Ardemont) und weil dieser Name dann auch noch sowohl zu dem der Gralburg (*Munt Salvatsch* = Wildenberg) als auch zu dem des Autors von ›Der jüngere Titurel‹, einer der Hauptquellen für ›Das Buch der Abenteuer‹, in einem Verweiszusammenhang stünde. Wenn es sich hingegen bei der Nennung des Namens ‚Albrecht von Scharfenberg' um die Berufung Ulrich

13 Vgl. in der Textausgabe von Achnitz (1.1) S. 188–193.
14 Nyholm 1967 (6.1), S. 29.
15 Kern (6.1), S. 423; vgl. schon Kern 1981 (5.12), S. 319, Anm. 25.
16 Vgl. auch die Übersicht der Parallelen des ›Flordimar‹ zu den Artusromanen des 13. Jahrhunderts bei Kern (6.1), S. 425–431.

Fuetrers auf einen fingierten Autor handelte, wiederholte sich darin vielleicht die Selbstbezeichnung des Erzählers als ‚Wolfram von Eschenbach' in Albrechts ›Der jüngere Titurel‹, die Ulrich Fuetrer in diesem Fall durchschaut hätte. Und dann wäre vermutlich Ulrich Fuetrer selbst der Verfasser nicht nur der Seifridhandlung, sondern wohl auch der der strophischen Erzählungen von Persibein, Poytislier und Flordimar. Für die drei letztgenannten Stoffe sind bislang ebenfalls weder deutsch- noch französischsprachige Vorlagen bekannt geworden und alle Quellenforschungen haben ergeben, dass das Motivmaterial zu diesen Werken einem vielbelesenen Autor wie Ulrich Fuetrer aus zahlreichen anderen Artusromanen des 13. Jahrhunderts bestens vertraut gewesen sein konnte.

Die Handlung des 519 Strophen umfassenden (dies entspricht nur etwa 3600 Versen) ›Seifrid de Ardemont‹, dem in ›Das Buch der Abenteuer‹ der Wigaloisstoff unmittelbar vorausgeht, nimmt folgenden Verlauf:

Seifrid, der höfisch erzogene Sohn des Herzogs Lytschois von Koverzin und seiner Frau Gundrie, verlässt als junger Mann heimlich die elterliche Burg, um am Artushof Ansehen zu erlangen (Strr. 1–16). Auf dem Weg besiegt er im Wald einen mächtigen Drachen, muss aber anschließend mit Heilkräutern von einem Zwerg gepflegt werden, der ihn von dem Kampf hatte abhalten wollen (Strr. 17–26) und ihn auch vor dem Riesen Amphigulor warnt, der vier von Klinsor verzauberte Mädchen in einem kostbaren Zelt gefangen hält. Ausgestattet mit Schwert, Schild und Zauberkraut des Zwergs ersticht Seifrid den Riesen mit der Lanze und erlöst nicht nur die mit Edelsteinen gebannten Mädchen, sondern auch das Zwergenvolk, dessen Anführer Lorandin ihn reich beschenkt und bis zur Festung Karidol begleitet, vor der Seifrid sein Zelt aufschlägt (Strr. 27–49). Die Artusritter verstehen dies (wie im ›Wigalois‹ und im ›Gauriel‹) als Herausforderung und greifen den fremden Ritter an, allen voran Key, dann Segrimors, Dodines und elf weitere; vor Gawan legt Seifrid (wie Gauriel vor Artus) seine Waffen ab und gibt sich als dessen Neffe zu erkennen. Der Held wird freudig am Hof aufgenommen, wo man die befreiten Damen als die seit Jahren verschwundenen Margiton von Portigal, Albaftore, Tochter des Königs Flordawins, Eleyse (Liasse), Tochter des Gurnemans, und Beatreyse von Schamponia kennt. Zu einem von Artus veranstalteten Hoftag in Nantes werden deren Angehörige sowie die Eltern Seifrids eingeladen, der aus diesem Anlass zum Ritter geschlagen und in die Tafelrunde aufgenommen wird. Das dazugehörige Turnier gewinnt er gegen Lohenis von Zezily (Strr. 50–78).

Eine Botin ersucht die Tafelrunde um Unterstützung für Condiflor von Igerland, die der Heide Agraton aus Saragos zur Ehe zwingen will, nachdem er bereits ihren Verlobten Florendin von Kärlingen (König von Thelemone) und ihren Vater erschlagen hat (Vv. 79–90). Trotz seiner Unerfahrenheit möchte Seifrid diese Aufgabe übernehmen und erhält dazu die Erlaubnis. Nach drei Tagen trifft er vor der Felswand unterhalb einer Burg den Riesen Schrutor und seine Frau Rubal: Während Seifrid die Riesen im Streit erschlägt, ist die Botin verschleppt worden; der Held übernachtet bei dem gastfreundlichen Burgherrn Perilamor (‚Liebhaber der Gefahr'), erschlägt am anderen Morgen dessen Warnung zum Trotz auch noch die Riesensöhne und befreit so 300 adlige Damen, darunter die Botin, und den Fürst von Girenlande, aus deren Gefangenschaft (Strr. 91–146).

Während sich die Befreiten zum Artushof nach Nantes begeben, rettet Seifrid den wilden Mann Paltinor aus dem Kampf mit einem Drachen und erhält von diesem dafür ein Schwert (Strr. 147–159). Aus Dankbarkeit begleitet Paltinor ihn und die Botin nach Igerland, wo Condiflor sie freundlich empfängt. Seifrid besiegt Agraton im Zweikampf und schickt ihn an den Artushof, schlägt aber die Hand Condiflors und die damit verbundene Landesherrschaft aus (Strr. 160–201).

Mit dem jungen Grafen Waldin, der den Helden (wie Baldins Sohn Printzel im ›Apollonius‹ Heinrichs von Neustadt) unbedingt begleiten möchte, befreit er einen Ritter aus der Gewalt eines Drachens, vernichtet dessen Gelege sowie ein wildes Weib, das aus einer Höhle herbeistürzt (Strr. 202–215). Sodann erschlagen sie den Mörder und Räuber Schandamur (‚Liebhaber der Schande') und seine Bande: Diese hatten zuletzt den Grafen Anziflor überfallen und seine um Hilfe an den Artushof geschickte Schwester gefangen genommen. Im Gespräch stellt sich heraus, dass Seifried und der Graf über Gawan miteinander verwandt sind; gemeinsam ziehen sie an den Artushof, wo Waldin und Anziflor in die Tafelrunde aufgenommen werden (Strr. 216–259).

Da Seifrid sich nicht *verligen* will, verlässt er den Hof zusammen mit Waldin rasch wieder. Nach Einkehr bei einem gastfreundlichen Burgherrn befreien sie ein verwüstetes Land von einer riesigen Schlange, die alles um sich herum in Flammen setzt und mit Unwettern überzieht, wenn man sich ihr nähert (Strr. 260–273). Die notwendigen Anweisungen dazu finden sie in goldenen Buchstaben auf einer Säule: Wenn ein mutiger Ritter dem Untier eine Kröte vom Hals reißt, verwandelt es sich in einen Menschen – als Seifrid dies gelingt, steht ein schönes Mädchen vor ihm, das sich bedankt und dann tot niedersinkt, während ihre Seele als weiße Taube in den Himmel fliegt. Ihr Körper wird christlich beerdigt (Strr. 274–284).

Auf dem weiteren Weg, auf dem sich die beiden Ritter nur von Kräutern und Obst ernähren (vgl. dazu im ›Gauriel‹ die Vv. 3385–3401 und 3481–3485), finden sie im Abstand von je drei Tagen drei kostbare Kleinodien – einen Haarreif, ein Halsband, einen Mantel –, die Seifrid trotz der Aufforderung Waldins, sie mitzunehmen, jeweils unberührt liegen lässt (Strr. 285–294). Bald darauf stoßen sie auf das Zeltlager einer höfischen Gesellschaft, deren Herrscherin Mundirosa ihnen entgegenzieht, um Seifrid mit Umarmung und Kuss zu empfangen. Sie hat ihn erwartet, kennt seinen Lebensweg und auch seinen Namen, weil Astronomen bei ihrer Geburt vorausgesagt haben, dass sie sich an diesem *locus amoenus* verlieben werde. Schon vor drei Jahren sei sie über das Meer dorthin gekommen und habe seither auf den Verheißenen gewartet. Sie zeigt ihm die Kleinodien, die er unterwegs liegen ließ: Hätte er sich nur eines von ihnen angeeignet, wäre ihm der weitere Weg verwehrt geblieben. Zugleich teilt sie ihm mit, dass sie nur drei Tage zusammenbleiben, sich dann aber auf ein Jahr trennen müssen. Und in dieser Zeit dürfe er sich ihrer niemandem gegenüber rühmen, weil sie sich sonst für immer trennen müssen. So verbringen sie die Zeit in Freuden, bis sie am dritten Tag den Ort verlassen müssen (Strr. 295–333).

Die beiden Artusritter befreien Joserans und seine Tochter Albazona aus den Händen einer Riesenfamilie, die mit der Gefangennahme den Tod ihres Verwandten Lorandinol rächen wollten, und trennen sich dann (Strr. 334–350). Waldin kommt nach Igerland, wo Condiflor gerade vor Sehnsucht nach Seifrid gestorben ist; ihre Vasallen möchten das Land nun von diesem zu Lehen nehmen und Waldin führt sie zu diesem Zweck an den Artushof. Dort empfangen sie ihre Lehen und reisen zurück, während Waldin und Seifried abermals aufbrechen (Strr. 351–357), um an dem Turnier in Gassana, der Hauptstadt von Iberne, teilzunehmen. Seifrid gewinnt die Kämpfe gegen den König von Famagost und den Grafen Aliers von Kret und erhält als Turnierpreis eine Umarmung und eine Spange von der ihrer Schönheit wegen berühmten Prinzessin; als Seifrid behauptet, dass seine Freundin aber noch schöner sei, muss er dies vor dem König beweisen oder binnen fünf Tagen sterben. Noch während dieser Frist erscheint Mundirosa inmitten einer Schar schwarz gekleideter Begleiter und belegt Seifrids Behauptung. Der Held bittet die Geliebte zwar um Gnade für das übertretene Verbot, doch diese übergibt ihm die drei Kleinodien und reist ab. Seifrid schlägt die ihm stattdessen angebotene Hand der Prinzessin Duzissamor aus und zieht betrübt von dannen. Waldin wird in Igerland als Vogt eingesetzt; dann bricht der Held allein auf, um die Geliebte zu suchen (Strr. 358–414).

Die Aue, auf der das Zeltlager aufgeschlagen war, ist verlassen, doch ein Einsiedler weist ihm den Weg über das Meer, den Mundirosa gekommen war. Der alte Mann näht den Helden mitsamt der Kleinodien in die Haut seines Pferdes ein und legt ihn an den Strand, von wo ihn bald ein Greif tageweit davonträgt und in das Nest zu seinen Jungen legt (Strr. 415–437). Seifrid befreit sich; der wilde Mann Althesor gibt ihm Auskunft über Land: Einer Prophezeiung folgend, habe die Landesherrin auf einer Aue jenseits des Meeres einen Ehemann gesucht und gefunden, aber wieder verloren. Nun erhebe Graf Girot Anspruch auf ihre Hand, die sie ihm angeblich versprochen habe, und niemand wage es, dem Ritter in einem Gerichtskampf in drei Wochen entgegenzutreten. Während Mundirosa sich mit zwölf Jungfrauen auf ihren Eintritt in eine Abtei vorbereitet, kehren Seifried und Althesor in der Nähe von Ardemont, wo der Kampf stattfindet, bei einem gastfreundlichen Burgherrn ein (Strr. 438–464).

Den Gerichtskampf bestreitet Seifrid dann in einem weißen Wappenrock mit rotem Kreuz, ohne sich zu erkennen zu geben: Bei der zweiten Tjost hebt er den Grafen Girot aus dem Sattel, enthauptet ihn und reitet unerkannt davon (Strr. 465–483). Sechs Wochen später nimmt Seifrid ebenso anonym an einem von Mundirosa veranstalteten Turnier teil; dort zeigt sein Wappen einen Frauenarm mit einer Fackel in der Hand und darunter den Spruch *fraw wennda kumer wende.* Wiederum sticht er alle Teilnehmer vom Pferd, zuletzt den Grafen von Pytimonte, und erhält den Siegespreis (Strr. 484–495). Mit dem anschließenden Fest will sich Mundirosa von der höfischen Gesellschaft verabschieden, um ins Kloster zu gehen. Als Seifried davon erfährt, erscheint er mit 100 Rittern unter Posaunenklängen in Ardemont, lässt zwanzig goldene Herzen sowie die drei Kleinodien vor sich hertragen und wird von Mundirosa liebevoll empfangen. Er erzählt von seinen Aventiuren, von denen man auch in seiner Heimat Koverzin sowie am Artushof erfährt, wird anderntags zum König gekrönt und bald darauf mit seiner Geliebten verheiratet, die später den gemeinsam Sohn Flormund zur Welt bringt. Über dessen Erlebnisse weiß der Erzähler nichts zu berichten, da Herr Albrecht von Scharfenberg darüber schwieg. Alle leben glücklich und zufrieden bis an ihr seliges Ende (Strr. 496–519).

Der ›Seifrid‹ ist zumindest in Teilen wie der ›Meleranz‹ des Pleiers und der ›Gauriel von Muntabel‹ des Konrad von Stoffeln nach dem Strukturmuster der gestörten Mahrtenehe abgefasst (vgl. Kap. V.2.2 u. V.4); daneben aber sind in ihm Strukturelemente sowie Stoff- und Motivmaterial verschiedener anderer Artusromane des 13. Jahrhunderts verarbeitet, zum Beispiel aus dem ›Erec‹, dem ›Iwein‹, dem ›Parzival‹, dem ›Wigalois‹ und aus ›Diu Crône‹, aber auch ›Herzog Ernst‹ und der Heldenepik: Friedrich Panzer hat die zahlreichen Parallelen zu anderen Werken ausführlich zusammengestellt.[17]

Der im Vergleich zu früheren Artusromanen festzustellende geringere Umfang der strophischen Werke in ›Das Buch der Abenteuer‹ ergibt sich daraus, dass ihnen die Beschreibungen, Dialoge, Monologe und Erzählerexkurse fehlen, die so charakteristisch für die höfischen Versromane sind: Alle Erzählungen sind drastisch bis auf das Handlungsgerüst gekürzt. Damit entsprechen sie offenbar den poetischen Gepflogenheiten und dem literarischen Geschmack des Publikums in der zweiten

17 Vgl. in der Textausgabe Panzers (1.1) ausführlich die S. LXXII–CXXXIII.

Hälfte des 15. Jahrhunderts. Selbst wenn es für diese Werke paargereimte Vorlagen im 13. Jahrhundert gegeben haben sollte, ist es (aufgrund ihrer dann zu vermutenden Position innerhalb der Gattungsentwicklung) kaum vorstellbar, dass diese vor den Romanen des Pleier entstanden ist. Sicher wären sie nach diesen, und wohl auch erst nach dem ›Gauriel‹, das heißt dann zu Anfang des 14. Jahrhunderts, anzusetzen.

Die drei anderen Erzählungen in ›Das Buch der Abenteuer‹, für die uns keine Quelle bekannt ist, sind in derselben Sprache und in demselben Stil verfasst wie der ›Seifrid‹, wodurch sich noch einmal die Wahrscheinlichkeit erhöht, dass Ulrich Fuetrer sie selbst verfasst hat. Auf den ›Meleranz‹ und den ›Iban‹ folgt in 530 Strophen der ›Persibein‹:[18]

Nur dem Knappen Persibein, dessen Glücksbringer ein Adler ist, gelingt es, den verloren gegangenen Tugendstein Florand wiederzufinden, der anschließend von Ginover und elf Jungfrauen an den Artushof gebracht wird (Strr. 1–35). Dort stellt sich heraus, dass Persibein Gabans Neffe ist. Als die Tafelrunde am Turnier von Kandia teilnimmt, verbringt Persibein, der vorsorglich von Gaban in seiner Unterkunft eingesperrt worden war, (wie im ›Lanzelet‹) eine Nacht mit einer Grafentochter. Anschließend verspricht ihm Königin Elizabell von Kandia für ein gesungenes Minnelied ihre Hand, wenn er das Turnier gewinnt. Obwohl Gaban ihn zu hindern sucht, wodurch Persibein zu einfachen Frauen gelangt, deren Werben er ablehnt, gelingt ihm dies und die Hochzeit findet statt. Um sich nicht zu *verligen*, bricht der Held bald zu weiteren Aventiuren auf (Strr. 36–121).

Er befreit einen Ritter aus der Gewalt eines Riesen, lehnt die ihm dafür angebotene Hand der Tochter samt Herrschaft aber ab. Ein Bote der Grafentochter nimmt ihm listig seinen Ring ab, der Elizabell als Beweis dafür vorgelegt wird, dass ihr Mann tot sei. Die Königin stirbt daraufhin vor Liebeskummer. Persibein erfährt davon und zieht nach Nantes an den Artushof.

Eine um Hilfe ersuchende Botin ist nicht sehr erfreut, als sich ihr der unerfahrene Persibein als Ritter für ihre Herrin Blubena von Isaval andient. Nach dem Muster des ›Wigalois‹ besteht der Held zahlreiche Qualifizierungsaventiuren: Er kämpft um nächtliche Herberge, erringt einen Sperber für die Botin, gerät vorübergehend in Minnehaft und besiegt den Riesen Iureth (Strr. 122–212). Nach der Einkehr bei einem gastfreundlichen Burgherrn besteht Persibein die (aus dem ›Lanzelet‹ und

18 Vgl. zum Text Rudolf Voss, Gattungstradition und Variation. Zur weltanschaulichen und ästhetischen Problematik des ›Persibein‹ in Ulrich Füetrers Bearbeitung, in: Artusrittertum im späten Mittelalter (4.1.2), S. 185–202, sowie Strohschneider (6.1), S. 293–368.

dem ›Gauriel‹ bekannte) Aventiure im Schreienden Moos: Wer es hört, muss sterben. Dort erlöst er eine Frau in Gestalt eines Wurmes aus dem Maul eines Drachen; diese stirbt und wird bestattet. Schließlich tötet er Patrell, den zauberkundigen Peiniger Blubenas, und heiratet sie. Auch von ihr verabschiedet er sich aus Furcht vor dem *verligen* für ein Jahr.

Die anschließenden drei Aventiuren folgen ganz den vertrauten Mustern: Königin Berlinda von Estland und zwei weitere Frauen werden vor einem Drachen und seiner Brut gerettet; ihr hilft er auch gegen Atlur von Apolin, der ihren Vater im Sorglichen Wald gefangen hält. Das Land Normandy befreit er von ungerechtfertigten Tributforderungen des Königs von England, die Herrschaftsübernahme lehnt er jedoch ab. Schließlich hilft er Klamissa gegen das Liebeswerben des Ritters Budisolt von Valturnie und befreit dadurch auch Beakurs von Norwegen (Strr. 213–353).

Als er zufällig auf den Artushof trifft, der sich (wie im ›Erec‹ oder im ›Meleranz‹) auf der Jagd nach dem weißen Hirsch befindet, sticht er unerkannt Keie und sieben weitere Ritter vom Pferd, flieht aber vor König Artus, sodass Gaban ihn als Ritter der Tafelrunde erkennt und man ihn freudig empfängt.

Nach dieser Zwischeneinkehr am Artushof stiehlt sich der Held heimlich davon und erlebt auf dem Weg zu Blubena nochmals drei Aventiuren: Er befreit den Geliebten einer Dame im Kampf gegen König Grantschenalier von Lorantze, kämpft mit der Hilfe eines hässlichen Weibs mit Eberzähnen und roten Augen erfolgreich gegen einen Toten, und gewinnt unter den Augen von Blubena das Turnier, welches der König Belurs von Igerland für seine Schwester Beaflor veranstaltet; deren Hand als Preis lehnt er natürlich ab.

Auf dem Rückweg warten Aventiuren, in denen es um die Wiederherstellung von Ordnung und Herrschaft geht: Er siegt gegen zwei Löwen, verteidigt Blubena gegen zwölf Angreifer, schlichtet zwischen zwei Schwestern einen Streit um die Herrschaft, indem er einen Gerichtskampf gegen Lodeman von Schabizone gewinnt, und verhindert einen nutzlosen Kampf zwischen Wigelois, seinem Cousin, und Mermilion. Nach der Übernachtung bei einem Burgherrn, für die er sich im Lanzenstechen beweisen muss, wird Persibein von seinem Vater zum Herrscher gekrönt. Über den Artushof in Nantes und über Kandia reist das Paar zurück nach Isaval. Dort erbittet Kurie Hilfe gegen Wagold, der mit Zauberkraft die Fee Engiselor und andere auf einem Felsen gefangen hält. Auf dem Weg dorthin unterstützt den Helden das Meeresungeheuer Garmanis.[19] Mit Mut, Geschick und vier magischen Edelsteinen löst der Held diese letzte Aufgabe, besiegt den Unhold und belohnt die Be-

19 Garamas ist bei Vergil und Isidor von Sevilla der Stammvater der Garamantes in Afrika, seine Zwillingsschwester Marmatora die Stammutter der Marmaridae; sie erscheinen als Kinder Palminas im ›Apollonius‹ Heinrichs von Neustadt.

freiten mit den gefundenen Schätzen. Persibein und Blubena kehren in ihre Heimat zurück – unterwegs sind noch zwei symbolbeladene Zweikämpfe auszutragen – und bekommen zwei Söhne sowie drei Töchter (Strr. 354–530).

Die Abenteuerfülle des Erzählten steht zwar stofflich in der Kontinuität der früheren Artusdichtungen, sie ist aber wohl nicht mehr mit den Maßstäben und vor dem Deutungshorizont zu bewerten, die in diesem Buch für die Interpretation der Versromane des 12. bis 14. Jahrhunderts erarbeitet wurden. Auch strukturelle Analogien zum Aufbau der höfischen Dichtung und selbst explizite intertextuelle Verweise auf sie tragen kaum noch zum Verständnis dieser strophischen Werke bei. Von der Forschung mit Etiketten wie ‚Ritterromantische Versepik' oder ‚Ritterrenaissance' versehen,[20] sind sie wohl eher in ihrem Bezug zur zeitgenössischen, ‚modernen' Dichtung des 15. Jahrhunderts und als Gegenbewegung zum frühhumanistischen Schrifttum zu betrachten – und dies ganz unabhängig davon, ob es für diese Erzählungen in Ulrich Fuetrers ›Das Buch der Abenteuer‹ nun Vorlagen aus älterer Zeit gegeben hat oder nicht. Dies zeigen auch die auf den ›Seifrid‹ folgenden, letzten beiden Stücke Ulrich Fuetrers im mittleren Teil von ›Das Buch der Abenteuer‹.

Während im ›Seifrid‹ der Artushof als wichtige Anlaufstelle und als Bezugspunkt des Protagonisten fungiert, stellt er sich im ›Poytislier‹ lediglich als Durchgangsstation auf der Brautwerbungsfahrt des Helden dar, und auch dort findet das Erzählschema von der gestörten Mahrtenehe Verwendung.[21] Die Handlung nimmt (in 354 Strophen) folgenden Verlauf:

Eine Elternvorgeschichte erzählt davon, dass Fürst Lorandin von Reussen nach Babylon reist, um dort im Auftrag des Königs Bermund von Indien um die Tochter des Königs Salabrey von Babylon zu werben (Strr. 1–23). Mithilfe des Knappen Galot, der sich auf der Rückreise als gefallener, auf Erden weilender Engel zu erkennen gibt, gelingt es ihm trotz der Heimtücke des Brautvaters, die Prinzessin nach Indien zu geleiten (Strr. 24–61), wo man Hochzeit feiert. Der ein Jahr später geborene Poytislier wird bis zu seiner Schwertleite von Lorandin zum Ritter ausgebildet (Strr. 62–75).

20 Vgl. die Arbeiten von Müller, Strohschneider oder Bastert 1996/1997 (alle 6.1).

21 Vgl. Armin Schulz, Spaltungsphantasmen. Erzählen von der ‚gestörten Mahrtenehe', in: Wolfram-Studien 18 (2004), S. 233–262.

Dann unterstützt er Lorandin bei dessen Feldzug gegen Dilas, der ihm das Erbe seines verstorbenen Vaters streitig macht (Strr. 76–93). Bei der anschließenden Jagd auf den weißen Hirsch am Hof seines Vaters irrt er drei Tage lang allein umher, bis ihm ein Hund mit einer edelsteinbesetzen Leine begegnet (Strr. 94–110), der ihn zu einer menschenleeren Burg führt, auf der ihm nachts die engelsgleiche Königin Floraklar erscheint. Weil er es nicht wagt, ihre Umarmungen zu erwidern, verschwindet sie am Morgen im Zorn, lässt aber einen Brief und einen Ring zurück (Strr. 111–135).

Nachdem er (als Spielmann verkleidet) bereits mehrere Jahre vergeblich nach der Schönen gesucht hat, tritt er nach dem Tod seiner Eltern sein Erbland Indien an seine Schwester ab (Strr. 136–146). Kurz darauf prophezeit ihm ein im nächtlichen Bach badendes Mädchen, dass er Floraklar niemals wiedersehen werde (Strr. 137–160). Bald darauf hilft er dem König Rankulat im Kampf gegen den König Ingulie, wird von einem Pfeil verwundet und von der Königin selbst gesund gepflegt, die sich dabei in ihn verliebt. Als Rankulat von allen Untertanen das Bekenntnis verlangt, dass es keine schönere Frau gebe als seine, preist der Held Floraklar (*noch verre pas ist meiner frawen leib für si geschönt alls lilien für den doren*, Str. 190,4f.) und ist dann (wie Seifrid) gezwungen, seine Behauptung binnen eines Jahres zu beweisen (Strr. 161–196).

Da er vom Ruhm des Artushofs hört, macht er sich dorthin auf den Weg. Unterwegs schläft er auf einer Waldlichtung ein und umarmt, von Floraklar träumend, einen Felsen, bei dem es sich um den (aus dem ›Persibein‹ bekannten) Tugendstein Florand handelt (wie allein aus der Überschrift vor Str. 197 hervorgeht). Als ihn König Artus so entdeckt, nimmt er den fremden Ritter mit nach Karidol und veranstaltet zu seinen Ehren ein Turnier (Strr. 197–210). Man berichtet ihm vom Sorglichen Wald, aus dem noch niemand wiedergekehrt sei, und er reitet dort hinein, um dessen Geheimnis zu erkunden. Vom Herrn des Waldes verzaubert, erhält er für die Nacht ein Sprechverbot auferlegt, an das er sich, anders als alle bisherigen Besucher, auch hält. Am anderen Morgen darf er daher den Wald verlassen, und er verabschiedet sich dann auch vom Artushof (Strr. 211–229).

Im Zweikampf gegen einen Raubritter gewinnt er Dulzepta und Helena einen Jagdhund und einen Sperber zurück. Aus Dankbarkeit weisen ihm die Frauen den Weg zu Floraklar (Strr. 230–257). Auf der Weiterreise tötet er zwei Riesen, schwimmt sechs Tage in einem Schiff, das zunächst von einem Schwan gezogen wird und später weitere zwölf Tage ziellos auf dem Meer treibt, bevor er in ein zweites Schiff umsteigt, welches ein anderer Schwan zieht. Wieder an Land, ist vor einer Höhle ein weiterer Riese zu besiegen (Strr. 258–282), des Weiteren ein Löwe, ein Bär, ein vierter Riese sowie dessen Frau (Strr. 283–305). Schließlich findet Dulzepta den vor Erschöpfung ohnmächtigen Helden und bringt ihn zu Floraklar, ihrer Herrin, in deren Land er sich nun befindet. Sie ist sofort bereit, seine Behauptung vor dem König Rankulat zu belegen und reist mit ihm dorthin. Während Rankulat an den Artushof geschickt wird, ziehen sich Poytislier und Floraklar in deren Reich zurück (Strr. 306–354).

Ganz aus überkommenen Motiven zusammengesetzt, stellt sich die im ›Poytislier‹ zu konstatierende Mischung aus Brautwerbungsepos, Feenerzählung und Schwanrittersage nur noch bedingt als Artusroman dar – mit den paargereimten Gattungsvertretern des 13. Jahrhunderts hat die Erzählung fast nur noch das (vorübergehende) Auftreten arthurischen Personals gemein.[22] Im letzten der sieben ‚Zweige' des mittleren Teils kehrt Fuetrer dann aber noch einmal stärker zu den Gattungskonventionen zurück, zum Beispiel durch die ‚normgerechte' Verbindung des Protagonisten mit einer Frau, und geradezu antagonistisch rückt der Hof des Königs Artus auffällig in das Zentrum der Handlung. Der ›Flordimar‹ umfasst zum Abschluss des Zyklus noch einmal 353 Strophen:

Im Anschluss an den Prolog, der nach kurzem Lob der Dreifaltigkeit Herzog Albrecht IV. preist, setzt mit Strophe 12 die Handlung ein. Flordimar, der Sohn des Königs Theangeloys von Thalimone (den man aus ›Der jüngere Titurel‹ kennt) und seiner Frau Beatris von Loveruntze (Schwester des Königs Poydikunnse, den man aus Wolframs ›Parzival‹ kennt), verlässt zusammen mit zwölf Knappen die elterliche Burg, um sich in Britannien als Ritter zu beweisen. Vor Karidol fordert er die Artusritter (wie Gauriel) durch die Gefangennahme eines Mädchens heraus und sticht sechs von ihnen, allen voran Keie, vom Pferd. Als Artus, mit dem er verwandt ist, selbst gegen ihn antritt, reitet er diesem (wie Seifried oder Gauriel) unbewaffnet entgegen und bittet um Aufnahme an der Tafelrunde. Nachdem sich Flordimar unwissend auf den Tugendstein Florand gesetzt hat (s. o.), zeichnet er sich in einem von Artus zu Pfingsten veranstalteten Turnier aus und erhält im Rahmen eines Festes die Schwertleite.

Anschließend reitet er gemeinsam mit Orphilet und Gwigrimans nach Almarie und besiegt dort den Grafen, der jeden zum Kampf herausfordert, der den goldenen Käfig öffnet, in dem er einen sprechenden Papageien gefangen hält; dadurch werden all diejenigen befreit, die der Graf bislang besiegt hatte, darunter auch der König von Irland. Während der Graf an den Artushof nach Nantes geschickt wird, sucht Flordimar nach weiteren Aventiuren.

Ihm begegnet eine in Britannien nach Hilfe suchende Botin, die er zum König Welot von Sardonia begleitet, den der Wilde Mann Morda-

22 Zu den Quellen des ›Poytislier‹ und des ›Flordimar‹ vgl. Probst (6.1).

gorat mit einer Krankheit infiziert hat, um sein Land zu besetzen. Unterwegs dorthin besiegt er einen Burgherrn, der an den Artushof geschickt wird, und rettet eine Zofe aus der Gewalt eines Drachen. Diese gehört zum Gesinde der Königin Bellabona von den Grünen Wäldern, die wiederum einen Ritter sucht, der im Gerichtskampf gegen einen Heidenkönig für sie antritt. Flordimar sagt seine Hilfe zu, will aber erst den König von Sardonia befreien.

Bevor dies geschieht, tötet der Held zwei Meeresungeheuer, die ständig die Bevölkerung einer am Ufer gelegenen Stadt bedrohten. Der Herrscher eines Unterwasservolks steigt aus den Fluten empor und überreicht ihm dafür eine Rüstung, einen Helm und einen Schild. Boten berichten darüber am Artushof. Dann werden drei Mädchen von einem grausamen Zwerg und einem Riesen befreit und ebenfalls zum Artushof geschickt. Den Riesen Parfilot, der die Grenzen Sardonias bewacht, gewinnt er nach kurzem Kampf zum Verbündeten. Mit seiner Unterstützung können die magischen Kräfte Mordagorats außer Gefecht gesetzt und er und seine monströse Frau besiegt werden. König Welot bietet dem Helden dafür die Hand seiner Tochter Rosabella und die Herrschaft über Sardonia an, doch Flordimar lehnt beides ab, um sein Bellabona gegebenes Versprechen zu halten. Er bittet den König jedoch, am Artushof über seine Befreiung zu berichten.

Nachdem auf dem Weg noch eine dreizehnköpfige Räuberbande sowie ein fünfundzwanzigköpfiges Heer von Raubrittern unschädlich gemacht und an den Artushof übersandt wurden und sich Flordimar und die engelsgleiche Bellabona bei der ersten Begegnung ineinander verliebt haben, besiegt der Held abschließend den Heiden Gerbolt von Possidant – wobei ihm der Anblick der Geliebten die entscheidende Stärke verleiht. Zur Hochzeit ziehen Flordimar und Bellabona gemeinsam mit dem Besiegten an den Artushof nach Nantes. Weitere drei Monate später treten sie ihre Herrschaft im Reich Bellabonas an, die dort einen Sohn zur Welt bringt, welcher auf den Namen Parzinier getauft wird. Beide üben gerecht ihre Herrschaft aus und leben glücklich bis zum Eingang in das Himmelsreich nach dem Tod.

Falls Fuetrer diese Romane selbst verfasst hat, hätte er für den ›Seifrid‹ und für den ›Flordimar‹ neben anderen Vorlagen (›Iwein‹, ›Wigalois‹, ›Garel‹, ›Meleranz‹, ›Gauriel‹) zunehmend auch auf seine eigenen Werke zurückgegriffen. Eingehende Interpretationen der einzelnen Erzählungen und insbesondere eine Analyse ihrer planvollen Zusammenstellung zu einem Zyklus stehen noch aus: Der zweite Teil bietet jedenfalls „Spielarten des Rittertums – vom arthurischen Kämpfertypen Wigoleis über den zwischen Feenliebe und Artusrittertum stehenden Seifried, den ihm ähnlichen Melerans zum Minneopfer Iban. Mit Persibein wird eine Lanzelet-Kontrafaktur vorgestellt, die durch Erfolge in der Liebe gekennzeichnet ist, Poytislier ist Gegenbild und Korrektur. Flordimar wiederum stellt die Artusnähe gegen Poytisliers Minnebezogenheit."[23] Zu prüfen wäre, ob Fuetrer anstrebt, damit das in Kap. V.5 beschriebene Spektrum der Gattungsentwicklung abzudecken.

Im Anschluss an die Kette von sieben Einzelerzählungen folgt in ›Das Buch der Abenteuer‹ als dritter Teil der strophische ›Lannzilet‹, der die ersten beiden Teile an Umfang noch übertrifft und eingeleitet wird mit einem nochmaligen Lobpreis auf den auftraggebenden Fürsten Albrecht. In den Epilog schiebt der Erzähler eine Aufzählung von Rittern der Tafelrunde ein:[24]

Her Gabon, Yban, Parzifal der klare,
Segrymors, Seyfrid, Persybein,
Melerans, Poytislier und Flordimare.

Herr Tsyonachtolannder,
Gramoflans, Kay, Lytschois,
Orylus de Lalannder,
Tschentenflurs, Eregk und herr Wigeloys,
Wygamur, Daniel und auch Trystrannde,
Garel, Göswein und Kanforel,
Partzinopier und Morhold von Irlannde.

Auf die Entstehungssituation des Gesamtwerks verweist noch einmal die Bücherliste im Schlussteil, in der sich viele der für Fuetrers Arbeit vermuteten Quellen wiederfinden.[25] Eine ganz ähnliche Liste findet sich 1462 bereits im so genannten ›Ehrenbrief‹ des Jakob Püterich von Reichertshausen. Ulrich Fuetrers über

23 Mertens 1998 (4.1.1), S. 334.

24 In diesen Zusammenhang gehört eine zwischen 1469 und 1472 niedergeschriebene Namenliste auf fol. 3vb des Cod. 3406 der Österreichischen Nationalbibliothek (enthält Gottfrieds von Viterbo ›Pantheon‹), die ebenfalls Helden aus Artus- und Gralromanen verzeichnet (z. B. *tschionachtolander, anfortas, Titurell, lanczilott, wigamur, Mellerans, Arttus, Gösswein, Tanntarius, parczival, Tristram, Gabein, erek, ybein, karel, wigelays, daniel, pärsiwein, pottislier*). Diese Liste wird häufig als eine Art ‚Programmskizze' zu Fuetrers Passage aufgefasst, aber vielleicht handelt es sich eher um eine Skizze zu ›Spruch von den Tafelrundern‹, dessen Autorschaft ungeklärt und dessen Verhältnis zu Fuetrer und seinen Werken nicht untersucht ist (s. u., Kap. VI.3); vgl. dazu Samuel Singer, Zu Ulrich Füetrer, in: ZfdA 38 (1894), S. 205–206.

25 Dazu Hartmut Beckers, *Der püecher haubet, die von der Tafelrunde wunder sagen.* Wirich von Stein und die Verbreitung des Prosa-Lancelot im 15. Jahrhundert, in: Wolfram-Studien 9 (1986), S. 17–45; Kern, Mueller (beide 6.1).

Jahre hinweg entstandenes Werk ist wohl kaum ohne den Kontakt seines Verfassers zu Jakob Püterich und die Benutzung seiner ansehnlichen Büchersammlung vorstellbar. In seinem Umfeld, in den literarisch interessierten Kreisen am herzoglichen Hof in München, zu denen beispielsweise auch Johann Hartlieb und Michel Beheim gehörten, wird man dessen primäre Rezipienten vermuten dürfen.

Der literaturkundige Jakob III. Püterich von Reichertshausen, der sich selbst *ein Poet teutsch* nennt, ist zwischen 1427 und 1467 urkundlich belegt und war als Stadtrichter von Landshut, als Beisitzer des Kaiserlichen Kammergerichts in Wien und vor allem als Rat Albrechts IV. von Bayern-München tätig. Bald nach 1468 dürfte er verstorben sein. Im Jahr 1462 fertigt Jakob Püterich für die von ihm hochgeschätzte Pfalzgräfin Mechthild von Rottenburg, Herzogin von Österreich, ein Verzeichnis seiner 164 Bücher zählenden Sammlung in Form eines Gedichts von 148 Strophen an; des Weiteren nennt er 23 ihm größtenteils unbekannte Dichtungen aus Mechthilds Bibliothek. Dieser ›Ehrenbrief‹, der unter anderem ein Geschlechterregister zur Bestimmung der Turnierfähigkeit von knapp 150 Familien enthält, verzeichnet nicht nur gleich mehrere Handschriften sowie ein gedrucktes Exemplar von ›Der jüngere Titurel‹ (*das haubt ab teutschen puechen*),[26] sondern neben anderen höfischen Dichtungen auch zahlreiche Artusromane von Hartmanns ›Iwein‹ bis zum ›Gauriel von Muntabel‹:

100 Ich hab den Titurel,
das haubt ab teutschen puechen.
wer mich des widerpell,
der findet khampf, ob er den ruecht zue suechen,
das nie sein gleich ward fundn in allen sachen,
mit ticht so gar durchfeinet,
als in dan hat Wolfram von Eschenbachen.

101 Auch mer den Parzivale,
sant Wilhelbms puech das ander
und Lohengrein mit alle,
die drei gemacht, glaub ich, zesamen pand er.

26 Vgl. Rischer und Mueller (beide 6.1) sowie Grubmüller (5.6). Der Text ist zugänglich in: Der Ehrenbrief des Püterich von Reichertshausen, hg. von Fritz Behrend u. Rudolf Wolkan. Weimar 1920; Jakob Püterich von Reichertshausen, Der Ehrenbrief. Cgm 9220, hg. von Klaus Grubmüller u. Ulrich Montag. München 1999 (Kulturstiftung der Länder. Patrimonia 154).

von Straßburg Gotfridt Tristram hat besachet,
so hat Hartmann von Aue
beim brun herr Ibein mit dem leben gmachet.

102 Das erst und auch das letste
sant Wilhalbms puecher zwei
hat sonder rue und reste
Ulrich von Türnheimb gmacht, ein hübscher lei,
sam hat auch Lanzilot von Säzenhofen
aus welisch Ulrich dichtet,
das mag man lesen schon in allen hofen.

103 Her Wigileus vom rad,
Wirent von Grafenbergkh
voltichtet sein getat;
sam hat getan der Pleier auch das werkh
vom plueden tal herr Garell auch betichtet,
so hat von Orbendt Rupert
Flor Planscheflur aus walsch auch schon berichtet.

104 Den wälschen gast gezieret
hat Tomasin von Clär.
sam hat Ruedolf grimsiret
von Montfart schon Wilhalbmes mär
und Amelei, der schönen, stolzen, werden.
so find ich Wigamuren
seins tichtens nit auf aller diser erden.

Der in dieser Passage nicht erwähnte ›Gauriel‹ eröffnet den gesamten Abschnitt in Strophe 92 und beschließt ihn in Strophe 126 auch wieder. Vor dem Epilog berichtet der Verfasser des ›Ehrenbrief‹ noch über seine Suche nach dem Grab des von ihm bewunderten Wolfram von Eschenbach (Strr. 127–130).

2. Die Rezeption des Wigaloisstoffs

Größter Beliebtheit erfreute sich im Spätmittelalter und in der Frühen Neuzeit der auch Fuetrer bekannte Wigaloisstoff. Neben ›Parzival‹ und ›Der jüngere Titurel‹, die beide als Werke Wolframs von Eschenbach galten, ist vor allem der Roman Wirnts von Grafenberg nicht nur in zahlreichen Abschriften sowie im Druck, sondern auch in einigen bemerkenswerten Bearbeitungen (Retextualisierungen)[27] bis in das 19. Jahrhundert hinein verbreitet worden: Er wurde in die moderne Prosaform übertragen und so auch gedruckt, gleich zweimal in Strophen umgedichtet, in jiddischer Sprache erzählt und in mehreren Bilderzyklen innerhalb und außerhalb von Buchdeckeln festgehalten. Sein Autor Wirnt von Grafenberg tritt uns in ›Der Welt Lohn‹ des Konrad von Würzburg gar als literarische Figur entgegen. Die Retextualisierungen, die nicht bereits im Kapitel zum ›Wigalois‹ (s. o., Kap. III.5.1) behandelt wurden, werden hier kurz vorgestellt.

2.1 Prosabearbeitungen

Nur wenig später als die Geschichte der paargereimten Artusromane kommt auch die Entwicklung des höfischen Romans in Reimpaarversen insgesamt zum Erliegen. Falls einige der oben vorgestellten Erzählungen in Ulrich Fuetrers ›Das Buch der Abenteuer‹ tatsächlich auf ältere Vorlagen zurückgehen, dürften diese wohl zum Teil in den ersten beiden Jahrzehnten des 14. Jahrhunderts entstanden sein, und in diesen Zeitraum gehören auch die letzten spätmittelhochdeutschen Versromane, etwa der ›Wilhelm von Österreich‹ des Johann von Würzburg oder der anonyme ›Friedrich von Schwaben‹. Ihnen folgen nur noch einige heldenepische Spätwerke (›Karlmeinet‹, ›Malagis‹, ›Ogier von Dänemark‹) und vereinzelte ‚Sonderlinge' von herausragender Qualität wie ›Der Ring‹ Heinrich Wittenwilers (um 1410) oder ›Die Mörin‹ Hermanns von Sachsenheim (1453).

Abgesehen von einigen Übersetzungen antiker Stoffe entstehen nach 1320 erst zu Beginn des 15. Jahrhunderts wieder deutschsprachige Romane, dann aber fast ausschließlich in der neuen Prosaform – zuerst die Chanson de Geste-Bearbeitungen

27 Zusammenfassend dazu Fasbender (5.5), S. 200–214.

der Elisabeth von Nassau-Saarbrücken. Die neuen Prosaromane treten (wie schon ihr in Bezug auf seine Form wirkungsloser Vorläufer ›Prosa-Lancelot‹: s. Kap. III.4.1) mit einem Wahrheitsanspruch auf, der die Versromane als lügenhaft charakterisiert, weil diese im Unterschied zu den Prosa-*Historien* in einer unnatürlichen, verbogenen Sprache abgefasst seien. Und während die Romane in Reimpaarversen, zumindest ursprünglich für einen mündlichen, deklamierenden Vortrag konzipiert waren, sind die mit dem dritten Jahrzehnt des 15. Jahrhunderts einsetzenden Prosaromane wohl bereits zur individuellen Lektüre oder zum Vorlesen im kleinen Kreis bestimmt.

Diese Modernisierung der Formen bedeutet aber nicht, dass in den hundert Jahren zwischen 1320 und 1430 keine Romane rezipiert wurden. In dieser Zeit und in den nachfolgenden Jahrzehnten wurden die meisten Abschriften der Versromane des 12. bis 14. Jahrhunderts angefertigt, die uns bis heute erhalten sind. Im Spätmittelalter fallen unter das Stichwort ‚Roman' demnach sowohl die gesamte Überlieferung von höfischen Versromanen der älteren Zeit in Handschriften und Drucken als auch Neuproduktionen in der Tradition des ‚Gesellschafts-Liebes-Romans'. Neu produziert werden einerseits strophische Bearbeitungen der hochmittelalterlichen Versromane durch Kürzung oder Zusammenstellung zu Zyklen (wie in ›Das Buch der Abenteuer‹ Ulrich Fuetrers) oder durch das Transferieren in Prosa, häufig durch unbekannt gebliebene Verfasser.

Solch eine ‚Prosaauflösung' wird beispielsweise zum Tristanstoff unter dem Titel ›Histori von Herrn Tristrant vnd der schöne Isalde‹ angefertigt (1484). In diesem anonym überlieferten Roman, der sich auf die frühmittelhochdeutsche Fassung Eilharts stützt, fallen Produktion und Rezeption der hochmittelalterlichen Tristandichtungen unmittelbar zusammen. Der unbekannte Verfasser sagt, dass er „der Leute wegen, die gereimte Bücher weder zu goutieren noch die Reimkunst zu schätzen verstehen", die Form der Prosa gewählt habe. „Ebenfalls mit der Abneigung von Lesern wie Hörern gegen lange Vorreden begründet er eingangs den Verzicht auf einen Prolog. Der durch 33 Summarien gegliederte Text stellt weder eine Kurzfassung noch eine Erweiterung des in den Versfassungen überlieferten Inhalts dar. Zusätze betreffen hauptsächlich die Ausfüllung von Lücken, undeutlichen oder nicht mehr verständlichen Stellen in der Vorlage durch minutiöse Ausmotivierung sowie lehrhafte Reflexionen, in denen sich nicht selten ein raisonnierendes Ich Ausdruck verleiht (*nach meinem versteen*, vgl. 1621, 1973). Kürzungen betreffen vor allem Dialoge, die häufig beschnitten oder in indirekte Rede gesetzt werden. Auch Beschreibungen und Schilderungen von Gegenständlichem, etwa von Schiffsausrüstungen, Schlachten, höfischem Prunk, werden getilgt."[28]

Der Prosaroman ›Tristrant und Isalde‹ wurde nach dem Erstdruck bei Anton Sorg in Augsburg (1484) bis 1664 mindestens 13 Mal aufgelegt. Wolframs ›Parzival‹ und Albrechts ›Der jüngere Titurel‹ hingegen wurden zwar nur einmal, dafür aber bereits sehr früh, nämlich jeweils 1477 bei Johann Mentelin in Straßburg, gedruckt, die Prosaauflösung zum ›Wilhelm von Österreich‹ ebenfalls nur einmal, 1481 in Augsburg. Unter diesem Eindruck hatte sich in der älteren Literaturwissenschaft für diese Werke der Begriff ‚Volksbuch' etabliert, der jedoch suggerierte, dass die Bücher im breiten Volk rezipiert worden seien, was insofern nicht richtig ist, als wohl auch für die Zeit um 1500 noch von einer Analphabetenquote von weit über 90% auszugehen ist. Die Bezeichnung ‚Volksbuch' wird daher heute kaum noch für erfolgreich verbreitete Prosaromane verwendet,[29] wenngleich sich die literarisch interessierte Gesellschaftsschicht tatsächlich durch Stadtbewohner, Handwerker und Kaufleute erweitert hatte, die nicht mehr alle dem Adel angehörten.

Neben dem Tristanstoff ist zwischen 1472 und 1483 auch Wirnts ›Wigalois‹ zu einem Prosaroman umgestaltet worden. Der Bearbeiter bleibt ebenfalls anonym, nennt sich aber wie der von ›Tristrant und Isalde‹ in der Vorrede und am Ende *ich vngenant*.[30] Das Werk ist erstmals 1493 bei Johan Schönsperger in Augsburg gedruckt worden und hat mehr als zehn weitere Auflagen erfah-

28 Schmid (6.2), Sp. 1066.

29 Vgl. dazu den Forschungsbericht von Jan-Dirk Müller, Volksbuch/Prosaroman im 15./16. Jahrhundert. Perspektiven der Forschung, in: Internationales Archiv für Sozialgeschichte der Literatur (Sonderheft Forschungsreferate 1) 1985, S. 1–128, sowie Rüdiger Schnell, Prosaauflösung und Geschichtsschreibung im deutschen Spätmittelalter. Zum Entstehen des frühneuhochdeutschen Prosaromans, in: Literatur und Laienbildung im Spätmittelalter und in der Reformationszeit. Symposion Wolfenbüttel 1981, hg. von Ludger Grenzmann u. Karl Stackmann. Stuttgart 1984 (Germanistische Symposien. 5), S. 214–248.

30 Dazu Jan-Dirk Müller, *Ich Vngenant und die leut.* Literarische Kommunikation zwischen mündlicher Verständigung und anonymer Öffentlichkeit in Frühdrucken, in: Der Ursprung von Literatur. Medien, Rollen, Kommunikationssituationen zwischen 1450 und 1650, hg. von Gisela Smolka-Koerdt, Peter M. Spangenberg u. Dagmar Tillmann-Bartylla. München 1988 (Materialität der Zeichen), S. 149–174, und Wyss (6.2).

ren (einige davon sind mit Holzschnitten illustriert),[31] bis es 1587 von Sigmund Feyerabend in ›Das Buch der Liebe‹ aufgenommen wurde und mit diesem eine noch weitere Verbreitung bis in die Neuzeit hinein fand. Auch der Prosaroman ›Wigoleis vom Rade‹ ist gegenüber seiner Vorlage ganz auf das Handlungsgerüst reduziert und auf etwa ein Drittel des Umfangs gekürzt worden, den der Versroman aufweist. „Umstellungen, die Häufung der Kürze-Formeln im letzten Drittel des Romans, das Tilgen der Namen von Figuren, die nur in einer Episode erscheinen, und einzelner Motivstränge (Rüstung, Wappen, Rechtshandlungen), Verzicht auf Teile der rhetorischen Inszenierung, Umkodierungen der Wunderwelt, des Glücksmotivs und des Prädestinationsgedankens, endlich die deutlichen Tendenzen zu einem auch sprachlich markierten Erzählen aus der Perspektive des Helden der Erzählung – solche Abwandlungen und Differenzierungen deuten [...] auf ein Erzählen, das im ‚empirischen Zugriff' (Müller) auf tradierte Erzählmodelle sich am Schema der Vita des Helden und der *historie* orientiert und auf diese konzentriert."[32] Fuetrer kannte den Prosaroman von Wigalois ebenso wie der Dichter des jiddischen ›Widuwilt‹, und auf ihm gründen auch die Rezeption des Stoffs in der skandinavischen Dichtung des 17. Jahrhunderts sowie seine Wiederentdeckung im 18. Jahrhundert.

2.2 ›Widuwilt‹

Beim dem als ›Widuwilt‹ oder auch als ›(Kinig) Artus hof‹ bekannten Werk handelt es sich um eine paargereimte Bearbeitung des Wigaloisstoff in altjiddischer Sprache. Der Autor ist unbekannt und auch Entstehungszeit und -ort lassen sich nicht exakt bestimmen. Der Überlieferung und Sprache nach wurde es wohl im 15. Jahrhundert angefertigt. Erhalten sind im Trinity College in Cambridge und in der Staats- und Universitätsbibliothek Hamburg drei nicht ganz vollständige hebräische Handschriften des 16. Jahrhunderts, die im Elsass und in Oberitalien (Venedig?) entstanden; seit 1671 ist das Werk an verschiedenen Orten mehrfach in den Druck gebracht und seit dem späten 18. Jahrhundert auch in modernisierter Form europaweit herausgegeben worden,

31 Der Erstdruck von 1493 ist abgedruckt bei Brandstetter (6.2), zum Druck von 1519 gibt es ein Faksimile: Wigalois, mit einem Vorwort von Helmut Melzer, Hildesheim, New York 1973 (Deutsche Volksbücher in Faksimiledrucken, Reihe A 10).

32 Ziegeler (6.2), Sp. 1068; vgl. dazu auch Wild (6.2).

zum Beispiel in Amsterdam, Königsberg, Hanau, Fürth oder Prag.[33] Die philologische Erschließung sämtlicher Überlieferung und die Erarbeitung einer kritischen Edition stehen noch aus.[34]

Der Handlungsgang folgt kürzend dem Versroman Wirnts von Grafenberg (es fehlt allerdings die umfangreiche Namur-Episode, s. o., Kap. III.5.1), auch wenn viele Figuren gestrichen werden oder namenlos bleiben und so ganz in ihrer Funktion aufgehen. Metrisch und stilistisch bleibt der Text zwar weit hinter seiner Vorlage aus dem 13. Jahrhundert zurück, darf aber natürlich nicht an ihr, sondern muss an der zeitgenössischen, insbesondere der sonst vorhandenen jiddischen Dichtung der Frühen Neuzeit gemessen werden. „Strukturell bzw. motivisch sind triadische Elemente auffällig: Widuwilt erhält drei Ehe-Angebote, kämpft dreimal mit Riesen und wird Herrscher über drei Reiche, drei Tage lang folgt er dem verzauberten Hirsch, der dreimal ans Burgtor stößt; drei Tage dauert Widuwilts Gefangenschaft im Baum; ebenso lange muß Lorel warten, bis er sein Schweigen bricht, das die Riesin ihm auferlegt hatte, und während dieser drei Tage wechselt Lorel dreimal ihre Gewänder, um deren Pracht von Mal zu Mal zu steigern."[35] Nicht nur diese strukturelle Auffälligkeit erinnert an die später entstehenden Märchen, sondern auch die Art und Weise, in der der Protagonist seinen sprechenden Namen erhält. Als Gawein seine schwangere Frau verlässt, wird er von dieser gefragt, wie denn der Knabe nach seiner Geburt genannt werden solle, und antwortet ihr: ‚Nenn ihn wie du willst'.[36]

2.3 Dietrich von Hopfgarten

Während für die strophische Bearbeitung in ›Das Buch der Abenteuer‹ noch immer nicht feststeht, ob sie nach Wirnts Versroman oder nach dem Prosaroman ›Wigoleis vom Rade‹ angefertigt wurde, gilt es nach den Untersuchungen von Christoph Fasbender als sicher, dass Dietrich von Hopfgarten

33 Vgl. dazu vor allem Jäger, die Arbeiten von Dreessen und die weitere in 6.3 ausgewählt verzeichnete Forschungsliteratur.

34 Einstweilen sind zu benutzen Leo Landau, Arthurian Legends or the Hebrew-German Rhymed Version of the Legend of King Arthur. Leipzig 1912 (Teutonia. Arbeiten zur germanischen Philology 21) und der Abdruck von Wolf (6.3).

35 Dreessen 1999 (6.3), Sp. 1007.

36 Vgl. Wolf (6.3), Str. 49.

den höfischen Roman des 13. Jahrhunderts zur Vorlage hatte. Sein wohl zu Beginn des 15. Jahrhunderts verfasster ›Wigelis‹ ist somit die älteste der spätmittelalterlichen Retextualisierungen des ›Wigalois‹. Überliefert ist nur ein einziges Doppelblatt aus Papier mit dem Schluss der Dichtung (fast 20 Strophen mit rund 250 Versen). Das in der Bibliothek des Evangelischen Ministeriums im Augustinerkloster Erfurt aufbewahrte Bruchstück wurde erst 2006 entdeckt,[37] sodass weder Werk noch Autor der Germanistik zuvor bekannt waren.

In der letzten Strophe des Textes, dessen Niederschrift der Schreiber am Martinstag des Jahres 1455 abgeschlossen hat, wird *Ditterich von Houpfgarten* als Verfasser genannt (Str. 20,10). Der Name verweist auf das Thüringer Geschlecht von Hopfgarten, dessen Stammsitz sich in der Nähe von Weimar befindet; die Herren von Hopfgarten sind dort im 13. Jahrhundert als Ministerialen der Thüringer Landgrafen nachweisbar. Von drei Personen mit dem Namen Dietrich kommen vor allem die beiden jüngeren, Großvater (um 1400) und Enkel (um 1435/1465), als Verfasser in Frage. Während ein Dietrich von Hopfgarten sonst nicht als Dichter in Erscheinung getreten ist, verzeichnen frühneuzeitliche Kataloge einen sonst nicht weiter greifbaren Meistersinger namens *Hopffgart*, der vielleicht aus derselben Familie stammt.

Das Werk endet wie der Prosaroman, wie Fuetrers Adaptation und wie der jiddische ›Widuwilt‹ mit der Vermählung des Helden mit seiner Geliebten (im ›Wigalois‹ etwa bei V. 9520). Der für die Interpretation des höfischen Versromans so bedeutsame, von der Forschung auch reichspolitisch ausgelegte Schluss mit der Aufstellung eines Heeres, dem Feldzug gegen Namur, dem abschließenden Aufenthalt am Artushof und der Rückkehr nach Korntin scheint den frühneuzeitlichen Bearbeitern ein entbehrliches Anhängsel gewesen zu sein. Der Erzähler des ›Wigelis‹ spricht dies deutlich aus: *do von ich hy nicht sagen will, / wan es ist ganz besonder* (Str. 20,5f.).

Die Umsetzung des Stoffs in dreizehnzeilige Strophen nach dem Bernerton (aabccb dedefxf), der sonst vor allem in der Heldenepik, aber auch in Liedern Verwendung fand, könnte ihr Vorbild in der Abschnittsbildung durch Dreireime haben, wie sie sich wohl in der Vorlage fanden. Bei dem Vergleich des strophischen Textes mit dem ›Wigalois‹ lassen sich zwei verschiedene Vorgehensweisen der Bearbeitung beschreiben: In der ersten

37 Fasbender (6.4).

Hälfte des Doppelblattes, die von der Überwindung der Schwertbrücke durch den Helden und von dessen Kampf gegen einen Kentauren erzählt, schließt sich der Autor dem Versroman eng, teilweise sogar wörtlich, an. In der zweiten Hälfte, am Schluss des Werks, fasst er dagegen umfangreiche Passagen seiner Vorlage zusammen und erzählt, stark gerafft, nur das für den Fortgang der Handlung Notwendige. Dem fallen, wie auch in den anderen Adaptationen, Introspektionen, Deskriptionen, Redefiguren, Figurenreden oder das Zitieren eines Briefes zum Opfer; wörtliche Übernahmen finden kaum noch statt. Für die vielen Details, die Dietrich unerwähnt lässt, darf man aber vielleicht auch vermuten, dass sie, wie bei bildlichen Darstellungen von Erzählstoffen, deshalb ausgeblendet werden konnten, weil sie dem Publikum ohnehin bekannt gewesen sind.

Ausgehend von der Beobachtung, dass die entsprechenden Passagen aus dem fast 12.000 Verse umfassenden Roman Wirnts in der ersten Hälfte des Doppelblattes um etwa ein Drittel, in der zweiten Hälfte sogar um mehr als zwei Drittel gekürzt worden sind, und ausgehend von einem Vergleich mit der etwa gleichen Strophenzahl von Werken aus dem Dresdener Heldenbuch, schätzt Fasbender den ursprünglichen Umfang des ›Wigelis‹ auf etwa 320 bis 440 Strophen: Deren Vortrag dürfte etwas mehr als drei Stunden in Anspruch genommen haben.

3. ›Spruch von den Tafelrundern‹

Im späteren Mittelalter gehört König Artus zu den so genannten ‚Neun Helden' (*Nine worthies*, lat. *novem probi*). Er zählt seit dem 14. Jahrhundert zusammen mit den antiken Heiden Hektor von Troja, Alexander dem Großen und Julius Caesar, den alttestamentlichen Juden Judas Makkabäus, König David und dem Propheten Josua sowie den beiden Christen Karl dem Großen und Gottfried von Bouillon zu den in bildender Kunst und Dichtung häufig dargestellten Idealgestalten, in denen sich der Machtanspruch göttlicher Heils- und Universalgeschichte widerspiegelt: In der Dreizahl an Heiden, Juden und Christen bildet sich die göttliche Trinität ab.[38] Vor allem in und an Rathäusern, also dort, wo weltliche Macht demonstriert werden soll, sind sie seit dem späteren Mittelalter häufig anzutreffen. Bemerkenswert dabei ist, dass König Artus die einzige literarische Figur unter den neun exempelhaften Helden darstellt: Seine Wahrnehmung und Wertschätzung als vorbildlicher *rex iustus et pacificus* verdankt sich allein dem, was in der Artusdichtung von ihm, seiner Herrschaft und seinem Hof, erzählt wird.

Auch alle anderen Ritter der Tafelrunde stehen (ebenso wie deren Partnerinnen) in verschiedenen Kontexten *pars pro toto* für das gesamte im Artusroman entfaltete Normen- und Wertesystem. Darüber hinaus werden sie, wie schon bei Ulrich Fuetrer oder Püterich von Reichertshausen (s. o., Kap. VI.1), als Abbreviaturen intertextueller Verweise verwendet, vorzugsweise in Aufzählungen und Namenkatalogen (so schon nach 1314 in den Vv. 4808–4835 des ›Friedrich von Schwaben‹). Solche Texte fungieren als literarisches Quiz, dem nur derjenige zu folgen vermag, der die Geschichte des höfischen Versromans und insbesondere die der Gattung Artusroman, gründlich überblickt.

Das umfangreichste Zeugnis dieser Art ist zweifellos der in zwei mittelalterlichen Handschriften überlieferte ›Spruch von den Tafelrundern‹. In dem von Wolfgang Hammerl, einem Sekretär Kaiser Maximilians I., geschriebenen Cod. 7692 der Österreichischen Nationalbibliothek steht er auf den Blättern 130–132 zwischen deutschen und lateinischen panegyrischen Texten unter folgendem Rubrum: *Ain spruch von den taflrunder*

38 Vgl. SCHROEDER (6.6) und WOLF (4.2.1), S. 79–99.

kunig, hertzog vnd furstn, grafn, herrn, ritter vnd knechtn, den tewristn so gelebt haben, die von frumen junckfrawn vnd frawn vil ritterschafft vnd manhait begangn haben.[39] In dieser paarweise gereimten Dichtung, die vielleicht in Kenntnis der umfangreichen Bibliothek des Jakob Püterich von Reichertshausen und gewiss im Anschluss an Fuetrers Werke nach 1486 und vor 1511 (Entstehungsdatum des Manuskripts) entstanden ist, werden über 150 Männer- und Frauenfiguren der höfischen Dichtung mit kurzen Charakterisierungen des von ihnen Erzählten versammelt. Aus dem Bereich der *matière de Bretagne* erscheinen unter anderem *Titurell, Morling* (Merlin), *Vtpendragon, Artaws, Gawein, Melerantz, Segremors, Parcifal, Daniel von dem pluemental, Wigamur, Flordemor, Ereck fil roy de Lack, Lantzelet, Walban, Dodines, Wigeleys, Iban, Garel, Potislier, Tristranndt, Göswein, Tantarius oder auch Kaufferol mit dem pock der schanden frey.* Die genaue Entstehungszeit und der Verfasser sind unbekannt. Der katalogartige Text stellt in nur 256 Versen „eine Art abbreviierter Summe höfischer Erzählliteratur dar, indem er die immense Stofflichkeit des präsenten Materials ordnet und auf knappem Raum überschaubar macht. Damit bezeugt das Werk zum einen die Verfügbarkeit eines größeren Textbestandes, zum anderen ein ausgeprägtes Bewußtsein literarischer Traditionszusammenhänge."[40]

Da sich der kurze Text vorzüglich eignet, literarische Kennerschaft (und damit auch das in diesem Studienbuch angelesene Wissen um Figuren und Geschichten) zu überprüfen, sei er hier in ganzer Länge zur Lektüre wiedergegeben:[41]

Von Montschalfast der edl stam,
Wo der von erst sein vrhab nam,
Die templois vnd des grales schar,
Des solt ir ebn nemen war.
Es was vor zeitn̄ vnd ye beuor
Von Capadocia Senabor
Mildt, getrew vnd tugentleich,
Eren vnd guetes so was er reich.
[Se]in edle frucht geriet nach dem stam,
Durch sein tugnt erhal sein nam

39 Zitiert nach Menhardt (6.5), S. 139.

40 Henkel (6.5), Sp. 190; vgl. auch Michael Müller, Namenkataloge. Funktionen und Strukturen einer literarischen Grundform in der deutschen Epik vom hohen Mittelalter bis zum Beginn der Neuzeit. Hildesheim, New York 2003 (Documenta onomastica litteralia medii aevi B3).

41 Zitiert nach Menhardt (6.5), S. 136–141.

In allen lanndn sunder still:
Der edl vnd jung hies Parill;
Zu aller frumkait was er schnell.
Desselbn sun hies Titurell,
Der aller eren ain krone was.
Desselbn fraw ain[s] suns genas,
Der was genannt Titurisan.
Derselbig edl ain sun gewan.
Fri[mun]tell man denselbn hiess,
Der alle vntugent von im stiess.
Derselbig gewan sunder misswendt
Anfortas vnd Treferssendtt,
Die des grales kunig warn.
In denselbn zeitn vnd jarn
Entspross auch ain vil edler stam,
Des lob ward nie an eren lam.
Dasselbig edl geslächt vil hoch
Des wirdt durch alle lanndt sich zoch,
Genant wurdens zu aller stundtt
Die tewristn von der taflrundt.
Morling des als ain anfang was.
Sein sun Vtpendragon gar sunder laus
Von dem kam der edl Artaws.
Kain kunig gewan nie auf erd hof noch haws,
Der da het so gar ain durchleuchtigiss lob,
Es swebt ob allen wirdn ob.
Seiner tugent vnd wirdn was souil,
Das nyemant raichte auf sein zil.
Er het di tewrist ritterschafft,
Die mit manhait vnd mit krafft
In manichem lanndt vil preis erstritten,
Durch werde weib vil kumers littn.
Das was Gawein seiner swester sun,
Der alzeit kundt das pest wol thůn,
Wo man sein torfft zu rechter not.
Er felt manichn wundt, ettlichn tod.
Desgleich sein nef Melerantz
Vmb Didameyen, die im den krantz
Mit lob weiplicher eren trueg.
Segremors der erstrait eren genůg.
Von Kahafiess Ither, des hanndt
Den preis erstrait vber manig lanndt.
Kukumerlanndt sein erbe hiess.
Ain tewrer helt vnd werder fiess
Was Schienatulannder.
Was ainer sagt vnd der annder,

So erhal nie weiter kaines ritters krey.
Sigaun so hies sein zarte amei.
Auch von Walleis der kunig Gandein
Sein veindt in streit wol lernet pein.
Demselbn kunig auserkorn
Wurdn auch zwen sun geporn:
Galoes vnd Gamaret.
Vil ritterlicher eren ståt
Was an den herrn baideñ.
Nun wil ich euch beschaidn
Wie es Gamarethen seid gelannckh,
Do er die kunigin von Zassamanckh
Erstrait mit ritterlicher wer
V[nd] Fridebrant vnd der Schottn her
Vnd Hutiger gesiget an.
Fraw Pelckan bey im gewan
Den tewren ritter Ferafiss,
Der was baide swartz vnd wiss,
Des begirdt rang ye nach frawn gepot.
Secureis [aus] Tribabilot
Vnd sein Arabadill –
Irer baider tochter Secundill
Ferafiss kron vnd lannde gab.
Hiemit las ich das ietzund ab
Vnd kum an Gamarettn wider,
Der mit seiner manhat sider
Erstrait die zarten frawen Hertznlaudt
Von Kanfolays, seines hertzn trawt,
Die auch bey im ains suns genas,
Der ritterschafft ain krone was:
Ich main den edln Parcifal,
Der mit vil not erstrait den gral
Vnd von Klamide vnd [K]unigrein
Von Perlapier die kunigein,
Die edl vnd schon Gundwiramurs,
In der dinst starb Schantiflurs,
Des tewren Kurnamanses paren,
Do er kam in irem dinst gefaren.
Bey Parcifalen peret sy zwai kind,
Die auch hie genennet sind:
Kardies vnd auch Lochagrim.
In eren ir lob mit mancher stim
Ir ritterschaft geriemet wardt.
Lochagrim erstrait die zart
Die edlen hertzogin von Prafanndt.
Die schoͦn fraw Els was sy genannt.

Er lost ir auf ir sorgn p[u]nt
Vnd bezwang ir veindt von Tel[ramunt]
Ich las euch wissn svnndr lass,
Wer mer zu taflrunde saß:
Eckunat von Berbester –
Kain trew ward nie fester,
Als die im trueg Claudit sein raines weib,
Die im gab Kanadick, kron vnd leib
Vnd Gardeuia mit dem strangen,
Daraus vil vͤbls ist ergangen.
Zidegast mert auch wol ir schar,
Sein amey Orgelus die klar,
Daniel von dem pluemental
Vnd herr Wigamur, der manig qual
Laid durch die schoͤnen Dulceflor,
Darzue der stoltz Flordemor,
Ereck fil roy de Lack,
Eneyt sein amey, die ye phlag
Weiplich[er] eren zu aller zeit.
Lantzelet da manign streit
Durch Iblis tet sein suesse amey
Vnd Libawt der furste frey.
Herr Barsiwe ist an der eren zal:
Er erstrait Pluben von Isafal;
Illenot vnd sein gespons Florey,
Walban vnd Orphilot, zwen degen schanden frey,
Dodinus der vnerforcht,
Her Wigeleys, der wunder worcht,
Der den wurm Pheton schluͤg
Durch Larie, die im da truͤg
Vil holdes hertz all ir tag.
Gugulais ir baider sun, der pflag
Mit manhat grosse ritterschafft.
Herr Iban, der mit heldes krafft
Felt bei dem brunnen den von Aschalun.
Lunet macht im darumb suͤn
Mit seiner frawen Laudamei.
Kaufferol mit dem pock der schandn frey.
Da was der reiche Gramoflantz,
Der manichn felt durch seinen krantz
Durch sein amey Ittania.
Der edl kunig von Hispania
Kaillet, der manichn preis gewan
Durch Rickhaude [vnd] Wellekan,
Gare[l] vnd hertzog Killan
Vnd der stoltz Ischkalaban

Vnd der trew Potislier,
Litschkoys vnd Turkoyt zwen degen zier,
Virgulacht vnd Kingrisein
Vnd kunig Grimisel der nefe sein,
Ysald von Irlanndt, Morholt der tewr heldt,
Den Tristranndt durch kunig Marckhn feldt,
Goͤswein, der vil manlich fiess,
Der nackhet rait in wintters fries,
Tantarius der lobes schnell
Mit seiner amey Floribell.
Noch ist ir vil, tuen ich euch kund,
Die ausserhalb der taflrund
Nach ritterlichn eren strittn
Vnd vil not durch abentewr liten:
Kunig Appolonius von Tierlanndt,
Des preis man in di hohe panndt,
Durch das er Ytroganten schlueg
Vnd [Kolkan] den vngefueg
Durch Formosn vnd Zirilln.
Vor aller not kundt in stilln
Lucina die vil tugentlich.
Palmer, Printzel, zwen furstn reich,
Walthesar, Glimode sunder twal
Erstrittn in sunder das guldn tal.
Vnd Ponthus von Galicia
Mit seiner schoͤnen Sydonia.
Piramus vnd Tisbe,
Den paidn̄ geschach vor mynne wee.
Floyr, der es manlich wagt
Im rosenkarb vmb Plantzeflor di magt.
Amandus, der verkeret wardt
Von mannes pild in weiplich art.
Von Orliens Wilhalm der furste klueg,
Der ain speer durch sein seittn truͦg
Vnd ain stume was durch Amelein
Die suessn zartn̄ wandelsfreyn̄.
Wilhalm von der gruͦnen haid,
Der vil not durch ain furstin laid.
Herr Wittich vom Jordan,
Mit dem aus der haidnschafft entran
Libanet in der cristen lanndt
Vnd verlies den haidn herrn P[e]li[an]t.
Der stoltz Wilhalm von Osterreich,
Aglay sein amey tugentlich,
Ains vil vmb das annder littn̄,
Manicher durch in wardt verschnittn,

Als er Walban vberwanndt
Vnd von Athenis herrn̄ Allianndt.
Auch hab wir Goͦtfridn von Prafandt
Der mit vil not erstrait das heilig lanndt
Mit seinem hergefertn̄ herrn̄ Raymundt,
Thuet vnns sein kronick kundt.
So beschach dem edln kaiser Karl,
Kunig zu Frannckhnreich vnd zu Arel,
Vnd in svnnder ain romischer vogt.
Wie der mit her ward vberzogt
Zu manichm mal von den haidn̄,
Der mit streit kunde schaidn̄
Vom lebn, von kron vnd von lanndt,
[Seiner swester sun Ruelanndt,]
Turpin vnd auch Olifier,
Walther, Naimis, zwen degen zier.
Raymundt ain edler furst gemaidt,
[Als er durch ainen wald rait,]
Von geschicht zu dem prunen kam,
Da in von seiner swår nam
Mellosina sein suesse amey,
[Si tet in aller sorgen frey.]
Bey ir er vil sůn gewan:
Den kuenen Gofroy mit dem zan,
G[ui]ot den tewren von der art,
Der kunig in Armenia wardt.
Nach dem ward in mer ain sun geporn̄,
[Ain kůener held auserkorn:]
Vriens der mit ritterschafft
In Cippern̄ ain sig gesigt der haidnschafft.
Darumb im der kunig gab
Sein tochter Erminen, leit vnd hab.
Noch ward im sunder widerpardt
Ain sun geporn, der hies Rainhart;
Von Lutzlburg Cristina
Ward zu recht sein amya.
Darnach gepar sy im Anthonium,
Ain edln tewrn ritter frum,
Der mit mannes krafft erstrait
Die edln kunigklichn maidt
E[n]glatina in Behamerlanndt
Er lebt mit ern̄ svnnder schanndt.
Der tewr Vlrich von Liechtnstain,
Der ye in rittersweis erschain,
Der mert auch wol der eren schar
Dan er was aller schandn par.

Auch habt ir offt gehoret das,
Wie die stat Troya belegert was
Durch die schoͤn frawen Helena.
Des verlos manicher sein lebn da:
Achilles vnd Patroclus,
Hector, Paris vnd Deiphobus,
Priamus, Helenus, Troylus,
Jason, Hercules, Peleius.
Noch manig held, der ich nit wil
Nennen, dan̄ ir wurdt gar zu vil.
Dan̄ solt ich euchs alle sagn
So kund ichs doch in dreyn tagn
Oder in ainer wochn
Nit haben ausgesprochn.
Dauon wil ich es lassn vnndterweg[n].
Got wel ir vnd auch vnnser phleg[n].

Nach der Genealogie der Gralkönige (Vv. 1–23) referiert der Erzähler umfangreich die Stoffe der Artusdichtung (Vv. 24–158), zunächst wird König Artus selbst gepriesen (Vv. 33–42), dann die einzelnen Helden der Artusromane in grob chronologischer Folge. Ein kürzerer dritter Teil versammelt Figuren anderer Stoffkreise (Antikenroman, Minneroman, Karlsepos) bzw. ausgewählter einzelner Werke (›Melusine‹) – erwähnt werden außerdem die Dichter Wittich von Jordan und Ulrich von Lichtenstein (Vv. 159–248).[42] Am Schluss behauptet der Erzähler, noch drei Tage oder eine Woche lang weitere Namen aufzählen zu können, doch wolle er dies nicht tun, weil dies dann zu viel des Guten sei (Vv. 249–256).

42 Bei Menhardt (6.5), S. 144–164, finden sich, falls notwendig, als Verständnishilfen ein Namen- und ein Quellenverzeichnis sowie ein ausführlicher Stellenkommentar; vgl. auch das Register der literarischen Figuren hier im Anhang, S. 447-454.

4. Die Rückkehr des Königs Artus

König Artus und die Ritter der Tafelrunde bleiben auch nach dem Auslaufen des arthurischen Romans in Reimpaarversen zu Beginn des 14. Jahrhunderts in der Dichtung des späteren Mittelalters und der Frühen Neuzeit omnipräsent. Die ‚Strahlkraft' der Gattung in andere literarische Bereiche und auch außerliterarische Kontexte hinein ist gewaltig, bislang aber nicht zusammenschauend untersucht worden.

Erwähnt werden soll hier zum Beispiel das siebenstrophige Erzähllied ›Luneten Mantel‹ aus der ersten Hälfte des 15. Jahrhunderts, in dem, wie auch in ›König Artus' Horn I‹ oder in ›Die Königin von Avignon‹, von einer ehelichen Treueprobe am Artushof erzählt wird (vgl. Kap. IV.1 zu ›Der Mantel‹): „Lunete, die Nichte des Königs Artus, leidet unter der Feindschaft der Königin, von der sie falscher Minne bezichtigt wird. Sie bittet deswegen einen ihrem Vater verpflichteten Zwerg um Hilfe und bekommt von diesem einen prachtvollen Mantel. Damit angetan tritt sie vor die Artusgesellschaft und tut kund, sie wolle den Mantel derjenigen überlassen, welche er besser kleide als sie selbst. Es stellt sich heraus, daß er weder der Königin, die ihn als erste probiert, noch den übrigen Frauen paßt. Einzig eine junge, ausgerechnet mit dem ältesten Ritter verheiratete Frau bildet eine Ausnahme, sie allein hat, wie Lunete dem König erklärt, ihrem Mann die eheliche Treue bewahrt."[43] In dem neunstrophigen Lied ›König Artus' Horn I‹ bringt eine Botin der Königin Tristerat von Saphoierland ein mit goldenen Buchstaben versehenes Trinkhorn an den Artushof. Die Inschrift verkündet, dass das Gefäß die Untreue der Ehefrau desjenigen anzeige, der beim Trinken etwas vergießt. Nach König Artus widerfährt diese Schande auch den Königen von Ungarn, England, Reussen, Griechenland, Frankreich und Kerlingen. Allein der König von Spanien, dessen Frau zugleich die schönste von allen ist, vermag ohne Schande aus dem Horn zu trinken, und er darf es deshalb behalten. Mit dem Spruchgedicht ›König Ar-

43 Frieder Schanze, Art. ›Luneten Mantel‹, in: ²VL Bd. 5 (1985), Sp. 1068f.; der Text ist hg. von Karl Bartsch, Meisterlieder der Kolmarer Liederhandschrift. Stuttgart 1862 (Stuttgarter Literarischer Verein 68), S. 176. Vgl. auch Kasper (5.6), S. 462–465 u. S. 154–159.

tus mit der ehbrecher-brugk‹ greift Hans Sachs im Jahr 1530 eine der Tugendproben aus Albrechts ›Der jüngere Titurel‹ auf und noch 1545 verfasst er ein arthurisches Meisterlied.

Die ehelichen Treueproben am Artushof ließen sich sehr wirk- und unterhaltsam auch dramatisch umsetzen,[44] wie neben ›Ain hupsches Vasnacht Spill von Künig Artus‹ von Hans Sachs oder dem Fastnachtspiel ›Krone und Mantel‹ schon das zweiteilige Stück ›König Artus' Horn II‹ aus dem letzten Jahrzehnt des 15. Jahrhunderts zeigt, das in seiner ersten Hälfte die Hornprobe (wie im Meisterlied) erzählt, während die zweite von der Anschuldigung des Ritters Ayax gegen den Ritter Weigion handelt, dieser pflege ein ehebrecherisches Verhältnis zur Königin. In einem Zweikampf gelingt es dem Beschuldigten jedoch, diese Behauptung als unwahr abzuwehren. Am Schluss wird das – für den Artusroman ja obligatorische – Fest gefeiert.[45]

Neben dem Auftreten der Artusritter in Minnesang und Sangspruchdichtung, im Meistersang oder in Theaterstücken der Frühen Neuzeit und neben den drei Versromanen Bertholds von Holle, die zwar ‚arthurisch' erzählt sind, ohne dabei aber auf das Personal der Tafelrunde zurückzugreifen, sei abschließend stellvertretend für vieles, was hier (auch aus Raumgründen) unerwähnt bleiben muss, auf die panegyrische Erzählung ›Die Ritterfahrt Johanns von Michelsberg‹ des Heinrich von Freiberg verwiesen, der auch eine der Fortsetzungen des unvollendeten ›Tristan‹ Gottfrieds von Straßburg verfasste (s. o., Kap. III.2). Das Preisgedicht erzählt in 315 Versen (die ersten Verse fehlen) vom böhmischen Adligen Johann I. von Michelsberg, der nach Paris reitet, um an einem Turnier des Königs von Frankreich teilzunehmen. Als vorbildliche Ritter, von denen man in Büchern lesen könne, sind eingangs Parzival, Iwein, Gawan, Erec, Gahmuret, Wigalois, Lanzelet, Willehalm, Titurel, Tristrant, Athis und Profilias, Alexander und Schionatulander aufgezählt. Als Johann

44 Zusammenfassend Moser (6.6). Die meisten dieser Texte finden sich in: Fastnachtspiele aus dem 15. Jahrhundert, hg. von Adelbert von Keller. 4 Bde., Stuttgart 1852–1858 (Bibliothek des Stuttgarter Literarischen Vereins 28–30, 46), z. B. Bd. 2, S. 654–663 [›Vasnachtsspil mit der Kron‹], S. 664–678 [›Der Luneten Mantel‹], Bd. 4 (Nachlese), S. 183–215 [›Ain hupsches Vasnacht Spill und sagt von Künig Artus‹]. Eine kommentierte Neuausgabe dieser Spiele bereiten Klaus Ridder und Martin Przybilski im Rahmen des DFG-Projekts ‚Neuedition und Kommentierung der vorreformatorischen Nürnberger Fastnachtspiele' vor.

45 Dazu Margot Westlinning, Art. ›König Artus' Horn II‹, in: ²VL Bd. 5 (1985), Sp. 70–72; Kasper (5.6), S. 157f.

sich zum Kampf vorbereitet, wird seine ausführlich beschriebene Rüstung mit der des Wigalois verglichen, er selbst bei seinem Auftritt zwischen den Schranken als *der niuwe Parzival* bezeichnet (V. 163). Für die Siege über die beiden französischen Ritter Anschorant von Belole und Grinet von Normandie und den damit errungenen Turnierpreis wird Johann von den Damen bestaunt. Johanns Erfolg wird „als Beispiel für den Ruhm, mit dem die Herren des böhmischen Königs die besten Ritter übertreffen", erzählt.[46]

Möglicherweise lässt sich der Text auf eine historische Begebenheit zurückführen (die Belege für eine Teilnahme Johanns an einem Turnier in Paris, die sich in tschechisch-böhmischen Chroniken finden, könnten sich auch auf diese Preisrede stützen), doch dürfte das, was er erzählt, in dieser Form wohl kaum stattgefunden haben. Der kleine Panegyricus ist somit ein frühes Zeugnis dafür, dass der Glanz, den die Artusromane rund um den historisch nicht nachweisbaren König Artus erzeugten, schon um 1300 so groß war, dass man sich in ihm sonnen konnte.

Die Rezeption des Artusstoffs bis in die Neuzeit und in die Gegenwartsmedien hinein darzustellen, ist hier nicht der Ort.[47] Für die deutschsprachigen Dichtungen des Mittelalters müsste man dazu ganz individuelle Entwicklungslinien nachzeichnen und man schlösse damit den Bogen bis zur Wiederentdeckung der mittelalterlichen Werke im späten 18. und 19. Jahrhundert, die in Kap. I bereits kurz beschrieben wurde. Die Darstellung der ‚Romantisierung' der *matière de Bretagne* wäre auszuweiten auf deren Nachwirken in Roman, Novelle, Theater, Oper, Operette, Film, Fernsehen, Hörspiel, Computer- und Onlinegame; neben deutschsprachigen Dichtern wie Ludwig Tieck, Friedrich Schlegel, Christoph Martin Wieland, Ludwig Uhland, Felix

46 Hans-Hugo Steinhoff, Art. Heinrich von Freiberg, in: ²VL Bd. 3 (1981), Sp. 723–730, hier Sp. 729. Der Text ist ediert von Bernt (1.1), aber auch abgedruckt in: Die deutsche Literatur. Texte und Zeugnisse. Bd. 2: Mittelalter, hg. von Helmut de Boor. München ²1988, S. 1336–1340. Zum Text vgl. Hans-Joachim Behr, Ein *niuwer Parzival* in Paris. Artusidealität und ritterliche Selbstdarstellung in der ›Ritterfahrt Johans von Michelsberg‹, in: Deutsche Literatur des Mittelalters in Böhmen und über Böhmen. Vorträge der internationalen Tagung [...] der Südböhmischen Universität Ceské Budejovice, 8. bis 11. September 1999, hg. von Dominique Fliegler u. Václav Bok. Wien 2001, S. 63–80.

47 Einen Einstieg in Themen und Forschungsdiskussionen um die Rezeption des Artusstoffs bis in die Neuzeit ermöglichen die in Kapitel 7 der Auswahlbibliographie zusammengestellten Publikationen.

Dahn, Richard Wagner, Adolf Muschg (›Der rote Ritter‹), Tankred Dorst (›Merlin oder das wüste Land‹) oder Christoph Hein (›Die Ritter der Tafelrunde‹) wären aus der Weltliteratur etwa Sir Walter Scott, Mark Twain oder Marion Zimmer-Bradley (›Die Nebel von Avalon‹) zu behandeln, um nur wenige prominente Namen zu erwähnen. Die anhaltende Beliebtheit der mittelalterlichen Stoffe ist ohne die Aventiurewelt der Artusritter wohl kaum denkbar.

Wirkmächtig in die Moderne transportiert hat den Stoff aber vor allem eine ausgreifende Kompilation in englischer Sprache. Was wir heute im allgemeinen über König Artus wissen, stammt zwar auch aus dem Mittelalter, verdankt sich aber im Wesentlichen einem englischen Autor aus der zweiten Hälfte des 15. Jahrhunderts: Sir Thomas Malory. Ursprünglich in Diensten des Grafen von Warwick, war Malory bis zu seinem Tod 1471 mehrfach wegen kleinerer Delikte in Haft; vermutlich während dieser Gefängnisaufenthalte verfasste er sein umfangreiches Kompendium mit dem Titel ›Le mort d'Arthur‹. Malorys Bearbeitung zeichnet sich vor allem durch die Verbindung ganz verschiedener Stoffzweige zu einer großen Summe aus. So integriert er, ähnlich wie Ulrich Fuetrer, aber auf der Grundlage englischer und französischer Romane des 12. und 13. Jahrhunderts, nicht nur die Suche nach dem Gral, sondern auch den Tristan- und den Lanzelotstoff. Sein Werk liegt uns in einer Ausgabe des ersten englischen Buchdruckers, William Caxton (um 1424–1491), vor, der es 1485 als eines der ersten Bücher in sein Programm aufnahm. Auf Malorys umfangreichem Werk basieren vor allem die zahlreichen Verfilmungen von Geschichten aus dem Kreis der Artussage. Die Stoffe aber sind immer dieselben und vieles spricht dafür, dass man sie sich auch weiterhin erzählen wird, solange König Artus nicht von der Insel Avalon zurückkehrt.

VII. Auswahlbibliographie zum Artusroman

Gliederung: 1. Textausgaben; 1.1. Deutschsprachige Texte; 1.2. Fremdsprachige Texte; 2. Bibliographien und Nachschlagewerke; 3. Auswahl elektronischer Quellen; 4. Forschungsliteratur; 4.1. Allgemeines; 4.1.1. Einführungen; 4.1.2. Themenübergreifende Sammelbände; 4.1.3. Textübergreifende Einzelbeiträge; 4.2. Spezielle Themen; 4.2.1. Die Suche nach dem historischen Arthur; 4.2.2. Rezeption in Nordfrankreich; 4.2.3. Der deutschsprachige Artusroman im späteren Mittelalter; 5. Ausgewählte Beiträge zu einzelnen Autoren und Werken; 5.1. Hartmann von Aue; 5.2. Der Tristanstoff; 5.3. Wolfram von Eschenbach; 5.4. Ulrichs von Zatzikhoven ›Lanzelet‹; 5.5. Wirnts von Grafenberg ›Wigalois‹; 5.6. Heinrichs von dem Türlin ›Diu Crône‹; 5.7. Strickers ›Daniel von dem Blühenden Tal‹; 5.8. ›Der Mantel‹; 5.9. ›Prosa-Lancelot‹; 5.10. Fragmentarische Artusromane; 5.11. ›Wigamur‹; 5.12. Die Artusromane des Pleier; 5.13. Konrads von Stoffeln ›Gauriel von Muntabel‹; 5.14. Albrechts ›Der jüngere Titurel‹; 5.15. Der ›Rappoltsteiner Parzifal‹; 6. Rezeptionsformen im Spätmittelalter; 6.1. Ulrich Fuetrers ›Das Buch der Abenteuer‹; 6.2. Prosabearbeitungen; 6.3. ›Widuwilt‹; 6.4. Dietrich von Hopfgarten; 6.5. ›Spruch von den Tafelrundern‹; 6.6. Sonstiges; 7. Zur Rezeption des Artusstoffs in der Neuzeit.

Diese Bibliographie versteht sich nicht als Gesamtverzeichnis zur Artusdichtung, sondern weist neben den einschlägigen Textausgaben nur die hier benutzte und abgekürzt zitierte Forschungsliteratur nach, die sich stets auch zum Einstieg in eigene bibliographische Recherchen eignet. Hilfreich sind dabei Online-Datenbanken wie die der Regesta Imperii (http://opac.regesta-imperii.de/lang_de/query.php), der virtuelle Katalog (http://www.ubka.uni-karlsruhe.de/kvk.html) an der Technischen Universität Karlsruhe oder die Bibliographie der deutschen Sprach- und Literaturwissenschaft (BDSL), die für gewöhnlich über die Server der Universitätsbibliotheken zur Verfügung steht. Weder die nachfolgende Bibliographie noch dieses Büchlein insgesamt wollen oder sollen die Arbeit mit der Forschungsliteratur ersetzen. Vieles ist weggelassen, nichts hoffentlich übersehen worden: Es handelt sich um eine Auswahlbibliographie zu Studienzwecken.

1. Textausgaben

1.1. Deutschsprachige Texte

Albrecht (von Scharfenberg): Jüngerer Titurel, Bde. 1, 2,1 und 2,2. Nach den ältesten und besten Handschriften kritisch hg. von Werner Wolf. Berlin 1955, 1964 und 1968 (Deutsche Texte des Mittelalters 45, 55, 61).

Albrecht: Jüngerer Titurel, Bde. 3,1 u. 3,2. Nach den Grundsätzen von Werner Wolf kritisch hg. von Kurt Nyholm. Berlin 1985/1992 (Deutsche Texte des Mittelalters 73/77).

Albrecht: Jüngerer Titurel, Bd. 4. Textfassungen von Handschriften der Mittelgruppe, hg. von Kurt Nyholm. Berlin 1995 (Deutsche Texte des Mittelalters 79).

Die Heidelberger Handschrift H (cpg 141) des ›Jüngeren Titurel‹. Bereinigter Text mit den Varianten der Redaktion R, hg. von Werner Schröder. 3 Teile, Stuttgart 1994–1995 (Abhandlungen der Geistes- und Sozialwissenschaftlichen Klasse der Akademie der Wissenschaften und der Literatur Mainz).

Dietrich von Hopfgarten: Der ›Wigelis‹ Dietrichs von Hopfgarten und die erzählende Literatur des Spätmittelalters im mitteldeutschen Raum, hg. von Christoph Fasbender. Stuttgart 2010 (ZfdA-Beiheft 10).

Edolanz: Neu-Edition des Seitenstettner ›Edolanz‹-Fragments A: ein philologisches Abenteuer, hg. von Wernfried Hofmeister, in: *Durch aubenteuer muess man wagen vil.* Festschrift für Anton Schwob zum 60. Geb., hg. von Wernfried Hofmeister und Bernd Steinbauer. Innsbruck 1997 (Innsbrucker Beiträge zur Kulturwissenschaft 57), S. 159–175.

Eilhart von Oberge: Tristrant, hg. von Franz Lichtenstein. Straßburg 1877 (Quellen u. Forschungen zur Sprach- u. Culturgeschichte der germanischen Völker 19).

Eilhart von Oberg: Tristrant. Synoptischer Druck der ergänzten Fragmente mit der gesamten Parallelüberlieferung, hg. von Hadumod Bussmann. Tübingen 1969 (Altdeutsche Textbibliothek 70).

Eilhart von Oberg: Tristrant und Isalde (nach der Heidelberger Handschrift Cod. Pal. Germ. 346), hg. von Danielle Buschinger. Berlin 2004 (Berliner Sprachwissenschaftliche Studien 4).

Fuetrer, Ulrich: Die Gralepen (Buch der Abenteuer). Nach der Münchener Handschrift Cgm 1 unter Heranziehung der Wiener

Handschriften Cod. Vindob. 2888 und 3037 und der Münchener Handschrift Cgm 247 hg. von Kurt NYHOLM. Berlin 1964 (Deutsche Texte des Mittelalters 57).

Fuetrer, Ulrich: Merlin und Seifrid de Ardemont von Albrecht von Scharfenberg. In der Bearb. Ulrich Füetrers hg. von Friedrich PANZER. Tübingen 1902 (Stuttgarter Literarischer Verein 227).

Fuetrer, Ulrich: Prosaroman von Lanzelot, hg. von Arthur PETER. Nachdruck der Ausgabe Tübingen 1888. Hildesheim, New York 1972.

Fuetrer, Ulrich: Flordimar, hg. von Walter TAUBER. Bern, Frankfurt, New York, Paris 1987 (Arbeiten zur Mittleren Deutschen Literatur und Sprache 17).

Fuetrer, Ulrich: Der Meleranz von dem Pleier in der Bearbeitung Ulrich Füetrers, hg. von Franz HOFMANN. Diss. (masch.) Wien 1933.

Fuetrer, Ulrich: Persibein. Aus dem Buch der Abenteuer, hg. von Renate MUNZ. Tübingen 1964 (Altdeutsche Textbibliothek 62).

Fuetrer, Ulrich: Poytislier aus dem Buch der Abenteuer, hg. von Friederike WEBER. Tübingen 1960 (Altdeutsche Textbibliothek 52).

Fuetrer, Ulrich: Wigoleis, hg. von Heribert A. HILGERS. Tübingen 1975.

Fuetrer, Ulrich: Lannzilet (aus dem ›Buch der Abenteuer‹), Str. 1–1122, hg. von Karl Eckhard LENK. Tübingen 1989 (Altdeutsche Textbibliothek 102).

Fuetrer, Ulrich: Lannzilet (aus dem ›Buch der Abenteuer‹), Str. 1123–6009, hg. von Rudolf VOSS. Paderborn, München, Wien, Zürich 1996 (Schöninghs Mediävistische Editionen 3).

Fuetrer, Ulrich. Das Buch der Abenteuer. Nach der Handschrift A in Zusammenarbeit mit Bernd BASTERT hg. von Heinz THOELEN. 2 Bde., Göppingen 1997 (Göppinger Arbeiten zur Germanistik 638).

Gottfried von Straßburg: Tristan und Isold, hg. von Friedrich RANKE. Dublin, Zürich 1930.

Gottfried von Straßburg: Tristan. Mittelhochdeutsch/Neuhochdeutsch. Nach dem Text von Friedrich RANKE neu hg., ins Neuhochdeutsche übers., mit einem Stellenkommentar und einem Nachwort von Rüdiger KROHN. 3 Bde., Stuttgart 1980 (Reclams Universal-Bibliothek 4471–4473).

Gottfried von Straßburg: Tristan, hg. von Karl MAROLD. Unveränderter, vierter Abdruck nach dem dritten mit einem auf Grund von F. RANKES Kollationen verbesserten Apparat bes. von Werner SCHRÖDER. Berlin, New York 1977.

Hartmann von Aue: Erec. Der Text der Wolfenbütteler ›Erec‹-Fragmente und seine Bedeutung für die ›Erec‹-Forschung, hg. von Kurt GÄRTNER, in: Beiträge zur Geschichte der deutschen Sprache und Literatur (Tüb.) 104 (1982), S. 207–230 u. 359–430.

Hartmann von Aue: Erec. Mit einem Abdruck der neuen Wolfenbütteler und Zwettler Erec-Fragmente, hg. von Albert LEITZMANN, fortgeführt von Ludwig WOLFF. 7. Aufl. bes. von Kurt GÄRTNER. Tübingen 2006 (Altdeutsche Textbibliothek 39).

Hartmann von Aue: Erec. Mittelhochdeutsch/Neuhochdeutsch, hg., übersetzt u. kommentiert von Volker MERTENS. Stuttgart 2008 (Reclams Universal-Bibliothek 18530).

Hartmann von Aue: Iwein. Text der siebenten Ausgabe, hg. von Georg Friedrich BENECKE u. Karl LACHMANN, neubearb. von Ludwig WOLFF [1968]. Übersetzung u. Anmerkungen von Thomas CRAMER. 4., überarb. Aufl. Berlin, New York 2001.

Hartmann von Aue: Iwein. Mittelhochdeutsch/Neuhochdeutsch, hg. u. übersetzt von Rüdiger KROHN, kommentiert von Mireille SCHNYDER. Stuttgart 2011 (Reclam Bibliothek).

Heinrich von Freiberg: Werke. Mit Einleitungen über Stil, Sprache, Metrik, Quellen und die Persönlichkeit des Dichters hg. von Alois BERNT. 2 Bde. Neudruck der Ausg. Halle/S. 1906. Hildesheim, New York 1978.

Heinrich von dem Türlin: Diu Crône, hg. von Gottlob Heinrich Friedrich SCHOLL. Nachdruck der Ausgabe Stuttgart 1852 (Stuttgarter Literarischer Verein 27). Amsterdam 1966.

Heinrich von dem Türlin: Die Krone (Verse 1–12281), hg. von Fritz Peter KNAPP u. Manuela NIESNER. Tübingen 2000 (Altdeutsche Textbibliothek 112).

Heinrich von dem Türlin: Die Krone (Verse 12282–30042). Nach der Handschrift Cpg 374 der Universitätsbibliothek Heidelberg nach Vorarbeiten von Fritz Peter KNAPP u. Klaus ZATLOUKAL hg. von Alfred EBENBAUER u. Florian KRAGL. Tübingen 2005 (Altdeutsche Textbibliothek 118).

Heinrich von dem Türlin: Diu Crône. Kritische mittelhochdeutsche Leseausgabe mit Erläuterungen, hg. von Gudrun FELDER. Berlin, New York 2012 (de Gruyter Texte).

Konrad von Stoffeln: Gauriel von Muntabel. Eine höfische Erzählung aus dem 13. Jahrhunderte. Zum ersten Male hg. von Ferdinand KHULL. Neudruck der Ausgabe Graz 1885 mit einem Nachwort und Literaturverzeichnis von Alexander HILDEBRAND. Osnabrück 1969.

Der Ritter mit dem Bock. Konrads von Stoffeln ›Gauriel von Muntabel‹ neu hg., eingeleitet und kommentiert von Wolfgang ACHNITZ. Tübingen 1997 (Texte und Textgeschichte 46).

Loccumer Artusromanfragment: Ein vergessenes niederdeutsches Artuseposfragment (Loccum, Klosterbibliothek, Ms. 20), hg. von Hartmut BECKERS, in: Niederdeutsches Wort 14 (1974), S. 23–52.

Der Mantel. Bruchstück eines Lanzeletromans des Heinrich von dem Türlin, nebst einer Abhandlung über die Sage vom Trinkhorn und Mantel und die Quelle der Krone, hg. von Otto WARNATSCH. Nachdruck der Ausgabe Breslau 1883 (Germanistische Abhandlungen 2). Hildesheim, New York 1977.

Das Ambraser ›Mantel‹-Fragment, hg. von Werner SCHRÖDER. Stuttgart 1995 (Sitzungsberichte der Wissenschaftlichen Gesellschaft an der Johann Wolfgang Goethe-Universität Frankfurt am Main 33,5).

Der Pleier: Gârel von dem blüenden Tal. Ein höfischer Roman aus dem Artussagenkreise von dem Pleier. Mit den Fresken des Garelsaales auf Runkelstein hg. von Michael WALZ. Freiburg/Br. 1892.

Der Pleier: Garel von dem bluenden Tal von dem Pleier, hg. von Wolfgang HERLES. Wien 1981 (Wiener Arbeiten zur germanistischen Altertumskunde und Philologie 17).

Der Pleier: Meleranz, hg. von Karl BARTSCH. Nachdruck der Ausgabe Stuttgart 1861 (Stuttgarter Literarischer Verein 60) mit einem Nachwort von Alexander HILDEBRAND. Hildesheim, New York 1974.

Melerantz von Frankreich – Der Meleranz des Pleier. Nach der Karlsruher Handschrift. Edition – Untersuchungen – Stellenkommentar, hg. von Markus STEFFEN. Berlin 2011 (Texte des späten Mittelalters und der frühen Neuzeit 48).

Der Pleier: Tandareis und Flordibel. Ein höfischer Roman von dem Pleiære, hg. von Ferdinand KHULL. Graz 1885. [Neuausgabe in Vorbereitung durch Nikolaus RUGE]

(Prosa-)Lancelot. Nach (der Kölner Papierhandschrift W. f° 46* Blankenheim und) der Heidelberger Pergamenthandschrift Pal. germ. 147 hg. von Reinhold KLUGE. 3 Bde. Berlin 1948, 1963, 1974 (Deutsche Texte des Mittelalters 42, 47, 53).

Der Karrenritter. Episode des mhd. Prosa-Lancelot, hg. von Reinhold KLUGE. München 1972 (Kleine deutsche Prosadenkmäler des Mittelalters).

Prosalancelot. Nach der Heidelberger Handschrift Cod. Pal. germ. 147 hg. von Reinhold KLUGE, ergänzt durch die Handschrift Ms. allem. 8017–8020 der Bibliothéque de l'Arsenal Paris. Übersetzt, kommentiert und hg. von Hans-Hugo STEINHOFF. 5 Bde., Frankfurt a. M. 1995–2004 (Bibliothek des Mittelalters 14–18) (Bibliothek Deutscher Klassiker).

Segremors: Die mitteldeutschen Segremorsfragmente. Untersuchung und Ausgabe von Paul Gerhardt BEYER. Diss. Marburg 1909.

Der Stricker: Daniel von dem Blühenden Tal, hg. von Michael RESLER. 2., neu bearbeitete Aufl. Tübingen 1995 (Altdeutsche Textbibliothek 92).

Tristan als Mönch. Untersuchungen und kritische Edition von Betty C. Bushey. Göppingen 1974 (Göppinger Arbeiten zur Germanistik 119).

Ulrich von Türheim: Tristan, hg. von Thomas Kerth. Tübingen 1979 (Altdeutsche Textbibliothek 89).

Ulrich von Zatzikhoven: Lanzelet, hg. von Karl August Hahn. Nachdr. der Ausg. Frankfurt a. M. 1845. Mit einem Nachwort und einer Bibliographie von Frederick Norman. Berlin 1965 (Deutsche Neudrucke. Reihe: Texte des Mittelalters).

Ulrich von Zatzikhoven: Lanzelet, hg. von Florian Kragl. Bd. 1: Text und Übersetzung, Bd. 2: Forschungsbericht und Kommentar. Berlin, New York 2006.

Wigamur, in: Deutsche Gedichte des Mittelalters. Bd. 1, hg. von Friedrich Heinrich von der Hagen und Johann Gustav Büsching. Berlin 1808.

Wigamur. Kritische Edition – Übersetzung – Kommentar, hg. von Nathanael Busch. Berlin, New York 2009.

Wirnt von Gravenberc: Wigalois, der Ritter mit dem Rade, hg. von Johann Marie Neele Kapteyn. Bd. 1: Text. Bonn 1926 (Rheinische Beiträge und Hülfsbücher zur Germanischen Philologie und Volkskunde 9).

Wirnt von Gravenberg: Wigalois. Text der Ausgabe von J. M. N. Kapteyn übersetzt, erläutert und mit einem Nachwort versehen von Sabine Seelbach u. Ulrich Seelbach. Berlin/New York 2005. [mit Bibliographie zum Text]

Wisse, Claus und Philipp Colin: Parzifal [1331–1336]. Eine Ergänzung der Dichtung Wolframs von Eschenbach. Zum ersten Male hg. von Karl Schorbach. Nachdruck der Ausgabe Straßburg, London 1888 (Elsässische Litteraturdenkmäler aus dem 14. bis 17. Jahrhundert 5). Berlin, New York 1974.

Wolfram von Eschenbach: Lieder, Parzival, Titurel, Willehalm. 6. Ausgabe von Karl Lachmann. Nachdruck der Ausgabe Berlin, Leipzig 1926. Berlin 1965.

Wolfram von Eschenbach: Parzival. Nach der Ausgabe Karl Lachmanns revidiert und kommentiert von Eberhard Nellmann, übertragen von Dieter Kühn. 2 Bde. Frankfurt a. M. 1994 (Bibliothek des Mittelalters 8) (Bibliothek deutscher Klassiker 110).

Wolfram von Eschenbach: Parzival. Studienausgabe. Mittelhochdeutscher Text nach der sechsten Ausgabe von Karl Lachmann. Übersetzung von Peter Knecht. Mit Einführungen zum Text der Lachmannschen Ausgabe und in Probleme der ›Parzival‹-Interpretation von Bernd Schirok. 2. Aufl. Berlin, New York 2003.

Wolfram von Eschenbach: Parzival. Auf der Grundlage der Handschrift D hg. von Joachim BUMKE. Tübingen 2008 (Altdeutsche Textbibliothek 119).

Wolfram von Eschenbach: Titurel. Mit der gesamten Parallelüberlieferung des ›Jüngeren Titurel‹. Kritisch hg., übersetzt und kommentiert von Joachim BUMKE u. Joachim HEINZLE. Tübingen 2006.

1.2. Fremdsprachige Texte (in Auswahl)

König Artus und seine Tafelrunde. Europäische Dichtung des Mittelalters. In Zusammenarbeit mit Wolf-Dieter LANGE nhd. hg. von Karl LANGOSCH. Stuttgart 1980.

Le Chevalier du Papegau. Nach der einzigen Pariser Handschrift zum ersten Mal hg. von Ferdinand HEUCKENKAMP. Halle 1897.

Christian von Troyes: Sämtliche erhaltene Werke. Nach allen bekannten Handschriften hg. von Wendelin FOERSTER. 4 Bde. Nachdruck der Ausgabe Halle 1884–1899. Amsterdam 1965.

Chrétien de Troyes: Oeuvres complètes. Edition publié sous la direction de Daniel POIRION, avec la colaboration d'Anne BERTHELOT, Peter F. DEMBOWSKI, Sylvie LEFÈVRE, Karl D. UITTI et Philippe WALTER. Paris 1994 (Bibliothèque de la Pléiade 408).

Chrétien de Troyes: Erec und Enide. Übersetzt u. eingeleitet von Ingrid KASTEN. München 1979 (Klassische Texte des romanischen Mittelalters 17).

Chrétien de Troyes: Erec et Enide. Erec und Enide. Altfranzösisch/Deutsch. Übersetzt u. hg. von Albert GIER. Stuttgart 1987 (Reclams Universal-Bibliothek 8360).

Chrétien de Troyes: Yvain. Übersetzt u. eingeleitet von Ilse NOLTING-HAUFF. 3. Aufl. München 1983 (Klassische Texte des romanischen Mittelalters 2).

Chrétien de Troyes: Cligés, hg. von Stewart GREGORY u. Claude LUTTRELL. Cambridge u. a. 1993 (Arthurian Studies 28).

Chrétien de Troyes: Cligès. Edition critique du manuscrit B. N. fr. 12560, traduction et notes, hg. von Charles MÉLA u. Olivier COLLET. Paris 1994.

Chrétien de Troyes: Cligès. Auf der Grundlage des Textes von Wendelin FOERSTER übersetzt u. mit einem Kommentar versehen von Ingrid KASTEN. Berlin, New York 2006.

Chrétien de Troyes: Le chevalier de la charrette (Lancelot). Texte établi, traduit, annoté et présenté avec variantes par Alfred FOULET, Karl D. UITTI, avant-propos de Daniel POIRION. Paris 2010 (Textes littéraires du Moyen Âge 8).

Chrétien de Troyes: Lancelot. Übersetzt u. eingeleitet von Helga JAUSS-MEYER. München 1974 (Klassische Texte des romanischen Mittelalters 13).

Chrétien de Troyes: Le Roman de Perceval ou Le Conte du Graal. Édition critique d'après tous les manuscrits par Keith BUSBY. Tübingen 1993.

Chrétien de Troyes: Der Percevalroman. Übersetzt u. eingeleitet von Monica SCHÖLER-BEINHAUER. München 1991 (Klassische Texte des romanischen Mittelalters 23).

Chrétien de Troyes: Der Percevalroman oder Die Erzählung vom Gral. Le Roman de Perceval ou le Conte du Graal. Altfranzösisch/Deutsch. Übersetzt u. hg. von Felicitas OLEF-KRAFFT. Stuttgart 1991 (Reclams Universal-Bibliothek 8649).

Geoffrey of Monmouth: The Historia Regum Britanniae, hg. von Actom GRISCOM. London 1929.

Geoffrey of Monmouth: Historia Regum Britanniae. A variant version edited from manuscripts, hg. von Jacob HAMMER. Cambridge (Mass.) 1951.

Geoffrey of Monmouth: Historia Regum Britanniae, hg. von Neil WRIGHT u. Julia C. CRICK. 4 Bde. Cambridge 1985–1991.

Historia Brittonum. Cum additamentis Nennii, hg. von Theodor MOMMSEN. Berlin 1898 (Monumenta Germaniae Historica. Auctores Antiquissimi 13: Chronica Minora Saeculorum), S. 111–222.

[Lancelot en prose:] The Vulgate Version of the Arthurian Romances, ed. by Heinrich Oskar SOMMER. 7 Bde. Washington 1909–1913.

Lancelot. Roman en prose du XIIIe siècle. Edition critique par Alexandre MICHA. 11 Bde. Genève 1978–1983 (Textes Littéraires Français).

Le conte de la Charrette dans le Lancelot en prose. Une version divergente de la Vulgate-Combes, ed. par Annie Combes. Paris 2009 (Classiques français du Moyen Âge 158).

Les Lais Anonymes des XIIe et XIIIe Siècles. Edition critique de quelqes lais bretons par Prudence Mary O'HARA TOBIN. Gèneve 1976 (Publications Romanes et Français 143).

Die vier Zweige des Mabinogi (Pedeir ceinc y Mabinogi). Mit Lesarten und Glossar hg. von Ludwig MÜHLHAUSEN. 2., durchges. u. erweiterte Aufl. von Stefan ZIMMER. Tübingen 1988 (Beihefte der Zeitschrift für celtische Philologie 7).

Keltische Erzählungen vom Kaiser Arthur. Nach dem Text des ‚Weißen Buches' aus dem Mittelkymrischen übertragen, mit einer Einführung und Anmerkungen versehen von Helmut BIRKHAN. Wien, Köln, Graz 1985 (Fabulae mediaevales 5).

Thomas Malory: Le Mort d'Arthur. The Winchester manuscript, edited and abridged with an introduction and notes by Helen COOPER. Oxford 1998.

Sir Thomas Malory: Die Geschichten von König Artus und den Rittern seiner Tafelrunde. Übertr. von Helmut FINDEISEN auf der Grundlage der Lachmannschen Übersetzung. Mit einem Nachwort von Walter MARTIN und Illustrationen von Aubrey BEARDSLEY. 3 Bde. Leipzig 1973 (Insel Taschenbuch 239).

Marie de France: Die Lais. Übersetzt, mit einer Einleitung, einer Bibliographie sowie Anmerkungen versehen von Dietmar RIEGER unter Mitarb. von Renate KROLL. München 1980 (Klassische Texte des romanischen Mittelalters 19).

Raoul de Houdenc: Meraugis de Portlesguez. Roman arthurien du XIIIe siècle, publié d'après le manuscrit de la Bibliothèque du Vatican. Édition bilingue. Publication, traduction, présentation et notes par Michelle Szkilnik. Paris 2004 (Champion Classiques. Moyen Âge 12).

Renaut de Beaujeu: Le Bel Inconnu. Roman d'aventures, hg. von Gwladys Perrie WILLIAMS. Paris 1929 (Les classiques français du moyen âge 38).

Wace: Le Roman de Brut. 2 Bde., hg. von Ivor ARNOLD. Paris 1938–1940.

Wace: La partie arthurienne du ›Roman de Brut‹ (Extrait du manuscrit B. N. fr. 794). Edition avec introduction, glossaire, notes et bibliographie, hg. von Ivor D. O. ARNOLD u. Margaret M. PELAN. Paris 1962.

ZIMMER, Stefan: Die keltischen Wurzeln der Artussage. Mit einer vollständigen Übersetzung der ältesten Artuserzählung Culhwch und Olwen. Heidelberg 2006 (Beiträge zur älteren Literaturgeschichte).

2. Bibliographien und Nachschlagewerke

Bibliographical Bulletin of the International Arthurian Society. Paris 1949ff. [BBIAS]

PICKFORD, Cedric E./LAST, Rex W. (Hgg.): The Arthurian Bibliography. 3 Bde. Cambridge 1981, 1983 u. 1985 (Arthurian Studies 3, 6 u. 15).

REISS, Edmund/REISS, Louise Horner/TAYLOR, Beverly (Hgg.): Arthurian Legend and Literature. An Annotated Bibliography. Bd. 1: The Middle Ages. New York, London 1984.

^{2}Killy Literaturlexikon. Autoren und Werke des deutschsprachigen Kulturraums. Begründet von Walther KILLY. 2., vollständig überarb. Aufl., hg. von Wilhelm KÜHLMANN in Verbindung mit Achim AURNHAMMER, Jürgen EGYPTIEN, Karina KELLERMANN, Helmuth KIESEL, Steffen MARTUS u. Reimund B. SDZUJ. 13 Bde., München 2008–2012.

²VL Die deutsche Literatur des Mittelalters. Verfasserlexikon. Begründet von Wolfgang STAMMLER, fortgef. von Karl LANGOSCH. 2., völlig neu bearb. Aufl., unter Mitarbeit zahlreicher Fachgelehrter hg. von Kurt RUH zusammen mit Gundolf KEIL, Werner SCHRÖDER, Burghart WACHINGER u. Franz Josef WORSTBROCK. 11 Bde., Berlin, New York 1978–2004.

DLL MA Deutsches Literatur-Lexikon. Das Mittelalter, hg. von Wolfgang ACHNITZ. Bd. 5: Epik (Vers – Strophe – Prosa), Kleinformen. Berlin, New York 2013.

3. Auswahl elektronischer Quellen (Stand: Mai 2012)

http://www.arlima.net/ad/chretien_de_troyes.html
http://www.arthuriana.co.uk/
http://www.arthuriana.de/
http://www.arthuriana.org
http://www.britannia.com/history/h12.html
http://www.clas.ufl.edu/users/jshoaf/Arthurnet.htm
http://www.lib.rochester.edu/camelot/cphome.stm
http://www.sites.univ-rennes2.fr/celam/ias/version_ang/ang_accueil.htm
http://www.handschriftencensus.de
http://www.mediaevum.de

4. Forschungsliteratur

4.1. Allgemeines

4.1.1. Einführungen

BEZZOLA, Reto Roberto: Art. Artus (Arthur), Artussage, Artusromane, in: Lexikon des Mittelalters Bd. 1 (1980), Sp. 1074–1080.

BROGSITTER, Karl Otto: Artusepik. 2. Aufl. Stuttgart 1971 (Sammlung Metzler 38).

BROGSITTER, Karl Otto: Art. Artustradition, in: Enzyklopädie des Märchens Bd. 1 (1977), Sp. 828–849.

BRUCE, J. Douglas: The Evolution of Arthurian Romance from the Beginnings down to the Year 1300. 2 Bde. Nachdruck der 2. Aufl. Göttingen 1928, New York 1958.

BUMKE, Joachim: Höfische Kultur. Literatur und Gesellschaft im hohen Mittelalter. 12. Aufl. München 2008.

GOTTZMANN, Carola: Artusdichtung. Stuttgart 1989 (Sammlung Metzler 249).

GRUBMÜLLER, Klaus: Artus- und Gralromane, in: Aus der Mündlichkeit in die Schriftlichkeit: Höfische und andere Literatur 750–1320, hg. von Ursula LIEBERTZ-GRÜN. Reinbek bei Hamburg 1988 (Deutsche Literatur. Eine Sozialgeschichte 1) (Rowohlt Literaturgeschichte), S. 216–235.

JOHNSON, L. Peter: Vom hohen zum späten Mittelalter. Teil 1: Die höfische Literatur der Blütezeit (1160/70–1220/30). Tübingen 1999 (Geschichte der deutschen Literatur von den Anfängen bis zum Beginn der Neuzeit 2/1).

LACY, Norris J. (Hg.): Medieval Arthurian Literature. A Guide to Recent Research. New York, London 1996 (Garland Reference Library of the Humanities 1955).

LACY, Norris J. (Hg.): The New Arthurian Encyclopedia. Completely rev. and expanded edition of The Arthurian encyclopedia. New York u. a. 1996 (Garland Reference Library of the Humanities 931).

LOOMIS, Roger Sherman (Hg.): Arthurian Literature in the Middle Ages. A collaborative History. Oxford 1959.

LUPACK, Alan (Hg.): The Oxford guide to Arthurian literature and legend. Oxford 2005.

MERTENS, Volker: Artus, in: Epische Stoffe des Mittelalters, hg. von Volker MERTENS u. Ulrich MÜLLER. Stuttgart 1984 (Kröners Taschenausgaben), S. 290–340.

MERTENS, Volker: Art. Artusepik, in: Reallexikon der deutschen Literaturwissenschaft. Neubearbeitung des Reallexikons der deutschen Literaturgeschichte. Gemeinsam mit Harald FRICKE, Klaus GRUBMÜLLER u. Jan-Dirk MÜLLER hg. von Klaus WEIMAR. Bd. 1, Berlin, New York 1997, S. 153–156.

MERTENS, Volker: Der deutsche Artusroman. Stuttgart 1998 (Reclams Universal-Bibliothek 17609. Literaturstudium).

WEHRLI, Max: Geschichte der deutschen Literatur vom frühen Mittelalter bis zum Ende des 16. Jahrhunderts. 2. Aufl. Stuttgart 1984, S. 272–298 u. 465–507.

4.1.2. Themenübergreifende Sammelbände (chronologisch)

Spätmittelalterliche Artusliteratur. Ein Symposium der neusprachlichen Philologien auf der General-Versammlung der Görres-Gesellschaft Bonn. 25.–29. September 1982, hg. von Karl Heinz GÖLLER. Paderborn, München, Wien, Zürich 1984 (Beiträge zur englischen und amerikanischen Literatur 3).

Artusrittertum im späten Mittelalter. Ethos und Ideologie. Vorträge des Symposiums der deutschen Sektion der Internationalen Artusgesellschaft vom 10. bis 13. November 1983 im Schloß Rauischholzhausen (Universität Gießen). Wilhelm Kellermann zum Gedächtnis, hg. von Friedrich WOLFZETTEL. Gießen 1984 (Beiträge zur deutschen Philologie 57).

Artusroman und Intertextualität. Beiträge der Deutschen Sektionstagung der Internationalen Artusgesellschaft vom 16. bis 19. November 1989 an der Johann Wolfgang Goethe-Universität Frankfurt a. M., hg. von Friedrich WOLFZETTEL Gießen 1990 (Beiträge zur deutschen Philologie 67).

Liebe und Aventiure im Artusroman des Mittelalters, hg. von Michael DALLAPIAZZA u. Paola SCHULZE-BELLI. Göppingen 1990 (Göppinger Arbeiten zur Germanistik 532).

Arturus Rex Bd. 2 (Acta Conventus Lovaniensis 1987), hg. von Willy van HOECKE, Gilbert TOURNOY u. Werner VERBEKE. Leuven 1991 (Mediaevalia Lovaniensia 1,17).

Fiktionalität im Artusroman. Dritte Tagung der Deutschen Sektion der Internationalen Artusgesellschaft in Berlin vom 13.–15. Februar 1992, hg. von Volker MERTENS u. Friedrich WOLFZETTEL unter Mitarbeit von Matthias MEYER u. Hans-Jochen SCHIEWER. Tübingen 1993.

Arthurian romance and Gender. Masculin/Féminin dans le roman arthurien médiéval. Geschlechterrollen im mittelalterlichen Artusroman. Selected Proceedings of the XVIIth International Arthurian Congress/Actes choisis du XVIIe Congrès International Arthurien/Ausgewählte Akten des VII. Internationalen Artuskongresses, hg. von Friedrich Wolfzettel. Amsterdam 1995 (Internationale Forschungen zur Allgemeinen und Vergleichenden Literaturwissenschaft 10).

Word and Image in Arthurian Literature, hg. von Keith Busby. New York 1996.

Text and Intertext in Medieval Arthurian Literature, hg. von Norris J. Lacy. New York 1996 (Garland Reference Library of the Humanities 1997).

Erzählstrukturen der Artusliteratur. Forschungsgeschichte und neue Ansätze, hg. von Friedrich Wolfzettel unter Mitwirkung von Peter Ihring. Tübingen 1999.

The Arthur of the Germans. The Arthurian Legend in Medieval German and Dutch Literature, hg. von William H. Jackson u. Silvia Ranawake. Cardiff 2000 (Arthurian Literature in the Middle Ages).

Das Wunderbare in der arthurischen Literatur. Probleme und Perspektiven, hg. von Friedrich Wolfzettel. Tübingen 2003.

König Artus lebt! Eine Ringvorlesung des Mittelalterzentrums der Universität Bonn, hg. von Stefan Zimmer. Heidelberg 2005 (Beiträge zur älteren Literaturgeschichte).

Körperkonzepte im arthurischen Roman, hg. von Friedrich Wolfzettel. Tübingen 2007.

A Companion to Arthurian Literature. Edited by Helen Fulton. Chichester (West Sussex) 2009 (Blackwell Companions to Literature and Culture 58).

Artushof und Artusliteratur, hg. von Matthias Däumer, Cora Dietl u. Friedrich Wolfzettel. Berlin, New York 2010 (Schriften der Internationalen Artusgesellschaft 7).

Artusroman und Mythos, hg. von Matthias Däumer, Cora Dietl u. Friedrich Wolfzettel. Berlin, New York 2011 (Schriften der Internationalen Artusgesellschaft 8).

Die Fiktionalität des späten Artusromans. Tagung des Historisch-Kulturwissenschaftlichen Forschungszentrums (HKFZ) vom 23.–24. September 2011 in Trier, hg. von Martin Przybilski u. Nikolaus Ruge. Wiesbaden 2013. [im Druck]

Aktuelle Tendenzen der Artusforschung, hg. von Brigitte Burrichter, Matthias Däumer, Cora Dietl u. Friedrich Wolfzettel. Berlin, New York 2013 (Schriften der Internationalen Artusgesellschaft 9). [im Druck]

4.1.3. Textübergreifende Einzelbeiträge

A Catalogue of Names of Persons in the German Court epics. An Examination of the Literary Sources and Dissemination, together with Notes on the Etymologies of the More Important Names by Frank W. CHANDLER. Ed. with an Introduction and an Appendix by Martin H. JONES. London 1992 (King's College London Medieval Studies Series 8).

ACHNITZ, Wolfgang: Die Ritter der Tafelrunde. Zur Entwicklung des Artusromans im 12. und 13. Jahrhundert, in: Die Fiktionalität des späten Artusromans (4.1.2). [im Druck]

BUNGARTZ, Peter: Quelle und Funktion der Feendarstellung in der mittelhochdeutschen Epik. Diss. München 1981.

CORMEAU, Christoph: ›Wigalois‹ und ›Diu Crône‹. Zwei Kapitel zur Gattungsgeschichte des nachklassischen Aventiureromans. Zürich, München 1977 (Münchener Texte und Untersuchungen zur deutschen Literatur des Mittelalters 57).

CORMEAU, Christoph: Artusroman und Märchen: Zur Beschreibung und Genese der Struktur des höfischen Romans, in: Wolfram-Studien 5 (1979), S. 63–78.

DÄUMER, Matthias: Stimme im Raum und Bühne im Kopf. Eine Untersuchung des performativen Potentials der klassischen und nachklassischen Artusromane. Diss. [masch.] Mainz 2011.

DICKE, Gerd/EIKELMANN, Manfred/HASEBRINK, Burkhard (Hgg.): Im Wortfeld des Textes. Worthistorische Beiträge zu den Bezeichnungen von Rede und Schrift im Mittelalter. Berlin, New York 2006 (Trends in Medieval Philology 10).

EIKELMANN, Manfred/TOMASEK, Tomas (Hgg.): Handbuch der Sentenzen und Sprichwörter im höfischen Roman des 12. und 13. Jahrhunderts. Bd. 1: Artusromane bis 1230, Bd. 2: Artusromane nach 1230, Gralromane, Tristanromane. Berlin, Boston, New York 2012 u. 2009.

GLASER, Andrea: Der Held und sein Raum. Die Konstruktion der erzählten Welt im mittelhochdeutschen Artusroman des 12. und 13. Jahrhunderts. Frankfurt a. M. u. a. 2004 (Europäische Hochschulschriften 1,1888).

GLAUCH, Sonja: An der Schwelle zur Literatur. Elemente einer Poetik des höfischen Erzählens. Heidelberg 2009 (Studien zur historischen Poetik 1).

GOTTZMANN, Carola L.: Deutsche Artusdichtung. Bd. 1: Rittertum, Minne, Ehe und Herrschertum. Die Artusepik der hochhöfischen Zeit.

2., durchges. Aufl. Frankfurt, Bern, New York 1988 (Information und Interpretation 2).

GOTTZMANN, Carola L.: Deutsche Artusdichtung. Bd. 2: Individuum und Gemeinwohl. Artusdichtung des späteren 13. Jahrhunderts. Teil 1. Frankfurt, Bern, New York 1990 (Information und Interpretation 7).

GRUBMÜLLER, Klaus: Der Artusroman und sein König. Beobachtungen zur Artusfigur am Beispiel von Ginovers Entführung, in: Positionen des Romans im späten Mittelalter, hg. von Walter HAUG u. Burghart WACHINGER. Tübingen 1991 (Fortuna vitrea 1), S. 1–20.

GRÜNKORN, Gertrud: Die Fiktionalität des höfischen Romans um 1200. Berlin 1994 (Philologische Studien und Quellen 129).

GÜRTTLER, Karin R[enate]: *Künec Artûs der guote*. Das Artusbild der höfischen Epik des 12. und 13. Jahrhunderts. Bonn 1976 (Studien zur Germanistik, Anglistik und Komparatistik 52).

HAUG, Walter: Literaturtheorie im deutschen Mittelalter. Von den Anfängen bis zum Ende des 13. Jahrhunderts. Eine Einführung. 2., überarb. und erw. Aufl. Darmstadt 1992 (Germanistische Einführungen).

HAUG, Walter: König Artus. Geschichte, Mythos, Fiktion, in: Mythen Europas. Schlüsselfiguren der Imagination. Bd. 2: Mittelalter, hg. von Inge MILFULL u. Michael NEUMANN. Regensburg 2004, S. 104–125.

HAUPT, Jürgen: Der Truchseß Keie im Artusroman. Untersuchungen zur Gesellschaftsstruktur im höfischen Roman. Berlin 1971 (Philologische Studien und Quellen 57).

HOMBERGER, Dietrich: Gawein. Untersuchungen zur mittelhochdeutschen Artusepik. Diss. Bochum 1969.

KLEIN, Thomas: Ermittlung, Darstellung und Deutung von Verbreitungstypen in der Handschriftenüberlieferung mittelhochdeutscher Epik, in: Deutsche Handschriften 1100–1400. Oxforder Kolloquium 1985, hg. von Volker HONEMANN u. Nigel F. PALMER. Tübingen 1988, S. 110–167.

KNOLL, H[iltrud] K[atharina]: Studien zur realen und außerrealen Welt im deutschen Artusroman (›Erec‹, ›Iwein‹, ›Lanzelet‹, ›Wigalois‹). Diss. Bonn 1966.

KÖHLER, Erich: Ideal und Wirklichkeit in der höfischen Epik. Studien zur Form der frühen Artus- und Graldichtung. 2., erg. Aufl. Tübingen 1970.

KUHN, Hugo: Tristan, Nibelungenlied, Artusstruktur, in: Sitzungsberichte der Bayerischen Akademie der Wissenschaften, phil.-hist. Klasse, Heft 5. München 1973. [Wiederabdruck in: DERS., Liebe und Gesellschaft, hg. von Wolfgang WALLICZEK. Stuttgart 1980 (Kleine Schriften 3), S. 12–35 u. 179f.]

LICHTBLAU, Karin/TUCZAY, Christa (Hgg): Motif-Index of German Secular Narratives from the Beginning to 1400 [›Erec‹, ›Iwein‹, ›Lanzelet‹, ›Parzival‹, ›Titurel‹, ›Wigalois‹, ›Daniel‹, ›Crône‹, ›Mantel‹, ›Wigamur‹, ›Segremors‹, ›Edolanz‹, ›Ainune‹, ›Blanschadin‹, Eilharts ›Tristan‹, Gottfrieds ›Tristan‹, Ulrichs von Türheim ›Tristan‹-Fortsetzung]. Under the direction of Helmut BIRKHAN and in collaboration with Ulrike HIRHAGER and Rainer SIGL. 6 Bde., Berlin, New York 2006.

MERTENS, Volker: Art. Aventiure, in: Reallexikon der deutschen Literaturwissenschaft. Neubearbeitung des Reallexikons der deutschen Literaturgeschichte. Gemeinsam mit Harald FRICKE, Klaus GRUBMÜLLER u. Jan-Dirk MÜLLER hg. von Klaus WEIMAR. Bd. 1, Berlin, New York 1997, S. 187–189.

MEYER, Matthias: Die Verfügbarkeit der Fiktion. Interpretationen und poetologische Untersuchungen zum Artusroman und zur aventiurehaften Dietrichepik des 13. Jahrhunderts. Heidelberg 1994 (GRM-Beiheft 12).

Ó RIAIN-RAEDEL, Dagmar: Untersuchungen zur mythischen Struktur der mittelhochdeutschen Artusepen. Ulrich von Zatzikhoven, ›Lanzelet‹ – Hartmann von Aue, ›Erec‹ und ›Iwein‹. Berlin 1978 (Philologische Studien u. Quellen 91).

PÉRENNEC, René: Recherches sur le roman arthurien en vers en Allemagne aux XIIeme et XIIIeme siècles. 2 Bde., Göppingen 1984 (Göppinger Arbeiten zur Germanistik 393 I/II).

ROSSNAGEL, Frank: Die deutsche Artusepik im Wandel. Die Entwicklung von Hartmann von Aue bis zum Pleier. Stuttgart 1996 (helfant studien 11).

RUH, Kurt: Höfische Epik des deutschen Mittelalters. Teil 1: Von den Anfängen bis zu Hartmann von Aue. 2. Aufl. Berlin 1977 (Grundlagen der Germanistik 7).

RUH, Kurt: Höfische Epik des deutschen Mittelalters. Teil 2: ›Reinhart Fuchs‹, ›Lanzelet‹, Wolfram von Eschenbach, Gottfried von Straßburg. Berlin 1980 (Grundlagen der Germanistik 25).

SCHIEWER, Hans-Jochen: *Ein ris ich dar vmbe abe brach/Von sinem wunder bovme.* Beobachtungen zur Überlieferung des nachklassischen Artusromans im 13. und 14. Jahrhundert, in: Deutsche Handschriften 1100–1400. Oxforder Kolloquium 1985, hg. von Volker HONEMANN u. Nigel F. PALMER. Tübingen 1988, S. 222–278.

SCHIROK, Bernd: *Als dem hern Êrecke geschach.* Literarische Anspielungen im klassischen und nachklassischen deutschen Artusroman, in:

Zeitschrift für Literaturwissenschaft und Linguistik (Lili), Heft 70: Ritterrenaissance, hg. von Wolfgang HAUBRICHS. Göttingen 1988, S. 11–25.

SCHIROK, Bernd: *Artûs der meienbære man* – Zum Stellenwert der ‚Artuskritik' im klassischen deutschen Artusroman, in: *Gotes und der werlde hulde.* Literatur in Mittelalter und Neuzeit. Festschrift für Heinz Rupp zum 70. Geb., hg. von Rüdiger SCHNELL. Bern, Stuttgart 1990, S. 58–81.

SCHMITZ, Bernhard Anton: Gauvain, Gawein, Walewein. Die Emanzipation des ewig Verspäteten. Tübingen 2008 (Hermaea N. F. 117).

SIMON, Ralf: Einführung in die strukturalistische Poetik des mittelalterlichen Romans. Analysen zu deutschen Romanen der matière de Bretagne. Würzburg 1990 (Epistemata 66).

TRACHSLER, Ernst: Der Weg im mittelhochdeutschen Artusroman. Bonn 1979 (Studien zur Germanistik, Anglistik und Komparatistik 50).

WEHRLI, Max: Zur Identität der Figuren im frühen Artusroman, in: *Gotes und der werlde hulde.* Literatur in Mittelalter und Neuzeit. Festschrift für Heinz Rupp zum 70. Geb., hg. von Rüdiger SCHNELL. Bern, Stuttgart 1990, S. 48–57.

WIESHOFER, Natascha: Fee und Zauberin. Analysen zur Figurensymbolik der mittelhochdeutschen Artusepik bis 1210. Wien 1995.

4.2. Spezielle Themen

4.2.1. Die Suche nach dem historischen Arthur

ASHE, Geoffrey: The Discovery of King Arthur. New York 1985.

ASHE, Geoffrey: König Arthur. Die Entdeckung von Avalon. Düsseldorf, Wien 1986.

ASHE, Geoffrey: King Arthur's Avalon. The Story of Glastonbury. London 1992.

BARBER, Richard: King Arthur in Legend and History. Ipswich 1973.

CARLEY, James P.: Glastonbury Abbey and the Arthurian Tradition [An Anthology of Essays by many hands]. Woodbridge, Suffolk 2001.

CHAMBERS, E. K.: Arthur of Britain. London 1927.

GÖLLER, Karl Heinz: Giraldus Cambrensis und der Tod Arthurs, in: Anglia 91 (1973), S. 170–193.

GREEN, Thomas: Concepts of Arthur. Stroud 2007.

HOECKE, Willy von u. a. (Hgg.): Arturus rex. 2 Bde. Leuwen 1991.

JENKINS, Elizabeth: The Mystery of King Arthur. London 1975.

JOHANEK, Peter: König Arthur und die Plantagenets. Über den Zusammenhang von Historiographie und höfischer Epik in mittelalterlicher Propaganda, in: Frühmittelalterliche Studien 21 (1987), S. 346–389.

LAMPO, Hubert/KOSTER, Pieter Paul: Artus und der Gral. Königstein 1993.

PHILLIPS, Graham/KEATMAN, Martin: Artus. Die Wahrheit über den legendären König der Kelten. München 1999 (Heyne. Forum der Geschichte).

SCHIRMER, Walter F.: Die frühen Darstellungen des Arthurstoffes. Köln, Opladen 1958 (Arbeitsgemeinschaft für Forschung des Landes Nordrhein-Westfalen. Geisteswissenschaften Heft 73).

STÖRMER, Wilhelm: König Artus als aristokratisches Leitbild während des späteren Mittelalters, gezeigt an Beispielen der Ministerialität und des Patriziats, in: Zeitschrift für bayerische Landesgeschichte 35 (1972), S. 946–971.

THOMAS, Neil: ›Gereint‹ and ›Erec‹. A welsh heroic text and its continental successors, in: Trivium 22 (1987), S. 37–48.

WOLF, Jürgen: Auf der Suche nach König Artus. Mythos und Wahrheit. Darmstadt 2009.

ZIMMER, Stefan: Die keltischen Wurzeln der Artussage. Mit einer vollständigen Übersetzung der ältesten Artuserzählung Culhwch und Olwen. Heidelberg 2006 (Beiträge zur älteren Literaturgeschichte).

4.2.2. Rezeption in Nordfrankreich

BAUSCHKE, Ricarda: Auflösung des Artusromans und Defiktionalisierung im ›Bel Inconnu‹. Renauts de Beaujeu Auseinandersetzung mit Chrétien de Troyes, in: Fiktionalität im Artusroman (4.1.2), S. 84–116.

BESAMUSCA, Bart: Arthurian romances in translation in Medieval Europe (Die Übersetzung des Artuskomplexes im europäischen Mittelalter), in: An international Encyclopedia of Translation Studies/ Encyclopédie internationale de la recherche sur la traduction/ Ein internationales Handbuch zur Übersetzungsforschung, hg. von Harald KITTEL u. a. Bd. 2, Berlin, New York 2007, S. 1360–1366.

BLOSEN, Hans: Noch einmal: Zu Enites Schuld in Hartmanns ›Erec‹. Mit Ausblicken auf Chrétiens Roman und das Mabinogi von ›Gereint‹, in: Orbis Litterarum 31 (1976), S. 81–109.

BRAND, Wolfgang: Chrétien de Troyes. Zur Dichtungstechnik seiner Romane. München 1972 (Freiburger Schriften zur romanischen Philologie 19).

Brogsitter, Karl Otto: Art. Chrétien de Troyes, in: Enzyklopädie des Märchens Bd. 2 (1979), Sp. 1366–1380.

Burrichter, Brigitte: Wahrheit und Fiktion. Der Status der Fiktionalität in der Artusliteratur des 12. Jahrhunderts. München 1996 (Beihefte zu Poetica 21).

Burrichter, Brigitte: Fiktionalität in französischen Artustexten, in: Historische Narratologie – mediävistische Perspektiven, hg. von Harald Haferland, Matthias Meyer u. Carmen Stange. Berlin 2010 (Trends in medieval philology 19), S. 263–280.

Busby, Keith u. a. (Hgg.): Les Manuscrits de Chrétien de Troyes/The Manuscripts of Chrétien de Troyes. 2 Bde. Amsterdam 1993 (Faux titre 71).

Feistner, Edith: Bewußtlosigkeit und Bewußtsein: Zur Identitätskonstitution des Helden bei Chrétien und Hartmann, in: Archiv für das Studium der neueren Sprachen und Literaturen 236 (1999), S. 251–264.

Florence, Melanie: Description as intertextual reference. Chrétien's ›Yvain‹ and Hartmann's ›Iwein‹, in: Forum for Modern Language Studies 29 (1993), S. 1–17.

Grubmüller, Klaus: Versdichtung und höfischer Roman. Übersetzerische Beziehungen und Rezeptionsformen supranationaler Stoffvorlagen in der deutschen Literatur des Mittelalters (Courtly Poetry and Romance: The translation and reception of supranational literary materials in the German-language area in the Middle Ages), in: An international Encyclopedia of Translation Studies/Encyclopédie internationale de la recherche sur la traduction/Ein internationales Handbuch zur Übersetzungsforschung, hg. von Harald Kittel, u. a. Bd. 2, Berlin, New York 2007, S. 1718–1722.

Haug, Walter: Vom Imram zur Aventiure-Fahrt. Zur Frage nach der Vorgeschichte der hochhöfischen Epenstruktur, in: Wolfram-Studien 1 (1970), S. 264–295.

Hausmann, Frank-Rutger: Französisches Mittelalter. Lehrbuch Romanistik. Stuttgart, Weimar 1996.

Hofer, Stefan: Chrétien de Troyes. Leben und Werke des altfranzösischen Epikers. Graz 1954.

Huby, Michel: L' Adaptation des romans courtois en Allemagne au 12e et au 13e siècle. Paris 1968.

Hunt, Tony: Beginnings, Middles, and Ends. Some Interpretative Problems in Chrétiens ›Yvain‹ and its Medieval Adaptions, in: The craft of Fiction. Essays in Medieval Poetics, hg. von Leigh A. Arrathoon. Rochester 1984, S. 83–117.

JONES, Martin H./WISBEY, Roy (Hgg.): Chrétien de Troyes and the German Middle Ages. Cambridge, London 1993.

KELLY, Douglas: Chrétien de Troyes. Supplement 1. Woodbridge 2002 (Research Bibliographies and Checklists: New Series 3).

LACY, Norris J./KELLY, Douglas/BUSBY, Keith (Hgg.): The Legacy of Chrétien de Troyes. 2 Bde. Amsterdam 1987 u. 1988 (Faux titre 31 u. 37).

LACY, Norris J./GRIMBERT, Joan Tasker (Hgg.): A Companion to Chrétien de Troyes. Cambridge 2005 (Arthurian studies 63).

LÜHR, Rosemarie: Die Herkunftsbezeichnung Leonois und das Motiv des dankbaren Löwen im ›Mabinogion‹ und bei Chrétien von Troyes, in: Die Romane von dem Ritter mit dem Löwen, hg. von Xenja von ERTZDORFF. Amsterdam 1994 (Chloe. Beihefte zum Daphnis 20), S. 219–243.

NEUGART, Isolde: Wolfram, Chrétien und das Märchen. Erzählstrukturen und Erzählweisen in der Gawan-Handlung. Frankfurt a. M. u. a. 1996 (Europäische Hochschulschriften 1,1571).

PÉRENNEC, René/SCHMID, Elisabeth (Hgg.): Höfischer Roman in Vers und Prosa. Handbuch der deutschen und niederländischen mittelalterlichen literarischen Sprache, Formen, Motive, Stoffe und Werke französischer Herkunft (1100–1300). Bd. 5, Berlin, New York 2010 (Germania Litteraria Mediaevalis Francigena 5).

RÉGNIER-BOHLER, Danielle u. a. (Hgg.): La Légende arthurienne. Le Graal et la Table Ronde. Paris 1989.

SCHMOLKE-HASSELMANN, Beate: Der arthurische Versroman von Chrestien bis Froissart. Zur Geschichte einer Gattung. Tübingen 1980 (Beiheft zur Zeitschrift für romanische Philologie 177).

SCHMOLKE-HASSELMANN, Beate: Der französische Artusroman in Versen nach Chrétien de Troyes, in: DVjs 57 (1983a), S. 415–430.

SCHMOLKE-HASSELMANN, Beate: Art. Chrétien de Troyes, in: Lexikon des Mittelalters Bd. 2 (1983b), Sp. 1897–1904.

TOPSFIELD, Leslie Thomas: Chrétien de Troyes. A Study of the Arthurian Romances. Cambridge 1981.

TRIMBORN, Karin: Syntaktisch-stilistische Untersuchungen zu Chrétiens ›Yvain‹ und Hartmanns ›Iwein‹. Ein textlinguistischer Vergleich. Berlin 1985 (Philologische Studien und Quellen 103).

WARNING, Rainer: Heterogenität des Erzählten – Homogenität des Erzählens. Zur Konstitution des höfischen Romans bei Chrétien de Troyes, in: Wolfram-Studien 5 (1979), S. 79–95.

WARNKE, Karl: Die Lais der Marie de France. Mit vergleichenden Anmerkungen von Reinhold Köhler. 3., verb. Aufl. Halle 1925 (Bibliotheca Normannica 3).

WOLF, Alois: Die *adaptation courtoise.* Kritische Anmerkungen zu einem neuen Dogma, in: GRM N. F. 27 (1977), S. 257–283.
WOLFZETTEL, Friedrich: Zur Stellung und Bedeutung der Enfances in der altfranzösischen Epik, in: Zeitschrift für französische Sprache und Literatur 83 (1973), S. 317–348 u. 84 (1974), S. 1–32.

4.2.3. Der deutschsprachige Artusroman im späteren Mittelalter

BASTERT, Bernd: Der Münchner Hof und Fuetrers ›Buch der Abenteuer‹. Literarische Kontinuität im Spätmittelalter. Frankfurt a. M. u. a. 1993 (Mikrokosmos 33).
BEHR, Hans-Joachim: *Von der aventiure zum abenteur.* Überlegungen zum Wandel des Artusromans in Füetrers ›Buch der Abenteuer‹, in: IASL 11 (1986), S. 1–20.
BEHR, Hans-Joachim: Höfischer Roman und Heldenepik, in: Von der Handschrift zum Buchdruck. Spätmittelalter, Reformation, Humanismus 1320–1572, hg. von Ingrid BENNEWITZ u. Ulrich MÜLLER. Reinbek bei Hamburg 1991 (Deutsche Literatur. Eine Sozialgeschichte 2) (Rowohlt Literaturgeschichte), S. 125–139.
CORMEAU, Christoph: ›Wigalois‹ und ›Diu Crône‹ (4.1.3).
CORMEAU, Christoph: Zur Gattungsentwicklung des Artusromans nach Wolframs ›Parzival‹, in: Spätmittelalterliche Artusliteratur (4.1.2), S. 119–131.
EBENBAUER, Alfred: Wigamur und die Familie, in: Artusrittertum im späten Mittelalter (4.1.2), S. 28–46.
HAUG, Walter: Die Symbolstruktur des höfischen Epos und ihre Auflösung bei Wolfram von Eschenbach, in: DVjs 45 (1971), S. 668–705.
HAUG, Walter: Paradigmatische Poesie. Der spätere deutsche Artusroman auf dem Weg zu einer ‚nachklassischen' Ästhetik, in: DVjs 54 (1980), S. 204–231.
HAUG, Walter: Das Fantastische in der späteren deutschen Artusliteratur, in: Spätmittelalterliche Artusliteratur (4.1.2), S. 133–149.
HAUG, Walter: Der Teufel und das Böse im mittelalterlichen Roman, in: Seminar. A Journal of Germanic Studies 21 (1985), S. 165–191.
HAUG, Walter: Literatur und Leben im Mittelalter. Eine neue Theorie zur Entstehung und Entwicklung des höfischen Romans, in: Der Deutschunterricht 41 (1989), S. 12–26.
HUBER, Christoph: Von der ›Gral-Queste‹ zum ›Tod des Königs Artus‹. Zum Einheitsproblem des ›Prosa-Lancelot‹, in: Positionen des Romans im späten Mittelalter, hg. von Walter HAUG u. Burghart WACHINGER. Tübingen 1991 (Fortuna vitrea 1), S. 21–38.

Kern, Peter: Die Artusromane des Pleier. Untersuchungen über den Zusammenhang von Dichtung und literarischer Situation. Berlin 1981 (Philologische Studien und Quellen 100).

Kern, Peter: Ulrich Füetrers ›Flordimar‹: Bearbeitung eines Artusromans des 13. Jahrhunderts? In: ZfdPh 107 (1988), S. 410–431.

Mertens, Volker: Der deutsche Artusroman. Stuttgart 1998 (Reclams Universal-Bibliothek 17609. Literaturstudium).

Meyer, Matthias: Die Verfügbarkeit der Fiktion (4.1.3).

Neugart, Isolde: Überlegungen zum ›Gauriel von Muntabel‹ (5.13).

Przybilski, Martin/Ruge, Nikolaus: Die Fiktionalität des späten Artusromans (4.1.2).

Ragotzky, Hedda: Gattungserneuerung und Laienunterweisung in Texten des Strickers. Tübingen 1981 (Studien und Texte zur Sozialgeschichte der Literatur 1).

Rossbacher, R[oland] F[ranz]: Artusroman und Herrschaftsnachfolge. Darstellungsform und Aussagekategorien in Ulrichs von Zatzikhoven ›Lanzelet‹, Strickers ›Daniel von dem blühenden Tal‹ und Pleiers ›Garel von dem blühenden Tal‹. Göppingen 1998 (Göppinger Arbeiten zur Germanistik 649).

Rossnagel, Frank: Die deutsche Artusepik im Wandel (4.1.3).

Schirok, Bernd: Studien zur späten deutschen Artusepik. Habil.-Schrift [Masch.]. 2 Bde., Freiburg 1977.

Schmid, Elisabeth: Weg mit dem Doppelweg. Wider eine Selbstverständlichkeit der germanistischen Artusforschung, in: Erzählstrukturen der Artusliteratur (4.1.2), S. 69–85.

Schröder, Werner: Klassisch, nachklassisch, unklassisch. Deutsche Dichtung im 13. Jahrhundert und danach. Stuttgart 1995 (Kleine Schriften 7).

Wennerhold, Markus: Späte mittelhochdeutsche Artusromane. ›Lanzelet‹, ›Wigalois‹, ›Daniel von dem Blühenden Tal‹, ›Diu Crône‹. Bilanz der Forschung 1960–2000. Würzburg 2005 (Würzburger Beiträge zur deutschen Philologie 27).

Wolfzettel, Friedrich: Doppelweg und Biographie, in: Erzählstrukturen der Artusliteratur (4.1.2), S. 119–141

5. Ausgewählte Beiträge zu einzelnen Autoren und Werken

5.1. Hartmann von Aue

BAUSCHKE, Ricarda: Adaptation courtoise als ‚Schreibweise'. Rekonstruktion einer Bearbeitungstechnik am Beispiel von Hartmanns ›Iwein‹, in: Texttyp und Textproduktion in der deutschen Literatur des Mittelalters, hg. von Elizabeth ANDERSEN, Manfred EIKELMANN u. Anne SIMON. Berlin 2005 (Trends in Medieval Philology 7), S. 65–84.

BRUNNER, Horst: Hartmann von Aue, ›Erec‹ und ›Iwein‹, in: Mittelhochdeutsche Romane und Heldenepen, hg. von Horst BRUNNER. Stuttgart 1993, S. 97–128.

BUMKE, Joachim: Der ›Erec‹ Hartmanns von Aue. Eine Einführung. Berlin, New York 2006 (de Gruyter Studienbuch).

CORMEAU, Christoph: Art. Hartmann von Aue, in: ²VL Bd. 3 (1981), Sp. 500–520.

CORMEAU, Christoph/STÖRMER, Wilhelm: Hartmann von Aue. Epoche – Werk – Wirkung. 3., aktualisierte Aufl. mit bibliographischen Ergänzungen (1992/93 bis 2006) von Thomas BEIN. München 2007 (Beck'sche Elementarbücher) (Arbeitsbücher zur Literaturgeschichte).

EDRICH-PORZBERG, Brigitte: Studien zur Überlieferung und Rezeption von Hartmanns ›Erec‹. Göppingen 1994 (Göppinger Arbeiten zur Germanistik 557).

FROMM, Hans: Doppelweg, in: Werk – Typ – Situation. Studien zu poetologischen Bedingungen in der älteren deutschen Literatur (Hugo Kuhn zum 60. Geburtstag), hg. von Ingeborg GLIER u. a. Stuttgart 1969, S. 64–79.

GÄRTNER, Kurt: Der Text der Wolfenbütteler ›Erec‹-Fragmente und seine Bedeutung für die ›Erec‹-Forschung, in: Beiträge zur Geschichte der deutschen Sprache und Literatur (Tüb.) 104 (1982), S. 207–230 u. 359–430.

GLAUCH, Sonja: Zweimal ›Erec‹ am Anfang des deutschen Artusromans? Einige Folgerungen aus den neugefundenen Fragmenten, in: ZfdPh 128 (2009), S. 347–371.

HAASE, Gudrun: Die germanistische Forschung zum ›Erec‹ Hartmanns von Aue. Frankfurt, Bern, New York, Paris 1988 (Europäische Hochschulschriften 1,1103).

HAHN, Ingrid: *Güete und wizzen.* Zur Problematik von Identität und Bewußtsein im ›Iwein‹ Hartmanns von Aue, in: Beiträge zur Geschichte der deutschen Sprache und Literatur (Tüb.) 107 (1985), S. 190–217.

HAUG, Walter: Für eine Ästhetik des Widerspruchs. Neue Überlegungen zur Poetologie des höfischen Romans, in: Mittelalterliche Literatur und Kunst im Spannungsfeld von Hof und Kloster. Ergebnisse der Berliner Tagung, 9.–11. Oktober 1997, hg. von Nigel F. PALMER u. Hans-Jochen SCHIEWER. Tübingen 1999, S. 211–227.

HAUSMANN, Albrecht: Mittelalterliche Überlieferung als Interpretationsaufgabe. Laudines Kniefall und das Problem des ‚Ganzen Textes', in: Text und Kultur. Mittelalterliche Literatur 1150–1450, hg. von Ursula PETERS. Stuttgart 2001, S. 72–95 (Berichtsbände Germanistische Symposien 23).

HONEMANN, Volker: ›Erec‹. Von den Schwierigkeiten, einen mittelalterlichen Roman zu verstehen, in: Germanistische Mediävistik, hg. von Volker HONEMANN u. Tomas TOMASEK. 2., durchges. Aufl. Münster 2000 (Münsteraner Einführungen: Germanistik 4), S. 89–121.

HÖRNER, Petra (Hg.): Hartmann von Aue. Mit einer Bibliographie 1976–1997. Frankfurt a. M., Bern, New York 1998 (Information und Interpretation 8).

KUHN, Hugo: Erec, in: Festschrift Paul Kluckhohn und Hermann Schneider. Gewidmet zu ihrem 60. Geb., hg. von ihren Tübingern Schülern. Tübingen 1948, S. 122–147.

KUHN, Hugo/CORMEAU, Christoph (Hgg.): Hartmann von Aue. Darmstadt 1973 (Wege der Forschung 359).

KLEIN, Thomas: Zur Sprache der Wolfenbütteler und Zwettler ›Erec‹-Fragmente und zur Herkunft des zweiten ›Erec‹-Romans, in: Edition und Sprachgeschichte. Baseler Fachtagung 2.–4. März 2005, hg. von Michael STOLZ in Verbindung mit Robert SCHÖLLER u. Gabriel VIEHAUSER. Tübingen 2007 (Beihefte zu Editio 26), S. 229–255.

KLEMT, Irmgard: Hartmann von Aue. Eine Zusammenstellung der über ihn und sein Werk von 1927 bis 1965 erschienenen Literatur. Köln 1968 (Bibliographische Hefte 5).

LIEB, Ludger: Ein neuer doppelter Kursus in Hartmanns ›Erec‹ und seine Kontrafaktur in Gottfrieds ›Tristan‹, in: DVjs 83 (2009), S. 193–217.

MERTENS, Volker: Laudine. Soziale Problematik im ›Iwein‹ Hartmanns von Aue. Berlin 1978a (Beihefte zur Zeitschrift für deutsche Philologie 3).

Mertens, Volker: Gregorius Eremita. Eine Lebensform des Adels bei Hartmann von Aue in ihrer Problematik und ihrer Wandlung in der Rezeption. Zürich, München 1978b (Münchener Texte und Untersuchungen zur deutschen Literatur des Mittelalters 67).

Milde, Wolfgang: Zur Kodikologie der neuen und alten Wolfenbütteler ›Erec‹-Fragmente und zum Umfang des darin überlieferten ›Erec‹-Textes, in: Beiträge zur Geschichte der deutschen Sprache und Literatur (Tüb.) 104 (1982), S. 190–206.

Müller, Stephan: ›Erec‹ und ›Iwein‹ in Bild und Schrift. Entwurf einer medienanthropologischen Überlieferungs- und Textgeschichte ausgehend von den frühesten Zeugnissen der Artusepen Hartmanns von Aue, in: Beiträge zur Geschichte der deutschen Sprache und Literatur 127 (2005), S. 414–435.

Nellmann, Eberhard: Ein zweiter ›Erec‹-Roman? Zu den neugefundenen Wolfenbütteler Fragmenten, in: ZfdPh 101 (1982), S. 28–78 u. 436–441.

Nellmann, Eberhard: Der ›Zwettler Erec‹. Versuch einer Annäherung an die Fragmente, in: ZfdA 133 (2004), S. 1–21.

Neubuhr, Elfriede: Bibliographie zu Hartmann von Aue. Berlin 1977 (Bibliographien zur deutschen Literatur des Mittelalters 6).

Okken, Lambertus: Kommentar zur Artusepik Hartmanns von Aue. Im Anhang: Die Heilkunde und Der Ouroboros von Bernhard Dietrich Haage. Amsterdam 1993 (Amsterdamer Publikationen zur Sprache und Literatur 103).

Quast, Bruno: *Getriuwiu wandelunge.* Ehe und Minne in Hartmanns ›Erec‹, in: ZfdA 122 (1993), S. 162–180.

Ragotzky, Hedda/Weinmayer, Barbara: Höfischer Roman und soziale Identitätsbildung. Zur soziologischen Deutung des Doppelwegs im ›Iwein‹ Hartmanns von Aue, in: Deutsche Literatur im Mittelalter. Kontakte und Perspektiven. Hugo Kuhn zum Gedenken, hg. von Christoph Cormeau. Stuttgart 1979, S. 211–253.

Raitz, Walter: Artusroman. Hartmanns von Aue ›Erec‹ und ›Iwein‹, in: Einführung in die deutsche Literatur des 12. bis 16. Jahrhunderts, hg. von Winfried Frey, Walter Raitz u. Dieter Seitz. Bd. 1: Adel und Hof – 12./13. Jahrhundert. Opladen 1979 (Grundkurs Literaturgeschichte), S. 121–157.

Ruh, Kurt ²1977 (4.1.3).

Schnell, Rüdiger: *Gender* und Gesellschaft. Hartmanns ›Erec‹ im Kontext zeitgenössischer Diskurse, in: ZfdA 140 (2011), S. 306–334.

Schulze, Ursula: *Âmîs und man.* Die zentrale Problematik in Hartmanns ›Erec‹, in: Beiträge zur Geschichte der deutschen Sprache und Literatur 105 (1983), S. 14–47.

SIMON, Ralf: Einführung in die strukturalistische Poetik (4.1.3), S. 1–64.

SPECKENBACH, Klaus: *Rîter – geselle – herre.* Überlegungen zu Iweins Identität, in: Erkennen und Erinnern in Kunst und Literatur. Kolloquium Reisensburg, 4. bis 7. Januar 1996, in Verb. mit Wolfgang FRÜHWALD hg. von Dietmar PEIL, Michael SCHILLING u. Peter STROHSCHNEIDER. Tübingen 1998, S. 115–146.

WAND, Christine: Wolfram von Eschenbach und Hartmann von Aue. Literarische Reaktionen auf Hartmann im ›Parzival‹. Herne 1989.

WAPNEWSKI, Peter: Hartmann von Aue. 7., ergänzte Aufl. Stuttgart 1979 (SM 17) [zuerst 1962].

WOLF, Jürgen: Einführung in das Werk Hartmanns von Aue. Darmstadt 2007 (Einführungen Germanistik).

WORSTBROCK, Franz Josef: *Dilatatio materiae.* Zur Poetik des ›Erec‹ Hartmanns von Aue, in: Frühmittelalterliche Studien 19 (1985), S. 1–30.

5.2. Der Tristanstoff

GLAUCH, Sonja: *Die fabelen sol ich werfen an den wint.* Der Status der arthurischen Fiktion im Reflex: Thomas, Gotfrid und Wolfram, in: Poetica 37 (2005), S. 29–64.

GROTHUES, Silke: Der arthurische Tristanroman. Werkabschluß zu Gottfrieds ›Tristan‹ und Gattungswechsel in Heinrichs von Freiberg Tristanfortsetzung. Frankfurt a. M., Bern u. a. 1991 (Europäische Hochschulschriften 1,1202).

GRUBMÜLLER, Klaus: Probleme einer Fortsetzung. Anmerkungen zu Ulrichs von Türheim ›Tristan‹-Schluß, in: ZfdA 114 (1985), S. 338–348.

HAUG, Walter: Der ›Tristan‹ – eine interarthurische Lektüre, in: Artusroman und Intertextualität, hg. von Friedrich WOLFZETTEL. Gießen 1990, S. 57–72.

HENKEL, Nikolaus: Die Geschichte von Tristan und Isolde im deutschen Mittelalter, in: Hauptwerke der Literatur. Vortragsreihe der Universität Regensburg, hg. von Hans BUNGERT. Regensburg 1990 (Schriftenreihe der Universität Regensburg 17), S. 71–96.

HUBER, Christoph: Gottfried von Straßburg, Tristan. 2., verb. Aufl. Berlin 2002 (Klassiker-Lektüren 3), S. 15–26.

KUHN, Hugo: Tristan, Nibelungenlied, Artusstruktur (4.1.3).

MCDONALD, William C.: Gottfried von Straßburg. Tristan and the Arthurian Tradition, in: *In hôhem prîse.* Festschrift für Ernst S. Dick zum 60. Geb., hg. von Winder MCCONNELL. Göppingen 1989 (GAG 480), S. 243–266.

McDonald, William C.: Arthur and Tristan. On the Intersection of Legends in German Medieval Literature. Lewiston, Queenston, Lampeter 1991.

Mertens, Volker: Der arthurische Tristan. *Die fabelen, die hie under sind, die sol ich werfen an den wint*, in: Tristan – Tristrant. Mélanges en l'honneur de Danielle Buschinger à l'occasion de son 60ème anniversaire, hg. von André Crépin u. Wolfgang Spiewok. Greifswald 1996 (Wodan 66), S. 365–380.

Mertens, Volker (4.1.1), S. 250–261.

Müller, Jan-Dirk: Tristans Rückkehr. Zu den Fortsetzern Gottfrieds von Straßburg, in: Festschrift Walter Haug und Burghart Wachinger, hg. von Johannes Janota u. a. Tübingen 1992, S. 529–548.

Ruh, Kurt ²1977 (4.1.3), S. 26–28 u. 46–55.

Ruh, Kurt 1980 (4.1.3), S. 203–261.

Schausten, Monika: Erzählwelten der Tristangeschichte im hohen Mittelalter. Untersuchungen zu den deutschsprachigen Tristanfassungen des 12. und 13. Jahrhunderts. München 1999.

Simon, Ralf: Einführung in die strukturalistische Poetik (4.1.3), S. 92–122.

Speckenbach, Klaus: Studien zum Begriff *edelez herze* im ›Tristan‹ Gottfrieds von Straßburg. München 1965 (Medium aevum 6).

Stein, Peter K.: Tristan, in: Epische Stoffe des Mittelalters, hg. von Volker Mertens u. Ulrich Müller. Stuttgart 1984, S. 365–394.

Strohschneider, Peter: Gotfrid-Fortsetzungen: Tristans Ende im 13. Jahrhundert und die Möglichkeiten nachklassischer Epik, in: DVjs 65 (1991), S. 70–98.

Tomasek, Tomas: Gottfried von Straßburg. Stuttgart 2007 (Reclams Universal-Bibliothek 17665).

Wetzel, René: Der Tristanstoff in der Literatur des deutschen Mittelalters. Forschungsbericht 1969–1994, in: Forschungsberichte zur Germanistischen Mediävistik. Bd. 5,1, hg. von Hans-Jochen Schiewer. Bern, Berlin, Frankfurt a. M. u. a. 1996, S. 190–254.

Worstbrock, Franz Josef: Der Zufall und das Ziel. Über die Handlungsstruktur in Gottfrieds ›Tristan‹, in: Fortuna, hg. von Walter Haug u. Burghart Wachinger. Tübingen 1995 (Fortuna vitrea 15), S. 34–51.

5.3. Wolfram von Eschenbach

Bein, Thomas: Autor, Erzähler, Rhapsode, Figur: Zum ‚Ich' in Wolframs ›Parzival‹ 108,17, in: ZfdPh 115 (1996), S. 433–436.

Bertau, Karl: Über Literaturgeschichte. Literarischer Kunstcharakter und Geschichte in der höfischen Epik um 1200. München 1983.

BUMKE, Joachim: Die Wolfram-Forschung seit 1945. Bericht und Bibliographie. München 1970.

BUMKE, Joachim: Wolfram von Eschenbach. 8., völlig neu bearb. Aufl. Stuttgart, Weimar 2004 (SM 36).

BUMKE, Joachim: Art. Wolfram von Eschenbach, in: ²VL Bd. 10 (1999), Sp. 1376–1418.

BUSSE, Werner: Verwandtschaftsstrukturen im ›Parzival‹, in: Wolfram-Studien 5 (1979), S. 116–134.

CURSCHMANN, Michael: Das Abenteuer des Erzählens. Über den Erzähler in Wolframs ›Parzival‹, in: DVjs 45 (1971), S. 627–667.

DALLAPIAZZA, Michael: Wolfram von Eschenbach, Parzival. Berlin 2009 (Klassiker Lektüren 12).

DRAESNER, Ulrike: Wege durch erzählte Welten. Intertextuelle Verweise als Mittel der Bedeutungskonstitution in Wolframs ›Parzival‹. Frankfurt a. M. u. a. 1993 (Mikrokosmos 36).

HEINZLE, Joachim (Hg.): Wolfram von Eschenbach. Ein Handbuch. Berlin, New York 2011.

NELLMANN, Eberhard: Wolframs Erzähltechnik. Untersuchungen zur Funktion des Erzählers. Wiesbaden 1973.

RAGOTZKY, Hedda: Studien zur Wolfram-Rezeption. Die Entstehung und Verwandlung der Wolfram-Rolle in der deutschen Literatur des 13. Jahrhunderts. Stuttgart 1971.

RIDDER, Klaus: Autorbilder und Werkbewußtsein im ›Parzival‹ Wolframs von Eschenbach, in: Wolfram-Studien 15 (1998), S. 168–194.

RUH, Kurt 1980 (4.1.3), S. 50–202.

RUPP, Heinz (Hg.): Wolfram von Eschenbach. Darmstadt 1966 (Wege der Forschung 57).

SAGER, Alexander: *Minne von mæren.* On Wolfram's ›Titurel‹. Göttingen 2006 (Transatlantische Studien zu Mittelalter und Früher Neuzeit/Transatlantic Studies on Medieval and Early Modern Literature and Culture 2).

SEEBER, Stefan: Wolframs ›Titurel‹ und der Mythos der Minne, in: Beiträge zur Geschichte der deutschen Sprache und Literatur 132 (2010), S. 43–62.

SCHIROK, Bernd: Parzivalrezeption im Mittelalter. Darmstadt 1982 (Erträge der Forschung 174).

Wolfram-Studien. Veröffentlichungen der Wolfram von Eschenbach-Gesellschaft. Bde. 1ff. hg. von Werner SCHRÖDER, Joachim HEINZLE, Leslie Peter JOHNSON, Gisela VOLLMANN-PROFE, Wolfgang HAUBRICHS, Eckart Conrad LUTZ u. a. Berlin 1970ff.

5.4. Ulrichs von Zatzikhoven ›Lanzelet‹

BÄRMANN, Michael: Ulrich von Zatzikhoven und die Entstehung des mittelhochdeutschen ›Lanzelet‹-Romans. Überlegungen zur Herkunft des Dichters und zur Gönnerschaft, in: Das Markgräflerland 2 (1989), S. 62–84.

BERTAU, Karl (5.3), S. 30–41.

BLANK, Walter (5.9), S. 123–125 u. 133f.

COMBRIDGE, Rosemary N.: Das Fragment B des ›Lanzelet‹ Ulrichs von Zazikhoven, in: Euphorion 57 (1963), S. 200–209.

COMBRIDGE, Rosemary: Der ›Lanzelet‹ Ulrichs von Zatzikhoven im Kreuzfeuer der Editionsprinzipien, in: Methoden und Probleme der Edition mittelalterlicher deutscher Texte. Bamberger Fachtagung 26.–29. Juni 1991, hg. von Rolf BERGMANN u. Kurt GÄRTNER unter Mitwirkung von Volker MERTENS, Ulrich MÜLLER u. Anton SCHWOB. Tübingen 1993 (Beihefte zu Editio), S. 40–49.

DAIBER, Andreas: Bekannte Helden in neuen Gewändern? Intertextuelles Erzählen im ›Biterolf und Dietleib‹ sowie am Beispiel Keies und Gaweins im ›Lanzelet‹, ›Wigalois‹ und der ›Crône‹. Frankfurt a. M. u. a. 1999 (Mikrokosmos 53).

FEISTNER, Edith: *Er nimpt ez allez zeine spil.* Der ›Lanzelet‹ Ulrichs von Zatzikhofen als ironische Replik auf den Problemhelden des klassischen Artusromans, in: Archiv für das Studium der neueren Sprachen und Literaturen 232 (1995), S. 141–154.

GRUBMÜLLER, Klaus: Die Konzeption der Artusfigur bei Chrestien und in Ulrichs ›Lanzelet‹: Mißverständnis, Kritik oder Selbständigkeit? Ein Diskussionsbeitrag, in: JONES/WISBEY (4.2.2), S. 137–149.

HAUG, Walter (5.9), bes. S. 52–71.

KANTOLA, Markku: Studien zur Reimsprache des ›Lanzelet‹ Ulrichs von Zatzikhoven. Ein Beitrag zur Vorlagenfrage. Turku 1982 (Annales Universitatis Turkuensis. Serie B. 157).

MCLELLAND, Nicola: Ulrich von Zatzikhoven's ›Lanzelet‹. Narrative Style and Entertainment. Cambridge 2000 (Arthurian Studies 46).

MARGETTS, John: Eheliche Treue im ›Lanzelet‹ Ulrichs von Zatzikhoven, in: Festschrift für Siegfried Grosse zum 60. Geb., hg. von Werner BESCH u. a. Göppingen 1984 (Göppinger Arbeiten zur Germanistik 423).

PÉRENNEC, René: Artusroman und Familie: *Daz welsche buoch von Lanzelete,* in: Acta Germanica 11 (1979) S. 1–51.

PÉRENNEC, René: Ulrich von Zazikhoven, ›Lanzelet‹, in: Mittelhochdeutsche Romane und Heldenepen, hg. von Horst BRUNNER. Stuttgart 1993, S. 129–145.

NEUGART, Isolde: Art. Ulrich von Zatzikhoven, in: ²VL Bd. 10 (1997), Sp. 61–68.

Ó RIAIN-RAEDEL, Dagmar (4.1.3).

RUH, Kurt: Der ›Lanzelet‹ Ulrichs von Zatzikhofen. Modell oder Kompilation? In: Deutsche Literatur des späten Mittelalters. Hamburger Colloquium 1973, hg. von Wolfgang HARMS u. Leslie Peter JOHNSON. Berlin 1975 (Publications of the Institute of Germanic Studies [University of London] 22), S. 47–55.

RUH, Kurt 1980 (4.1.3), S. 34–49.

SCHMIDT, Klaus: Frauenritter oder Artusritter? Über Struktur und Gehalt von Ulrichs von Zatzikhoven ›Lanzelet‹, in: ZfdPh 98 (1979), S. 1–18.

SCHÜPPERT, Helga: Minneszenen und Struktur im ›Lanzelet‹ Ulrichs von Zatzikhoven, in: Würzburger Prosastudien. Untersuchungen zu Literatur und Sprache des Mittelalters. Festschrift für Kurt Ruh zum 60. Geb., hg. von Peter KESTING. Bd. 2, München 1975, S. 123–138.

THORAN, Barbara: Zur Struktur des ›Lanzelet‹ Ulrichs von Zatzikhoven, in: ZfdPh 103 (1984), S. 52–77.

WELZ, Dieter: Lanzelet im *schœnen walde*. Überlegungen zu Struktur und Sinn des Lanzelet-Romans (mit einem Exkurs im Anhang), in: Acta Germanica 13 (1980), S. 47–68.

ZELLMANN, Ulrike: ›Lanzelet‹. Der biographische Artusroman als Auslegungsschema dynastischer Wissensbildung. Düsseldorf 1996 (Studia humaniora 28).

5.5. Wirnts von Grafenberg ›Wigalois‹

BERTELSMEIER-KIERST, Christa: Zur ältesten Überlieferung des ›Wigalois‹. 1. Die Handschrift E, in: ZfdA 121 (1992), S. 275–290.

BOCKWYT, Rabea: Ein Artusritter im Krieg. Überlegungen zur Namûr-Episode im ›Wigalois‹ des Wirnt von Grafenberg aus intertextueller Perspektive, in: Neophilologus 94 (2010), S. 93–108.

BRINKER, Claudia: *Hie ist diu aventiure geholt!* Die Jenseitsreise im ›Wigalois‹ des Wirnt von Grafenberg: Kreuzzugspropaganda und unterhaltsame Glaubenslehre? In: *Contemplata aliis tradere.* Studien zum Verhältnis von Literatur und Spiritualität, hg. von Claudia BRINKER u. a. Bern u. a. 1995, S. 87–110.

CORMEAU, Christoph: ›Wigalois‹ und ›Diu Crône‹ (4.1.3).

DAIBER, Andreas (5.4).

DENRUYTER, Hans: Tierisches Leben im ›Wigalois‹ Wirnts von Gravenberg. Das ‚schöne Tier': Identifizierung und Deutungsansätze, in: Leuvense Bijdragen 87 (1998), S. 119–138.

EMING, Jutta: Aktion und Reflexion. Zum Problem der Konfliktbewältigung im ›Wigalois‹ am Beispiel der Namurs-Episode, in: Spannungen und Konflikte menschlichen Zusammenlebens in der deutschen Literatur des Mittelalters. Bristoler Colloquium 1993, hg. von Kurt GÄRTNER, Ingrid KASTEN u. Frank SHAW. Tübingen 1996, S. 91–101.

EMING, Jutta: Funktionswandel des Wunderbaren. Studien zum ›Bel Inconnu‹, zum ›Wigalois‹ und zum ›Wigoleis vom Rade‹. Trier 1999 (Literatur – Imagination – Realität 19).

FASBENDER, Christoph: Der ›Wigalois‹ Wirnts von Grafenberg. Eine Einführung. Berlin, New York 2010 (de Gruyter Studienbuch).

FUCHS, Stephan: Hybride Helden: Gwigalois und Willehalm. Beiträge zum Heldenbild und zur Poetik des Romans im frühen 13. Jahrhundert. Heidelberg 1997 (Frankfurter Beiträge zur Germanistik 31).

FUCHS-JOLIE, Stephan: ›Bel Inconnu‹, ›Wigalois‹ und ›Chevalier du Papegau‹, in: PÉRENNEC/SCHMID (4.2.2), S. 221–248.

GRUBMÜLLER, Klaus: Artusroman und Heilsbringerethos. Zum ›Wigalois‹ des Wirnt von Gravenberg, in: Beiträge zur Geschichte der deutschen Sprache und Literatur (Tüb.) 107 (1985), S. 218–239.

HAHN, Ingrid: Gott und Minne, Tod und *triuwe*. Zur Konzeption des ›Wigalois‹ des Wirnt von Grafenberg, in: Personenbeziehungen in der mittelalterlichen Literatur, hg. von Helmut BRALL, Barbara HAUPT u. Urs KÜSTERS. Düsseldorf 1994 (Studia humaniora 25), S. 37–60.

HEINZLE, Joachim: Über den Aufbau des ›Wigalois‹, in: Euphorion 67 (1973), S. 261–271.

HONEMANN, Volker: Wigalois' Kampf mit dem roten Ritter. Zum Verständnis der Hojir-Aventiure in Wirnts ›Wigalois‹, in: German Narrative Literature of the Twelfth and Thirteenth Centuries. Studies presented to Roy Wisbey on his 65th Birthday, hg. von Volker HONEMANN u. a. Tübingen 1994, S. 347–362.

KAISER, Gert: Der ›Wigalois‹ des Wirnt von Grâvenberc. Zur Bedeutung des Territorialisierungsprozesses für die ‚höfisch-ritterliche' Literatur des 13. Jahrhunderts, in: Euphorion 69 (1975), S. 410–443.

KERN, Peter: Die Auseinandersetzung mit der Gattungstradition im ›Wigalois‹ Wirnts von Grafenberg, in: Artusroman und Intertextualität (4.1.2), S. 73–83.

KLARE, Andreas: Überlegungen zur Literarisierung von historischen Figuren am Beispiel des Hoyer von Mansfeld in Wirnts ›Wigalois‹, in: Leuvense Bijdragen 83 (1994), S. 485–521.

Lienert, Elisabeth: Zur Pragmatik höfischen Erzählens. Erzähler und Erzählerkommentare in Wirnts von Grafenberg ›Wigalois‹, in: Archiv für das Studium der neueren Sprachen und Literaturen 234 (1997), S. 263–275.

Mennung, Albert: Der ›Bel Inconnu‹ des Renaut de Beaujeu in seinem Verhältnis zum ›Lybeaus Disconus‹, ›Carduino‹ und ›Wigalois‹. Diss. Halle 1890.

Mertens, Volker: Iwein und Gwigalois – der Weg zur Landesherrschaft, in: GRM 31 (1981), S. 14–32.

Schiewer, Hans-Jochen: Prädestination und Fiktionalität in Wirnts ›Wigalois‹, in: Fiktionalität im Artusroman (4.1.2), S. 146–159.

Schröder, Werner: Der synkretistische Roman des Wirnt von Gravenberg. Unerledigte Fragen an den ›Wigalois‹, in: Euphorion 80 (1986), S. 235–277.

Thomas, Neil: Wirnt von Gravenberg's ›Wigalois‹. Intertextuality and Interpretation. Cambridge 2005 (Arthurian Studies 62).

Wuestemann, Sybille: Der Ritter mit dem Rad. Die *stæte* des Wigalois zwischen Literatur und Zeitgeschichte. Trier 2006 (Literatur – Imagination – Realität 36).

Ziegeler, Hans-Joachim: Art. Wirnt von Grafenberg, in: ²VL Bd. 10 (1999), Sp. 1252–1276.

5.6. Heinrichs von dem Türlin ›Diu Crône‹

Andersen, Elizabeth: Heinrich von dem Türlin's ›Diu Crône‹ and the Prose ›Lancelot‹. An Intertextual Study, in: Arthurian Literature 7 (1987), S. 23–49.

Bleumer, Hartmut: Die ›Crône‹ Heinrichs von dem Türlîn. Form-Erfahrung und Konzeption eines späten Artusromans. Tübingen 1997 (Münchener Texte und Untersuchungen zur deutschen Literatur des Mittelalters 112).

Bleumer, Hartmut: Art. Heinrich von dem Türlin, in: ²Killy Bd. 5 (2009), S. 211–213.

Boor, Helmut de: Fortuna in mittelhochdeutscher Dichtung, insbesondere in der ›Crône‹ des Heinrich von dem Türlîn, in: Verbum et signum. Beiträge zur mediävistischen Bedeutungsforschung. Studien zu Semantik und Sinntradition im Mittelalter. Festschrift für Friedrich Ohly. Bd. 2, hg. von Hans Fromm, Wolfgang Harms u. Uwe Ruberg. München 1975, S. 311–328.

Claassens, Geert/Knapp, Fritz Peter: Gauvainromane, in: Pérennec/Schmid (4.2.2), S. 249–310.

Cormeau, Christoph: ›Wigalois‹ und ›Diu Crône‹ (4.1.3).

CORMEAU, Christoph: Art. Heinrich von dem Türlin, in: ²VL Bd. 3 (1981), Sp. 894–899.

DAIBER, Andreas (5.4).

EBENBAUER, Alfred: Fortuna und der Artushof. Bemerkungen zum ‚Sinn' der ›Krone‹ Heinrichs von dem Türlin, in: Österreichische Literatur zur Zeit der Babenberger. Vorträge der Lilienfelder Tagung 1976. Wien 1977 (Wiener Arbeiten zur germanischen Altertumskunde und Philologie 10), S. 25–49.

EBENBAUER, Alfred: Gawein als Gatte, in: Die mittelalterliche Literatur in Kärnten. Vorträge des Symposions in St. Georgen/Längsee vom 8. bis 13.9.1980, hg. von Peter KRÄMER. Wien 1981 (Wiener Arbeiten zur germanischen Altertumskunde und Philologie 16), S. 33–66.

FELDER, Gudrun: Kommentar zur ›Crône‹ Heinrichs von dem Türlin. Berlin, New York 2006.

GLASSNER, Christine: Der Aufbau der ›Crône‹ Heinrichs von dem Türlin. Handschriftengliederung und Werkstruktur. Diss. Wien 1991.

GUTWALD, Thomas: Komik unter den Bedingungen höfischer Interaktion in der ›Crône‹ des Heinrich von dem Türlin. Frankfurt a. M. u. a. 2000 (Mikrokosmos 55).

JILLINGS, Lewis: ›Diu Crône‹ of Heinrich von dem Türlein. The Attempted Emancipation of Secular Narrative. Göppingen 1980 (GAG 258).

KASPER, Christine: Von miesen Rittern und sündhaften Frauen und solchen, die besser waren: Tugend- und Keuschheitsproben in der mittelalterlichen Literatur vornehmlich des deutschen Sprachraums. Göppingen 1995 (GAG 547).

KELLER, Johannes: ›Diu Crône‹ Heinrichs von dem Türlin: Wunderketten, Gral und Tod. Bern u. a. 1997 (Deutsche Literatur von den Anfängen bis 1700, Bd. 25).

KERN, Peter: Bewußtmachen von Artusromankonventionen in der ›Crône‹ Heinrichs von dem Türlin, in: Erzählstrukturen der Artusliteratur (4.1.2), S. 199–218.

KLÜPPELHOLZ, Heinz: Die Idealisierung und Ironisierung des Protagonisten in den altfranzösischen Gauvain-Romanen, in: GRM N. F. 44 (1994), S. 18–36.

KNAPP, Fritz Peter: Das Ideal des *chevalier errant* im französischen ›Prosa-Lancelot‹ und in der ›Krone‹ Heinrichs von dem Türlin, in: Artusrittertum im späten Mittelalter (4.1.2), S. 138–145.

KNAPP, Fritz Peter: Die Literatur des Früh- und Hochmittelalters in den Bistümern Passau, Salzburg, Brixen und Trient [...] bis zum Jahre 1273, Graz 1995 (Geschichte der Literatur in Österreich von den Anfängen bis zur Gegenwart 1).

Maksymiuk, Stephan: The Court Magician in Medieval German Romance. Frankfurt a. M. u. a. 1996 (Mikrokosmos 44).

Mentzel-Reuters, Arno: *Vröude*. Artusbild, Fortuna- und Gralkonzeption in der ›Crône‹ des Heinrich von dem Türlin als Verteidigung des höfischen Lebensideals. Frankfurt a. M. u. a. 1989 (Europäische Hochschulschriften 1,1134).

Ringeler, Frank: Zur Konzeption der Protagonistenidentität im deutschen Artusroman um 1200. Aspekte einer Gattungspoetik. Frankfurt a. M. u. a. 2000 (Europäische Hochschulschriften 1,1752).

Schmid, Elisabeth: Text über Texte. Zur ›Crône‹ Heinrichs von dem Türlin, in: GRM N. F. 44 (1994), S. 266–287.

Schröder, Werner: Zur Literaturverarbeitung durch Heinrich von dem Türlin in seinem Gawein-Roman ›Diu Crône‹, in: ZfdA 121 (1992), S. 131–174.

Stein, Peter: Integration, Variation, Destruktion. Die ›Crône‹ Heinrichs von dem Türlin innerhalb der Gattungsgeschichte des deutschen Artusromans. Bern u. a. 2000 (Deutsche Literatur von den Anfängen bis 1700, Bd. 32).

Vollmann, Justin: Das Ideal des irrenden Lesers. Ein Wegweiser durch die ›Krone‹ Heinrichs von dem Türlin. Tübingen, Basel 2008 (Bibliotheca Germanica 53).

Wagner-Harken, Annegret: Märchenelemente und ihre Funktion in der ›Crône‹ Heinrichs von dem Türlin. Ein Beitrag zur Unterscheidung zwischen ‚klassischer' und ‚nachklassischer' Artusepik. Bern u. a. 1995 (Deutsche Literatur von den Anfängen bis 1700, Bd. 21).

Wennerhold, Markus (4.2.3), S. 182–255.

Worstbrock, Franz Josef: Über den Titel der ›Krone‹ Heinrichs von dem Türlin, in: ZfdA 95 (1966), S. 182–186.

Wyss, Ulrich: Die Wunderketten in der ›Crône‹, in: Die mittelalterliche Literatur in Kärnten, hg. von Peter Krämer. Wien 1981 (Wiener Arbeiten zur Germanischen Altertumskunde und Philologie 16), S. 269–291.

Wyss, Ulrich: Heinrich von dem Türlin, ›Diu Crône‹, in: Mittelhochdeutsche Romane und Heldenepen, hg. von Horst Brunner. Stuttgart 1993, S. 271–292.

Zach, Christine: Die Erzählmotive der ›Crône‹ Heinrichs von dem Türlin und ihre altfranzösischen Quellen. Passau 1990 (Passauer Schriften zu Sprache und Literatur 5).

Zatloukal, Klaus: Gedanken über den Gedanken. Der reflektierende Held in Heinrichs von dem Türlin ›Crône‹, in: Die mittelalterliche Literatur in Kärnten, hg. von Peter Krämer. Wien 1981 (Wiener Arbeiten zur Germanischen Altertumskunde und Philologie 16), S. 293–316.

5.7. Strickers ›Daniel von dem Blühenden Tal‹

BIRKHAN, Helmut: Der Stricker, ›Daniel von dem blühenden Tal‹. Aus dem Mittelhochdeutschen übertragen, mit einer Einführung und Anmerkungen. Kettwig 1992 (Erzählungen des Mittelalters 5).

BÖHM, Sabine: Der Stricker – Ein Dichterprofil anhand seines Gesamtwerkes. Frankfurt a. M. u. a. 1995 (Europäische Hochschulschriften 1,1530).

BOOR, Helmut de: Der ›Daniel‹ des Stricker und der ›Garel‹ des Pleier, in: Beiträge zur Geschichte der deutschen Sprache und Literatur 79 (1957), S. 67–84.

BRALL, Helmut: Strickers ›Daniel von dem blühenden Tal‹. Zur politischen Funktion spöthöfischer Artusepik im Territorialisierungsprozeß, in: Euphorion 70 (1976), S. 222–257.

EIKELMANN, Manfred: Rolandslied und später Artusroman. Zu Gattungsproblematik und Gemeinschaftskonzept in Strickers ›Daniel von dem blühenden Tal‹, in: Wolfram-Studien Bd. 11 (1989), S. 107–127.

GEITH, Karl-Ernst/UKENA-BEST, Elke/ZIEGELER, Hans-Joachim: Art. Der Stricker, in: ²VL Bd. 9 (1996), Sp. 417–449.

HAHN, Ingrid: Das Ethos der *kraft*. Zur Bedeutung der Massenschlachten in Strickers ›Daniel von dem blühenden Tal‹, in: DVjs 59 (1985), S. 173–194.

HUBER, Christoph: *Ars et prudentia*. Zum ‚list'-Exkurs im ›Daniel‹ des Strickers, in: Ars und scientia im Mittelalter und in der frühen Neuzeit. Ergebnisse interdisziplinärer Forschung. Georg Wieland zum 65. Geb., hg. von Cora DIETL. Tübingen u. a. 2002, S. 155–172.

KERN, Peter: Rezeption und Genese des Artusromans. Überlegungen zu Strickers ›Daniel vom blühenden Tal‹, in: ZfdPh 93 (Sonderheft 1974), S. 18–42.

MÜLLER, Dorothea: ›Daniel vom Blühenden Tal‹ und ›Garel vom Blühenden Tal‹. Die Artusromane des Stricker und des Pleier unter gattungsgeschichtlichen Aspekten. Göppingen 1981 (GAG 334).

OTERO VILLENA, Almudena: Zeitauffassung und Figurenidentität im ›Daniel von dem Blühenden Tal‹ und ›Gauriel von Muntabel‹. Göttingen 2007 (Aventiuren 3).

PINGEL, Regina: Ritterliche Werte zwischen Tradition und Transformation. Zur veränderten Konzeption von Artusheld und Artushof in Strickers ›Daniel von dem blühenden Tal‹. Frankfurt a. M. u. a. 1994 (Mikrokosmos 40).

RAGOTZKY, Hedda: Gattungserneuerung und Laienunterweisung in Texten des Strickers. Tübingen 1981 (Studien und Texte zur Sozialgeschichte der Literatur 1).

REISEL, Johanna: Zeitgeschichtliche und theologisch-scholastische Aspekte im ›Daniel von dem blühenden Tal‹ des Stricker. Göppingen 1986 (GAG 464).

RESLER, Michael: Zur Datierung von Strickers ›Daniel von dem blühenden Tal‹, in: Euphorion 78 (1984), S. 17–30.

ROSENHAGEN, Gustav: Untersuchungen über ›Daniel vom Blühenden Tal‹ vom Stricker. Diss. Kiel 1890.

ROSSBACHER, Roland F.: Artusroman und Herrschaftsnachfolge (4.2.3).

ROSSNAGEL, Frank: Die deutsche Artusepik im Wandel (4.1.3).

SCHEUER, Hans Jürgen: Bildintensität – Eine imaginationstheoretische Lektüre des Strickerschen Artusromans ›Daniel von dem Bühenden Tal‹, in: ZfdPh 124 (2005), S. 23–46.

SCHRÖDER, Werner: *Und zuckte in uf als einen schoup.* Parodierte Artus-Herrlichkeit in Strickers ›Daniel‹, in: Sprache und Recht. Beiträge zur Kulturgeschichte des Mittelalters. Festschrift für Ruth Schmidt-Wiegand zum 60. Geb., hg. von Karl HAUCK u. a., Bd. 2. Berlin, New York 1986, S. 814–830.

WANDHOFF, Haiko: Strickers ›Daniel von dem Bühenden Tal‹: ein komischer Artusroman im frühen 13. Jahrhundert? In: Komische Gegenwelten. Lachen und Literatur in Mittelalter und Früher Neuzeit, hg. von Helga NEUMANN u. Werner RÖCKE. Paderborn 1999, S. 47–62.

5.8. ›Der Mantel‹

Ambraser Heldenbuch. Vollständige Faksimile-Ausgabe im Originalformat des Codex Vindobonensis series nova 2663 der Österreichischen Nationalbibliothek. Mit einem Kommentar von Franz UNTERKIRCHER. Graz 1973 (Codices Selecti 43).

JANOTA, Johannes: Art. Ambraser Heldenbuch, in: ²VL Bd. 1 (1978), Sp. 323–327.

CORMEAU, Christoph: Art. Heinrich von dem Türlin (II. ›Der Mantel‹), in: ²VL Bd. 3 (1981), Sp. 894–899.

HARDIN, Patricia D.: The didactic nature of ›Der Mantel‹. Chivalric balance, in: Colloquia Germanica 31 (1998), S. 97–103.

HOFER, Stefan: Untersuchungen zum Mantellai, in: Zeitschrift für romanische Pilologie 73 (1957), S. 469–485.

KASPER, Christine (5.6).

KRATZ, Bernd: Die Ambraser ›Mantel‹-Erzählung und ihr Autor, in: Euphorion 71 (1977), S. 1–17.

SCHRÖDER, Werner: Das Ambraser ›Mantel‹-Fragment, nach der einzigen Handschrift neu herausgegeben. Stuttgart 1995 (Sitzungsberichte der wissenschaftlichen Gesellschaft an der Johann Wolfgang Goethe-Universität Frankfurt a. M. 33,5).

WARNATSCH, Otto: Der Mantel. Bruchstück eines Lanzeletromans des Heinrich von dem Türlin, nebst einer Abhandlung über die Sage vom Trinkhorn und Mantel und die Quelle der Krone. Nachdruck der Ausg. Breslau 1883 (Germanistische Abhandlungen 2). Hildesheim, New York 1977.

5.9. ›Prosa-Lancelot‹

BECKERS, Hartmut: *Der püecher haubet, die von der Tafelrunde wunder sagen.* Wirich von Stein und die Verbreitung des Prosa-Lancelot im 15. Jahrhundert, in: Wolfram-Studien 9 (1986), S. 17–45.

BLANK, Walter: Zu den Schwierigkeiten der Lancelot-Rezeption in Deutschland, in: JONES/WISBEY (4.2.2), S. 121–136.

BRANDSMA, Frank/KNAPP, Fritz Peter: Lancelotromane, in: PÉRENNEC/SCHMID (4.2.2), S. 393–457.

FROMM, Hans: Zur Karrenritter-Episode im ›Prosa-Lancelot‹. Struktur und Geschichte, in: Medium Aevum deutsch. Beiträge zur deutschen Literatur des hohen und späten Mittelalters. Festschrift Kurt Ruh zum 65. Geb, hg. von Dietrich HUSCHENBETT u. a. Tübingen 1979, S. 69–97.

FROMM, Hans: Lancelot und die Einsiedler, in: Geistliche Denkformen in der Literatur des Mittelalters, hg. von Klaus GRUBMÜLLER, Ruth SCHMIDT-WIEGAND u. Klaus SPECKENBACH. München 1984 (Münstersche Mittelalter-Schriften 51), S. 189–209.

HAUG, Walter: ‚Das Land, von welchem niemand wiederkehrt.' Mythos, Fiktion und Wahrheit in Chrétiens ›Chevalier de la Charette‹, im ›Lanzelet‹ Ulrichs von Zatzikhoven und im ›Lancelot‹-Prosaroman. Tübingen 1978 (Untersuchungen zur deutschen Literaturgeschichte 21).

HEINZLE, Joachim: Zur Stellung des ›Prosa-Lancelot‹ in der deutschen Literatur des 13. Jahrhunderts, in: Artusrittertum im späten Mittelalter (4.1.2), S. 104–113.

HENNINGS, Thordis: Altfranzösischer und mittelhochdeutscher ›Prosa-Lancelot‹ – übersetzungs- und quellenkritische Studien. Heidelberg 2001 (Beiträge zur älteren Literaturgeschichte).

HUBER, Christoph: Von der ›Gral-Queste‹ zum ›Tod des Königs Artus‹. Zum Einheitsproblem des ›Prosa-Lancelot‹, in: Positionen des Romans im späten Mittelalter, hg. von Walter HAUG

u. Burghart WACHINGER. Tübingen 1991 (Fortuna vitrea 1), S. 21–38.

HUBER, Christoph/RIDDER, Klaus (Hgg.): Lancelot. Der mittelhochdeutsche Roman im europäischen Kontext. Tübingen 2007.

HUBER, Christoph: Galaad als Erlöser. Zur heilsgeschichtlichen Struktur im ›Prosalancelot‹, in: DVjS 82 (2008), S. 205–219.

HUBER, Christoph: Art. Lancelot, in: ²Killy Bd. 7 (2010), S. 186–190.

KENNEDY, Elsbeth: Lancelot and the Grail. A Study of the Prose ›Lancelot‹. Oxford 1986.

KLEIN, Thomas: Zur Sprache des Münchener ›Prosa-Lancelot‹-Fragments, in: Amsterdamer Beiträge zur älteren Germanistik 38/39 (1994), S. 223–240.

KLINGER, Judith: Der mißratene Ritter. Konzeptionen von Identität im ›Prosa-Lancelot‹. München 2001 (Forschungen zur Geschichte der älteren deutschen Literatur 26).

KNAPP, Fritz Peter: *Chevalier errant* und *fin'amor*. Das Ritterideal des 13. Jahrhunderts in Nordfrankreich und im deutschsprachigen Südosten. Studien zum ›Lancelot en prose‹, zum ›Moriz von Craûn‹, zur ›Krone‹ Heinrichs von dem Türlin, zu Werken des Strickers und zum ›Frauendienst‹ Ulrichs von Lichtenstein. Passau 1986.

KRAWUTSCHKE, Peter Wilhelm: Liebe, Ehe und Familie im deutschen ›Prosa-Lancelot‹ I. Bern, Frankfurt a. M. 1978 (Europäische Hochschulschriften 1,229).

LANGOSCH, Karl (Hg.): König Artus und seine Tafelrunde. Europäische Dichtung des Mittelalters. In Zusammenarbeit mit Wolf-Dieter LANGE. Stuttgart 1980 (Reclams Universal-Bibliothek 9945).

LOT, Ferdinand: Étude sur le Lancelot en prose. Paris 1918 (Bibliothèque de l'École des Hautes Études 226).

PHILIPOWSKI, Katharina-Silke: *Minne* und *Kiusche* im deutschen ›Prosa-Lanzelot‹, Frankfurt a. M. 2002 (Europäische Hochschulschriften I 1842).

RAUMANN, Rachel: ‚Fictio' und ‚historia' in den Artusromanen Hartmanns von Aue und im ›Prosa-Lanzelot‹. Tübingen, Basel 2010 (Bibliotheca Germanica 57).

REIL, Cornelia: Liebe und Herrschaft. Studien zum altfranzösischen und mittelhochdeutschen ›Prosa-Lanzelot‹. Tübingen 1996 (Hermaea N. F. 78).

REMAKEL, Michèle: Rittertum zwischen Minne und Gral. Untersuchungen zum mittelhochdeutschen ›Prosa-Lancelot‹. Frankfurt a. M. 1995 (Mikrokosmos 42).

ROTHSTEIN, Katja: Der mittelhochdeutsche ›Prosa-Lancelot‹. Eine entstehungs- und überlieferungsgeschichtliche Untersuchung unter besonderer Berücksichtigung der Handschrift Ms. allem. 8017–8020. Frankfurt a. M. 2007 (Kultur, Wissenschaft, Literatur 15).

Ruberg, Uwe: Raum und Zeit im ›Prosa-Lancelot‹. München 1965.

Ruberg, Uwe: Art. ›Lancelot‹ (›Lancelot-Gral-Prosaroman‹), in: ²VL Bd. 5 (1985), Sp. 530–546.

Ruh, Kurt: ›Lancelot‹, in: Der arthurische Roman, hg. von Kurt Wais. Darmstadt 1970 (Wege der Forschung 157), S. 237–255.

Schmid, Elisabeth: Familiengeschichten und Heilsmythologie. Die Verwandtschaftsstrukturen in den französischen und deutschen Gralromanen des 12. und 13. Jahrhunderts. Tübingen 1986.

Schröder, Werner (Hg.): Schweinfurter ›Lancelot‹-Kolloquium. Berlin 1986 (Wolfram-Studien 9).

Speckenbach, Klaus: Endzeiterwartung im ›Lancelot-Gral-Zyklus‹. Zur Problematik des Joachitischen Einflusses auf den Prosaroman, in: Geistliche Denkformen in der Literatur des Mittelalters, hg. von Klaus Grubmüller, Ruth Schmidt-Wiegand u. Klaus Speckenbach. München 1984 (Münstersche Mittelalter-Schriften 51), S. 210–225.

Speckenbach, Klaus: ›Prosa-Lancelot‹, in: Mittelhochdeutsche Romane und Heldenepen, hg. von Horst Brunner. Stuttgart 1993, S. 326–352.

Unzeitig-Herzog, Monika: Jungfrauen und Einsiedler. Studien zur Organisation der Aventiurewelt im ›Prosalancelot‹. Heidelberg 1990 (Beiträge zur älteren Literaturgeschichte).

Unzeitig-Herzog, Monika: Zu Fragen der Wirkungsäquivalenz zwischen der altfranzösischen ›Queste del Saint Graal‹ und den deutschen Fassungen der ›Gral-Queste‹ des ›Prosa-Lancelot‹, in: Wolfram-Studien 14 (1996), S. 149–170.

Voss, Rudolf: Der ›Prosa-Lancelot‹. Eine strukturanalytische und strukturvergleichende Studie auf der Grundlage des deutschen Textes. Meisenheim 1970 (Deutsche Studien 12).

Waltenberger, Michael: Das große Herz der Erzählung. Studien zu Narration und Interdiskursivität im ›Prosa-Lancelot‹. Frankfurt a. M. u. a. 1999 (Mikrokosmos 51).

Witthöft, Christiane: Substitutionen in der ‚Minne': Lancelot und Ginover, in: Beiträge zur Geschichte der deutschen Sprache und Literatur 132 (2010), S. 62–87.

5.10. Fragmentarische Artusromane (sortiert nach Werken)

MEYER, Matthias: Intertextuality in the Later Thirteenth Century: Wigamur, Gauriel, Lohengrin and the Fragments of the Arthurian Romances, in: The Arthur of the Germans (4.1.2), S. 98–114.

STEINHOFF, Hans-Hugo: Art. ›**Niederfränkischer Tristan**‹, in: ²VL Bd. 6 (1987), Sp. 994f.

SMET, Gilbert de/ GYSSELING, Maurits: Die niederfränkischen Tristan-Bruchstücke Cod. Vind. Ser. Nova 3968, in: Studia Germanica Gandensia 9 (1967), S. 197–234.

TOMASEK, Tomas: Das niederfränkische Tristanfragment, in: Der ›Tristan‹ Gottfrieds von Straßburg. Symposion Santiago de Compostella, 5. bis 8. April 2000, hg. von Christoph HUBER u. Victor MILLET, Tübingen 2002, S. 75–86.

DUIJVESTIJN, Bob W. Th.: Art. ›**Parcheval**‹, in: ²VL Bd. 7 (1989), Sp. 304–306.

ZATOČIL, Leopold: Prager Bruchstück einer bisher unbekannten mittelfränkischen Übertragung der mittelniederländischen Versbearbeitung von Chrétiens de Troyes Percevalroman (›Li contes del graal‹), in: DERS., Germanistische Studien und Texte I. Beiträge zur deutschen und niederländischen Philologie des Spätmittelalters. Brünn 1968 (Opera Universitatis Purkynianae Brunensis Facultas Philosophica 131), S. 247–280 u. S. 300.

PAUW, Napoleon de: Middelnederlandse Gedichten en Fragmenten II. Gent 1903, S. 89–99.

STROHSCHNEIDER, Peter: Art. Ulrich von Türheim [›**Kligès**‹], in: ²VL Bd. 10 (1999), Sp. 28–39.

GRÖCHENING, Hans/PASCHER, Peter Hans (Hgg.): Ulrich von Türheim, Cliges. Ausgabe der bisher bekannten Fragmente vermehrt um den Neufund aus St. Paul im Lavanttal. Einleitung und buchkundliche Beschreibung. Klagenfurt 1984 (Armarium. Beiträge zur Kodikologie und zu den Historischen Hilfswissenschaften 2).

GANZ, Peter: Art. Fleck, Konrad, in: ²VL Bd. 2 (1980), Sp. 744–747, Bd. 11 (2004), Sp. 446.

ROCHER, Daniel: Cligés in Deutschland, in: JONES/WISBEY (4.2.2), S. 111–119.

MEYER-BENFEY, Heinrich: Mittelhochdeutsche Übungsstücke. 2. Aufl. Halle 1920, S. 151–154.

STEINHOFF, Hans-Hugo: Art. ›**Manuel und Amande**‹, in: ²VL Bd. 5 (1985), Sp. 1225f.

STEINHOFF, Hans-Hugo: Ein neues Fragment von ›Manuel und Amande‹, in: ZfdA 113 (1984), S. 242–245.

Achnitz, Wolfgang: Verlorene Erzählwelten. Zum poetologischen Ort fragmentarischer Artusromane am Beispiel der Neufunde zu ›Manuel und Amande‹, in: Mittelhochdeutsch. Beiträge zur Überlieferung, Sprache und Literatur. Festschrift für Kurt Gärtner zum 75. Geb., hg. von Ralf Plate u. Martin Schubert, zus. mit Michael Embach, Martin Przybilski u. Michael Trauth. Berlin, New York 2011, S. 133–164.

Cormeau, Christoph: Art. **›Segremors‹**, in: [2]VL Bd. 8 (1992), Sp. 1045–1047.

Beyer, Paul Gerhardt: Die mitteldeutschen Segremorsfragmente. Untersuchung und Ausgabe. Marburg 1909.

Cormeau, Christoph: Art. **›Edolanz‹**, in: [2]VL Bd. 2 (1980), Sp. 359–360.

Schönbach, Anton: Neue Bruchstücke des ›Edolanz‹, in: ZfdA 25 (1881), S. 271–287.

Hofmeister, Wernfried: Neu-Edition des Seitenstettner ›Edolanz‹-Fragments A: ein philologisches Abenteuer, in: *Durch aubenteuer muess man wagen vil.* Festschrift für Anton Schwob zum 60. Geb., hg. von Wernfried Hofmeister u. Bernd Steinbauer. Innsbruck 1997, S. 159–175.

Denecke, Ludwig: Art. **›Abor und das Meerweib‹**, in: [2]VL Bd. 1 (1978), Sp. 9–11.

Grimm, Jacob: Abor und das Meerweib, in: ZfdA 5 (1845), S. 6–10.

Schneider, Hermann: Die Gedichte und die Sage von Wolfdietrich. Untersuchungen über ihre Entstehungsgeschichte. München 1913, S. 30f., 68 u. 323.

Beckers, Hartmut: Art. **›Loccumer Artusroman‹**, in: [2]VL Bd. 5 (1985), Sp. 886–888.

Beckers, Hartmut: Ein vergessenes niederdeutsches Artuseposfragment (Loccum, Klosterbibliothek, Ms. 20), in: Niederdeutsches Wort 14 (1974), S. 23–52.

5.11. ›Wigamur‹

Behr, Hans-Joachim: Höfischer Roman und Heldenepik, in: Von der Handschrift zum Buchdruck. Spätmittelalter, Reformation, Humanismus 1320–1572, hg. von Ingrid Bennewitz u. Ulrich Müller. Reinbek bei Hamburg 1991 (Deutsche Literatur. Eine Sozialgeschichte 2) (Rowohlt Literaturgeschichte), S. 125–139.

Blamires, David: The Sources and Literary Structure of ›Wigamur‹, in: Studies in medieval literature and languages in Memory of Frederick Whitehead, hg. von William Rothwell u. a. 1973, S. 27–46.

Brunner, Horst: Art. ›Wigamur‹, in: [2]VL Bd. 10 (1999), Sp. 1060–1063.

BUSCH, Nathanael (Hg.): ›Wigamur‹. Kritische Edition – Übersetzung – Kommentar. Berlin, New York 2009.

BUSCH, Nathanael/EBENBAUER, Alfred: Art. ›Wigamur‹, in: ²Killy Bd. 12 (2011), S. 407–409.

CLASSEN, Albrecht: Der komische Held Wigamur – Ironie oder Parodie? Strukturelle und thematische Untersuchungen zu einem spätmittelalterlichen Artus-Roman, in: Euphorion 87 (1993), S. 200–224.

EBENBAUER, Alfred: Wigamur und die Familie, in: Artusrittertum im späten Mittelalter (4.1.2), S. 28–46.

HENDERSON, Ingeborg: Illustrationsprogramm und Text der Wolfenbütteler ›Wigamur‹-Handschrift, in: *In hôhem prîse.* A *Festschrift* in Honor of Ernst S. Dick. Presented on the Occasion of his Sixtieth Birthday April 7, 1989, ed. by Winder McCONNEL. Göppingen 1989 (GAG 480), S. 163–181.

HENDERSON, Ingeborg: Arthurian Iconography in 15th-Century German Manuscripts, in: Von Otfried von Weißenburg bis zum 15. Jahrhundert. Proceedings from the 24th International Congress on Medieval Studies, May 4–7, 1989, hg. von Albrecht CLASSEN. Göppingen 1991 (GAG 539), S. 123–149.

JENISCH, Erich: Vorarbeiten zu einer kritischen Ausgabe des ›Wigamur‹. Diss. Königsberg 1918.

KARNEIN, Alfred: Minne, Aventiure und Artus-Idealität in den Romanen des späten 13. Jahrhunderts, in: Artusrittertum im späten Mittelalter (4.1.2), S. 114–125.

KHULL, Ferdinand: Zur Geschichte Wigamurs. Diss. [masch.] Graz 1878.

KHULL, Ferdinand: Zu ›Wigamur‹, in: ZfdA 24 (1880), S. 97–124.

LINDEN, Walter: Studien zum ›Wigamur‹. Überlieferung und Sprache. Diss. Halle 1920.

MARTIN, Ann G.: The concept of *reht* in ›Wigamur‹, in: Colloquia Germanica 20 (1987), S. 1–14.

THOMAS, Neil: The Sources of ›Wigamur‹ and the German Reception of the Fair Unknown Tradition, in: Reading Medieval Studies 19 (1993), S. 97–111.

SARRAZIN, Gregor: Wigamur. Eine litterarhistorische Untersuchung. Diss. Straßburg 1879.

WOLF, Gerhard: Rezension von: Wigamur. Edité avec Introduction et Index par Danielle Buschinger. Göppingen 1987 (GAG 320), in: Arbitrium 7 (1989), S. 148–152.

5.12. Die Artusromane des Pleiers

ACHNITZ, Wolfgang: Die ältesten Fragmente zu ›Tandarios und Flordibel‹ des Pleier, in: ZfdA 138 (2009), S. 185–196.

BAHDER, Karl von: Rezension von Michael WALZ (Hg.), Garel von dem blüenden Tal. Ein höfischer Roman aus dem Artussagenkreise von dem Pleier. Mit den Fresken des Garelsaales auf Runkelstein. Freiburg/Br. 1892, in: Alemannia 20 (1892), S. 298–305.

BOOR, Helmut de: Der ›Daniel‹ des Stricker und der ›Garel‹ des Pleier (5.7).

BUSCHINGER, Danielle: Ein Dichter des Übergangs. Einige Bemerkungen zum Pleier, in: *Daß eine Nation die ander verstehen möge.* Festschrift für Marian Szyrocki zu seinem 60. Geb., hg. von Norbert HONSZA u. Hans-Gert ROLOFF. Amsterdam 1988 (Chloe. Beihefte zum Daphnis 7), S. 137–149.

CORMEAU, Christoph: ›Tandareis und Flordibel‹ von dem Pleier. Eine poetologische Reflexion über Liebe im Artusroman, in: Positionen des Romans im späten Mittelalter, hg. von Walter HAUG u. Burghart WACHINGER. Tübingen 1991 (Fortuna vitrea 1), S. 39–53.

DOMANSKI, Kristina/KRENN, Margit: Die profanen Wandmalereien im Sommerhaus, in: Schloss Runkelstein – Die Bilderburg, hg. von der Stadt Bozen unter Mitwirkung des Südtiroler Kulturinstituts [Bearb. von Helmut RIZZOLLI]. Bozen 2000, S. 99–154 [insbesondere S. 110–133 zum ›Garel‹-Zimmer].

FIEDLER-RAUER, Heiko: Arthurische Verhandlungen. Spielregeln der Gewalt in Pleiers Artusromanen ›Garel vom blühenden Tal‹ und ›Tandareis und Flordibel‹. Heidelberg 2003 (Beiträge zur älteren Literaturgeschichte).

KARNEIN, Alfred: Minne, Aventiure und Artus-Idealität in den Romanen des späten 13. Jahrhunderts, in: Artusrittertum im späten Mittelalter (4.1.2), S. 114–125.

KERN, Peter: Die Artusromane des Pleier. Untersuchungen über den Zusammenhang von Dichtung und literarischer Situation. Berlin 1981 (Philologische Studien und Quellen 100).

KERN, Peter: Art. Der Pleier, in: ²VL Bd. 7 (1989), Sp. 728–737.

MEYER, Elard Hugo: Ueber Tandarios und Flordibel, ein Artusgedicht des Pleiers, in: ZfdA 12 (1865), S. 470–514.

MÜLLER, Dorothea: ›Daniel vom Blühenden Tal‹ und ›Garel vom Blühenden Tal‹. Die Artusromane des Stricker und des Pleier unter gattungsgeschichtlichen Aspekten. Göppingen 1981(GAG 334).

PETSCHE, Kurt Alois: Die Sprache, Mundart und Reimtechnik in den Dichtungen des Pleiers. Diss. [masch.] Wien 1967.

Pütz, Horst P[eter]: Pleiers ›Gârel von dem blühenden Tal‹. Protest oder Anpassung? In: Literatur und bildende Kunst im Tiroler Mittelalter [...], hg. von Egon Kühebacher. Innsbruck 1982 (Innsbrucker Beiträge zur Kulturwissenschaft. Germanistische Reihe 15), S. 29–44.

Reich, Björn: ›Garel‹ revisited. Die Auflösung der Artusherrlichkeit beim Pleier, in: Artusroman und Mythos (4.1.2), S. 109–126.

Reich, Björn: Name und *maere*. Eigennamen als narrative Zentren mittelalterlicher Epik. Mit exemplarischen Einzeluntersuchungen zum ›Meleranz‹ des Pleier, ›Göttweiger Trojanerkrieg‹ und ›Wolfdietrich D‹. Heidelberg 2011 (Studien zur historischen Poetik 8).

Riordan, John Lancaster: A Vindication of the Pleier, in: The Journal of English and Germanic Philology 47 (1948), S. 29–43.

Runkelstein. Die Wandmalereien des Sommerhauses, hg. von Walter Haug, Dietrich Huschenbett u. a. Wiesbaden 1982, S. 100–169.

Rossbacher, Roland F.: Artusroman und Herrschaftsnachfolge (4.2.3).

Rossnagel, Frank: Die deutsche Artusepik im Wandel (4.1.3).

Ruge, Nikolaus: *Die wort wil ich meren.* Grenzen des Erzählens in ›Tandarios und Flordibel‹, in: Orte – Ordnungen – Oszillationen, hg. von Natalia Filatkina u. Martin Przybilski. Wiesbaden 2011, S. 57–72.

Schloss Runkelstein – Die Bilderburg, hg. von der Stadt Bozen unter Mitwirkung des Südtiroler Kulturinstituts [Bearb. von Helmut Rizzolli]. Bozen 2000.

Schröder, Werner: Das ›Willehalm‹-Plagiat im ›Garel‹ des Pleier oder die vergeblich geleugnete Epigonalität, in: ZfdA 114 (1985), S. 119–141.

Seidl, Otto: Der Schwan von der Salzach. Nachahmung und Motivmischung bei dem Pleier. Dortmund 1909.

Strasser, Ingrid: Das Ende der Aventiure. Erzählen und Erzählstruktur im ›Garel‹ des Pleier, in: Liebe und Aventiure im Artusroman des Mittelalters, hg. von Paola Schulze-Belli u. Michael Dallapiazza. Göppingen 1990 (GAG 532), S. 133–150.

Thomas, Neil: The Arthurian Trilogy of Der Pleier. A Reassessment, in: Reading Medieval Studies 20 (1994), S. 89–105.

Walliczek, Wolfgang/Markus Wennerhold: Art. Der Pleier, in: [2]Killy Bd. 9 (2010), S. 263–264.

Wedell, Moritz: Gaben aus der Wildnis. Ihre semiotische Ambiguität und die Umdeutung des arthurischen Erzählens zum Minne- und Aventiureroman im ›Meleranz‹ von dem Pleier, in: Liebesgaben. Kommunikative, performative und poetologische Dimensionen in der Literatur des Mittelalters und der Frühen Neuzeit, hg. von Margreth Egidi, Ludger Lieb, Mireille Schnyder u. Moritz Wedell. Berlin (Philologische Studien und Quellen). [im Druck]

WOLF, Armin: Untersuchungen zu ›Garel von dem blühenden Tal‹ von dem Pleier. Diss. München 1967.

ZIMMERMANN, Günter: Die Verwendung heldenepischen Materials im ›Garel‹ von dem Pleier. Gattungskonformität und Erweiterung, in: ZfdA 113 (1984), S. 42–60.

ZIMMERMANN, Günter: Neue Helden, alte Gefahren? Zur Konfliktstrukturierung beim Pleier, in: *Ir sult sprechen willekomen*: grenzenlose Mediävistik. Festschrift für Helmut Birkhan zum 60. Geb., hg. von Christa TUCZAY, Ulrike HIRHAGER u. Karin LICHTBLAU. Bern u. a. 1998, S. 734–753.

5.13. Konrads von Stoffeln ›Gauriel von Muntabel‹

ACHNITZ, Wolfgang: König Artus in Schwaben. Überlegungen zur Entstehung des ›Gauriel von Muntabel‹, in: Archiv für das Studium der neueren Sprachen und Literaturen 235 (1998), S. 241–266.

DECK, Karl: Untersuchungen über ›Gauriel von Muntabel‹. Diss. Straßburg 1912.

DEMTRÖDER, Hans-Alfred: Untersuchungen zu Stoff und Stil des ›Gauriel von Muntabel‹ des Konrad von Stoffeln. Diss. Bonn 1964.

EGERDING, Michael: Konflikt und Krise im ›Gauriel von Muntabel‹ des Konrad von Stoffeln, in: ABäG 34 (1991), S. 111–125.

LICHTBLAU, Karin: Das ‚Minnegericht' in Fluratrône: die domestizierte Fee, in: *Ir sult sprechen willekomen*: grenzenlose Mediävistik. Festschrift für Helmut Birkhan zum 60. Geb., hg. von Christa TUCZAY, Ulrike HIRHAGER u. Karin LICHTBLAU. Bern u. a. 1998, S. 263–283.

MEYER, Matthias: Artus' Ende. Überlegungen zum mhd. Artusroman des 13. Jahrhunderts, in: König Artus und der heilige Graal. Studien zum spätarturischen Roman und zum Graals-Roman im europäischen Mittelalter, hg. von Danielle BUSCHINGER u. Wolfgang SPIEWOK. Greifswald 1994 (Wodan 32) (Greifswalder Beiträge zum Mittelalter 17) (Tagungsbände und Sammelschriften 17), S. 147–158.

NEUGART, Isolde: Überlegungen zum ›Gauriel von Muntabel‹, in: Festschrift Walter Haug und Burghart Wachinger, hg. von Johannes JANOTA, Paul SAPPLER, Frieder SCHANZE, Konrad VOLLMANN, Gisela VOLLMANN-PROFE u. Hans-Joachim ZIEGELER. Bd. 2. Tübingen 1992, S. 503–616.

OBERMAIER, Sabine: Löwe, Adler, Bock. Das Tierrittermotiv und seine Verwandlungen im späthöfischen Roman, in: Tierepik und Tierallegorese. Studien zur Poetologie und historischen Anthropologie vormoderner Literatur, hg. von Bernhard JAHN u. Otto NEUDECK. Frankfurt a. M., Berlin, Bern, Brüssel, New York, Oxford, Wien 2004 (Mikrokosmos 71), S. 121–139.

ROSZKO, Emanuel von: Untersuchungen über das epische Gedicht ›Gauriel von Muntabel‹. Programm des k. k. Franz-Josef-Gymnasiums. Lemberg 1903.

SEUNIG, Vinzenz: Der ›Gauriel‹-Dichter als Nachahmer Hartmanns von Aue. Beiträge zu einer literarhistorischen Würdigung. Beilage zum Programm des k. k. Staatsgymnasiums. Triest 1909.

THOMAS, Neil: Konrad von Stoffeln's ›Gauriel von Muntabel‹: a comment on Hartmann's ›Iwein‹? In: Oxford German Studies 17 (1988), S. 1–9.

5.14. Albrechts ›Der jüngere Titurel‹

EBENBAUER, Alfred: Tschionatulander und Artus. Zur Gattungsstruktur und zur Interpretation des Tschionatulanderlebens im ›Jüngeren Titurel‹, in: ZfdA 108 (1979), S. 374–407.

EBENBAUER, Alfred: ›Jüngerer Titurel‹, in: Mittelhochdeutsche Romane und Heldenepen, hg. von Horst BRUNNER. Stuttgart 1993, S. 353–372.

FROMM, Hans: Der ›Jüngere Titurel‹. Das Werk und sein Dichter, in: Wolfram-Studien 8 (1984), S. 11–33.

GLAUCH, Sonja: Der Eigensinn der Camouflage. Zur Dialektik des Fiktionalen im ›Jüngeren Titurel‹, in: Der ›Jüngere Titurel‹ zwischen Didaxe und Verwilderung. Neue Beiträge zu einem schwierigen Werk, hg. von Martin BAISCH u. a. Göttingen 2010 (Aventiuren 6), S. 67–85.

GUGGENBERGER, Herbert: Albrechts Jüngerer Titurel. Studien zur Minnethematik und Werkkonzeption. Göppingen 1992 (GAG 566).

HAHN, Ingrid: Kosmologie und Zahl. Zum Prolog des ›Jüngeren Titurel‹, in: Geistliche Denkformen in der Literatur des Mittelalters, hg. von Klaus GRUBMÜLLER, Ruth SCHMIDT-WIEGAND u. Klaus SPECKENBACH. München 1984 (Münstersche Mittelalter-Schriften 51), S. 226–244.

HAUG, Walter: Albrechts ›Jüngerer Titurel‹: Ethos und Magie der Brackenseilinschrift, in: DERS., Literaturtheorie im deutschen Mittelalter. Darmstadt 1985, S. 355–366.

HEINZLE, Joachim (5.3).

HUSCHENBETT, Dietrich: Bibliographie zum ›Jüngeren Titurel‹, in: Wolfram-Studien 8 (1984), S. 169–176.

KERN, Peter: Albrechts Gönner und die Wolfram-Rolle im ›Jüngeren Titurel‹, in: Wolfram-Studien 8 (1984), S. 138–152.

KRÜGER, Rüdiger: Studien zur Rezeption des sogenannten ›Jüngeren Titurel‹. Stuttgart 1986 (Helfant-Studien S1).

LORENZ, Andrea: Der ›Jüngere Titurel‹ als Wolfram-Fortsetzung. Eine Reise zum Mittelpunkt des Werks. Bern u. a. 2002 (Deutsche Literatur von den Anfängen bis 1700. 36).

MERTENS, Volker: Zu Text und Melodie der Titurelstrophe: *Iamer ist mir entsprungen*, in: Wolfram-Studien 1 (1970), S. 219–239.

MERTENS, Volker: Wolfram als Rolle und Vorstellung. Zur Poetologie der Authentizität im ›Jüngeren Titurel‹, in: Geltung der Literatur. Formen ihrer Autorisierung und Legitimierung im Mittelalter, hg. von Beate KELLNER, Peter STROHSCHNEIDER u. Franziska WENZEL. Berlin 2005 (Philologische Studien und Quellen 190), S. 203–226.

NEUKIRCHEN, Thomas: *Krumb* und *sliht*. Über die sogenannten Hinweis- und Kunststrophen im Überlieferungszweig I des ›Jüngeren Titurel‹, in: ZfdA 132 (2003), S. 62–76.

NEUKIRCHEN, Thomas: *Dirre aventiure kere*. Die Erzählperspektive im Prolog des ›Jüngeren Titurel‹ und die Erzählstrategie Albrechts, in: Wolfram-Studien 18 (2004), S. 283–303.

NEUKIRCHEN, Thomas: Bibliographie zum ›Jüngeren Titurel‹ 1984–2002, in: Wolfram-Studien 18 (2004), S. 405–424.

NEUKIRCHEN, Thomas: Die ganze *aventiure* und ihre *lere*. Der ›Jüngere Titurel‹ Albrechts als Kritik und Vervollkommnung des ›Parzival‹ Wolframs von Eschenbach. Heidelberg 2006 (Beihefte zum Euphorion 52).

NEUKIRCHEN, Thomas: Art. Albrecht, in: ²Killy Bd. 1 (2009), S. 75–78.

PETZET, Erich: Über das Heidelberger Bruchstück des ›Jüngeren Titurel‹ (mit 2 Tafeln), in: Sitzungsberichte der königlich Bayerischen Akademie der Wissenschaften. Philos.-Philol. Klasse. München 1903, S. 287–320.

PHILIPOWSKI, Katharina-Silke: *We, daz ie man strangen sach geschribene!* Gehörte und gelesene Schrift in Albrechts ›Jüngerem Titurel‹, in: Internationales Archiv für Sozialgeschichte der deutschen Literatur 34 (2009), S. 49–74.

RAUSCH, Hans-Henning: Methoden und Bedeutung naturkundlicher Rezeption und Kompilation im ›Jüngeren Titurel‹. Frankfurt a. M. u. a. 1977 (Mikrokosmos 2).

SCHRÖDER, Werner: Die sogenannten Hinweis-Strophen nebst ‚Kunst'-Strophen und Aventiure-Gespräch in der Überlieferung des ›Jüngeren Titurel‹. Stuttgart 1993.

WEGNER, Wolfgang: Albrecht, ein *poeta doctus rerum naturae*? Zu Umfang und Funktionalisierung naturkundlicher Realien im ›Jüngeren

Titurel‹. Frankfurt a. M. u. a. 1996 (Europäische Hochschulschriften 1,1562).

WEGNER, Wolfgang: *lesen* und poetische Visualisierung als Medien moralischer *lêre* im ›Jüngeren Titurel‹, in: Euphorion 94 (2000), S. 271–292.

WELZ, Dieter: Gralromane, in: Epische Stoffe des Mittelalters, hg. von Volker MERTENS u. Ulrich MÜLLER. Stuttgart 1984, S. 341–364.

WOLF, Werner: Der ›Jüngere Titurel‹, *das Haubt ob teutschen Puechen*, in: Wirkendes Wort 6 (1955/56), S. 1–12.

ZATLOUKAL, Klaus: Salvaterre. Studien zu Sinn und Funktion des Gralsbereichs im ›Jüngeren Titurel‹. Wien 1978 (Wiener Arbeiten zur germanischen Altertumskunde und Philologie 12).

5.15. Der ›Rappoltsteiner Parzifal‹

BESCH, Werner: Vom *alten* zum *nüwen* ›Parzival‹, in: Der Deutschunterricht 14 (1962), S. 91–104.

BUMKE, Joachim: Autor und Werk. Beobachtungen und Überlegungen zur höfischen Epik (ausgehend von der Donaueschinger Parzivalhandschrift G^{δ}), in: ZfdPh (Sonderheft) 116 (1997), S. 87–114.

CRAMER, Thomas: Aspekte des höfischen Romans im 14. Jahrhundert, in: Zur deutschen Literatur und Sprache des 14. Jahrhunderts. Dubliner Colloquium 1981, hg. von Walter HAUG, Timothy R. JACKSON u. Johannes JANOTA. Heidelberg 1983, S. 208–220.

EMMERLING, Sonja: Geld und Liebe. Zum Epilog des ›Rappoltsteiner Parzifal‹, in: Forschungen zur deutschen Literatur des Spätmittelalters. Festschrift für Johannes Janota, hg. von Horst BRUNNER u. Werner WILLIAMS-KRAPP. Tübingen 2003, S. 31–49.

FÜRBETH, Frank/VIEHHAUSER, Gabriel: Art. ›Rappoltsteiner Parzifal‹, in: ²Killy Bd. 9 (2010), S. 427–429.

HOLTORF, Arne: Eine Strophe Reinmars von Brennenberg im Rappoltsteiner ›Parzival‹, in: ZfdA 96 (1967), S. 321–328.

HOLZNAGEL, Franz-Josef: Minnesang-Florilegien. Zur Lyriküberlieferung im Rappoltsteiner Parzifal, im Berner Hausbuch und in der Berliner Tristan-Handschrift N, in: *Dâ hœret ouch geloube zuo.* Überlieferungs- und Echtheitsfragen zum Minnesang. Beiträge zum Festcolloquium für Günther Schweikle anläßlich seines 65. Geb., hg. von Rüdiger KROHN in Zusammenarbeit mit Wulf-Otto DREESSEN. Stuttgart, Leipzig 1995, S. 65–88.

MARQUARDT, Kurt: Die Verskunst des ›Neuen Parzifal‹. Diss. Königsberg 1914.

Obhof, Ute: Zur Entstehung der Karlsruher Handschrift des ›Rappoltsteiner Parzifal‹: Die Initialen, in: ZfdA 138 (2009), S. 374–383.

Oltrogge, Doris/Schubert, Martin J.: Von der Reflektographie zur Literaturwissenschaft. Varianzen im ›Rappoltsteiner Parzifal‹, in: Wolfram-Studien 17 (2002), S. 347–376.

Scholz, Manfred Günter: Zum Verhältnis von Mäzen, Autor und Publikum im 14. und 15. Jahrhundert. ›Wilhelm von Österreich‹, ›Rappoltsteiner Parzifal‹, Michel Beheim. Darmstadt 1987, S. 97–111.

Thomas, Heinz: Wie teuer war Dichten im 14. Jahrhundert? In: Verstehen durch Vernunft. Festschrift für Werner Hoffmann, hg. von Burkhardt Krause. Wien 1997 (Philologica Germanica 19), S. 375–391.

Wittmann-Klemm, Dorothee: Studien zum ›Rappoltsteiner Parzifal‹. Göppingen 1977 (GAG 224).

Wittmann-Klemm, Dorothee: Art. ›Rappoltsteiner Parzifal‹ (›Der alte und der nuwe parzefal‹), in: ²VL Bd. 7 (1989), Sp. 993–1000.

6. Rezeptionsformen im Spätmittelalter

6.1. Ulrich Fuetrers ›Das Buch der Abenteuer‹

Bastert, Bernd: Der Münchner Hof und Fuetrers ›Buch der Abenteuer‹. Literarische Kontinuität im Spätmittelalter. Frankfurt a. M. u. a. 1993 (Mikrokosmos 33).

Bastert, Bernd: *Es ist ain krieg vil starck in disen maeren*: Ein Versuch über die ›Merlin‹-Adaptation Ulrich Fuetrers, in: GRM 46 (1996), S. 336–344.

Bastert, Bernd: ‚Ritterrenaissance' oder Indikator des Frühabsolutismus? Zur Relevanz der Artus- und Gralepik an der Wende zur Neuzeit am Beispiel von Fuetrers ›Buch der Abenteuer‹, in: JOWG 9 (1996/1997), S. 471–488.

Bastert, Bernd: Late Medieval Summations: ›Rappoltsteiner Parzifal‹ and Ulrich Füetrer's ›Buch der Abenteuer‹, in: The Arthur of the Germans (4.1.2), S. 166–180.

Behr, Hans-Joachim: Von der *aventiure* zum *abenteur*. Überlegungen zum Wandel des Artusromans in Füetrers ›Buch der Abenteuer‹, in: IASL 11 (1986), S. 1–20.

Bein, Thomas: *Hie slac, dâ stich!* Zur Ästhetik des Tötens in europäischen ›Iwein‹-Dichtungen, in: LiLi 28, Heft 109 (1998), S. 38–58.

Fichtner, Edward G.: A Knight's Progress: Ideal and Reality in Ulrich Füetrer's ›Poytislier‹, in: Monatshefte 74 (1982), S. 419–432.

GRUBMÜLLER, Klaus: Der Hof als städtisches Literaturzentrum. Hinweise zur Rolle des Bürgertums am Beispiel der Literaturgesellschaft Münchens im 15. Jahrhundert, in: Befund und Deutung. Zum Verhältnis von Empirie und Interpretation in Sprach- und Literaturwissenschaft, hg. von Klaus GRUBMÜLLER, Ernst HELLGARDT, Hermann JELLISSEN u. Marga REIS. Tübingen 1979, S. 405–427.

GRUBMÜLLER, Klaus: Art. Püterich, Jakob, von Reichertshausen, in: ²VL Bd. 7 (1989), Sp. 918–923.

HARMS, Wolfgang: Ulrich Füetrers Auffassung vom Erzählen und von der Historie, in: ZfdPh 93 (Sonderheft 1974), S. 185–197.

HUSCHENBETT, Dietrich: Art. Albrecht von Scharfenberg, in: ²VL Bd. 1 (1978), Sp. 200–206.

KERN, Peter: Ulrich Füetrers ›Flordimar‹: Bearbeitung eines Artusromans des 13. Jahrhunderts? In: ZfdPh 107 (1988), S. 410–431.

KLEIN, Andrea: Der Literaturbetrieb am Münchener Hof im 15. Jahrhundert. Göppingen 1998 (GAG 652).

MÜLLER, Jan-Dirk: Funktionswandel ritterlicher Epik am Ausgang des Mittelalters, in: Gesellschaftliche Sinnangebote mittelalterlicher Literatur, hg. von Gert KAISER. München 1980 (Forschungen zur Geschichte der älteren deutschen Literatur 1), S. 11–75.

MUELLER, Martha: Der ›Ehrenbrief‹ Jakob Pütrichs von Reichertshausen, die ›Turnierreime‹ Johann Hollands, der ›Namenkatalog‹ Ulrich Füetrers. Texte mit Einleitung und Kommentar. Diss. New York 1985.

NYHOLM, Kurt: Albrechts von Scharfenberg ›Merlin‹. Åbo 1967 (Acta Academiae Aboensis. A,33,2).

NYHOLM, Kurt: Art. Fuetrer, Ulrich, in: ²VL Bd. 2 (1980), Sp. 999–1007.

PROBST, [Karl] Friedrich: Die Quellen des ›Poitislier‹ und ›Flordimar‹ in Ulrich Füetrers ›Buch der Abenteuer‹, in: Jahrbuch der Philosophischen Fakultät der Universität Heidelberg 1921/1922 (Teil 1), S. 53–57.

PROBST, Karl Friedrich: Die Quellen des ›Poitislier‹ und ›Flordimar‹ in Ulrich Füetrers ›Buch der Abenteuer‹. Untersucht auf grund der Donaueschinger Handschrift Nr. 140. Diss. [masch.] Heidelberg 1922.

RISCHER, Chistelrose: Literarische Rezeption und kulturelles Selbstverständnis in der deutschen Literatur der ‚Ritterrenaissance' des 15. Jahrhunderts. Untersuchungen zu Ulrich Füetrers ›Buch der Abenteuer‹ und dem ›Ehrenbrief‹ des Jakob Püterich von Reichertshausen. Stuttgart 1973.

STROHSCHNEIDER, Peter: Ritterromantische Versepik im ausgehenden Mittelalter. Studien zu einer funktionsgeschichtlichen Textinterpretation der ›Mörin‹ Hermanns von Sachsenheim sowie zu Ulrich Fuetrers ›Persibein‹ und Maximilians I. ›Teuerdank‹. Frankfurt a. M., New York 1986 (Mikrokosmos 14).

Voss, Rudolf: Literarische Referenzen in Ulrich Füetrers strophischem ›Lannzilet‹, in: Artusroman und Intertextualität. Beiträge der Deutschen Sektionstagung der Internationalen Artusgesellschaft vom 16. bis 19. November 1989 an der Johann Wolfgang Goethe-Universität Frankfurt a. M., hg. von Friedrich Wolfzettel. Gießen 1990, S. 195–214.

Voss, Rudolf: Werkkontinuum und Diskontinuität des Einzelwerks: Zum Ensemble von Ulrich Füetrers ›Buch der Abenteuer‹, in: Cyclification. The Development of narrative Cycles in the Chansons de Geste an the Arthurian Romances. Proceedings of the Colloquium, Amsterdam, 17.–18. December 1992, hg. von Bart Besamusca. Amsterdam 1994, S. 221–227.

Voss, Rudolf: Die ›Iwein‹-Rezeption Ulrich Füetrers – Der ›Iban‹ im Kontext des ›Buchs der Abenteuer‹, in: Die Romane von dem Ritter mit dem Löwen, hg. von Xenja von Ertzdorf unter redaktioneller Mitarbeit von Rudolf Schulz. Amsterdam 1994 (Chloe. Beihefte zum Daphnis 20), S. 331–352.

Voss, Rudolf: Zur Quellenlage von Ulrich Füetrers Lancelot-Erzählungen. Prosaroman und strophischer ›Lannzilet‹, in: ZfdA 131 (2002), S. 195–212.

Wailes, Stephen L.: Theme and Structure in Ulrich Füetrers ›Poytislier‹, in: Modern Language Notes 92 (1977), S. 577–582.

Wenzel, Horst: *Alls in ain summ zu pringen.* Füetrers ›Bayerische Chronik‹ und sein ›Buch der Abenteuer‹ am Hof Albrechts IV., in: Mittelalter-Rezeption. Ein Symposion, hg. von Peter Wapnewski. Stuttgart 1986 (Germanistische Symposien. Berichtsbände 6), S. 10–31.

Ziegeler, Hans-Joachim: *Fraw Fortuna, fraw Wer, fraw Awentewr und fraw Mynne.* Darstellung und Interpretation von Konflikten und ihren Ursachen in Ulrich Fuetrers ›Lannzilet‹-Versionen, in: Spannungen und Konflikte menschlichen Zusammenlebens in der deutschen Literatur des Mittelalters. Bristoler Colloquium 1993, hg. von Kurt Gärtner, Ingrid Kasten u. Frank Shaw. Tübingen 1996, S. 323–339.

6.2. Prosabearbeitungen

BLAMIRES, David: The german arthurian prose romances in their literary context, in: The changing face of arthurian romance. Essays on arthurian prose romances in memory of Cedric E. Pickford, hg. von Alison ADAMS u. a. Woodbridge 1986, S. 66–77.

BRANDSTETTER, Alois: Prosaauflösung. Studien zur Rezeption der höfischen Epik im frühneuhochdeutschen Prosaroman. Frankfurt a. M. 1971. [mit Edition des ältesten Druckes des ›Wigoleis vom Rade‹]

DRITTENBASS, Catherine/SCHNYDER, André (Hgg.): Eulenspiegel trifft Melusine. Der frühneuhochdeutsche Prosaroman im Licht neuer Forschungen und neuer Methoden. Akten der Lausanner Tagung vom 2. bis 4. Oktober 2008. Amsterdam, New York 2010 (Chloe. Beihefte zum Daphnis 42). [mit einer Übersicht und einer Bibliographie zu den Prosaromanen]

EMING, Jutta: Funktionswandel des Wunderbaren (5.5).

FLOOD, John L.: Der Prosaroman ›Wigoleis vom Rade‹ und die Entstehung des ›Ulenspiegel‹, in: ZfdA 105 (1976), S. 151–165.

GRUBMÜLLER, Klaus: Art. ›Wigoleis‹, in: ²Killy Bd. 12 (2011), S. 409.

MELZER, Helmut: Trivialisierungstendenzen im Volksbuch. Ein Vergleich der Volksbücher ›Tristrant und Isalde‹, ›Wigoleis‹ und ›Wilhelm von Österreich‹ mit den mittelhochdeutschen Epen. Hildesheim 1972.

MÜLLER, Jan-Dirk: Volksbuch/Prosaroman im 15./16. Jahrhundert – Perspektiven der Forschung, in: IASL (Sonderheft Forschungsreferate 1) 1985, S. 1–128.

OSWALD, Marion: Anonymität und Autorität im Prosaroman von ›Tristrant und Isalde‹ (1484), in: Autorität der/in Sprache, Literatur, neuen Medien. Vorträge des Bonner Germanistentages 1997, hg. von Jürgen FOHRMANN, Ingrid KASTEN u. Eva NEULAND. Bielefeld 1999, S. 509–531.

SCHMID, Elisabeth: Art. ›Tristrant und Isalde‹ (›Histori von Tristrant und Ysalden‹), in: ²VL Bd. 9 (1996), Sp. 1065–1068.

WEIDENMÜLLER, Otto: Das Volksbuch vom ›Wigoleiß vom Rade‹. Göttingen 1910.

WILD, Gerhard: (Pseudo-)arthurisches recycling oder: Wie die Symbolstruktur des Artusromans im Spätmittelalter ‚aufgehoben' wird, in: Erzählstrukturen der Artusliteratur (4.1.2), S. 291–310.

WYSS, Ulrich: Erzählstrukturen im Prosaroman, in: Erzählstrukturen der Artusliteratur (4.1.2), S. 257–273.

ZIEGELER, Hans-Joachim: Art. ›Wigoleis vom Rade‹, in: ²VL Bd. 10 (1999), Sp. 1067–1070.

ZIMMERMANN, Manfred: Zauber und Entzauberung. Zur Aufnahme und Abstoßung arthurischer Elemente in einem spätmittelalterlichen Prosaroman, in: Arturus Rex (4.1.2), S. 388–396.

6.3. ›Widuwilt‹

Ritter Widuwilt. Die westjiddische Fassung des ›Wigalois‹ des Wirnt von Gravenberc. Nach dem jiddischen Druck von 1699 besorgt und hg. von Siegmund A. WOLF. Bochum 1974 (Sprach- und geschichtswissenschaftliche Texte 1).

CORMEAU, Christoph: Die jiddische Tradition von Wirnts ›Wigalois‹. Bemerkungen zum Fortleben einer Fabel unter veränderten Bedingungen, in: Zeitschrift für Literaturwissenschaft und Linguistik 8 (1978), S. 28–44.

DREESSEN, Wulf-Otto: Zur Rezeption deutscher epischer Literatur im Altjiddischen. Das Beispiel ›Wigalois‹ – ›Artushof‹, in: Deutsche Literatur des späten Mittelalters. Hamburger Colloquium 1973, hg. von Wolfgang HARMS u. Leslie Peter JOHNSON. Berlin 1975, S. 116–128.

DREESSEN, Wulf-Otto: Wigalois – Widuwilt. Wandlungen des Artusromans im Jiddischen, in: Westjiddisch. Le yiddish occidental. Mündlichkeit und Schriftlichkeit. Actes du colloque de Mulhouse, hg. von Astrid STARCK. Aarau, Frankfurt a. M., Salzburg 1994 (Sprachlandschaft 2), S. 84–98.

DREESSEN, Wulf-Otto: Art. ›Widuwilt‹, in: ²VL Bd. 10 (1999), Sp. 1006–1008.

JAEGER, Achim: Ein jüdischer Artusritter. Studien zum jüdisch-deutschen ›Widuwilt‹ (›Artushof‹) und zum ›Wigalois‹. Tübingen 2000 (Conditio Judaica 32).

WARNOCK, Robert G.: Wirkungsabsicht und Bearbeitungstechnik im altjiddischen ›Artushof‹, in: ZfdPh (Sonderheft Jiddisch) 100 (1981), S. 98–109.

6.4. Dietrich von Hopfgarten

FASBENDER, Christoph: Der ›Wigelis‹ Dietrichs von Hopfgarten und die erzählende Literatur des Spätmittelalters im mitteldeutschen Raum. Stuttgart 2010 (ZfdA-Beiheft 10).

6.5. ›Spruch von den Tafelrundern‹

HENKEL, Nikolaus: Art. ›Spruch von den Tafelrundern‹, in: ²VL Bd. 9 (1995), Sp. 188–190.

Menhardt, Hermann: Ein Spruch von den Tafelrundern, in: PBB (Tüb.) 77 (1955), S. 136–164 u. S. 316–332.

6.6. Sonstiges

Becker, Peter Jörg: Handschriften und Frühdrucke mittelhochdeutscher Epen. Eneide, Erec, Iwein, Parzival, Jüngerer Titurel [...] und ihre Reproduktion und Rezeption im späteren Mittelalter und in der frühen Neuzeit. Wiesbaden 1977.

Flood, John L.: Early printed Editions of Arthurian Romances, in: The Arthur of the Germans (4.1.2), S. 295–302.

Gärtner, Kurt: Zur Rezeption des Artusromans im Spätmittelalter und den Erec-Entlehnungen im ›Friedrich von Schwaben‹, in: Artusrittertum im späten Mittelalter (4.1.2), S. 60–72.

Koppitz, Hans-Joachim: Studien zur Tradierung der weltlichen mittelhochdeutschen Epik im 15. und beginnenden 16. Jahrhundert. München 1980.

Moser, Dietz-Rüdiger: Brauchbindung und Funktionsverlust: Zum Nachwirken der Artus-Tradition in Fastnachtsbrauch und Fastnachtsspiel, in: Spätmittelalterliche Artusliteratur (4.1.2), S. 23–40.

Schanze, Frieder: Art. ›Luneten Mantel‹, in: ²VL Bd. 5 (1985), Sp. 1068–1069.

Schroeder, Horst: Der Topos der Nine Worthies in Literatur und bildender Kunst. Göttingen 1971.

Strohschneider, Peter: *Lebt Artus noch zuo Karydol, so stünd es in der welte baß.* Von der Aktualität des Vergangenen in höfischer Versepik des ausgehenden Mittelalters, in: Zeitschrift für Literaturwissenschaft und Linguistik 18 (1988), H. 70, S. 70–94.

Tailby, John E.: Arthurian elements in drama and ‚Meisterlieder', in: The Arthur of the Germans (4.1.2), S. 242–248.

7. Zur Rezeption des Artusstoffs in der Neuzeit

Althoff, Gerd (Hg.): Die Deutschen und ihr Mittelalter. Themen und Funktionen moderner Geschichtsbilder. Darmstadt 1992.

Beutin, Heidi/Beutin, Wolfgang: Der Löwenritter in den Zeiten der Aufklärung. Gerhard Anton von Halems ›Iwein‹-Version ›Ritter Twein‹. Ein Beitrag zur dichterischen Mittelalter-Rezeption des 18. Jahrhunderts. Im Anhang: Halems Versdichtung ›Ritter Twein‹: Text der Ausgabe von 1789. Göppingen 1994 (GAG 595).

BRINKER-GABLER, Gisela: Poetisch-wissenschaftliche Mittelalter-Rezeption. Ludwig Tiecks Erneuerung altdeutscher Literatur. Göppingen 1980 (GAG 309).

BRUNNER, Horst: Sollte man den ›Parzival‹ heute noch lesen? Eine Umfrage bei Germanistikstudenten, in: KÜHNEL/MÜLLER u. a. (7) Bd. 1, S. 477–484.

FURCH, Karoline: Die Wiederkehr des Mythos. Zur Renaissance der Artus-Mythen in der modernen Fantasy-Literatur. Wetzlar 1998 (Schriftenreihe und Materialien der Phantastischen Bibliothek Wetzlar 9).

GAMERSCHLAG, Kurt (Hg.): Moderne Artus-Rezeption 18.–20. Jahrhundert. Göppingen 1991 (Göppinger Arbeiten zur Germanistik 548).

GENTRY, Francis G.: Die Darstellung des Mittelalters im amerikanischen Film von ›Robin Hood‹ bis ›Excalibur‹, in: Mittelalter-Rezeption. Ein Symposion, hg. von Peter WAPNEWSKI. Stuttgart 1986 (Germanistische Symposien. Berichtsbände 6), S. 276–295.

GENTRY, Francis G.: König Artus und das amerikanische Selbstverständnis: Artusfilme aus Hollywood, in: GAMERSCHLAG (7), S. 259–282.

GIESEN, Rolf: Artus im phantastischen Film, in: GAMERSCHLAG (7), S. 319–327.

GROSSE, Siegfried/RAUTENBERG, Ursula: Die Rezeption mittelalterlicher deutscher Dichtung. Eine Bibliographie ihrer Übersetzungen und Bearbeitungen seit der Mitte des 18. Jahrhunderts. Tübingen 1989.

HAUG, Walter: Die Sache mit dem Teufel oder das Mittelalterlich-Utopische und das Modern-Utopische, in: Arbitrium 1 (1983), S. 100–108.

HOLLEY, Linda Tarte: Medievalism in Film. The Matter of Arthur. A Filmography, in: KÜHNEL/MÜLLER u. a. (7) Bd. 3, S. 713–716.

JOSCHKO, Dirk: Christoph Heins ›Die Ritter der Tafelrunde‹ oder: Grals-Suche zwischen Auf- und Abbruch, in: KÜHNEL/MÜLLER u. a. (7) Bd. 4, S. 525–541.

KROHN, Rüdiger: Mehrfach gebrochenes Mittelalter. Tankred Dorsts ›Merlin‹ auf der Bühne und in der Kritik, in: KÜHNEL/MÜLLER u. a. (7) Bd. 3, S. 296–307.

KROHN, Rüdiger: Der Gefährliche Stuhl. Wandlungen des Mythos in den Artus-Stücken von Tankred Dorst und Christoph Hein, in: Forum. Materialien und Beiträge zur Mittelalter-Rezeption. Bd. 3, hg. von Rüdiger KROHN. Göppingen 1992 (GAG 540), S. 233–250.

KÜHNEL, Jürgen/MÜLLER, Ulrich u. a. (Hgg.): Mittelalter-Rezeption. 5 Bde. Göppingen 1979–1996 (GAG 286, 358, 479, 550, 630).

LICHTBLAU, Karin: Aspekte der Rezeption des Artusstoffes in der modernen französischen Literatur: Artus, Merlin und die Suche nach dem Gral, in: KÜHNEL/MÜLLER u. a. (7) Bd. 3, S. 647–662.

MORRISON, Susan Signe: Morgan Le Fays's Champion: Marion Zimmer Bradley's ›The Mists of Avalon‹ as Challenge to Sir Thomas Malory's ›Le Morte D'Arthur‹, in: KÜHNEL/MÜLLER u. a. (7) Bd. 4, S. 133–154.

MÜLLER, Ulrich: Das Nachleben der mittelalterlichen Stoffe, in: Epische Stoffe des Mittelalters, hg. von Volker MERTENS u. Ulrich MÜLLER. Stuttgart 1984, S. 424–448.

MÜLLER, Ulrich: Richard Wagners ungeschriebene Oper von ›Erec und Enide‹, in: Zeitschrift für Germanistik 6 (1985), S. 180–188.

MÜLLER, Ulrich: *Our man in Camelot.* Mittelalter-Rezeption in der Literatur. Aufgezeigt an Artus-Romanen der Jahre 1970–1983. Mit einem Verzeichnis zur internationalen Artus-Rezeption 1970–1985, in: Forum. Materialien und Beiträge zur Mittelalter-Rezeption. Bd. 1, hg. von Rüdiger KROHN. Göppingen 1986 (GAG 360), S. 3–32.

MÜLLER, Ulrich: Artus-Rezeption ohne König Artus: Zur deutschen Artus-Rezeption unter dem Einfluß von Richard Wagner, in: GAMERSCHLAG (7), S. 143–166.

MÜLLER, Ulrich: Bibliographie zur internationalen Artus-Rezeption: Artus, Lanzelot, Gral, Tristan. Nachträge 1970–1988, in: KÜHNEL/MÜLLER u. a. (7) Bd. 3, S. 717–720.

OBERMAIER, Sabine: ›Die Geschichte erzählt uns‹ – Zum Verhältnis von Mittelalter und Neuzeit in Adolf Muschgs ›Der Rote Ritter. Eine Geschichte von Parzivâl‹, in: Euphorion 91 (1997), S. 467–488.

POAG, James F./SCHOLZ-WILLIAMS, Gerhild (Hgg.): Das Weiterleben des Mittelalters in der deutschen Literatur. Königstein/Ts. 1983.

SCHAFFRY, Andreas: ›Die Ritter der Tafelrunde‹ oder der Weg ist das Ziel. Christoph Hein und die Rezeption des mittelalterlichen Artus-Stoffs, in: KÜHNEL/MÜLLER u. a. (7) Bd. 5, S. 493–516.

SCHMID, Christoph: Die Mittelalter-Rezeption des 18. Jahrhunderts zwischen Aufklärung und Romantik. Frankfurt a. M. 1979.

SCHMIDT, Siegrid: Mittelhochdeutsche Epenstoffe in der deutschsprachigen Literatur nach 1945. Beobachtungen zur Aufarbeitung des Artus- und Parzival-Stoffes in der erzählenden Literatur für Jugendliche und Erwachsene mit einer Bibliographie der Adaptationen der Stoffkreise Artus, Parzival, Tristan, Gudrun und Nibelungen. 2 Bde. Göppingen 1989 (GAG 495).

SCHMIDT, Siegrid: Der ›Connecticut Yankee‹ als neues deutsches Jugendbuch, in: GAMERSCHLAG (7), S. 237–258.

SCHMIDT, Siegrid: Die Nibelungen und König Artus auf schwarzen Scheiben. Schallplattenhörspiele für Kinder, in: KÜHNEL/MÜLLER u. a. (7) Bd. 3, S. 199–217.

SCHULZE, Ursula: Lanzelot im Jugendstil. Eduard Stuckens dramatische Bilder der Artus- und Gralswelt, in: KÜHNEL/MÜLLER u. a. (7) Bd. 2, S. 573–588.

SCHULZE, Ursula: Stationen der ›Parzival‹-Rezeption. Strukturveränderung und ihre Folgen, in: KÜHNEL/MÜLLER u. a. (7) Bd. 1, S. 555–580.

TUCZAY, Christa: Die Frauengestalten in Godwins, Newmans, Bradshaws, Stewarts und Zimmer-Bradleys Artusromanen, in: KÜHNEL/MÜLLER u. a. (7) Bd. 3, S. 663–681.

WASIELEWSKI-KNECHT, Claudia: Studien zur deutschen ›Parzival‹-Rezeption in Epos und Drama des 18.–20. Jahrhunderts. Frankfurt a. M. 1993.

WUNDERLICH, Werner: Bibliographie zur literarischen Rezeption der Artus-Legende im deutschsprachigen Raum 1980–1990, in: Forum. Materialien und Beiträge zur Mittelalter-Rezeption. Bd. 3, hg. von Rüdiger KROHN. Göppingen 1992 (GAG 540), S. 91–116.

Register

Autoren und Werke

Literarische Figuren